HERZLICHEN GLÜCKWUNSCH

Und Dankeschön für den Kauf dieses Buches. Als besonderes Schmankerl* finden Sie unten Ihren persönliche Code, mit dem Sie das Buch exklusiv und kostenlos als eBook erhalten.

Systemvoraussetzungen für eBook-Inside:
Adobe Reader/Acrobat Version 6 oder 7
(kompatibel mit Windows ab Windows 2000 oder Mac ab OS X)

59018-r65p6-
v930t-p0019

Registrieren Sie sich einfach in nur zwei Schritten unter **www.hanser.de/ciando** und laden Sie Ihr eBook direkt auf Ihren Rechner.

KOMPETENZ · HANSER · GEWINNT

*Bayrisch für eine leckere Kleinigkeit; ein Leckerbissen

Helena Reimann
Fach: BAE

Lehner/Wildner/Scholz

Wirtschaftsinformatik

Bleiben Sie einfach auf dem Laufenden:
www.hanser.de/newsletter
Sofort anmelden und Monat für Monat
die neuesten Infos und Updates erhalten.

Franz Lehner
Stephan Wildner
Michael Scholz

Wirtschaftsinformatik
Eine Einführung

2. Auflage

HANSER

*Prof. Dr. Franz Lehne*r, Passau, franz.lehner@uni-passau.de
Stephan Wildner, Passau
Michael Scholz, Passau

Alle in diesem Buch enthaltenen Informationen, Verfahren und Darstellungen wurden nach bestem Wissen zusammengestellt und mit Sorgfalt getestet. Dennoch sind Fehler nicht ganz auszuschließen. Aus diesem Grund sind die im vorliegenden Buch enthaltenen Informationen mit keiner Verpflichtung oder Garantie irgendeiner Art verbunden. Autor und Verlag übernehmen infolgedessen keine juristische Verantwortung und werden keine daraus folgende oder sonstige Haftung übernehmen, die auf irgendeine Art aus der Benutzung dieser Informationen – oder Teilen davon – entsteht.

Ebenso übernehmen Autor und Verlag keine Gewähr dafür, dass beschriebene Verfahren usw. frei von Schutzrechten Dritter sind. Die Wiedergabe von Gebrauchsnamen, Handelsnamen, Warenbezeichnungen usw. in diesem Buch berechtigt deshalb auch ohne besondere Kennzeichnung nicht zu der Annahme, dass solche Namen im Sinne der Warenzeichen- und Markenschutz-Gesetzgebung als frei zu betrachten wären und daher von jedermann benutzt werden dürften.

Bibliografische Information der Deutschen Nationalbibliothek:

Die Deutsche Nationalbibliothek verzeichnet diese Publikation in der Deutschen Nationalbibliografie; detaillierte bibliografische Daten sind im Internet über http://dnb.d-nb.de abrufbar.

Dieses Werk ist urheberrechtlich geschützt.
Alle Rechte, auch die der Übersetzung, des Nachdruckes und der Vervielfältigung des Buches, oder Teilen daraus, vorbehalten. Kein Teil des Werkes darf ohne schriftliche Genehmigung des Verlages in irgendeiner Form (Fotokopie, Mikrofilm oder ein anderes Verfahren) – auch nicht für Zwecke der Unterrichtsgestaltung – reproduziert oder unter Verwendung elektronischer Systeme verarbeitet, vervielfältigt oder verbreitet werden.

© 2008 Carl Hanser Verlag München Wien (www.hanser.de)
Lektorat: Margarete Metzger
Herstellung: Irene Weilhart
Umschlagkonzept: Marc Müller-Bremer, www.rebranding.de, München
Umschlagrealisation: Stephan Rönigk
Datenbelichtung, Druck und Bindung: Kösel, Krugzell
Ausstattung patentrechtlich geschützt. Kösel FD 351, Patent-Nr. 0748702
Printed in Germany

ISBN 978-3-446-41572-0

Inhaltsverzeichnis

1 **Einführung** 1
   1.1 Motivation 1
   1.2 Zielsetzung und Aufbau des Buches 2
   1.3 Entwicklung der Wirtschaftsinformatik 5

2 **Wirtschaftsinformatik als Wissenschaft** 9
   2.1 Gegenstandsbereich und Forschungsinhalte 10
      2.1.1 Fachinhalte der Wirtschaftsinformatik 10
      2.1.2 Einordnung in die Wissenschaftslandschaft 17
      2.1.3 Wissenschaftskonzeption und Forschungsmethodik 20
   2.2 Grundorientierung und Begriffssystem der Wirtschaftsinformatik . 24
      2.2.1 Grundorientierung der Wirtschaftsinformatik 24
      2.2.2 System 26
      2.2.3 Modell 29
      2.2.4 Information und Daten 32
      2.2.5 IT, Informationsinfrastruktur und Informationssystem ... 42
      2.2.6 Integration 44
   2.3 Entwicklung von Berufsbildern der Wirtschaftsinformatik 48
   2.4 Zusammenfassung 53
   2.5 Aufgaben 53

3 **Wirtschaftswissenschaftliche Grundlagen** 55
   3.1 Gegenstandsbereich und Forschung 55

	3.2	Teildisziplinen der Betriebswirtschaftslehre	63	
		3.2.1 Beschaffung und Logistik	65	
		3.2.2 Produktion	75	
		3.2.3 Marketing	83	
		3.2.4 Rechnungswesen	89	
		3.2.5 Management	94	
		3.2.6 Personalmanagement	102	
		3.2.7 Organisation	110	
	3.3	Zusammenfassung	116	
	3.4	Aufgaben	116	

4 Grundlagen der Informatik **119**
  4.1 Gegenstandsbereich und Forschung 119
  4.2 Teildisziplinen der Informatik 122
      4.2.1 Information und Kodierung 123
      4.2.2 Rechnerarchitektur 126
      4.2.3 Rechnernetze 133
      4.2.4 Algorithmen und Datenstrukturen 139
      4.2.5 Softwareentwicklung 150
      4.2.6 Datenbanksysteme 161
  4.3 Zusammenfassung 174
  4.4 Aufgaben 175

5 Informationssysteme in Organisationen **177**
  5.1 Grundlagen 178
  5.2 Klassifikation von Informationssystemen 179
      5.2.1 Funktionale Informationssysteme 181
      5.2.2 Integrierte Informationssysteme 194
      5.2.3 Sonstige Informationssysteme 200
  5.3 Gestaltung und Einsatz von Informationssystemen 205
      5.3.1 Architektur von Informationssystemen 206
      5.3.2 Auswahl und Einführung von Informationssystemen 210
  5.4 Auswirkungen des Einsatzes von Informationssystemen 212
      5.4.1 Wirtschaftliche Auswirkungen 213

	5.4.2 Soziale Auswirkungen	215
	5.4.3 Individuelle Auswirkungen	217
5.5	Zusammenfassung	219
5.6	Aufgaben	220

6 IT-Management . . . 221
- 6.1 Grundlagen . . . 221
- 6.2 Aufgaben und Rollen . . . 223
- 6.3 IT-Strategie und IT-Business-Alignment . . . 230
  - 6.3.1 Strategiebegriff und Rolle von IT-Strategien . . . 230
  - 6.3.2 Strategische Planung und Strategieentwicklung . . . 231
  - 6.3.3 Formulierung der IT-Strategie und der Strategieinhalte . . . 234
  - 6.3.4 IT-Business-Alignment . . . 239
- 6.4 IT-Organisation und IT-Prozesse . . . 241
  - 6.4.1 Eingliederung der IT-Abteilung . . . 241
  - 6.4.2 Aufbauorganisation der IT-Abteilung . . . 245
  - 6.4.3 IT-Prozesse und IT-Servicemanagement . . . 247
- 6.5 IT-Controlling . . . 248
  - 6.5.1 Grundlagen und Aufgabenverständnis . . . 248
  - 6.5.2 Funktionen und Aufgaben . . . 251
- 6.6 Projektmanagement . . . 254
  - 6.6.1 Grundlagen . . . 254
  - 6.6.2 Projektplanung . . . 255
  - 6.6.3 Projektorganisation . . . 258
  - 6.6.4 Projektüberwachung und -steuerung . . . 261
  - 6.6.5 Methoden und Instrumente des Projektmanagements . . . 264
- 6.7 Zusammenfassung . . . 271
- 6.8 Aufgaben . . . 271

7 Geschäftsprozessmanagement . . . 273
- 7.1 Grundlagen . . . 274
  - 7.1.1 Prozessorientierung . . . 274
  - 7.1.2 Prozessbegriff . . . 276
  - 7.1.3 Geschäftsprozessmanagement . . . 281

	7.2	Geschäftsprozessmodellierung	284
		7.2.1 Ziele, Aufgaben und Vorgehen	285
		7.2.2 Modellierung mit ereignisgesteuerten Prozessketten	289
		7.2.3 Software für die Geschäftsprozessmodellierung	295
	7.3	Prozessanalyse und Benchmarking von Prozessen	298
		7.3.1 Potenzial der Prozessanalyse	298
		7.3.2 Ansätze zur Prozessbewertung	300
	7.4	Zusammenfassung	306
	7.5	Aufgaben.	307
8	**E-Business**		**309**
	8.1	Grundlagen	311
	8.2	Wirtschaftliche Aspekte	314
		8.2.1 Effekte des E-Business	314
		8.2.2 Wettbewerbsstrategien im E-Business	319
		8.2.3 Geschäftsmodelle im E-Business	324
		8.2.4 Operative Umsetzung des E-Business	327
	8.3	Technologische Aspekte	330
		8.3.1 Entwicklung und Grundlagen des Internets	330
		8.3.2 Entwicklung von Webanwendungen	333
		8.3.3 Sicherheit von Webanwendungen	340
	8.4	Rechtliche Aspekte	347
		8.4.1 Rechtsfragen bei der Gestaltung von Webanwendungen . .	347
		8.4.2 Rechtsfragen beim Leistungsaustausch im Internet	350
	8.5	Zusammenfassung	352
	8.6	Aufgaben.	353
9	**Wissensmanagement**		**355**
	9.1	Grundlagen	356
	9.2	Konzepte des Wissensmanagements	360
		9.2.1 Bausteine des Wissensmanagements	360
		9.2.2 Prozessorientiertes Wissensmanagement	365
	9.3	Umsetzung von Wissensmanagement	369
		9.3.1 Ziele und Strategien	369

	9.3.2	Rollen und Integration in die Organisation	371
	9.3.3	Wissensmanagementprojekte	373
9.4	Methodische Unterstützung		375
	9.4.1	Lessons Learned und Best Practices	376
	9.4.2	Wissenskarten	376
	9.4.3	Balanced Scorecard	378
	9.4.4	Communities of Practice	380
9.5	Software-technische Unterstützung		381
9.6	Zusammenfassung		383
9.7	Aufgaben		383

10 Ausblick **385**

Literaturverzeichnis **393**

Stichwortverzeichnis **411**

Kapitel 1

Einführung

Die Wirtschaftsinformatik ist eine junge Wissenschaft und ein <u>interdisziplinäres</u> Fachgebiet. Sie befasst sich mit den Aufgaben in Verbindung mit der Entwicklung, Implementierung und Nutzung sowie dem Management von Informationssystemen und Informationstechnologien in Organisationen. Informationssysteme sind das zentrale Nervensystem von Organisationen. Sie werden für alle wichtigen Funktionen in Profit- und Non-Profit-Organisationen benötigt, sind Teil des betrieblichen Wertschöpfungsprozesses und tragen so zur strategischen Positionierung von Organisationen bei. Lange Zeit standen die innerbetrieblichen Informationssysteme im Mittelpunkt des Interesses der Wirtschaftsinformatik. Heute werden sie um zwischenbetriebliche und überbetriebliche Informationssysteme ergänzt. Hinzu kommen noch individuelle Anwendungen in privaten Haushalten, die in Verbindung mit der globalen Vernetzung und der Informatisierung aller Lebensbereiche eine zunehmende Bedeutung erlangen (z.B. E-Home, Beteiligung in Online-Welten und virtuellen Gemeinschaften, virtuelle Identitäten), sowie die regulative Ebene (Zuständigkeit von Behörden, Vorschriften und Regeln, Standardisierungsprozesse u.a.m.).

1.1 Motivation

Die Wirtschaftsinformatik wurde im deutschsprachigen Raum in den 70er-Jahren als Lehr- und Forschungsgebiet eingeführt. Seit dieser Zeit wird das Fach als spezielle Betriebswirtschaftslehre im Rahmen wirtschaftswissenschaftlicher Studiengänge angeboten. Den veränderten Anforderungen wird seit Mitte der 80er-Jahre durch eigene Diplom-Studiengänge Rechnung getragen. Im nichtdeutschsprachigen Europa sind u.a. die Bezeichnungen Business Information Systems und Business Informatics für Wirtschaftsinformatik verbreitet. Im angloamerikanischen Raum hingegen ist eher Information Systems (IS) oder Management Information Systems (MIS) gebräuchlich. Auf der inhaltlichen Ebene sind zur Zeit ein starker internationaler Austausch und eine Anpassung zwischen den Studiengängen in den verschiedenen Ländern zu beobachten, wobei die Studiengänge nach deutschem Vorbild eine wichtige Rolle spielen.

Bedingt durch die rasche und dynamische Entwicklung der Wirtschaftsinformatik in Verbindung mit umfassenden wirtschaftlichen und technologischen Veränderungen in den beiden letzten Jahrzehnten, ist ein Bedarf nach einer aktuellen Darstellung und einer Übersicht über diese Disziplin entstanden. Die feste Verankerung der Disziplin an Universitäten und Fachhochschulen, in Fachverbänden, die hervorragende Akzeptanz in der Wirtschaft, das breite Angebot an Tagungen, Workshops etc. dokumentieren die Nachfrage nach den Leistungen der Wirtschaftsinformatik und ihren Erfolg zugleich.

Gerade die kontinuierliche Weiterentwicklung hat in Verbindung mit einem anhaltenden Fortschritt auf dem Gebiet der Informations- und Kommunikationstechnologien die Inhalte und Aufgabenfelder der Disziplin immer wieder stark beeinflusst. In mehreren Phasen hat sich die Wirtschaftsinformatik so ausdifferenziert, wie sie heute besteht – als moderne und interdisziplinäre Wissenschaft.

In diesem Buch wird eine grundlegende und anwendungsorientierte Einführung angestrebt. Das Buch richtet sich primär an Studierende der Wirtschaftsinformatik und der Betriebswirtschaftslehre, aber auch an alle Personen, die am Verständnis und der Einordnung der modernen Wirtschaftsinformatik interessiert sind. Es wurde darauf geachtet, dass es auch für Einsteiger lesbar ist und neben den Grundlagen ebenso einen Einblick in Entwicklungen erlaubt. Es soll eine Art Wissenslandkarte gezeichnet und ein aktueller Überblick gegeben werden. Die Umstellung auf Bachelor-/Master-Studiengänge, die zur Zeit europaweit im Gange ist, bietet darüber hinaus einen aktuellen Anlass, diese Umstellungsphase mit inhaltlichen Gestaltungsvorschlägen zu unterstützen.

1.2 Zielsetzung und Aufbau des Buches

Ziel ist es, eine Orientierungshilfe bei der Vielfalt an Ansätzen und Entwicklungen in der Wirtschaftsinformatik zu geben. Dieses Ziel steht in einem gewissen Widerspruch zur vollständigen Darstellung und zur detaillierten Wiedergabe einzelner Theorien, Forschungsarbeiten usw. Bezüglich einer umfassenden Darstellung wird der Leser daher auf Originalquellen und vertiefende Literatur verwiesen. Im Vordergrund steht der Überblick, wobei gleichzeitig versucht wird, die Entstehung einzelner Entwicklungslinien oder Ideen offen zu legen, da sie meist als Reaktion auf bestimmte Probleme, Defizite oder Bedürfnisse verstanden werden können. Ein solches Verständnis hilft gewöhnlich auch, die Theorien selbst oder mögliche Anwendungsbereiche besser zu verstehen. Außerdem wird deutlich, dass manche Theorien nur in einem bestimmten Kontext oder zu einer bestimmten Zeit Gültigkeit hatten bzw. haben. Neue Methoden und Erkenntnisse

1.2 Zielsetzung und Aufbau des Buches

sind schwer (endgültig) in die Wirtschaftsinformatik einzuordnen. Inzwischen besteht ein enormer Erklärungs- und Konsolidierungsbedarf. Hierzu will das vorliegende Buch beitragen. Im akademischen Umfeld soll es der Reflexion zum Stand des Wissens und der bisherigen Fachgliederung dienen. Darüber hinaus soll es Studierenden eine Orientierungshilfe bieten, aber auch zur Gestaltung von Studiengängen im Sinne einer Profilbildung beitragen. Viele der derzeit offenen Fragen setzen für ihre Beantwortung ein einheitliches Grundverständnis des Faches bzw. der Aufgaben oder Erkenntnisobjekte der Wirtschaftsinformatik voraus. Von dieser Voraussetzung kann aber momentan nur bedingt ausgegangen werden. Die Folge ist, dass manche Fragen zur Zeit nur eingeschränkt oder mit Vorbehalt zu beantworten sind. Es gibt zwar eine gemeinsam verwendete Terminologie, aber keineswegs ein gemeinsames Verständnis der verwendeten Begriffe. Ein weiteres Ziel dieses Buches wird daher in einer gewissen Basisarbeit für die Wirtschaftsinformatik gesehen. Den Autoren geht es dabei weniger um definitorische Ziele (die im Übrigen durch lexikografische Werke wesentlich besser erfüllt werden können, siehe z.B. [HHR04]) als vielmehr um den Versuch einer Ordnung, die auf dem Vergleich und der Gegenüberstellung bestehender Ansätze aufbaut. Der Blick soll von Einzelansätzen und Detailfragen auf die Wirtschaftsinformatik in ihrer Gesamtheit gelenkt werden. Ähnlich wie in der Informatik, in der Algorithmen, Hardware und Software sowie Daten die Grundpfeiler bilden, sind dies Modelle, Systeme und Informationssysteme sowie Daten und Informationen in der Wirtschaftsinformatik. Die wesentlichen Erkenntnisinhalte beziehen sich entweder unmittelbar darauf oder setzen sich zumindest indirekt damit auseinander.

Aus dieser Sichtweise leitet sich auch die Gliederung des Buches ab. Mit dem einführenden Kapitel über die Wirtschaftsinformatik als Wissenschaft (Kapitel 2) werden Grundfragen, Gegenstandsbereich und die Positionierung der Wirtschaftsinformatik erläutert. Mit der Entwicklung des Berufsfeldes erfolgt eine Abrundung und praktische Verankerung. Die weiteren Kapitel können als Programm für eine Gliederung des Faches im Sinne von Teildisziplinen bzw. als Vorschlag für eine Strukturierung der Fachinhalte verstanden werden.

Geht man von dem Wort „Wirtschaftsinformatik" aus, so können als Referenzdisziplinen die Wirtschaftswissenschaften – und hiervon insbesondere die Betriebswirtschaftslehre (Kapitel 3) und die Informatik (Kapitel 4) angesehen werden. Der Bezug zu beiden Referenzdisziplinen kann über den Gegenstandsbereich (Informationssysteme in Organisationen) aufgezeigt werden. Die Informationssysteme sollen in der Wirtschaftsinformatik erklärt und gestaltet werden. Zu ihrer Gestaltung sind insbesondere Kenntnisse der praktischen und auch der technischen Informatik notwendig. Da Informationssysteme in allen Funktionsbereichen einer Organisation zum Einsatz kommen, sind Kenntnisse aller betriebswirtschaftlichen Teilgebiete notwendig. Anhand der Beziehungen zwischen den betriebswirtschaftlichen Teilgebieten und den für die Wirtschaftsinformatik relevanten Teilgebieten der Informatik lassen sich die einzelnen Teilgebiete der Wirtschaftsinformatik herleiten.

- Als ein generelles Teilgebiet kann zunächst die Entwicklung und Einführung von **Informationssystemen in Organisationen** betrachtet werden (Kapitel 5).

- Das Management dieser Informationssysteme und der dazu notwendigen organisatorischen und räumlichen Infrastruktur ist die Aufgabe des **IT-Managements**, das in Kapitel 6 behandelt wird.

- Mit Informationssystemen sollen Geschäftsprozesse in Organisationen unterstützt werden. Damit eine optimale Unterstützung möglich ist und die Geschäftsprozesse einer Organisation gegebenenfalls aufgrund des Einsatzes von Informationssystemen optimiert werden können, ist ein **Management der Geschäftsprozesse** (Kapitel 7) notwendig.

- Informationssysteme können jedoch nicht nur Geschäftsprozesse in Organisationen, sondern auch zwischen diesen unterstützen. Die hierbei anfallenden wirtschaftlichen, technischen und rechtlichen Fragen werden unter dem Thema **E-Business** in Kapitel 8 behandelt.

- Die Benutzer eines Informationssystems sollen durch das System mit Informationen versorgt werden, die der jeweiligen organisatorischen Aufgabe der Benutzer dienlich sind. Neben den Informationen, die durch ein Informationssystem leicht erfasst werden können, benötigen die Benutzer zur Erfüllung ihrer Aufgaben immer wieder auch Kenntnisse und Erfahrungen, die sich der Verarbeitung von Informationssystemen weitestgehend entziehen. Den Umgang mit diesen Ressourcen können jedoch Informationssysteme unterstützen, was im Allgemeinen als **Wissensmanagement** beschrieben wird und Betrachtungsgegenstand von Kapitel 9 ist.

Mit diesem Gliederungsvorschlag, der auf die Diskussion der Fachinhalte in Kapitel 2.1 aufbaut, wird versucht, einen Beitrag zur Harmonisierung und Weiterentwicklung des Fachgebiets zu leisten. Ein Blick in verschiedene Lehrbücher, die den Titel „Wirtschaftsinformatik" tragen, zeigt, dass eine Fülle von Themen zum Teil sehr unterschiedlich zusammengefasst wird und manchmal nach kurzer Zeit wieder völlig aus dem Blickfeld der Lehre und Forschung verschwindet (siehe dazu [Mer06a]). Natürlich ist die Einordnung nicht immer eindeutig möglich. Das Thema „Systementwurf und Systementwicklung" findet sich beispielsweise im vorliegenden Fall als Teil der Informatik-Grundlagen. Unabhängig von einzelnen Detailentscheidungen, für die es ein Für und Wider gibt, wurde jedoch versucht, eine Orientierung an möglichen Teildisziplinen vorzunehmen, die sich zunehmend auch als Bezeichnung von Lehrstühlen wieder finden. Das ist auch der Grund, warum von den Gliederungsvorschlägen der Studienplanempfehlungen zum Teil leicht abgewichen wurde, ohne allerdings dabei auf Inhalte zu verzichten.

Die Entwicklung des Faches kann aus heutiger Sicht keineswegs als abgeschlossen betrachtet werden. Die im Jahre 2003 zum letzten Mal aktualisierte Rahmenempfehlung für die Universitätsausbildung in Wirtschaftsinformatik (verabschiedet von der Wissenschaftlichen Kommission Wirtschaftsinformatik) wird 2005 von den Rahmenempfehlungen für Bachelor/Master-Studiengänge der Wirtschaftsinformatik abgelöst. Die Entwicklung des Faches wird von technologischen Potenzialen sowie wirtschaftlichen und gesellschaftlichen Entwicklungen gleichermaßen vorangetrieben. Während zu Beginn die Schwerpunkte noch wenig ausdifferenziert waren, besteht die Schwierigkeit inzwischen eher darin, Ordnung in die Vielfalt und Heterogenität zu bringen und einen generellen Ordnungsrahmen zu schaffen, der auch eine kumulative Weiterentwicklung des erreichten Wissens erlaubt. Eine besondere Motivation für den Versuch einer ganzheitlichen Darstellung bildet auch die zunehmende Ausdifferenzierung in Teilfächer.

1.3 Entwicklung der Wirtschaftsinformatik

Das Fach Wirtschaftsinformatik und die korrespondierenden Studiengänge entwickelten sich in mehreren Phasen. Die Grundlage dafür wurde mit der technologischen Entwicklung ab 1950 geschaffen, eine Zeit, aus der auch der Begriff EDV (Elektronische Datenverarbeitung) stammt und in der die Grundlagen für einen breiten Einsatz von Computern geschaffen wurden, die zu Beginn der Entwicklung fast nur in Forschungs- und Regierungsprojekten eingesetzt wurden. 1970 bis 1980 finden sich dann erste Ansätze zur Institutionalisierung des Faches, die dann bis 1990 zu einer zunehmenden Etablierung führten. In dieser Zeit wurden mehrere Lehrstühle „Wirtschaftsinformatik" eingerichtet, das Fach als Studienfach an Universitäten und Fachhochschulen eingeführt und erste Studienplanempfehlungen entwickelt. Ab 1990 findet man die Wirtschaftsinformatik als eigenständige Disziplin mit eigenen wissenschaftlichen Konferenzen und einem zunehmenden Engagement im internationalen Forschungsumfeld. Diese Entwicklung hält bis heute an und wird durch institutionalisierte wissenschaftliche Gremien (Wissenschaftliche Kommission für Wirtschaftsinformatik im Verband der Hochschullehrer für BWL, sowie Fachbereich Wirtschaftsinformatik in der deutschen Gesellschaft für Informatik) in der Weiterentwicklung betreut.

Wenn man die Entwicklung im Zeitverlauf etwas genauer analysiert, kann man in Bezug auf die Integration neuer Schwerpunkte und dominante Themen bisher sieben Phasen unterscheiden:

- Phase 1 (ca. ab 1970): im Vordergrund stand die Vermittlung von Technikwissen. Man sprach damals noch von der betrieblichen Datenverarbeitung oder auch Betriebsinformatik. In dieser Zeit (1968) wird der erste Lehrstuhl im deutschsprachigen Raum mit expliziter Ausrichtung auf betriebliche DV eingerichtet.

- Phase 2 (ca. ab 1975) war dadurch gekennzeichnet, dass das Technikwissen um das Anwendungswissen, also um Kenntnisse über die Nutzung der Datenverarbeitung für betriebliche Aufgaben, erweitert wurde.

- Phase 3 (ca. ab 1980) war durch den Übergang von der Datenverarbeitung zur Informationsverarbeitung gekennzeichnet. Damit integrierte man das Technik- und das Anwendungswissen zu einem Technologiewissen und ergänzte Vorgehensweisen, Methoden und Werkzeuge für die Analyse, den Entwurf, die Entwicklung und die Implementierung von Informations- und Kommunikationssystemen (Systemanalyse, Systemplanung). In Verbindung damit stand die Entwicklung einer eigenständigen Studienrichtung, für die sich die Bezeichnung Wirtschaftsinformatik allmählich durchsetzte.

- Phase 4 (ca. ab 1985) brachte in der Wirtschaftsinformatikausbildung mit dem Fokus auf das gesamte Leitungshandeln in Bezug auf die Informations- und Kommunikationstechnik (IuK-Technik) einen weiteren inhaltlichen Schwerpunkt, für den sich die Bezeichnung Informationsmanagement durchsetzt. Das Informationsmanagement sorgte dafür, dass das Potenzial der Ressourcen Information und IuK-Technik umgesetzt wird. Weitere Themen, die in dieser Zeit erstmals systematisch aufgegriffen werden, sind das IV-Controlling, die Systemintegration und Information als Produktions- und Wettbewerbsfaktoren.

- Phase 5 (ca. ab 1990) ist gekennzeichnet durch die allgemeine Verbreitung von Netztechnologien (insbesondere Internet und Intranet) sowie Multimedia-Technologien. Außerdem setzen sich dezentrale Konzepte (z.B. PC-Anwendungen) und unternehmensübergreifende Lösungen immer mehr durch.

- Phase 6 (Ende der 90er-Jahre) ist gekennzeichnet durch Globalisierung, eine starke Marktorientierung, den zunehmenden Einsatz von Standardsoftware (Dominanz von SAP) sowie durch eine globale Vernetzung über das Internet. Wichtige neue Themen sind IT-enabled Enterprise (in Verbindung mit SCM), globales Informationsmanagement und IT-Governance, Wissensmanagement, elektronische Märkte (E- und M-Commerce), mobile Anwendungen (allgemeine Verbreitung von Handys) sowie Ubiquitous und Pervasive Computing („Internet der Dinge", RFID).

- Phase 7 (ca. ab 2005) ist die vorläufig letzte Phase. Ihr Beginn kann mit dem „Durchbruch" des Web 2.0 und der Weiterentwicklung des Inernet zum „Social Web" angesetzt werden. Weitere wichtige Entwicklungen sind die Serviceorientierung (SOA und Enterprise Service Architekture), IT-Security-Management, die „grüne" IT, Digital Divide und digitale Benachteiligung sowie GRID- und Cloud-Computing.

Eine Darstellung der Entwicklung der Wirtschaftsinformatik im Zeitverlauf findet sich inzwischen in zahlreichen Quellen. Das ist ein weiterer Indikator, dass die Disziplin anerkannt und etabliert ist. In Anlehnung an Stahlknecht und Hasenkamp sowie Heinrich und Schauer sollen im Folgenden einige Eckpfeiler der

1.3 Entwicklung der Wirtschaftsinformatik

geschichtlichen Entwicklung der Wirtschaftsinformatik skizziert werden [Hei02], [SH04], [Sch07]:

- Ab 1955 werden erste EDV-Lehrveranstaltungen in betriebswirtschaftliche Studiengänge integriert.
- 1959 Erstausgabe der Zeitschrift „Elektronische Datenverarbeitung".
- 1963 wird das betriebswirtschaftliche Institut für Organisation und Automation (BIFOA) an der Universität Köln gegründet.
- 1964 Erstausgabe der Zeitschrift „HMD – Handbuch der maschinellen Datenverarbeitung".
- 1966 wird die erste Habilitationsschrift im deutschsprachigen Raum zu diesem Thema von Peter Mertens verfasst: Die zwischenbetriebliche Kooperation und Integration bei der automatisierten Datenverarbeitung.
- 1968 wird der erste betriebswirtschaftliche Lehrstuhl mit der speziellen Ausrichtung auf Datenverarbeitung an der Johannes-Kepler-Universität Linz eingerichtet. Erster Lehrstuhlinhaber wird Peter Mertens.
- In den 70er-Jahren werden erste eigenständige Studiengänge der Wirtschaftsinformatik an den Hochschulen Darmstadt und Furtwangen, an der Johannes-Kepler-Universität Linz und der TU Wien eingerichtet.
- 1972 wird das Unternehmen SAP mit Sitz in Walldorf gegründet. Es ist eines der ersten Unternehmen, die betriebswirtschaftliche Standardsoftware anbieten.
- 1975 gründet der Verband der Hochschullehrer für Betriebswirtschaft e.V. die Wissenschaftliche Kommission (WK) Betriebsinformatik.
- 1978 erscheint das erste Lehrbuch, das im Titel den Begriff Wirtschaftsinformatik verwendet. Der Autor ist Hans Robert Hansen.
- 1981 gibt die Wissenschaftliche Kommission Betriebsinformatik den ersten Studien- und Forschungsführer Betriebs- und Wirtschaftsinformatik heraus.
- 1983 wird der Fachbereich Wirtschaftsinformatik innerhalb der Gesellschaft für Informatik gegründet. An 14 Universitäten gibt es bereits Wirtschaftsinformatik-Lehrstühle.
- 1984 wird die IDS Scheer mit Sitz in Saarbrücken von August-Wilhelm Scheer gegründet. Eine wichtige Errungenschaft ist das ARIS-Konzept.
- 1986 erscheint die Erstausgabe der Zeitschrift „IM – Information Management".

- 1987 Umbenennung der Wissenschaftlichen Kommission Betriebsinformatik in WKWI (Wissenschaftliche Kommission Wirtschaftsinformatik).

- Anfang der 90er-Jahre etabliert sich das Informationsmanagement als erste Teildisziplin der Wirtschaftsinformatik.

- 1990 Zeitschrift „Wirtschaftsinformatik" (vormals Angewandte Informatik bzw. „Elektronische Datenverarbeitung").

- 1993 Einführung einer eigenständigen Konferenz für Wirtschaftsinformatik und erstmalige Ausrichtung an der Universität Münster.

- 2001 wird die erste Fakultät für Wirtschaftsinformatik an der Otto-Friedrich-Universität Bamberg errichtet.

- 2005 gibt die Gesellschaft für Informatik erste Rahmenempfehlungen für Bachelor/Master-Studiengänge der Wirtschaftsinformatik ab; Beginn der Umsetzung der Bologna-Richtlinien. → Bachelor-/Masterstudiengänge

- 2007 Rahmenempfehlung für Bachelor/Master-Studiengänge in Wirtschaftsinformatik, verabschiedet durch die Gesellschaft für Informatik und die Wissenschaftliche Kommission Wirtschaftsinformatik.

- 2008 Verabschiedung einer Rankingliste der relevanten Zeitschriften und Publikationsmedien für die Wirtschaftsinformatik durch die Wissenschaftliche Kommission Wirtschaftsinformatik.

Kapitel 2

Wirtschaftsinformatik als Wissenschaft

Die Wirtschaftsinformatik ist heute als eigenständige Wissenschaftsdisziplin etabliert und anerkannt. Diese Eigenständigkeit drückt sich u.a. in der Habilitationsmöglichkeit und in zahlreichen einschlägigen Studiengängen an Universitäten und Fachhochschulen aus [MCE$^+$02]. Am Beginn der Entwicklung zu Anfang der 70er-Jahre standen intensive und kontroverse Diskussionen zwischen den beiden Mutterdisziplinen Informatik und Betriebswirtschaftslehre über die Zuordnung der Wirtschaftsinformatik als Teilfach. Diese „Eigentumsansprüche" sind weitgehend Vergangenheit, da sich die Wirtschaftsinformatik (im angloamerikanischen Sprachraum als Information Systems bezeichnet) als eigenständige Disziplin durchgesetzt hat und der Loslösungsprozess von den Mutterdisziplinen abgeschlossen ist. Die Wirtschaftsinformatik wird dabei nach verbreitetem Verständnis den Wirtschaftswissenschaften zugerechnet.

Auch wenn eine abschließende Strukturierung der Fachinhalte noch immer schwierig ist, soll in diesem Kapitel ein Versuch unternommen werden, die Ausdifferenzierung und die inhaltliche Breite der Wirtschaftsinformatik zu dokumentieren. Die primäre Ausrichtung kann zunächst mit der Konzentration auf Informationssysteme in Organisationen beschrieben werden. Diese Position findet sich auch noch in den meisten gängigen Definitionen und Gliederungsvorschlägen zum Fach Wirtschaftsinformatik. Eine genauere Analyse macht jedoch deutlich, dass in den letzten zehn Jahren eine enorme Weiterentwicklung erfolgt ist. Die Grundlagen des Faches und ein gemeinsames Verständnis der Erkenntnisgegenstände stellen einen wichtigen Teil des Fachwissens dar, über das trotz der dynamischen Weiterentwicklung Konsens herzustellen ist. Um dieses Anliegen geht es in diesem Kapitel. Es werden der Gegenstandsbereich, die Einordnung in die Wissenschaftslandschaft (Kapitel 2.1) und die Grundorientierungen der Wirtschaftsinformatik dargelegt sowie eine terminologische Basis geschaffen (Kapitel

2.2). Zugleich soll damit auf die Besonderheiten hingewiesen werden, die sich aus dem spezifischen Aufgabenfeld der Wirtschaftsinformatik ergeben. Abschließend wird auf die Berufsbilder der Wirtschaftsinformatik eingegangen (Kapitel 2.3).

2.1 Gegenstandsbereich und Forschungsinhalte

2.1.1 Fachinhalte der Wirtschaftsinformatik

Das „**Profil der Wirtschaftsinformatik**" als Wissenschaft, das bis vor wenigen Jahren prägend war, wurde von der wissenschaftlichen Gemeinschaft, den Mitgliedern der Wissenschaftlichen Kommission Wirtschaftsinformatik im Verband der Hochschullehrer für Betriebswirtschaft e.V., folgendermaßen zusammengefasst [LHM95]:

Gegenstand der Wirtschaftsinformatik?

Gegenstand der Wirtschaftsinformatik sind Informations- und Kommunikationssysteme (IKS) in Wirtschaft und Verwaltung (kurz: Informationssysteme IS). IKS sind soziotechnische Systeme, die menschliche und maschinelle Komponenten (Teilsysteme) als Aufgabenträger umfassen, die voneinander abhängig sind, ineinandergreifen und/oder zusammenwirken. Im Mittelpunkt steht die Unterstützung bei der Erfüllung betrieblicher Aufgaben. Der Begriffsbestandteil Information verdeutlicht, dass es primärer Zweck dieser Systeme ist, betriebliche Prozesse mit Hilfe von Informationen zu lenken und die Informationsnachfrage von Aufgabenträgern (sei es Mensch oder Maschine) zu befriedigen. Art und Umfang der Informationsnachfrage ergeben sich aus den in Wirtschaft und Verwaltung zu erfüllenden Aufgaben. Der Begriffsbestandteil Kommunikation verdeutlicht, dass eine Koordination zwischen arbeitsteilig wirkenden Aufgabenträgern stattfindet. IKS sind offene Systeme. Ziel ihrer Konstruktion und Anwendung ist die optimale Bereitstellung von Information und Unterstützung von Kommunikation nach wirtschaftlichen Kriterien.

IKS sind komplex. Die Wirtschaftsinformatik zielt daher darauf ab, bestimmte Arten von IKS oder einzelne ihrer Komponenten zu isolieren, zu untersuchen und zu integrieren. Typische Arten von IKS ergeben sich aus unterschiedlichen Sichten der untersuchten Organisationseinheiten, z.B. IKS einer Organisation, IKS einer Arbeitsgruppe, IKS einer Person, IKS einer Branche, IKS einer betrieblichen Funktion oder IKS eines Geschäftsprozesses. Typische Komponenten von IKS sind z.B. Daten, Funktionen, Objekte und Mensch-Maschine-Schnittstellen.

Die Wirtschaftsinformatik ist eine Realwissenschaft, da Phänomene der Wirklichkeit (IKS in Wirtschaft und Verwaltung) untersucht werden. Die Wirtschaftsinformatik ist ebenso eine Formalwissenschaft, da die Beschreibung, Erklärung, Prognose und Gestaltung der IKS der Entwicklung und

Anwendung formaler Beschreibungsverfahren und Theorien bedürfen. Die Wirtschaftsinformatik ist weiterhin eine Ingenieurwissenschaft, da insbesondere die Gestaltung von IKS eine Konstruktionssystematik verlangt.

Ziel wissenschaftlicher Untersuchungen der Wirtschaftsinformatik

Ziel der Wirtschaftsinformatik ist die Gewinnung von Theorien, Methoden, Werkzeugen und intersubjektiv nachprüfbaren Erkenntnissen über IKS und die Ergänzung des Methoden- und Werkzeugkastens der Wissenschaften um solche der Wirtschaftsinformatik, die den sozio-technischen Erkenntnis- und Gestaltungsgegenstand einer wissenschaftlichen Untersuchung ausmachen.

Die Wirtschaftsinformatik verwendet die Gliederung einer wissenschaftlichen Auseinandersetzung in der Beschreibung von IKS, Erklärung derselben, Prognose des Systemverhaltens und Gestaltung neuartiger Systeme. Die Beschreibungsaufgabe ist die Schaffung terminologischer Grundlagen, die im Gegensatz zur Umgangssprache eindeutig sind und damit eine auf viele Personen verteilte wissenschaftliche Arbeit erst ermöglichen. Ergebnis von Erklärung und Prognose sind Modelle, Theorien und Hypothesen zu IKS und deren empirische Überprüfung. Die Gestaltung verlangt nach der ingenieurwissenschaftlichen Erstellung von Gestaltungshilfsmitteln (Methoden, Werkzeugen, Anwendungsprototypen) für den Gestalter in Wirtschaft und Verwaltung. Die Gestaltungshilfsmittel müssen sich im Sinne implementierter Hypothesen über die Vorteilhaftigkeit von entsprechenden Methoden, Werkzeugen und Anwendungsprototypen praktisch bewähren. Insofern sind, gerade auch für die Wirtschaftsinformatik als Realwissenschaft, Arbeiten in der Praxis zum Zweck der Gewinnung und Validierung von Erkenntnissen wünschenswert und notwendig.

Studienplanempfehlungen gibt es für die Ausbildung in der Wirtschaftsinformatik seit 1984 [Sch07]. Damals rief die Schmalenbach-Gesellschaft (Deutsche Gesellschaft für Betriebswirtschaft e.V.) einen Fachausschuss ins Leben, der unter Leitung von Prof. Peter Mertens eine Empfehlung erarbeitete. Die rasche Weiterentwicklung, insbesondere im technologischen Bereich, machte bald darauf eine erste Überarbeitung erforderlich, der weitere folgten. Den Bezugsrahmen der Wirtschaftsinformatik stellen auf Basis dieser gemeinsamen Sicht der Fachvertreter die innerbetriebliche und die zwischenbetriebliche Informationsverarbeitung dar. Der Einsatz der Informationstechnologie beschränkt sich allerdings nicht auf Unternehmen, sondern umfasst Organisationen im weitesten Sinne (also auch Non-Profit-Organisationen und öffentliche Verwaltungen), aber auch Anwendungen in privaten Haushalten. Beispielhaft können daraus folgende Themen als Gegenstand des wissenschaftlichen Interesses abgeleitet werden:

- Entwurf und Gestaltung von Informations- und Kommunikationssystemen (Methodik der Systemplanung und -analyse, rechnergestützte Arbeitsplätze, Modelle betrieblicher Anwendungssysteme, Daten- und Systemarchitektur);

- Erklärung relevanter Phänomene in Verbindung mit der innerbetrieblichen, zwischenbetrieblichen und überbetrieblichen Informationsverarbeitung;
- Information als wirtschaftliches Gut (Informationsmanagement, Informationsbedarf, Informationsbedarfs-Analyse);
- Informationslogistik und Informationsinfrastruktur;
- Auswirkungen des Einsatzes von Informationssystemen und Technologiefolgenabschätzung einschließlich des Verhaltens von Benutzern und Betreibern;
- Lösungen für betriebswirtschaftliche Probleme (theoretisch und praktisch) mit Hilfe von Informationstechnologien sowie der Einsatz von Informationstechnologien in Organisationen generell;
- Entwicklung und Weiterentwicklung von Theorien zur betrieblichen Informationsverarbeitung.

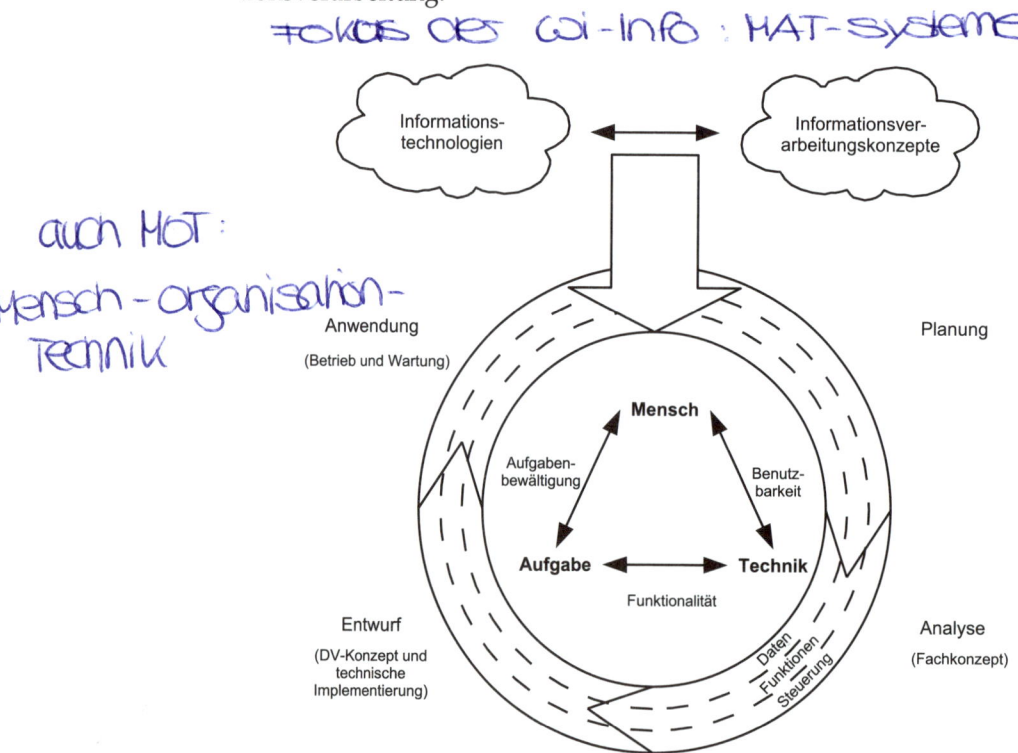

Abbildung 2.1: MAT-Systeme als Gegenstandsbereich der traditionellen Wirtschaftsinformatik

Die traditionelle Sicht der Wirtschaftsinformatik reduziert den Gegenstandsbereich des Faches dabei manchmal auf so genannte **MAT-Syteme (Mensch-Aufgabe-Technik-Systeme)** und alle damit zusammenhängenden Aufgaben wie

2.1 Gegenstandsbereich und Forschungsinhalte

Planung, Analyse, Entwurf sowie Betrieb und Wartung (siehe Abbildung 2.1). Damit kommt natürlich auch die Bedeutung von Begriffen für die Definition und Abgrenzung der Inhalte einer Wissenschaft ins Spiel (hier wird insbesondere auf die Diskussion der Begriffe System, Informations- und Anwendungssystem in Kapitel 2.2 verwiesen). Natürlich sind solche MAT-Systeme nicht ohne den Kontext einer **Organisationsorientierung** zu verstehen, wobei die Verbindung der genannten Aspekte eine Besonderheit der Wirtschaftsinformatik ausmacht, die sie von den ursprünglichen Elterndisziplinen, nämlich der Betriebswirtschaftslehre und der Informatik, deutlich unterscheidet. Daraus leiten sich wiederum Studieninhalte ab, an deren Entwicklungsschritten auch die Evolution des Faches ablesbar ist.

Der Personal Computer ist z.B. heute ein so selbstverständliches Werkzeug geworden, dass eine spezialisierte Ausbildung dazu an einer Hochschule nicht mehr gerechtfertigt wäre. Anders ausgedrückt, könnte man auch fragen, worin heute der besondere Beitrag dieser jungen Disziplin liegt? Die Orientierung an Informationssystemen, aber auch an betrieblichen Aufgabenbereichen ist in der modernen Wirtschaftsinformatik noch immer aktuell, das Erkenntisinteresse hat sich aber inzwischen deutlich ausgeweitet. Dies findet seinen Niederschlag gleichermaßen in der Forschung wie in der Hochschulausbildung.

Die Hochschulausbildung findet unter verschiedenen Rahmenbedingungen statt. Die Unterschiede liegen u.a. bei den Zielgruppen, im Umfang, in der institutionellen Verankerung und in inhaltlichen Schwerpunktsetzungen. Die Ausprägungen reichen von Einführungsveranstaltungen und Wahlpflichtfächern in einem betriebswirtschaftlichen Studium über Studienschwerpunkte, Nebenfächer in anderen Studiengängen (z.B. Informatik, Mathematik) bis hin zu eigenständigen Studiengängen. Bei den Studienangeboten der Wirtschaftsinformatik, die diese aktuelle Situation widerspiegeln, finden sich zwei Ausprägungsformen (mit vielen Varianten bei den existierenden Studiengängen), die sich an den Inhalten bzw. der Schwerpunktsetzung in der Ausbildung manifestieren:

- **Orientierung an primär wirtschaftswissenschaftlichen Inhalten und Zielsetzungen** (in der anglo-amerikanischen Kultur als IS-Focus bezeichnet); das Erkenntnisobjekt, die Forschungsziele etc. unterscheiden sich in diesem Fall von jenen der Informatik und weisen eine deutliche Eigenständigkeit auf. Beispiele für Kernthemen sind (ohne Anspruch auf Vollständigkeit): Requirements Engineering, Projektmanagement, Systementwicklungs-Ansätze, IS/IT-Management, Organisation und organisatorischer Wandel, Technologieadaption, -einsatz und -diffusion (Kernthemen betreffen das zeitinvariante Wissen, sie werden bei der Gestaltung von Studiengängen ergänzt durch aktuelle, zeitnahe Entwicklungen und Themen).

- **Orientierung an der Informatik und/oder eher technischen Inhalten** (in der anglo-amerikanischen Kultur als IT-Focus bezeichnet); Vertreter dieser Richtung sehen die Wirtschaftsinformatik gerne auch als Teil der Informatik, die um BWL-Grundkurse ergänzt wird; von Anhängern einer reinen Wissenschaft werden solche Bindestrich-Informatiken manchmal verunglimpft als Informatik light dargestellt. Beispiele für Kernthemen sind: Hardware, Systemsoftware, Programmiermethodik, Test und Implementierung, Datenbanktechnologie, IT-Security, Mensch-Maschine-Schnittstelle, Ontologien/Wissensrepräsentation etc.

Dabei wird deutlich, dass das Verhältnis zur bzw. die Abgrenzung von der Informatik für die Identität des Faches nicht ganz unwesentlich ist. Die inhaltlichen Berührungspunkte zwischen Wirtschaftsinformatik und Informatik betreffen vor allem die Angewandte Informatik (eine Teildisziplin der Informatik, wobei eine besondere Nähe zur zweiten Variante, d.h. der IT-orientierten Ausprägung der Wirtschaftsinformatik, festzustellen ist. Allerdings konzentriert sich die angewandte Informatik eher auf konkrete Aufgaben oder Probleme (z.B. Algorithmen für die Routenplanung), während sich die Wirtschaftsinformatik mit dem Aufgabenfeld als Ganzem befasst (z.B. Logistik). Informatiker sind gewöhnlich Spezialisten für Methoden, nicht für Anwendungsgebiete (zumindest nicht im betriebswirtschaftlichen Sinne). Wirtschaftsinformatiker sind Integratoren (d.h. sie kümmern sich darum, neue Technologien in einen Anwendungskontext einzufügen, den Aufwand für IT-unterstützte Lösungen zu minimieren, die Effektivität und Effizienz zu beurteilen etc.). Sie sind daher problemorientiert und aufgabenorientiert. Dies könnte man kurz umschreiben mit **creating business with or out of technology**. Im Unterschied dazu könnte man den eher methoden- und technologieorientierten Fokus der Informatik mit **creating and improving technology** umschreiben. Diese Unterschiede implizieren auch eine unterschiedliche Perspektive in Lehre und Forschung dieser beiden Disziplinen.

Der momentan letzte Stand der Empfehlungen zu den Studieninhalten der Wirtschaftsinformatik ist die Rahmenempfehlung für die Universitätsausbildung in Wirtschaftsinformatik, die von einer Fachkommission im Auftrag der Wissenschaftlichen Kommission (WK) Wirtschaftsinformatik im Verband der Hochschullehrer für Betriebswirtschaft erarbeitet wurde und am 28.6.2007 auch vom Präsidium der Gesellschaft für Informatik genehmigt worden ist. In diesem Dokument wird bereits auf die Bachelor- und Masterstudiengänge Rücksicht genommen, und es wird versucht, die Wirtschaftsinformatik-Ausbildung in allgemeiner Form durch inhaltliche Schwerpunkte zu beschreiben. Damit sollte ein gemeinsames Dach für die Vielfalt von Ausbildungsvarianten geschaffen werden. Als Gegenstand der Wirtschaftsinformatik werden Informations- und Kommunikationssysteme (IKS) in Wirtschaft und Verwaltung festgemacht, die zunehmend auch in die privaten Haushalte hineinwirken. Dabei handelt es sich um sozio-technische Systeme, d.h. die Aufgaben werden von personellen und maschinellen Aufgabenträgern kooperativ durchgeführt.

Die Aufgabe der Wirtschaftsinformatik wird in der Entwicklung und Anwendung von Theorien, Konzepten, Modellen, Methoden und Werkzeugen für die Analyse, Gestaltung und Nutzung von Informationssystemen gesehen. Dabei greift die Wirtschaftsinformatik auch auf Ansätze der Betriebswirtschaftslehre (und gelegentlich der Volkswirtschaftslehre, Psychologie und Pädagogik) sowie der Informatik zurück, die sie erweitert, integriert und um eigene spezifische Ansätze ergänzt. Aus der Sicht betrieblicher Systeme arbeitet die Wirtschaftsinformatik querschnittsbezogen, aus der Sicht der Wissenschaftsgebiete interdisziplinär. Das Thema Integration spielt daher eine zentrale Rolle in der Wirtschaftsinformatik.

Zusammenfassend lässt sich feststellen, dass sich der Gegenstandsbereich der Wirtschaftsinformatik in den letzten Jahren stark ausgeweitet hat. Das Interesse konzentriert sich nicht auf ein einziges, klar abgrenzbares Erkenntnisobjekt (in der Literatur manchmal als IT-Artefakt bezeichnet), sondern umfasst mehrere Bereiche, die in ihrer Summe das Fach definieren. Diese Bereiche werden in den wesentlichen Inhalten der Wirtschaftsinformatik-Ausbildung reflektiert und können aktuell folgenden Schwerpunkten zugeordnet bzw. darin zusammengefasst werden:

- **Fachliche und methodische Grundlagen.** Gegenstand der Wirtschaftsinformatik, Überblick über Teilgebiete, Arten von Informationssystemen, Bezüge zwischen Wirtschaftsinformatik und Organisationsführung, rechtliche Rahmenbedingungen wie Vertragsrecht, Urheberrecht, Datenschutz, Betriebsverfassung, Organisationsrecht, Produkthaftung; Relevante Betrachtungsgegenstände und Methoden aus den Verhaltenswissenschaften; IT-Industrie (Produktpolitik, Softwaremarketing, Standardisierung, Innovationsmanagement); Markt für IT-Produkte.

- **Informations- und Kommunikationstechnologie.** Theoretische Grundlagen der Informatik; Funktionsweise und Nutzungsformen von Rechner- und Betriebssystemen: Hardwarekomponenten, Rechnerarchitekturen, Systemsoftware, Hardware- und Systemsoftware-Plattformen sowie Middleware und Entwicklungsplattformen (z.B. .NET und J2EE); Rechnernetze: Internet, Intranet; lokale Netze, Weitverkehrsnetze; drahtlose Netze; Datenkommunikation: Dienste (z.B. WWW, FTP, Telnet, SMS) und Protokolle (z.B. TCP/IP, HTTP, SMTP).

- **Informations- und IT-Management.** Gestaltung der Informationsfunktion in Organisationen; Nutzung und Nutzen von Information; Informationsbedarfsanalyse; Planung, Steuerung und Kontrolle der Ressourcen Hardware und Software (insbesondere Infrastruktur und Anwendungssysteme), Messung des ökonomischen Beitrags von IT-Lösungen (IT-Value), IT-Strategie, Risikoanalyse; Kosten-Nutzen-Betrachtungen; Controlling der Informationsversorgung; IT-Aufbauorganisation, Outsourcing; Informationsmarkt, Gestaltung und Betrieb von Informationsnetzen zur Schaffung von Mehrwert (z.B. Supply Chain); Diffusion von Standards, Interoperabilität; Ansätze zur organisationsinternen und zur organisationsübergreifenden Integration von Anwendungssystemen (z.B. Enterprise Application Integration); Systeme zur Unterstützung der Kooperation (z.B. Groupware, Workflowsysteme), Sicherheit in der Informationsverarbeitung (IV); Datenschutz, Informationssystem- und Geschäftsarchitektur, Integrationskonzepte, individuelles/personelles Informationsmanagement.

- **Informationssysteme und Electronic Business.** Betriebliche und wirtschaftszweigorientierte Informationssysteme, insbesondere in Industrie, Handel und Dienstleistungssektor, einschließlich Enterprise-Resource-Planning-Systemen, prozessorientierte Informationssysteme (z.B. Auftragsabwicklung), funktionsorientierte Informationssysteme (z.B. Personalwirtschaft, Finanzwirtschaft), Informationssysteme in spezifischen Anwendungsbereichen (z.B. E-Learning, Spiele, virtuelle Welten), Funktions- und prozessübergreifende Integrationsbereiche (z.B. Life Cycle Management, Customer Relationship Management, Computer Integrated Manufacturing, Supply Chain Management), Elektronische Marktplätze; digitale Produkte, Qualität, Vorgehensmodelle, Usability und Akzeptanz von Systemen.

- **Prozess- und Wissensmanagement.** Die produkt- und objektorientierte Betrachtung betrieblicher Informationssysteme wird damit durch eine service- und leistungsorientierte Betrachtung abgerundet. Wichtige Themen sind (teilweise werkzeuggestützt) die Prozessidentifikation, die Prozessmodellierung, die Prozessanalyse, die Prozessverbesserung und das Prozesscontrolling; Wirtschaftsinformatik als Innovationswissenschaft, Change Management.

- **Anwendungssystem-Entwicklung.** Software Engineering, Web-Engineering, Media-Engineering, Auswahl, Anpassung und Einführung von Standardanwendungssoftware (z.B. von Enterprise-Resource-Planning-Systemen): Phasenmodell für betriebliche Anwendungssysteme; Customizing, Parametrisierung, Generierung u.a., Systemintegration.

- **Daten und Wissen.** Datenmodelle und Datenbanksysteme: konzeptuelle Datenmodellierung, Organisationsdaten-Modellierung, Datenbanksprachen, Data Mart, Data/Information Warehouse, Wissensrepräsentation und Wissensverarbeitung, Knowledge Engineering; Wissensmanagement, Business Intelligence.

- **Dispositions- und Entscheidungshilfen.** Mathematisch-statistische Methoden und Modelle, z.B. Prognoseverfahren, Methoden und Modelle des Operations Research (einschließlich Methoden und Modellen der Simulation), Formale Methoden und Modelle der Künstlichen Intelligenz, des Softcomputing und der Agententechnologie.

- **Normative und regulative Ebene.** Soziale und gesellschaftliche Veränderungen, ethische Prinzipien beim Einsatz von Informationssystemen, Standardisierungsmechanismen, Normen und allgemeine administrative Vorschriften, IT-Compliance, Technologiepolitik und Technologiefolgen u.a.m.

2.1.2 Einordnung in die Wissenschaftslandschaft

Die Wirtschaftsinformatik gewinnt auch innerhalb der Wissenschaftslandschaft, die in den letzten Jahrzehnten eine Erweiterung um zahlreiche neue Fächer erfahren hat, zunehmend Profil. Versucht man eine Einordnung der Wirtschaftsinformatik, so stellt man rasch fest, dass sich weder die Disziplin noch ihre Fachinhalte eindimensional gliedern lassen. Eine Reduktion auf die beiden Wortbestandteile Wirtschaft und Informatik greift aus einem modernen Fachverständnis heraus auf jeden Fall zu kurz, weil damit viele wesentliche Perspektiven ausgeschlossen oder wichtige Phänomene nicht erfasst werden. Es geht also nicht mehr primär oder ausschließlich um den Einsatz von Informations- und Kommunikationstechnik im Bereich der Wirtschaft, wie dies in den früheren Definitionen des Faches noch zu finden war. Vielmehr geht es inzwischen um die umfassende sozio-ökonomische Betrachtung von IT-Anwendungen, welche die zunehmende Verwendung von Informationstechnologien in privaten Haushalten ebenso einschließt wie makro-ökonomische Konsequenzen oder Einflüsse auf Verhaltensformen und gesellschaftliche Normen.

Mit dieser Kontexterweiterung hat sich die moderne Wirtschaftsinformatik auch aus dem eindimensionalen Spannungsfeld der ursprünglichen Elterndisziplinen Betriebswirtschaftslehre und Informatik gelöst und ist zu einer wirklich **inter- und transdisziplinären Wissenschaft** geworden, die ihre Erkenntnisse gemeinsam mit vielen weiteren Disziplinen wie Arbeitspsychologie, Volkswirtschaftslehre, Rechtswissenschaften, Pädagogik erarbeitet.

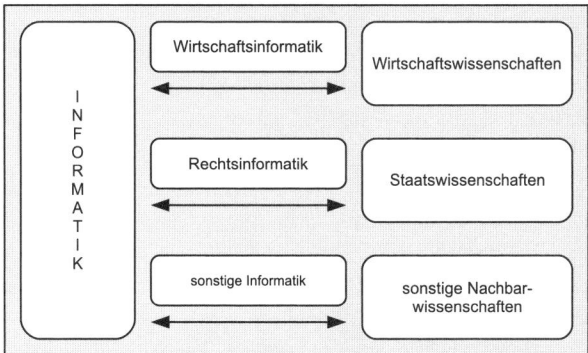

Abbildung 2.2: Brücken-Modell nach [Ste93]

Die bereits angesprochene Abgrenzung der Wirtschaftsinformatik von Informatik und Betriebswirtschaftslehre verweist auf inhaltliche Fragestellungen, die mit dem Erkenntnisgegenstand und der Identität der Fächer zu tun haben. Dies wird manchmal überspitzt in der Meinung zusammengefasst, dass zwischen der Informatik als der reinen Computerwissenschaft und den Anwendungen (bzw. der Betriebswirtschaftslehre als Anwendungsfach) keine Zwischendisziplinen erforderlich sind, weil die Informatik bereits alles kann. Praktische Fragen bzw. eine Annäherung an die Praxis werden in Diskussionen rasch als nichtwissenschaftlich oder sogar unwissenschaftlich abqualifiziert.

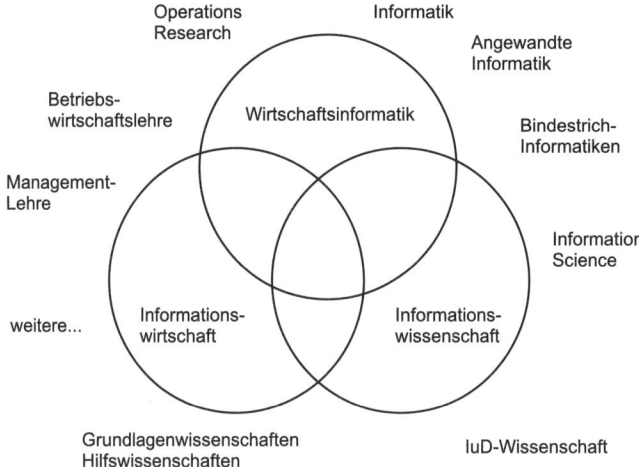

Abbildung 2.3: Diffusions- oder Schnittmengen-Modell

Die Abbildungen 2.2 bis 2.4 zeigen allerdings, dass es neben dieser ideologischen Sichtweise auch andere Auffassungen gibt. Relativ anschaulich wird das Selbstverständnis und die Einordnung mit Bezeichnungen wie Brückenmodell, Mengenmodell und Patchworkmodell zum Ausdruck gebracht. Die Leitvorstellung ist dabei nicht die Isolation, sondern die Integration zwischen verschiedenen Wissenschaftsdisziplinen, eine Leitvorstellung – die letztlich auch der Praxis im Sinne einer stärkeren Anwendungsorientierung nützen dürfte. Das entspricht auch dem Verhältnis zu den Nachbardisziplinen, wie es von Heinrich [Hei93] gesehen wird.

Die Wirtschaftsinformatik ist keine reine Formalwissenschaft (wie z.B. die reine Mathematik, die Logik oder die Statistik). Bei der Wirtschaftsinformatik handelt es sich größtenteils um eine Realwissenschaft (man spricht auch von empirischer Wissenschaft oder Erfahrungswissenschaft). Der Unterschied zur Formalwissenschaft besteht darin, dass in der Realwissenschaft die Überprüfbarkeit aller Aussagen an der Realität mittels Erfahrung gefordert wird. Diese Feststellung ist vor allem im Hinblick auf ein zu schaffendes Theoriegebäude von Bedeutung. Die Art der Wissenschaft ist für das Verständnis und die Ausrichtung der Forschung bestimmend. Obwohl eine stärkere Verankerung in der Mathematik und in anderen formalen Methoden wünschenswert wäre, wird eine Reduktion auf sie als zu starke Beschränkung dessen empfunden, was heute unter Wirtschaftsinformatik zusammengefasst wird. In diesem Zusammenhang ist auch die Forderung zu sehen, eine zusammenhängende Theorie der Wirtschaftsinformatik zu entwickeln, ihre Begriffe, Methoden und Anwendungsfelder zu beschreiben sowie den wissenschaftlichen Standort zu bestimmen. Dabei darf nicht übersehen werden, dass

2.1 Gegenstandsbereich und Forschungsinhalte 19

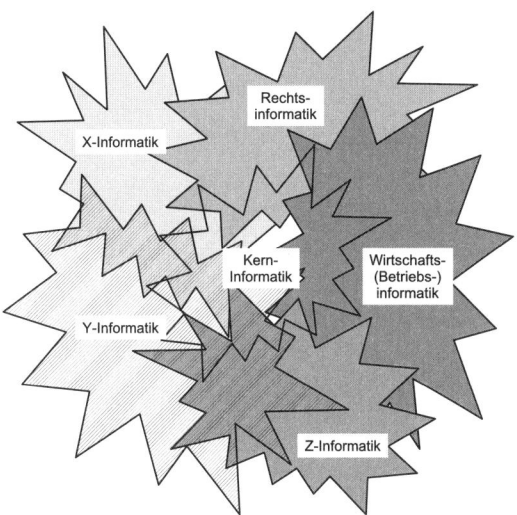

Abbildung 2.4: Patchwork-Modell nach [Ste93]

der Begriff Theorie in den verschiedenen Wissenschaftsdisziplinen eine sehr unterschiedliche Bedeutung hat und auch eine unterschiedliche Rolle spielt. Diese Auseinandersetzungen werden nicht immer vor einer breiten Öffentlichkeit ausgetragen, ihre Existenz, selbst in so anerkannten Wissenschaften wie der Mathematik, mag jedoch als Indikator dienen, dass auch eine Theorie der Wirtschaftsinformatik nicht ohne fundamentale inhaltliche Auseinandersetzungen entstehen dürfte. Eine wichtige Rolle spielen in Verbindung mit der Einordnung des Faches in die Wissenschaftslandschaft auch die erkenntnistheoretische Grundposition sowie die paradigmatische Ausrichtung. Die paradigmatische Betrachtungsweise erlaubt es, die Entwicklung einer Wissenschaft und den Erkenntniszuwachs insgesamt zu erfassen. Jüngere Wissenschaften wie die Wirtschaftsinformatik beginnen dabei in einer vor-paradigmatischen Suchphase, aus der sich dominante wissenschaftstheoretische und forschungsmethodische Richtungen herausbilden und die zumindest für eine gewisse Zeit zu einer Vorstrukturierung des Problemlöseverhaltens und einer vorherrschenden „Weltsicht" mit dem Status eines temporären Monopols führen können. Weit verbreitet sind heute der kritische Rationalismus und der Konstruktivismus, die auch für die Wirtschaftsinformatik von Bedeutung sind.

Als Erkenntnismethoden stehen aufgrund der wirtschafts- und sozialwissenschaftenschaftlichen Orientierung die Induktion, die Deduktion und die Hermeneutik zur Verfügung. Daraus erklären sich im Übrigen auch Unterschiede zu den Theorien und Erkenntniszielen der Informatik [HHR07], deren Theorieverständnis stark von den Ingenieurwissenschaften geprägt ist. Als erkenntnistheoretisches Paradigma spielt zum einen das konstruktionswissenschaftliche Paradigma (Wirtschaftsinformatik als „Design Science") eine Rolle, zum anderen das behavioristische oder verhaltenswissenschaftliche Paradigma (Wirtschaftsinformatik als „Behavioral Science"). Im ersten Fall steht die (proaktive) Entwicklung nützlicher IT-Systeme im Mittelpunkt, sowie die dafür erforderlichen Modelle, Methoden und Werkzeuge. Im zweiten Fall geht es um die (reaktive) Analyse und die Untersuchung der Wirkungen der Systeme auf Anwender, Organisationen und Märkte [WH07]. Mit der stärkeren Verwendung von quantitativ-empirischen Methoden (gegenüber einer argumentativ-deduktiven Vorgehensweise) gewinnt das verhaltenswissenschaftliche Paradigma an Bedeutung für die Wirtschaftsinformatik. Dieses Thema wird im nächsten Kapitel in Verbindung mit Fragen der Forschungsmethodik noch weiter vertieft.

2.1.3 Wissenschaftskonzeption und Forschungsmethodik

In der Wissenschaftstheorie unterscheidet man zwischen einem theoretischen und einem pragmatischen Wissenschaftsziel [HFU98]. Das theoretische Wissenschaftsziel entspricht dem positivistischen Wissenschaftsideal der Naturwissenschaften; es besteht in der Erklärung und Prognose des Verhaltens der Forschungsobjekte. Auf das Forschungsobjekt der Wirtschaftsinformatik übertragen, könnte dieses Ziel im Aufbau einer Theorie mit folgenden Ansprüchen bestehen:

- Beschreibung des Aufbaus und des Verhaltens von Informations- und Kommunikationssystemen bzw. der einzelnen Komponenten solcher Systeme (z.B. Mensch, Aufgabe, Technik) in betriebswirtschaftlichen Anwendungen;

- Erklärung ihrer Wirkungen durch axiomatische Aussagen;

- Aufstellung von Verhaltensprognosen aufgrund erkannter Zusammenhänge.

Das pragmatische Wissenschaftsziel besteht hingegen weniger in der Wirklichkeitserkenntnis als vielmehr in der Nutzbarmachung von Erkenntnissen für die Wirklichkeitsgestaltung [HFU98]. Es geht also um die Entwicklung oder Ableitung praktisch anwendbarer Handlungsanleitungen. Man spricht daher auch von einer operationsanalytischen Wissenschaftskonzeption, im Unterschied zur realanalytischen Wissenschaftskonzeption, die dem theoretischen Wissenschaftsziel entspricht. Im Mittelpunkt der realanalytischen Konzeption stehen primär Fragen nach den Ursachen von Phänomen bzw. von Ursache-Wirkungs-Zusammenhängen, wobei gesetzmäßige Aussagen darüber angestrebt werden. Es geht also im Wesentlichen um die Ableitung situativer Handlungsanweisungen. Die Determinanten werden nur so weit analysiert, wie dies für die Gewinnung von situations- und zielgerechten Handlungsanweisungen erforderlich ist. Auf Probleme einer zu eng gewählten Perspektive, einer Verletzung des Kausalitätsprinzips u.a. wird hier nicht eingegangen.

Die Forschung ist heute in allen Wissenschaftsdisziplinen zu einem außerordentlich komplexen Vorgang geworden. In einer solchen Situation ist eine systematische Vorgehensweise (Forschungsmethodik) unentbehrlich, wenn die Zusam-

2.1 Gegenstandsbereich und Forschungsinhalte

menarbeit zwischen den einzelnen Forschern und Forschungsgruppen sowie die Forschungsprozesse selbst erfolgreich sein sollen [Gro78]. Die Forschungsmethodik der Wirtschaftsinformatik kann als anwendungsorientierte Forschung charakterisiert werden. Übertragen auf eine Skala mit den Dimensionen theoretisches Wissenschaftsziel und pragmatisches Wissenschaftsziel, liegt die Einordnung auf der pragmatischen Seite. Probleme der Grundlagenforschung entstehen im Theoriezusammenhang und betreffen die Frage nach der Gültigkeit und Erklärungskraft von Theorien und allgemeinen Hypothesen. Probleme der angewandten Forschung entstammen dagegen der Praxis und entstehen außerhalb der Wissenschaft [Ulr85]. In der angewandten Forschung ist nicht die Gültigkeit von Theorien das zu untersuchende Problem, sondern die Anwendbarkeit von Modellen und Regeln für wissenschaftsgeleitetes Verhalten in der Praxis.

Die Forschungsmethodik wird mithilfe von Forschungsmethoden umgesetzt. Dazu gibt es in der Wirtschaftsinformatik inzwischen eine intensive Auseinandersetzung (z.B. [HHR07], [Sch07],[Fra06], [WH07], [LZ07]). Wichtige, in der Wirtschaftsinformatik eingesetzte Forschungsmethoden sind [WH07]:

- Simulation
- Referenzmodellierung
- Aktionsforschung
- Prototyping
- Ethnografie
- Fallstudie und Stichproben
- Grounded Theorie
- Qualitative und quantitative Querschnittsanalyse
- Labor-/Feldexperiment
- Primärerhebung und Sekundäranalyse

Mit der Hinwendung von lange Zeit überwiegend argumentativen und auf die Entwicklung von Prototypen ausgerichteten Forschungsarbeiten zu spezifischeren Methoden und einer stärker werdenden formalen Repräsentation gewinnt auch das Methodenprofil an Schärfe. Der individuelle Forschungsprozess setzt sich aus einzelnen Forschungsaktivitäten zusammen, deren Reihenfolge durch die Forschungslogik festgelegt wird. Für die Organisationslehre ordnen Hill u.a. die Forschungsaktivitäten je einer der folgenden Aufgabenstellungen zu, die auch als beispielhaft für die Wirtschaftsinformatik angesehen werden können [HFU98]:

- terminologisch-deskriptive Aufgabenstellungen: Schaffung eines Begriffssystems und dessen Anwendung für die Beschreibung der Forschungsobjekte;

- empirisch-induktive Aufgabenstellung: empirische Untersuchung beobachtbarer Zusammenhänge und induktive Ableitung von Hypothesen durch Verallgemeinerung der Einzelbeobachtungen;

- analytisch-deduktive Aufgabenstellung: deduktive Konstruktion von Modellen und ihre analytische Auswertung.

Ein Beispiel für eine mögliche Vorgehensweise der anwendungsorientierten Forschung zeigt Abbildung 2.5 [Ulr85]. Eine klare Einordnung in induktive oder deduktive Vorgangsweise ist dabei nicht möglich. Dem Praxisbezug kommt an mehreren Stellen des Prozesses ein anderer Stellenwert zu als im Rahmen einer Forschung, die primär auf die Hypothesenprüfung innerhalb einer Theorie ausgerichtet ist.

Einen etwas anderen gedanklichen Bezugsrahmen als Leitvorstellung für die Forschung schlägt Grochla vor [Gro78]. Er unterscheidet zwischen einem Konzeptionsrahmen und einem Entscheidungsrahmen. Den gedanklichen Bezugsrahmen der Forschungsmethodik fasst er als Ordnungsschema für erkenntnisbezogene und handlungsbezogene Vorstellungen über die Realität auf.

Der Konzeptionsrahmen kann die Form eines Begriffs- und Hypothesenschemas annehmen, wobei folgende Elemente enthalten sein können [Gro78]:

- eine Forschungsfragestellung;

- die Bestimmung der realen Gegenstände, auf die sich diese Forschungsfragestellung bezieht und an denen sie zu untersuchen ist, und zwar

- im Hinblick auf die für die jeweiligen Untersuchungsziele relevant erscheinenden Merkmale (konzeptionelle Größen, Variablen) bzw. Merkmalskomplexe;

- Indikatoren, d.h. detaillierte, konkrete Merkmale, die für eine Erfassung der konzeptionellen Größen an den möglichen Untersuchungseinheiten verwendet werden können, und

- Annahmen über die Beziehungen zwischen den konzeptionellen Größen.

Der Entscheidungsrahmen ist gegenüber dem Konzeptionsrahmen stärker auf (verallgemeinerte) praktische Handlungszwecke ausgerichtet und beinhaltet [Gro78]:

- bestimmte (verallgemeinerte) praktische Problemstellungen,

- Zielgrößen (als mittelbar disponibel betrachtete Größen),

- Aktionsparameter (als unmittelbar disponibel angesehene Größen),

- Bedingungen (Restriktionen),

2.1 Gegenstandsbereich und Forschungsinhalte

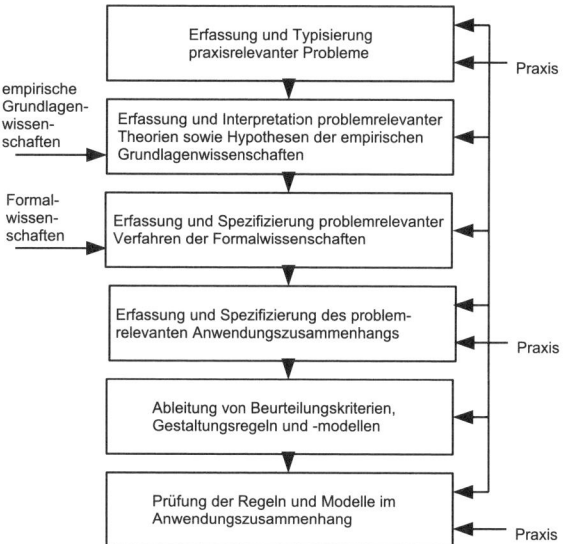

Abbildung 2.5: Vorgehensweise der anwendungsorientierten Forschung

- Wirkungen (als Ergebnisse des Einsatzes bestimmter Aktionsparameter unter bestimmten Bedingungen) und

- Behauptungen über aktionsrelevante Zusammenhänge zwischen den enthaltenen Größen.

Zusammenfassend lässt sich feststellen: Entscheidend für das wissenschaftliche Arbeiten ist, dass nicht nur die Ergebnisse, sondern auch das forschungsmethodische Vorgehen, mit dem die Ergebnisse gewonnen wurden, offen gelegt werden. Folgendes Beispiel führen Heinrich, Heinzl und Roithmayr in diesem Sinne als zweckmäßig für eine Strukturierung an [HHR07]:

- Das Forschungsproblem wird beschrieben. (Worum geht es?)

- Der Stand des Wissens wird mitgeteilt. (Was ist zur Problemlösung schon bekannt?)

- Es werden Arbeitshypothesen aus dem Forschungsproblem und dem Stand des Wissens abgeleitet.

- Das Untersuchungsdesign wird erläutert.

- Die Ergebnisse der Datenerhebung werden dargestellt.

- Die Ergebnisse werden anhand der Arbeitshypothesen beurteilt.

- Es wird dargestellt, wie die Ergebnisse den Stand des Wissens verändert haben.

- Es wird auf mögliche neue Forschungsprobleme hingewiesen, die sich aus der Arbeit ergeben haben.

2.2 Grundorientierung und Begriffssystem der Wirtschaftsinformatik

2.2.1 Grundorientierung der Wirtschaftsinformatik

Eine zentrale Aufgabe jeder Wissenschaft ist die Entwicklung und Pflege ihrer Terminologie, d.h. die Klärung der verwendeten und benötigten Begriffe im Rahmen der Fachsprache. In der Wirtschaftsinformatik ist der Prozess der Begriffsklärung noch voll im Gange. Erschwerend wirkt in diesem Zusammenhang die Tatsache, dass manche Begriffe heute in kurzer Zeit so abgenutzt sind, dass sie in einem wissenschaftlichen Kontext fast nicht mehr gebraucht werden können. Beispielsweise erfuhren Begriffe wie Informationsmanagement oder Prozess(modellierung) im allgemeinen Gebrauch keine Klärung oder Präzisierung, sondern durch die inflationäre Verwendung eher eine Bedeutungsunschärfe. Ein Hauptmerkmal der wissenschaftlichen Terminologie, nämlich die Verständigung über bestimmte Phänomene zu unterstützen, kann somit nur sehr unzureichend erfüllt werden. Eine unmittelbare Folge begrifflicher Defizite sind meist methodische Defizite.

Der Blick der Wirtschaftsinformatik war lange Zeit auf Informationen und Informationssysteme in Organisationen gerichtet. Die Schwerpunktsetzung konnte dabei im konkreten Fall sehr unterschiedlich sein. Das kann z.B. ein System- und Modelldenken mit analytischer Ausrichtung sein, aber auch auf die Entwicklung prototypischer Lösungen abzielen, es kann darum gehen, Rahmenkonzepte, Referenzmodelle, Vorgehensmodelle zu erarbeiten, u.v.a.m. Die Entwicklung der Fachdisziplin hat in der Folge des wachsenden Tätigkeitsfeldes zu einer breiten Ausdifferenzierung geführt, die heute eine perspektivische Betrachtung nahelegt. Diese drückt sich zum einen in den unterschiedlichen **Sichten auf den Gegenstandsbereich** aus (siehe Kapitel 2.1), zum anderen in der Grundorientierung, die für die Wirtschaftsinformatik charakteristisch ist. Diese **Grundorientierung** ist gekennzeichnet durch:

- **Systemdenken.** Das Systemdenken gewinnt seine Bedeutung aus der breiten Verwendung des Systembegriffs, der im vorliegenden Kontext sowohl die Systemtheorie als auch Aspekte der Vernetzung einschließt.

- **Modelldenken.** Es zielt auf die Abstraktionsfähigkeit ab und hängt eng mit dem Systembegriff zusammen.

- **Prozessorientierung.** Die Prozessorientierung zielt auf die Gestaltung von Arbeitsabläufen ab und stellt heute einen eigenständigen Teilbereich der Wirtschaftsinformatik dar (siehe dazu Kapitel 7).

- **Informationsorientierung.** Die Informationsorientierung gewinnt ihre Bedeutung aus der zentralen Rolle von Daten, Informationen und Wissen (siehe dazu Kapitel 9), aber auch durch IT-Management, Informationsfunktion, Informationsinfrastruktur.

- **Produktorientierung.** Hierbei geht es einerseits um Softwareprodukte, um die Entwicklung von Prototypen, andererseits aber auch um die Produkte, die eine Organisation anbietet und für deren Erstellung Information und Informationstechnologie eingesetzt werden. Auf der begrifflichen Ebene findet sich die Auseinandersetzung in Verbindung mit den Begriffen Informationssystem und Anwendungssystem, es besteht aber auch ein enger Bezug zum Thema Electronic Business und Informationssysteme in Organisationen.

- **Wirtschaftlichkeitsdenken.** Leitet sich aus der Genese der Wirtschaftsinformatik (Informatikanwendungen in der Wirtschaft) und dem Verständnis als wirtschaftswissenschaftlicher Disziplin ab.

- **Projektorientierung.** Ergibt sich aus der Tatsache, dass Informationssysteme in Projekten entwickelt, Innovationen in Projektform eingeführt werden und projektorientierte Organisationsformen durch IT-unterstützte Kommunikationsmöglichkeiten insgesamt an Bedeutung zunehmen (siehe Kapitel 6).

- **Technologieorientierung.** Sie ist ähnlich wie die Wirtschaftlichkeitsorientierung ein inhärenter Bestandteil der Wirtschaftsinformatik, die sich mit den Potenzialen neuer Technologien und der Anwendung bestehender Technologien befasst.

Zwischen diesen Grundorientierungen bzw. Themen bestehen natürlich vielfältige Wechselbeziehungen. Sie charakterisieren gleichzeitig die Besonderheit der Wirtschaftsinformatik als Wissenschaftsdisziplin, die sie von anderen Disziplinen wie der Informatik oder der Betriebswirtschaftslehre, die zum Teil einen ähnlichen Gegenstandsbereich haben, unterscheiden. Der Reihenfolge der Aufzählung liegt keine Ordnung zugrunde, da sich die dahinter stehenden Begriffe und Konzepte zum Teil gegenseitig bedingen. Aus dieser Diskussion über die Grundorientierung lassen sich folgende Begriffe als besonders wichtig für die Wirtschaftsinformatik ableiten:

- System,
- Modell,
- Information und Daten,
- IT und Informationsinfrastruktur,
- Informations- und Anwendungssystem,
- Integration.

Diese Begriffe werden im Anschluss näher dargestellt. Selbstverständlich sind damit nicht alle wichtigen Begriffe beschrieben, die für das Fach von Bedeutung sind. Einige Beispiele für weitere zentrale Begriffe sind Objekt, Dokument, Transaktion, Programm, Software, Modul, Netzwerk und Funktion. Das Besondere und zugleich Schwierige an diesen Begriffen ist, dass sie auch umgangssprachlich verwendet werden und dass sich das intuitive Verständnis häufig vom Begriffsverständnis in den verschiedenen wissenschaftlichen Fachdisziplinen unterscheidet. Mit der vorgenommenen Auswahl soll einerseits das besondere Verständnis der Wirtschaftsinformatik dargestellt werden, andererseits die Notwendigkeit einer permanenten und gründlichen Auseinandersetzung mit dem Begriffssystem als wissenschaftlicher Aufgabe unterstrichen werden.

2.2.2 System

Unter einem System versteht man zunächst einmal eine Ganzheit, die aus mehreren zusammengehörigen Teilen besteht, die miteinander in Beziehung stehen. Ein System ist begrenzt. Zwischen dem System und der Systemumwelt existiert die Systemgrenze. Die Austauschbeziehung zwischen den Systemteilen oder dem System und seiner Umwelt kann Materie, Information oder Energie sein. Das Zusammenwirken der Systemteile ist im Allgemeinen zweckmäßig oder zielgerichtet. Der Aufbau und die Erklärung der Funktionsweise eines Systems hängen in einem gewissen Sinne aber auch vom jeweiligen Standpunkt des Betrachters ab.

Unser Systemverständnis geht auf Bertalanffy zurück. Er definiert System als Menge von in Wechselwirkung stehenden Elementen: „A system can be defined as a complex of interacting elements $p_1, p_2...p_n$. Interaction means that the elements stand in a certain relation, R, so that their behaviour in R is different from their behaviour in another relation, R''' [Ber51]. Vester entwickelt ein holistisches Bild vom System, indem er bemerkt: „Ein System ist immer ein Ganzes. Und das Ganze ist mehr als die Summe seiner Teile. Das „Mehr" ist die Struktur, die Organisation, das Netz der Wechselwirkungen" [Ves78].

Die Objekte bzw. Elemente eines Systems können sehr vielfältig sein: Atome, Sterne, Knochen, Schrauben usw. Attribute beschreiben die Eigenschaften der Objekte, z.B. die Masse, die Temperatur, die Größe oder die Festigkeit. Beziehungen beschreiben den Zusammenhang zwischen den Elementen; sie können aktiv, zeitunabhängig, künstlich, einseitig usw. sein und entstehen etwa durch den Austausch von Energie, Materie oder Information [HF56], [Fuc73]. Ferner wird die Anzahl diskreter Elemente in einem System – oder auch die Zahl diskreter Zustände des Systems – mit dem Begriff Varietät belegt. Konnektivität bezeichnet die Anzahl der tatsächlich bestehenden Beziehungen eines Systems; und Variabilität die maximal möglichen Wirkungsbeziehungs-Konstellationen [Fuc73].

Schließlich spielen noch die Kompliziertheit und die Komplexität eine große Rolle (siehe Abbildung 2.6). Kompliziertheit entsteht durch eine Vielzahl von Elementen, die ganz unterschiedliche Beziehungen miteinander haben können, von ihrer

2.2 Grundorientierung und Begriffssystem der Wirtschaftsinformatik

Struktur her aber statisch sind, das heißt, es findet im Zeitverlauf keine Veränderung statt. Komplexität entsteht, wenn ein System in einer gegebenen Zeitspanne viele verschiedene Zustände annehmen kann; es hat eine Eigendynamik, der Output eines Systems ist abhängig vom Input und vom früheren Systemzustand. Damit ist es nicht mehr möglich vorauszusagen, welchen Zustand das System als Nächstes annehmen und was ein bestimmter Eingriff exakt zur Folge haben wird [UP95].

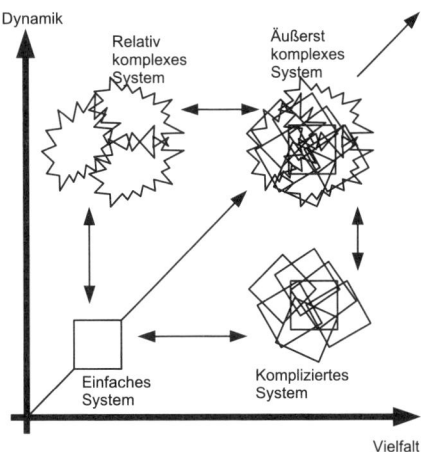

Abbildung 2.6: Kompliziertheit und Komplexität [UP95]

Generell lassen sich Systeme in geschlossene und offene einteilen. Geschlossene Systeme liegen dann vor, wenn kein Austausch von Elementen mit der Umwelt stattfindet, das heißt sie sind isoliert. Folglich sind die in der Wirtschaftsinformatik anzutreffenden Informations- und Kommunikationssysteme, die in Wechselwirkung mit Menschen oder Maschinen stehen, offen. Ein geschlossenes System muss schließlich in einen zeitinvarianten Zustand des Gleichgewichts übergehen, da keine äußeren Einflüsse mehr für Störungen sorgen. Ein offenes System – im Sinne der allgemeinen Systemtheorie – ist dadurch charakterisiert, dass die Elemente in Austauschbeziehungen mit ihrer Umwelt stehen (siehe Abbildung 2.7). Infolgedessen kann ein offenes System in einen zeitunabhängigen, stationären Zustand übergehen. Es handelt sich dabei um ein Fließgleichgewicht.

Des Weiteren kann man zwischen statischen und dynamischen Systemen unterscheiden. Bei statischen Systemen bleiben die Attribute im Zeitverlauf gleich. Statische Systeme sind z.B. die von Menschen erdachten theoretischen Systeme: Dokumentationssysteme, Klassifizierungssysteme, mathematische Systeme usw. Dynamisch sind die Systeme der Realität, so wie wir sie in unserer Welt vorfinden [Ves78].

Zum Systembegriff gehören ferner (siehe Abbildung 2.8):

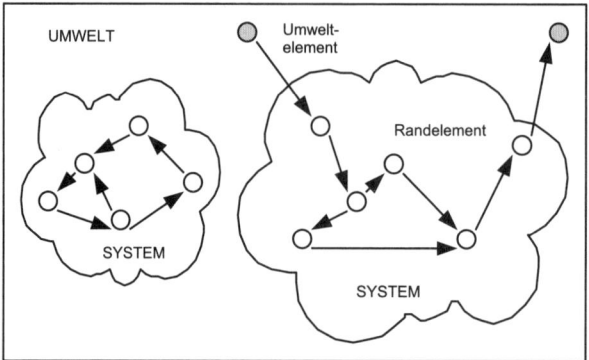

Abbildung 2.7: Geschlossenes und offenes System [Dae76]

- das Übersystem, als das umgebende größere System;
- das Sub- bzw. Untersystem, das Element eines anderen Systems ist;
- das Teilsystem, das bestimmte Eigenschaften hervorhebt.

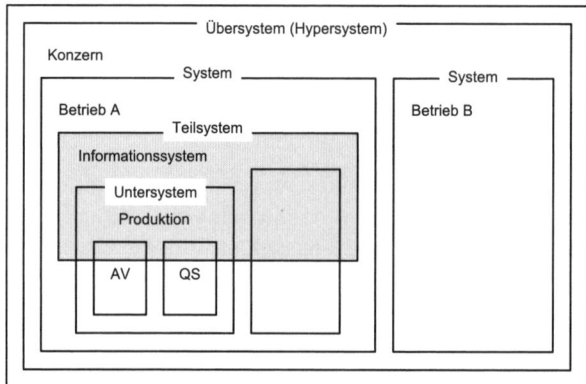

Abbildung 2.8: Systembegriffe nach [Ves78]

Alle drei Perspektiven finden sich auch in der Wirtschaftsinformatik bei Informations- und Kommunikationssystemen wieder. Darüber hinaus gibt es abstrakte Systeme (Zahlensysteme, philosophische Systeme) und konkrete (Informationssysteme): materielle, immaterielle und ideelle; natürliche und künstliche; technische und soziale; geregelte und gesteuerte; hierarchische, selbstorganisierende, selbstreferentielle und viele andere Systeme mehr [Ste93], [BFP94].

2.2.3 Modell

Der Modellbegriff zählt zu einer Gruppe grundlegender Begriffe in der Wissenschaft, die letztlich eng miteinander zusammenhängen. Ihre Bedeutung ist nicht auf eine Wissenschaftsdisziplin beschränkt, sondern besteht für die Wissenschaft an sich. Es handelt sich im Wesentlichen um die Begriffe System, Struktur (Architektur), Ordnung und Information. Die einzelnen Begriffe bedingen sich teilweise oder werden zur gegenseitigen Erklärung herangezogen. Beispielsweise wird von manchen Autoren „Information" als Modell aufgefasst. Die Mehrdimensionalität des Modellbegriffs wird an den Überschneidungen sichtbar, die zu einer weiteren Begriffsgruppe bestehen, nämlich Theorien, Gesetzmäßigkeiten und Technologien. Die Verwandtschaft dieser Begriffe leitet sich aus der Tatsache ab, dass es sich dabei um allgemein verbreitete Formen zur Darstellung von „Wissen" handelt.

Die gesamte Wissenschaft, aber auch unser tägliches Leben, ist geprägt durch das Denken in Modellen und durch deren fortwährende Anwendung für die Darstellung, die Erklärung, das Verstehen und die Gestaltung der Wirklichkeit. Modelle werden u.a. verwendet, um die Komplexität der Realität zu vermindern (z.B. Abstraktion, Black-Box-Ansatz), zur Erfassung der Dynamik von Systemen und zur Typisierung von Phänomenen (z.B. Bildung von Idealtypen, Beschränkung des Gültigkeitsbereiches von Aussagen). Der Begriff wird häufig auf das italienische Wort „modello" zurückgeführt, der „Muster" oder „Vorbild" bedeutet. Dieses Wort leitet sich wiederum vom lateinischen „modulus" ab, einer Verkleinerungsform von „modus". In der primären Bedeutung kann „modus" mit (Normal-)Maß oder Maßstab übersetzt werden, in der übertragenen Bedeutung mit Art und Weise, Form oder Vorschrift. In der Umgangssprache bedeutet Modell meist etwas, das für etwas anderes steht bzw. dieses in gewisser Weise ersetzt.

Traditionell versteht man unter einem Modell die Abbildung der Realität oder eines Realitätsausschnitts. Die Modellbildung ist also ein Abbildungsprozess. Eine zentrale Rolle spielt die Ähnlichkeit bei diesem Prozess. Die vorgenommene Vereinfachung oder Abstraktion der Realität muss, um wissenschaftlichen Anforderungen zu genügen, eine oder mehrere der folgenden Eigenschaften besitzen (vgl. dazu die nach wie vor gültige, ausführliche Darstellung in [Sta89]):

- strukturelle Ähnlichkeit (strukturerhaltende Abbildung),
- funktionelle Ähnlichkeit,
- Verhaltensähnlichkeit.

Die Eigenschaft „Abbildung der Realität" ist jedoch so allgemein, dass sie für wissenschaftliche Zwecke je nach Disziplin weiter differenziert und präzisiert werden muss. Je nach „Richtung" der Abbildung kann ihr Charakter einem Vorbild oder einem Nachbild entsprechen. Dieser Charakter kann sich in manchen Fällen im Laufe des Modell-Lebenszyklus ändern. Beispiel für ein Modell als „Vorbild" ist ein Architekturmodell für ein zu entwickelndes Informationssystem. Die Modellarchitektur hingegen entspräche dem „Nachbild", wenn damit die wesentlichen Komponenten eines existierenden Systems sowie die Verbindungen zwischen diesen dargestellt werden.

Bei vielen der heute (noch immer) gebräuchlichen Modelle handelt es sich einfach um Denkmodelle, die aus der Erfahrung stammen, oder um Analogien (z.B. Organismus-Modelle, Evolutions-Modelle, kybernetische Modelle, Maschinen-Modelle). Damit ist auch bereits ein erster Weg angedeutet, wie Modelle entstehen oder entwickelt werden. Dieser allgemeinen Form der Modellverwendung steht heute eine umfangreiche Modelltheorie gegenüber, die den kritischen, zweckorientierten Einsatz von Modellen unterstützt. Zwischen einzelnen Wissenschaftsdisziplinen lassen sich Unterschiede in der Verwendung des Modellbegriffs sowie im Begriffsverständnis feststellen. Das Modellverständnis der Wissenschaftstheorie stimmt z.B. nicht mit dem Modellverständnis der Mathematik überein. In der Wissenschaftstheorie, ebenso in den meisten Erfahrungswissenschaften, werden Modelle als ein vereinfachtes Abbild der Realität oder unserer Vorstellung davon verstanden. In der Mathematik hingegen ist Modell die Bezeichnung für das durch die Theorie abgebildete System [Sch94b]. Dieser Unterschied ist für die Wirtschaftsinformatik insofern von Bedeutung, als die Erstellung eines formalen Modells häufig als Ideal angestrebt wird. Ein Modell als Realisierung von Gleichungen oder mathematischen Funktionen zu verstehen, setzt jedoch Grundlagen und Erkenntnisse voraus, die in den Sozial- und Wirtschaftswissenschaften nur in wenigen Fällen existieren. Ein wichtiges Argument ist dabei, dass mit solchen Modellen eine falsche Vorstellung von der Beziehung zwischen Realität und Modell geweckt werden kann [Sch94b].

Eine systematische Darstellung der Modellanwendung für die Zwecke der Wirtschaftsinformatik fehlt bisher. Die Modellbildung dürfte aber gerade auf diesem Gebiet den Erkenntnisfortschritt wesentlich unterstützen. Für die vorliegenden Ziele wird zunächst – ohne Anspruch auf Vollständigkeit – eine Klassifikation nach den modellimmanenten Zielen vorgenommen. Dabei werden folgende Modellklassen unterschieden, die anschließend kurz erläutert werden:

- Beschreibungs- und Erfassungsmodelle
- Erklärungsmodelle
- Gestaltungsmodelle
- Meta-Modelle und generische Modelle
- sonstige Modelle

Beschreibungs- und Erfassungsmodelle

Sie werden u. a. auch als deskriptive Modelle oder Darstellungsmodelle bezeichnet und dienen dazu, einen Sachverhalt oder ein Phänomen möglichst präzise und leicht verständlich darzustellen. Als konkrete Ausprägung dieser Modellklasse kann fast jedes Diagramm verstanden werden. Beschreibungsmodelle stellen vor allem die Repräsentation bestimmter Phänomene dar. Sie sind häufig aufgabenunabhängig, das heißt, der Verwendungszweck wird durch das Modell nicht endgültig determiniert. Ein klassisches Beispiel für ein Beschreibungsmodell ist die Landkarte.

Erklärungsmodelle

Sie basieren zunächst auf Beschreibungsmodellen bzw. setzen solche voraus. Ein Beschreibungsmodell wird durch Beobachtung im Zeitverlauf oder durch analysierende Vergleiche eines bestimmten Phänomens in verschiedenen Systemen (z.B. Wartungsaufwand bei Verwendung unterschiedlicher Programmiersysteme oder -sprachen) auf erkennbare Gesetzmäßigkeiten untersucht. Das dabei gewonnene Wissen dient u.a. folgenden Zwecken: Verbesserung des deskriptiven Modells, Prognostizieren zukünftiger Zustände in der Realität oder in der Modellwelt, Entwickeln von Theorien über das Zustandekommen des erfassten Verhaltens. Erklärungsmodelle sind daher explizit oder implizit mit einem Verwendungszweck verbunden. Etwas allgemeiner können Erklärungsmodelle als Interpretationsschemata zur Analyse konkreter empirischer Systeme (z.B. Organisation, Maschine, Software, Produktionsablauf, Volkswirtschaft) aufgefasst werden [KK78]. Im Mittelpunkt des Interesses steht dabei ein heuristischer Effekt. Das Ziel des Modelleinsatzes besteht demnach in der Identifikation von Zustandskonstellationen, Funktionsmechanismen, Ereignisfolgen u. ä. Zu diesen Modellen zählen z.B. kausale Modelle und Prognosemodelle.

Gestaltungsmodelle

Sie enthalten alle Einflussgrößen, die erforderlich sind, um definierte Anforderungen oder Aufgaben zu erfüllen. Sie fassen z.B. speziell für Entscheidungsträger das Verständnis bestimmter Phänomene oder Problembereiche zusammen oder beinhalten Ansatzpunkte für Manipulationen an einem System, für ein steuerndes Eingreifen oder für die Gestaltung eines Realitätsausschnittes. In gewisser Weise, das heißt, wenn man sie als praktische Umsetzung von theoretischem Wissen versteht, stellen Gestaltungsmodelle die anspruchsvollste Form von Modellen dar. Eine häufig anzutreffende Form der Gestaltungsmodelle sind normative oder präskriptive Modelle. Sie erweitern den Ausschnitt der betrachteten Phänomene um eine Sinn-, Zweck- oder Ziel-Komponente. Man setzt die festgelegte Messgröße (z.B. Kosten) in Relation zum Bedarf und/oder Bedürfnissen des Zielsystems (z.B. Auftraggeber, Anwender), wodurch eine gewünschte Norm oder ein idealer Zielzustand bzw. der Weg dorthin festgelegt werden. Normative Modelle finden sich z.B. als idealtypische Kurvenverläufe, als Zielfunktionen oder als Phaseneinteilung bei Vorgehensmodellen. Mit der Qualifizierung als normatives Modell soll vor allem zum Ausdruck gebracht werden, dass der empirische Anteil bei der Bewältigung der Aufgaben, die mit einem solchen Modell unterstützt werden sollen, gering ist. Die Problembewältigung erfolgt durch eine Vorbild-, Beispiel- oder Musterfunktion oder bei normativen Vorgaben durch eine Leit(bild)funktion.

Weitere Teilklassen der Gestaltungsmodelle sind die Entscheidungsmodelle und Planungsmodelle bzw. Pläne. Dabei handelt es sich um Hilfsmittel, die für Entscheidungsträger in der Praxis entwickelt werden, um ihnen bei der Auswahl eines Optimums aus vorliegenden Alternativen zu helfen oder um die Erreichung eines mehr oder weniger klar spezifizierten Zieles zu unterstützen.

Meta-Modelle und generische Modelle

Diese Modellklasse verfolgt ein sekundäres oder übergeordnetes Ziel. Gemeint sind u.a. die Ordnung und die systematische Beschreibung von Modellen. Mit Hilfe von generischen Modellen, Referenzmodellen u.ä. kann auch eine Vorbildwirkung oder Generatorfunktion erreicht werden, welche die Bildung von Modellen unterstützen soll. Der adjektivische Zusatz „Meta" bringt zum Ausdruck, dass über Modelle reflektiert wird. Das Meta-Modell ist quasi ein Modell des Modells, welches z.B. die einzelnen Teile des Systemplanungs- und Systementwicklungsprozesses einschließlich der Beziehungen zwischen diesen Teilen zeigt. Es soll also veranschaulichen, welche Aspekte und Komponenten relevant sind und wie diese zusammenhängen. Ein Meta-Modell erfüllt damit in gewisser Weise die Funktion einer Konstruktionslehre [BFP94].

Sonstige Modelle

Darunter werden all jene Modelle zusammengefasst, die sich in keine der bisher genannten Klassen eindeutig einordnen lassen. Als Beispiele können Optimal- bzw. Optimierungsmodelle und Verifikationsmodelle genannt werden. Des Weiteren werden zu dieser Klasse auch die so genannten Gebildemodelle (z.B. physische Nachbildungen der Realität, statisch-mechanische Modelle, physikalische Modelle) gezählt, die allerdings in der Wirtschaftsinformatik eher selten Verwendung finden (z.B. miniaturisierte Nachbildung von Anlagen).

2.2.4 Information und Daten

Information und Daten sind Schlüsselbegriffe der Wirtschaftsinformatik. Trotz vieler Bemühungen ist es bisher nicht gelungen, allgemein akzeptierte Definitionen für den Begriff Information und die damit eng verbundenen Begriffe Daten (aber auch Wissen) zu entwickeln. Bei der Verwendung dieser Begriffe bestehen Unklarheiten, Unsicherheiten und Missverständnisse. Dies führte neben der „Informationsrevolution" [PM85] – bezogen auf die Entwicklung der Investitionen der Organisation in die Informationstechnik – zu einer „Informationsinflation" – bezogen auf die unkontrollierte Vermehrung der mit Information zusammenhängenden Begriffe. Insbesondere erfolgte die Abgrenzung zu verwandten Begriffen bisher nur ungenügend, was den „Wert" des Begriffes Information deutlich mindert. Zum Wissensbegriff wird auf die Ausführungen in Kapitel 9 verwiesen.

Daten

Daten sind Abbildungen der Realität oder der Vorstellungswelt des Menschen. Der Begriff stammt aus dem Lateinischen (dare, datum) und bedeutet „gegeben" oder „Gegebenes". Das Wort wird meist nur im Plural verwendet, da die Einzahl leicht mit dem Kalenderdatum verwechselt werden kann; ein möglicher Ersatzbegriff ist Datenelement. Nach DIN sind Daten Zeichen oder kontinuierliche Funktionen, die aufgrund von bekannten oder unterstellten Abmachungen und vorrangig zum Zweck der Verarbeitung Informationen tragen.

Aus dem Blickwinkel der Datenorganisation geht es um die „maschinengerechte" Abbildung von Daten, die mit Hilfe der Informations- und Kommunikationstechnik verarbeitet werden sollen. Ihr Zweck ist die computerinterne Darstellung bzw. Repräsentation von Daten. Aus technischer Sicht ist eine Unterscheidung mehrerer Ebenen sinnvoll, die hierarchisch angeordnet sind:

- physikalische Darstellung der Binärzeichen auf bzw. in einem Speichermedium;

- Zusammenfassung mehrerer Binärzeichen zu einer größeren Einheit;

- aufbauend darauf werden mit dem Zeichenvorrat eines Codes und durch weitere Vorschriften zur Zusammenfassung von Binärzeichen elementare Datentypen gebildet;

- schließlich werden elementare Datentypen für die Durchführung der Programme zu statischen und dynamischen Strukturen oder zu komplexen Datenobjekten zusammengefasst;

- Festlegung der Form der Datenspeicherung auf externen Speichermedien.

Keine dieser Ebenen besteht isoliert für sich allein. Außerdem unterliegen sie einem gewissen technisch bedingten Wandel. Die hierarchische Anordnung der Ebenen hat Modellcharakter. Die Darstellung auf der ersten Ebene (physikalische Darstellung) ist vom Speichermedium abhängig. Die Vorschriften für die Zuordnung der möglichen Bit-Kombinationen zu Zeichen aus einem bestimmten Zeichenvorrat wird als **Code** bzw. **Codierung** bezeichnet. Auf beiden Ebenen ist ein enger Zusammenhang mit dem Algorithmus, der diese Daten bearbeitet, und mit der verwendeten Programmiersprache gegeben.

Information

Der Informationsbegriff erfährt im täglichen Leben vielfach Verwendung. Die Verwendungszusammenhänge sind dabei relativ vielfältig. Wir informieren uns z.B.

mit Hilfe von Medien, wir informieren andere, sind informiert, ärgern uns über falsche Informationen, holen Informationen über Menschen ein, besitzen einen Informationsvorsprung usw. In dieser umgangssprachlichen Bedeutung ist Information etwas, „was uns als Einzelperson oder Gesellschaft unmittelbar angeht" [Cap78, zitiert nach [Krc91a]] oder „eine [...] gegenwarts- und praxisbezogene Mitteilung über Dinge, die uns im Augenblick zu wissen wichtig sind" ([Sei71, zitiert nach [Krc91a]]).

Der Begriff hängt auch eng mit Nachricht oder Mitteilung zusammen (z.B.: „Informiere mich, wann Du ankommst!"). Bei einer etwas differenzierteren Begriffsverwendung wird von Information nur bei Übermittlung von bisher unbekanntem neuem Wissen gesprochen. Der Neuheitscharakter wird somit zum entscheidenden Element (z.B.: „Dieser Text enthält für mich keine Information" oder „Um das entscheiden zu können, brauche ich mehr Informationen"). In einer weiteren Bedeutung des Begriffes wird „Information als gedeutete Nachricht" verstanden. Dem liegt die bekannte Tatsache zugrunde, dass eine Mitteilung für verschiedene Empfänger Verschiedenenes bedeuten kann, bzw., umgekehrt, die gleiche Bedeutung mit verschiedenen Nachrichten übermittelt werden kann [Rec91]. Zusammenfassend lässt sich festhalten, dass Information in der Umgangssprache ein vielschichtiger, kaum definierbarer, aber unentbehrlicher Begriff ist.

Informationsquellen sind Personen, Auskunftsstellen, Dokumentationen, Prospekte, Verzeichnisse usw. Man kann Informationen schaffen oder sie vorfinden, aktiv, aber auch unfreiwillig. Information kann wertlos oder wertvoll sein, erfreulich, interessant, unsicher u.v.a.m. Sie kann auch verloren gehen (z.B. durch Störungen bei der Übertragung oder durch Vergessen) bzw. teilweise verloren gehen. Diese Beispiele weisen auf die ungeheure Vielfalt des umgangssprachlichen Informationsbegriffes hin. Die oben erwähnte Metrisierung oder Quantifizierung von Information ist dabei ein Merkmal dieses Phänomens, aber bei weitem nicht das einzige oder wichtigste.

Die Vielfalt der Verwendung des Informationsbegriffes und seine Interdisziplinarität lassen keine vollständige oder endgültige Klassifikation zu. Wegen seiner alltäglichen Verwendung scheint der Begriff einfach zu sein. Er ist jedoch in Wirklichkeit schwierig und vermutlich kaum eindeutig definierbar. Neben dem physikalischen, biologischen, chemischen, genetischen, metabolischen, neuralen, ökologischen, soziologischen, soziokulturellen, subjektiven, kommunikationstheoretischen und medien-technischen Informationsbegriff gibt es zahlreiche weitere fachliche Präzisierungen oder Definitionen. Die einzelnen Begriffsauffassungen weisen zwar gewisse Ähnlichkeiten auf, unterscheiden sich aber meist doch in vielen Details, so dass eine beliebige Übertragung nicht möglich oder nicht zielführend ist. Eine überblicksmäßige Darstellung und Abgrenzung findet sich in der angeführten Literatur [Wel70], [Ebe89], [Sta89], [Wen91], [Ste93].

Etymologisch leitet sich „Information" vom lateinischen Wort „informatio" ab [Krc91a]. Die beiden Wortbestandteile „in" und „forma" bedeuten somit, wörtlich, eine Form oder eine Gestalt geben. In Wörterbüchern finden sich neben der

2.2 Grundorientierung und Begriffssystem der Wirtschaftsinformatik

Bedeutung „gestalten" noch weitere Bedeutungen wie organisieren, sich etwas im Geiste vorstellen, sich denken, darstellen, schildern, aber auch unterrichten bzw. objektiviert Bericht oder Kundschaft geben. Im Laufe der Zeit reduzierte sich der Begriff auf die Dimension der Darlegung und damit der Mittelbarkeit bzw. Weiterleitbarkeit [Krc91a].

Merkmale von Information

Ähnlich wie in anderen Wissenschaften gibt es auch in der Betriebswirtschaftslehre keine eindeutige und keine allgemein anerkannte Definition oder Abgrenzung des Begriffes „Information" und der mit diesem Begriff zusammenhängenden Termini „Wissen", „Erfahrung", „Kenntnisse", „Daten", „Nachricht", „Zeichen" und „Symbol". In der Betriebswirtschaftslehre werden unter Information im weiteren Sinne die Begriffe Information, Wissen und Daten subsumiert. Sie stehen auch im Mittelpunkt der Betrachtung, wobei der Information die größte Aufmerksamkeit gewidmet wird. Der Vollständigkeit halber werden hier jedoch zusätzlich die Begriffe Nachricht, Zeichen und Symbol untersucht. Viele Autoren bauen ihre Überlegungen auf der Definition von Information nach Wittmann auf, die in der Betriebswirtschaftslehre weit verbreitet ist. Wittmann bezeichnet **Information** als zweckorientiertes Wissen, wobei der Zweck in der Vorbereitung des Handelns liegt [Wit59].

Im Informationsbegriff nach Wittmann sind Informationen eine Teilmenge des Wissens, nämlich jener Teilmenge, die für betriebswirtschaftliche Entscheidungen relevant ist. Diese Spezifizierung soll durch die Zweckorientierung zum Ausdruck gebracht werden [Wit82], [Ber84]. Problematisch an dieser Definition ist, dass sie den Begriff des Wissens voraussetzt, ohne ihn näher zu spezifizieren [Rüt91]. Darüber hinaus wäre nachzuweisen, dass es Wissen gibt, das nicht zweckgerichtet ist, denn der Begriff „zweckgerichtet" sagt nichts über die Zweckrichtung aus. Von einigen Autoren wird Wissen als eine psychische Kategorie bezeichnet [Wil71], [Ber84], die durch das Bewusstsein bestimmter Denkinhalte gekennzeichnet und somit an Menschen gebunden ist.

Häufig wird die Sprachtheorie benutzt, um die unterschiedlichen Begriffe zu strukturieren [Wil71]. Mit Hilfe der Semiotik, die als allgemeine Zeichentheorie alle sprachlichen und nichtsprachlichen Codes beziehungsweise Zeichensysteme hinsichtlich der ihnen zugrunde liegenden kommunikativen Strukturen analysiert, wird untersucht, wie die Information auf der Sprachebene abgebildet wird (siehe Abbildung 2.9). Die Semiotik erhebt also nicht konkrete Sprachen zum Gegenstand ihrer Untersuchung, sondern die Sprache schlechthin. Die Zeichen eines Sprachsystems werden innerhalb der Semiotik auf vier Ebenen untersucht: der Syntaktik, der Sigmatik, der Semantik und der Pragmatik.

Die Syntaktik kann als eine Strukturlehre der Zeichenkollektive verstanden werden, da sie sich ausschließlich mit den Beziehungen von Zeichen zu anderen Zeichen beschäftigt. Sie umfasst sämtliche Regeln, nach denen einzelne Sprachelemente kombiniert werden können oder müssen. Die nach diesen Regeln kombinierten Zeichen bilden den Informationsträger. Die Informationstheorie nach Shannon ist mit ihrer Symbol- und Signalstatistik auf die syntaktische Ebene limitiert und somit nur Gegenstand syntaktischer Untersuchungen.

Die Sigmatik, auch Abbildungs- und Bezeichnungslehre genannt, untersucht die Beziehungen zwischen den Zeichen und dem jeweiligen Gegenstand (Designata), den sie bezeichnen [Ber84]. Sie hat also die operative Funktion oder Abbildungsfunktion der Zeichen zum Gegenstand.

Auf der semantischen Ebene werden die Beziehungen zwischen den Zeichen und ihrer inhaltlichen Bedeutung untersucht. Die Semantik geht dabei deutlich über die Sigmatik hinaus, da einem Gegenstand der Realität mehrere Sinngehalte zugeordnet werden können [Ber84]. Das ist insbesondere für die Information wichtig, da für den Absender oder Empfänger einer Information nicht der Code, die Größe, Anzahl oder Form der Buchstaben von Bedeutung sind, sondern die darin enthaltene Botschaft, die Aussage, der Sinn, die Bedeutung [Git89]. Eben diese Dinge werden mit Hilfe der Semantik untersucht. Die Bedeutung ist zwar keine hinreichende, aber eine notwendige Bedingung, um eine Zeichenkette zur Information werden zu lassen.

Die Pragmatik befasst sich mit den Beziehungen zwischen den Zeichen und den zeichengebrauchenden Verwendern, das heißt, es stehen die Wirkungen der Zeichen auf den Verwender im Mittelpunkt der Betrachtung. Auf der pragmatischen Ebene kann somit der Aspekt der Zweckorientiertheit der Information nach Wittmann untersucht werden. In diese Untersuchungen können auch die Handlungen mit einbezogen werden, die durch die Information ausgelöst werden.

Gitt führte den Begriff der Apobetik in die Sprachtheorie ein [Git89]. Obwohl die Pragmatik auf die Beziehungen zwischen Zeichen und Verwendern eingeht, wird in der Regel bei der Information unter Verwender nur der Empfänger der Information subsumiert. Die Apobetik bezieht sich demgegenüber auf die Zielvorgabe, die Zielvorstellung, den Plan des Senders der Information. Sie behandelt die Fragestellung, welchen Zweck der Sender mit der Information verfolgt.

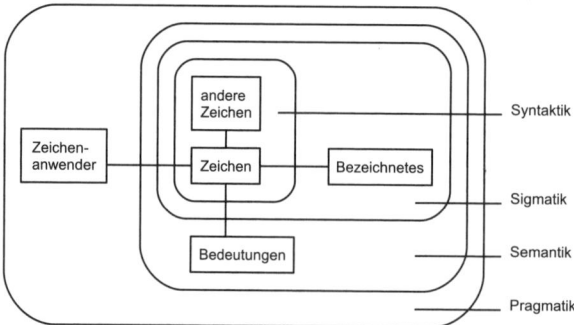

Abbildung 2.9: Untersuchungsebenen der Semiotik [Ber84]

2.2 Grundorientierung und Begriffssystem der Wirtschaftsinformatik

Für die Betriebswirtschaftslehre und die Wirtschaftsinformatik werden allerdings aus der sprachwissenschaftlichen Betrachtung keine Implikationen abgeleitet. Es handelt sich eher um theoretische Fingerübungen, welche ohne konkreten Anwendungsbezug bleiben. Sowohl in der Theorie bzw. der Literatur als auch in der Praxis werden die Begriffe weitgehend synonym oder sogar zur gegenseitigen Erklärung verwendet.

Im Folgenden werden spezifische Merkmale von Information aufgeführt, die für die betriebliche Nutzung der Information von Bedeutung sind und einen Vergleich mit den klassischen Organisationsressourcen ermöglichen. Mit der Auflistung der Merkmale wird kein Anspruch auf Vollständigkeit erhoben, sondern lediglich der Versuch unternommen, Information in ihren Grundzügen und Eigenschaften für den vorliegenden Kontext abzugrenzen [PF88], [Rüt91]:

- Information ist ein immaterielles Gut, das unabhängig von der Nutzungshäufigkeit nicht verbraucht wird.
- Information ist kein freies Gut. Beschaffung, Produktion, Nutzung und Weiterleitung von Information verursachen Kosten.
- Informationen besitzen einen Wert. Dieser Wert kann sowohl von der Kostenseite als auch von der Ertragsseite her bestimmt werden [Alb69]. Er kann durch das Hinzufügen, Selektieren, Aggregieren, Konkretisieren oder Weglassen weiterer Informationen verändert werden.
- Information kann auch gegen Kompensation gehandelt werden. In dieser Funktion tritt sie als Ware auf.
- Bei der Wertermittlung kann das so genannte Bewertungsparadoxon von Information auftreten [Arr74]: Eine wirtschaftliche Bewertung von am Markt erhältlichen, nicht standardisierten Informationen (z.B. Forschungsergebnisse) ist erst nach eingehender Untersuchung der Information möglich. Durch die Untersuchung geht die Information jedoch automatisch an den Interessenten über. Hier wird die besondere Bedeutung von Vertrauen beim Handel von Informationen deutlich.
- Information wird durch ihre Nutzung erweitert bzw. vermehrt. So entstehen zum Beispiel in der Forschung durch das Auswerten und Zusammenfügen von Informationen neue Informationen. Diese Eigenschaft ist eng mit dem Problem der Informationsüberflutung verbunden.
- Information erweitert sich nicht nur während ihrer Nutzung, sondern kann auch verdichtet werden. Dies geschieht durch Konzentration, Integration oder Zusammenfassung. Als Beispiel sei das Zusammenfassen komplexer Zusammenhänge zu einer Formel genannt. Die Verdichtung von Information führt in der Regel zu Informationsverlusten.

- Information kann andere betriebliche Ressourcen ersetzen. So können beispielsweise Informationen, die über leistungsfähige Informationssysteme zur Verfügung gestellt werden, zur Umgehung bestimmter Vertriebswege und Handelsstufen führen.

- Information ist durch die technische Entwicklung extrem leicht transportierbar geworden. Selbst die Übertragung mit Lichtgeschwindigkeit ist keine Seltenheit mehr. Die Transportierbarkeit von Information ist im Vergleich zum Produktionsfaktor Arbeit überproportional gestiegen, während die Transportierbarkeit von Kapital gerade durch den intensiven Einsatz von Informations- und Kommunikationstechnologien im Finanzbereich ebenfalls stark gestiegen ist.

- Käufer von Informationen können nie ein Original, sondern immer nur eine Kopie der Information erhalten. Eine exklusive Übertragung ist daher nicht möglich. Während Gegenstände nach dem Kaufvorgang in der Regel den Besitzer wechseln, sind beim Kauf von Informationen Käufer und Verkäufer im Besitz der Information.

- Informationen neigen zur Diffusion. Im negativen Sinne sind davon Vertraulichkeit, intellektuelle Eigentumsrechte, persönliche Intimsphäre und Ähnliches betroffen.

- Information bahnt Beziehungen an. Sie dient als Basis für Beziehungen zwischen Individuen, Organisation und Institutionen. Die Ausgestaltung der Informationsflüsse formt Beziehungs- und Machtstrukturen.

- Informationen können sowohl im positiven Sinne (z.B. zur Personalführung) genutzt als auch im negativen Sinne (z.B. als Machtmittel) missbraucht werden.

- Informationen durchlaufen eine Art Lebenszyklus von der Entstehung über die Bearbeitung und Pflege bis zum Einsatz beim Verwender.

- Informationen können wie Kapital und Arbeit zur Verfolgung ökonomischer, organisatorischer, sozialer und politischer Ziele eingesetzt werden.

- Im Sinne der Definition nach Wittmann ist die Information an das informationsverarbeitende Wesen gebunden.

Die genannten Merkmale zeigen, dass die Information zwar Gemeinsamkeiten mit den herkömmlichen betrieblichen Ressourcen hat, sich aber in einigen Punkten deutlich unterscheidet. Diese Unterschiede führen dazu, dass viele bewährte Techniken und Methoden des Ressourcenmanagements bezüglich der Information nicht anwendbar sind.

Daten und Informationen in der Informatik

Die Begriffe **Daten** und **Informationen** werden in der Informatik vielfach synonym verwendet und meist nicht näher differenziert. Es entsteht sogar der Eindruck, dass in der Zwischenzeit häufiger von Informationen als von Daten gesprochen wird (dies vor dem Hintergrund, dass die Datenverarbeitung durch die Informationsverarbeitung abgelöst wurde). Zwischen Daten und Informationen bestehen jedoch wesentliche Unterschiede. Wie gezeigt wurde, stellt der Datenbegriff nur auf die Abbildung der Realität oder der Vorstellungswelt des Menschen ab; er sagt nichts über ihre Bedeutung für ein Subjekt, das sie verwendet, aus. Dagegen stellt der Informationsbegriff ausdrücklich auf diese subjektive Verwendung ab und meint das Wissen oder die Kenntnis der Vorgänge in der Realität oder die Zustände der Realität oder der Vorstellungswelt des Menschen. Daten sind somit Träger von Informationen. Die Häufigkeit, mit der der Informationsbegriff heute in der Informatik verwendet wird, rechtfertigt eine nähere Betrachtung. Den Ausgangspunkt bildet dabei die traditionelle Begriffsauffassung, die durch eine gewisse „Datennähe" gekennzeichnet ist. Die weiteren Ausführungen zeigen jedoch, dass der Informationsbegriff in der Informatik ebenfalls verschieden bestimmt wird.

In der Informatik wird besonders häufig auf die Normungen nach DIN Bezug genommen. DIN 44300 und DIN 44330 können daher als breit akzeptierte Begriffsbasis verstanden werden. Die Grundlagen bilden zunächst die Begriffe „Zeichen" und „Signal".

- Ein **Zeichen** ist ein Element aus einer zur Darstellung von Informationen vereinbarten Menge verschiedener Elemente. Diese Menge wird Zeichenvorrat genannt.

- Ein **Signal** ist ein physikalisch wahrnehmbarer Tatbestand, der Träger eines Zeichens ist.

- Eine **Nachricht** ist eine Menge von Zeichen, die zum Zweck der Weitergabe Information aufgrund bekannter oder unterstellter Abmachungen darstellen.

Die Nachrichten dienen zur Übertragung von Sachverhalten, die durch Zeichen abgebildet und als Signale dargestellt wurden. Sie verbinden Sender und Empfänger der Nachricht. Die Verarbeitung von Zeichen bzw. die Verarbeitungsabsicht qualifiziert Zeichen als Daten.

Daten sind Zeichen (numerische oder symbolische Werte zur Beschreibung physikalischer, theoretischer oder ideeller Größen), die Informationen aufgrund bekannter oder unterstellter Abmachungen zum Zweck der Verarbeitung darstellen.

Der Informationsbegriff wird in DIN 44300 zwar verwendet, aber zunächst nicht definiert. Später wurde dieses Defizit beseitigt und Informationen als Daten samt ihrer Bedeutung definiert.

Die dargestellten Begriffserklärungen sind allerdings nicht die einzigen, die in der Informatik üblich sind. Auf der gleichen Ebene definieren z.B. Hesse et al. die Begriffe wie folgt [HBB+94]:

- **Daten** sind spezielle sprachliche Ausdrucksmittel, z.B. Zeichenketten, für die Mitteilung von Informationen aufgrund bekannter oder unterstellter Abmachungen, z.B. Codierungsregeln.

- **Nachrichten** sind Mitteilungen eines Menschen an einen anderen Menschen, deren Struktur durch ein gemeinsames System von Symbolen bestimmt ist und deren Bedeutung durch Interpretation aufgrund gemeinsamer Abmachungen entsteht. Nachrichten können mit Hilfe von Maschinen in Form von Daten übermittelt werden.

- **Kommunikation** ist der Austausch von Information zwischen Menschen mittels Nachrichten.

- Eine **Information** ist ein mitgeteilter oder aufgenommener Wissensbestandteil.

- **Wissen** meint die Gesamtheit der Wahrnehmungen, Erfahrungen und Kenntnisse eines Menschen oder einer Gruppe von Menschen über sich und die Umwelt beziehungsweise einen Teilbereich daraus.

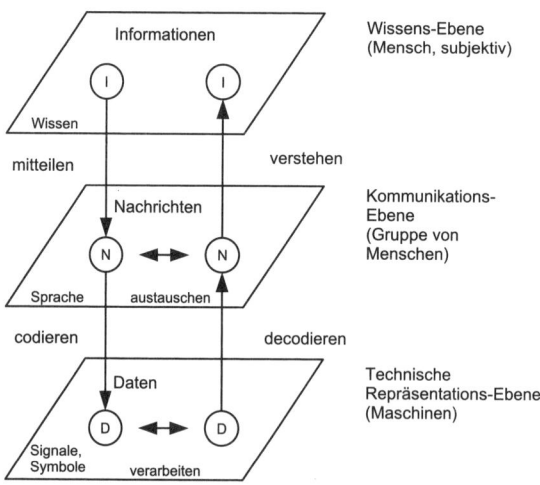

Abbildung 2.10: Hierarchischer Zusammenhang zwischen Informationen, Nachrichten und Daten [HBB+94]

In diesem Fall wird ein hierarchischer Begriffszusammenhang hergestellt. Abbildung 2.10 zeigt den von Hesse u.a. postulierten hierarchischen Zusammenhang im Überblick.

Von der Datenverarbeitung zur Informationsverarbeitung

Aufgrund der häufigen Verwendung der Begriffe Datenverarbeitung und Informationsverarbeitung sollen die jeweiligen Begriffsinhalte dieser beiden Begriffe kurz skizziert werden, da sie eng mit dem Daten- und Informationsbegriff verbunden sind. Der ursprünglichere Begriff der Datenverarbeitung (auch als elektronische Datenverarbeitung oder EDV bezeichnet) wird in der Wirtschaftsinformatik-Literatur zugunsten des Begriffes der Informationsverarbeitung in Verbindung mit verschiedenen technischen Entwicklungen seit Mitte der 80er-Jahre immer mehr in den Hintergrund gedrängt. Der Grund für diesen begrifflichen Wandel wird manchmal pragmatisch mit dem „veränderten Sprachgebrauch" angegeben. Allerdings ist es auch typisch für neu entstehende Wissenschaftsdisziplinen, dass sich Innovationen auch auf der sprachlichen Ebene niederschlagen. Genau das trifft im vorliegenden Fall zu.

Datenverarbeitung (DV): Im Mittelpunkt des Interesses steht bzw. stand der mechanische (d.h. algorithmische) Verarbeitungsprozess von Daten (EVA-Prinzip, Eingabe-Verarbeitung-Ausgabe) sowie alle damit technisch zusammenhängenden Aufgaben (z.B. Datenorganisation, Softwareentwicklung und Wartung, effiziente und effektive Abbildung der betrieblichen Realität in einer Datenbank). Es handelt sich also primär um eine technische Sichtweise. Die Datenverarbeitung im engeren Sinne kann damit auch als klassische Domäne der Informatik gesehen werden – wobei hier Datenverarbeitung und Informationsverarbeitung auch synonym verwendet werden.

Informationsverarbeitung (IV): Hier rückt der Mensch, bei dem durch die Interpretation der Daten Informationen entstehen, in den Mittelpunkt des Interesses. Die primär technische Sicht der Datenverarbeitung wird durch eine ganzheitlichere und problemorientierte Sicht im betrieblichen Kontext abgelöst, d.h. das Aufgabenumfeld und die Organisation spielen eine wichtige Rolle. Die Informationsverarbeitung berücksichtigt informationslogistische Fragestellungen ebenso wie den aufgabenspezifischen Verwendungszusammenhang der Daten: Wer benötigt welche Daten wann, wo, wofür und wie. Die Aufbereitung der Daten richtet sich nach den spezifischen Bedürfnissen der Benutzer und den Anforderungen der Aufgabe. Ziel der Informationsverarbeitung ist es, den Menschen bei der Interpretation von Daten im Aufgaben- oder Anwendungskontext möglichst gut zu unterstützen. Darüber hinaus geht es auch um gesamtbetriebliche Interessen wie z.B. die Beurteilung des „Wertes" von Daten, um die gezielte Datenbeschaffung, die Berücksichtigung strategischer Überlegungen in Verbindung mit Daten, und vor allem um die zielgerichtete Verwendung durch die Benutzer im Sinne einer Handlungs- und Entscheidungsorientierung. Die Informationsverarbeitung baut damit auf die Datenverarbeitung auf und geht über automatisierbare Routineaufgaben hinaus.

2.2.5 IT, Informationsinfrastruktur und Informationssystem

Die Begriffe IT und Informationsinfrastruktur zielen unmittelbar auf den Gegenstandsbereich der Wirtschaftsinformatik ab. Durch ihre breite Verwendung lassen sie allerdings auch einen weiten Interpretationsspielraum zu. Da IT in vielen Wortverbindungen verwendet wird (z.B. IT-Management in Kapitel 6), soll zuerst darauf eingegangen werden. Das Präfix „IT" (Informationstechnik oder Informationstechnologie) bezeichnet im engsten Sinne des Wortes die technischen Komponenten einer Informationsinfrastruktur oder eines Informationssystems. Mittlerweile wird „IT" als eigenständiger Begriff sowohl umgangssprachlich wie auch in der Wissenschaft verwendet. Er wird dann meist mit dem Begriff der Informationsinfrastruktur gleichgesetzt, so dass neben den technischen Komponenten auch die personellen, organisatorischen und räumlichen Komponenten dazu zu zählen sind, wie im weiteren Kapitel noch etwas näher ausgeführt wird. Die konkrete Bedeutung im Sinne einer engeren oder weiteren Begriffsauslegung ist aber nur aus dem jeweiligen Kontext ableitbar.

Skubch versteht z.B. unter Infrastruktur „alle organisatorischen, methodischen und technischen Verfahren zur Entwicklung und zum Betrieb von Informationssystemen" [Sku89]. Heinrich definiert Informationsinfrastruktur als „die Einrichtungen, Mittel und Maßnahmen, welche die Voraussetzung für die Produktion von Information und Kommunikation in einer Organisation schaffen (z.B. Hardware, Software, Personal)" [Hei96]. Zur Infrastruktur zählt er außerdem das Personal, das professionell mit der Planung und dem Betrieb von Informations- und Kommunikationssystemen befasst ist sowie die Gesamtheit der Methoden und Werkzeuge der Planung und des Betriebes derartiger Systeme. Schließlich sind auch die struktur- und ablauforganisatorischen Regelungen, soweit sie sich auf die Informationsfunktion beziehen, Gegenstand der Infrastruktur [Hei96]. Ein technisch orientiertes Begriffsverständnis findet sich z.B. bei Gollan u.a., die Informationsinfrastruktur ausschließlich in einem technischen Sinn als Rechnerstruktur, Datenorganisation, Netzwerk usw. verstehen [Gol88]. Für die vorliegenden Zwecke werden folgende Bestandteile zur **Informationsinfrastruktur** gerechnet:

- die **Komponenten** der Informations- und Kommunikationssysteme der Organisation; diese können in materielle Komponenten (z.B. Hardware, System- und Anwendungssoftware, Daten, Sachmittel, Dokumentation) und immaterielle Komponenten (z.B. Werkzeuge, Methoden, Standards) gegliedert werden; folgt man der Gliederung, die im Systemplanungsprozess Verwendung findet, so ergibt sich eine Unterscheidung in Datensystem, Methodensystem, Arbeitsorganisation, Kommunikationssystem und Sicherungssystem;

- die **Personen**, die für die Leistungserstellung der Informationsinfrastruktur zuständig sind (internes und gegebenenfalls externes Personal);

- die **Räume**, die für das Personal und die Komponenten der Informationsinfrastruktur zur Verfügung stehen;

2.2 Grundorientierung und Begriffssystem der Wirtschaftsinformatik

- die **Beziehungen** zwischen den Komponenten und den Personen; dabei kann zwischen einer statischen Sichtweise (z.B. Art und Umfang der Vernetzung, Aufbauorganisation, Projektorganisation) und einer dynamischen Sichtweise (z.B. Ablaufregelungen, Koordinationsregelungen, Prioritätenregelungen, Kompetenzen und Verantwortung für die Beschaffung, Berichtswesen) auf die Beziehungen sowie zwischen internen und externen Beziehungen unterschieden werden.

Die Informationsinfrastruktur hat keinen Selbstzweck, sondern ist Mittel zum Zweck. Daher hängt der Begriff **Informationsfunktion** eng mit ihr zusammen. Er findet sich vor allem in der betriebswirtschaftlichen Literatur. Man versteht darunter die Gesamtheit aller Aufgaben und Aktivitäten in einer Organisation, die sich mit Information und Kommunikation als wirtschaftlichem Gut (im Sinne eines Produktions- oder Wettbewerbsfaktors) befassen. Die Informationsfunktion wird daher von manchen auch als Querschnittsfunktion und als gleichberechtigte betriebswirtschaftliche Funktion neben den Grundfunktionen Beschaffung, Produktion und Vertrieb und den Querschnittsfunktionen Personal, Finanzierung und Logistik eingestuft. Dieses Begriffsverständnis führte auch zur Verwendung der Bezeichnung **(betriebliches) Informationssystem**, dem eine ähnliche Bedeutung zugeschrieben wird. Diese Bezeichnung entstand noch vor der allgemeinen Verbreitung des Computers, fand aber wegen der eher abstrakten Aussage keine allgemeine Verbreitung. Das betriebliche Informationssystem plant, steuert und kontrolliert einerseits die Aktivitäten des betrieblichen Systems (Lenkungssystem) und umfasst darüber hinaus die informationsverarbeitenden Teile der betrieblichen Leistungserstellung (Leistungssystem). Abbildung 2.11 fasst diesen Sachverhalt zusammen.

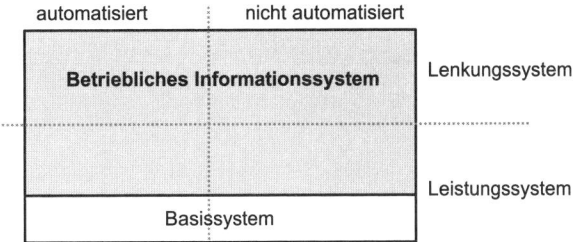

Abbildung 2.11: Einordnung des betrieblichen Informationssystems

Mit der allgemeinen Verbreitung des Computers in Organisationen erhielt der Begriff **Informationssystem** eine neue Bedeutung. Er wurde etwas verkürzt mit einer Hardware-Software-Lösung gleichgesetzt. Für die Wirtschaftsinformatik wird dieser Begriff von den meisten Fachvertretern etwas präziser mit den bereits erwähnten MAT-Systemen (Mensch-Aufgabe-Technik-Systeme) gleichgesetzt. Ein Informationssystem besteht demnach aus Menschen und Maschinen, die mit softwaretechnischer Hilfe Informationen erzeugen und/oder benutzen und die durch

Kommunikationsbeziehungen miteinander verbunden sind. Ein Informationssystem ist ein sozio-technisches System, das aus maschinellen und natürlichen Elementen besteht und seine Nutzer mit Informationen versorgt.

Ein weiterer Begriff, der manchmal sogar synonym mit Informationssystem verwendet wird, ist das **Anwendungssystem**. Anwendungssysteme werden in Organisationen für alle betrieblichen Aufgabengebiete wie Beschaffung, Produktion, Vertrieb und Administration eingesetzt. Der Begriff leitet sich davon ab, dass es für bestimmte Anwendungsbereiche so genannte Anwendungsprogramme oder Anwendungssoftware (Application Software) gibt. Dabei ist jedoch wichtig zu verstehen, dass die eigentliche Software nur einen Teil des gesamten Anwendungssystems ausmacht. Die Software erfordert immer auch eine Hardware und ein Betriebssystem, und ist zusätzlich in ein organisatorisches Umfeld (Arbeitsabläufe) eingebettet. Unter einem betrieblichen Anwendungssystem versteht man demnach die Gesamtheit aller Programme und die zugehörigen Daten für einen konkreten Aufgabenbereich (siehe Abbildung 2.12). Beim Informationssystem kommt der Mensch oder Benutzer als zusätzliches Element dazu.

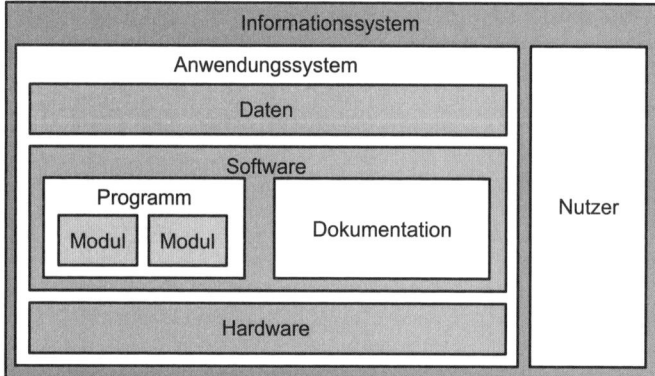

Abbildung 2.12: Informationssystem und Anwendungssystem

2.2.6 Integration

Unter Integration versteht man in der Umgangssprache die (Wieder-)Herstellung eines Ganzen oder einer Einheit. Dies geschieht durch Vervollständigung oder indem außenstehende bzw. nicht zusammenhängende Komponenten miteinander verbunden werden. Unterstützt wird dieses Ziel durch verschiedene Hilfsmittel, zu denen auch Integrationsmodelle zählen. Integrationsmodelle stellen im vorliegenden Kontext vor allem ein Hilfsmittel der Anwendungsentwicklung dar. Aus den verschiedenen Integrationsarten werden zunächst die Datenintegration, die Funktionsintegration und die Prozessintegration ausgewählt und etwas genauer dargestellt. Eine umfangreichere Gegenüberstellung findet sich z.B. in [MH92].

2.2 Grundorientierung und Begriffssystem der Wirtschaftsinformatik 45

Eine der grundlegenden Integrationsformen ist die **Datenintegration**. Daten sind die Basis eines jeden Informationssystems, da sie maschinell verarbeitbare Zeichen sind, „die Objekte und Objektbeziehungen der Lebenswelt durch ihre Merkmale beschreiben und damit repräsentieren" [MBK$^+$04]. Daten sind zweckneutral und werden erst durch zweckgerichteten Einsatz in Organisationen zu Informationen. Mittlerweile werden Daten bzw. Informationen auch als betriebswirtschaftliche Produktionsfaktoren gesehen, da sie der notwendige Input zu Informationsverarbeitungs- und Entscheidungsprozessen sind [MB96].

Eine Datenorganisation, die sich an einer organisationsinternen Arbeitsteilung orientiert, ist der Grund für eine erschwerte und langwierige Informationsübertragung. Da möglicherweise jeder Teilvorgang über eine eigenständige Datenbank verfügt, die nicht mit den anderen in Organisationen kommunizieren kann, bleibt als einfachster Übertragungsweg der „Schriftverkehr" bzw. eine sonstige Form der manuellen Übertragung. Daneben können natürlich auch Schnittstellen zur Datenübergabe definiert werden, die allerdings laufend gepflegt werden müssen. D.h. es ist sicherzustellen, dass die Schnittstellen genutzt und die Daten tatsächlich aktualisiert werden. Abgesehen vom Zeit- und Arbeitsaufwand, den beide Möglichkeiten nach sich ziehen, liegt in ihnen die Ursache für Datenübertragungsfehler. Ein weiterer Nachteil ist, dass Datenänderungen nicht allen Stellen gleichzeitig zur Verfügung stehen können. Die Integrität und Konsistenz der Daten ist somit immer wieder gefährdet.

Wenn man eine gemeinsame Datenbank für alle Organisationsbereiche einrichtet, sind alle Informationen zum gleichen Zeitpunkt für alle Mitarbeiter in gleicher Weise verfügbar. Man spricht in einem solchen Falle von Datenintegration. Allgemein ist Datenintegration die logische Zusammenführung von Daten. Sie kann aber noch näher differenziert werden in eine automatische Übergabe der Daten von mindestens zwei Programmen, die Nutzung einer gemeinsamen Datenbank und in ein übergeordnetes Organsiationsdatenmodell. Letzteres stellt die inhaltliche Beziehung der Daten untereinander sowie der Daten zu Funktionen dar [Mer07]. Die datenbezogene Integration legt fest, welche Daten gemeinsam genutzt werden, wie sie redundanzarm und zugriffsfreundlich strukturiert sowie gespeichert werden können [Mer90]. Die logische Zusammenführung von Daten ist in ihrer Wirkung auf Organisationsabläufe unabhängig davon, „ob die gemeinsamen Datenbestände auf einem Rechner oder als so genannte verteilte Datenbank auf mehreren Rechnern abgelegt sind" [MBK$^+$04].

Festzuhalten ist, dass die Datenintegration die gesamte Organisation besser und schneller mit Informationen versorgen kann, wodurch Arbeitsabläufe rationalisiert und Datenredundanzen vermindert werden können. Die Daten sind konsistenter, und der Erfassungsaufwand sowie die Speicherkosten fallen geringer aus. Allerdings sollte man sich der Gefahr einer Fehlinterpretation bewusst sein, die entstehen kann, wenn jeder Mitarbeiter direkt und ohne Erklärungshilfe auf die Daten von anderen Abteilungen und Fachbereichen zugreifen kann. Die Interpretationshilfen der jeweils zuständigen Fachabteilungen für bestimmte Informationen fallen in der Datenintegration weg.

Die **Funktionenintegration** baut häufig auf die Datenintegration auf und vollzieht sich in zwei Stufen: „Zusammenfassung der Grundfunktionen Datenerfassung, Sachbearbeitung und Steuerung der Verarbeitung an einem Arbeitsplatz als erste Stufe der Funktionsintegration und Zusammenfassung von Arbeitsfolgen an einem Arbeitsplatz, die zur Ausnutzung von Spezialisierungsvorteilen getrennt worden waren, als zweite Stufe. Ein Sachbearbeiter führt dann alle Funktionen für eine Objektgruppe aus." [Mer90]. Hier kommt der Aspekt des „job enrichment" und des „job enlargement" für den Mitarbeiter hinzu. Durch die erweiterte Zuständigkeit und Verantwortung im Beruf kann höhere Arbeitsmotivation als Nebeneffekt auftreten. Außerdem wird der Mitarbeiter bemüht sein, den Gesamtprozess zu optimieren, da er auch die ganze Verantwortung dafür trägt.

Auch bei einer Funktionenintegration sind mögliche negative Auswirkungen zu beobachten. Mit der hohen Dialogverflechtung wächst die Komplexität des IT-Systems und damit dessen Empfindlichkeit gegenüber technischen und benutzerbedingten Fehlern. Bezüglich der hohen Arbeitsanforderungen bei einer Funktionenintegration an die Arbeitnehmer können der Organisation Probleme durch unterqualifizierte Mitarbeiter entstehen. Ein weiterer Aspekt in diesem Zusammenhang ist die Zugriffsberechtigung auf Daten innerhalb der Organisation. Es müssen klare „Berechtigungskreise" [Sch96a] definiert werden, um unautorisierte Zugriffe auf die Daten zu verhindern.

Zur Funktions- oder Funktionenintegration ist noch anzumerken, dass die Begriffe in der betriebswirtschaftlichen Literatur zuweilen recht unterschiedlich verwendet werden. Relativ grob lassen sich z.B. die Sichtweise der klassischen betriebswirtschaftlichen Funktionenlehre und die Sicht auf Funktionen als Aufgabe (d.h., genauer, Innensicht bzw. Lösungsverfahren der Aufgabe) unterscheiden. Eine weitere Differenzierung kann in aufgabenträgerorientierte Funktionsintegration (auch personale oder arbeitsplatzbezogene Integration) und aufgabenorientierte Funktionsintegration (sachliche Integration) vorgenommen werden [Fer92]. Im aufgabenorientierten Sinn kann die Funktionsintegration quasi als informationstechnische Verkettung von Funktionen verstanden werden. Schließlich ist noch die funktionsübergreifende Integration zu erwähnen, bei der es u.a. um das Management von Schnittstellen zwischen den betrieblichen Funktionsbereichen, um das Zusammenwirken zwischen Linienorganisation und Projektorganisation sowie um die generelle Prozessoptimierung geht.

Die **Integration von Prozessen** kann als „Zusammenführung von Prozessschritten" beschrieben werden [Krc91b]. Krcmar räumt ein, dass eine Trennung von „Funktion" (als Elementareinheit) und „Prozess" (als Folge von Funktionen) schwer vorzunehmen ist [Leh94b]. Beide Elemente findet man in der Integration, und beide sind in das System quasi künstlich hineindefiniert worden. Während man in dem einen Fall von Funktionenintegration oder auch Vorgangsintegration spricht, weil es sich primär um arbeitsplatzbezogene Einheiten handelt, bezeich-

2.2 Grundorientierung und Begriffssystem der Wirtschaftsinformatik

net man den zweiten Fall als Prozessintegration, weil man hauptsächlich auf die Schnittstellengestaltung der einzelnen Prozessschritte sowie gesamtbetriebliche Aspekte eingeht. Die Vermeidung von Schnittstellenkosten ist daher ein häufiger Grund für die Prozessintegration [Krc91b].

In enger Verbindung mit der Prozessintegration ist die so genannte Geschäftsfeldintegration oder geschäftsfeldübergreifende Integration zu sehen. Man erkennt zunehmend, dass sich durch die Zusammenfassung von gemeinsamen Fähigkeiten oder Potenzialen (den so genannten Kernkompetenzen) Vorteile für die gesamte Organisation erschließen lassen. Die Integration kann sich dabei u.a. auf Know-how-Transfer zur Stärkung der Kernkompetenzen, auf geschäftsfeldübergreifende Prioritätensetzung bei Projekten oder auf eine Zentralisierung der Forschung beziehen.

Unter dem Begriff der **Integrationsrichtung** werden speziell bei der betrieblichen Integration die beiden Alternativen der vertikalen und der horizontalen Integration zusammengefasst. Eine vertikale Integration kann man sich so vorstellen, dass die benötigten Daten für Planungs- und Kontrollsysteme aus den Administrations- und Dispositionssystemen herangezogen werden. Es ist Aufgabe der Planungs- und Kontrollsysteme, die Daten aus den unteren Ebenen zu verdichten. Die unterschiedlichen Detaillierungsgrade der Informationsebene sollen aufeinander abgestimmt werden.

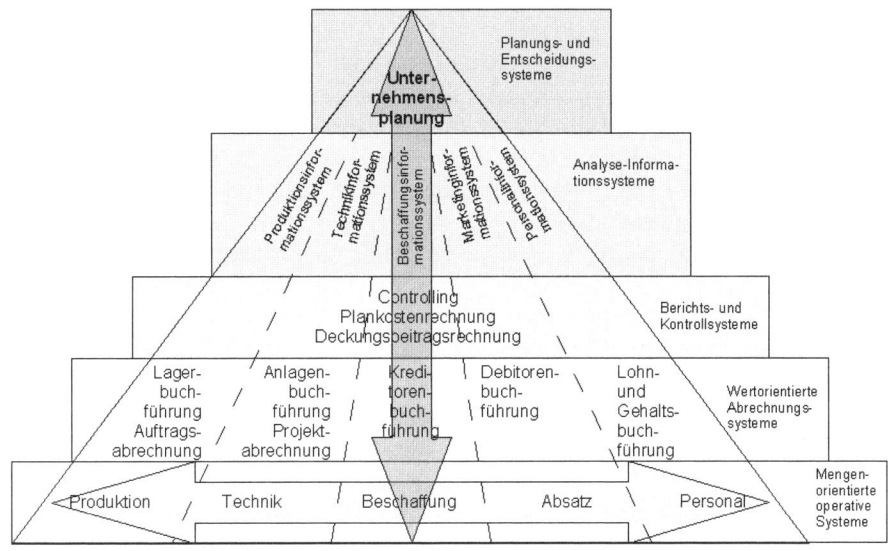

Abbildung 2.13: Integrierte Informationssysteme (in Anlehnung an [Mer07]

Die horizontale Integration bezieht sich dagegen auf die Teilsysteme, wie man sie in der organisationseigenen Wertschöpfungskette vorfindet [Mer07]. Unter horizontaler Integration wird die Überbrückung der durch die Aufbauorganisation vorgegebenen Grenzen bezeichnet. Dabei ist die Integration der Daten eine wesentliche Voraussetzung. Abbildung 2.13 zeigt die beiden Integrationsrichtungen vor dem Hintergrund integrierter Informationssysteme.

Die **Integrationsreichweite** beschreibt, innerhalb welchen Bereichs die Integration wirksam wird. Grob können die innerbetriebliche und die zwischenbetriebliche Integration unterschieden werden. Letztere verbindet mindestens zwei getrennte Organisationen miteinander (entweder auf horizontaler oder auf vertikaler Ebene). Beispielsweise kann man sich eine einheitliche vertikale Datenverarbeitungsverbindung zu vorgelagerten Lieferanten oder aber zu nachgelagerten Distributoren vorstellen, die hinsichtlich ihrer Informationsflüsse in die eigene Organisation integriert werden können [BR93]. Selbstverständlich kann die Reichweite der Integration auch innerhalb einer Organisation näher betrachtet werden. Dabei stellt man allerdings fest, dass sich der Begriff einer metrischen Erfassung weitgehend entzieht, obwohl „Assoziationen" mit quantitativen Verhältnissen geweckt werden. Manche Autoren unterteilen die Reichweite auch in nationale und internationale Niveaus der Integrationsbewegung, in dem alle beteiligten Organisationen z.B. ihre Kommunikationswege vereinheitlichen und zusammenführen. [Mer07].

2.3 Entwicklung von Berufsbildern der Wirtschaftsinformatik

Die Professionalisierung und Durchsetzung neuer Berufsbilder am Arbeitsmarkt erfordert genügend Zeit. Mittlerweile gibt es einige Bemühungen um eine Standardisierung der Anforderungen sowie um eine Dokumentation der Tätigkeitsprofile. Eine der ersten Veröffentlichungen dazu stammt von der schweizerischen Vereinigung für Datenverarbeitung, die inzwischen in mehreren Auflagen fortgeschrieben wurde [SVD96]. Sie berücksichtigt bereits die Unterschiede zwischen Informatikern und Wirtschaftsinformatikern. Im Rahmen der CEPIS (Council of European Professional Informatics Societies) ist ebenfalls ein Strukturmodell für Tätigkeiten im Informatikbereich entwickelt worden (EISS – European Informatics Skill Structure). Darin werden die vorkommenden Aufgaben und Tätigkeiten dokumentiert und in Tätigkeitsfelder und -ebenen so gegliedert, dass für jede Aufgabe die erforderliche Ausbildung, die Anforderungen und mögliche Weiterentwicklungen definiert sind. Das EISS sollte die Basis für die Weiterentwicklung und die Einordnung von Ausbildungs- und Arbeitsplatzdefinitionen sein, die Professionalisierung verbessern und eine europäische Integration der Informatik unterstützen [Dos94].

Es liegt im Berufsfeld von Wirtschaftsinformatikern begründet, dass an bestimmte Schlüsselqualifikationen (z.B. Arbeiten in interdisziplinären Projektteams, Präsentation und Diskussion von Arbeitsergebnissen, auch in Fremdsprachen, Erstellung von Dokumentationen) hohe Anforderungen zu stellen sind. Mit den Kompetenzen soll eine erste inhaltliche Verbindung zwischen Wirtschaftsinformatik als Wissenschaft und den Tätigkeitsfeldern geschaffen werden. Es geht also um die Fragen, was tun und was können Wirtschaftsinformatiker und welche Methoden stehen ihnen dafür zur Verfügung. Da das Aufgabenfeld inzwischen sehr breit geworden ist, erfolgt hier eine Beschränkung auf jene Aufgaben, die Kernkompetenzen von Wirtschaftsinformatikern verlangen. Bezeichnend für die äußerst erfolgreiche Entwicklung der Wirtschaftsinformatik ist, dass „Wirtschaftsinformatiker" nicht zu einer Berufs- oder Stellenbezeichnung geworden ist. Dies ist analog zur Betriebswirtschaftslehre oder zur Informatik zu verstehen, innerhalb derer die eigentlichen Tätigkeiten durch besondere Bezeichnungen näher charakterisiert werden.

In diesem Kapitel soll ein Überblick über heute gängige Aufgabenfelder gegeben werden. Da die Erledigung von Aufgaben meist auch den Einsatz spezifischer Methoden erfordert, wird in Verbindung damit auch auf die Methoden und Hilfsmittel eingegangen. Indirekt wird damit auch die Struktur des Faches selbst charakterisiert, zumal diese Kompetenzen im Rahmen eines Wirtschaftsinformatik-Studiums vermittelt bzw. erworben werden. Bei konkreten Aufgabenlösungen in der Praxis treffen manchmal mehrere Kompetenzfelder zusammen. So kann es z.B. sein, dass Content Management eingeführt werden soll, in Verbindung damit eine geeignete Standardlösung ausgewählt und beschafft wird, und zur Absicherung der Wirtschaftlichkeit ein Controlling-Konzept ausgearbeitet werden soll. Die Problemlösung in der Praxis erfordert somit häufig eine Bündelung oder Zusammenführung mehrerer Teilkompetenzen. Die vorgeschlagene Gliederung ist ein idealtypischer Ansatz, der auch die besonderen Kompetenzen und Fertigkeiten von Wirtschaftsinformatikern gegenüber anderen Disziplinen abgrenzt. Das relativiert auch die Rolle der Programmierung, die zwar im Allgemeinen zu den Kompetenzen eines Wirtschaftsinformatikers zählt, aber hier in einem umfassenderen Kontext zu sehen ist. Gerade bei größeren Programmierprojekten werden durch Wirtschaftsinformatiker eher die Aufgaben des Projektmanagements abgedeckt, so dass die Programmierkenntnisse heute nicht mehr die gleiche dominante Rolle spielen wie in den 90er-Jahren oder noch früher.

Natürlich sind die nachfolgend genannten Aufgaben nicht immer überschneidungsfrei, und teilweise ist auch eine Mehrfachzuordnung möglich. Die dynamische Entwicklung führt auch dazu, dass eine ständige Weiterentwicklung der Berufsbilder zu beobachten ist. Die Aufgaben können dabei zu folgenden Aufgabenbereichen zusammengefasst werden:

- **Aufgaben im Software-Lebenszyklus.** z.B. Anforderungsanalyse, Software- und Datenbankentwicklung, Testplanung und Test, Systemeinführung/Implementierung, Nutzung, Wartung, Reengineering, Projektmanagement und Qualitätssicherung als Querschnittsaufgaben, Auswahl und Einführung von Standardsoftware.

- **Managementaufgaben und Bezug zur Führung von Organisationen.** z.B. IT-Management, Management des Wandels, Entwicklung von Informatikstrategien, IT-Organisation, IT-Controlling und Revision, Evaluation der IT sowie Wirtschaftlichkeits- und Erfolgsmessung, Beschaffung von Informatikmitteln (Technologie, Software).

- **Aufgaben mit Bezug zur Organisations- und Prozessgestaltung.** Dazu zählen die Analyse, Gestaltung und Verbesserung von Geschäftsprozessen sowie häufig auch die Reorganisation der betrieblichen Aufbauorganisation, aber auch Wissensmanagement, Workflowmanagement u.Ä.

- **Datenbezogene Aufgaben.** z.B. Datenadministration, Datenmanagement, Datenbankmanagement, Data Warehousing, Datamining, Dokumentenmanagement, Contentmananagement.

- **Technikbezogene Aufgaben und spezialisierte Tätigkeitsfelder.** z.B. Informations- und Datenschutzrecht, Sicherheitsmanagement, Systemadministration, System- und Netzwerkmanagement, Multimediaentwicklung, Medieneinsatz und Mediengestaltung, Entwicklung und Administration von Webanwendungen.

- **Übergeordnete Aufgaben.** (Meta-Aufgaben, Querschnitt) z.B. Entwicklung von Vorgehensmodellen, Werkzeugentwicklung, Consulting, Schulung und Training, Entwicklung und Pflege von Standards/Normen, Forschung.

Aus den Aufgabenfeldern leiten sich Berufsbilder ab. Konkrete Berufsbilder entwickeln sich erst allmählich und sind zum Teil noch nicht sehr klar differenziert. Sie entstehen schrittweise seit der Etablierung der wissenschaftlichen Disziplin Wirtschaftsinformatik. Es ist daher auch verständlich, dass die Berufsbilder im Moment noch gewissen Veränderungen unterworfen sind, zum einen dadurch bedingt, dass diese Wissenschaft noch relativ jung ist, zum anderen durch die noch immer anhaltenden technologischen Entwicklungen und Verbesserungen. Selbst Personalverantwortliche in der Wirtschaft haben oft keine klaren Vorstellungen, in welchen Bereichen Wirtschaftsinformatiker sinnvoll einzusetzen sind. Die Zusammenstellung einiger Fakten zu diesem Thema soll hier etwas mehr Klarheit schaffen. Hierzu wird zunächst festgelegt, was unter einem Berufsbild zu verstehen ist. Der Begriff des Berufsbildes lässt sich allgemein folgendermaßen definieren [SVD96], [Kli89]:

„Ein Berufsbild – eine primär für die Allgemeinheit bestimmte pauschale Information über einen Beruf bzw. eine Berufsgruppe – beschreibt die typische, merkmalsrelevante Tätigkeitsstruktur eines Berufes (allenfalls einer Berufsgruppe). Die zur Erfüllung des konkreten Aufgabengebietes notwendigen Voraussetzungen, Fähigkeiten und Eigenschaften ergänzen in der Regel die Beschreibung. Dagegen fehlen Aussagen zur instantiellen Einordnung, zu Information, Kommunikation, Kompetenz und Verantwortung."

2.3 Entwicklung von Berufsbildern der Wirtschaftsinformatik

Allmählich beginnen sich auch in der Wirtschaftsinformatik typische Berufsbilder herauszubilden. Zu beobachten ist eine gewisse Überschneidung mit den eher technisch orientierten Berufen der Informatik, wobei Wirtschaftsinformatiker aufgrund ihrer betriebswirtschaftlichen Ausbildung in vielen Fällen besonders gute Chancen haben. Da durch aktuelle Entwicklungen (Internet, Multimedia, Workflowmanagement usw.) noch immer neue Berufsbilder entstehen bzw. manche an Bedeutung verlieren (z.B. Wissensingenieur), kommt der nachfolgenden Liste „typischer Wirtschaftsinformatik-Berufe" ein temporärer Charakter zu (falls es mehrere Berufsbezeichnungen mit ähnlichen Inhalten gibt, so sind diese in Klammern angeführt):

- **Systemplaner** (Analytiker, Systemanalytiker, IT-Organisator). Schwerpunkte der Tätigkeit liegen im Bereich Anforderungsanalyse, Bedarfserhebung, Systemdesign, Entwurf bzw. Erhebung des Marktangebots und Systemauswahl bei externer Beschaffung.

- **Systemadministrator** (Systembetreuer). Aufgaben sind u.a. die Implementierung und Einführung von Informationssystemen und die Benutzerbetreuung.

- **Beratung und Verkauf** (IT-Berater, Organisationsberater, Vertriebsbeauftragter). Hier lassen sich alle jene Berufe zusammenfassen, die der Beratungsbranche, der Softwarebranche, den Softwarehäusern und ähnlichen Bereichen zugeordnet werden können.

- **IT-Controller** (IT-Revisor, Systemrevisor). Überprüfung der Einhaltung vorgegebener Ziele in Hinblick auf den Einsatz von Informationssystemen, Unterstützung der langfristigen IT-Planung einer Organisation, Einhaltung der Ordnungsmäßigkeit.

- **Software-Qualitätssicherung** (Projekt-Controller). Ähnlich wie beim IT-Controller, jedoch mit stärkerer Betonung softwaretechnischer Aspekte (z.B. Einhaltung von Qualitätsstandards, Normen, ISO-Zertifizierung u.Ä.).

- **Informationsbroker** (Informationsvermittler). Unterstützung der internen und externen Informationsbeschaffung, Nutzung von Datenbank- und Online-Diensten usw.

- **Netzwerk- und Kommunikationsmanagement** (Informationslogistik). Betreuung und konzeptionelle Weiterentwicklung der kommunikationstechnischen Infrastruktur einer Organisation.

- **IT-Manager** (IV-Leiter, CIO, IT-Leiter). Führungsaufgaben mit Bezug auf die gesamte Informationsfunktion bzw. Informationsinfrastruktur einer Organisation. In größeren Organisationen wird dabei häufig zwischen strategischen und operativen Aufgaben unterschieden.

- **Projektmanager** (Projektkoordinator). Planung, Betreuung, Durchführung usw. von Projekten, deren Ziel die Entwicklung, Auswahl, Anpassung oder Einführung von Informationssystemen ist.

- **Software-Ingenieur** (Systementwickler). Wahrnehmung aller Aufgaben, die mit der softwaretechnischen Entwicklung (Programmierung) von Systemen in Verbindung stehen. Unter einem etwas anderen Blickwinkel fällt dieser Berufsgruppe auch die Unterstützung beim Einsatz von softwaretechnischen Methoden und Werkzeugen (z.B. CASE-Werkzeuge, Werkzeuge zur Unterstützung des Business Process Reengineering, Workflowmanagement) zu.

- **Datenadministrator.** Wahrnehmung aller Aufgaben, die in Verbindung mit dem Datenmanagement, d.h. der Bereitstellung, Verwaltung, Speicherung, Archivierung usw. von Daten in einer Organisation stehen. Dazu zählen heute auch die Datenmodellierung und die Zuständigkeit für den Einsatz von Data Dictionaries.

- **Datenschutzbeauftragter** (IT-Sicherheitsbeauftragter). Wahrnehmung der Sicherheitsbelange und Interessen einer Organisation mit Bezug auf den Einsatz der Informationstechnik. Z.T. handelt es sich dabei um verpflichtende gesetzliche Vorschriften, z.T. um Eigeninteressen der Organisation.

- **IT-Koordinator.** Zuständigkeit für Abstimmungsaufgaben zwischen (meist) zentraler IT-Abteilung und den Fachabteilungen. Der Einsatz kann entweder in Verbindung mit konkreten Projekten stehen oder auf die gesamtbetriebliche Planung oder Reorganisation ausgerichtet sein.

In der deutschsprachigen Informatik wird seit einigen Jahren eine Diskussion über das Berufsbild, das Anforderungsprofil und die Ausbildung von Informatikern an Universitäten und Hochschulen geführt. Für die Wirtschaftsinformatik gibt es zwar ebenfalls einige Untersuchungen [NPS95], [GL96], eine vergleichbare Intensität der Diskussion fehlt jedoch.

Im Rahmen des Ausbildungsprofils, das eng mit den Arbeitsinhalten zusammenhängt, nehmen **soziale Kompetenzen** einen immer wichtigeren Stellenwert ein [Kli89]. Untersuchungen des Arbeitspsychologen Michael Frese zufolge machen Programmiertätigkeiten nur mehr etwa 10 % der Arbeitszeit von IT-Spezialisten aus. Der Anteil sozialer und kommunikativer Aktivitäten (z.B. Austausch von Informationen, Sitzungen, Beratungen, Analyse) ist hingegen mit fast 50% besonders stark ausgeprägt. Neben Fachkompetenz und Kenntnissen in der Projektführung hält Frese daher die Teamfähigkeit für besonders wichtig (vgl. dazu auch [Har94], [Leh94a], [Kli89]). Im Vordergrund stehen Teamfähigkeit und Handlungsfähigkeit. Als wichtige Eigenschaften werden aber auch Belastbarkeit, Kommunikationsfähigkeit, Durchsetzungsvermögen und Verantwortungsbewusstsein genannt. Leichte Unterschiede in der Gewichtung dieser Eigenschaften sind zwischen den einzelnen Berufsgruppen feststellbar (z.B. CAD-Berufe,

IT-Berufe, kaufmännische Berufe, Multimedia-Berufe, SAP-Berufe). Eine ähnliche Ansicht vertritt Ernst Denert, der die Forderung nach einem Gleichgewicht von Fachwissen und Persönlichkeit erhebt und zu ganz ähnlichen Persönlichkeitsmerkmalen gelangt [Den94].

2.4 Zusammenfassung

Die Bedeutung von Informations- und Kommunikationstechnologien, aber auch von Information selbst ist heute im Umfeld von Organisationen unbestritten und bedarf keiner besonderen Erklärung oder Rechtfertigung mehr. In diesem Bereich ist auch das hauptsächliche Betätigungsfeld der Wirtschaftsinformatik zu finden. Inzwischen weit verbreitete Anwendungen zu Entertainment, Edutainment, Infotainment – um nur einige neuere Beispiele zu nennen – zeigen, dass die traditionelle Sicht, die sich auf die Organisation im engeren Sinn sowie auf den Aktionsradius der Organisation beschränkt, heute einer Ausweitung bedarf. Neben der Einbeziehung persönlicher Anwendungen (z.B. Spiele oder Unterhaltung, Anwendungen für mobile Endgeräte) sind dies auch Haushalte, Gebäudemanagement oder Geräte (z.B. RFID, eingebettete Systeme) und nicht zuletzt eine Berücksichtigung des Marktes. Letzteres ist besonders wichtig, da in Verbindung mit der Digitalisierung neue Marktteilnehmer aufgetreten sind und auch die Marktstrukturen umfassend verändert werden. Mit der Diskussion des Gegenstandsbereiches der Wirtschaftsinformatik wurde diesem Umstand Rechnung getragen.

Aufbauend darauf wurde der Versuch unternommen, die grundlegenden Begriffe darzustellen und eine einfach verständliche Einführung in das weite Aufgabenspektrum der modernen Wirtschaftsinformatik zu geben. Es sei hier nochmals auf die hohe Dynamik der Wirtschaftsinformatik und den damit einhergehenden Veränderungen des Anforderungsprofils und Aufgabenbereichs eines Wirtschaftsinformatikers hingewiesen.

2.5 Aufgaben

1. Erläutern Sie die Grundorientierungen der Wirtschaftsinformatik!
2. Wie ordnet sich die Wirtschaftsinformatik in die Wissenschaftslandschaft ein?
3. Womit beschäftigt sich die Wirtschaftsinformatik?
4. Geben Sie einen Überblick über die Fachinhalte der modernen Wirtschaftsinformatik.
5. Was versteht man unter System und Modell, und warum sind die beiden Begriffe für die Wirtschaftsinformatik wichtig?

6. Worin bestehen die wichtigsten Aufgaben und Tätigkeitsfelder der Wirtschaftsinformatik?

7. Was ist ein Berufsbild, und wie ist die Entwicklung von Berufsbildern in der Wirtschaftsinformatik einzuschätzen?

Kapitel 3

Wirtschaftswissenschaftliche Grundlagen

Wirtschaftsinformatik ist die Gestaltung und der Einsatz von Technologien aus dem „Repertoire" der Informatik unter wirtschaftlichen Gesichtspunkten. Im vorliegenden Kapitel sollen die Grundlagen für die Betrachtung dieser wirtschaftlichen Gesichtspunkte gelegt werden.

Dazu werden in einem ersten Schritt die Diskurswelt der Wirtschaftswissenschaften beschrieben und die beiden Wissenschaften der Volkswirtschaftslehre und der Betriebswirtschaftslehre anhand ihrer Gegenstandsbereiche und Forschungsmethoden vorgestellt (Kapitel 3.1). Da im Rahmen der Wirtschaftsinformatik der Schwerpunkt auf der Betriebswirtschaftslehre liegt, wird diese im Anschluss ausführlicher mit ihren Teildisziplinen besprochen (Kapitel 3.2).

3.1 Gegenstandsbereich und Forschung

Der an dieser Stelle notwendige Einstieg in die wirtschaftswissenschaftlichen Zusammenhänge soll nur in groben Zügen erfolgen. Für eine tiefer gehende Auseinandersetzung seien [BDS97] und [SN87] empfohlen.

Prämisse sämtlichen wirtschaftlichen Handelns sind menschliche **Bedürfnisse**. Darunter versteht man von Menschen erlebte Mängel (z.B. an Nahrung, Kleidung oder Betreuung). Sie sind praktisch unbegrenzt vorhanden. Zur Befriedigung dieser Bedürfnisse dienen **Güter**. Ein Gut kann sowohl materiell (ein Produkt) als auch immateriell (eine Dienstleistung) sein. Im Gegensatz zu den Bedürfnissen sind Güter in der Regel nur in begrenzter Menge vorhanden,[1] was bedeutet, dass

---

[1] Es soll von so genannten **freien Gütern**, wie z.B. Sonnenlicht oder Regen, abgesehen werden.

menschliche Bedürfnisse nicht sofort und umfassend befriedigt werden können. Vielmehr ist eine **Entscheidung** notwendig, welche Bedürfnisse wann mit welcher Menge an Gütern tatsächlich befriedigt werden.

Die Notwendigkeit dieser Entscheidung markiert den zentralen Punkt der Wirtschaftswissenschaften. Sie beschäftigen sich mit dieser Entscheidung, dem **Wirtschaften**, d.h. der Entscheidung über den Einsatz knapper Güter zur Befriedigung menschlicher Bedürfnisse. In der Regel schränkt man sich dabei auf die Betrachtung von **Bedarfen** ein. Das sind jene Bedürfnisse, die durch Menschen auch artikuliert werden können und tatsächlich nachgefragt werden.

Güter müssen erstellt werden. Dazu müssen passende Ressourcen beschafft und in einem Erstellungsprozess miteinander zu einem Gut kombiniert werden. Solche Ressourcen werden **Produktionsfaktoren** genannt. Die drei klassischen Produktionsfaktoren sind Boden, Kapital und Arbeit. Unter **Boden** versteht man Faktoren, die als natürliche Ressourcen direkt aus der Natur bezogen werden können (z.B. Boden für die land- oder forstwirtschaftliche Nutzung oder für die Errichtung von Gebäuden sowie Bodenschätze und Wasser). **Kapital** steht für alle produzierten Güter (**Kapitalgüter** bzw. **Investitionsgüter**). Das sind jene Güter, die für die Erstellung anderer Güter eingesetzt werden (z.B. Maschinen, Gebäude oder Rohstoffe) und jene Güter, die bereits hergestellt, aber (noch) nicht verkauft wurden. **Arbeit** umfasst die menschlichen Tätigkeiten innerhalb des gesamten Erstellungsprozesses.

Güter werden durch **Betriebe** erstellt. Sie stellen die Elemente bzw. Teilnehmer eines Wirtschaftssystems dar und werden als „ökonomische, technische, soziale und umweltbezogene Einheit[en]" verstanden, die die Aufgabe haben, Bedarf zu decken. Sie können dabei selbstständig Entscheidungen treffen und müssen die daraus entstehenden Risiken selbst tragen [BDS97]. In den weiteren Kapiteln wird im Zusammenhang mit Betrieben von Organisationen gesprochen; dieser Begriff wird also synonym verwendet.

Betriebe lassen sich danach unterscheiden, ob sie Güter für die Befriedigung eigenen Bedarfs (Eigenbedarfsdeckung) oder des Bedarfs anderer (Fremdbedarfsdeckung) erstellen. Im ersten Fall spricht man von **Haushalten**, in letzterem von **Unternehmen**. Diese Einteilung ist als Ausrichtung am Schwerpunkt der Bedarfsdeckung zu verstehen, womit sich der Betrieb also hauptsächlich beschäftigt. Schließlich können auch Haushalte Fremdbedarf (z.B. die freiwillige Pflege alter Menschen) und Unternehmen auch Eigenbedarf (z.B. die Erstellung von Maschinen für die eigene Produktion) decken.

Unternehmen wie Haushalte können noch feiner untergliedert werden [BDS97]: Nach der Art der Anteilseigner gibt es private und öffentliche Unternehmen bzw. Haushalte, je nachdem, ob die Anteilseigner Privatpersonen bzw. private Gesellschaften oder die öffentliche Hand sind. Unternehmen lassen sich weiter nach der Art der erstellten Güter in Sachleistungsunternehmen und Dienstleistungsunternehmen unterscheiden. Private Haushalte werden in ursprüngliche Haushalte

3.1 Gegenstandsbereich und Forschung

(Familie, Einzelpersonen) und abgeleitete Haushalte (das sind z.B. Sportvereine oder Verbraucherverbände) gegliedert.

Eine Volkswirtschaft wird häufig in drei **Wirtschaftssektoren** eingeteilt (deren Abgrenzung auch eine Einteilung von Betrieben erlaubt):

- Zum **primären Sektor** (auch Urproduktion genannt) zählen Betriebe, die Produktionsfaktoren (Rohstoffe) gewinnen (z.B. Landwirtschaft oder Bergbau).

- Im **sekundären Sektor** einer Volkswirtschaft werden Güter aus (zuvor im primären Sektor gewonnenen) Produktionsfaktoren produziert. Dieser Sektor vereint also Industrie und Handwerk einer Volkswirtschaft.

- Der **tertiäre Sektor** umfasst all jene Betriebe einer Volkswirtschaft, die Dienstleistungen erbringen (z.B. Handel, Versicherungen, Kreditinstitute).

Betriebe setzen sich Ziele zur Umsetzung ihrer Aufgaben. An erste und oberste Stelle wird häufig das so genannte **ökonomische Prinzip** gesetzt. Dieses ist gleichzusetzen mit einem Streben nach Maximierung des eigenen Gewinns (oder in der Umkehrung einem Streben nach Minimierung der Kosten). Neben diese Zielsetzung treten jedoch weitere, z.B. technische, soziale oder ökologische Ziele. Bea, Dichtl, Schweitzer fassen diese verschiedenen Zielrichtungen im **Ergiebigkeitsprinzip** (Wirtschaftlichkeitsprinzip) zusammen, das vorgibt, stets so zu entscheiden, dass mit den zur Verfügung stehenden (knappen) Mitteln eine optimale Ausprägung sämtlicher gesetzter Ziele erlangt wird [BDS97]. Die Zielstellung ist stets auch von der Art des Betriebes abhängig. So werden private Unternehmen vornehmlich ökonomische Ziele wie die Steigerung von Umsatz oder Gewinn oder die Erhöhung des eigenen Marktanteils verfolgen, öffentliche Unternehmen dagegen eher Ziele wie Kostendeckung oder die Reduktion von Verlusten anstreben. Die Ziele öffentlicher Haushalte sind immer an Zielen privater Haushalte orientiert (z.B. Gesundheit und Sicherheit).

Damit lässt sich die obige Aussage zum Wirtschaften präzisieren: Wirtschaften ist die Entscheidung über den Einsatz knapper Güter in Betrieben zur Befriedigung menschlicher Bedürfnisse unter der Maßgabe einer optimalen Erreichung sämtlicher gesetzter Ziele.

Unternehmen und Haushalte interagieren miteinander. Haushalte bieten Unternehmen ihre Arbeitsleistung an und erhalten im Gegenzug ein Einkommen. Zugleich beziehen Haushalte von den Unternehmen Güter, für die sie (mittels ihres Einkommens) Ausgaben tätigen müssen. Es ist leicht erkennbar, dass sich hier zum einen durch Arbeit und Güter ein **Güterkreislauf** und zum anderen durch Einkommen und Ausgaben ein **Geldkreislauf** entwickelt, die einander entgegengesetzt verlaufen. Betrachtet man die Güter innerhalb des Güterkreislaufes, so ist außerdem erkennbar, dass die Unternehmen in der Regel Güter erwerben, die in die Produktion eingehen, d.h. für die Schaffung neuer Güter bestimmt sind (Produktionsfaktoren), wohingegen die Haushalte die von ihnen erworbenen Güter in der Regel konsumieren (**Konsumgüter**).

Werden nicht sämtliche Einkommen in Güter umgesetzt, sondern ein Teil davon zurückbehalten, kann dieser einfache Wirtschaftskreislauf um **Banken** erweitert werden. Diese nehmen Spareinlagen der Haushalte, aber auch von Unternehmen und dem Staat, entgegen, um sie für Konsumgüterkäufe oder Investitionen an andere Haushalte oder Unternehmen oder den Staat weiterzugeben. Selbstverständlich nehmen Banken zur Erfüllung ihrer Aufgaben die Arbeitskraft von Haushalten in Anspruch, kaufen Güter bei Unternehmen und gelten dies im Rahmen ihrer Ausgaben ab. Diese Beziehungen sind in der folgenden Darstellung aus Gründen der Übersicht jedoch weggelassen, ebenso wie Zinszahlungen für Einlagen und Kredite.

Damit fehlt als Wirtschaftssubjekt noch der **Staat**. Er nimmt wie Unternehmen und Banken Produktionsfaktoren und Güter von Haushalten und Unternehmen auf und hat an diese im Gegenzug ein Einkommen zu bezahlen. Da der Staat auch Güter bereitstellt, die von Haushalten und Unternehmen nicht individuell abgegolten werden (so genannte **öffentliche Güter** wie Sicherheit und Ordnung), entzieht er den Haushalten einen Teil ihrer Einkommen bzw. den Unternehmen einen Teil ihrer Erlöse in Form von Steuern. Über Transferzahlungen (z.B. Sozialleistungen) bzw. Subventionen fließt ein Teil davon an Haushalte und Unternehmen zurück.

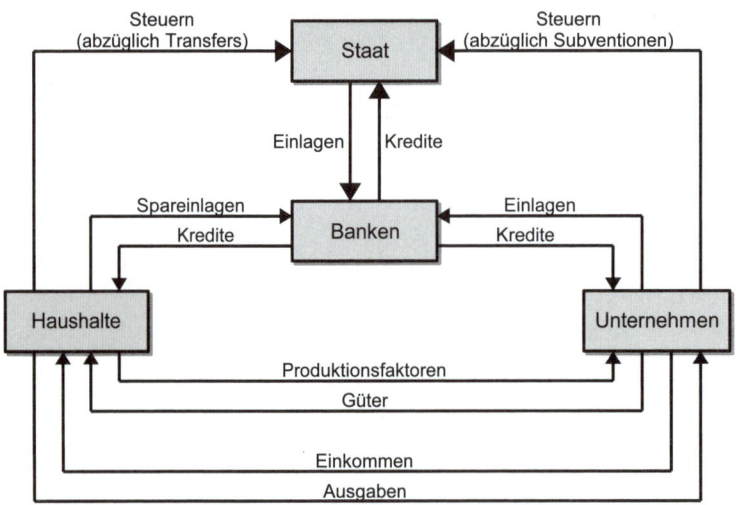

Abbildung 3.1: Erweiterter Wirtschaftskreislauf [ME86]

Lässt man die Interaktion mit dem Ausland außen vor, ergibt sich der in Abbildung 3.1 ersichtliche, erweiterte Wirtschaftskreislauf mit den vier beschriebenen Wirtschaftssubjekten.

3.1 Gegenstandsbereich und Forschung

Die Wirtschaftssubjekte sind Bestandteile eines **Wirtschaftssystems**. Wirtschaftssysteme beschreiben die Prinzipien, nach denen die Interaktionen zwischen den Wirtschaftssubjekten ablaufen. Es lassen sich grundsätzlich zwei Formen unterscheiden: die Zentralverwaltungswirtschaft und die Marktwirtschaft.

In einer **Zentralverwaltungswirtschaft** werden sämtliche Wirtschaftssubjekte durch staatliche Steuerung anhand eines zentralen Planes koordiniert. Dies wird durch Vorgaben von staatlicher Seite z.B. in Form von Plansolls für die Erstellung von Gütern umgesetzt.

In einer **Marktwirtschaft** existieren dagegen viele Pläne. Jedes Wirtschaftssubjekt stellt eigene Pläne auf, die durch den Wettbewerb gesteuert werden. Eine Begrenzung der Umsetzung der Pläne findet sich durch den Staat in Form von Verboten (Gesetze), die damit einen Handlungsrahmen für die Wirtschaftssubjekte abstecken.

Die Wirtschaftssysteme sind in der beschriebenen Form in der Realität nicht anzutreffen. Die Bundesrepublik Deutschland selbst hat mit der sozialen Marktwirtschaft eine Mischform als Wirtschaftssystem. Die als notwendig erachtete Freiheit wirtschaftlichen Handelns wird dadurch eingeschränkt, dass aufgrund sozialer Überlegungen mit Hilfe von Steuern, Subventionen etc. eine Umverteilung der zuvor durch den Markt erreichten Verteilung des Einkommens stattfindet (siehe dazu weiter unten).

Wie auch immer ein Wirtschaftssystem tatsächlich geartet ist, folgende drei grundlegende Probleme hat eine jede Volkswirtschaft zu lösen [SN87]:

- **Welche Güter sollen in welcher Menge produziert werden?** Diese Fragestellung zeigt auf, dass eine Volkswirtschaft stets nur über begrenzte Kapazitäten für die Erstellung von Gütern verfügt. Es muss entschieden werden, in welcher Periode (z.B. in diesem Jahr, im nächsten Jahr) Güter erstellt und welche Mengen (z.B. nur Automobile oder weniger Automobile und dafür mehr Butterkekse) davon erstellt werden sollen.

- **Auf welche Weise sollen die Güter erstellt werden?** Hinter dieser Frage stehen Entscheidungen darüber, wer die Güter erstellt (also eine Frage der Arbeitsteilung und auch die Frage, ob der erstellende Betrieb in privater oder staatlicher Hand ist) und mit welchen Ressourcen und Technologien die Erstellung vonstatten gehen soll (werden Automobile z.B. von Hand produziert und die Karosserie auch von Hand verschweißt, oder geschieht dies in Serienproduktion und unter Verwendung von Schweißrobotern).

- **Für wen sollen die Güter erstellt werden?** Hier muss entschieden werden, wie die erstellten Güter auf die einzelnen Personen in einer Volkswirtschaft verteilt werden sollen (kommen z.B. alle in den Genuss eines gleichen Anteils der Güter oder nur wenige, oder soll z.B. physische Arbeit höher bezahlt werden als geistige Arbeit).

In einer Marktwirtschaft können die drei aufgeworfenen Probleme über **Märkte** gelöst werden: Um ihre Bedürfnisse zu decken, treten sich die Wirtschaftssubjekte auf Märkten gegenüber, um Güter zu verkaufen bzw. zu kaufen. Ein Markt ist der (physische oder virtuelle) Ort, an dem **Angebot** und **Nachfrage** aufeinander treffen. In Abbildung 3.1 sind Märkte für Güter (Konsumgüter) und für Produktionsfaktoren erkennbar.

Sowohl Anbieter (in der Regel Unternehmen) als auch Nachfrager (in der Regel Haushalte) haben bestimmte Vorstellungen darüber, welche Mengen eines Gutes sie zu welchen Preisen verkaufen bzw. kaufen möchten. Die Anbieter leiten diese Vorstellungen zum einen aus den Kosten für die Produktion und die Produktionsfaktoren ab, die sie für die Erstellung der Güter benötigen (u.a. auch für die menschliche Arbeit, die sie in Form von Einkommen vergüten), zum anderen aus den Gewinnen, die sie durch den Verkauf der Güter zu realisieren gedenken. Die Nachfrager machen ihre Vorstellungen an individuellen Preisvorstellungen fest, begrenzt durch die Höhe ihrer Einkommen, die ihnen zum Kauf von Gütern zur Verfügung stehen.

Der so genannte **Marktmechanismus** sorgt für den Abgleich der Vorstellungen beider Seiten über Mengen und Preise: Besteht für ein Gut eine Nachfrage, die über der aktuell angebotenen Menge liegt, werden die Anbieter den Preis für das Gut anheben. Die steigenden Preise werden zudem zu einer Ausweitung der Produktion des Gutes führen. Sind im umgekehrten Fall Nachfrager nicht bereit, ein Gut zu dem von den Anbietern angebotenen Preis abzunehmen, werden Letztere den Preis senken, um die vorhandenen Mengen auch verkaufen zu können. Ebenso wird mit den sinkenden Preisen eine Einschränkung der Produktion dieses Gutes einhergehen. Letztlich wird sich für jedes Gut eine Situation einstellen, in der die Vorstellungen beider Seiten deckungsgleich sind, und sich ein Gleichgewicht bei Preis und Menge einstellt.

Der Marktmechanismus sorgt zugleich für die Lösung der drei aufgeworfenen Probleme einer Volkswirtschaft:

- **Welche Güter sollen in welcher Menge produziert werden?** Diese Entscheidung wird einerseits durch die Entscheidung der Nachfrager für ein bestimmtes Gut, und damit gegen ein anderes Gut, getroffen. Andererseits wird die Auswahl unter Gütern durch die tatsächlich angebotenen Güter begrenzt. Dies unterliegt den Grenzen der Kapazität einer Volkswirtschaft und der Entscheidung der Anbieter. Anbieter werden die Produktion von gewinnträchtigen Gütern der von wenig Gewinn versprechenden Gütern vorziehen.

- **Auf welche Weise sollen die Güter erstellt werden?** Hier setzt sich die Überlegung zum Gewinnstreben der Anbieter fort, denn diese zweite Problemstellung wird durch den Wettbewerb zwischen den Anbietern geregelt. Um Gewinne zu steigern, wird stets der Art und Weise der Produktion der Vorzug gegeben, die die geringsten Kosten verursacht.

3.1 Gegenstandsbereich und Forschung

- **Für wen sollen die Güter erstellt werden?** Die letzte der Fragestellungen entscheidet sich auf den Märkten für Produktionsfaktoren. Die Verteilung der Einkommen, und damit die Verteilung der Mittel für den Kauf von Gütern, hängt von der Menge ab, die Haushalte an Produktionsfaktoren besitzen (ihre Arbeitskraft, aber z.B. auch Land), und von dem Preis, der dafür auf dem Markt erreicht wird.

Allerdings bleibt anzumerken, dass sich Probleme ergeben können, die der Markt nicht in der Lage ist zu lösen [SN87]. Zu diesen gehört z.B. die Entstehung von **Monopolen**, d.h. dass (insbesondere) auf der Anbieterseite für ein Gut lediglich ein einziger Anbieter existiert, der damit genügend Einfluss besitzt, Preise über dem Gleichgewichtspreis festzulegen und durchzusetzen. Ähnliches gilt für den Fall von **Oligopolen**, bei denen nur einige wenige Anbieter auf dem Markt aktiv sind und sich bezüglich der Preise durch Absprachen zu Ungunsten der Haushalte verständigen könnten. Ebenso kann es zu so genannten **externen Effekten** kommen. Darunter werden positive oder negative Auswirkungen des Marktgeschehens verstanden, die über den Markt hinaus Wirkung zeigen, aber keine Kompensation erfahren, d.h. für positive Effekte wird der Urheber nicht bezahlt bzw. für negative Effekte der Betroffene nicht entschädigt. Ein negativer externer Effekt kann z.B. die Beeinträchtigung der Gesundheit von Anwohnern durch Abgase eines nahen Chemiewerks sein. Probleme, die der Markt selbst nicht lösen kann, machen den Eingriff des Staates nötig (z.B. durch Vorschriften zur Filterung industrieller Abgase).

Aufbauend auf den soeben beschriebenen Zusammenhängen sollen im Folgenden die beiden wirtschaftswissenschaftlichen Disziplinen skizziert werden.

Die Entstehung der **Volkswirtschaftslehre** wird in der zweiten Hälfte des 18. Jahrhunderts gesehen. Im Jahre 1758 veröffentlicht der Franzose François Quesnay eine der ersten Darstellungen eines Wirtschaftskreislaufes, im Jahre 1776 erscheint Adam Smiths Buch „An Inquiry into the Nature and Causes of the Wealth of Nations", in dem er u.a. die Fähigkeit des Marktes zur Lenkung einer Volkswirtschaft beschreibt.

Den Gegenstandsbereich der Volkswirtschaftslehre bilden die oben skizzierten gesamtwirtschaftlichen Zusammenhänge. Somit untersucht die Volkswirtschaftslehre die Realität und jene Bereiche, die von Menschen gestaltet werden. Damit lässt sie sich einerseits in die Realwissenschaften, andererseits in die Geisteswissenschaften einordnen. Die Volkswirtschaftslehre hat vielfältige Beziehungen zu anderen Disziplinen wie der Rechtswissenschaft, Soziologie, Politologie, Geschichte, Psychologie etc.

Die Volkswirtschaftslehre kann auf verschiedene Art und Weise unterteilt werden [BL96], [Wol93]. So wird zwischen Makroökonomie und Mikroökonomie unterschieden. Die **Makroökonomie** untersucht gesamtwirtschaftliche Zusammenhänge (dazu gehören z.B. der Wirtschaftskreislauf, Störungen in diesem Kreislauf oder Fragen des Wachstums einer Volkswirtschaft), wohingegen die **Mikroökonomie** einzelwirtschaftliche Zusammenhänge zum Thema hat (dazu zählen z.B. das Wirtschaften in Haushalten und Unternehmen oder die Bildung von Preisen). Insofern ergeben sich bei der Mikroökonomie Überschneidungen mit der Betriebswirtschaftslehre (siehe unten).

Eine weitere Einteilung der Volkswirtschaftslehre unterscheidet Wirtschaftsgeschichte (oder Wirtschaftskunde), Wirtschaftstheorie und Wirtschaftspolitik:

- Die **Wirtschaftsgeschichte** bildet die Grundlage der beiden folgenden Bereiche und beschreibt eine Volkswirtschaft. Sie beantwortet also die Frage nach dem, was ist bzw. was war.

- Mit der **Wirtschaftstheorie** sollen allgemein gültige Erklärungen für das zuvor Beschriebene in Form von Ursache-Wirkungs-Zusammenhängen gefunden werden.

- Die **Wirtschaftspolitik** untersucht, welche Maßnahmen zur Umsetzung volkswirtschaftlicher Ziele ergriffen werden können, verwendet also die in der Wirtschaftstheorie formulierten Zusammenhänge als Mittel zur Gestaltung einer Volkswirtschaft.

Methodisch baut die Volkswirtschaftslehre auf die Abstraktion der Realität mit Hilfe von Modellen. Modelle dienen dazu, theoretische Aussagen abzuleiten. Diese sollten jedoch empirisch, also an der Realität überprüft werden. Das stellt ein Problem in der Volkswirtschaftslehre dar. Anders als in einem Labor, wo man Wirkungen eines Bereiches auf einen anderen künstlich nachstellen kann, kann in der Volkswirtschaftslehre stets nur die reale Welt untersucht werden, was die Untersuchung von solchen Wirkungen durch die Einflüsse vieler weiterer (un)bekannter Wirkungen schwer, z.T. unmöglich macht. Die Volkswirtschaftslehre greift zur methodischen Unterstützung zudem auf andere Disziplinen wie Logik, Mathematik oder Statistik zurück.

Die Anfänge der **Betriebswirtschaftslehre** reichen weit zurück, ihre „Geburtsstunde" wird jedoch mit der Gründung von Handelshochschulen am Ende des 19. Jahrhunderts gleichgesetzt. Zu Beginn des 20. Jahrhunderts hat sich die Betriebswirtschaftslehre dann als Wissenschaft fachlich und methodisch entwickelt. Gegenstandsbereich der Betriebswirtschaftslehre ist das Wirtschaften in Betrieben. Sie betrachtet also stets einzelne Wirtschaftssubjekte. Wie die Volkswirtschaftslehre gehört auch die Betriebswirtschaftslehre zu den Realwissenschaften und den Geisteswissenschaften.

Die Unterteilung der Betriebswirtschaftslehre in Teildisziplinen kann auf verschiedene Weise vorgenommen werden. Gewöhnlich wird zwischen allgemeiner und spezieller Betriebswirtschaftslehre unterschieden. Die **allgemeine Betriebswirtschaftslehre** befasst sich mit Problemen, die unabhängig von Wirtschaftssektor oder Branche alle Arten von Betrieben betreffen. Die **spezielle Betriebswirtschaftslehre** betrachtet dieselben Probleme, allerdings unter Berücksichtigung der Besonderheiten der Betriebe in bestimmten Wirtschaftssektoren oder Branchen (so gibt es z.B. die Industriebetriebslehre oder die Bankbetriebslehre).

Die Betriebswirtschaftslehre kann aber auch **funktional**, d.h. nach den in einem Betrieb anfallenden Funktionen, eingeteilt werden. Zu diesen Funktionen zählen u.a. Beschaffung, Produktion, Absatz bzw. Marketing, Logistik, Management, Controlling, Personalmanagement, Organisation und das Rechnungswesen.

Für die methodische Unterstützung bei der Forschung in der Betriebswirtschaftslehre sei auf die Aussagen bei der Volkswirtschaftslehre verwiesen. Allerdings gestaltet sich das Problem des empirischen Belegs in der Betriebswirtschaftslehre nicht so gravierend, hier sind teilweise Experimente im Labor möglich.

3.2 Teildisziplinen der Betriebswirtschaftslehre

Die folgende Betrachtung der Teildisziplinen beschränkt sich auf die Betriebswirtschaftslehre, da sie für die weitere Betrachtung (in den Kapiteln 5, 6, und 7) die größere Bedeutung hat. Auf die Volkswirtschaftslehre wird in Kapitel 8 im Rahmen des E-Business noch einmal Bezug genommen.

Stellt man sich ein Unternehmen wie in Abbildung 3.2 vor, so lassen sich die betrieblichen Teildisziplinen wie nachfolgend beschrieben als Funktionen eines Unternehmens einordnen (siehe auch [Sch95] und [Mer07]):

Dem Zweck des Unternehmens folgend, werden Produktionsfaktoren beschafft (Beschaffung), aus diesen in einem Produktionssystem neue Güter (Produkte und Dienstleistungen) hervorgebracht (Produktion) und diese dann entsprechend beworben und verkauft (Marketing). Innerhalb dieser drei Funktionen sorgt die Logistik dafür, dass Produktionsfaktoren oder Produkte gelagert und transportiert werden.

Dabei grenzt man die Teildisziplinen gegeneinander ab, um deren spezifische Ziele, Aufgaben und Instrumente beschreiben, erklären und gestalten zu können. Praktisch müssen diese Disziplinen aber ineinander greifen, um den beschriebenen Prozess in seiner Gänze überhaupt möglich zu machen. Diesen Prozess bezeichnet man auch als **betriebliche Wertschöpfungskette** (in der Abbildung dunkelgrau hinterlegt).

Nun kann diese Wertschöpfungskette nur dann funktionieren, wenn weitere Funktionen für ihre Vorbereitung, Unterstützung und Steuerung existieren. Zu diesen Funktionen gehören das Personalmanagement, das Rechnungswesen und das Management (in der Abbildung hellgrau hinterlegt).

Das Rechnungswesen bildet den in der Wertschöpfung ablaufenden Prozess zu Informationszwecken ab. Diese Abbildung bildet die Grundlage für die Aufstellung von Gewinnen und Verlusten und der Bilanz. Außerdem prüft das Rechnungswesen die finanzielle Situation des Unternehmens und bestimmt, wann und wie neue Investitionen (z.B. neue Gebäude oder Maschinen) zu beschaffen und zu finanzieren sind.

Für die Beschaffung, Entwicklung und Freisetzung von Personen als Produktionsfaktor zeichnet das Personalmanagement verantwortlich.

Sämtliche betrieblichen Funktionen unterliegen dem Management als planende, steuernde, delegierende und kontrollierende Instanz, die Vorgaben für alle diese Funktionen macht (in der Abbildung weiß hinterlegt). Das Management greift dabei auf Möglichkeiten zur Gestaltung des Unternehmens als Organisation zurück. Ebenso nutzt es das Controlling, um die gestellten Ziele für die Organisation mit dem tatsächlich Erreichten abzugleichen, Ursachen für Abweichungen zu ergründen und Maßnahmen dagegen zu entwerfen und umzusetzen.

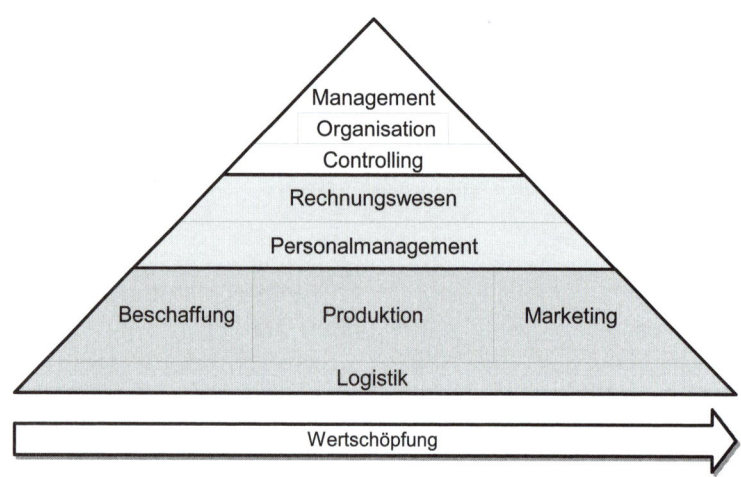

Abbildung 3.2: Teildisziplinen der Betriebswirtschaftslehre

Die für die betrieblichen Funktionen und ihre Beziehungen geschaffenen Informationssysteme und die daraus für die Wirtschaftsinformatik resultierenden Aufgaben werden in Kapitel 5 und Kapitel 2.2.6 behandelt.

Im Folgenden wird nun auf die Teildisziplinen Beschaffung und Logistik, Produktion, Marketing, Rechnungswesen, Management, Personalmanagement und Organisation eingegangen. Für jede Teildisziplin werden Ziele, Theorien, Aufgaben und ausgewählte bzw. typische Instrumente besprochen.

3.2.1 Beschaffung und Logistik

Aufgabe dieser Teildisziplin der Betriebswirtschaftslehre ist es, all jene Produktionsfaktoren, die für die Erstellung von Gütern (Produkte und Dienstleistungen) notwendig sind, der Organisation zur Verfügung zu stellen. Damit soll die Produktion sichergestellt werden [BDS97]. Demnach müssen folgende Produktionsfaktoren beschafft werden:

- Investitionsgüter → *Rechnungswesen*
- Material
- Personal → *Personalmanagement*
- finanzielle Mittel
- Informationen → *Management / Rechnungswesen*

Allerdings gehört die Beschaffung vieler der Faktoren nicht in den eigentlichen Aufgabenbereich der betrieblichen Beschaffung. Über Investitionsgüter wird aufgrund ihrer Besonderheiten als Produktionsfaktor im Rahmen des Rechnungswesens entschieden (siehe Kapitel 3.2.4), beim Personal verhält es sich mit dem Personalmanagement ebenso (siehe Kapitel 3.2.6). Die Beschaffung von Informationen fällt in den Bereich des Managements (Kapitel 3.2.5) bzw. in den des Rechnungswesens.

Unter Beschaffung wird daher im Grunde nur die Beschaffung des Materials verstanden. Man spricht deshalb auch von **Materialwirtschaft**. Unter **Material** werden Rohstoffe, Hilfsstoffe, Betriebsstoffe (siehe Kapitel 3.2.2) und Handelswaren gefasst. **Handelswaren** sind Güter, die nicht bearbeitet werden, sondern als Ergänzung des Produktprogrammes lediglich zum Weiterverkauf bestimmt sind.

Eng verbunden mit der Beschaffung ist die **Logistik**. Sie umschreibt sämtliche Aktivitäten, die eine zeitliche oder räumliche Überbrückung von Personen oder Gütern vollbringen. Dabei kann eine Umgruppierung der Personen oder Güter sinnvoll sein [BDS97]. Die Arten der Überbrückung beschreiben die beiden grundlegenden Aufgaben der Logistik: zeitliche Überbrückung bedeutet Lagerung von Produktionsfaktoren, räumliche Überbrückung den Transport von Produktionsfaktoren. Unter Umgruppierungen sind Umladen, Umsteigen oder Umsortieren zu verstehen.

Logistik ist wichtig, um die für die Produktion notwendigen Faktoren zur richtigen Zeit an den richtigen Ort in der Organisation zu bringen. Selbstverständlich sind solche Aufgaben nicht auf die Beschaffung beschränkt, schließlich finden auch in der Produktion und im Marketing Lagerungen, Transporte und Umgruppierungen statt. Günther und Tempelmeier teilen die Logistik deshalb in die drei folgenden Bereiche ein [GT05]:

- physische Materialbeschaffung (Anlieferung von Material an die Arbeitssysteme oder Lager durch den Lieferanten)
- Produktionslogistik (Transport zwischen den Arbeitssystemen)
- physische Distribution (Auslieferung der Produkte)

Die im Folgenden erörterten Ziele und Aufgaben beziehen sich auf die Beschaffung (inklusive Logistik) des Materials, sind aber auf die Beschaffung der anderen genannten Faktoren übertragbar, da die grundlegenden Fragestellungen letztlich stets dieselben sind.

An die Beschaffung als ersten Schritt innerhalb der betrieblichen Wertschöpfungskette werden hohe Anforderungen gestellt, da die Entscheidungen innerhalb der Beschaffung alle weiteren Schritte beeinflussen. Das führt zur Formulierung einer Reihe von Zielen [Web91]:

- **Minimierung von Kosten.** In der Beschaffung entstehen durch das Material, seine Lagerung und seinen Transport und die komplette Beschaffung selbst erhebliche Kosten, die Einfluss auf die Preispolitik haben.
- **Sicherung der Qualität.** Bereits bei der Beschaffung müssen Anforderungen an das Material formuliert und das Material diesbezüglich kontrolliert werden (z.B. die Festigkeit eines Aluminiumrohrs).
- **Sicherung der Lieferbereitschaft.** Die Beschaffung soll eine durch fehlendes Material unterbrochene Produktion und damit auch eine Beeinträchtigung der Lieferbereitschaft gegenüber den Kunden verhindern.
- **Streben nach Liquidität.** Durch die Beschaffung werden finanzielle Mittel in Form von Material gebunden. Diese Bindung soll möglichst minimiert werden.

Hinzu kommen vermehrt Ziele zur Entlastung der Umwelt, z.B. durch eine Minimierung des Materialeinsatzes oder die Verwendung solcher Güter, die die Umwelt weniger belasten. Es ist offenkundig, dass diese Ziele in Konflikt miteinander stehen. So steht die Minimierung der Kosten der Qualitätssicherung im Wege. Eine hohe Lieferbereitschaft wird mit einer Bindung finanzieller Mittel durch hohe Lagerbestände und eine verringerte Liquidität erkauft. Dies kann auch Auswirkungen auf die Qualität haben, wenn Material, das bereits lang lagerte, Qualitätseinbußen erlitten hat.

Die **Aufgaben** der Beschaffung lassen sich leicht zu einer markanten Frage formulieren: Wovon sollte wie viel zu welchem Preis wann bei wem beschafft und wo bereitgestellt werden? Etwas genauer betrachtet, gestalten sich die Aufgaben wie folgt [Har93]:

(1.) Maßnahmen zur Vorbereitung und Begleitung der Beschaffung (dazu gehören die Arbeitsanalyse, die Beschaffungsmarktforschung, Bewertung von Produkten und die Beschaffungsplanung),

(2.) Materialdisposition (d.h. die Bedarfsermittlung, die Berechnung von Bestellterminen, Bestellmengen und Sicherheitsbeständen) und Vollzug des Beschaffungsvorgangs (dessen Anbahnung, Abschluss und Abwicklung) und

(3.) Lagerung und innerbetrieblicher Transport.

Die Aufgaben sollen im Folgenden genauer vorgestellt werden.

zu (1.) Arbeitsanalyse

Am Anfang steht die Aufgabe, sich einen Überblick über das Material zu verschaffen. Anhand bestimmter Merkmale soll eingeschätzt werden, für welches Material oder welche Materialgruppen sich ein hoher bzw. nur ein geringer Aufwand bei Planung, Disposition etc. rechtfertigen lässt.

Ein wichtiges Merkmal ist der Anteil, den ein Material oder eine Materialgruppe am Wert des gesamten Materials in einer Organisation hat. Für die Bestimmung dieses Wertanteils wird die **ABC-Analyse** verwendet. Ihr liegt die Idee zugrunde, dass meist nur eine sehr kleine Gruppe an Material einen sehr hohen Wertanteil besitzt (A-Güter) bzw. in der Umkehrung eine große Menge an Material nur einen sehr geringen Wert besitzt (C-Güter). Ziel der ABC-Analyse ist es, das Material in diese beiden Gruppen einzuteilen. Das Material „dazwischen" wird der Gruppe der B-Güter zugewiesen.

Tabelle 3.1: Daten für die ABC-Analyse

Material-Nr.	Bedarf (Menge)	Einzelpreis	Bedarf (Wert)	Rangfolge
0100	1.200	30,—	36.000,—	4
0101	500	2,85	1.425,—	10
0110	2.000	2,50	5.000,—	8
0111	4.550	75,—	341.250,—	2
1000	740	30,—	22.200,—	6
1001	10	64,—	640,—	12
1010	9.000	15,—	135.000,—	3
1011	950	8,50	8.075,—	7
1100	14.050	0,05	702,50	11
1101	2.000	12,50	25.000,—	5
1110	80.000	9,—	720.000,—	1
1111	15.000	0,25	3.750,—	9

Es sei eine Aufstellung (siehe Tabelle 3.1) mit zwölf Materialien einer Organisation gegeben. Aus dem Bedarf und den Einzelpreisen lässt sich der Wert jedes Materials für eine Periode (z.B. ein Jahr) ermitteln und (in der Spalte rechts außen) nach absteigendem Wert in eine Rangfolge bringen.

Anhand dieser Rangfolge werden die Werte in ein Diagramm (Abbildung 3.3) übertragen, das auf der Ordinate die kumulierten Werte und auf der Abszisse die kumulierten Mengen (beide in Prozent) abbildet.

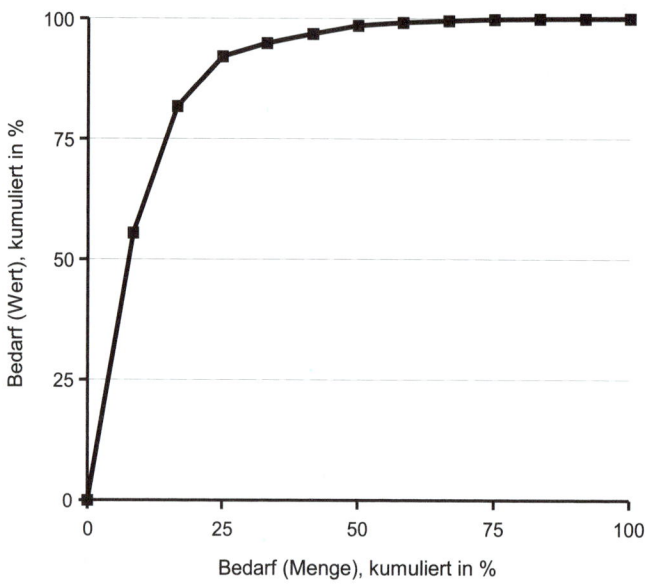

Abbildung 3.3: Ergebnis der ABC-Analyse

Wie zu sehen ist, machen 25% des Materials über 90% des Gesamtwerts aus. Dagegen haben fünf Materialien zusammen nur einen Wertanteil von weniger als einem Prozent (Material der Rangfolge 8 bis 12). So können die Materialien mit den Nummern 1110, 0111 und 1010 als A-Güter eingestuft werden, die restlichen als C-Güter. Eine Einteilung von B-Gütern ist nicht zwangsläufig notwendig. Jedoch wäre auch das möglich, indem nur das Material mit der Rangfolge 8 bis 12 als C-Gut eingestuft wird und das verbleibende Material (Rangfolge 4 bis 7) als B-Gut. Die Einteilung in diese drei Klassen ist durch keine allgemein gültige Regel festgelegt. Legt man den Wert als Kriterium an, dann umfassen A-Güter den Bereich zwischen 60–85%, B-Güter den Bereich zwischen 10–25% und C-Güter den verbleibenden Bereich zwischen 5–15% [Har93].

Diese Einteilung hat Konsequenzen für den Umgang mit diesen Materialien: Der Aufwand für die Planung ist bei A-Gütern am größten und nimmt bis zu den C-Gütern ab. A- und B-Güter werden in der Regel programmgesteuert geplant, C-Güter lediglich verbrauchsgesteuert (siehe unten).

Diese Analysen könnten für eine weitere wichtige Eigenschaft von Material – die Art und Weise seines Verbrauches – fortgesetzt werden. Dafür steht die XYZ-Analyse (auch RSU-Analyse genannt) zur Verfügung, die Material in die drei

Gruppen mit regelmäßig konstantem, schwankendem und unregelmäßigem Verbrauch einteilt. Die Ergebnisse dieser Einteilung lassen sich mit denen der ABC-Analyse kombinieren.

Beschaffungsmarktforschung und Produktbewertung

Wie im Marketing werden auch bei der Beschaffung umfassende Informationen über den Markt benötigt, mit dem einzigen Unterschied, dass die Organisation hier als Käufer und nicht als Verkäufer auftritt. Ziel der **Beschaffungsmarktforschung** ist es, durch Information das Risiko bei Entscheidungen in der Beschaffung möglichst niedrig zu halten. Das heißt auch, dass damit die Beschaffung langfristig sichergestellt wird und auf Veränderungen auf den Märkten rechtzeitig reagiert werden kann.

Objekt der Beschaffungsmarktforschung sind in der Regel A-Güter, da nur für diese ein entsprechender Aufwand legitim ist. Für die Marktforschung wird wie im Marketing auf Instrumente der primären (Kontakte zu Lieferanten und Verkäufern, Messen, Einkaufsreisen) und sekundären Marktforschung (Marktberichte, Hauszeitschriften von Lieferanten, öffentliche Datenbanken für Beschaffung) zurückgegriffen.

Mit der Beschaffungsmarktforschung können zugleich Informationen für Wertanalysen bei der **Produktbewertung** geliefert werden. Hier sollen Produkte nicht nur daraufhin untersucht werden, welches Material mit welchen Eigenschaften möglichst kostenminimal beschafft werden kann, sondern darüber hinaus auch die einzelnen Funktionen des Materials (z.B. ist eine Textilie wasserdicht). Die Beschaffung entscheidet also auch darüber, ob sich der Funktionsumfang eines Produkts durch den Einsatz eines bestimmten Materials verändert.

Beschaffungsplanung

Diese Aufgabe dient der Planung sämtlicher Aspekte der Beschaffung unter Berücksichtigung der oben genannten Ziele. Dazu gehört zunächst die Planung von Materialbeständen nach Menge und Wert für eine vorgegebene Periode (z.B. einen Monat). Orientiert am Produktionsplan (siehe Seite 81), wird ein Beschaffungsplan erstellt, der die in der Bedarfsermittlung (siehe unten) errechneten Bedarfsmengen enthält. Die Mengen können dann mit Einkaufspreisen zu einem Einkaufsbudget bewertet werden.

Für die Festlegung der zeitlichen Verteilung der Bedarfsmengen über die Periode muss bekannt sein, auf welche Weise das beschaffte Material bereitgestellt wird, die so genannten **Bereitstellungsprinzipien**. Sie gehören der Planung zur Durchführung der Beschaffung an und sollen kurz erläutert werden:

- **Einzelbeschaffung im Bedarfsfall.** Das erforderliche Material wird dann beschafft, wenn (durch einen Kundenauftrag) Bedarf dafür besteht. Hier sind die bei der Lagerung entstehenden Kosten gering, und die Liquidität wird kaum beeinträchtigt. Jedoch ist die Lieferbereitschaft gefährdet. Eine Einzelbeschaffung im Bedarfsfall findet bei auftragsbezogener Einzel- oder Kleinserienproduktion Anwendung (siehe Kapitel 3.2.2).

- **Vorratsbeschaffung.** Dem Verlust der Lieferbereitschaft wird mit der Vorratsbeschaffung Rechnung getragen. Für eingehende Aufträge kann auf das im Lager vorgehaltene Material zurückgegriffen werden. Hier lassen sich auch Vorteile bei der Preisgestaltung durch die Abnahme größerer Mengen beim Lieferanten erzielen. Allerdings wird auch die Beschaffungsplanung umfangreicher, und die Kosten- und Liquiditätsziele können nur bedingt eingehalten werden.

- **Fertigungssynchrone Beschaffung** (auch Just-in-Time-Beschaffung).[1] Einen Ausgleich zwischen diesen beiden Prinzipien versucht die Beschaffung synchron zur Produktion zu schaffen. Hierfür ist eine enge Bindung der Lieferanten an die Organisation Voraussetzung, denn im Idealfall sollen sie das Material in genau dem Moment anliefern, in dem es in die Produktion übernommen werden muss. Dies erfordert einerseits, dass Informationen über die Wertschöpfungskette effizient erhoben und weitergegeben werden können, stellt hohe Ansprüche an die Logistik, setzt eine gewisse Standortnähe der Lieferanten voraus und erfordert Verlässlichkeit hinsichtlich der Qualität des Materials. Andererseits müssen die Aufwendungen für eine Umgestaltung der Beschaffung und Produktion auf Just-in-Time durch den Wegfall der Kosten für die Lagerung aufgewogen werden. Aus diesem Grund wird Just-in-Time für hochwertige bzw. komplexe Bauteile eingesetzt (in der Fahrzeugindustrie z.B. für Motoren).

Neben den Bereitstellungsprinzipien sind für die Durchführung der Beschaffung u.a. die beiden folgenden Aspekte zu planen:

- **Beschaffungsweg.** Grundsätzlich fällt die Entscheidung hier zwischen einem direkten Bezug beim Lieferanten oder dem Bezug über einen Intermediär (Großhandel, Einzelhandel). Es können aber auch Kommissionäre oder Importeure in Betracht kommen. Eine Entscheidung über den Beschaffungsweg hängt dabei von vielen Faktoren wie Art, Menge, Qualität des Materials, Preisvorteile, Lieferzeiten, Zahlungsziele etc. ab. Dafür kann wiederum eine ABC-Analyse verwendet werden, in der bestimmte Merkmale von Lieferanten (z.B. Lieferzeiten) betrachtet werden.

- **Auswahl und Pflege der Lieferanten.** Meist wird aus Gründen der Sicherheit die Beschaffung über mehrere Lieferanten gestreut (Multiple Sourcing). Aber gerade bei Entscheidungen über Just-in-Time-Beschaffung und eine stärkere Einbeziehung der Lieferanten auch in die Entwicklung von Produkten wird auf eine dauerhafte Partnerschaft gesetzt, die sich nur auf einen oder zwei

---

[1] Siehe auch die Ausführungen zum Supply Chain Management (SCM) in Kapitel 5.2.2.

Lieferanten konzentriert (Single Sourcing oder Double Sourcing). Solche Partnerschaften müssen aktiv gepflegt werden.

Bedarfsermittlung

Bei der Bedarfsermittlung soll der Bedarf für eine Periode (Periodenbedarf) ermittelt werden. Dazu wird der in der Beschaffungsplanung ermittelte Bedarf an Fertigprodukten, Ersatzteilen und Handelswaren, der so genannte **Primärbedarf**, übernommen und aus diesem der Sekundärbedarf und der Tertiärbedarf ermittelt. Der **Sekundärbedarf** ergibt sich aus den Baugruppen und Rohstoffen eines Produkts, der **Tertiärbedarf** ist der Bedarf an Hilfs- und Betriebsstoffen für die Produktion.

Ein Beispiel soll dies verdeutlichen: Für einen Fahrrad-Produzenten besteht der Primärbedarf in erster Linie in Fahrrädern (die zum Verkauf bestimmt sind). Der Sekundärbedarf ergibt sich dann als Bedarf an Rahmen, Laufrädern, Gabeln, Schaltungen etc., der Tertiärbedarf als Bedarf an Schrauben oder Öl. Einige der Bauteile eines Fahrrads (z.B. die Schaltung) können aber zugleich als Ersatzteile angeboten werden – für sie besteht dann sowohl ein Sekundär- als auch ein Primärbedarf.

Der Periodenbedarf setzt sich aus Primär- und Sekundärbedarf zusammen. Dieser wird zunächst als **Bruttobedarf** ermittelt und dann um die im Lager vorhandenen Bestände zu einem **Nettobedarf** gekürzt. Bei der Ermittlung des Bedarfs kann prinzipiell nach drei Verfahren vorgegangen werden:

- **Programmgesteuerte Bedarfsermittlung.** Für diese Art der Bedarfsermittlung liegen ein Produktionsplan für eine Periode (z.B. einen Monat) oder ein Kundenauftrag und Stücklisten der zu erstellenden Fertigprodukte vor.

Produkt P		
Sachnummer	Menge	Bezeichnung
B1	2	Baugruppe
B2	1	Baugruppe
E1	4	Einzelteil
E2	4	Einzelteil

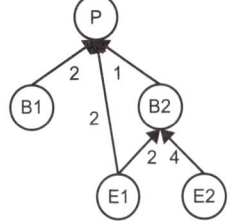

Abbildung 3.4: Stückliste und Gozintograph für Produkt P

Unter **Stücklisten** versteht man die mengenmäßige Auflistung sämtlicher Bestandteile eines zu fertigenden Produkts. Abbildung 3.4 (links) zeigt eine so genannte Mengenübersichtsstückliste, die die Menge aller in das Produkt P eingehenden Bestandteile wiedergibt [Tem06]. Eine andere (anschaulichere) Möglichkeit sind **Gozintographen** (siehe Abbildung 3.4, rechts). Das sind Graphen, deren Knoten (Kreise) die verschiedenen Bestandteile eines Produkts aufzeigen und deren Kanten (Pfeile) darstellen, welche Bestandteile mit welcher Menge in welche anderen Bestandteile eingehen. Aus dem Gozintographen ist damit die Struktur (Erzeugnisstruktur) des Produkts P erkennbar.

Mit Hilfe dieser Auflistung können aus Produktionsplan oder Kundenauftrag (durch Multiplikation) die benötigten Mengen bestimmt werden.

- **Verbrauchsgesteuerte Bedarfsermittlung.** Hier liegen der Bedarfsermittlung lediglich Zahlen über den Verbrauch des Materials in den vergangenen Perioden vor. Man geht davon aus, dass sich der Verbrauch in der nächsten Periode nicht signifikant von den vorangegangenen Perioden unterscheiden wird. Mit Hilfe mathematisch-statistischer Verfahren wird der Bedarf zukünftiger Perioden prognostiziert.

- **Subjektive Schätzung.** Letztlich kann ein erfahrener Disponent den Bedarf auch intuitiv oder analog zum Bedarf ähnlicher Materialien schätzen.

Berechnung von Bestellterminen und Bestellmengen

Die reine Ermittlung des Bedarfs reicht jedoch nicht zur Erfüllung der oben genannten Ziele aus: den Bedarf erst dann zu ermitteln, wenn der Primärbedarf anfällt, ist zu spät, da der zugehörige sekundäre und tertiäre Bedarf zuvor beschafft und produziert werden muss – es ist also zusätzlich eine zeitliche Planung und Platzierung der verschiedenen Bedarfsmengen notwendig. Außerdem kann man aus Sicht der Kosten nicht davon ausgehen, dass jede beliebige Menge Material zu gleichen (minimalen) Kosten bestellt und geliefert werden kann.

In der Disposition müssen die ermittelten Bedarfsmengen in konkrete Bestellmengen zu konkreten Terminen „umgewandelt" werden. Dafür existieren angelehnt an die Verfahren der Bedarfsermittlung drei **Dispositionsverfahren**:

- **Auftragsgesteuerte Disposition.** Die Bedarfsmengen werden einfach als Bestellmengen übernommen. Dabei wird noch einmal unterschieden, ob jeweils der Bedarf aus einzelnen Aufträgen disponiert wird oder ob mehrere solcher Einzelbedarfsmengen regelmäßig (z.B. wöchentlich) zu einem Sammelbedarf zusammengefasst werden.

- **Plangesteuerte Disposition.** Diese Disposition ist ein Sonderfall der auftragsgesteuerten Disposition. Auch hier werden Bedarfsmengen zu Bestellmengen umgewidmet. Der einzige Unterschied besteht im Umfang. Bei plangesteuerter Disposition wird der Sammelbedarf für eine komplette Periode gebildet.

- **Verbrauchsgesteuerte Disposition.** Dieses Verfahren ist nicht an einen Produktionsplan oder Kundenaufträge gebunden, sondern orientiert sich einzig am tatsächlichen Lagerbestand. Anhand seines zeitlichen Verlaufes wird festgelegt, wann welche Mengen bestellt werden müssen. Die Kontrolle des Verlaufes kann z.B. optisch, d.h. durch Sichtung eines Disponenten, geschehen.

Als Faustregel kann gelten, dass A-Güter plangesteuert und C-Güter verbrauchsgesteuert disponiert werden sollten. Bei B-Gütern sollte man sich je nach Zweckmäßigkeit (siehe die am Anfang formulierten Ziele) für eines der beiden Verfahren entscheiden.

Die Bestimmung von Bestellmengen und Bestellterminen soll nun beispielhaft anhand zweier Verfahren der verbrauchsgesteuerten Disposition – dem Bestellpunktverfahren und dem Bestellrhythmusverfahren – und Überlegungen zur Bestimmung einer optimalen Bestellmenge erläutert werden.

Nach dem **Bestellpunktverfahren** erfolgt die Auslösung einer Bestellung, sobald ein bestimmter, zuvor festgelegter Bestand (Meldebestand) im Lager erreicht bzw. unterschritten wird. Die Bestellmenge kann dabei eine ebenfalls zuvor festgelegte Menge umfassen oder die Differenz zwischen der Kapazitätsgrenze des Lagers und dem aktuellen Bestand. Der Meldebestand entspricht der Menge an Material, die in der Zeit zwischen Auslösung der Bestellung und Anlieferung (in der Produktion) verbraucht wird. Das heißt in der Regel nicht, dass zum Zeitpunkt der Anlieferung das Lager gerade entleert worden ist, sondern es wird ein **Sicherheitsbestand** vorgehalten, um z.B. Verzögerungen bei der Lieferung auffangen zu können. In der Regel wird dieser Bestand jedoch nicht angegriffen, über seine Verwendung wird nur vom Management entschieden. Bei der Festlegung der Höhe des Sicherheitsbestandes wird die Gegensätzlichkeit der Ziele von geringen Kosten und dem Streben nach Sicherheit deutlich.

Beim **Bestellrhythmusverfahren** wird eine Bestellung jeweils nach Ablauf einer festgelegten Zeitspanne (z.B. einem Monat) ausgelöst. Die Bestellmenge umfasst die Differenz der Kapazität des Lagers (oder einer festgelegten Höchstmenge) und dem aktuellen Bestand.

Die Bestimmung von Mengen und Terminen unterliegt zwei Kostenkomponenten: einerseits Kosten, die für die Bestellung und ihre Abwicklung anfallen, andererseits Kosten, die durch die Lagerung des gekauften Materials entstehen. Je seltener eine Bestellung durchgeführt wird, desto weniger Bestellkosten fallen an, desto länger aber liegt das Material auf Lager, d.h. desto mehr Lagerkosten entstehen. Beide Kostenarten stehen also in einem entgegengesetzten Verhältnis. Ziel ist es nun, eine **optimale Bestellmenge** x_0 zu bestimmen, bei der innerhalb einer Periode die Summe dieser beiden Kosten minimal ist.

Es sei angenommen, ein Material werde in einem Lager für die Produktion vorgehalten. Das Lager besitzt eine Kapazität von x Stück dieses Materials. Das Material wird für die Produktion im Zeitablauf in stets gleich bleibender Menge abgerufen. Läuft das Lager leer, wird es ohne zeitlichen Verzug bis zur Kapazitätsgrenze aufgefüllt. Unter diesen Bedingungen ergibt sich ein Bestandsverlauf für das Material im Lager, wie in Abbildung 3.5 dargestellt.

Der durchschnittliche Lagerbestand liegt bei $\frac{x}{2}$. Da durch die Lagerung des Materials finanzielle Mittel gebunden sind, wird sie für eine Betrachtung dieser Kosten um einen Zinssatz z für das in der Periode durchschnittlich gebundene Kapital und einen Lagerkostensatz l für Kosten der Lagerung (in Prozent des durchschnittlichen Lagerbestandes) mit dem Einkaufspreis p ergänzt. Die Lagerkosten belaufen sich also auf $\frac{x}{2} \cdot p \cdot \frac{z+l}{100}$. Für jede Bestellung soll ein fixer Betrag von k_f Euro anfallen. Die Anzahl der Bestellungen in der gesamten Periode kann einfach als Quotient aus dem Gesamtperiodenbedarf M und der Kapazität des Lagers errechnet werden: $\frac{M}{x}$.

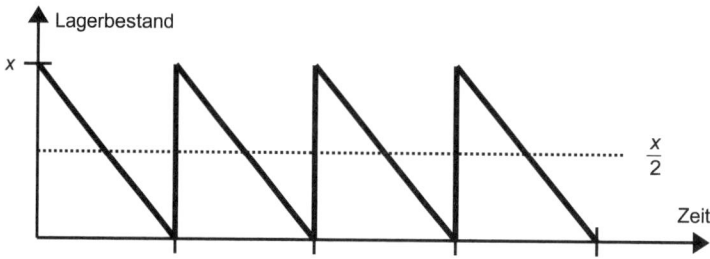

Abbildung 3.5: Lagerbestandsverlauf

Damit ergibt sich für die gesamten Kosten der Beschaffung $K(x)$ innerhalb einer Periode folgende Formel (links), die abgeleitet nach x_o die optimale Bestellmenge ergibt (rechts):

$$K(x) = \frac{x}{2} \cdot p \cdot \frac{z+l}{100} + \frac{M}{x} \cdot k_f \quad \Rightarrow \quad x_o = \sqrt{\frac{200 \cdot M \cdot k_f}{p \cdot (z+l)}}$$

Das geschilderte Problem kann allgemein als die Frage nach der **optimalen Losgröße** definiert werden. Unter einer Losgröße versteht man die Menge an einem Produktionsfaktor, die auf einmal einem Verarbeitungsschritt innerhalb der Wertschöpfungskette unterworfen werden kann. Solche optimalen Größen müssen nicht nur für die Beschaffung, sondern auch für die Produktion, den Transport und die Lagerung bestimmt werden.

Der **Beschaffungsvorgang** als sich anschließende Aufgabe der Materialdisposition soll an dieser Stelle nicht vertieft werden.

Lagerung und innerbetrieblicher Transport

Diese Aufgabe fällt in den Bereich der Logistik. Die Lagerung hat dabei folgende vier Funktionen zu übernehmen:

- **Ausgleich.** Lager schaffen zwischen den Prozessschritten innerhalb der betrieblichen Wertschöpfungskette einen Ausgleich, da die Schritte nicht alle in derselben Geschwindigkeit verlaufen (z.B. wird nicht jedes Fertigprodukt sofort von der Produktion weg an den Kunden verkauft, sondern zunächst gelagert).

- **Vorsicht.** Diese Funktion soll einen störungsfreien Ablauf des Wertschöpfungsprozesses gewährleisten. Mit einer Lagerung sollen Engpässe bei der Lieferung oder auch eine kurzfristig erhöhte Nachfrage der Kunden ausgeglichen werden.

- **Spekulation.** Die Entwicklung von Preisen auf den Beschaffungsmärkten kann dazu führen, dass man eine für später vorgesehene Beschaffung vorzieht, um aktuell bessere Konditionen beim Kauf ausnutzen zu können, und das Material so lange lagert.

- **Produktion.** Bei einigen Produkten ist es notwendig, sie längere Zeit zu lagern, um tatsächlich den Stand eines Fertigprodukts zu erreichen (z.B. reift ein schottischer Single Malt Whisky in der Regel mindestens 8 Jahre, bevor er verkauft werden kann). Diese Funktion wird jedoch eher als Teil der Produktion und nicht der Lagerung angesehen.

Lager lassen sich nach einer Vielzahl von Merkmalen unterscheiden. Nach den so genannten Lagerstufen existieren Beschaffungslager, Zwischenlager in der Produktion (z.B. für Halbprodukte) und Versandlager. Nach der Zuordnung des zu lagernden Materials zu einem Platz im Lager wird in Festplatzlager (jedes Material wird an eigens dafür reservierten Plätzen gelagert) und Freiplatzlager (es wird dort eingelagert, wo gerade freie Plätze sind) unterschieden. Letzteres wird auch **chaotische Lagerhaltung** genannt. Für eine fertigungssynchrone Beschaffung richten Lieferanten auf eigene Kosten häufig Lager bei ihren Kunden ein, so genannte **Konsignationslager**. Die Anordnung und der Aufbau von Lagern hat stets unter der Prämisse der geringst möglichen Kosten für Lagerhaltung und Transport zu erfolgen.

Die gleiche Prämisse gilt für den innerbetrieblichen Transport. Hier kommt es neben der räumlichen Anordnung und dem Aufbau der Lager auch auf eine kostenminimale Gestaltung des Transportverlaufs (Tourenplanung) an.

Die Lagerhaltung läuft in den vier Schritten Annahme des Materials, Materialprüfung, Einlagerung bzw. Umlagerung und Ausgabe des Materials ab. Die Lagerbewegungen vollziehen sich aber nicht nur physisch, sondern müssen auch rechnerisch erfasst werden.

3.2.2 Produktion

Die Produktion betrachtet das Kernstück der Wertschöpfung, die eigentliche Erstellung von Gütern. Ihr Ziel ist es, in einem Transformationsprozess niederwertige Güter in höherwertige Güter umzuwandeln, denn eine Organisation wird erst dann Güter auf einem Markt anbieten und dafür eine Nachfrage finden können, wenn sie die Fähigkeit besitzt, Güter (oder besser: Produktionsfaktoren) derart miteinander zu kombinieren, dass der Output einen höheren Wert für den Kunden hat als der Input, wenn also ein Wert „geschöpft" wurde.

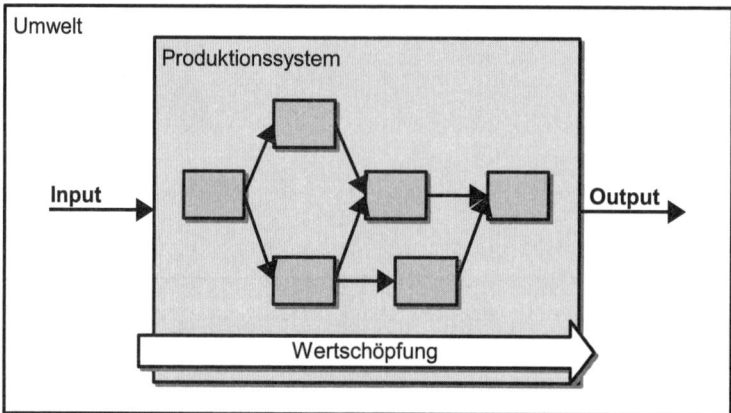

Abbildung 3.6: Produktionssystem [GT05]

Der Transformationsprozess vollzieht sich in einem **Produktionssystem** im Sinne eines Input – Throughput – Output (siehe Abbildung 3.6). Den Input bilden die Produktionsfaktoren, den Output Halb- und Fertigprodukte, aber auch Abprodukte (Ausschuss, Abwässer etc.). Das Produktionssystem besitzt eine innere Struktur miteinander verbundener **Arbeitssysteme**. Als solche werden die kleinsten selbstständigen Einheiten des Produktionssystems bezeichnet. Der Throughput verknüpft im Produktionssystem Inputs und Outputs mengenmäßig miteinander und kann durch Produktionsfunktionen beschrieben werden. Das Produktionssystem ist als Ganzes in die Umwelt eingebettet.

In Kapitel 3.1 sind die volkswirtschaftlichen **Produktionsfaktoren** Boden, Kapital und Arbeit vorgestellt worden. Für die Betriebswirtschaftslehre sind diese Faktoren durch Erich Gutenberg wie folgt eingeteilt worden [Gut79]:

- **Arbeitsleistung.** Dieser Faktor beschreibt die objektbezogene menschliche Arbeitsleistung in der Wertschöpfungskette. Objektbezogen heißt, dass die Leistung direkt auf die zu erbringenden Dienstleistungen bzw. Produkte bezogen ist.

- **Betriebsmittel.** Zu den Betriebsmitteln zählen alle technischen Voraussetzungen für die Produktion, produzierte Produktionsmittel wie Grundstücke, Gebäude, Maschinen etc. Außerdem werden Hilfsstoffe und Betriebsstoffe zu den Betriebsmitteln gezählt. **Hilfsstoffe** gehen nur mit einem kleinen Anteil in ein Produkt ein (z.B. die Farbe an einem Fahrrad), **Betriebsstoffe** gehen überhaupt nicht in Produkte ein, sind aber für deren Produktion notwendig (z.B. das Kühlmittel für eine Bohrmaschine).

- **Werkstoffe.** Werkstoffe umfassen **Rohstoffe**, d.h. jene Produktionsfaktoren, die mit einem großen Anteil in ein Produkt eingehen (z.B. Aluminium für ein Fahrrad); außerdem gehören **Halb- und Fertigprodukte** dazu.

- **Geschäfts- bzw. Betriebsleitung.** Dieser Produktionsfaktor gehört auch in den Bereich der menschlichen Leistung, ist aber im Gegensatz zum ersten Faktor nicht objektbezogen, sondern führt sämtliche obige Faktoren für die Erfüllung eines Zieles zusammen. Aus diesem Faktor hat Gutenberg nochmals zwei Faktoren abgeleitet: einen rationalen Faktor, der die **Planung** übernimmt, und einen Faktor für die Ausführung, die **Betriebsorganisation**.

Arbeitsleistungen, Betriebsmittel und Werkstoffe ergeben zusammen die so genannten **Elementarfaktoren** (auch produktive Faktoren genannt), da sie direkt an der Erstellung von Dienstleistungen bzw. Produkten beteiligt sind. Diesen drei übergeordnet ist die Geschäfts- bzw. Betriebsleitung als **dispositiver Faktor**.

Zur Erklärung dessen, was mit den Produktionsfaktoren im Produktionssystem geschieht, und darüber hinaus auch zur Bestimmung einer optimalen Produktion im Sinne des Faktoreinsatzes, sind **Produktionsfunktionen** geschaffen worden. Sie beschreiben den Zusammenhang von Input und Output bei der Produktion, sollen hier aber nicht weiter erörtert werden.

Das oben vorgestellte Produktionssystem ist für einen praktischen Einsatz unter den folgenden allgemeinen **Zielen** zu gestalten [GT05]:

- **Zeit.** Je schneller ein Auftrag ein Produktionssystem durchläuft, desto mehr Aufträge können in einem bestimmten Zeitraum bearbeitet, d.h. desto mehr Wertschöpfung kann erbracht werden. Dieses Ziel äußert sich in der Forderung nach kurzen Durchlaufzeiten. Hier ist es einerseits notwendig, das Produktionssystem in seinem Aufbau diesem Ziel entsprechend zu gestalten (siehe die folgende Erklärung zu den Produktionstypen). Andererseits müssen Vorgänge, die nicht zur Wertschöpfung beitragen (z.B. Transport, Lagerung), auf ein Minimum reduziert oder ganz vermieden werden.

- **Qualität.** Qualität ist ein Wettbewerbsfaktor. Die Sicherung der Qualität bezieht sich sowohl auf den Produktionsprozess (z.B. geringer Ausschuss) als auch auf die Produkte (z.B. Zuverlässigkeit, Langlebigkeit) als dessen Output. Hierfür kann ein Qualitätsmanagement eingerichtet werden.

- **Wirtschaftlichkeit.** Die Produktion soll dem am Anfang vorgestellten Prinzip der Wirtschaftlichkeit genügen (siehe Kapitel 3.1).

- **Flexibilität.** Produktionssysteme müssen sich an ihre Umwelt anpassen können. Hier stellt sich die Frage, in welchem Umfang sich ein konkretes Produktionssystem verändern kann und wie lange diese Veränderung dauert. Flexibilität hat eine strategische Seite und eine operative Seite. Von strategischer Seite her muss eine Anpassung an neue Produkte erfolgen – schließlich haben Produktionssysteme wesentlich längere Lebenszyklen als die auf ihnen gefertigten Produkte. Von operativer Seite her bedeutet Flexibilität, dass Produktionssysteme auf Änderungen am Produktionsprogramm (siehe Seite 80) reagieren können.

Die konkrete Gestaltung der Produktion variiert in der Praxis. Daher ist es sinnvoll, die Produktion anhand bestimmter Kriterien zu klassifizieren und **Produktionstypen** zu bilden. Häufig wird eine Einteilung nach der Menge vorgenommen, die ohne eine Veränderung von Produktionssystemen (z.B. durch Umrüsten) hergestellt werden kann [GT05]:

- **Massenproduktion.** Ein Produkt wird zeitlich unbegrenzt in großer Menge hergestellt. Einen Sonderfall stellt die **Sortenproduktion** dar, bei der Varianten eines Produktes zeitlich nacheinander auf dem Produktionssystem gefertigt werden. Die Varianten unterscheiden sich nur geringfügig. Das Produktionssystem muss für die Produktion einer anderen Variante verändert (umgerüstet) werden.

- **Serienproduktion.** Es wird eine begrenzte Anzahl (Serie) gleicher Produkte hergestellt. Hier fällt das Umrüsten bei jedem Wechsel zu einer anderen Serie an. Im Gegensatz zur Massenproduktion muss das Produktionssystem also flexibler sein.

- **Einzelproduktion.** Es werden, ausgelöst durch einen individuellen Kundenauftrag, Einzelstücke produziert (z.B. im Schiffs- oder Anlagenbau). Bei diesem Typ der Produktion sind die Anforderungen an die Flexibilität des Produktionssystems am höchsten.

Diese Einteilung nach Produktionstypen bezieht sich auf die Produkte. Betrachtet man dagegen den Prozess der Wertschöpfung, können Arbeitssysteme eines Produktionssystems nach dem Funktionsprinzip oder dem Objektprinzip organisiert werden:

- Beim **Funktionsprinzip** werden all jene Arbeitssysteme des Produktionssystems, die eine gleichartige Funktion erfüllen, räumlich gemeinsam in einer Werkstatt platziert (z.B. stehen alle Drehmaschinen in einer Werkstatt). Hier wird dann von **Werkstattproduktion** gesprochen.

- Maschinen können aber auch nach dem **Objektprinzip** angeordnet sein. Diese Anordnung folgt in der Regel dem logischen Verlauf des Produktionsprozesses. Dieser Typ von Produktionssystemen kann auf vielfältige Weise ausgeprägt sein: Neben der einfachen Anordnung entsprechend der Produktionsreihenfolge (**Reihenproduktion**) kann z.B. auch eine zeitliche Bindung (ein Arbeitstakt) zwischen den Arbeitssystemen geschaffen werden. Hierzu ist aber ein automatischer Transport der Werkstücke notwendig. Erfolgt der Transport dergestalt, dass die Werkstücke fest mit dem Transportsystem verbunden sind, spricht man von einer **Transferstraße**, ist dies nicht der Fall, von **Fließproduktion** (wie z.B. in der Fahrzeugproduktion).

Für die Schaffung und Gestaltung von Produktionssystemen, welcher Art auch immer, muss eine Reihe von **Aufgaben** entweder einmalig oder wiederholt durchgeführt werden [GT05]:

3.2 Teildisziplinen der Betriebswirtschaftslehre

- Gestaltung der Rahmenbedingungen
- Gestaltung der Infrastruktur des Produktionssystems
- operative Produktionsplanung und -steuerung
- Logistik

Für die Lösung dieser Aufgaben stehen viele exakte mathematische Verfahren bzw. Heuristiken zur Verfügung. An dieser Stelle kann leider nicht auf sie eingegangen werden, dazu sei auf [Tem06] und [GT05] verwiesen. Im Folgenden werden die Aufgaben kurz vorgestellt. Wichtig ist es hier, einen Einblick in die verschiedenen Problemstellungen zu erhalten, insbesondere in das hierarchische Vorgehen bei der operativen Produktionsplanung und -steuerung.

Gestaltung der Rahmenbedingungen

Hierzu gehört zunächst die strategische Entwicklungsplanung. Eingegliedert in eine Organisationsstrategie, soll eine Produktionsstrategie formuliert werden, die z.B. Aussagen zu Standort, Produktionstiefe (das ist der Anteil an Baugruppen für ein Produkt, der selbst produziert und nicht von anderen Unternehmen fremd bezogen wird) oder zur Produktionsorganisation macht und damit einen Rahmen für die Produktion vorgeben soll.

Dabei ist darauf zu achten, dass eine Abstimmung mit der Strategie des Marketing stattfindet. Diese und die daraus abgeleitete Produktpolitik determinieren die für den Aufbau und die Gestaltung von Produktionssystemen in der Produktionsstrategie festgehaltenen Aussagen (siehe Kapitel 3.2.3).

In diesem ersten Aufgabenbereich sind auch Standortentscheidungen zu treffen, sowohl für Produktionsstandorte als auch für Beschaffungs- oder Distributionslager. Die Entscheidung für oder gegen einen Standort wird von einer Vielzahl von Faktoren bestimmt, u.a. von den Kosten für Grundstücke und die Errichtung von Gebäuden, den Transportkosten (vom Standort zu anderen Standorten oder Absatzmärkten), Fördermitteln oder dem Angebot an Arbeitskräften.

Gestaltung der Infrastruktur des Produktionssystems

Die Gestaltung bezieht sich zunächst auf die Struktur des Produktionssystems. Da Organisationen meist mehrere Produktionstypen in ihrer Produktion einsetzen, können innerhalb eines Produktionssystems Bereiche, so genannte **Produktionssegmente**, identifiziert werden, die je einem Produktionstyp entsprechen. Das soll helfen, die für diese Produktionssegmente typischen Probleme zu lösen. So müssen in der Layoutplanung die innerbetrieblichen Standorte von Produktionssegmenten und auch Standorte von Arbeitssystemen innerhalb der Produktionssegmente bestimmt werden. Sind z.B. Produktionstypen mit zeitlicher Bindung im Einsatz, müssen Taktzeiten bestimmt werden, etc.

Ein wichtiger Bestandteil von Produktionssystemen ist das Personal. Für das Personal sind an dieser Stelle Überlegungen zur Gestaltung des Arbeitsplatzes, der zu erfüllenden Aufgaben, der Arbeitszeit und zur Entlohnung anzustellen. Außerdem muss durch eine Personalkapazitätsplanung für eine ausreichende Deckung des Personals in der Produktion Sorge getragen werden (siehe Kapitel 3.2.6).

Letztlich müssen bei der Gestaltung des Produktionssystems Bedingungen geschaffen werden, um die Qualität bei Produkten und Produktionsprozessen sicherzustellen bzw. zu erhöhen. Dies kann z.B. durch organisatorische Maßnahmen wie Qualitätszirkel geschehen, in denen Mitarbeiter Fragen der Qualität ihrer täglichen Arbeit besprechen und Verbesserungen anstoßen können. Mit der Normenfamilie ISO 9000 sind für die Produktion von Produkten, ihre Kontrolle etc. Regeln für ein Qualitätsmanagement vorgegeben worden, nach denen sich Organisationen zertifizieren lassen können.

Operative Produktionsplanung und -steuerung

Die hier aufgeführten Aufgaben dienen der Umsetzung der Produktion auf den zuvor geplanten und gestalteten Produktionssystemen.

Der erste Schritt besteht in einer mittelfristigen **Nachfrageprognose**. Mengen nachzufragender Produkte werden, abgestimmt mit dem Marketing, subjektiv oder mit Hilfe mathematisch-statistischer Methoden (z.B. einer Zeitreihenanalyse) prognostiziert.

Die prognostizierten Mengen führen zur „Beschäftigung" von Personal und Maschinen in den Produktionssystemen, d.h. es müssen zu bestimmten Zeiten für einen bestimmten Zeitraum Kapazitäten an Maschinen, Personal, an Lagerraum und Transportmöglichkeiten bereitgestellt werden. Die **Beschäftigungsglättung** übernimmt diese Aufgabe. Dabei kann es notwendig sein, bei hoher Beschäftigung (vulgo: Nachfrage) zusätzliche Kapazitäten in Form von externen Lieferanten oder zusätzlichen Schichten in Anspruch zu nehmen oder im umgekehrten Fall diese Kapazitäten zu streichen. Die Beschäftigungsglättung muss also die Beschäftigung an die Nachfrage anpassen. Das Ergebnis ist ein mittelfristiger (d.h. mehrere Monate umfassender) Produktionsplan für die einzelnen Produktionsstandorte.

Dieser mittelfristige Plan wird in der **kapazitierten Hauptproduktionsprogrammplanung** verfeinert. Sie hat die Aufgabe, für die einzelnen Produktionsstandorte **Produktionsprogramme** aufzustellen. Unter Zuhilfenahme detaillierter Prognosen der Nachfrage bzw. tatsächlich vorliegender Kundenaufträge, detaillierter Kapazitäten der einzelnen Produktionssegmente am jeweiligen Produktionsstandort und aktuell vorhandener Lagerbestände wird das kurzfristige (d.h. mehrere Wochen umfassende) Hauptproduktionsprogramm für die nachgefragten Produkte aufgestellt. Das bedeutet zugleich, dass eine Abstimmung der Produktionsprogramme der verschiedenen Produktionssegmente an einem Standort stattfinden muss. Es ist einerseits zu entscheiden, welche Mengen welches Produkts von welchem Produktionssegment produziert werden sollen. Andererseits ist eine Abstimmung über Fertigungsstufen hinweg notwendig, d.h. es ist festzulegen, wann eine bestimmte Menge eines Produkts von einem Produktionssegment produziert sein muss, um für die Produktion auf einem nachfolgenden Produktionssegment zur Verfügung zu stehen (um keinen Engpass zu verursachen).

Innerhalb eines jeden Produktionssegments wird darauf aufbauend die Planung von Losgrößen und des Ressourceneinsatzes vorgenommen, um festzulegen, welche Produktionsfaktoren in die Produktion der geplanten Mengen eingehen bzw. dafür eingesetzt werden. Abhängig vom Produktionstyp variieren diese beiden Problemstellungen.

An dieser Stelle soll beispielhaft auf die Planung von Losgrößen und des Ressourceneinsatzes in der Werkstattproduktion eingegangen werden.

Die **Losgrößenplanung** beginnt mit der Ermittlung des Materialbedarfs, d.h. der Bestimmung von Mengen und Terminen für Primär-, Sekundär- und Tertiärbedarf mit Hilfe der Verfahren der Bedarfsermittlung (siehe dazu Kapitel 3.2.1). Eine Produktion anhand des Nettobedarfs kann zur Verletzung des Zieles der Wirtschaftlichkeit führen, wenn der Bedarf verschiedener Produkte im Zeitablauf häufig wechselt und man deshalb für jede Produktion die Produktionssegmente umrüsten muss. Um die dabei entstehenden Kosten zu verringern, fasst man Bedarfsmengen gleicher Produkte zu Losen zusammen und zieht somit die Produktion bestimmter Mengen zeitlich vor (eine spätere Produktion würde die gegebenen Termine überschreiten). Die Bestimmung einer solchen **optimalen Losgröße** unterliegt analog zur optimalen Bestellmenge in der Beschaffung (siehe Seite 73) gegenläufigen Kosten – in der Produktion sind dies Rüstkosten und Kosten für die Lagerhaltung (denn schließlich müssen in einem Los produzierte Produkte gelagert werden, bis sie in der Produktion benötigt werden). Bei der Bestimmung der optimalen Losgröße sind zudem die Kapazitäten der Produktionssegmente zu berücksichtigen. Ergebnis der Losgrößenplanung ist der **Produktionsplan** mit Produktionsaufträgen.

Die **Ressourceneinsatzplanung** gibt diese Aufträge für die Produktion frei und weist sie konkreten Arbeitssystemen zu. Dazu wird die zeitliche Planung weiter verfeinert (in Tage und Stunden) und in der Durchlaufterminierung (z.B. mit Hilfe der Netzplantechnik) Anfangs- und Endtermine für die Produktionsaufträge festgelegt. Dafür sind wiederum Arbeitspläne nötig, die Listen mit Arbeitsgängen zur Erstellung der jeweiligen Produkte enthalten. Die Terminierung muss dann noch mit den Kapazitäten der Arbeitssysteme abgestimmt werden.

Die letzte Ebene der Entscheidung in der operativen Produktionsplanung und -steuerung ist die der **Feinplanung und Steuerung**. Bei der Feinplanung wird festgelegt, in welcher Reihenfolge die Produktionsaufträge auf den Maschinen bearbeitet werden sollen (Maschinenbelegung). Dafür werden in der Regel Heuristiken verwendet, z.B. werden Produktionsaufträge aufsteigend nach der Länge ihrer Bearbeitungszeit eingeplant – der kürzeste zuerst und so fort (so genannte

KOZ-Regel, kürzeste Operationszeitregel), oder danach, wie weit die Liefertermine noch entfernt liegen (Liefertermin-Regel).

Ein einfaches (aber exaktes) Verfahren zur Maschinenbelegung ist der **Johnson-Algorithmus**: Für eine Menge von Produktionsaufträgen, die jeweils zuerst auf Maschine $M1$ und danach auf Maschine $M2$ bearbeitet werden müssen, liefert der Algorithmus stets eine Reihenfolge mit kürzester Zykluszeit (die Zeit, die eine Reihe von Produktionsaufträgen für die Produktion benötigt). Allerdings ist er auf eine Betrachtung von zwei Maschinen beschränkt. Beispielsweise seien sechs Aufträge mit den in Tabelle 3.2 gegebenen Bearbeitungszeiten für die Maschinen $M1$ und $M2$ einzuplanen.

Tabelle 3.2: Johnson-Algorithmus

Auftrag	M1	M2
1	2	5
2	3	2
3	3	1
4	2	6
5	5	3
6	8	4

Die Produktionsreihenfolge entspricht zunächst einer leeren Liste mit sechs offenen Positionen, die nun anhand folgender kurzer Vorschrift aufgefüllt werden:

(1) Wähle einen Auftrag i mit der kürzesten Bearbeitungszeit j.
(2) Falls j auf $M1$: Ordne Auftrag i so weit vorn wie möglich ein.
(3) Falls j auf $M2$: Ordne Auftrag i so weit hinten wie möglich ein.
(4) Streiche Auftrag i aus obiger Tabelle.
(5) Wenn noch Aufträge in der Tabelle sind: gehe zu (1), sonst: Ende.

Ergebnis ist in diesem Fall die Reihenfolge 1–4–6–5–2–3 mit einer minimalen Zykluszeit von 24 Zeiteinheiten.

Die Steuerung veranlasst schließlich die Produktion nach den Vorgaben aus der Feinplanung, sie stellt für die Produktion die notwendigen Informationen zur Verfügung und hat die Aufgabe, Störungen im Produktionsverlauf zu beseitigen.

Logistik

Die Logistik umfasst die bereits bekannten Aufgaben der Disposition, der Tourenplanung für den innerbetrieblichen Transport und der Lagerhaltung. Dazu sei auf Kapitel 3.2.1 verwiesen.

Eine abschließende Bemerkung zu diesem Kapitel: Hier sind Produkte (materielle Güter) besprochen worden. Es steht außer Frage, dass auch **Dienstleistungen** (immaterielle Güter) einen Prozess für ihre Erbringung durchlaufen. Dieser Prozess unterscheidet sich in einigen Punkten stark von dem oben beschriebenen (siehe [BHHK08]): so ist die Dienstleistung immateriell, ihre Produktion findet zeitgleich mit dem Konsum statt, was dadurch bedingt ist, dass der Kunde als Abnehmer der Dienstleistung direkt in den Prozess der Erbringung einbezogen ist.

Trotz dieser Unterschiede weist der Prozess gleiche Fragestellungen auf: Auch hier müssen Rahmenbedingungen und grundlegende Fragen hinsichtlich des Produktionssystems getroffen werden. Auch hier muss die Erbringung geplant und gesteuert werden und müssen entsprechende Produktionsfaktoren vor Ort verbracht werden. Auf Grund der prinzipiellen Übereinstimmung der Fragestellungen ist daher nicht weiter auf Diestleistungen eingegangen worden.

3.2.3 Marketing

Als dritte betriebliche Funktion folgt auf die Produktion der **Absatz**, d.h. die Verbringung der erstellten Güter an die Kunden gegen ein Entgelt. Tatsächlich verbirgt sich hinter dieser betrieblichen Funktion jedoch mehr, weshalb sie häufig **Marketing** (auch Absatzwirtschaft) heißt. Damit soll darauf hingewiesen werden, dass es in dieser Funktion nicht lediglich um eine wie auch immer geartete Distribution von Gütern und deren Vorbereitung und Durchführung geht. Diese Funktion umfasst vielmehr eine wichtige strategische Aufgabe. Aus der Beziehung zum Kunden sollen Informationen über Bedürfnisse, und damit über die Gestaltung zukünftiger Produkte oder auch über den Einstieg in Märkte bzw. den Ausstieg aus Märkten, gewonnen werden.

Marketing wird als die marktorientierte Führung von Organisationen verstanden. Das bedeutet einerseits, dass das Marketing als gleichberechtigte betriebliche Funktion neben den anderen (bereits erwähnten) Funktionen steht und andererseits, dass Marketing ein „Leitbild" für das Management vorgibt – d.h. sämtliche Entscheidungen und Tätigkeiten innerhalb einer Organisation werden von den Bedürfnissen der Kunden abhängig gemacht [Mef00].

Die **Aufgaben** des Marketing werden, auch wegen des in der Definition erkennbaren umfassenden Anspruchs der Einwirkung auf Entscheidungen in einer Organisation, als Managementprozess verstanden (siehe Abbildung 3.7). Die Phasen des Prozesses sollen im Folgenden vorgestellt werden.

Analysephase

Die erste Phase stellt den Ausgangspunkt für die Planung im Marketing dar, indem die Situation außerhalb und innerhalb der Organisation untersucht wird. Es gilt festzustellen, wo die Organisation aktuell steht – zum Ersten in Beziehung zu Kunden, der Konkurrenz und den Anbietern (jene, die Produkte von der Organisation zum Kunden bringen, z.B. der Handel), zum Zweiten in Bezug auf sich selbst. Aus dieser Analyse ergeben sich einerseits Chancen und Risiken für die Organisation in ihrer Umwelt, andererseits Stärken und Schwächen der Organisation im Vergleich zur Konkurrenz.

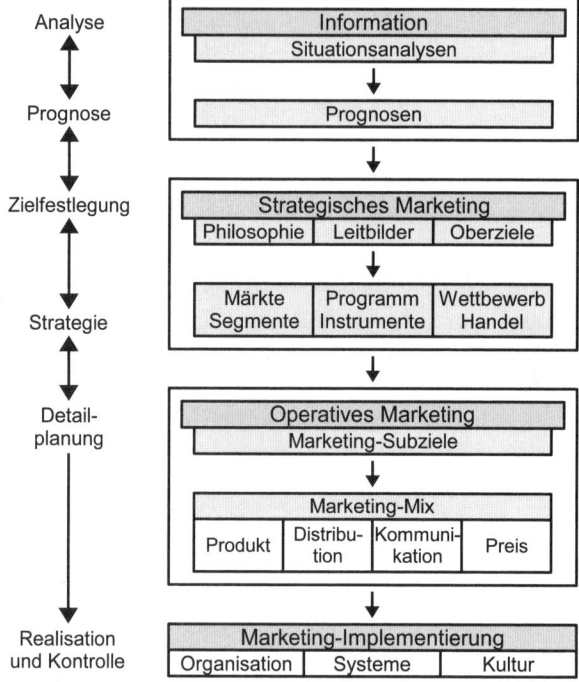

Abbildung 3.7: Marketing-Management-Prozess [Mef00]

Für die Analyse der Umwelt der Organisation bietet sich an dieser Stelle die Marktforschung an. Unter **Marktforschung** versteht man ein systematisches Vorgehen, um Daten über Märkte und die Möglichkeiten der Einflussnahme auf diesen Märkten zu sammeln, aufzubereiten und auszuwerten. Die Marktforschung soll Daten für die Vorbereitung von Entscheidungen im Marketing liefern. Daher wird sie nicht nur in der Analysephase, sondern auch im strategischen und operativen Marketing wiederholt eingesetzt.

Die Marktforschung selbst teilt sich in Primär- und Sekundärforschung. Während Letztere auf bereits vorhandenes Datenmaterial zurückgreift, werden in der Primärforschung Daten bei den Kunden erhoben. Dazu greift man für einmalige Erhebungen auf Instrumente wie Befragungen, Beobachtungen (z.B. wie bewegen sich Kunden in einem Geschäft) oder Tests (z.B. der Verkauf eines Produktes auf einem Testmarkt) zurück. Für eine laufende Erhebung von Daten können Panels verwendet werden. Das sind feststehende Personengruppen, die regelmäßig bzw. wiederholt zu bestimmten Aspekten befragt werden (z.B. der Konsum von TV-Sendungen zur Bestimmung von Einschaltquoten).

Prognosephase

Aus den Informationen über die Situation sollen Prognosen über die zukünftige Entwicklung aller für das Marketing relevanten Faktoren erstellt werden, z.B. über das Verhalten der Kunden, das Verhalten der Konkurrenz oder über die Entwicklung von Märkten oder Absätzen.

Für Märkte kann z.B. das Marktpotenzial (die Menge, die ein Markt an einem Produkt potenziell aufnehmen kann) oder das Marktvolumen (die Menge, die der Markt tatsächlich aufnehmen kann) bestimmt werden. Gleiches ist für den Absatz möglich – mit Prognosen zum Absatzpotenzial (die Menge, die eine Organisation potenziell in einem Markt platzieren kann) und zum Absatzvolumen (die tatsächlich abgesetzte Menge in dem bestimmten Markt). Ebenso werden Prognosen über die Entwicklung der Marktanteile der Organisation erstellt.

Zielfestlegung und Strategien

Basis für die dritte Phase bilden die Ziele der Organisation selbst, die von der strategischen Planung der Organisation ausgemachten Geschäftsfelder und die strategische Richtung der strategischen Geschäftseinheiten (siehe Kapitel 3.2.5).

Ausgehend davon müssen **Ziele** für das Marketing gesetzt werden. Sie werden wiederum in Zielen für die strategischen Geschäftseinheiten detailliert. Ziele im Marketing sind ökonomische Ziele, zu denen vor allem der Deckungsbeitrag (d.h. der Erlös eines Produktes abzüglich seiner variablen Kosten) und der Marktanteil gehören, und psychographische Ziele, z.B. die Steigerung des Bekanntheitsgrades oder der Kaufabsicht für Produkte [Mef00].

Nach dem Setzen von Zielen werden für die einzelnen Geschäftseinheiten **Strategien** formuliert. In diesen wird festgelegt, ob der Markt undifferenziert (mit Standardprodukten) oder differenziert (entsprechend den Bedürfnissen verschiedener Zielgruppen) bearbeitet wird. Außerdem wird darin festgelegt, auf welche Weise sich die Organisation gegenüber verschiedenen Interessengruppen (Kunden, Konkurrenten, Anbieter, Kapitalgeber, Mitarbeiter, Staat) verhalten wird. Mit den formulierten Strategien sollen Wettbewerbsvorteile geschaffen und erhalten werden. Beispielhaft sollen hier die auf die Kunden ausgerichteten Strategien von Porter erläutert werden [Por92]:

- **Umfassende Kostenführerschaft.** Durch eine effiziente Produktion und Senkung von Kosten in Bereichen wie dem Service soll ein Kostenvorteil für den Kunden erarbeitet werden.

- **Differenzierung.** Ein Produkt sollte so gestaltet werden, dass es vom Kunden als „einzigartig in der ganzen Branche" [Por92] angesehen wird. Das kann z.B. durch das Design, die Marke, die Technologie des Produkts oder den Kundendienst geschehen.

- **Konzentration auf Schwerpunkte.** Die Bemühungen der Organisation werden auf eine bestimmte Kundengruppe, einen geographisch abgegrenzten

Markt oder einen bestimmten Teil des Produktprogramms konzentriert. Dabei kann ebenso eine Differenzierung, eine Kostenführerschaft oder gar beides erreicht werden.

Ein wichtiges Hilfsmittel in dieser Phase ist die **Marktsegmentierung**. Damit werden innerhalb der strategischen Geschäftseinheiten Märkte anhand bestimmter Kriterien (z.B. geographisch nach Bundesländern, soziodemographisch nach Geschlecht, Alter oder Einkommen) in Teilmärkte (Marktsegmente) aufgeteilt, die in sich selbst einheitlich sind, sich gegenüber anderen aber unterscheiden. Ziel der Marktsegmentierung ist es, einerseits die relevanten Teile des Marktes aufzufinden und andererseits den Bedürfnissen der Kunden durch einen gezielteren Einsatz der Marketing-Instrumente besser entgegenzukommen.

Operative Marketingplanung

Aus den strategischen Vorgaben können nun operative Ziele abgeleitet und diese als Rahmen für die Gestaltung von Marketing-Aktivitäten genutzt werden. Die Marketing-Aktivitäten nehmen Einfluss auf Märkte und Kunden und werden in ihrer Gesamtheit als **Marketing-Instrumente** bezeichnet. Die Marketing-Instrumente werden in die vier Bereiche der Produkt-, Kommunikations-, Preis- und Distributionspolitik untergliedert (im Englischen sehr einfach als die „4 P" zu merken: product, promotion, price und place). Die auf die spezifischen Ziele des Marketing einer Organisation abgestimmten Marketing-Instrumente werden **Marketing-Mix** genannt. Die Instrumente innerhalb des Marketing-Mix wirken nicht isoliert, sondern interdependent. So können Preissenkungen dieselbe Wirkung wie Rabatte haben. Für den Aufbau einer Marke ist es zunächst notwendig, die Qualität eines Produkts entsprechend hoch zu gestalten und das durch Werbung entsprechend kundzutun.

Produktpolitik. Die Produktpolitik betrifft Entscheidungen in Bezug auf eine dem Marktsegment entsprechende Gestaltung des **Produktprogrammes** der Organisation. Hier werden Entscheidungen über folgende Tatbestände getroffen:

- Entwicklung neuer Produkte (Produktinnovation);

- Veränderung bestehender Produkte:

    – Die Eigenschaften eines Produkts werden verändert (verbessert) und das bestehende Produkt durch das veränderte ersetzt (Produktvariation).

    – Eine oder mehrere Eigenschaften eines Produkts werden verändert und das veränderte Produkt als Modifikation zum weiterhin bestehenden parallel angeboten (Produktdifferenzierung);

- Entnahme von Produkten aus dem Produktprogramm (Produktelimination).

Die Entwicklung und Veränderung von Produkten ist dabei eng mit Fragen der Produktpositionierung und der Produktgestaltung verbunden. Bei Produktpositionierung werden Produkte anhand für den Kunden wichtiger Merkmale Konkurrenzprodukten gegenübergestellt. Aus der Positionierung können Vorgaben für die Produktgestaltung gemacht werden (z.B. zur Verbesserung der Position gegenüber der Konkurrenz). Die Produktgestaltung umfasst alle Entscheidungen über die Gestaltung des Produkts (Funktion, Form, Farbe etc.), seiner Verpackung und eventueller zusätzlicher Leistungen (z.B. Beratung, Kundendienst). Dabei sind Fragen der Qualität des Produkts zu berücksichtigen ebenso wie Fragen der Markierung. Für das Produkt werden Zeichen (Marken) geschaffen, die helfen, es gegenüber anderen Anbietern abzugrenzen, und die sich auch gewerblich schützen lassen.

Kommunikationspolitik. Ziel der Kommunikationspolitik ist es, Informationen an (potenzielle) Interessengruppen zu übermitteln, um deren Meinungen, Einstellungen, Erwartungen etc. im Sinne der Organisation zu steuern. Dafür ist zu entscheiden, wer die Informationen weitergeben soll, welche Informationen auf welchem Übertragungsweg weitergegeben werden, an welche Interessengruppe die Informationen gehen und welche Wirkung sie hervorrufen sollen. Dafür werden üblicherweise vier (miteinander in Verbindung stehende) Instrumente verwendet:

- **Werbung.** Die Werbung (Produktwerbung) übermittelt mit Hilfe von Werbeträgern (Medien) Informationen zu Produkten oder Dienstleistungen. Ziel kann es einerseits sein, Kunden zum Kauf anzuregen und somit den Umsatz (den Marktanteil, den Gewinn) zu steigern, andererseits Aufmerksamkeit zu erregen, den Bekanntheitsgrad von Produkten oder Dienstleistungen zu erhöhen oder für eine positive Einstellung ihnen gegenüber zu sorgen. Werbeträger können so genannte Insertionsmedien (z.B. Tages- oder Wochenzeitungen, Fachzeitschriften), Medien der Außen- und Innenwerbung (z.B. Plakate, Gebäude, Schaufenster), elektronische Medien (z.B. TV, Hörfunk, Internet) oder sonstige Medien (z.B. Prospekte, Werbegeschenke) sein. Werbung ist zeitlich mittelfristig orientiert.

- **Verkaufsförderung** (Sales Promotion). Um kurzfristig zu einer Steigerung von Kaufanreizen beizutragen, wird Verkaufsförderung betrieben. Das kann direkt beim Kunden (z.B. Testangebote), beim Handel (z.B. Preisnachlässe), durch Unterstützung des Handels beim Verkauf (z.B. Schulungen) oder durch Motivation des Personals im Verkauf (z.B. Verkaufswettbewerbe) geschehen.

- **Öffentlichkeitsarbeit** (Public Relations). Während die ersten beiden Instrumente auf Produkte bzw. Dienstleistungen abzielen, steht bei der Öffentlichkeitsarbeit die Organisation selbst im Mittelpunkt. Ihre Bekanntheit soll gesteigert oder das Image aufgebessert werden. Öffentlichkeitsarbeit soll langfristig wirken.

- **Persönliche Kommunikation.** Das letzte Instrument umfasst alle Maßnahmen, bei denen Kunden individuell angesprochen werden, z.B. mit Hilfe von

Mitarbeitern des Außendienstes, die zum persönlichen Gespräch mit dem Kunden kommen.

Mittlerweile kommen zu diesen Instrumenten weitere hinzu. Dazu zählen z.B. das **Sponsoring** von Organisationen (im Bereich des Sports, der Kultur etc.), **Eventmarketing** (Informationen zu Produkten werden auf eigens dafür organisierten Veranstaltungen an Interessengruppen übermittelt) oder **Product Placement** (Darstellung von Produkten oder Dienstleistungen in Filmen, etc.).

Preispolitik. Die Preispolitik trifft Entscheidungen über die für Produkte zu bezahlenden Preise und über damit zusammenhängende Konditionen (Modalitäten der Lieferung, Zahlung oder von Kreditbedingungen).

Mit der **Preisdifferenzierung** werden identische Produkte zu unterschiedlichen Preisen verkauft. Das wird im Sinne der Marktsegmentierung getan, um die bei Kunden verschiedene Zahlungsbereitschaft für ein Produkt zur Steigerung des eigenen Gewinns auszunutzen. Das kann auf verschiedene Weise geschehen:

- zeitlich (Preise sind abhängig vom Zeitpunkt des Kaufs, z.B. Saisonpreise)
- räumlich (z.B. Land, Stadt)
- personell (z.B. Kinder, Studenten, Senioren)
- quantitativ (z.B. Mengenrabatte)
- Preisbündelung (ein Paket an Produkten ist günstiger als der Kauf der jeweiligen Einzelprodukte)

In Kapitel 8.2.2 wird im Rahmen des E-Business noch einmal auf die Möglichkeiten der Preisdifferenzierung eingegangen. Dort werden u.a. auch Strategien zur Preisgestaltung bei der Einführung von Produkten vorgestellt.

Distributionspolitik. Entscheidungen über die Verbringung eines Produkts oder einer Dienstleistung vom Produzenten an den Kunden stehen im Mittelpunkt der Distributionspolitik. Diese Entscheidungen stehen in einem Spannungsverhältnis. Auf der einen Seite muss der so genannte Distributionsgrad möglichst hoch sein (d.h. wie hoch ist der Anteil an allen Intermediären, die ein Produkt der Organisation in ihrem Sortiment führen). Das muss durch die Absatzkanäle geleistet werden. Auf der anderen Seite muss mit Hilfe der Logistik sichergestellt werden, dass den Lieferanforderungen der Intermediäre tatsächlich sofort nachgekommen werden kann.

Bei den Absatzkanälen muss entschieden werden, ob man einen direkten Absatz oder einen indirekten Absatz wählt. Der direkte Absatz läuft über Vertreter, Handlungsreisende oder Kommissionäre, aber auch über Werksverkäufe oder Marktveranstaltungen. Der indirekte Absatz greift auf Intermediäre (den Handel) zurück. Hier ist zudem eine Entscheidung über die Anzahl der Intermediäre zu treffen (soll nur der Einzelhandel oder sowohl Einzel- als auch Großhandel zwischengeschaltet werden).

Realisation und Kontrolle

Letztlich wird das zuvor Geplante umgesetzt. Dazu ist es notwendig, eine geeignete Aufbau- und Ablauforganisation für das Marketing zu finden und Maßnahmen zur Kontrolle der Marketingaktivitäten festzulegen. Die Aufbauorganisation kann z.B. funktional, nach Produktgruppen, nach geographischen Gebieten oder Kundengruppen (das lohnt sich allerdings nur bei Kunden mit einer besonderen Bedeutung für die Organisation, so genannte key accounts) geschehen (siehe auch Kapitel 3.2.7).

3.2.4 Rechnungswesen

Sowohl innerhalb als auch außerhalb einer Organisation besteht das Interesse bzw. die Notwendigkeit, mit Informationen über die betriebliche Wertschöpfungskette versorgt zu werden.

Diese Versorgung ist **Ziel** des Rechnungswesens. Es soll sämtliche gegenwärtigen wie auch zukünftigen ökonomisch bedeutsamen Vorgänge und Sachverhalte einer Organisation und den Beziehungen zu ihrer Umwelt in Mengen und Werten abbilden und für die weitere Verwendung bereitstellen. Verbunden damit sind die drei folgenden **Aufgaben** (siehe [CMS04], [Wöh97]):

- **Dokumentation.** Das Rechnungswesen dokumentiert das ökonomische Geschehen in einer Organisation auf umfassende Art und Weise. Damit befriedigt es Informationsbedürfnisse und hilft bei der Ermittlung von Zahlungen wie Gewinnausschüttungen oder Steuern.

- **Planung.** Das Rechnungswesen liefert mit den gesammelten Informationen die notwendige Grundlage für Entscheidungen des Managements.

- **Kontrolle.** Die gesammelten Informationen bieten schließlich die Möglichkeit, zu prüfen, ob die in der Planung festgelegten Ziele auch tatsächlich eingetreten sind und auf welche Weise man im Falle einer Abweichung reagieren kann.

Grundlage für die Erfüllung dieser Aufgaben ist die **Buchführung**, die sämtliche notwendige Informationen aus der Organisation aufzeichnet, ordnet und für die Teilbereiche des Rechnungswesens aufbereitet. Diese Aufzeichnung erfolgt lückenlos und chronologisch und folgt entsprechenden Regeln.

Je nach Adressat bestehen verschiedene Anforderungen bzw. ein unterschiedlicher Informationsbedarf über die betriebliche Wertschöpfung. So ist der Fiskus an Informationen interessiert, um abzuführende Steuern zu berechnen, (potenzielle) Anteilseigner entscheiden auf Grund der Informationen zu Wachstum und Renditen über die Ausweitung oder den Rückzug ihrer Beteiligung, etc. Genauso sind aber auch Eigentümer und das Management der Organisation an Informationen interessiert, um Entscheidungen über operative wie strategische Maßnahmen zu treffen.

Während Fiskus und Anleger zu den externen Adressaten zählen, ist das Management ein interner Adressat des Rechnungswesens. Daher teilt man das Rechnungswesen in der Regel in mehrere **Teilgebiete**, die sich den zwei genannten Gruppen von Adressaten zuordnen lassen (siehe Tabelle 3.3).

Tabelle 3.3: Teilgebiete des Rechnungswesens [Göt00]

Externes Rechnungswesen	Internes Rechnungswesen
Bilanzrechnung	Kosten- und Erlösrechnung
	Finanzrechnung
	Investitionsrechnung

Ähnliche Einteilungen finden sich bei [CMS04] und [Wöh97]. Bevor die genannten Teilbereiche erläutert werden, müssen einige notwendige Grundbegriffe definiert werden. Diese Grundbegriffe umfassen die vier folgenden Begriffspaare (siehe [Göt00]):

- **Einzahlungen und Auszahlungen.** Diese beiden Begriffe beziehen sich auf die Veränderung des so genannten Zahlungsmittelbestands, d.h. Bestände an Bargeld und Buchgeld (Kontoguthaben) einer Organisation. Durch Einzahlungen (z.B. die Bezahlung für ein verkauftes Produkt per Überweisung auf ein Konto) erhöht, durch Auszahlungen (z.B. Begleichung der Rechnung eines Lieferanten durch Barzahlung) verringert sich der Zahlungsmittelbestand.

- **Einnahmen und Ausgaben.** Wird der Zahlungsmittelbestand um Forderungen (eine erbrachte, aber noch nicht beglichene Leistung) und Verbindlichkeiten (eine in Anspruch genommene, aber noch nicht beglichene Leistung) ergänzt, ergibt sich das so genannte Geldvermögen. Einnahmen (z.B. wurde ein Produkt verkauft, aber noch nicht bezahlt) stellen positive Veränderungen, Ausgaben (z.B. ist Material gekauft, aber noch nicht bezahlt worden) stellen negative Veränderungen des Geldvermögens dar. Damit entsprechen Einnahmen und Ausgaben nicht in allen Fällen Einzahlungen und Auszahlungen.

- **Erträge und Aufwendungen.** Wird die Betrachtung des Geldvermögens unter Einbeziehung des Sachvermögens nochmals erweitert, können wiederum zwei Veränderungen beschrieben werden, die sich auf das nun gebildete Nettovermögen (oder Reinvermögen) beziehen. Erträge steigern das Nettovermögen (z.B. durch produzierte und nun eingelagerte Produkte), Aufwendungen (z.B. der Verbrauch von Rohstoffen) mindern es. Auch hier entsprechen Einnahmen und Ausgaben nicht in allen Fällen Erträgen und Aufwendungen.

- **Erlöse und Kosten.** Mit dem letzten Begriffspaar wird auf eine Bewertung der betrieblichen Wertschöpfung Bezug genommen. Unter Erlösen werden bewertete Ergebnisse (die Entstehung von Gütern) der Wertschöpfung, unter Kosten der bewertete Verzehr an Gütern durch die Wertschöpfung angesehen. Für die Bewertung der Güter siehe die Kosten- und Erlösrechnung.

Bilanzrechnung

Die Bilanzrechnung verwendet die Betrachtung von Erträgen und Aufwendungen. Ihre Aufgabe besteht zum Ersten in der Gegenüberstellung von Erträgen und Aufwendungen einer Periode in Form der Gewinn- und Verlustrechnung (GuV), die entweder einen Gewinn oder Verlust ausweist. Zum Zweiten werden in der Kapitalflussrechnung (KFR) Einzahlungen und Auszahlungen gegenübergestellt, um auch Aussagen zur Liquidität der Organisation machen zu können. Beide Informationen fließen zum Dritten in die pro Geschäftsjahr zu erstellende **Bilanz** ein, welche Vermögen (ergänzt um liquide Mittel) und Schulden dem Kapital (und Gewinn bzw. Verlust) gegenüberstellt (siehe Abbildung 3.8).

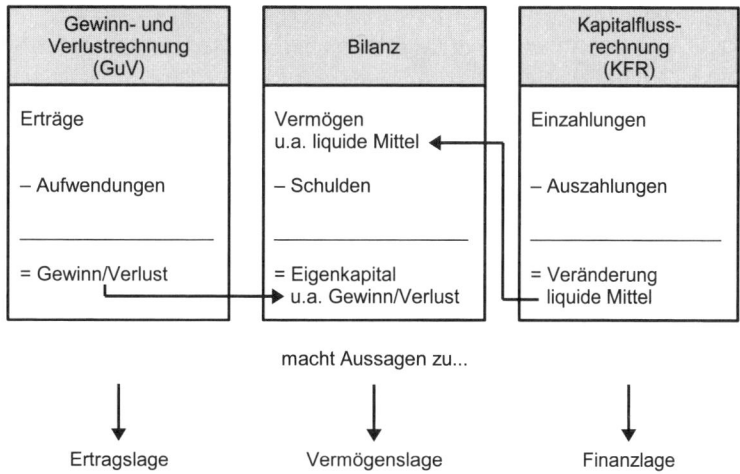

Abbildung 3.8: Bilanz, GuV und KFR (nach [CMS04])

Da die Ergebnisse der Bilanzrechnung für externe Adressaten bestimmt sind, muss für ein möglichst hohes Maß an Objektivität gesorgt werden, d.h. dass die Interpretation der Ergebnisse durch die Adressaten nicht zu falschen Schlussfolgerungen bezüglich der Organisation führt. Dazu werden im HGB und den so genannten Grundsätzen ordnungsgemäßer Buchführung und Bilanzierung (GoB) entsprechende Vorgaben gemacht.

Kosten- und Erlösrechnung

Dieses Teilgebiet des Rechnungswesens betrachtet Erlöse und Kosten und soll sowohl Aussagen zum gegenwärtigen Zuwachs und Verzehr an Gütern machen als auch Prognosen dafür abgeben, z.B. welche Kosten für die Herstellung eines Fahrrads anfallen werden. Damit sollen Entscheidungen des Managements unterstützt werden, z.B. wenn bestimmt werden muss, ob ein Produkt selbst hergestellt oder von einer anderen Organisation fremd bezogen wird oder welche Preise für ein Produkt auf dem Markt verlangt werden sollen.

Die Kostenrechnung unterscheidet im Allgemeinen drei Bereiche [Göt00]:

- **Kostenartenrechnung.** Sie bildet die Grundlage für die weiteren Kostenrechnungen, indem sie die Kosten in verschiedene **Kostenarten** zerlegt und damit aufzeigt, welche Kosten angefallen sind bzw. anfallen werden. Bei Kostenarten werden u.a. variable und fixe Kosten unterschieden. Variable Kosten sind von der Beschäftigung abhängig, d.h. sie verändern sich mit Zu- oder Abnahme z.B. einer Produktionsmenge (z.B. Kosten für Aluminiumrohr zur Herstellung von Fahrrädern), während fixe Kosten davon unabhängig sind (z.B. die Personalkosten für den Monteur). Ebenso werden Einzel- und Gemeinkosten unterschieden – Einzelkosten können direkt einem Produkt (einem so genannten Kostenträger) zugeordnet werden, Gemeinkosten fallen dagegen immer für mehrere Kostenträger an. Einzelkosten sind damit immer variable Kosten, alle Fixkosten sind auch Gemeinkosten.

- **Kostenstellenrechnung.** Um zu bestimmen, wo in einer Organisation Kosten entstanden sind bzw. entstehen werden, greift man auf die Kostenstellenrechnung zurück, welche die Kosten entsprechend zuordnet. Die Festlegung, was eine Kostenstelle ist, orientiert sich an der Aufbauorganisation (siehe Kapitel 3.2.7). Damit kann eine Abteilung oder auch ein Arbeitssystem (siehe Kapitel 3.2.2) eine Kostenstelle sein.

- **Kostenträgerrechnung.** Schließlich stellt sich die Frage, wofür Kosten angefallen sind bzw. anfallen werden. Hier werden Kosten den entsprechenden Kostenträgern zugeordnet – das können Produkte, Dienstleistungen oder Aufträge (Kostenträgerstückrechnung) oder eine Periode (Kostenträgerzeitrechnung) sein.

Die Betrachtung kann dann noch weitergeführt werden. So lässt sich z.B. eine Betrachtung von Kostenträgern als Teil- oder Vollkostenrechnung durchführen – d.h. man beschränkt sich auf variable Kosten oder Einzelkosten oder bezieht im zweiten Fall sämtliche Kostenarten mit ein. In Kapitel 7.3.2 wird im Rahmen des Geschäftsprozessmanagements etwas genauer auf die so genannte Prozesskostenrechnung eingegangen, in welcher man Kosten möglichst genau einem wertschöpfenden Prozess zuordnen möchte. Dort besteht das Ziel in der Aufdeckung von Verbesserungsmöglichkeiten der Prozesse.

Finanzrechnung

Die Erreichung der Ziele, die sich eine Organisation gesteckt hat (siehe Kapitel 3.2.5), kann nur dann gewährleistet werden, wenn die Organisation in der Lage ist, ihren alltäglichen Zahlungsverpflichtungen (z.B. für Material, Zinsen, Strom) nachzukommen. Daher ist es Aufgabe der Finanzrechnung, die so genannte **Liquidität** – d.h. die Fähigkeit, eingegangene Zahlungsverpflichtungen begleichen zu können – zu planen und aufrechtzuerhalten.

Zu diesem Zweck werden Zahlungsströme bzw. Veränderungen des Geldvermögens periodisch erfasst und gesteuert. Damit basiert die Finanzrechnung auf Einzahlungen und Auszahlungen bzw. Einnahmen und Ausgaben – wobei [CMS04] darauf hinweisen, dass eine Betrachtung von Einnahmen und Ausgaben nur eine Näherung an die Betrachtung von Zahlungsströmen darstellt und daher Einzahlungen und Auszahlungen im Fokus stehen.

Die Finanzrechnung dient daher zunächst der Organisation selbst zur Information. Im Rahmen des Jahresabschlusses wird aber auch eine Kapitalflussrechnung veröffentlicht, die externen Adressaten Auskunft über die Finanzlage der Organisation geben soll.

Investitionsrechnung

Mit der Investitionsrechnung sollen Entscheidungen für oder gegen Investitionen – d.h. die Anschaffung von Betriebsmitteln – vorbereitet werden. Die Investitionsrechnung basiert wie auch die Finanzrechnung auf Einzahlungen und Auszahlungen. Für die Einschätzung der Vorteilhaftigkeit einer Investition stellt sie tatsächliche und erwartete Einzahlungen und Auszahlungen bezüglich der Investition gegenüber.

Eine solche Betrachtung zieht sich in der Regel über mehrere Perioden (z.B. Jahre). Daher muss ein Weg gefunden werden, die über die Zeit hinweg stattfindenden Zahlungen vergleichbar zu machen. Schließlich kann eine Summe von x Euro heute zu einem Zinssatz i angelegt werden und erbringt nach Ablauf eines Jahres eine Summe von $x(1+i)$ Euro, nach Ablauf zweier Jahre eine Summe von $x(1+i)^2$ Euro, etc. (man nennt diesen Vorgang Aufzinsen). Umgekehrt hat eine Einzahlung x, die in einem Jahr erwartet wird, heute nur einen Wert von $x(1+i)^{-1}$ Euro, eine Einzahlung, die in zwei Jahren erwartet wird, nur einen Wert von $x(1+i)^{-2}$ Euro, etc. (man nennt diesen Vorgang Abzinsen).

Für die Betrachtung einer Investition werden sämtliche Einzahlungen und Auszahlungen entweder zu einem **Endwert** aufgezinst oder einem **Barwert** abgezinst. In die Berechnung fließt die Differenz aus Einzahlungen und Auszahlungen als so genannter **Cashflow** (*CF*) ein. Die Berechnung der Endwerte bzw. Barwerte ergibt sich aus den folgenden Formeln (wobei T die Anzahl der Perioden angibt, t die jeweils betrachtete Periode und i den Zinssatz):

$$Endwert_T = \sum_{t=0}^{T} CF_t(1+i)^{T-t} \qquad Barwert_0 = \sum_{t=0}^{T} \frac{CF_t}{(1+i)^t}$$

Die Investitionsrechnung mit Barwerten soll nun noch an einem Beispiel aufgezeigt werden.

Beispiel: Investition in ein neues ERP-System bei der W&S AG

In der W&S AG, einem Fahrradhersteller, soll ein neues ERP-System (siehe Kapitel 5.2.2) implementiert werden. Für den Kauf des Systems fallen einmalig 300.000 Euro an. Für Wartung etc. geht man davon aus, dass in den folgenden Jahren pro Jahr 274.865 Euro als Auszahlungen anfallen werden. Demgegenüber werden Einzahlungen aus der Nutzung des ERP-Systems (u.a. durch eine Zunahme von Kundenaufträgen) mit 350.000 Euro pro Jahr antizipiert. Allerdings könnten die liquiden Mittel statt der Investition in das ERP-System auch auf dem Kapitalmarkt angelegt werden. Dort ist mit einer Verzinsung von durchschnittlich 10% zu rechnen.

Die für die Berechnung des Barwerts notwendigen Cashflows betragen demnach pro Jahr 75.135 Euro. Werden diese für eine Zeitspanne von 6 Jahren abgezinst, ergibt sich ein Barwert von 327.232,40 Euro. Stellt man diesen Barwert dann der anfänglichen Investition gegenüber, erhält man mit 27.232,40 Euro den Nettobarwert (Kapitalwert) der Investition. Der Barwert überschreitet die anfänglichen Investition (d.h. der Nettobarwert ist positiv). Die Investition ist also von Vorteil für die W&S AG.

3.2.5 Management

Die zielgerichtete Ausführung aller betrachteten betrieblichen Funktionen ist zum Scheitern verurteilt, wenn eine Funktion fehlt, die Ziele setzt und Beschaffung und Logistik, Produktion, Marketing und Rechnungswesen zu einer „produktiven Einheit" verbindet [Gut79].

Management kann in funktionaler wie in institutionaler Weise definiert werden [Sta99]: Management umfasst nach dem funktionalen Verständnis die Prozesse und Funktionen, die zur Steuerung von Organisationen notwendig sind (z.B. Planung, Organisation, Führung, Kontrolle). Es beschreibt nach institutionalem Verständnis die Aufgaben und Rollen jener Personen bzw. Personengruppen, die die eben genannten Funktionen wahrnehmen.

Die Funktionen des Managements beschreiben den so genannten Managementzyklus, wonach zunächst Ziele und Vorgehen zur Erreichung der Ziele definiert (Planung) und anschließend die Voraussetzungen für die Umsetzung im Sinne einer Aufbau- und Ablauforganisation geschaffen werden (Organisation). Durch eine Veranlassung von Aufgaben und die Steuerung des Verhaltens der Ausführenden soll das geplante Vorgehen umgesetzt werden (Führung). Schließlich wird die getane Arbeit auf Erreichung der Ziele geprüft (Kontrolle). Damit schließt sich der Zyklus, da über die Kontrolle eine Anpassung der Ziele und des Vorgehens möglich wird.

Management wird nach institutionalem Verständnis in drei **Managementebenen** eingeteilt:

3.2 Teildisziplinen der Betriebswirtschaftslehre

- Das **obere Management** fällt in der Regel Entscheidungen mit großer Tragweite und legt die langfristigen Ziele für eine Organisation fest.

- Die Aufgabe der Umsetzung langfristiger Vorgaben in Vorgaben für die Ausführenden einer Organisation und die Kontrolle der Umsetzung fällt dem **mittleren Management** zu.

- Das **untere Management** trägt Sorge für die Umsetzung der operativen Vorgaben. Dem unteren Management sind keine weiteren Manager, sondern nur noch Ausführende untergeordnet.

In Anlehnung an [Sta99] sollen dem Management folgende **Aufgaben** zugeordnet werden (siehe auch [Gut79]):

- Management der System-Umwelt-Beziehungen (Unternehmensstrategie)
- Management der Strukturen (Organisation)
- Management des Humanpotenzials (Personalmanagement)
- Management des Wandels (Entwicklung und Veränderung der Organisation)

Unternehmensstrategie und die Entwicklung und Veränderung der Organisation werden in diesem Kapitel behandelt, Personalmanagement in Kapitel 3.2.6 und Organisation in Kapitel 3.2.7.

Unternehmensstrategie

In einer **Unternehmensstrategie** (corporate strategy, hier **Organisationsstrategie** genannt) werden die langfristigen Ziele für eine Organisation gesetzt und die Art und Weise sowie die Instrumente festgelegt, um diese Ziele zu erreichen [Sta99]. Nach dieser Definition sind Ziele ein integraler Bestandteil der Strategie. Jedoch können Ziele und Strategie auch aufgeteilt werden [HS78] – so dass zunächst eine Formulierung der Ziele erfolgt und erst auf deren Basis die Formulierung der Strategie, die den langfristigen Rahmen zur Umsetzung der Ziele darstellt.

Das vorliegende Buch folgt dieser zweiten Ansicht und möchte diese Unterscheidung wegen ihrer großen Bedeutung noch einmal hervorheben: Bevor eine Strategie formuliert werden kann, sind die **Ziele** ausfindig zu machen, zu welchen überhaupt eine Strategie zu formulieren ist. Hierbei kann zwischen **Formalzielen** und **Sachzielen** unterschieden werden. Die Erreichung eines Formalziels setzt die Erreichung eines oder mehrerer Sachziele voraus. Typische Formalziele sind die Erhöhung von Produktivität, Wirtschaftlichkeit oder Gewinn. Diese können durch die Erreichung von Sachzielen erfüllt werden.

Die Formulierung von Zielen für eine Strategie kann durch Ableitung aus dem Formalziel der Wirtschaftlichkeit vorgenommen werden. Dieses Formalziel kann in mehreren Ebenen unterteilt werden. Eine erste Unterteilung ist in die beiden

Teilziele Erhöhung des Gewinns und Senkung der Kosten möglich. Ferner kann das Ziel in Unterziele aufgegliedert werden, die sich auf betriebliche Funktionen beziehen. So kann beispielsweise für die Produktion eine Erhöhung der Produktivität und für das Marketing eine Erhöhung der Kundenzufriedenheit als Ziel formuliert werden. Von diesen Formalzielen ausgehend, sind Sachziele zu identifizieren, mit denen eine Erreichung der Formalziele möglich ist. Dabei können sowohl das Formalziel als auch die daraus resultierenden Sachziele quantifiziert werden. So kann als Formalziel zum Beispiel die Erhöhung der Kundenzufriedenheit um 20% festgelegt werden. Daraus könnte sich als ein Sachziel die Steigerung der Qualität eines Produkts um 10% ergeben. Die Zielerreichung wird mit Hilfe von **Kennzahlen** gemessen. So kann z.B. die Erhöhung der Produktivität durch die Kennzahl Produktivität (z.B. die Produktivität eines Monteurs bei einem Fahrradhersteller durch $\frac{Fertige\ Fahrräder}{Stunde}$) bestimmt werden.

An dieser Stelle sei darauf verwiesen, dass der Erfolg einer Organisation (d.h. die Erreichung der gesetzten Ziele) nicht allein ausschlaggebend ist. Insbesondere für (potenzielle) Anteilseigner ist über den Erfolg hinaus das Erfolgspotenzial (also das Potenzial der Organisation, auch zukünftig erfolgreich zu sein) von Bedeutung. Für die Erreichung von Zielen ist neben den hier zu nennenden Strategien und Maßnahmen und der Kontrolle mittels Kennzahlen auch die Liquidität (siehe Kapitel 3.2.4) von Bedeutung [CMS04].

Strategien stellen Verhaltensmuster bezüglich eines Zieles dar. Strategien adressieren dabei **Objekte**, die eine Umsetzung der Ziele beeinflussen. Sie beinhalten sowohl eine Angabe der Art und Weise des Umgangs mit dem identifizierten Objekt als auch eine Priorisierung des jeweiligen Objektes und seiner Strategie gegenüber weiteren Objekten und deren Strategien. Damit bilden Strategien den Rahmen, in dem **Maßnahmen** bestimmt werden können, um ein Ziel umzusetzen. Diese Maßnahmen sind aber nicht mehr Bestandteil der eigentlichen Strategie.

Strategien haben zur Aufgabe, einen Abgleich zwischen der Organisation und ihrer Umwelt vorzunehmen. Dieser Abgleich findet in der Regel im Sinne einer Existenzsicherung der Organisation in ihrer Umwelt statt.

Strategien sind am Markt, d.h. allein an einem bestimmten, relevanten Umweltausschnitt, orientiert (siehe dazu Kapitel 3.2.3). Sie beinhalten Entscheidungen für bestimmte Märkte, die mit bestimmten Produkten bedient werden sollen (Produkt-Markt-Kombination), und wie auf dem jeweiligen Markt agiert werden soll, um langfristig einen Wettbewerbsvorteil gegenüber Konkurrenten aufzubauen, zu behaupten und auszubauen (siehe z.B. [Por92]).

Diese **marktorientierte Sicht** (market-based view) wird mittlerweile immer häufiger durch eine **ressourcenorientierte Sicht** (resource-based view) auf eine Organisation ergänzt (siehe z.B. [Wer84]). Es wird argumentiert, dass die Orientierung am Markt allein nicht ausreicht, um sich als Organisation Wettbewerbsvorteile zu schaffen und zu erhalten. Vielmehr muss die Marktorientierung mit einer Orientierung an den Fähigkeiten der Organisation abgeglichen werden (bzw. umgekehrt). Schließlich wird die Fähigkeit zur Erstellung und Distribution bestimmter

Güter für bestimmte Märkte durch jene Fähigkeiten determiniert (begrenzt), die in einer Organisation vorhanden sind. Zu diesen zählen z.B. Kapital, Wissen um Technologien oder die Beschäftigung qualifizierten Personals.

Vor diesem Hintergrund und dem Hintergrund einer Umwelt, die in ihrer Entwicklung immer schwieriger antizipiert werden kann, sollen durch das so genannte **strategische Management** die (extern orientierte) Schaffung von Strategien und die Schaffung organisatorischer Fähigkeiten zusammengeführt werden. Letzteres vor allem auch deswegen, weil durch die Entwicklung bestimmter Fähigkeiten eine Anpassung an bzw. eine schnellere Reaktion auf unerwartete Vorgänge in der Umwelt möglich sind.

Ein strategisches Vorgehen in diesem Sinne umfasst die folgenden Punkte [Sta99]:

- strategische Analyse und Diagnose
- strategische Wahl
- Strategieimplementation

Dieses Vorgehen wird nun etwas näher ausgeführt und mit einem Beispiel (dem fiktiven Fahrradhersteller W&S AG) untermauert.

Strategische Analyse und Diagnose. An erster Stelle steht eine Analyse genereller Ziele und Werte, die jedes Management in Form von Unternehmensleitlinien oder einer Unternehmensphilosophie haben sollte – Vorstellungen über das Verhalten der Organisation, warum sie existiert und wie sie geführt werden soll. Strategisches Management muss an diesen Zielen und Werten orientiert sein.

Es schließt sich eine Analyse der Umwelt der Organisation an, um Chancen und Risiken für die Organisation zu erkennen. Die Analyse sollte sowohl spezielle wie auch allgemeine Faktoren (z.B. das kulturelle, rechtliche oder politische Umfeld) erfassen.

Ein spezieller Faktor besteht z.B. in der Intensität des Wettbewerbs in einer Branche. Dafür hat Porter ein Hilfsmittel geschaffen [Por92]. Zur Einschätzung der Wettbewerbsintensität müssen die folgenden fünf Kräfte („five forces") in Betracht gezogen werden:

- die Rivalität unter den in der Branche bestehenden Organisationen
- die Bedrohung durch neue Konkurrenten
- die Verhandlungsstärke der Lieferanten
- die Verhandlungsmacht der Abnehmer
- die Bedrohung durch Ersatzprodukte und -dienstleistungen

Letzter Schritt in der strategische Analyse und Diagnose ist die Analyse der Organisation selbst. Dabei sollen Stärken und Schwächen in Bezug auf die Chancen und Risiken aufgedeckt werden.

Beispiel: W&S AG

Die Situationsanalyse hat ergeben, dass der Marktführer im Bereich Fahrräder über eine höhere Kundenzufriedenheit als die W&S AG verfügt. Bei einer genaueren Untersuchung der Faktoren, die die Kundenzufriedenheit beeinflussen, stellte man fest, dass die hohe Zufriedenheit beim Konkurrenten insbesondere durch die individuelle Gestaltung der Fahrräder zustande kommt. Dieser Schwäche steht in der Produktion der W&S AG eine ausgeprägte Fähigkeit zur Planung und Kontrolle der Produktion als Stärke gegenüber. Auch dies war Ergebnis der Situationsanalyse.

Strategische Wahl. An diesem Punkt muss eine Entscheidung hinsichtlich des Vorgehens und des Einsatzes an Ressourcen getroffen werden. Etwas detaillierter sieht dies wie folgt aus:

- Bestimmung der Produkt-Markt-Kombinationen (Geschäftsfelder)
- Auswahl der Verfahren und Instrumente (z.B. die Produktionsstruktur)
- Zuteilung der Ressourcen
- Festlegung der wichtigsten Arbeitsschritte
- Festlegung von Kennzahlen zur Bewertung der Schritte

Je nachdem, in welchem Umfang diese Entscheidungen wirken sollen, lassen sich verschiedene Arten von Strategien festlegen: die bereits genannte Organisationsstrategie hat umfassende Geltung für die Organisation, genauso können (bzw. müssen) Strategien für Geschäftsbereiche (die bestimmte Geschäftsfelder bearbeiten) oder Funktionalbereiche (z.B. Beschaffung, Marketing) festgelegt werden.

Hier sei noch einmal darauf hingewiesen, dass nach der oben geäußerten Ansicht zunächst Ziele für die Organisation und aus diesen die Organisationsstrategie formuliert wird. Gleiches gilt für die Geschäfts- bzw. Funktionalbereiche, deren Ziele sich als Konkretisierung aus den Zielen der Organisation ableiten.

Beispiel: W&S AG

Nach erfolgter Situationsanalyse werden bei der W&S AG Ziele diskutiert. Formal soll es darum gehen, die Wirtschaftlichkeit durch Steigerung des Gewinns zu erhöhen. Als sachliches Ziel wird die Einführung von Mass Customisation beschlossen (d.h. Produkte, die aus standardisierten Baugruppen bzw. Einzelteilen bestehen, jedoch je nach Kundenwunsch individuell zusammengestellt werden), die die Kundenzufriedenheit um 15% steigern soll.

3.2 Teildisziplinen der Betriebswirtschaftslehre

Die Einführung von Mass Customisation führt bei der W&S AG zu einer Änderung der Fahrräder als Endprodukte. Dazu muss – und damit kommt man zur Betrachtung der beeinflussenden Objekte – die Produktionsplanung und somit auch die Beschaffungsplanung geändert werden. Die Herstellung kundenindividueller Fahrräder erfordert andere Prozesse in der Produktion. Die Fahrräder bestehen nun nicht mehr alle aus den gleichen Bauteilen, so dass eine Beschaffung der Bauteile an die von den Kunden gestellten Aufträge angepasst werden muss. Ferner ist die operative Marketingplanung anzupassen, welche nun durch die strikte Orientierung an der Nachfrage gekennzeichnet ist.

Als ein Objekt der Strategie wurde die Beschaffungsplanung bestimmt. Bei dieser ist unter anderem das Bereitstellungsprinzip zu bestimmen. Bislang wird das Material im Bedarfsfall (d.h. durch Eingang von Kundenaufträgen) beschafft. Eine andere Strategie wäre hierbei die Vorratsbeschaffung. Als Zwischenstrategie lässt sich die fertigungssynchrone Beschaffung identifizieren. Aus dieser Palette an Möglichkeiten wählt die W&S AG die Vorratsbeschaffung aus.

Aus der Festlegung des Bereitstellungsprinzips sind verschiedene Gestaltungsmaßnahmen wie der Bau eines Lagers und die Bestimmung der Sortierung des Lagers zu planen. Bei der Sortierung stehen mehrere Maßnahmen wie Sortierung nach Bauteilen oder Sortierung nach Herstellern zur Verfügung. Die W&S AG hat sich auf Grund einer Befragung des Lagerverwalters für eine Sortierung nach Herstellern entschieden.

Heute werden häufig Strategien für Geschäftsbereiche (**strategische Geschäftseinheiten**) formuliert. Dabei entspricht die Aufteilung in strategische Geschäftseinheiten einer divisionalen Organisation (siehe Kapitel 3.2.7). Eine strategische Geschäftseinheit muss bestimmte Eigenschaften erfüllen, um auch als solche wahrgenommen zu werden [Mef00]:

- sie erfüllt eine von anderen Geschäftseinheiten abgrenzbare Aufgabe am Markt;
- sie tritt am Markt als eigenständiger Konkurrent auf;
- für sie kann eine eigenständige strategische Zielsetzung und Planung vorgenommen werden;
- sie leistet einen eigenen Beitrag zum Erfolg der Organisation.

Für strategische Geschäftseinheiten können (in Abstimmung mit den Zielen der Organisation) grobe strategische Richtungen für das Verhalten in ihrem Geschäftsfeld vorgegeben werden (nach der so genannten Produkt-Markt-Matrix, siehe Abbildung 3.9).

Bereich \ Produkt	gegenwärtig	neu
gegenwärtig	Marktdurchdringung	Produkt-Entwicklung
neu	Marktentwicklung	Diversifikation

Abbildung 3.9: Produkt-Markt-Matrix [Ans66]

Die **Marktdurchdringung** zielt auf eine Vergrößerung des eigenen Marktanteils. Bei der **Marktentwicklung** sollen für bestehende Produkte neue Märkte gefunden werden, wohingegen durch die **Produktentwicklung** für bestehende Märkte neue Produkte geschaffen werden sollen. Mit **Diversifikation** sollen sowohl neue Produkte als auch neue Märkte gefunden werden. Siehe ergänzend dazu auch die Strategien der **Kostenführerschaft**, **Differenzierung** und **Konzentration**, die im Kapitel zum Marketing besprochen werden (siehe Seite 85).

Beispiel: W&S AG

Was die Strategie des gesamten Unternehmens betrifft, soll durch das Mass Customisation keine Änderung der bestehenden Produkt-Markt-Kombination, sondern eine weitere Marktdurchdringung erreicht werden, die zugleich eine Differenzierung gegenüber dem Marktführer darstellt.

Strategieimplementation. Im letzten der drei Punkte müssen die strategischen Vorgaben schließlich in operative Vorgaben umgesetzt werden. Diese Umsetzung enthält u.a. die Festlegung von Verantwortlichen, Zeiten und zu erzielenden Ergebnissen für einzelne Schritte.

Mit der Planung wird durch die Festlegung von Kennzahlen für die Bewertung der auszuführenden Schritte auch eine Kontrolle verknüpft, die durch ständige Überprüfung des Geplanten eine Anpassung von Aktivitäten an die Pläne (oder umgekehrt) möglich macht. Die Aufgabe des Abstimmens von Planung und Kontrolle wird unter den Begriff **Controlling** gefasst [Hor03]. Für den Einsatz von IT in Unternehmen wird häufig ein eigenes Controlling gefordert (siehe Kapitel 6.5). Strategische Wahl und Strategieimplementation können praktisch nicht immer getrennt werden, sondern sie überlappen sich.

Entwicklung und Veränderung der Organisation

Wie bei den Ausführungen zur Organisationsstrategie bereits angedeutet wurde, sind Organisationen einem steten Wandel unterworfen. Dabei wird der Wandel meist ohne Absicht oder unbemerkt geschehen, kann aber auch bewusst herbeigeführt sein. Aufgrund der Komplexität von Organisationen ist leicht nachzuvollziehen, dass der Wandel von Organisationen nur schwer geplant werden kann und in seinen Wirkungen ebenso schwer abzusehen ist.

Nichtsdestotrotz wird versucht, durch geplanten **Wandel** „die Funktionsweise einer gesamten Organisation oder wesentlicher Teile davon mit dem Ziel der Effizienzverbesserung zu ändern" [Sta99]. Dabei kann der Wandel in einer Organisation in verschiedenem Umfang stattfinden:

- **Wandel erster Ordnung.** Der Wandel der Organisation umfasst nur geringfügige Änderungen. Die Organisation passt sich (z.B. durch die Akquise neuer Mitarbeiter für den Verkauf) an Situationen an, verändert dabei aber den ihrem Verhalten zu Grunde liegenden Bezugsrahmen nicht (z.B. wie sie sich grundlegend gegenüber Kunden verhält).

- **Wandel zweiter Ordnung.** Der Wandel der Organisation ist tiefgreifend und nachhaltig. Der das Verhalten bestimmende Bezugsrahmen der Organisation wird verändert.

Auslöser für den Wandel sind **Krisen**, d.h. eine Organisation (oder wichtige Bestandteile von ihr) werden ohne Absicht bzw. unerwartet gestört. Krise heißt hier in der Regel, dass die Organisation in ihrer Existenz gefährdet ist (z.B. wird sie zahlungsunfähig oder ist überschuldet). Ursachen für Krisen müssen innerhalb und außerhalb der Organisation gesucht werden. Außerdem darf sich eine Analyse der Ursachen nicht auf einzelne Ursachen beschränken, sondern muss stets Bündel von Ursachen in Betracht ziehen. Für die Analyse des Wettbewerbsumfelds einer Organisation bieten sich z.B. die oben erwähnten „five forces" von Porter an.

Der Wandel von Organisationen wird mit Hilfe von Modellen unterschiedlich erklärt. Entwicklungsmodelle unterstellen, dass Organisationen eine Reihe von Phasen im Sinne eines Lebenszyklus (von ihrer Gründung bis zu ihrer Liquidation) durchlaufen. Modelle, die sich an der Evolutionstheorie Darwins orientieren, sprechen Organisationen die Fähigkeit zum Wandel ab (Selektionsmodelle). Sie unterstellen, dass die Umwelt Organisationen entsprechend ihrer Merkmale selektiert – kommt die Organisation mit ihren Merkmalen den Anforderungen der Umwelt nach, überlebt sie, sonst nicht. Dem stehen Lernmodelle gegenüber. Nach diesen Modellen haben Organisationen sehr wohl die Fähigkeit, ihr Verhalten zu hinterfragen und zu verändern. Eine Veränderung des Verhaltens soll durch eine Veränderung des Wissens der Organisation herbeigeführt werden (siehe dazu die Ausführungen zum Wissensmanagement in Kapitel 9).

Für die Herbeiführung eines Wandels von Organisationen können auch Strategien formuliert werden. Für ihre Umsetzung kann auf eine Reihe von Instrumenten zurückgegriffen werden. Es ist darauf zu achten, dass Wandel stets von Widerständen der Betroffenen (Mitarbeiter wie Manager) begleitet sein wird. Die Möglichkeiten der Herbeiführung des Wandels sollen hier nicht weiter ausgeführt werden, stattdessen wird noch einmal auf Kapitel 9 verwiesen.

3.2.6 Personalmanagement

Die Aufgaben des Personalmanagements lassen sich anhand der allgemeinen Managementaufgaben (Planung, Organisation, Führung und Kontrolle) herleiten. Das Objekt, auf das sich diese Aufgaben beziehen, sind die Humanressourcen einer Organisation. Die Aufgaben sind ferner an einer Personalstrategie ausgerichtet, die sich aus der Organisationsstrategie ergibt. Das Personalmanagement umfasst die folgenden **Aufgaben**:

- Personalplanung
- Personalbeschaffung
- Personaleinsatz
- Personalentwicklung
- Personalfreisetzung
- Personalführung
- Personalcontrolling

Mit Humanressourcen ist nicht nur die Arbeitskraft des **Personals** einer Organisation, sondern auch dessen Wissen gemeint. Dem Personal kommt als Produktionsfaktor insofern eine besondere Rolle zu, als dass es besonderer Methoden bedarf, um sowohl die Arbeitskraft als auch das Wissen des Personals im Sinne der Organisationsziele zu nutzen. Damit ist auch das **Ziel** des Personalmanagements formuliert.

Einige grundlegende Methoden des Personalmanagements sollen im Weiteren anhand der identifizierten Aufgaben vorgestellt werden.

Personalplanung

Die Personalplanung bildet den Ausgangspunkt jeglichen Handelns der organisatorischen Aufgabenfelder des Personalmanagements [BB03]. Somit bezieht sich die Planung auf die Personalbeschaffung, den Personaleinsatz, die Personalentwicklung und die Personalfreisetzung. Neben dieser Einteilung kann die Personalplanung anhand der zeitlichen (langfristig, mittelfristig, kurzfristig) und der sachlichen Dimension (strategisch, taktisch, operativ) untergliedert werden. Wie Bühner zu Recht bemerkt, korrelieren beide Dimensionen in starkem Maße, so dass eine Trennung beider als nicht sinnvoll erscheint [Büh05].

Die Planung der Personalbeschaffung und -freisetzung erfolgt in der Regel integriert im Rahmen der **Personalbedarfsplanung**. Diese soll den quantitativen und qualitativen Bedarf an Humanressourcen einer Organisation ermitteln. Wird ein steigender Bedarf festgestellt, so besteht eine Unterdeckung, und es sind

Methoden der Personalbeschaffung anzuwenden. Prognostiziert die Personalbedarfsplanung einen sinkenden Bedarf, so besteht eine Überdeckung, und es sind Methoden der Personalfreisetzung anzuwenden. Zur Ermittlung des Personalbedarfs können unter anderem folgende Methoden verwendet werden:

- statistische Methoden (z.B. Korrelations- und Regressionsanalyse)
- Schätzungen
- Modelle des Operations Research (z.B. auf Grundlage von Netzplänen oder Produktionsprogrammen)

Die **Personaleinsatzplanung** soll zum einen eine optimale Zuordnung zwischen dem Personal und den Stellen einer Organisation und zum anderen eine längerfristige Anpassung der Arbeitsbedingungen an das Personal vornehmen [Büh05]. Die Planung der Anpassung des Personals an die Arbeit ist das Ziel der **Personalentwicklungsplanung**.

Personalbeschaffung

Die Personalbeschaffung soll, ausgehend von einer im Rahmen der Personalplanung festgestellten Unterdeckung, qualitativ geeignetes Personal in der benötigten Anzahl auswählen und einführen. Als Vorstufe der Personalauswahl ist eine **Personalsuche** durchzuführen. Die Suche kann dabei organisationsintern und organisationsextern durchgeführt werden und entweder aktiv oder passiv erfolgen. Tabelle 3.4 listet die Methoden der externen Personalsuche auf.

Tabelle 3.4: Methoden der externen Personalsuche (in Anlehnung an [Sch00])

passive Methoden	aktive Methoden
- Eigenbewerbung - Bewerberkartei - Arbeitsvermittlung über die Bundesagentur für Arbeit - Personalleasing	- Personalberater und -vermittler - Stellenanzeigen in Zeitung, Radio oder Internet - Rekrutierung an Schulen und Hochschulen - Kontakte von Organisationsangehörigen

Im Rahmen der **Personalauswahl** sind zunächst die Kriterien und die Verfahren der Auswahl festzulegen. Die Auswahl ist zumeist in eine Vorauswahl und in eine Hauptauswahl untergliedert. In der Vorauswahl kommen Methoden der Analyse und Bewertung der Bewerbungsunterlagen zum Einsatz, die Hauptauswahl hingegen kann sich als Vorstellungsgespräch, als Testverfahren oder Assessment Center beziehungsweise als Kombination dieser Methoden gestalten.

An die Auswahl geeigneten Personals schließt sich dessen **Einführung** an. Dabei können Extremmethoden und integrative Methoden unterschieden werden [Bec02]. Zu den Extremmethoden sind Methoden zu zählen, die den neuen Mitarbeiter durch eine Übertragung von zu einfachen oder zu schwierigen Aufgaben unter- oder überfordern. Ferner erhält der Mitarbeiter bei diesen Methoden keine systematische Einführung in die Organisation und seinen Aufgabenbereich, weswegen diese Methoden abzulehnen sind. Zu den integrativen Methoden sind die Einführung durch einen Paten, ein berufsbegleitendes Traineeprogramm sowie eine Unterstützung durch Kollegen und Vorgesetzte zu zählen.

Personaleinsatz

Der Personaleinsatz soll Mitarbeiter und Stellen in der Organisation zusammenführen. Dabei erfolgt im Rahmen des Personaleinsatzmanagements eine Gestaltung der Arbeitsbedingungen der Mitarbeiter. Eine solche Gestaltung ist in fünf Dimensionen möglich (in Anlehnung an [Sch00]):[2]

- **Organisatorische Dimension.** In dieser Dimension wird über die Zuordnung von Arbeitsplatz und Mitarbeiter entschieden. Eine solche Zuordnung kann auf der Grundlage von Stellenbeschreibungen und Fähigkeitsprofilen der Mitarbeiter vorgenommen werden. Durch eine formale, numerische Repräsentation beider Profile kann die Zuordnung als Optimierungsproblem betrachtet werden. Aufgrund der Schwierigkeiten der Explikation von Anforderungen und Fähigkeiten ist eine rein objektive Optimierung jedoch nicht möglich. Neben der Stellenbesetzung ist auch die Besetzung von Projektteams (z.B. von IT-Projekten) und Gruppen ein Zuordnungsproblem, das im Rahmen des Personaleinsatzmanagements zu lösen ist.

- **Zeitliche Dimension.** Gegenstand dieser Dimension ist die Arbeitszeitgestaltung. Sie findet unter Beachtung tariflicher und gesetzlicher Rahmenbedingungen wie Arbeitszeitordnung, Ladenschlussgesetz und Gewerbeordnung statt. Als Gestaltungskriterien können die Dauer der Arbeitszeit und die Lage der Arbeitszeit identifiziert werden. Die Dauer der Arbeitszeit kann durch Kurzarbeit, Normalarbeit oder Überstunden gekennzeichnet sein. Die Lage der Arbeitszeit kann als Schichtarbeit, starre Arbeitszeit, Gleitzeit oder freie Arbeitszeit gestaltet sein. Neben der Arbeitszeit sind auch die Ruhezeiten (Pausen, Urlaub) zu regeln.

- **Örtliche Dimension.** Hier wird der Einsatzort der Mitarbeiter betrachtet. Die zunehmende Globalisierung erweitert die möglichen Einsatzorte eines Mitarbeiters auf weltweit alle Standorte einer Organisation. Insbesondere der Einsatz von Mitarbeitern im Ausland verlangt eine intensive Vorbereitung,

---

[2] Die Kostendimension ist in [Sch00] als eigener Aufgabenbereich (Personalkostenmanagement) des Personalmanagements dargestellt.

Durchführung und Nachbereitung, die sämtlich Aufgabe des Personaleinsatzmanagements sind. Zur Vorbereitung können beispielsweise Sprach- und Kulturkurse, Kurzbesuche, Wohnungssuche und Hilfe bei bürokratischen Aufgaben angeboten werden. Während eines Auslandsaufenthaltes können die Mitarbeiter insbesondere durch einen regelmäßigen Kontakt mit der entsendenden Organisation unterstützt werden. Die Nachbereitung kann ebenfalls durch Hilfe bei bürokratischen Aufgaben erleichtert werden.

- **Soziale Dimension.** Innerhalb der sozialen Dimension erfolgt eine Humanisierung der Arbeit, also eine Anpassung der Arbeit an die Interessen und Physiologie der Mitarbeiter. Wie in zahlreichen Experimenten festgestellt werden konnte, haben die Bedingungen des Arbeitsplatzes selbst enorme Auswirkungen auf die Arbeitsleistung. Zu diesen Bedingungen zählen unter anderem die Beleuchtung, das Klima, die Sicherheit, die informationstechnische Ausstattung sowie die Freiheit bei der Gestaltung des eigenen Arbeitsplatzes.

- **Kostendimension.** Für das Personal fallen Kosten für Lohn bzw. Gehalt sowie weitere Zusatzkosten für den Arbeitsplatz (z.B. Büroausstattung) an. Der Lohn bzw. das Gehalt wird als Ausgleich für die Arbeitsleistung ausgezahlt. Das Wort Gehalt bezieht sich dabei auf das Entgelt von Beamten und Angestellten, wogegen das Wort Lohn für das Entgelt von Arbeitern verwendet wird. Die Gestaltung von Gehalt und Lohn vollzieht sich innerhalb gesetzlicher und tariflicher Rahmenbedingungen. Das Entgelt kann nach verschiedenen Kriterien wie Stellenprofil, Leistung, Sozialstatus, Alter oder hierarchische Stellung des Mitarbeiters berechnet werden.

Personalentwicklung

Mit den Methoden der Personalentwicklung soll das Personal im Allgemeinen auf die sich ändernden Anforderungen der Organisation und im Speziellen ihrer Stelle fachlich, sozial und methodisch angepasst werden. Im engeren Sinne kann unter Personalentwicklung die Bildung, also die Erstausbildung und Weiterbildung, verstanden werden. Erweitert man den Bezugsrahmen um die Förderung, so wird von Personalentwicklung im erweiterten Sinne gesprochen. Personalentwicklung im weitesten Sinne umfasst sowohl die Bildung und Förderung als auch die Organisationsentwicklung [Bec02].

Ausgangspunkt der Personalentwicklung ist die Personalentwicklungsplanung, in der der quantitative und qualitative Entwicklungsbedarf festgestellt wird. Dem Entwicklungsbedarf kann mit den in Tabelle 3.5 genannten Methoden begegnet werden. Wie der Tabelle zu entnehmen ist, gibt es Überschneidungen zwischen dem Personaleinsatzmanagement und der Personalentwicklung. Das verdeutlicht die notwendige Integration der Aufgabenfelder des Personalmanagements. Eine Erklärung aller aufgezählten Methoden würde den Rahmen dieses Buches spren-

Tabelle 3.5: Methoden der Personalentwicklung [Bec02]

Bildung	Förderung	Organisations-entwicklung
■ Berufsausbildung ■ Weiterbildung ■ Führungsbildung ■ Anlernung ■ Umschulung	■ Auswahl und Einarbeitung ■ Arbeitsplatzwechsel ■ Auslandseinsatz ■ Nachfolge- und Karriereplanung ■ strukturiertes Mitarbeitergespräch, Leistungsbeurteilung ■ Coaching, Mentoring	■ Teamentwicklung ■ Projektarbeit ■ sozio-technische Systemgestaltung ■ Gruppenarbeit

gen. Daher soll exemplarisch das strukturierte Mitarbeitergespräch erläutert werden.[3]

Das **strukturierte Mitarbeitergespräch** kann als regelmäßiges, zumeist ein- oder zweimal jährlich stattfindendes Gespräch zwischen Vorgesetztem und Mitarbeiter definiert werden. Dabei wird sowohl eine Ist-Analyse vorgenommen, in der die Leistung und das Verhalten des Mitarbeiters besprochen werden, als auch eine Soll-Analyse, in der neue Ziele vereinbart werden und das Potenzial des Mitarbeiters eingeschätzt wird. Die Soll-Analyse ist ferner verknüpft mit der Festlegung von Unterstützungsmaßnahmen seitens des Vorgesetzten und der Organisation für den Mitarbeiter zur Erreichung der Ziele. Ein strukturiertes Mitarbeitergespräch sollte von beiden Gesprächsparteien vorbereitet werden, damit es erfolgreich durchgeführt werden kann. Außerdem bietet es sich an, das Gespräch aufzuzeichnen (schriftlich oder mündlich), da die gesetzten Ziele die Grundlage der Leistungsbeurteilung des nächsten Mitarbeitergesprächs darstellen.

Personalfreisetzung

Ausgangspunkt der Personalfreisetzung ist eine im Rahmen der Personalplanung festgestellte Überdeckung. Eine Überdeckung kann sich auf einzelne Bereiche der Organisation oder aber auf die gesamte Organisation beziehen. Daher ist Personalfreisetzung nicht mit Kündigung gleichzusetzen. So umfasst die Personalfreisetzung die folgenden Methoden [Sch00]:

■ Förderung der Fluktuation

■ vorzeitige Pensionierung

■ Nichtverlängerung zeitlich befristeter Arbeitsverträge

---
[3] Eine ausführliche Erläuterung aller Methoden findet sich in [Bec02].

- selektive Kündigung im Vorfeld einer Beschäftigungskrise
- Kurzarbeit
- Aufhebungsvertrag

Ist der Personalfreisetzungsbedarf ermittelt, so folgt als nächster Schritt die Wahl der Freisetzungsmethode. Anschließend sind die Personen zu bestimmen, die freigesetzt werden sollen. Bei der Auswahl sind insbesondere gesetzliche Vorschriften zu beachten. Mit diesen Vorschriften wird das Ziel verfolgt, eine Personalfreisetzung und im Besonderen eine Kündigung für die betroffenen Mitarbeiter sozial erträglich zu gestalten. Ferner kann die freisetzende Organisation die Mitarbeiter bei der Suche einer neuen Arbeitsstelle sowie bei der Bewältigung psychischer und sozialer Probleme unterstützen. Die Unterstützung von Mitarbeitern im Rahmen der Personalfreisetzung hat unter dem Begriff **Outplacement** seit den 80er-Jahren in deutschen Organisationen Einzug gehalten. Das Outplacement erfordert eine Unterstützung des Top-Managements und eine systematische Planung und Durchführung. Die Durchführung erfolgt gemeinsam mit der Personalabteilung der Organisation oder zusammen mit einem externen Berater.

Ist die Personalfreisetzung mit oder ohne Outplacement durchgeführt, so bleibt als letzter Schritt die Kontrolle der Personalfreisetzung. Dabei ist von den freigesetzten Mitarbeitern ein Feedback über die Umsetzung der Personalfreisetzung einzuholen. Des Weiteren ist die Anzahl und der Grund der Personalfreisetzung zu protokollieren. Aus diesen Informationen lassen sich Aussagen über die Qualität der Personalbedarfsplanung und der Personalbeschaffung ableiten [Sch00].

Personalführung

Unter Personalführung wird die bewusste, an den ökonomischen Zielen der Organisation ausgerichtete Verhaltensbeeinflussung von Mitarbeitern (Geführten) durch einen Vorgesetzten (Führungskraft) verstanden. Damit ist der Personalführung ein hierarchisches Verständnis der Aufbauorganisation zugrundegelegt. Wie Becker und Berthel konstatieren, existiert jedoch nicht ausschließlich eine Verhaltensbeeinflussung entlang der Hierarchie. Ebenso findet eine solche Beeinflussung lateral und entgegengesetzt zu der Organisationshierarchie statt [BB03].

Die Grundlage der Führung bilden die Annahmen der Führungskraft über Zielsetzungen, Verhaltensweisen und Motive von Menschen. Die Gestaltung der Führung auf Basis dieses Menschenbildes findet unter Verwendung verschiedener Methoden statt, deren Verwendung vom Führungsstil abhängt. Die **Menschenbilder** einer Führungsperson gehen mit der Theorie von Organisationen einher (siehe Kapitel 3.2.7). McGregor hat zwei polare Menschenbilder herausgearbeitet, die die Spannweite des Verständnisses von Führungspersönlichkeiten gegenüber Mitarbeitern aufzeigen [McG60]. Unter der Theorie X versteht McGregor ein tayloristisch geprägtes Menschenbild, während Theorie Y Menschen als sozial und sich selbst verwirklichend beschreibt. Tabelle 3.6 zeigt beide Theorien auf.

Tabelle 3.6: Menschenbilder nach McGregor [McG60]

Theorie X	Theorie Y
■ Der Mensch hat eine Abneigung gegen die Arbeit. ■ Wegen der Abneigung muss der Mensch energisch geführt und stark kontrolliert werden. ■ Das Entgelt allein stellt keinen Anreiz zur Arbeitsausführung dar. Daher ist mit Strafe bei Zuwiderhandlungen gegen die Organisationsregeln zu drohen. ■ Der Mensch strebt nach Sicherheit, daher erledigt er bevorzugt Routineaufgaben. ■ Die meisten Menschen übernehmen ungern Verantwortung.	■ Sowohl geistige als auch körperliche Arbeit sind natürlicher Bestandteil des Lebens. ■ Der Mensch kann in Eigeninitiative Aufgaben erledigen, sofern er sich den Zielen dieser Aufgaben verpflichtet fühlt. ■ Wie sehr sich Menschen den Zielen einer Organisation verpflichtet fühlen, hängt von der Übereinstimmung dieser mit den persönlichen Zielen ab. ■ Der Mensch ist kreativ und flexibel. Die Potenziale des Menschen werden meistens nur zu einem geringen Teil genutzt. ■ Der Mensch sucht und übernimmt Verantwortung, sofern er dieser gerecht werden kann.

Das Menschenbild bildet die Grundlage der Motivation der Mitarbeiter durch die Führungskraft. Nach der Theorie X stellen monetäre Mittel wie Lohn oder Gehalt keine Motivation zur Erfüllung der Organisationsziele dar. Vielmehr stellt die Androhung und Ausführung von Strafen die einzig adäquate Motivation dar. Nach der Theorie Y kann der Mensch sowohl intrinsisch (durch die Arbeit selbst) als auch extrinsisch (durch externe Faktoren wie Geld oder Firmenwagen) motiviert werden.

Die **Motivation** der Mitarbeiter gilt als zentraler Aspekt zur Erreichung der Organisationsziele und zur Erzeugung von Zufriedenheit bei den Mitarbeitern. Die Zufriedenheit selbst stellt dabei einen intrinsischen Motivator dar. Daher haben sich zahlreiche soziologische und betriebswirtschaftliche Arbeiten mit der Motivation von Mitarbeitern beschäftigt.

Maslow hat zur Beschreibung der menschlichen Motivation eine fünfstufige Bedürfnispyramide entwickelt. Nach dieser ist ein Mensch für eines der fünf Bedürfnisse erst dann zu motivieren, wenn die hierarchisch niederen erreicht sind. Auf der untersten Stufe sind die physiologischen Bedürfnisse wie Nahrung, Schlaf und Bewegung angesiedelt. Die zweite Stufe umfasst Sicherheitsbedürfnisse wie den Schutz des Lebens vor Krankheiten und anderen Gefahren, den

Schutz vor einem Arbeitsplatzverlust und eine wirtschaftliche Absicherung des Lebens. Die Akzeptanz und Anerkennung in der Gruppe und der Gesellschaft zählen zu den sozialen Bedürfnissen der dritten Stufe. Die vierte Stufe beinhaltet die Achtungsbedürfnisse wie Selbstachtung, Selbstvertrauen, Kompetenz und Respekt. Die höchste Stufe ist die der Selbstverwirklichung, die durch Bedürfnisse wie Persönlichkeitsentwicklung und Kreativität gekennzeichnet ist.

Um die Mitarbeiter entsprechend einer Theorie wie der Maslow'schen Bedürfnispyramide zu motivieren, stehen den Führungskräften die verschiedenen Methoden des Personaleinsatzes und der Personalentwicklung zur Verfügung. Der Einsatz dieser im Speziellen und das Verhalten der Führungskraft im Allgemeinen kann durch den **Führungsstil** beschrieben werden.

So beschreiben z.B. Blake und Mouton Führungsstile anhand der beiden Kriterien Aufgabenorientierung (Ausmaß des Einsatzes der Führungskraft für Umsetzung der Ziele und Aufgaben) und Mitarbeiterorientierung (Ausmaß der Einräumung von Freiräumen durch die Führungskraft für Mitarbeiter zur Verfolgung persönlicher Ziele) [BM64]. Beide Kriterien können verschieden stark ausgeprägt sein und ergeben je nach Ausprägung bestimmte Führungsstile. Die ideale Führungskraft sehen die Autoren dann gegeben, wenn ihr sowohl ein hohes Maß an Aufgabenorientierung als auch an Mitarbeiterorientierung attestiert werden kann.

Personalcontrolling

Mit Hilfe der Methoden des Personalcontrollings soll eine Ausrichtung der weiteren Methoden des Personalmanagements auf den wirtschaftlichen Erfolg der Organisation vorgenommen werden [Büh05]. Als größtes Problem des Personalcontrollings kann die Zuordnung zwischen Ursachen in Form personalwirtschaftlicher Methoden und Wirkung in Form des Erfolges bzw. Misserfolges der Organisation betrachtet werden. Das Personalcontrolling kann somit nicht immer genaue Aussagen über den wirtschaftlichen Erfolg der Maßnahmen des Personalmanagements treffen. Eine tendenzielle Aussage ist jedoch zumeist möglich.

Die Methoden des Personalcontrollings lassen sich anhand der historischen Entwicklung in drei Kategorien einteilen [Büh05]:

- **Klassische Methoden** sind an die Methoden des Rechnungswesens angelehnt und dokumentieren vornehmlich personalbezogene Informationen. Diese Methoden werden zumeist zur Erstellung von Berichten für externe Interessengruppen angewendet.

- **Kostenorientierte Methoden** betrachten die Personalkosten als innerbetriebliche Steuergröße und setzen somit auf den Daten des internen Rechnungswesens auf.

- **Leistungsorientierte Methoden** sollen zum einen die Leistungen des Personalmanagements aus Sicht seiner Kunden erfassen und zum anderen die Anforderungen der Kunden bestimmen und formalisieren. Der Zusammenhang beider Kenngrößen lässt Aussagen über den Erfolg des Personalmanagements zu.

3.2.7 Organisation

Der Begriff Organisation hat im Allgemeinen wie im wissenschaftlichen Sprachgebrauch verschiedene Bedeutungen. Organisation kann sowohl als objekthafte Institution als auch als prozesshafte Tätigkeit verstanden werden:

- **Institutioneller Organisationsbegriff.** Eine Organisation ist ein vorsätzlich geschaffenes, zweckgebundenes, geschlossenenes System (Institution), bestehend aus Personen und Regeln.
- **Tätigkeitsorientierter Organisationsbegriff.** Organisation ist eine Tätigkeit, durch die eine Ordnung von Elementen hergestellt werden soll.

Ein Unternehmen ist somit zum einen eine Organisation, und zum anderen entstehen und bestehen Unternehmen durch die Organisation. In diesem Buch wird der Begriff Organisation, soweit nicht anders vermerkt, institutionell verwendet. Diesem Kapitel liegt jedoch der tätigkeitsorientierte Organisationsbegriff zugrunde.

Wird eine Organisation als Institution betrachtet, so stellt diese ein Ergebnis dar. Dieses Ergebnis sollte geeignet sein, die Sachziele der Organisation (im institutionellen Sinne) wirtschaftlich zu erreichen.[4] Das **Ziel** von Organisation im tätigkeitsorientierten Sinn ist somit die Schaffung einer Ordnung bzw. einer Institution. Damit dieses Ziel erreicht wird, sind die folgenden **Aufgaben** von einem Organisator zu erfüllen:

- Gestaltung der Aufbauorganisation
- Gestaltung der Ablauforganisation

Die Ausführung der Aufgaben der Organisation wird auch als **Organisationsgestaltung** bezeichnet. Die Organisationsgestaltung richtet sich an **Organisationstheorien** aus, die das Phänomen einer Organisation zu beschreiben versuchen.

Organisationstheorien

Theorien über die Organisation werden seit dem Ende des 19. Jahrhunderts aufgestellt. Im Folgenden werden einige dieser Theorien anhand der zu Grunde liegenden Organisationsmetapher, des zu Grunde liegenden Menschenbildes und einiger zentraler Aussagen vorgestellt.[5] Das sind der tayloristische Ansatz, der

---

[4] Die Erreichung der Sachziele wird als Effektivität und die wirtschaftliche Erreichung dieser Ziele als Effizienz bezeichnet.
[5] Eine Übersicht über weitere Organisationstheorien findet sich in [Kie02] und [BG02].

3.2 Teildisziplinen der Betriebswirtschaftslehre

Human-Relations-Ansatz sowie der strukturtechnische Ansatz. Diese wurden aufgrund ihrer historischen Bedeutung sowohl für die Organisationstheorie als auch die Organisationsgestaltung ausgewählt.

Der **Tayloristische Ansatz** ist nach seinem Entwickler Frederic Winslow Taylor benannt. Taylor hat jahrelang als Ingenieur und Unternehmensberater vor allem in der Stahlbranche gearbeitet. Während dieser Zeit hat er Prinzipien der so genannten wissenschaftlichen Betriebsführung (Organisation im tätigkeitsorientierten Sinne) entwickelt. Die wissenschaftliche Betriebsführung nach Taylor umfasst neben den geschilderten Aufgaben der Organisation auch die Auslese von guten Arbeitern und die Gestaltung der Personalentlohnung.

Für Taylor ist eine Organisation im institutionellen Sinne eine Maschine bzw. ein Aufgabenerfüllungssystem, das wissenschaftlich konstruiert werden kann. Diese Ansicht spiegelt sich auch in dem Versuch wider, die Leistung von Arbeitern in PS zu messen. Die von Taylor gestalteten Prinzipien wissenschaftlicher Betriebsführung sind aus den Problemen der damals noch vorherrschenden handwerklich geprägten Gesellschaft abgeleitet und sollen zu einem effizienteren System der Leistungserstellung führen. Dabei legt Taylor die Annahme zugrunde, dass der Mensch als Arbeiter durch Faulheit und Drückebergerei gekennzeichnet ist und sich nur durch Geld und Strafandrohung motivieren lässt. Zu den wichtigsten Prinzipien des tayloristischen Ansatzes sind die folgenden zu zählen:

- Die Arbeiter sind nach wissenschaftlichen Methoden auszuwählen.
- Jeder Arbeiter ist auf eine bestimmte Tätigkeit spezialisiert.
- Die traditionellen Aufgaben eines Meisters werden auf 8 Funktionsmeister aufgeteilt (Funktionsmeisterprinzip).
- Die tägliche Arbeitsleistung wird genauestens anhand der Leistung einer erstklassigen Arbeitskraft festgelegt.
- Bei Nichterreichen der Arbeitsleistung drohen Strafen.
- Die Kenntnisse der Arbeiter werden systematisch erfasst und analysiert.
- Jeder Arbeitsschritt ist methodisch zu gestalten und auszuführen.
- Jeder Arbeitsschritt der Arbeiter ist zu überwachen.

Der Ansatz nach Taylor wird heute nicht mehr als Grundlage der Organisationsgestaltung verwendet und gilt zum Teil als Negativbeispiel. Dennoch wurden einige der Prinzipien weiterentwickelt. Die Auswahl von Arbeitern und Angestellten nach wissenschaftlichen Methoden wird auch heute noch durchgeführt, wenn auch die Methoden von Taylor wenig mit den heutigen Methoden wie z.B. einem Assessment Center gemein haben.

Der **Human-Relations-Ansatz** steht den Annahmen Taylors weitestgehend entgegen. Er wurde in den 30er- und 40er-Jahren entwickelt und basiert auf empirischen Untersuchungen, die in den Hawthorne-Werken der Western Electric Company durchgeführt wurden. In den Studien sollte der Einfluss von Arbeitsbedingungen (wie z.B. der Beleuchtung) auf die Leistung der Arbeiter untersucht werden.

Mit den ersten Experimenten sollte ein kausaler Zusammenhang zwischen genau einer Arbeitsbedingung und der Arbeitsleistung hergestellt werden. Wie jedoch festgestellt werden musste, änderte sich die Arbeitsleistung sowohl bei einer Verbesserung als auch bei einer Verschlechterung der Arbeitsbedingungen (hier der Beleuchtung), und sogar die bloße Behauptung der Änderung der Arbeitsbedingungen brachte eine Änderung der Arbeitsleistung hervor. In einer zweiten Reihe von Experimenten wurde eine gleichzeitige Änderung von mehreren Arbeitsbedingungen vorgenommen. Die hierbei festgestellte Leistungsänderung ließ sich nicht einzelnen Bedingungen zuordnen. Es konnte jedoch festgestellt werden, dass die Arbeitsleistungen von der persönlichen Einstellung der Arbeiter und von den Beziehungen der Arbeiter untereinander abhängt. Somit sollten in einer dritten Experimentierreihe Ursachen zur Steigerung der Arbeitsmoral untersucht werden. In einer vierten Reihe von Experimenten fand eine Untersuchung der informalen Organisation (im institutionellen Sinne) statt. Dabei wurde festgestellt, dass beispielsweise formalen Vorgesetzten der Gehorsam zum Teil verweigert wurde und andere Arbeiter eine privilegierte Stellung genossen.

Aus den Experimenten leitet sich ein eher humanes Bild eines Arbeiters ab. Menschen werden im Gegensatz zum Taylorismus als soziale Wesen betrachtet, deren Arbeitsleistung nicht nur von Geld und Strafandrohung abhängt, sondern von vielen weiteren Faktoren wie der Arbeitszeit, dem Führungsstil und den sozialen Vergünstigungen.

Organisationen werden nach dem Human-Relations-Ansatz nicht mehr als Aufgabenerfüllungssystem gesehen, sondern als Organismus, der dann am besten arbeitet, wenn seine Bedürfnisse erfüllt werden [Mor97]. Die Organismusmetapher wird ferner durch die Funktion der Selbstorganisation unterstützt, die durch die Existenz einer informalen Organisation jeder Organisation immanent ist.

Der Human-Relations-Ansatz hat verschiedene Erkenntnisse hervorgebracht, die auch heute noch von Bedeutung sind. Die Motivation der Mitarbeiter nicht nur durch monetäre Mittel ist ein zentraler Untersuchungsgegenstand der aktuellen Personalführung. Kritik wird jedoch an der mangelnden Zuordnung von Ursachen (Arbeitsbedingungen) zu Wirkungen (Arbeitsleistung) geübt.

Als dritter Ansatz einer Organisationstheorie soll der **strukturtechnische Ansatz** vorgestellt werden. Dieser geht vornehmlich auf Erich Kosiol und Fritz Nordsieck zurück. Kosiol beschreibt Organisation im tätigkeitsorientierten Sinne als eine „... bestimmte Verfahrenstechnik im Sinne einer integrativen Strukturtechnik" [Kos76]. Organisationen (im institutionellen Sinne) lassen sich somit nach einem vorgegebenen Plan gestalten. Der Mensch wird im strukturtechnischen Ansatz auf die Rolle eines Aufgabenträgers reduziert. Bedürfnisse werden bewusst ausgeklammert, um die strukturtechnischen Probleme und Lösungsansätze genauer herausarbeiten zu können [BG02].

Organisation besteht nach dem strukturtechnischen Ansatz aus drei Schritten:

1. **Analyse.** Die Sachaufgabe ist nach bestimmten Kriterien in (atomare) Teilaufgaben zu zerlegen.

2. **Synthese.** Im Rahmen der Synthese sind Bündel von Teilaufgaben zu bilden, die eine Stelle beschreiben. Stellen mit Entscheidungsaufgaben bilden das Leitungssystem (Management) einer Organisation. Stellen mit Leitungsfunktionen werden als Instanz bezeichnet.

3. **Verteilung.** Die Verteilung soll eine Zuordnung von geeigneten Personen zu den in der Synthese gebildeten Stellen vornehmen. Die Verteilung wird in der Regel durch das Personalmanagement im Rahmen des Personaleinsatzmanagements (siehe Kapitel 3.2.6) vorgenommen und ist damit zumeist nicht Aufgabe eines Organisators.

Der strukturtechnische Ansatz hat insbesondere die deutsche Organisationslehre und -gestaltung beeinflusst. Die im Rahmen des Ansatzes entwickelten Fachbegriffe sowie die Vorgehensweise der Organisation sind auch heute noch von Gültigkeit. Im Zuge der Globalisierung und der damit einhergehenden Möglichkeiten des Outsourcings und Offshorings hat sich jedoch das zu planende und gestaltende Objekt von einer zu oftmals mehreren Organisationen ausgeweitet.

Organisationsgestaltung

Die Organisationsgestaltung soll die Struktur einer Organisation (im institutionellen Sinn) derart entwickeln und verändern, dass die Sachziele der Organisation möglichst wirtschaftlich erreicht werden können. Diesem Verständnis der Organisationsgestaltung wird der strukturtechnische Ansatz zugrunde gelegt. Eine solche Definition von Organisationsgestaltung ist vor allem im deutschen Sprachraum anzutreffen. Die Struktur einer Organisation wird hierbei sowohl durch statische als auch durch dynamische Elemente beschrieben:

- **Aufbauorganisation.** Die Aufbauorganisation stellt die Aufgaben und Kompetenzen einer Organisation in Form von Stellen, Instanzen und Abteilungen dar. Dargestellt wird die Aufbauorganisation zumeist in einem Organigramm.

- **Ablauforganisation.** Die Ausführung der Aufgaben unter Wahrnehmung der gegebenen Kompetenzen wird durch die Ablauforganisation beschrieben. Diese kann beispielsweise mit Hilfe von ereignisgesteuerten Prozessketten (siehe Kapitel 7.2.2) visualisiert werden.

Die **Aufbauorganisation** wird in Anlehnung an Kosiol durch die drei Schritte Aufgabenanalyse, Aufgabensynthese und Aufgabenverteilung vorgenommen. Die Aufgabenanalyse kann anhand der folgenden Kriterien erfolgen:

- Verrichtung (z.B. Beschaffung, Produktion, Marketing)
- Objekt (z.B. Arbeiten am Fahrradrahmen, Arbeiten an den Laufrädern)
- Rang (Entscheidungs- und Ausführungsaufgaben)
- Phase (Planungs-, Realisations- und Kontrollaufgaben)
- Zweckbeziehung (primäre und sekundäre Aufgaben)

Die Aufgabenanalyse wird zunächst entweder nach der Verrichtung oder dem Objekt durchgeführt. Der Rang, die Phase und die Zweckbeziehung stellen den beiden anderen Kriterien untergeordnete Kriterien dar. Anhand der Analyse nach den primären Kriterien Verrichtung und Objekt lassen sich zwei Grundformen von Aufbauorganisationsmodellen unterscheiden. Das ist zum einen die durch eine Analyse nach der Verrichtung gebildete **funktionale Organisation** (siehe Abbildung 3.10) und zum anderen die durch eine Analyse nach dem Objekt gebildete **divisionale Organisation** (siehe Abbildung 3.11).

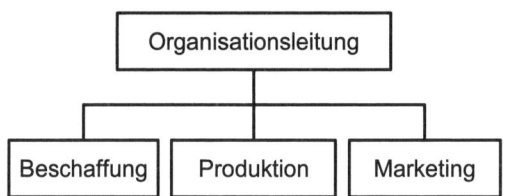

Abbildung 3.10: Modell der funktionalen Organisation

Durch die Konzentration der Aufgaben der Organisationsmitglieder auf einzelne betriebliche Funktionen können hohe Spezialisierungseffekte erzielt werden. Dem funktionalen Organisationsmodell wird jedoch oftmals unterstellt, zu einer Überlastung der Organisationsleitung und zu einer mangelnden Wettbewerbsorientierung beizutragen.

Die divisionale Organisation zielt insbesondere auf eine hohe Wettbewerbsorientierung ab. Durch die Orientierung der Aufgaben an Objekten entstehen Organisationseinheiten mit einer höheren Autonomie. Bei diesem Organisationsmodell entfallen jedoch die Spezialisierungseffekte. Ferner werden hohe Anforderungen an die Kooperation der einzelnen Organisationseinheiten gestellt, um einzelne Aufgaben objektübergreifend ausführen zu können. Daher sind in einer Organisation nach dem divisionalen Modell in der Regel auch weiterhin funktionale Zentraleinheiten wie Rechnungswesen sowie Personalmanagement zu finden.

3.2 Teildisziplinen der Betriebswirtschaftslehre

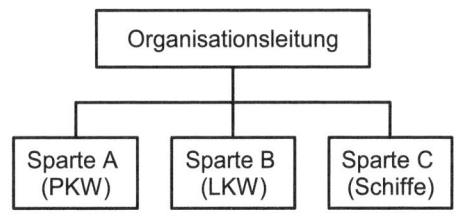

Abbildung 3.11: Modell der divisionalen Organisation

Sowohl die funktionale als auch die divisional Organisation stellen eindimensionale Organisationsmodelle dar, da die primäre Untergliederung der Organisation nur nach einem Kriterium (entweder Verrichtung oder Objekt) stattfindet. Erfolgt eine primäre Untergliederung der Organisation und somit eine Aufgabenanalyse nach zwei primären Kriterien, so entsteht ein zweidimensionales Organisationsmodell, das auch als **Matrixorganisation** bezeichnet wird (siehe Abbildung 3.12).

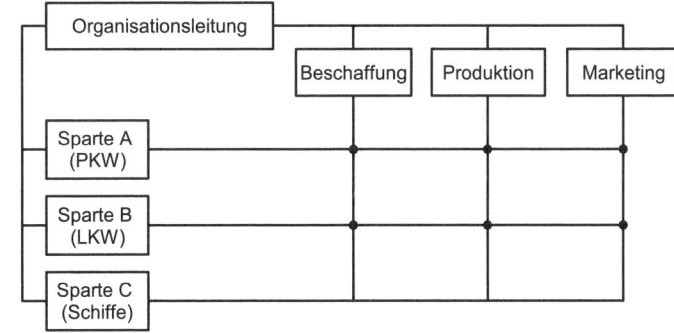

Abbildung 3.12: Modell der Matrixorganisation

Durch die Unterteilung der Aufbauorganisation nach zwei Kriterien im Modell der Matrixorganisation gibt es für jede ausführende Organisationseinheit zwei zuständige Instanzen. Dies fördert die Integration der Organisationseinheiten und der Abläufe in der Organisation, kann jedoch auch zu Kompetenzkonflikten und Machtkämpfen führen.

Die traditionelle Organisationsgestaltung beschränkte die **Ablauforganisation** unter dem Begriff der Arbeitsorganisation auf Abläufe der operativen Organisationseinheiten. Die **Prozessorganisation** erweitert dieses Verständnis auf alle Geschäftsprozesse einer Organisation. Die Analyse der Abläufe bildet nach diesem Verständnis auch die Grundlage für die Aufbauorganisation. Nach dem traditionellen Verständnis der Organisationsgestaltung bildet die Aufbauorganisation die Grundlage der Ablauforganisation.

Die Gestaltung der Ablauforganisation dient der Erreichung der folgenden Ziele [BG02]:

- effizientere Ressourcennutzung
- Steigerung der Mitarbeitermotivation
- Erhöhung der Flexibilität der Organisation

Die Prozessorganisation (als Resultat einer Prozessorientierung) wird neben der Aufbau- und Ablauforganisation als dritte Sichtweise auf Organisationen verstanden. Da sich Organisationen immer wieder an neue Gegebenheiten in ihrem Umfeld einstellen müssen, ist eine Veränderung (d.h. Abschaffung, Einführung oder Neugestaltung) betrieblicher Prozesse von großer Bedeutung. Dabei schreibt man weniger der traditionellen Aufbau- und Ablauforganisation, sondern vielmehr der Prozessorganisation das Potenzial zu, durch eine strikt an Geschäftsprozessen orientierte Denk- und Handlungsweise die notwendigen organisatorischen Veränderungen herbeiführen und umsetzen zu können.

Bei der Prozessorganisation geht es um die Planung, Überwachung, Steuerung und Verbesserung von Geschäftsprozessen. Diese Aufgaben werden durch das Geschäftsprozessmanagement übernommen, das ausführlich in Kapitel 7 beschrieben ist.

3.3 Zusammenfassung

Gemeinsam mit der Volkswirtschaftslehre beschäftigt sich die Betriebswirtschaftslehre mit dem Wirtschaften. Dabei betrachtet die Volkswirtschaftslehre gesamtwirtschaftliche Zusammenhänge, wohingegen die Betriebswirtschaftslehre sich auf einzelne Teilnehmer der Volkswirtschaft, die Betriebe, beschränkt.

Da sich die Wirtschaftsinformatik hauptsächlich auf die Betriebswirtschaftslehre bezieht, ist diese Wissenschaft mit ihren Teildisziplinen entlang der betrieblichen Wertschöpfungskette vorgestellt worden. Die Teildisziplinen sind in Tabelle 3.7 noch einmal kurz charakterisiert.

Die Betriebswirtschaftslehre bildet die Grundlage der Zielsetzung der Wirtschaftsinformatik. Es geht darum, den Umgang mit knappen Gütern zur Bedürfnisbefriedigung möglichst effizient zu gestalten – das soll die Wirtschaftsinformatik durch einen zweckgerichteten Einsatz von Informationssystemen leisten.

3.4 Aufgaben

1. Ordnen Sie die beiden wirtschaftswissenschaftlichen Disziplinen in das gesellschaftliche Geschehen ein. Charakterisieren Sie ihre Gegenstandsbereiche, und beschreiben Sie den Zusammenhang beider Disziplinen!

3.4 Aufgaben

Tabelle 3.7: Teildisziplinen der Betriebswirtschaftslehre

Teildisziplin	Beschreibung
Beschaffung und Logistik	Sicherstellung der Verfügbarkeit aller für die Produktion notwendigen Faktoren und räumliche wie zeitliche Überbrückung von Gütern
Produktion	Erstellung neuer Güter durch Kombination von Produktionsfaktoren
Marketing	Kundenorientierte Gestaltung von Organisationen, insbesondere die Vorbereitung des Absatzes
Rechnungswesen	Sammlung und Aufbereitung von Informationen über die Wertschöpfungskette in Bilanz-, Kosten- und Erlös-, Finanz- und Investitionsrechnung
Management	Zielgerichtete Planung, Führung und Kontrolle des gesamten betrieblichen Geschehens; greift auf Personalmanagement, Organisation und Controlling zurück
Personalmanagement	Auswahl, Einsatz und Entwicklung von Personen für die betriebliche Wertschöpfung
Organisation	Gestaltung von Aufbauorganisation und Ablauforganisation

2. Beschreiben Sie die betriebliche Wertschöpfungskette! Gehen Sie dabei insbesondere auf die Beziehungen zwischen den Aufgaben des Managements und den einzelnen Prozessschritten ein!

3. Charakterisieren Sie die Möglichkeiten der Disposition für A-, B- und C-Güter! Beziehen Sie die Verfahren der Bedarfsermittlung und die Bereitstellungsprinzipien in Ihre Charakterisierung ein!

4. Welche formalen bzw. sachlichen Rahmenbedingungen sind bei der Gestaltung eines Produktionssystems zu beachten?

5. Schlagen Sie ausgehend vom Managementprozess des Marketings Ziele, Strategien und einen Marketing-Mix für das Marketing einer selbst gewählten betriebswirtschaftlichen Software vor! Hilfestellung bieten die Ausführungen in Kapitel 8.

6. Machen Sie Aussagen dazu, wie die Aufgaben des Rechnungswesens durch IT unterstützt werden können und welche Aufgaben das Rechnungswesen im IT-Management zu übernehmen hat!

7. Begründen Sie die Notwendigkeit der Betrachtung sowohl interner als auch externer Faktoren einer Organisation im strategischen Management!

8. Personalentwicklung wurde lange Zeit vernachlässigt, und auf einen Wandel von Aufgaben wurde lediglich mit Methoden der Personalbeschaffung und Personalfreisetzung reagiert. Diskutieren Sie aus wirtschaftlicher und sozialer

Sicht das Für und Wider beider Sichtweisen (Personalentwicklung vs. Personalbeschaffung und Personalfreisetzung)!

9. Welche Formen der Integration bieten sich für die einzelnen Organisationsformen aus Sicht der IT an?

Kapitel 4

Grundlagen der Informatik

Als Ursprung der Informatik wird oftmals die Entwicklung von Zahlensystemen betrachtet [RL99]. Dies zeigt die enge Verbindung der Informatik mit der Mathematik auf. Mit den Zahlensystemen entstanden Systeme zum Umgang mit diesen Zahlensystemen, die zunächst eine Mechanisierung und später eine Elektronisierung erfuhren. Die Informatik führt somit die Disziplinen der Mathematik, Logik und Elektronik zusammen. Ihre Anfänge nahm die Informatik als Spezialisierung der genannten Wissenschaftsdisziplinen, seit 1960 wird sie aber auch eigenständig als solche betrachtet. Das Wort Informatik wurde in Deutschland erstmals 1968 von Bundesforschungsminister Stoltenberg verwendet.

Die Informatik konnte sich von der Mathematik lösen und als eigene Wissenschaftsdisziplin etablieren. Entsprechend bearbeitet die Informatik Forschungsziele in einem Gegenstandsbereich, die sich von denen anderer Disziplinen unterscheiden. Im Folgenden sollen daher zunächst der Gegenstandsbereich, die Forschungsziele und die Forschungsmethoden dargelegt werden (Kapitel 4.1). Aus diesen leiten sich die Teildisziplinen der Informatik ab, von denen die für die Wirtschaftsinformatik relevanten in Kapitel 4.2 dargestellt werden.

4.1 Gegenstandsbereich und Forschung

Gegenstandsbereich

Der Gegenstandsbereich einer Wissenschaftsdisziplin beschreibt das Objekt, das sie untersucht. Kerner bezeichnet Informatik als eine „Wissenschaft von der systematischen Verarbeitung von Informationen, besonders der automatischen Verarbeitung mit Hilfe von Digitalrechnern (Computern)" ([HKF01], ähnlich auch in [GI85], [RL99], [Bal05]). Gemäß dieser Definition untersucht die Informatik die digitale Informationsverarbeitung. Die Informationsverarbeitung wird, wie in Kapitel 4.2.1 aufgezeigt, von Anwendungssystemen vorgenommen, womit als Gegenstandsbereich der Informatik Anwendungssysteme, bestehend aus den Komponenten Software, Hardware und Kommunikationstechnik, betrachtet werden können. Im Gegensatz zu den angewandten Informatikdisziplinen wie Bioinformatik, Rechtsinformatik und Wirtschaftsinformatik werden Anwendungssysteme in ihrer allgemeinsten Form betrachtet.

Die Informatik untersucht somit sowohl Teilsysteme, wie Software und Hardware, als auch integrierte Systeme, die hier als Anwendungssysteme bezeichnet werden. Dies stellt hohe Anforderungen an die Teildisziplinen, welche sehr stark in Abhängigkeit voneinander weiterentwickelt werden müssen.

In den letzten Jahrzehnten fand in der Informatik ein Wandel unter den Nutzern statt. Waren in den Anfangsjahren Entwickler und Nutzer oftmals die gleiche Person, so besteht heutzutage eine strenge Trennung zwischen beiden Personengruppen. Dabei sind die Nutzer zumeist keine ausgebildeten Informatiker und stellen deshalb vermehrt Anforderungen an die Benutzerfreundlichkeit der Anwendungssysteme. Aufgrund dieses Wandels wird der Gegenstandsbereich der Informatik oftmals um Nutzer und Organisationsstrukturen, in denen die Nutzer interagieren, erweitert [GI87]. Als Gegenstandsbereich kann nach diesem Verständnis das Informationssystem betrachtet werden.

Forschungsziele

Die Informatik wird als gestaltende, aber auch als beschreibende und erklärende Disziplin angesehen. Dabei sollen Methoden und Techniken analysiert und konstruiert werden, die das Lösen von rechenintensiven Aufgaben mit Hilfe von Anwendungssystemen ermöglichen. Ferner ist es ein Ziel der Informatik, Ansätze zu entwickeln, mit denen die Auswirkungen des Einsatzes von Anwendungssystemen erklärt und beschrieben werden können [HK97]. So existieren beispielsweise Ansätze, die den Einsatz und den Aufbau von Rechnernetzen (siehe Kapitel 4.2.3) oder Datenbanksystemen (siehe Kapitel 4.2.6) erklären und beschreiben.

Damit die Informatik Beiträge zu einer arbeitsbezogenen Aufgabenlösung liefern kann, ist es zunächst notwendig, die bestehenden Aufgaben zu identifizieren und zu formalisieren. Anschließend können die Aufgaben und deren Lösung in adäquate Anwendungssysteme umgesetzt werden. Hierzu sind die folgenden Hilfsmittel notwendig:

1. Sprachen, die die Aufgaben formal beschreiben;
2. Datenstrukturen, die die zur Lösung benötigten Daten effizient gliedern und speichern;
3. Algorithmen, die eine effiziente Verarbeitung der Daten ermöglichen, an deren Ende die Lösung der Aufgabe bzw. einer Teilaufgabe steht;
4. Rechnersysteme, die die Ausführung der Algorithmen und die Speicherung der Daten ermöglichen.

4.1 Gegenstandsbereich und Forschung 121

Eine Erweiterung der Forschungsziele wird in der Untersuchung der Wirkungen von Informationssystemen auf die Gesellschaft und der damit einhergehenden Verantwortung von Informatikern gegenüber der Gesellschaft gesehen [Len87]. Die zunehmende Betrachtung der Nutzer und der Gesellschaft hat aber auch eine verstärkte Diskussion um die Forschungsmethoden mit sich gebracht.

Forschungsmethoden

Die Forschungsmethoden sind, bedingt durch den komplexen und schwer abgrenzbaren Gegenstandsbereich der Informatik, ebenfalls nur grob definierbar. Wurden zu Beginn der wissenschaftlichen Betrachtung der Informatik ausschließlich mathematisch-logische und ingenieurswissenschaftliche Methoden angewandt, so finden inzwischen auch vermehrt Methoden aus den Geistes- und Sozialwissenschaften Anwendung. Aufgrund der Interdisziplinarität bezeichnet Balzert die Informatik als Strukturwissenschaft, die sich sowohl von den Naturwissenschaften und den Ingenieurswissenschaften als auch von den Geisteswissenschaften unterscheidet, an diesen jedoch in starkem Maße partizipiert [Bal05].

Die Forschungsmethoden der frühen Informatikforschung lassen sich als quantitativ, nicht-experimentell und deduktiv kennzeichnen und entsprechen weitestgehend den Methoden der Natur- und Ingenieurswissenschaften.

Quantitative Forschungsmethoden untersuchen den Gegenstandsbereich mit Hilfe statistischer und mathematischer Verfahren und setzen quantitative Daten voraus. Hierzu zählt beispielsweise die Analyse von Softwaremetriken, wie die Anzahl der Programmzeilen oder die Fehleranzahl. Im Gegensatz dazu lassen sich mit qualitativen Forschungsmethoden auch nicht numerisch fassbare Phänomene wie die Benutzerfreundlichkeit von Anwendungssystemen untersuchen.

Nicht-experimentelle Forschungsmethoden eignen sich zur Erforschung formaler Zusammenhänge und beruhen auf nicht empirisch ermittelten Daten. Die Untersuchung von Programmiersprachen erfolgt zum Beispiel ausschließlich mit nicht-experimentellen Methoden, da der Nutzer hierbei nicht betrachtet wird und somit eine analytische Betrachtung möglich ist. Soll die Schnittstelle zwischen Mensch und Computer untersucht werden, so sind experimentelle Methoden notwendig, die empirisch ermittelte Daten als Grundlage heranziehen.

Deduktive Forschungsmethoden gehen von einer Menge wahrer Aussagen und einer Menge von Regeln aus. Diese Regeln werden auf die Aussagen angewendet und erzeugen neue Aussagen, die wiederum als wahr angenommen werden. Deduktive Forschungsmethoden finden hauptsächlich in der theoretischen Informatik Anwendung. Dem gegenüber stehen induktive Methoden, die von einer unbestätigten Hypothese ausgehen und diese durch repräsentative Experimente falsifizieren. Diese Art von Forschungsmethoden findet ebenfalls Anwendung bei der Untersuchung der Mensch-Computer-Schnittstelle.

4.2 Teildisziplinen der Informatik

Ausgehend von den Hilfsmitteln Sprachen, Datenstrukturen, Algorithmen und Rechnersysteme lässt sich die Informatik in die Teildisziplinen theoretische, praktische und technische Informatik unterteilen [RP97]. Die theoretische Informatik liefert hierbei als Bindeglied zwischen Mathematik und Informatik die Grundlagen zur Abstraktion von Aufgaben in formalen Sprachen. Diese Abstraktionen werden in der praktischen Informatik mit Hilfe von Datenstrukturen und Algorithmen in Softwaresysteme umgesetzt, die zur Lösung der Aufgabe eingesetzt werden sollen. Die technische Informatik beschäftigt sich mit der Konstruktion von Rechnersystemen, auf denen die Softwaresysteme betrieben werden.

Neben den drei Teildisziplinen, die der Kerninformatik zuzurechnen sind, existieren weitere Disziplinen. Zu diesen zählen unter anderem die Wirtschaftsinformatik, die Bioinformatik, die Medizininformatik, die Rechtsinformatik, die Ingenieursinformatik, die grafische Datenverarbeitung und die künstliche Intelligenz. Diese Disziplinen werden oftmals als angewandte Informatik bezeichnet [RP97], [HKF01], [Bal05]. Eine Vielzahl der Gebiete der angewandten Informatik hat sich jedoch zu eigenen Wissenschaftsdisziplinen entwickelt, deren Gegenstandsbereich, Forschungsziele und Forschungsmethoden von der Informatik unterschieden werden. So gilt die Wirtschaftsinformatik als eigene Wissenschaftsdisziplin und soll daher auch im Folgenden nicht als der Informatik untergeordnet betrachtet werden.

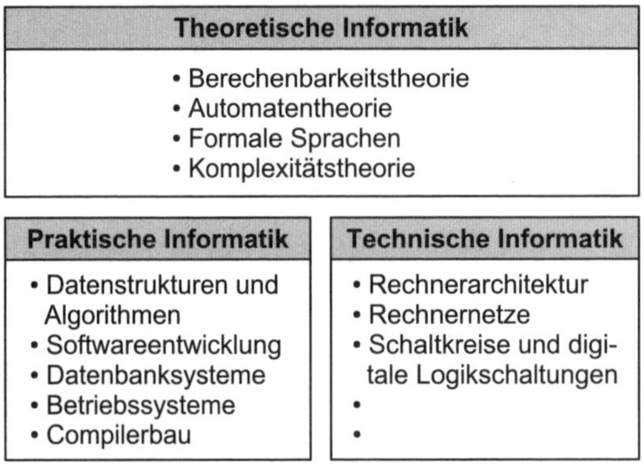

Theoretische Informatik
• Berechenbarkeitstheorie • Automatentheorie • Formale Sprachen • Komplexitätstheorie

Praktische Informatik	Technische Informatik
• Datenstrukturen und Algorithmen • Softwareentwicklung • Datenbanksysteme • Betriebssysteme • Compilerbau	• Rechnerarchitektur • Rechnernetze • Schaltkreise und digitale Logikschaltungen •

Abbildung 4.1: Kerndisziplinen der Informatik

Die inhaltliche Aufteilung der Teildisziplinen ist zum Teil umstritten. So kann das Gebiet der Datenbanksysteme zur Teildisziplin der praktischen Informatik [Bal05], aber auch zur angewandten Informatik [RP97] gezählt werden. Abbildung 4.1 stellt die wichtigsten Themengebiete der drei Teildisziplinen der Kerninformatik dar.

Im Folgenden sollen die für Wirtschaftsinformatiker relevanten Themengebiete der Informatik näher erläutert werden. Dabei soll mit den themenübergreifenden Grundlagen der Information und Kodierung (Kapitel 4.2.1) begonnen werden. Auf diesen aufbauend, erfolgt die Darlegung der Architektur eines Rechners (Kapitel 4.2.2). Zur Verarbeitung komplexer Aufgaben ist oftmals ein Zusammenschluss mehrerer Rechner notwendig. Diesem Thema widmet sich das Kapitel Rechnernetze (4.2.3). Ausgehend von der Kenntnis des Aufbaus eines Rechners sollen Algorithmen und Datenstrukturen beschrieben werden (Kapitel 4.2.4), welche die softwaretechnische Steuerung des Rechners vornehmen. Der Prozess der Entwicklung einer Software wird in dem Kapitel Softwareentwicklung (4.2.5) beschrieben. Viele Softwaresysteme müssen mit einer großen Menge an Daten umgehen. Hierzu wurden Datenbanksysteme entwickelt, die in Kapitel 4.2.6 betrachtet werden.

4.2.1 Information und Kodierung

Der Begriff „Informatik" stammt von Information ab und lässt sich auf das 1967 in Frankreich aufgekommene Wort „informatique" zurückführen. Information ist demnach ein zentraler Begriff in der Informatik. Anders als in der Wirtschaftsinformatik bezeichnet man in der Informatik Nachrichten, die verarbeitet werden, als Informationen. Nachrichten sind dabei Zeichenketten, die übertragen werden. Ausgehend von diesem in der Informationstheorie geprägten Begriff der Information, entwickelte Shannon ein Maß der Information. Somit lässt sich in der Informatik der Gehalt von Informationen messen.

Die einfachste Darstellung von Informationen erfolgt mit Hilfe von Signalen (z.B. Spannungssignale). Auf ihrer Grundlage können komplexere Darstellungen von Informationen wie Zahlen, Worte oder Bilder durch Kombination mehrerer Signale erzeugt werden. Die Darstellung lässt sich nach ihrer Form in analoge und diskrete Darstellung unterteilen. Dabei meint analoge Darstellung die Repräsentation kontinuierlicher Werte (z.B. Entfernung zweier Punkte). Die diskrete Darstellung geht von einer Anzeige nur endlich vieler Stellen des Definitionsbereiches aus (z.B. Anzahl von Personen). Abbildung 4.2 zeigt eine analoge und eine diskrete Darstellung eines Smiley. In der diskreten Darstellung ist die Anzahl der Bildpunkte endlich, während die analoge Darstellung aus unendlich vielen Bildpunkten besteht.

Erfolgt eine Darstellung von Informationen nur aufgrund zweier verschiedener Werte (z.B. 0 und 1), so spricht man von digitaler Darstellung. Die digitale Darstellung ist eine Spezialform der diskreten Darstellung und bildet die Grundlage der Informationsdarstellung von Computern. Zeichen, die digital dargestellt werden und nur die Werte 0 oder 1 annehmen können, bezeichnet man als Bit. Ein Bit stellt in der Informatik die kleinste Informationseinheit dar. Darauf aufbauend wird ein Byte als Informationseinheit bestehend aus 8 Bit bezeichnet.

Mit 8 Bit lassen sich $2^8 = 256$ verschiedene Informationsgehalte darstellen. Ein Code, der aus 256 Zeichen besteht, ist der ASCII-Code. Dieser dient der Über-

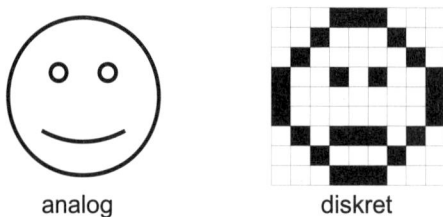

analog   diskret

Abbildung 4.2: Analoge und diskrete Darstellung eines Smiley

tragung von Tastatureingaben an den Computer. Jedes Zeichen der Tastatur wird dabei in ein Byte umgesetzt und vom Rechner interpretiert.

01001001	01001110	01000110	01001111	01010010	01001101	01000001	01010100	01001001	01001011
I	N	F	O	R	M	A	T	I	K

Die Bits eines Byte werden von links beginnend absteigend von 7 bis 0 durchnummeriert. Jedes Bit entspricht damit der Zahl 2^{Stelle}. So entspricht beispielsweise das Bit an der Stelle 3 der Zahl 2^3. Durch Addition aller Zahlen der Stellen, an denen das Bit den Wert 1 annimmt, erhält man die Zahl, die durch das Byte dargestellt wird. Das in Abbildung 4.3 abgebildete Byte entspricht der Zahl $2^6 + 2^3 + 2^0 = 73$ und stellt das Zeichen an der 74. Stelle der ASCII-Codetabelle dar, was einem großen I entspricht.

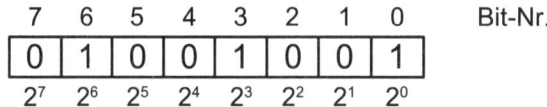

Abbildung 4.3: Darstellung eines Byte

Die rechnerinterne Darstellung aller Buchstaben, Zahlen und Sonderzeichen erfolgt in der digitalen Darstellung von Bits. Neben dem ASCII-Code existieren weitere Alphabete, die zum Teil aus zwei Byte, also 16 Bit, bestehen und den ASCII-Code um Sonderzeichen verschiedener Sprachen erweitern. Geht man davon aus, dass ein Buchstabe ein Byte benötigt, so kann man die Anzahl an Buchstaben ermitteln, die auf eine Festplatte passen. Dabei entspricht ein Kilobyte 2^{10} Byte, ein Megabyte 2^{20} Byte und ein Gigabyte 2^{30} Byte. Fasst eine Festplatte 250 Gigabyte (GByte), so können $250 \cdot 2^{30} = 268.435.456.000$ Buchstaben auf dieser abgespeichert werden. Das ist eine für den Menschen kaum vorstellbare Menge. Geht man davon aus, dass auf einer DIN-A4-Seite in etwa 2000 Buchstaben vorhanden sind, und ein Buch 500 Seiten fasst, so lassen sich auf einer solchen Festplatte mehr als 250.000 Bücher abspeichern.

Mit dem ASCII-Code lassen sich Zeichen zur Texteingabe darstellen. Computer wurden jedoch zuerst entwickelt, um mit ihnen komplexe Berechnungen anzustellen. Hierbei wird die Frage virulent, wie ganze und reelle Zahlen dargestellt werden. Ein Computer verarbeitet Zahlen einer festen Bitlänge (meist 32 oder 64). Damit lassen sich natürliche Zahlen von der Größe 2^{32} bzw. 2^{64} darstellen. Um auch negative Zahlen darstellen zu können, verwendet man ein Zweierkomplement. Beträgt der mögliche Zahlenbereich 2^n, so werden die Zahlen von 0 bis $2^{n-1} - 1$ als positive Ganzzahlen dargestellt und entsprechen der bislang dargestellten dualen Codierung. Die Zahlen von 2^{n-1} bis $2^n - 1$ repräsentieren die negativen Zahlen, so dass sich für eine Länge von 3 Bit folgende Zahlendarstellungen ergeben.

Dezimal	+3	+2	+1	0	-1	-2	-3	-4
Dual	011	010	001	000	111	110	101	100

Diese Art der Darstellung ermöglicht es dem Computer, mit ganzen Zahlen zu rechnen. Die negativen Zahlen bilden dabei das Komplement der positiven Zahlen. Somit sind die Grundrechenoperationen auf einfache Art und Weise möglich. Soll beispielsweise die Rechnung $1 - 3$ ausgeführt werden, so gestaltet sich diese dual als $001 - 011$. Führt man diese Rechnung durch, so kommt man zu dem Ergebnis 110. Das erste Bit ist bei positiven Zahlen dieser Form jeweils 0 und bei negativen Zahlen jeweils 1, weshalb das erste Bit auch als Vorzeichenbit bezeichnet wird.

Reelle Zahlen werden in der Form $x = m \cdot 2^e$ dargestellt, wobei m der Mantisse (Nachkommastellen) entspricht und e dem Exponent (Verschiebung des Kommas der Mantisse). Duale Zahlenrepräsentationen gehen von der Basis 2 aus. Setzt man diese Form in eine Zahlenfolge von beispielsweise 32 Bit um, so wird das erste Bit wiederum als Vorzeichenbit markiert, und anschließend werden zumeist 8 Bit für den Exponenten reserviert. Die Mantisse besitzt dann dementsprechend 23 Bit (siehe Abbildung 4.4). Sowohl Mantisse als auch Exponent werden als ganze Zahlen interpretiert, wobei das Vorzeichen der Mantisse dem ersten Bit von links entspricht.

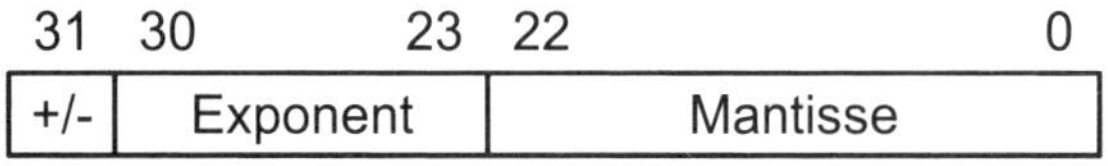

31	30 23	22 0
+/-	Exponent	Mantisse

Abbildung 4.4: Darstellung einer reellen Zahl

Die Mantisse wird so normiert, dass ihr Wert zwischen 0 und 1 liegt. Davon ausgehend, erfolgt die Konvertierung einer Dezimalzahl in die Form reeller dualer Zahlen in drei Schritten. In einem ersten Schritt wird die Zahl in eine Dualzahl umgewandelt. In einem zweiten wird die Mantisse normalisiert, und im dritten Schritt wird der Exponent berechnet. Soll beispielsweise die Zahl 10,25 als reelle Dualzahl dargestellt werden, so wird sie zunächst in eine Dualzahl umgewandelt ($1 \cdot 2^3 + 0 \cdot 2^2 + 1 \cdot 2^1 + 0 \cdot 2^0, 0 \cdot 2^{-1} + 1 \cdot 2^{-2} = 1010,01$). Anschließend wird die

Mantisse normalisiert, was einem Verschieben der Ziffern nach rechts entspricht. Die normalisierte Mantisse lautet dann 0, 101001. Da zur Normalisierung vier Verschiebungen notwendig sind, entspricht dies einer Division durch 2^4. Der Exponent hat daher den absoluten Wert 4. Muss das Komma bei der Normalisierung nach links verschoben werden, so ist der Exponent wie in dem genannten Beispiel negativ. Negative Exponenten werden mit Hilfe des Zweierkomplements dargestellt.

Da sowohl der Wertebereich der Mantisse als auch der des Exponenten eingeschränkt sind, kann nur ein begrenzter Zahlenbereich abgebildet werden. Anders als bei ganzen Zahlen ist der Zahlenbereich jedoch nicht äquidistant, sondern es treten Zahlenhäufungen auf. Hierbei gilt: je mehr Bit für den Exponenten reserviert werden, desto größer wird der darstellbare Zahlenbereich. Dadurch nimmt jedoch die Größe der Mantisse ab, was zu einer höheren Ungenauigkeit der Zahlen und somit zu größeren Abständen zwischen zwei benachbarten Zahlen führt.

Die Kodierung von Informationen mit dem dualen Zahlensystem bildet die Grundlage jedes digitalen Rechners. Aus Sicht der Wirtschaftsinformatik verarbeiten Rechner Daten, die erst durch eine menschliche Interpretation als Informationen gewertet werden. Diese Sichtweise differiert von der Informatiksicht, die von einer Informationsverarbeitung durch Rechner ausgeht.

4.2.2 Rechnerarchitektur

In diesem Kapitel werden der grundlegende Aufbau sowie die Funktionsweise eines Rechners erläutert. Hierbei sollen die notwendigen Grundlagen vermittelt werden, um die weiteren Disziplinen der Informatik verstehen zu können. Dazu wird zunächst der prinzipielle Aufbau eines Rechners skizziert. Anschließend sollen die einzelnen Komponenten näher betrachtet werden.

Die Rechnerarchitektur wird auch als Struktur von Hardware-Einheiten bezeichnet und bildet die Basis zur Ausführung von Software, welche die zu lösende Aufgabe abbildet. Der prinzipielle Aufbau eines Rechners geht auf John von Neumann zurück, der die folgenden fünf Merkmale eines modernen Rechners beschrieb:

- voll-elektrisch
- binäre Darstellung der Daten
- Benutzung einer arithmetischen und logischen Einheit
- Benutzung eines Steuerwerkes
- interner Daten- und Programmspeicher

Aus diesen Merkmalen ergibt sich der in Abbildung 4.5 dargestellte prinzipielle Aufbau eines Rechners[1]. Die arithmetisch-logische Einheit und das Steuerwerk

---
[1] Heutige Rechnerarchitekturen

sind dabei zu einer zentralen Recheneinheit (CPU) zusammengefasst. Neben der zentralen Recheneinheit besteht ein Rechner nach der Von-Neumann-Architektur aus einem Hauptspeicher (interner Daten- und Programmspeicher), Ein- und Ausgabegeräten sowie einem diese Geräte verbindenden Bus. Diese Komponenten sollen im Weiteren genauer erläutert werden.

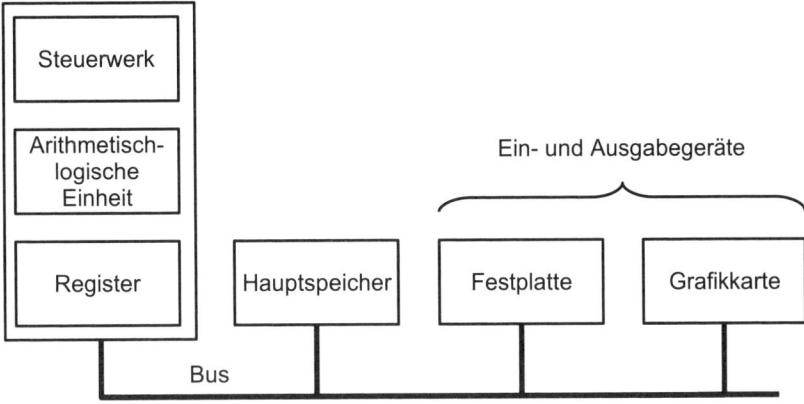

Abbildung 4.5: Prinzipieller Aufbau eines Rechners

Der **Hauptspeicher** oder auch Arbeitsspeicher eines Rechners dient der temporären Abspeicherung von Programmen und Daten. Er besteht aus n Speicherzellen, wobei gelten muss $n \leq 2^{Adressbusbreite}$. Die Adressbusbreite heutiger Rechner beträgt 32 oder 64 Bit[2]. Aus dieser lässt sich die maximale Größe des Hauptspeichers ermitteln. Die Speicherzellen des Hauptspeichers sind von 0 bis $n-1$ durchnummeriert und können über diese Nummer (Adresse) angesprochen werden. Eine Speicherzelle kann Daten einer bestimmten Wortbreite k mit $k = Adressbusbreite$ abspeichern.

Die **zentrale Recheneinheit** (Central Processing Unit, CPU) besteht, wie in Abbildung 4.5 zu sehen, grundsätzlich aus einem Steuerwerk, einer arithmetisch logischen Einheit (ALU) und mehreren Registern, die als Speicher dienen. Die zentrale Recheneinheit wird auch **Prozessor** genannt und hat die Aufgabe, Programme aus dem Hauptspeicher zu laden und auszuführen. Das geschieht in den drei Schritten Fetch, Decode und Execute.

Im ersten Schritt wird vom Steuerwerk die nächste Anweisung des abzuarbeitenden Programms aus dem Hauptspeicher geholt und in ein Register geschrieben. Der Decode-Schritt umfasst das Analysieren der Anweisung und das Nachladen benötigter Daten. Dies wird ebenfalls vom Steuerwerk übernommen. Die aus dem Hauptspeicher stammenden Anweisungen müssen in mehrere, der Hardware verständliche Operationen übersetzt werden. Diese Operationen sind abhängig von dem eingesetzten Prozessor. Typische grundlegende Operationen sind bei-

---
[2] Die Adressbusbreite gibt an, wie viele Speicheradressen möglich sind.

spielsweise die Addition, die Multiplikation und Vergleiche. Die Ausführung (Execute) der Operationen übernimmt die arithmetisch-logische Einheit, die das Ergebnis wiederum in ein Register speichert.

Auf die Register können das Steuerwerk und die arithmetisch-logische Einheit ohne Wartezeit zugreifen. Neben den Anweisungen (Befehlen) und den Daten wird in einem speziellen Register der Befehlszähler gespeichert. Dieser gibt an, von welcher Adresse des Hauptspeichers der nächste Befehl zu holen ist. Ein weiteres spezielles Register stellt der Stackpointer dar. Dieser enthält die Hauptspeicheradresse, ab der Daten gespeichert werden können. Die Größe eines Registers entspricht wie bei den Speicherzellen des Hauptspeichers genau der Adressbusbreite. Je größer diese gewählt wird, desto genauere Daten (bei Gleitkommazahlen) lassen sich von der zentralen Recheneinheit verarbeiten.

Die arithmetisch-logische Einheit enthält Schaltkreise für arithmetische Operationen wie die Addition, die Subtraktion oder die Multiplikation, und für logische Operationen wie Vergleiche. Bei der Konstruktion der ALU ist zu entscheiden, welche Operationen implementiert werden sollen und welche durch eine Kombination aus anderen Operationen abgedeckt werden. Eine Multiplikation lässt sich beispielsweise durch eine Reihe von Additionen ersetzen. Da dies jedoch sehr viel aufwändiger ist, würde sich die Ausführung einer Multiplikation durch Zerlegen in mehrere Additionsoperationen nur lohnen, wenn eine Multiplikation sehr selten durchzuführen ist.

Wie bereits beschrieben, stellt die Adressbusbreite auch für den Prozessor eine determinierende Größe dar. Auch werden Prozessoren oftmals anhand der Taktfrequenz verglichen. Die Taktfrequenz gibt an, wie viele Verarbeitungszyklen[3] in einer Sekunde durch den Prozessor geleistet werden. Diese Größe gibt jedoch allein noch keine Auskunft über die Rechenleistung. Neben der Taktfrequenz hängt die Rechenleistung von der Architektur des Rechners ab. Die Architektur wird vorwiegend durch die Anzahl und die Art der implementierten Befehle auf dem Prozessor geprägt. Grundsätzlich werden hierbei zwei verschiedene Architekturen unterschieden. Bei der CISC-Architektur (Complex Instruction Set Computing) existieren viele und zum Teil auch sehr komplexe Befehle. Im Gegensatz dazu kommt die RISC-Architektur (Reduced Instruction Set Computing) mit wenigen einfachen Befehlen aus und nutzt dabei den Umstand, dass komplexe Befehle zum einen eher selten benötigt werden und zum anderen aus den einfachen Befehlen zusammengesetzt werden können.

Wie bereits angesprochen, werden Daten aus dem Hauptspeicher in die Register eines Prozessors geladen. Der Zugriff auf eine Speicherzelle im Hauptspeicher benötigt wesentlich mehr Zeit als der Zugriff auf ein Register. Die Anzahl der Register ist jedoch beschränkt. Daher wurde ein Zwischenspeicher eingeführt, auf den in nahezu der gleichen Zeit zugegriffen werden kann wie auf die Register des Prozessors. Diesen Speicher bezeichnet man als **Cache**. In dem Cache sollen

---

[3] In einem Verarbeitungszyklus kann eine atomare Operation (z.B. logisches UND) ausgeführt werden. Die meisten Anweisungen setzen sich aus mehreren solcher atomaren Operationen zusammen.

möglichst diejenigen Daten abgelegt werden, die der Prozessor mit hoher Wahrscheinlichkeit in den nächsten Rechenschritten benötigt. Hierbei kann zwischen Caches innerhalb des Prozessors (L1-Cache), prozessornahen Caches (L2-Cache) und externen Caches (L3-Cache) unterschieden werden. Je näher sich der Cache am Prozessor bzw. an der Steuereinheit befindet, desto schneller kann auf diesen zugegriffen werden. Jedoch ist insbesondere der L1-Cache zumeist in der Kapazität sehr stark beschränkt.

Die Verbindung zwischen dem Prozessor, dem Hauptspeicher und den Ein- und Ausgabegeräten wird über Bussysteme realisiert. Ein **Bus** oder auch Systembus stellt ein elektrisches Leitungsbündel dar, wobei die Anzahl und die Anordnung der Leitungen standardisiert ist. Bei der Konzeption eines Busses stehen verschiedene Optionen zur Auswahl. Je mehr Leitungen zur Datenübertragung benutzt werden, desto schneller ist der Bus und desto teurer ist er auch. Wie bereits erwähnt, sind die Speicherzellen des Hauptspeichers mit Adressen versehen, über die ein Zugriff auf die Daten erfolgt. Somit ist bei der Kommunikation mit dem Hauptspeicher stets die Adresse der gewünschten Daten anzugeben. Für die Kommunikation, also das Anfordern und das Übertragen von Daten, können separate Adress- und Datenleitungen benutzt werden, was die Geschwindigkeit erhöht. Ebenso ist es möglich, beide Leitungen in einer zu vereinen, so dass Kosten eingespart werden. Des Weiteren kann die Übertragung von Daten und Adressen synchron oder asynchron erfolgen.

Die synchrone Übertragung wird durch einen Takt gesteuert, der Schreib- und Lesezyklen vorgibt. Dadurch wird ein Aufwand zur Steuerung weitgehend vermieden, und das Steuerungsprotokoll kann klein gehalten werden. Dies erfordert jedoch auch die Unterstützung der Taktrate durch die angeschlossenen Geräte.

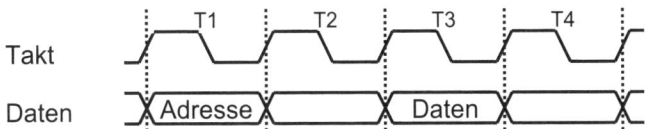

Abbildung 4.6: Ablauf der synchronen Übertragung

Die asynchrone Übertragung erfordert ein wesentlich komplexeres Protokoll. Die Schreib- und Lesezyklen beginnen hier nicht zu festgelegten Zeitpunkten, sondern unabhängig von Zeitabschnitten. Zur Kommunikation zweier Komponenten wurde das Handshake-Prinzip eingeführt. Dieses soll anhand der Kommunikation zwischen Prozessor und Hauptspeicher skizziert werden. Benötigt der Prozessor Daten aus dem Hauptspeicher, so schickt der Prozessor bei einem asynchron arbeitenden Bus ein Signal an den Hauptspeicher auf einer speziellen Anfrageleitung. Ferner wird auf der Adressleitung oder der kombinierten Adress- und Datenleitung die Adresse versendet, von der die Daten im Hauptspeicher gelesen werden sollen. Der Hauptspeicher liest beide Signale und sendet zunächst ein

Antwortsignal (Acknowledge), das dem Prozessor bestätigt, dass der Hauptspeicher die Daten empfangen hat. Anschließend sendet der Hauptspeicher die Daten der angeforderten Adresse. Den Empfang der Daten bestätigt der Prozessor wiederum mit einem Antwortsignal. Abbildung 4.7 verdeutlicht den Ablauf einer asynchronen Übertragung zwischen einem Prozessor und dem Hauptspeicher.

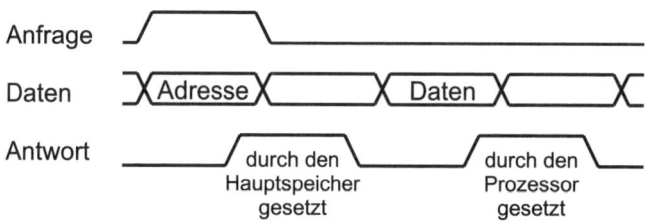

Abbildung 4.7: Ablauf der asynchronen Übertragung

Die asynchrone Übertragung von Daten hat den Vorteil, dass schnellere Geräte auch schneller Daten übertragen können, da die Übertragung hierbei nicht getaktet wird.

In einem Rechner werden verschiedene Bus-Systeme eingesetzt, welche die einzelnen Komponenten miteinander verbinden. So dienen Bussysteme der Verbindung zwischen Hauptspeicher und Prozessor, zwischen Ein- und Ausgabegeräten und dem Prozessor sowie zwischen den Caches und dem Prozessor. Die Cachebusse arbeiten in der Regel mit synchroner Übertragung. Auch sind diese zumeist mit mehr Leitungen versehen und werden schneller getaktet als die weiteren Busse.

Wie in Abbildung 4.5 aufgezeigt, besitzt ein Rechner zumeist mehrere **Ein- und Ausgabegeräte**. Zu diesen zählen Geräte ausschließlich für die Eingabe von Daten (wie Tastatur und Maus), Geräte ausschließlich zur Ausgabe von Daten (wie Drucker oder Monitor) und Geräte zur Ein- und Ausgabe von Daten wie externe Speichergeräte (Festplatte, Diskette etc.) und Erweiterungskarten (Grafikkarte, Soundkarte etc.). Im Weiteren sollen zunächst einige externe Speichergeräte und anschließend Geräte, die ausschließlich der Eingabe bzw. ausschließlich der Ausgabe dienen, beschrieben werden.

Bislang wurden bereits einige Speicher aufgeführt, die Daten jedoch nur temporär abspeichern können. Mit Hilfe von externen Speichergeräten ist eine persistente Speicherung von Daten möglich. Die externen Speichermedien lassen sich anhand der verwendeten Technologie in magnetische, optische, magneto-optische und elektronische Speicher unterteilen.

Die **magnetische Speicherung** setzt die Verwendung eines magnetisierbaren Mediums voraus. Dieses kann wie bei Festplatten und Disketten eine rotierende Platte, aber auch ein Band oder Streifen sein. Die Speicherung der einzelnen Bits erfolgt aufgrund der magnetischen Ausrichtung einzeln ansprechbarer Bereiche des magnetisierbaren Mediums. Festplatten bestehen aus mehreren Platten, auf die mittels Lese- und Schreibköpfe zugegriffen wird. Pro Platte existieren dabei ein oder zwei solcher Lese- und Schreibköpfe. Sind die Platten nur auf einer Seite magnetisch beschichtet, so wird nur ein Lese-/Schreibkopf verwendet, ansonsten werden zwei benötigt.

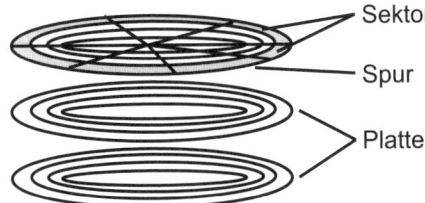

Abbildung 4.8: Schematischer Aufbau einer Festplatte

Eine Platte ist in mehrere konzentrische Spuren unterteilt, die sich in mehrere Sektoren untergliedern (siehe Abbildung 4.8). Übereinanderliegende Spuren der einzelnen Platten werden als Zylinder bezeichnet. Der Lese- oder Schreibzugriff findet auf allen Platten gleichzeitig auf derselben Spur statt. Somit werden Daten stets auf einem Zylinder gelesen oder geschrieben. Festplatten lassen sich anhand der Rotationsgeschwindigkeit, der Spurendichte, der Schreibdichte (Dichte der einzeln ansprechbaren Bereiche), der Sektorengröße und der Plattenanzahl unterscheiden.

Die **optische Speicherung** besitzt gegenüber der magnetischen Speicherung einige wesentliche Vorteile. So verschleißen die Speichermedien wie CDs oder DVDs wesentlich langsamer, und die Speicherdichte ist größer. Optische Speichermedien lassen sich in Nur-Lese-Medien und Schreib-Lese-Medien unterteilen. Optische Speichermedien enthalten Vertiefungen (pits), welche eine logische 1 darstellen. Die Bereiche ohne Vertiefung stellen eine logische 0 dar und werden als Steg bezeichnet. Ein Laserstrahl tastet zum Lesen das optische Speichermedium ab. An der Reflexion der Strahlen können die Vertiefungen und Stege erkannt und in eine Folge von Bits umgewandelt werden.

Die **magneto-optische Speicherung** kann als Kombination der magnetischen und der optischen Speicherung betrachtet werden. Bei ihr erfolgt die Speicherung von Daten ebenfalls anhand der magnetischen Ausrichtung auf einem Datenträger. Magneto-optische Speichermedien (wie z.B. CD-Magneto-Optical) bestehen dazu aus einer speziellen Schicht, deren Magnetfeld sich erst bei Hitze (etwa 200°C) verändern lässt. Zur gezielten Erhitzung eines Bereiches auf dem Speichermedium wird ein Laser verwendet. Das Auslesen der Daten erfolgt wie bei der optischen Speicherung ebenfalls durch Abtastung mit einem Laser, dessen Strahlung je nach magnetischer Ausrichtung nach links oder rechts abgelenkt wird.

Bei der **elektronischen Speicherung** werden als Speichermedium Halbleiterelemente verwendet. Die Speichermedien lassen sich wie bei den optischen Speichermedien in Nur-Lese-Medien und Schreib-Lese-Medien unterscheiden. Eine

Speicherzelle wird zum Auslesen der Daten von einer Adressleitung angesteuert und gibt die Daten auf einer Leseleitung aus. Die elektronische Speicherung wird unter anderem bei Cache und Hauptspeicher verwendet.

Zur reinen Eingabe von Daten sind Geräte notwendig, die eine Schnittstelle zwischen dem Rechner und einem weiteren, die Daten enthaltenden Medium besitzen. Ein solches Medium kann ein Buch, eine Zeitung, ein Nur-Lese-Chip aber auch der Mensch sein.

Die Eingabe von Daten aus einem Buch oder einer Zeitung kann mit Hilfe eines Scanners oder auch mit Hilfe einer Kamera erfolgen. Die Eingabe von Daten aus einem Nur-Lese-Chip erfordert ein entsprechendes Lesegerät. Zur Eingabe von Daten durch den Mensch haben sich verschiedene Geräte etabliert. Zu den wichtigsten Geräten zählen Tastatur, Maus, Joystick, grafische Tabletts, berührungsempfindliche Bildschirme, 6D-Eingabegeräte und Mikrofone. Im Weiteren werden einige Eingabegeräte kurz vorgestellt.

Zur Erfassung von gedruckten Texten und Bildern werden diese von einem **Scanner** be- oder durchleuchtet (im Fall von Dias). Das reflektierte bzw. gebrochene Licht wird über Spiegel auf lichtempfindliche Halbleiter-Elemente geworfen. Diese wandeln das Licht in elektrische Impulse um. Moderne Geräte können bis zu 2^{30} Farben unterscheiden und bis zu 620000 Punkte pro Quadratzentimeter erfassen.

Eine **Tastatur** besteht aus einer Vielzahl von Tasten, die das Alphabet einer Sprache (z.B. Deutsch oder Russisch) sowie Zahlen und Sonderzeichen repräsentieren. Der Druck auf eine Taste erzeugt einen elektrischen Impuls, der eindeutig einem rechnerverständlichen Code (z.B. ASCII-Code) zugewiesen werden kann.

Mäuse und **Joysticks** dienen der Steuerung eines Bildschirmzeigers. Dieser wird innerhalb eines gedachten Koordinatensystems positioniert. Die Geräte besitzen jeweils ein Potentiometer für die x- und die y-Achse dieses Koordinatensystems. Die Potentiometer werden durch eine Kugel eingestellt, die entweder mit einem Steuerknüppel (Joystick) oder durch Rollen auf einer Unterlage (Maus) bewegt wird.

Wegen der für Zeichnungen nicht ausreichenden Bedienerfreundlichkeit von Mäusen und Joysticks wurden **grafische Tabletts** entwickelt, die eine sensitive Oberfläche besitzen, die mit einem speziellen Stift bedient wird. Berührt der Stift die Oberfläche, so werden die Koordinaten des Berührungspunkts an den Rechner übermittelt. Somit lassen sich ebenfalls Bildschirmzeiger über grafische Tabletts steuern. Ist die sensitive Oberfläche auf dem Bildschirm eines Monitors aufgebracht, so spricht man von einem **berührungsempfindlichen Bildschirm**.

Neben der Position des Stiftes (2 Dimensionen) auf einem grafischen Tablett kann ebenfalls die Neigung des Stiftes (2 Dimensionen), die Aufdruckstärke (1 Dimension) und die Drehung des Stiftes (1 Dimension) bei der Eingabe berücksichtigt werden. Solche Tabletts werden als **6D-Eingabegeräte** bezeichnet und eignen sich beispielsweise zur Erzeugung digitaler Unterschriften oder zur Steuerung von Robotern.

Zur Ausgabe von Daten dienen sowohl Anzeigegeräte (Monitore) und Abspielgeräte (Lautsprecher) als auch Drucker und Plotter. Die **Anzeigegeräte** bestehen aus einer Vielzahl von Zellen, die entweder selbstleuchtend sind oder Licht reflektieren und transformieren. Die Anzahl der Bildpunkte bestimmt die Auflösung des Bildes. Selbstleuchtende Zellen kommen bei Röhrenmonitoren und bei Plasmamonitoren zum Einsatz. Passive Zellen werden hingegen bei LCD-Monitoren verwendet.

Drucker und **Plotter** dienen der Ausgabe von Daten auf Papier. Anhand der Drucktechnologie können zunächst Anschlagdrucker und anschlagfreie Drucker unterschieden werden. Anschlagdrucker drucken entweder statische Zeichen (wie Buchstaben oder Ziffern) oder mit Hilfe einer Punktmatrix zusammengesetzte Zeichen nach dem Prinzip einer Schreibmaschine auf ein Papier. Anschlagfreie Drucker lassen sich weiter in Laserdrucker, Thermodrucker und Tintenstrahldrucker unterscheiden.

Bei einem **Laserdrucker** wird zunächst eine Fotoleitertrommel elektrostatisch gleichmäßig aufgeladen. Anschließend werden einzelne Bereiche der Trommel durch Belichtung mit einem Laser entladen. Die unbelichteten und geladenen Stellen der Trommel nehmen anschließend den Toner (pulverförmige Farbpartikel) auf und erzeugen somit das Abbild des zu druckenden Bildes. Das Abbild wird anschließend auf Papier übertragen und durch Erwärmung auf dem Papier fixiert.

Der Druck mit einem **Thermodrucker** erfordert die Verwendung eines speziellen hitzeempfindlichen Papiers. Es wird an den zu bedruckenden Stellen von einem Druckkopf erhitzt, wodurch eine chemische Reaktion einsetzt, die zu der gewünschten Farbe auf dem Papier führt.

Tintenstrahldrucker spritzen durch eine Vielzahl feiner Düsen kontrolliert Tinte auf das Papier. Aufgrund der Vergrößerung des Durchmessers eines Tropfens während des Fluges von der Düse zum Papier um den Faktor 10 müssen die Düsen sehr klein sein. Moderne Tintenstrahldrucker können auf einem Quadratzentimeter fast 900000 Tintentropfen platzieren.

Plotter bewegen einen Stift, ein Schneidwerkzeug, einen Laser oder einen Tintenstrahldruckkopf mit Hilfe von Schrittmotoren über ein Papier. Dadurch sind insbesondere genaue technische Zeichnungen möglich. Zur Erstellung der zu druckenden technischen Zeichnungen wird zumeist eine CAD-Software eingesetzt.

4.2.3 Rechnernetze

In Kapitel 4.2.2 wurden Rechner als geschlossene Systeme betrachtet. Der Zusammenschluss von Rechnern zu Rechnernetzen soll in diesem Kapitel untersucht werden. Dazu werden zunächst Anwendungen aufgezeigt, in denen Rechnernetze zum Einsatz kommen. Anschließend werden die Rechnernetze aus technischer Sicht betrachtet.

Typische Anwendungsszenarien von Rechnernetzen lassen sich sowohl in Organisationen als auch im privaten Bereich finden. In Organisationen werden Rechner für eine Vielzahl von Aufgaben eingesetzt. In der Beschaffung werden Daten über Lieferanten verwaltet, in der Produktion dienen Rechner der Planung und Überwachung von Fertigungsprozessen, und im Vertrieb werden beispielsweise Kundendaten verwaltet. Diese Systeme waren früher zumeist getrennt. Eine Verbindung von Rechnern dient der gemeinsamen Nutzung von Ressourcen. So hat der Beschaffer beispielsweise Zugriff auf Daten der Produktion wie deren Auslastung und kann so bedarfsgerecht Rohstoffe und Hilfsstoffe beschaffen. Der Vertrieb kann beispielsweise anhand der Auslastung der Produktion Verkaufsgespräche ausrichten.

Ferner können nicht nur Daten in Organisationen gemeinsam genutzt werden, sondern auch Geräte wie Drucker. Oftmals ist es nicht notwendig, jeden Rechner mit einem eigenen Drucker auszustatten. Somit können mehrere Rechner auf einen Drucker zugreifen, wodurch Anschaffungs- und Wartungskosten gesenkt werden können.

Im privaten Bereich dienen Rechnernetze zu einem großen Teil der Unterhaltung, der Kommunikation und dem Beschaffen von Waren und Dienstleistungen im Rahmen des E-Business (siehe Kapitel 8). Die Anbindung an das Internet stellt für eine Vielzahl von Privatnutzern ein entscheidendes Kaufkriterium für einen Rechner dar. Aus den aufgezeigten Anwendungsszenarien sind bereits verschiedene Arten von Netzen erkennbar, die im Folgenden näher beschrieben werden.

Rechnernetze können anhand der Entfernung der Prozessoren der beteiligten Rechner unterschieden werden. Tanenbaum differenziert hierbei zwischen Personal Area Network, Local Area Network, Metropolitan Area Network und Wide Area Network [Tan02].

Als **Personal Area Network** (PAN) werden Rechnernetze zwischen Geräten einer Person verstanden. Hierzu zählt beispielsweise ein temporäres Rechnernetz zwischen einem Personal Digital Assistant (PDA) und einem Personal Computer (PC). Ebenso fällt ein Funknetz zwischen einem PC und einem Drucker unter diese Kategorie. Die Entfernung der Prozessoren beträgt dabei oft nicht mehr als einen Meter.

Mehrere Rechner in einem Gebäude oder auf einem Gelände werden durch ein **Local Area Network** (LAN) miteinander verbunden. Diese Netze sind geografisch begrenzt, wobei sich die Prozessoren der Rechner in der Regel mehrere Meter oder sogar einige hundert Meter voneinander entfernt befinden. In Unternehmen kommen daher solche lokalen Netze zum Einsatz. LANs lassen sich anhand der Größe (Anzahl der Rechner), der Übertragungstechnik und der Topologie voneinander unterscheiden. In Local Area Networks werden zumeist kabelbasierte Übertragungstechniken eingesetzt. Vermehrt setzt sich auch die funkbasierte Übertragung in LANs durch.

4.2 Teildisziplinen der Informatik

Die Topologie eines Rechnernetzes beschreibt die Verbindungsstruktur. Diese kann anhand der Merkmale Anzahl der Kanten (Verbindungen), maximaler Abstand zweier Knoten (Rechner) und Ausfallsicherheit bei Ausfall eines Knotens beschrieben werden. Die Anzahl der Kanten bestimmt die Kosten für den Aufbau eines Rechnernetzes. Der maximale Abstand zweier Rechner beschreibt, wie viele Zwischenstrecken Daten zwischen zwei Rechnern maximal passieren müssen. Im Weiteren werden die Bus-, die Ring-, die Stern-, die Baum- und die Vermaschungs-Topologie anhand der vorgestellten Merkmale diskutiert.

Bei einem **Busnetz** sind alle Rechner über ein gemeinsames Medium (zumeist Kabel) miteinander verbunden, das als Bus bezeichnet wird. Somit ist die Anzahl der Verbindungen unabhängig von der Anzahl der Rechner und beträgt immer 1. Der maximale Abstand zweier Rechner beträgt ebenfalls 1, da jeder Rechner direkt von jedem anderen Rechner aus erreicht werden kann. Sind Störungen auf dem Bus vorhanden, so kann dadurch das gesamte Netz ausfallen. Abbildung 4.9 stellt den Aufbau eines Busnetzes schematisch dar.

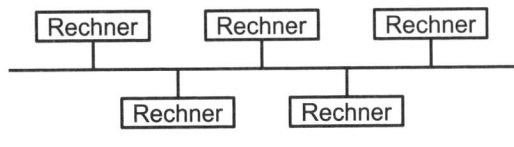

Abbildung 4.9: Busnetz

Bei einem **ringförmigen Netz** (siehe Abbildung 4.10) besteht eine Verbindung von einem Rechner zu einem weiteren Rechner. Dabei wird der letzte Rechner der Struktur mit dem ersten Rechner verbunden, so dass ein Ring entsteht. Hierzu sind n Verbindungen notwendig, wobei n der Anzahl der Rechner entspricht. Der maximale Abstand zweier Rechner beträgt $n/2$. Fällt ein Rechner des Netzes aus, so erhöht sich der maximale Abstand zweier Rechner, es sind jedoch noch alle Rechner erreichbar.

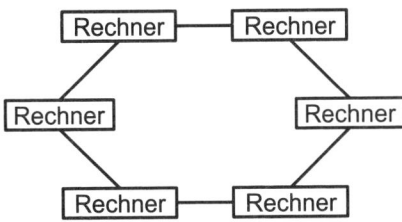

Abbildung 4.10: Ringförmiges Netz

Anders als bei den bisher betrachteten Topologien erfolgt die Kommunikation zweier Rechner in einem **sternförmigen Netz** stets über eine Zentrale in Form eines Rechners. Dadurch bricht das gesamte Netz bei Ausfall der Zentrale zusammen. Zum Aufbau eines sternförmigen Netzes werden wie beim ringförmigen Netz n Verbindungen benötigt. Der maximale Abstand beträgt hier jedoch nur 2 Zwischenstrecken (vom Sender zur Zentrale und von der Zentrale zum Empfänger). Abbildung 4.11 zeigt den Aufbau eines sternförmigen Netzes.

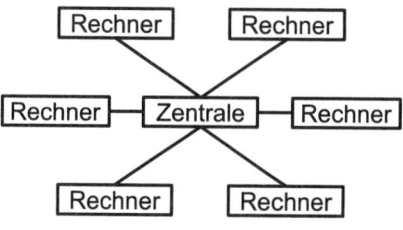

Abbildung 4.11: Sternförmiges Netz

Eine Erweiterung des sternförmigen Netzes stellt das **baumförmige Netz** (siehe Abbildung 4.12) dar. Bei diesem gehen von einem Rechner (ähnlich der Zentrale) zwei Verbindungen zu zwei Rechnern aus, von denen wiederum Verbindungen zu je zwei Rechnern ausgehen. Hierdurch werden $n-1$ Verbindungen zum Aufbau des Netzes notwendig. Der maximale Abstand zweier Rechner beträgt $2 \cdot log((n+1)/2)$. Bei Ausfall eines Rechners fällt das gesamte Subnetz aus, welches von diesem Rechner ausgeht. Fällt der Rechner der obersten Ebene aus, so bricht das gesamte Netz zusammen.

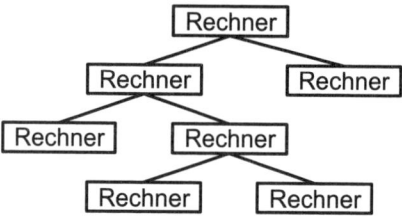

Abbildung 4.12: Baumförmiges Netz

Bei einem **vermaschten Netz** ist jeder Rechner mit jedem weiteren Rechner verbunden. Dies führt zu einer extrem hohen Ausfallsicherheit des gesamten Netzes, verursacht jedoch sehr hohe Kosten durch eine Vielzahl an notwendigen Verbindungen. Für diese Topologie sind $n(n-1)/2$ Verbindungen notwendig. Die maximale Entfernung zweier Rechner beträgt jedoch nur 1, wodurch eine direkte Kommunikation aller Kommunikationspartner möglich ist. Den schematischen Aufbau eines vermaschten Netzes zeigt Abbildung 4.13.

Wie anhand der beschriebenen Merkmale zu sehen ist, ist eine Minimierung der Anzahl der Verbindungen bei gleichzeitiger Minimierung des maximalen Abstandes zweier Rechner und Maximierung der Ausfallsicherheit nicht möglich. Bei der Verwendung einer Topologie ist weiterhin darauf zu achten, ob Daten innerhalb des Netzes kollidieren können. Dies kann immer dann geschehen, wenn mehrere

4.2 Teildisziplinen der Informatik

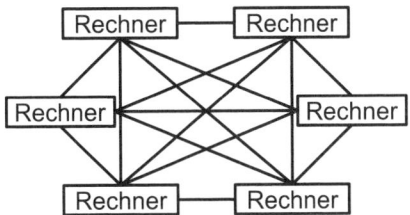

Abbildung 4.13: Vermaschtes Netz

Rechner Daten über die gleiche Verbindung senden. Je weniger Verbindungen zur Verfügung stehen, desto mehr Kollisionen treten auf und desto eher ist das Netz ausgelastet.

Zur Erkennung und Vermeidung von Kollisionen wurden verschiedene topologiespezifische Verfahren entwickelt, von denen hier das Carrier Sense Multiple Access with Collision Detect-Verfahren (CSMA/CD) und das Token-Ring-Verfahren vorgestellt werden sollen.

Bei einer Bus-Topologie werden alle Daten über die gleiche Verbindung zwischen den Rechnern ausgetauscht. Daher kann es hier insbesondere zu Kollisionen der einzelnen Datenpakete kommen. In den meisten Busnetzen ist ein Senden von Daten nur möglich, wenn die Verbindung frei ist. Sendet ein Rechner Daten, so setzt er dabei ein entsprechendes Leitungssignal. Senden zwei Rechner zur gleichen Zeit Daten, so kann es zu einer Kollision kommen. Mit dem **Carrier Sense Multiple Access with Collision Detect** wurde ein Verfahren entwickelt, das Kollisionen erkennen kann. Senden zwei Rechner zur gleichen Zeit Daten, die kollidieren, so erkennen die Rechner dies anhand von Signalen der Verbindung. Die Rechner müssen dann warten, bis die Verbindung wieder frei ist, und ihre Daten erneut senden. Damit es nicht zu mehrfachen Kollisionen kommt, müssen die Rechner eine gewisse Zeit warten, bevor sie die Daten erneut senden können. Die maximale Wartezeit d ist hierbei fest vorgegeben, und die Rechner wählen eine beliebige Wartezeit, die kleiner ist als d. Der Rechner mit der geringsten Wartezeit belegt somit zuerst die Verbindung und kann seine Daten senden.

Das **Token-Ring-Verfahren** wurde für ringförmige Netze entwickelt. Hierbei kreist ein spezielles Datenpaket in dem Ring und verweilt bei jedem Rechner für eine gewisse Zeit. Dieses Datenpaket wird als Token bezeichnet. Senden kann ein Rechner ausschließlich dann, wenn er das Token besitzt. Dieses Verfahren vermeidet Kollisionen, ist allerdings sehr ineffizient, wenn nur wenige Rechner Daten senden wollen, da ein Rechner nur eine begrenzte Menge an Daten senden kann.

Neben den bisher betrachteten Personal Area Networks und den Local Area Networks existieren noch Metropolitan Area Networks und Wide Area Networks. Von einem **Metropolitan Area Network** (MAN) wird dann gesprochen, wenn das Netz in etwa die Größe einer Großstadt einnimmt. Die einzelnen Rechner können somit mehrere Kilometer voneinander entfernt sein. Ein typisches MAN stellt das Kabelfernsehnetz in vielen Städten dar. Dieses aus den Gemeinschaftsantennen-

Systemen entstandene Netz verbindet mittlerweile Fernsehgeräte ganzer Städte. Mit wenigen Änderungen können über die Kabelfernsehnetze Rechner angeschlossen werden. Die Netzbetreiber ermöglichen somit ihren Kunden häufig auch einen Internetanschluss.

Werden LANs und MANs zu einem Netz verbunden, so spricht man von einem **Wide Area Network** (WAN). Dieses erstreckt sich oftmals über mehrere Länder oder gar Kontinente. Das bekannteste WAN ist das Internet, ein weltweiter Zusammenschluss vieler verschiedener Subnetze. Von einem Subnetz, das ein LAN oder MAN sein kann, ist zumeist nur ein Rechner (Router) mit dem WAN verbunden, über den die anderen Rechner des Subnetzes Zugang zu dem WAN erhalten.

Neben der physikalischen Verbindung wird zur Kommunikation zwischen Rechnern ein Abkommen über die Art und den Ablauf der Kommunikation benötigt. Dieses ist in Protokollen geregelt. Solche Protokolle übersetzen die Inhalte von Diensten wie E-Mail in eine für die physikalische Datenübertragung geeignete Form. Die Beschreibung wird dabei nach dem Vorschlag der International Standard Organization (ISO) in sieben Schichten unterteilt, die aufeinander aufbauen und jeweils abgegrenzte Aufgaben übernehmen. Der Vorschlag der ISO wird auch als **OSI-Referenzmodell** bezeichnet. OSI steht hierbei für Open Systems Interconnection. Den Aufbau des OSI-Referenzmodells zeigt Abbildung 4.14. Die Schichten des OSI-Referenzmodells lassen sich zu vier in der Praxis relevanten Internetschichten zusammenfassen, die ebenfalls in Abbildung 4.14 dargestellt sind. Den einzelnen Schichten lassen sich Protokolle zuordnen, von denen im Weiteren TCP und IP erläutert werden.

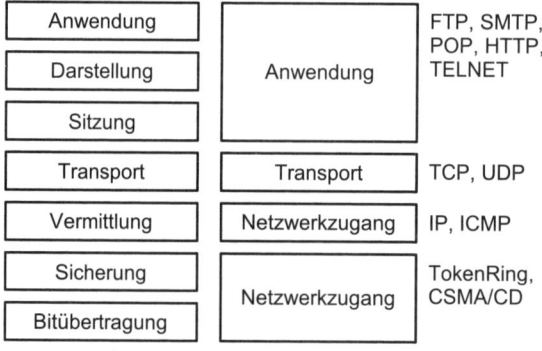

Abbildung 4.14: OSI-Referenzmodell

Die Bitübertragungsschicht regelt die physikalische Übertragung von Bits über optische, elektrische oder elektromagnetische Signale. Auf ihr baut die Sicherungsschicht auf, die dazu dient, Fehler bei der Bitübertragung zu erkennen. Dazu werden die Bits zu Datenblöcken zusammengefasst und mit einer Prüfsumme versehen. Die Weiterleitung von Datenpaketen in den einzelnen Zwischenstationen eines Rechnernetzes ist in der Vermittlungsschicht geregelt. Die Datenpakete werden in der nächsthöheren Schicht, der Transportschicht, erstellt. Die Transportschicht hat ferner die Aufgabe, eine Flusskontrolle der Datenpakete durchzuführen. Dabei ist unter anderem darauf zu achten, dass ein langsamer Empfänger nicht von einem schnellen Sender mit Daten überflutet wird. Die Sitzungsschicht regelt die Synchronisation und das Tokenmanagement von Verbindungen. Mit dem Tokenmanagement soll geregelt werden, welcher Rechner gerade Daten übertragen darf. Die Synchronisation setzt während der Übertragung Fixpunkte, bei denen die Übertragung nach einem Absturz wieder aufgenommen werden kann. Damit die Daten auf jedem Rechner gleich interpretiert werden und keine Unterschiede durch die Verwendung unterschiedlicher Zeichensätze entstehen, werden die zu versendenden Inhalte in der Darstellungsschicht abstrahiert und mit einer Standardkodierung versehen. Die Anwendungsschicht stellt eine Vielzahl von Protokollen bereit, die die Dienste beschreiben, auf die ein Benutzer an seinem Rechner zugreifen kann.

TCP (Transmission Control Protocol) und **IP** (Internet Protocol) sind die grundlegenden Übertragungsprotokolle, die im Internet verwendet werden. Diese decken die dritte und die vierte Schicht des OSI-Referenzmodells ab. Auf TCP und IP aufbauende Protokolle sind an Anwendungen wie E-Mail-Clients oder Webbrowser gebunden. Die im Rahmen des Web zum Einsatz kommenden Protokolle werden in Kapitel 8.3.1 näher betrachtet. Der Datenaustausch per TCP erfolgt in Segmenten, die einen TCP-Header und die zu übertragenden Daten beinhalten. TCP definiert weiterhin eine Fehlerkontrolle und eine Flusskontrolle. Die Verbindung von Rechnern mittels TCP wird als Ende-zu-Ende-Verbindung bezeichnet. Sender und Empfänger einigen sich dabei auf einen von 65536 möglichen Austauschkanälen (Ports), über den eine Verbindung aufgebaut und Daten ausgetauscht werden.

Die TCP-Segmente werden zur Versendung an das IP weitergereicht. Das IP versieht die Segmente wiederum mit einem Header, in dem eine eindeutige Adresse des Empfängers und des Senders enthalten ist. Diese Adressen bestehen aus vier Blöcken zu je 8 Bit. Anhand der IP-Adresse des Empfängers eines Datenpaketes können Zwischenstationen in einem Rechnernetz den für das Paket günstigsten Weg ermitteln und das Paket weiterleiten. Da eine Adresse aus insgesamt 32 Bit besteht, können 2^{32} Rechner mit einer Adresse versehen werden. Dies war bei der Konzeption des IP eine hinreichend große Zahl an Adressen. Aufgrund des enormen Wachstums an weltweit vernetzten Rechnern reicht der Adressbereich nicht mehr aus. Daher wurde bereits ein Nachfolger mit Namen IPv6 entwickelt. Dieser definiert Adressen mit 8 Blöcken, wobei ein Block aus 16 Bit besteht. Somit ergeben sich 2^{128} mögliche Adressen.

4.2.4 Algorithmen und Datenstrukturen

In diesem Kapitel sollen Algorithmen und Datenstrukturen vorgestellt werden, die die Grundlage zur Formulierung und Lösung von Aufgaben mit Hilfe eines Rechners bilden. Die Algorithmen nehmen eine Verarbeitung von Eingabedaten in Ausgabedaten vor. Dabei ist eine enge Bindung zwischen der Datenstruktur und der Verarbeitung festzustellen. Die Datenstrukturen werden dabei durch die Algorithmen determiniert. Im Folgenden sollen daher zunächst Algorithmen und anschließend Datenstrukturen betrachtet werden.

Die Lösung von real existierenden Aufgaben mit Hilfe von Informationssystemen erfordert die formale Spezifikation der Aufgabe. Dabei ist eine Abhandlung der Aufgabe zu erstellen, die für den Rechner verständlich ist. Die zu lösenden Aufgaben können zumeist als komplex bezeichnet werden. Ein Rechner kennt jedoch nur relativ einfache Anweisungen wie Addition, Subtraktion oder Vergleich. Damit die Komplexität real existierender Aufgaben abgebildet werden kann, ist es notwendig, eine Verarbeitungsvorschrift zu erstellen, in der festgelegt ist, in welcher Reihenfolge welche der dem Rechner zur Verfügung stehenden Operationen abzuarbeiten sind.

In einer ersten Annäherung kann ein Algorithmus somit als eine Verarbeitungsvorschrift bezeichnet werden. Damit eine Verarbeitungsvorschrift jedoch als Algorithmus bezeichnet werden kann, bedarf es bestimmter Voraussetzungen. So muss ein Algorithmus rechnerverständlich spezifiziert sein. Ferner ist die Struktur der Ein- und Ausgabedaten festzulegen. Ein Algorithmus besteht zudem aus einer Menge endlicher Anweisungen, die in endlicher Zeit ausgeführt werden, so dass der Algorithmus nach einer gewissen Zeit terminiert. Oftmals wird die Determiniertheit als weiteres Kriterium von Algorithmen betrachtet [KW05]. Mit dieser Eigenschaft ist zu jedem Zeitpunkt festgelegt, welche Anweisungen ausgeführt werden. Dies ist beispielsweise mit genetischen Algorithmen nicht aufrechtzuerhalten.

Zu einer Aufgabe lassen sich oftmals mehrere Algorithmen angeben, die zum selben Ergebnis führen, sich jedoch in ihrer Komplexität und Effizienz unterscheiden. Auf diesem Zusammenhang aufbauend, hat sich in der theoretischen Informatik das Teilgebiet der Komplexitätstheorie herausgebildet, welches Algorithmen hinsichtlich ihrer Komplexität und Effizienz untersucht.

Wie bereits angesprochen, ist ein Kriterium von Algorithmen in der Informatik die Notwendigkeit, dass diese rechnerverständlich spezifiziert sein müssen. Die Spezifikation erfolgt dabei mit Hilfe von Programmiersprachen (siehe Exkurs Programmiersprachen), und der Prozess wird als Programmieren bezeichnet. Das Ergebnis des Programmierens ist zumeist nicht ein einzelner Algorithmus, sondern eine strukturierte und zusammenhängende Menge von Algorithmen und weiteren Elementen, die der Interaktion zwischen Mensch und Computer dienen.

Exkurs: Programmiersprachen

Programmiersprachen stellen das Bindeglied zwischen Mensch und Computer dar. Computer verstehen, wie bereits angesprochen, ausschließlich Ketten von Binärzahlen. Maschinensprachen, die als Programmiersprachen der ersten Generation bezeichnet werden, sind binär codiert und können dadurch direkt vom Computer verarbeitet werden. Für den Menschen sind diese Programmiersprachen kaum anwendbar. Eine erste Abstraktion schafften die immer noch hardwareabhängigen Assemblersprachen, die als Programmiersprachen der zweiten Generation bezeichnet werden und bereits für verschiedene, zumeist atomare Anweisungen Befehlsabkürzungen verwenden (z.B. add für Addition). Programmiersprachen der dritten, vierten und fünften Generation werden als höhere Programmiersprachen bezeichnet. Der Unterschied zwischen den Generationen dieser Sprachen ist umstritten und soll daher hier nicht dargelegt werden.

Höhere Programmiersprachen zeichnen sich durch eine Unabhängigkeit von der Hardware des Computers aus und beinhalten Konzepte, die über die atomaren Operationen der niederen Programmiersprachen hinausgehen. Bereits in den 50er-Jahren wurde mit FORTRAN eine erste höhere Programmiersprache entwickelt, die wie COBOL, ADA und PASCAL zu den imperativen Programmiersprachen zu zählen ist. Ein Programm besteht bei diesen Sprachen aus einer Menge von Variablen, welche die Daten enthalten und einer Menge von Anweisungen, die sukzessive abgearbeitet werden.

Eine weitere Gruppe höherer Programmiersprachen bilden die logischen Sprachen, die aus einer Menge von Fakten, einer Menge von Regeln sowie einer Anfrage bestehen. Dabei soll die Anfrage mit Hilfe der Regeln aus den Fakten beantwortet werden. Zu den logischen Programmiersprachen ist unter anderem PROLOG zu zählen.

Zur Abbildung von mathematischen Funktionen wurden so genannte funktionale Programmiersprachen entwickelt. Dabei sind Abbildungsvorschriften zu deklarieren, die Elementen eines Definitionsbereichs ein Element aus dem Wertebereich zuordnen. Neben den Abbildungsvorschriften erlauben funktionale Programmiersprachen auch die Verwendung von Bedingungen zur Steuerung des Programmablaufs. Zu den bekanntesten Vertretern dieser Klasse zählen LISP, HASKELL und SCHEME.

In objektorientierten Programmiersprachen werden Aufgaben in Objekte zerlegt, die aus einer Menge von Daten bestehen und bestimmte Fähigkeiten haben. Dabei ist es für den Programmierer notwendig, das Wissen zur Aufgabenlösung zu abstrahieren und in Objekten zusammenzufassen. Als erste vollkommen objektorientierte Programmiersprache gilt SMALLTALK. Neben dieser sind unter anderem JAVA und C# zu dieser Sprachenkategorie zu zählen.

Wie bereits mehrfach angesprochen, bestehen Algorithmen und somit auch Programme aus einer Reihe von Anweisungen (Befehlen). Anweisungen können nach ihrer Art in Zuweisungen, Eingaben, Ausgaben, Verarbeitungen und Kontrollstrukturen untergliedert werden. Eine Zuweisung dient dabei der Änderung eines Datenspeichers. Eine Eingabe weist einer Variablen einen vom Benutzer eingegebenen Wert zu und kann somit als spezielle Zuweisung betrachtet werden.

Eine Ausgabe dient der Anzeige des Inhaltes eines Datenspeichers. Verarbeitungen führen Berechnungen durch und stellen die Speicherung und das Laden von Daten auf Datenträgern wie der Festplatte sicher. Kontrollstrukturen legen die Reihenfolge und die Häufigkeit der Ausführung weiterer Anweisungen fest. Folgend werden die wichtigsten Kontrollstrukturen kurz vorgestellt. Dabei wird die Notation von **Struktogrammen** benutzt, die eine grafische Darstellung von Anweisungen erlauben. Abbildung 4.15 zeigt die Symbole für eine Zuweisung, eine Eingabe, eine Ausgabe und eine Verarbeitung.

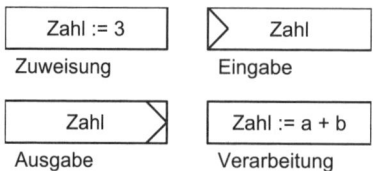

Abbildung 4.15: Struktogrammnotation einer Zuweisung, einer Eingabe, einer Ausgabe und einer Verarbeitung

Sollen verschiedene Anweisungen hintereinander abgearbeitet werden, so liegt eine implizite Kontrollstruktur vor, die nicht durch spezielle Anweisungen zum Ausdruck gebracht werden muss. Diese Kontrollstruktur wird als **Folge** oder **Sequenz** bezeichnet.

Hängt die Verarbeitungsreihenfolge von einer Bedingung ab, so kommt die **Auswahl** zum Einsatz. Mit dieser Kontrollstruktur kann zwischen zwei oder mehreren Anweisungen entschieden werden, wobei die Entscheidung von einer festgelegten Bedingung abhängt. Ferner ist es möglich, eine Entscheidung zwischen Ausführung und Überspringen einer Anweisung zu treffen. Eine einfache Auswahl bedingt einen Booleschen Ausdruck. Dieser kann entweder wahr oder falsch sein. Sollen mehr als die zwei Ausprägungen wahr oder falsch möglich sein (z.B. 1,2,3,4, Sonstiges), dann wird eine mehrfache Auswahl verwendet. Abbildung 4.16 zeigt die Struktogrammnotation für eine einfache Auswahl (a) und eine mehrfache Auswahl (b).

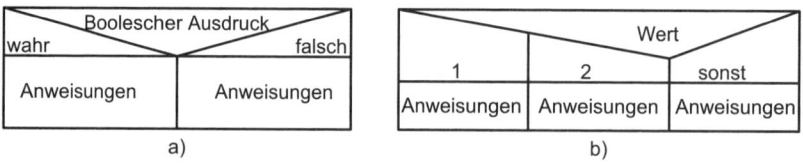

Abbildung 4.16: Struktogrammnotation einer einfachen und mehrfachen Auswahl

Eine weitere Kontrollstruktur stellen **Wiederholungen** (Schleifen) dar, mit denen eine Folge von Anweisungen mehrfach, zumeist mit verschiedenen Daten, durchlaufen wird. Wiederholungen genügen genau dann den Anforderungen eines Algorithmus, wenn die Anzahl der Wiederholungen endlich ist. Eine Wiederho-

4.2 Teildisziplinen der Informatik

lung von Anweisungen erfolgt in Abhängigkeit einer oder mehrerer Bedingungen. Sind diese erfüllt, so werden die inneren Anweisungen der Wiederholung erneut durchlaufen, andernfalls wird die Abarbeitung des Algorithmus mit den Anweisungen nach der Wiederholung fortgesetzt.

Je nach Verortung der Bedingung können Wiederholungen mit **vorgelagerter und nachgelagerter Bedingung** unterschieden werden. Ist die Bedingung vorgelagert, so wird vor der Ausführung der Anweisungen innerhalb des Wiederholungsblocks zunächst die Bedingung geprüft. Dadurch kann der Fall eintreten, dass die Anweisungen des Wiederholungsblocks nie ausgeführt werden. Bei Wiederholungen mit nachgelagerter Bedingung werden zuerst die Anweisungen des Wiederholungsblocks durchlaufen, anschließend erfolgt die Prüfung der Bedingung für einen möglichen Durchlauf der Anweisungen. Die folgende Abbildung zeigt die Struktogrammnotation der Wiederholung mit vorgelagerter Bedingung (a) und nachgelagerter Bedingung (b).

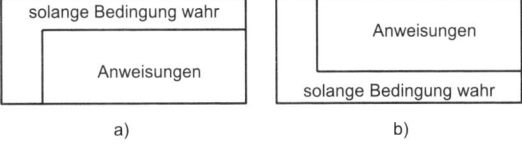

Abbildung 4.17: Struktogrammnotation einer Wiederholung mit vorgelagerter und nachgelagerter Bedingung

Eine spezielle Form der Bedingungen bilden Zählwiederholungen ab, deren Struktogramm in Abbildung 4.18 dargestellt ist. Bei diesen werden die Anweisungen des Wiederholungsblocks so lange durchlaufen, bis eine Zählvariable eine vorgegebene Grenze über- oder unterschritten hat. Diese Art von Wiederholungen eignet sich zur Verarbeitung einer fest vorgegebenen Menge von Daten (z.B. für einen Algorithmus zur Umwandlung von Buchstaben in Dualzahlen).

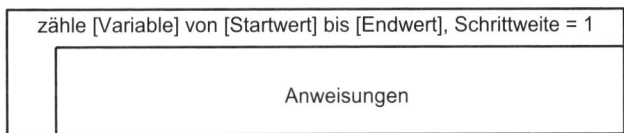

Abbildung 4.18: Struktogrammnotation einer Zählwiederholung

Im Folgenden sollen beispielhaft grundlegende Sortier- und Suchalgorithmen beschrieben werden. Ein **Sortieralgorithmus** hat die Aufgabe, eine Menge von Elementen ihrer Größe nach zu sortieren. Bei Zahlen ist die Größe bereits implizit gegeben, für komplexe Elemente hingegen müssen die Operatoren *kleiner*, *größer* und *gleich* explizit definiert werden. Für die weiteren Betrachtungen wird davon ausgegangen, dass es sich bei den Elementen um Zahlen handelt.

Ausgehend von einer Liste unsortierter Elemente kann eine Liste sortierter Elemente erzeugt werden, indem die Originalliste nach dem kleinsten Element durchsucht wird und dieses an die erste Stelle der neuen, sortierten Liste gesetzt wird. Dabei wird das Element aus der unsortierten Liste gestrichen, und es wird erneut nach dem kleinsten Element gesucht, das nun an die zweite Stelle der sortierten Liste gesetzt wird. Der Vorgang wird so lange wiederholt, bis alle Elemente der unsortierten Ursprungsliste in die neue, sortierte Liste übernommen wurden. Dieser Algorithmus wird als **Minimumsort** oder Selectionsort bezeichnet.

Einen weiteren Algorithmus stellt der **Bubblesort** (Ripplesort) dar. Bei diesem werden fortlaufend zwei benachbarte Elemente miteinander verglichen und bei Bedarf ausgetauscht. Dadurch steigt in der ersten Iteration das größte Element wie eine Blase an die letzte Stelle der Liste, in der zweiten Iteration das zweitgrößte usw. Der vollständige Algorithmus ist in folgendem Struktogramm abgebildet.

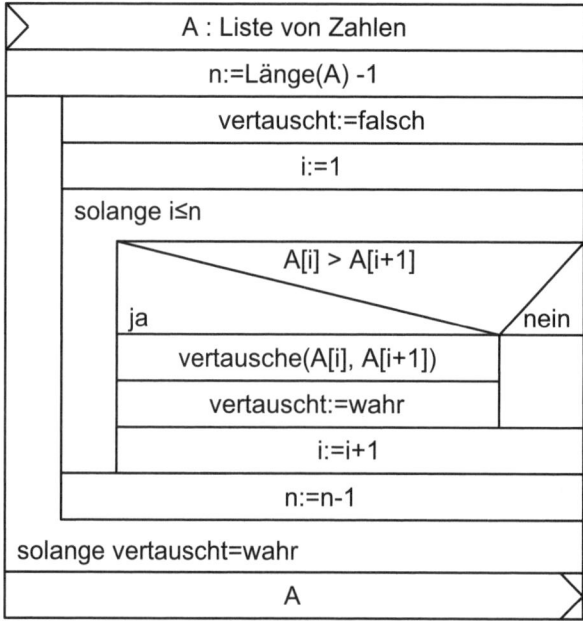

Abbildung 4.19: Struktogrammnotation von Bubblesort

Zum Verständnis des Algorithmus bzw. zum Überprüfen der Korrektheit eines Struktogrammes kann dieses anhand eines Beispiels ausprobiert werden. Geht man davon aus, dass die Zahlenfolge 2,5,8,13,1,7 sortiert werden soll, so wird diese Zahlenfolge vom Benutzer eingegeben und in der Liste A abgespeichert. Im nächsten Schritt wird die Länge der Liste mit $n = 6$ ermittelt. Nun erfolgt der Eintritt in die erste oder auch äußere Wiederholung. Da es sich hierbei um eine Wiederholung mit nachgelagerter Bedingung handelt, werden die Anweisungen innerhalb der Wiederholung mindestens einmal durchlaufen.

Innerhalb der äußeren Wiederholung finden zunächst zwei Zuweisungen statt. Die Variable *vertauscht* wird auf den Wert *falsch* gesetzt, und die Variable *i* wird auf den Wert 1 gesetzt. An diese Zuweisungen schließt sich eine zweite oder innere Wiederholung an. Die innere Wiederholung dient dem Durchlaufen der Liste von der ersten bis zur letzten Zahl und dem Austauschen, sollten zwei benachbarte Zahlen nicht der gewünschten Sortierung entsprechen. Die jeweilige zu prüfende Zahl wird in der Variable *i* festgehalten. Zu Beginn ist $i = 1$, daher wird zunächst die erste Zahl überprüft. Sollte die Zahl an der Stelle *i* größer sein als die Zahl an der Stelle $i + 1$, so werden beide Zahlen vertauscht. Es handelt sich hierbei also um eine Aufwärtssortierung. Hat eine Vertauschung der Zahlen stattgefunden, wird der Wert der Variable *vertauscht* auf *wahr* gesetzt. Unabhängig von der Vertauschung wird das *i* (zu prüfende Stelle der Liste) inkrementiert.

Innerhalb der inneren Schleife wird somit die Liste einmal Stelle für Stelle durchgegangen und eine entsprechende Sortierung vorgenommen. Nachdem die innere Schleife von 1 bis *n* abgearbeitet wurde, ergibt sich das folgende Zwischenresultat: 2,5,8,1,7,13. Da eine Vertauschung innerhalb der inneren Schleife stattgefunden hat, wird die äußere Schleife noch ein weiteres Mal durchgeführt, so dass sich nun die Zahlenfolge 2,5,1,7,8,13 ergibt. Wie an den Zwischenergebnissen zu sehen ist, steigen die größten Zahlen der Reihe nach wie eine Blase nach oben (an die jeweilige Stelle in der Liste). Sollte innerhalb der inneren Wiederholung kein Tausch stattgefunden haben, ist die Liste korrekt sortiert, und die Variable *vertauscht* hat den Wert *falsch*, wodurch auch die äußere Schleife nicht mehr durchlaufen wird und das Ergebnis ausgegeben werden kann.

Für den Algorithmus Bubblesort und den Algorithmus Minimumsort sind maximal n^2 Vergleiche notwendig, wobei *n* die Zahl der zu sortierenden Elemente angibt. Die Anzahl der Vergleiche wird auch als Aufwand bezeichnet. Ein Sortieralgorithmus ist umso effizienter, je weniger Aufwand er verursacht.

Ein Algorithmus, der mit weniger Vergleichen als die beiden bislang vorgestellten auskommt, ist **Mergesort**. Dieser benötigt maximal $n \cdot log\ n$ Vergleiche und ist somit effizienter. Hierbei wird die Liste der zu sortierenden Elemente in zwei nahezu gleich große Listen aufgeteilt und weiterverarbeitet. Beinhalten die Teillisten mehr als ein Element, so werden diese erneut geteilt. Neben den Schritten des Teilens gibt es bei diesem Algorithmus Schritte zum Mischen der sortierten Teillisten. Nachdem die Ursprungsliste in Teillisten zerlegt wurde, werden diese zunächst sortiert und dann in mehreren Mischschritten zusammengesetzt. Dabei werden in einem ersten Mischschritt Listen mit je maximal zwei Elementen erzeugt und diese im nächsten Schritt zu Listen mit maximal vier Elementen gemischt. Die Mischschritte werden so lange wiederholt, bis eine vollständig sortierte Liste vorliegt.

Suchalgorithmen sollen ein spezifisches Element aus einer Liste von Elementen heraussuchen. Dabei wird oftmals vorausgesetzt, dass es sich um eine sortierte Liste von Elementen handelt. Ebenso wie bei den Sortieralgorithmen gibt es auch bei den Suchalgorithmen Unterschiede im Aufwand, den sie verursachen. Aus der Vielzahl existierender Suchalgorithmen werden im Folgenden die sequentielle Suche und die binäre Suche vorgestellt.

Die **sequentielle Suche** stellt den einfachsten Suchalgorithmus dar und lässt sich sowohl auf sortierte als auch auf unsortierte Listen anwenden. Dabei wird die Liste vom ersten Element ausgehend elementweise durchsucht, bis das gewünschte Element gefunden wurde. Die Suche benötigt im besten Fall einen Vergleich, wenn das gewünschte Element an der ersten Position der Liste gespeichert ist. Im schlechtesten Fall sind n Vergleiche notwendig, wobei n die Anzahl der Listenelemente repräsentiert. Dieser Fall tritt ein, wenn das gesuchte Element am Ende der Liste gespeichert ist.

Die **binäre Suche** geht von einer sortierten Liste aus und vergleicht zunächst ein Element in der Mitte der Liste mit dem zu suchenden Element. Ist das Vergleichselement das gesuchte, so ist die Suche beendet. Andernfalls erfolgt eine Prüfung, ob das Vergleichselement kleiner oder größer dem gesuchten Element ist. Ist das gesuchte Element größer als das Vergleichselement, so wird als neues Vergleichselement ein Element in der Mitte der Teilliste der größeren Elemente gewählt, andernfalls ein Element in der Mitte der Teilliste der kleineren Elemente. Damit wird der Bereich der Liste, in dem sich das gesuchte Element befindet, sukzessive eingeschränkt. Hierbei entsteht im schlechtesten Fall ein Aufwand von $\log n$ Vergleichen.

Neben den Algorithmen, welche die Verarbeitung beschreiben, sind Daten zu modellieren, die im Rahmen der Aufgabenlösung verarbeitet werden sollen. Die Daten sind dazu im Hauptspeicher (siehe Kapitel 4.2.2) des Rechners in geeigneter Weise abzuspeichern. Die Struktur der Abspeicherung wird hierbei als Datenstruktur bezeichnet und kann sowohl einfach als auch komplex sein. Komplexe Datenstrukturen werden dabei durch einfache Datenstrukturen implementiert, die wiederum auf zusammengesetzten Datenstrukturen aufbauen. Im Folgenden werden Felder als zusammengesetzte, Stapel und Listen als einfache und Binärbäume als komplexe Datenstrukturen vorgestellt.

Neben der Komplexität kann die Veränderbarkeit von Datenstrukturen während der Lebensdauer einer Datenstruktur als Unterscheidungskriterium verwendet werden. Statische Datenstrukturen sind über ihre gesamte Lebensdauer hinweg sowohl in der Größe als auch in der Struktur gleich. Für eine statische Datenstruktur wird somit ein fester Bereich im Hauptspeicher des Rechners allokiert. Im Gegensatz dazu erlauben dynamische Datenstrukturen eine Veränderung von Struktur oder Größe. Listen und Binärbäume sind von den hier vorgestellten Datenstrukturen den dynamischen zuzuordnen.

Der Begriff Datenstruktur wird häufig mit dem Begriff Datentyp gleichgesetzt. Letzterer umfasst jedoch neben der Datenstruktur eine Menge von auf der Datenstruktur erlaubten Operationen wie Addition oder Konkatenation. Die wichtigsten Datentypen sind in Tabelle 4.1 dargestellt. Es sei darauf hingewiesen, dass der Name der Datentypen von der konkreten Programmiersprache abhängig ist. Die Ausführungen in diesem Buch beziehen sich auf die objektorientierte Programmiersprache Java. Die Datentypen und somit auch die Datenstrukturen werden zumeist durch den Algorithmus bestimmt.

Tabelle 4.1: Darstellung einiger wichtiger Datentypen

Name	Beschreibung	Beispiele
Byte	Ganzzahlen im Bereich von 0 bis 255	0, 5, 83
Integer	Ganzzahlen	-15, 0, 25666
Float	reelle Zahlen	0.25, -1, 2445.475
Double	reelle Zahlen mit doppelter Genauigkeit	0.33345533, 0.00000148
Boolean	Wahrheitswert	true, false
Char	einzelne Zeichen	'3', 'a', '?'
String	Zeichenkette	"Hallo", "45 MByte", "12.45"

Felder sind Datenstrukturen, die aus einer Aneinanderreihung von Elementen des gleichen Datentyps bestehen. Die Reihenfolge der Anordnung der Elemente ist dabei explizit festzulegen. Ein eindimensionales Feld entspricht somit einem Vektor, wohingegen ein zweidimensionales Feld einer Matrix entspricht. Intern werden jedoch zweidimensionale Felder in Form eines eindimensionalen Feldes vom Rechner verwaltet.

Das Anlegen eines Feldes erfolgt unter Angabe des Datentyps der Elemente und der Größe des Feldes, da es sich um eine statische Datenstruktur handelt. Das folgende Beispiel beschreibt die Erstellung eines eindimensionalen Feldes, deren Elemente den Datentyp String besitzen:

```
String[] wochentage = new String[7];
```

Unter Angabe der Positionsnummer können Elemente des Feldes gesucht und bearbeitet werden. Dabei ist zu beachten, dass das erste Element eines Feldes an der Position 0 steht. Das folgende Beispiel zeigt den ändernden Zugriff auf das Element an der Position 4:

```
wochentage[3] = new String("Donnerstag");
```

Abbildung 4.20 zeigt die schematische Darstellung des Feldes mit Inhalt der Elemente und ihrer Position.

Montag	Dienstag	Mittwoch	Donnerstag	Freitag	Samstag	Sonntag
0	1	2	3	4	5	6

Abbildung 4.20: Schematische Darstellung eines Feldes

Stapel stellen wie Felder eine Folge von Elementen eines Datentyps dar. Bei ihnen ist das Einfügen und Entfernen eines Elementes jedoch nur am Anfang der Folge möglich. Dies wird als LIFO-Prinzip (engl. last in first out) bezeichnet. Stapel basieren in der Regel auf statischen Feldern und sind somit selbst als statisch zu bezeichnen, und die Größe des Stapels ist ex ante festzulegen. Dies bedeutet, dass eine Einfüge- oder Löschoperation eine oder mehrere Verschiebeoperationen nach sich ziehen kann. Soll beispielsweise ein Element in einen Stapel mit 15 Elementen eingefügt werden, so müssen die 15 Elemente um jeweils eine Position nach hinten verschoben werden, damit das neue Element an der ersten Stelle eingefügt werden kann. Eine Einfügeoperation verursacht somit einen Aufwand von n, wobei n der Anzahl der bisherigen Elemente entspricht.

Die bisher betrachteten Datenstrukturen sind statisch. Eine einfache dynamische Datenstruktur stellen **Listen** dar. Einfach verkettete Listen bestehen aus rekursiven Elementen. Ein Element enthält dabei einen Wert mit einem vordefinierten Datentyp und einem Zeiger auf das nächste Element. Somit ergibt sich eine verkettete Folge von Elementen, wie sie in Abbildung 4.21 dargestellt ist.

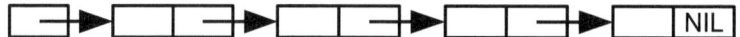

Abbildung 4.21: Schematische Darstellung einer einfach verketteten Liste

Das erste Element besteht lediglich aus einem Zeiger auf das zweite Element und hier genauer auf den Wert des zweiten Elementes. Das letzte Element beinhaltet einen leeren Zeiger mit der speziellen Bezeichnung NIL oder $NULL$, der das Ende der Liste markiert.

Erfolgt die Verkettung nicht nur in eine Richtung, sondern auch in die entgegengesetzte Richtung, so spricht man von doppelt verketteten Listen. Die Elemente bestehen dann aus zwei Zeigern und einem Wert. Der erste Zeiger zeigt auf das vorhergehende Element, der zweite Zeiger auf das nachfolgende Element.

Listen besitzen den Vorteil, dass Elemente eingefügt oder gelöscht werden können, ohne dass Verschiebeoperationen auftreten. Das Einfügen eines neuen Elementes erfolgt ausschließlich durch Umhängen der Zeiger. Soll in einer einfach verketteten Liste zwischen die Elemente A und C das Element B eingefügt werden, so wird der Zeiger von A auf B zeigend und der Zeiger von B auf C zeigend gesetzt. Bei doppelt verketteten Listen müssen analog die Zeiger auf das Vorgängerelement ebenfalls geändert werden.

Listen besitzen damit den Vorteil, dass für sie nicht wie bei den bisher betrachteten statischen Datenstrukturen ein fester Bereich im Hauptspeicher des Rechners allokiert werden muss, sondern dass sie über mehrere Bereiche im Hauptspeicher dynamisch verteilt werden können. Der Nachteil von Listen besteht jedoch in der Durchführung von Suchoperationen. Eine binäre Suche ist beispielsweise bei Listen nicht möglich, da ein Zugriff auf ein Element in der Mitte nur über die Navigation per Zeiger vom ersten Element ausgehend möglich ist. Diese Navigation verursacht einen Aufwand, der dem einer sequentiellen Suche entspricht. Somit sind Suchoperationen auf Listen mit einem höheren Aufwand verbunden als beispielsweise auf Feldern.

Binärbäume stellen eine Erweiterung einfach verketteter Listen dar und werden als komplexe Datenstrukturen bezeichnet. Während ein Element einer Liste maximal einen Nachfolger besitzt, kann ein Element eines Baumes maximal zwei Nachfolger besitzen. Somit besteht ein Element eines Binärbaumes aus zwei Zeigern, die auf die beiden nachfolgenden Elemente zeigen oder den Wert NIL enthalten, falls es keinen Nachfolger gibt (siehe Abbildung 4.22). Neben den Zeigern enthält das Element den eigentlichen abzuspeichernden Wert. Das erste Element eines Binärbaumes, welches einen Zeiger auf den ersten Wert enthält, wird als Wurzelelement bezeichnet. Elemente, die keinen Nachfolger besitzen, bezeichnet man als Blätter. Die Elemente eines Baumes nennt man auch Knoten, die Nachfolger eines Knotens werden oftmals als Sohn bezeichnet und der Vorgänger eines Knotens analog als Vater.

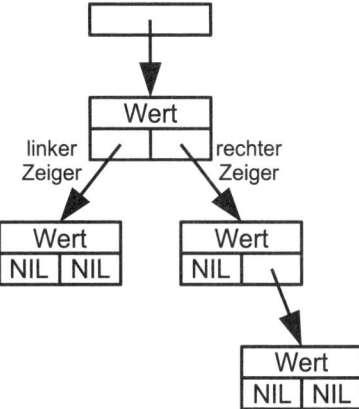

Abbildung 4.22: Schematische Darstellung eines Binärbaumes

Sind die Elemente eines Binärbaumes sortiert, so kann zum Suchen eines Elementes die binäre Suche verwendet werden, wodurch ein Aufwand von $log\ n$ Vergleichsoperationen entsteht. Der Nachteil dynamischer Datenstrukturen besteht darin, dass Zeiger falsch gesetzt werden können und nicht auf das nächste Element, sondern auf einen anderen Bereich im Hauptspeicher zeigen. Dieses Problem lösen moderne Programmiersprachen durch die Vorgabe von komplexen Datenstrukturen, so dass der Programmierer nicht mehr mit Zeigern umgehen muss.

Die Auswahl der geeigneten Datenstruktur kann anhand der notwendigen Einfüge-, Entfernen- und Suchoperationen und somit durch den Aufwand für diese Operationen erfolgen. Diese Operationen werden durch den Algorithmus bestimmt. Statische Datenstrukturen weisen in der Regel einen hohen Aufwand bei Einfüge- und Entfernenoperationen auf, einfache dynamische Strukturen sind durch einen hohen Aufwand bei Suchoperationen gekennzeichnet, und komplexe dynamische Strukturen sind entweder durch einen hohen Aufwand bei den Einfügeoperationen oder durch einen hohen Aufwand bei den Suchoperationen gekennzeichnet.

4.2.5 Softwareentwicklung

Die Algorithmen und Datenstrukturen bilden die Aufgabenlösung im engeren Sinne ab. Damit sie auch von jedem Benutzer zur Lösung seiner Aufgaben eingesetzt werden können, müssen die Algorithmen und Datenstrukturen in einer Software abgebildet werden. Dies wirft zunächst die Frage auf, was unter Software zu verstehen ist. In der Literatur existieren hierzu mehrere Definitionen, wovon im Folgenden die Definition nach Hesse et al. verwendet werden soll. Danach ist Software die „Menge von Programmen oder Daten zusammen mit begleitenden Dokumenten, die für ihre Anwendung notwendig oder hilfreich sind" [HKL84].

Somit befasst sich die Softwareentwicklung mit der Erstellung von Programmen, Daten und der zu ihrer Bedienung notwendigen Dokumentation [Som07]. In Kapitel 4.2.4 wurde bereits die Erstellung von Programmen mit Hilfe von Programmiersprachen erwähnt. Damit diese Erstellung jedoch effektiv und effizient abläuft, ist es notwendig, einen Ablaufplan der Softwareentwicklung zu konzipieren. Dieser Ablaufplan wird als **Vorgehensmodell** bezeichnet. Im Weiteren sollen verschiedene Vorgehensmodelle betrachtet werden.

Bevor die einzelnen Vorgehensmodelle beschrieben werden, ist zunächst allgemein auf die Anforderungen und Eigenheiten der Softwareentwicklung einzugehen. Softwareentwicklung kann grundsätzlich als komplexe und schwierige Tätigkeit beschrieben werden. Das ist auf mehrere Ursachen zurückzuführen:

- Software ist ein immaterielles Produkt und daher nur sehr schwer im Vorhinein zu beschreiben.
- Software lässt sich schwer vermessen und somit schwer mit Vorgaben vergleichen.
- Software besteht aus einer Vielzahl von Elementen. Allein die Programme umfassen häufig mehr als eine Million Anweisungen [Bal00].
- Software stellt die Schnittstelle zwischen Mensch und Maschine dar, somit müssen die Besonderheiten beider Teile beachtet werden.
- Softwareentwicklung ist eine noch recht junge Disziplin. Daher gibt es weniger Erfahrungen als in anderen Disziplinen wie z.B. der Mechanik.
- An der Entwicklung von Software sind oftmals viele Menschen beteiligt, wodurch sich ein großer Koordinationsaufwand ergibt.

Aufgrund der genannten Aspekte ist es notwendig, die Softwareentwicklung als Prozess zu planen. Dazu wurden Phasen identifiziert, die sich je nach Vorgehensmodell in ihrer Häufigkeit und chronologischen Abarbeitung unterscheiden. In der Literatur und Praxis gibt es jedoch keinen einheitlichen Konsens über die einzelnen Phasen und insbesondere deren Bezeichnung. Die folgenden Ausführungen orientieren sich an den von Balzert verwendeten Bezeichnungen der Softwareentwicklungsphasen, welche zunächst beschrieben werden sollen.

4.2 Teildisziplinen der Informatik

Die Phasen der Softwareentwicklung nach Balzert sind die Planungsphase, die Definitionsphase, die Entwurfsphase, die Implementierungsphase, die Abnahme- und Einführungsphase sowie die Wartungs- und Pflegephase [Bal00]. Die Ergebnisse (Artefakte) der einzelnen Phasen stellen die Eingabe für die jeweils nächste Phase dar. Für jede Phase können das Ziel, die durchzuführenden Aktivitäten, die beteiligten Personen und Rollen sowie die zu erstellenden Artefakte angegeben werden.

Das Ziel der **Planungsphase** ist es, die Entscheidung zu treffen, ob die Entwicklung der Software aus ökonomischen, technischen und personalwirtschaftlichen Gesichtspunkten tragbar ist. Dazu ist der Zeit-, Personal- und Kostenaufwand zu ermitteln, der bei der Softwareentwicklung voraussichtlich anfallen wird.

Hierzu sind nach Balzert die folgenden Aktivitäten notwendig [Bal00]:

- Auswahl des Produktes
- Voruntersuchung des Produktes
- Durchführbarkeitsuntersuchung

Die Auswahl des Produktes liefert eine erste Vorstellung von der zu entwickelnden Software. Hier wird in noch recht abstrakter Form der Zweck der Software ermittelt, und mögliche Vorentwicklungen werden durchgeführt und analysiert. Die Voruntersuchungen des Produktes umfassen bei Vorhandensein eines Vorgängerproduktes eine detaillierte Ist-Analyse dieses Produkts. Ferner sind die Hauptanforderungen der Soll-Software festzulegen. Auf Basis dieser Hauptanforderungen kann die ökonomische, technische und personelle Durchführbarkeit getestet werden. Aus diesen Aktivitäten resultieren die folgenden Artefakte:

- Lastenheft
- Projektkalkulation
- Projektplan

Die Hauptanforderungen an die Software werden im **Lastenheft** festgehalten. Es stellt bei Entwicklung der Software sogleich den Vertrag zwischen Auftraggeber und Auftragnehmer dar. Hierzu sind die funktionalen, die qualitativen, die plattformbezogenen und die prozessbezogenen Anforderungen zu erheben. Neben den Funktionen, welche die Software für ihre Benutzer bereitstellen soll, ist die Qualität der Software anzugeben. Dabei sind insbesondere Antwortzeiten und das Verhalten bei Fehleingaben zu spezifizieren. Weiterhin sind die Plattformen festzulegen, auf denen die Software lauffähig sein soll. Der Begriff Plattform umfasst hierbei sowohl Hardware als auch diejenige Software, die eine Grundfunktionalität zur Verfügung stellt. Eine solche Software sind beispielsweise Betriebssysteme oder Datenbanksysteme (siehe Kapitel 4.2.6). Die prozessbezogenen Anforderungen umfassen die Aufstellung eines Zeitplans und die Identifizierung des kritischen Pfades innerhalb des Zeitplans.

Die **Projektkalkulation** kann mit mehreren Methoden erstellt werden, wobei nicht von einem absoluten Ergebnis, sondern lediglich von einer Schätzung ausgegangen werden kann. Mit Hilfe der Analogiemethode kann eine Kalkulation von Softwareprojekten durchgeführt werden, die sich von bereits durchgeführten Projekten nur gering unterscheiden, wodurch die Kosten analog den bereits durchgeführten Projekten zugrunde gelegt werden können. Ferner ist eine Projektkalkulation durch Befragung von Experten möglich. Insbesondere für die Softwareentwicklung wurden Methoden entwickelt, die von einer Zerlegung der zu entwickelnden Software ausgehen und dann eine Schätzung der einzelnen Teile beispielsweise auf Basis von zu programmierenden Codezeilen vornehmen [Sne05]. Eine solche Methode stellt die Funktionspunktanalyse dar [AG83].

Das Basismodell einer Projektkalkulation bildet das so genannte Teufelsquadrat [Sne05]. In diesem werden die Größen Qualität, Quantität (Funktionsumfang), Projektdauer und Kosten als konfliktäre Ziele dargestellt. Im Teufelsquadrat ist ferner die Produktivität (gestricheltes Viereck) als Anzahl von Produktionseinheiten, die ein Projektmitglied pro Zeiteinheit erstellen kann, abgebildet. Die Produktivität kann entsprechend den Zielen im Teufelsquadrat verändert werden.

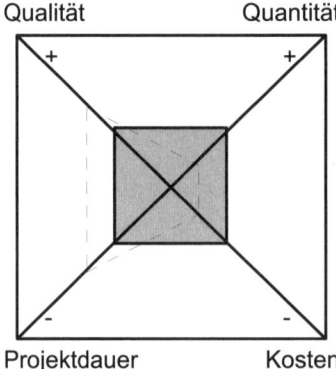

Abbildung 4.23: Teufelsquadrat nach Sneed [Sne05]

Der **Projektplan** ist das Ergebnis der zeitlichen Planung. Der Projektplan gibt Auskunft über die Start- und Endzeitpunkte sowie die Abhängigkeiten der durchzuführenden Phasen und Schritte. Hierzu eignen sich beispielsweise Abhängigkeitsdiagramme, Gantt-Diagramme oder PERT-Diagramme, die genauer in Kapitel 6.6.2 besprochen werden.

An der Durchführung der Planungsphase sind folgende Rollen beteiligt:

- Auftraggeber
- Projektleiter
- Anwendungsspezialist

Der Auftraggeber hat vor allem die Anforderungen an die Software zu modellieren, die vom Anwendungsspezialisten analysiert und in fachliche Beschreibungen übersetzt werden. Der Projektleiter übernimmt die Erstellung der Projektkalkulation und der Projektplanung.

Nach der Planungsphase erfolgt die **Definitionsphase**, welche die vollständige, detaillierte und konsistente Modellierung der zu entwickelnden Software zum Ziel hat. Dazu sind die folgenden Aktivitäten notwendig:

- Ermittlung der Anforderungen
- Analyse der Anforderungen

In der Planungsphase wurden die Hauptanforderungen der Software ermittelt. Basierend auf diesen erfolgt nun eine Detaillierung und Ermittlung aller Anforderungen. Sie werden analysiert und in einem **Pflichtenheft** festgehalten. Dieses stellt zugleich ein Artefakt der Definitionsphase dar. Neben dem Pflichtenheft ist es manchmal sinnvoll, einen Prototypen zu erstellen, um beispielsweise eine bestimmte Funktionalität mit dem Kunden abzusprechen oder hinsichtlich der Möglichkeit der Umsetzung zu testen.

Die führende Rolle in der Definitionsphase übernehmen die Systemanalytiker, die an allen Aktivitäten dieser Phase maßgeblich beteiligt sind. Bei der Analyse der Benutzeroberfläche kann eine weitere Rolle durch den Software-Ergonom wahrgenommen werden. Dieser hat die Aufgabe, die Funktionen der Software mit einem für den Benutzer leicht verständlichen Bedienungskonzept zu versehen.

Nachdem alle Anforderungen an die Software analysiert und expliziert wurden, sind diese während der **Entwurfsphase** in ein Modell zu überführen. Das Ziel der Entwurfsphase ist die Spezifikation einer Softwarearchitektur, welche die einzelnen Komponenten der Software sowie deren Beziehung abbildet. Die Softwarearchitektur bildet, wie auch andere Architekturen, die Grundlage für die Umsetzungs- bzw. Implementierungsphase. Die Entwurfsphase umfasst dabei die folgenden Aktivitäten:

- Identifikation von Softwarekomponenten
- Anordnung der Softwarekomponenten in einer Architektur

Als Softwarekomponente wird ein Bündel von Funktionen verstanden, das sich von weiteren Funktionsbündeln abgrenzen lässt. Softwarekomponenten lassen sich in anderen Softwaresystemen wiederverwenden und sind somit zu einem gewissen Grad unabhängig von den weiteren Komponenten einer Software. Die Komponenten einer Software müssen zunächst identifiziert werden. Anschließend sind die Beziehungen zwischen den Komponenten zu erheben. Aufgrund dieser Beziehungen und den Aufgaben der Komponenten lassen sich diese in einer Architektur anordnen.

Die Architektur stellt somit ein Artefakt der Entwurfsphase dar. Ein weiteres Artefakt stellen die Datenmodelle dar, die ausführlich in Kapitel 4.2.6 besprochen werden. Die zentrale Rolle der Entwurfsphase nimmt der Softwarearchitekt ein. Zur Erstellung einer Softwarearchitektur können informelle, semi-formale und formale Methoden angewandt werden.

Eine informelle Beschreibung besteht aus verbalen Beschreibungen der Anforderungen und ist ohne Kenntnis spezieller Modellierungssprachen durchführbar. Der Nachteil der informellen Modellierung liegt in der nicht überprüfbaren Konsistenz und Vollständigkeit der Modelle.

Mit Hilfe einer semi-formalen Beschreibung kann die Konsistenz und die Vollständigkeit zu einem gewissen Grad überprüft werden. Ferner erfolgt die Modellierung nach festgelegten Regeln. Ein Regelwerk stellt beispielsweise die Unified Modelling Language (UML) dar, welche sich insbesondere zur Modellierung objektorientierter Software eignet. UML ermöglicht eine vorrangig grafisch orientierte Modellierung der zu entwickelnden Software, die von einer Vielzahl an Modellierungswerkzeugen unterstützt wird.

Formale Modelle lassen sich hinsichtlich ihrer Konsistenz und des Ergebnisses am besten überprüfen, erfordern jedoch sehr gute Kenntnisse der Modellierungssprache. Formale Methoden eignen sich insbesondere zur Modellierung von Algorithmen (siehe Kapitel 4.2.4). Die Object Constraint Language (OCL) ermöglicht die Erstellung formaler Modelle und wurde als Erweiterung zu UML entwickelt.

Exkurs: Softwarearchitekturen

Wie bereits erwähnt, besteht eine Softwarearchitektur aus mehreren Softwarekomponenten. Neben diesen Komponenten ist eine Softwarearchitektur zumeist in Schichten aufgebaut. Eine Schicht enthält dabei mehrere Komponenten. Eine Vielzahl von Softwarearchitekturen weist eine Unterteilung in drei Schichten auf. Diese bauen aufeinander auf und sollen so gestaltet werden, dass sie durch eine Neuentwicklung ausgetauscht werden können, ohne dass davon die anderen Schichten betroffen sind.

Die unterste Schicht bildet die **Datenzugriffsschicht**. Sie sorgt für die Speicherung, das Laden und Suchen von Daten in Datenbanksystemen (siehe Kapitel 4.2.6), Dateisystemen oder anderen Datenhaltungskomponenten.

Die Daten werden in der **Applikationsschicht** verarbeitet, welche die Algorithmen zur Lösung einer oder mehrerer Aufgaben beinhaltet. Die Applikationsschicht betriebswirtschaftlicher Software implementiert somit die Geschäftslogik.

Die **Präsentationsschicht** subsumiert die Komponenten, welche mit dem Benutzer interagieren und von diesem Eingaben erhalten oder an diesen Ausgaben liefern. Eine solche Referenzarchitektur bestehend aus drei Schichten wird auch 3-Schichten-Architektur genannt. Abbildung 4.24 stellt eine mögliche 3-Schichten-Architektur dar.

4.2 Teildisziplinen der Informatik

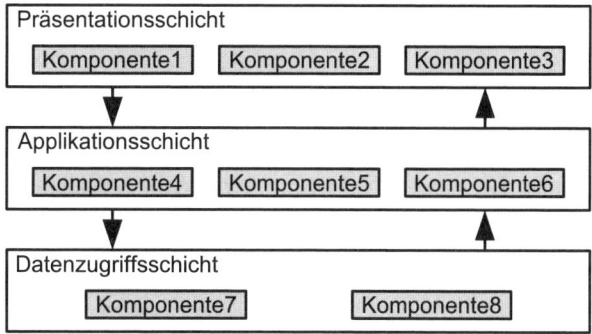

Abbildung 4.24: Beispiel für eine 3-Schichten-Architektur

Aufgrund der Verteilung der Softwareschichten auf einem, zwei oder mehreren Rechnern lassen sich drei Arten von Architekturen unterscheiden. Bei der **Desktop-Architektur** befinden sich alle drei Softwareschichten als ein Softwarepaket auf einem Rechner. Desktop-Architekturen kommen beispielsweise bei Officeanwendungen wie Microsoft Office oder OpenOffice zum Einsatz.

Bei der **Client/Server-Architektur** befindet sich auf einem Rechner zumeist die Applikations- und die Datenzugriffsschicht. Dieser Rechner wird als Server bezeichnet, da er bestimmte Dienste aufgrund der beiden Schichten anbieten kann. Auf dem Client ist zumeist nur die Präsentationsschicht vorhanden, die mit der Applikationsschicht und der Datenzugriffsschicht des Servers kommuniziert. Ein typisches Beispiel für eine Client/Server-Architektur sind Internetanwendungen wie die Suchmaschine Google. Der Nutzer hat auf seinem Rechner die Präsentationsschicht in Form eines Webbrowsers, und auf einem anderen Rechner sind die Komponenten installiert, welche die eigentliche Suche vornehmen.

Sind die Schichten selbst auf mehreren Rechnern verteilt, so spricht man von **verteilten Systemen**. Sie bieten sich an, wenn beispielsweise in der Applikationsschicht komplexe und zeitlich aufwändige Berechnungen notwendig sind. Durch eine Zerlegung der Berechnungen in Einzelberechnungen und eine Verteilung dieser auf mehrere Rechner kann ein Effizienzgewinn erzielt werden.

Als spezielle Form der Architektur verteilter Systeme gilt die **dienstorientierte Architektur (Service-Oriented Architecture, SOA)**, bei welcher die verteilbaren Komponenten eigenständig betreibbare Dienste sind [Som07]. Die Dienste werden von Anbietern kostenfrei oder auch kommerziell zur Verfügung gestellt und können von Dienstanforderern genutzt werden. Damit kann die Wiederverwendbarkeit von Komponenten gesteigert und wirtschaftlich eingesetzt werden. Als mögliche Umsetzung einer dienstorientierten Architektur gelten Webservices, die im Rahmen der E-Business-Technologien in Kapitel 8.3.2 erläutert werden.

Die **Implementierungsphase** hat das Ziel, die Modelle der Entwurfsphase mit Hilfe von Programmiersprachen in Programmcode umzusetzen. Ferner wird das Datenmodell in dieser Phase in eine Datenbank umgesetzt und eine Dokumentation erstellt. Somit ergeben sich die folgenden Artefakte:

- Programmcode
- Datenbank
- Dokumentation

Zur Erstellung dieser Artefakte sind die nachstehenden Aktivitäten notwendig:

- Programmieren
- Dokumentieren
- Testen

Unter Programmieren wird hier sowohl die Erstellung der Programme als auch die Erstellung der Datenbank gefasst. Zur Erstellung der Programme stehen eine Reihe von Programmiersprachen zur Verfügung, die bereits in Kapitel 4.2.4 angesprochen wurden. Zur Erstellung von Datenbanken hat sich die Structured Query Language durchgesetzt, die von den meisten erhältlichen Datenbanksystemen (siehe Kapitel 4.2.6) unterstützt wird.

Der erstellte Programmcode ist während des Programmierens ständig zu kommentieren und zu dokumentieren, damit eine spätere Fehlersuche oder Weiterentwicklung erleichtert wird. Ferner ist die erstellte Software für den Endbenutzer zu dokumentieren. Hierzu sind Benutzerhandbücher und Installationsanweisungen zu erstellen.

Durch die Tests soll zum einen die Funktionalität der einzelnen Softwarekomponenten sichergestellt werden und zum anderen die Zusammenarbeit der Softwarekomponenten.

Von den Aktivitäten der Implementierungsphase ausgehend, können die folgenden Rollen identifiziert werden:

- Programmierer
- Dokumentierer
- Tester

4.2 Teildisziplinen der Informatik

Ist die Software erstellt, so folgt die **Abnahme- und Einführungsphase**. Das Ziel dieser Phase ist die Übergabe einer vollständigen, beim Auftraggeber lauffähigen Software. Es erfordert die nachstehenden Aktivitäten:

- Abnahmetests
- Installation der Software
- Schulung der Benutzer
- Inbetriebnahme

Zunächst sind mit dem Auftraggeber zusammen Abnahmetests einer der Nutzungsintensität des Auftraggebers adäquaten Plattform durchzuführen. Hier werden beispielsweise Zugriffe von einer Vielzahl von Benutzern gleichzeitig simuliert.

Waren diese Tests erfolgreich, so ist die Software beim Auftraggeber zu installieren. Dazu zählt neben dem Kopieren der notwendigen Daten und Programme auf die Rechner des Auftraggebers auch die Einbindung der Software in die bereits bestehende Software.

Nach der Installation erfolgt eine Schulung aller Benutzer an der Software. Diese kann durch das Softwareentwicklungsunternehmen oder durch ein drittes Unternehmen durchgeführt werden. Die Inbetriebnahme der Software stellt die Umstellung der Geschäftsprozesse (siehe Kapitel 7) auf die neue Software dar. Die Software befindet sich nun im produktiven Einsatz.

Als Artefakte fallen in der Abnahme- und Einführungsphase das Abnahmeprotokoll, das Einführungsprotokoll sowie das fertige Gesamtprodukt an. Dabei sind als Rollen maßgeblich der Installationsentwickler und der Auftraggeber beteiligt.

Während des Betriebs von Software kommt es immer wieder vor, dass Fehler auftreten oder die Software an neue Gegebenheiten angepasst bzw. erweitert werden muss. Diese Ereignisse werden in der **Wartungs- und Pflegephase** behandelt. Ziel dieser Phase ist es somit, die Software auf einem aktuellen Stand zu halten. Zur Erreichung dieses Ziels können die folgenden Aktivitäten anfallen:

- Stabilisierung
- Optimierung
- Anpassung
- Erweiterung

Die Stabilisierung hat die Aufgabe, Fehler zu beheben, die während des Betriebes bemerkt wurden. Die Optimierung dient dazu, den Speicher- und Zeitbedarf der Software zu reduzieren. Bei einer Änderung der Geschäftsprozesse, die von der

Software abgedeckt werden, oder bei einer Änderung der Plattform der Software ist eine Anpassung der Software vorzunehmen. Soll die Software weitere Aufgaben erfüllen, so muss diese erweitert werden.

Die Wartung und Pflege der Software zieht zumeist eigene kleine Softwareentwicklungsprozesse nach sich, welche die hier beschriebenen Phasen mit den jeweiligen Rollen durchlaufen. Als Artefakt der Wartungs- und Pflegephase kann die aktualisierte Software identifiziert werden.

Eine chronologische Anordnung der hier beschriebenen Phasen wird von Vorgehensmodellen vorgenommen. Diese definieren weiterhin, ob Wiederholungen der einzelnen Phasen zugelassen werden. Grundsätzlich lassen sich sequentielle und inkrementelle Vorgehensmodelle unterscheiden. Die sequentiellen Vorgehensmodelle gehen von einer einmaligen Abarbeitung aller Phasen in der hier beschriebenen Reihenfolge aus. Exemplarisch seien hier das Wasserfallmodell, das V-Modell und das Spiralmodell skizziert.

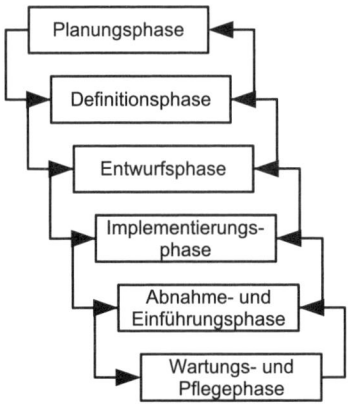

Abbildung 4.25: Ablauf der Softwareentwicklung nach dem Wasserfallmodell

Das **Wasserfallmodell** (siehe Abbildung 4.25) definiert eine strenge Einhaltung der Abarbeitungsreihenfolge. Dabei ist ein Rückschritt nur zur jeweils vorherigen Phase möglich. Beim Wasserfallmodell wird insbesondere auf die Erstellung von ausführlichen Dokumenten in jeder Phase Wert gelegt. Hierdurch ist dieses Vorgehensmodell für große Softwareprojekte geeignet.

Das **V-Modell** erweitert das Wasserfallmodell und ordnet das Vorgehen in korrelierende Phasen. Dabei wird jeder Phase bis zur Implementierung eine korrelierende Testphase zugeordnet. Damit soll die Wichtigkeit von Tests unterstrichen und eine höhere Softwarequalität erreicht werden. Die Tests waren beim Wasserfallmodell als Aktivitäten den Phasen Implementierung und Abnahme zugeordnet.

Wie Abbildung 4.26 zeigt, werden Funktionstests, Integrationstests, Systemtests und Abnahmetests durchgeführt. Die Spezifikation erfolgt in den jeweils korrelie-

4.2 Teildisziplinen der Informatik

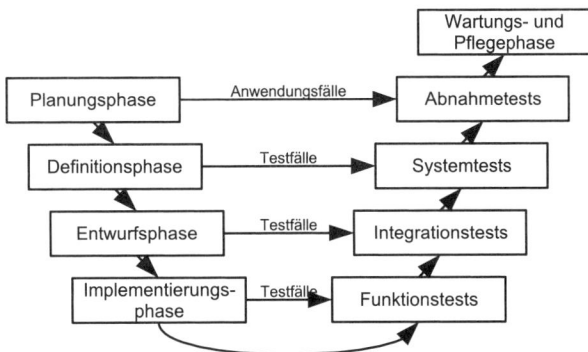

Abbildung 4.26: Ablauf der Softwareentwicklung nach dem V-Modell

renden Phasen. In den Funktionstests soll die Funktionalität der einzelnen Softwarekomponenten getestet werden. Die Integrationstests dienen dem Überprüfen des Zusammenspiels der Softwarekomponenten. Diese beiden Tests sind im Wasserfallmodell der Implementierungsphase zugeordnet.

Die funktionalen und qualitativen Anforderungen an die Software werden im Rahmen der Systemtests überprüft. Die Lauffähigkeit der Software auf der Plattform des Kunden soll der Abnahmetest sicherstellen. Hierbei wird ebenso die Benutzerfreundlichkeit überprüft. Der Systemtest sowie der Abnahmetest sind im Wasserfallmodell Bestandteil der Abnahme- und Einführungsphase.

Das V-Modell ist weniger als Vorlage der chronologischen Reihenfolge der Phasen zu sehen, sondern dient insbesondere der Definition von Phasen und Artefakten, welche die Qualität der Software erhöhen sollen. Daher steht am Ende jeder Phase eine ausführliche Dokumentation der Ergebnisse dieser Phase. Das V-Modell wird insbesondere bei Softwareprojekten der öffentlichen Hand eingesetzt.

Die beiden bisher betrachteten Vorgehensmodelle gehen davon aus, dass die einzelnen Phasen hintereinander und genau einmal durchlaufen werden. Dies widerspricht der Tatsache, dass insbesondere betriebswirtschaftliche Software nicht von vorn herein planbar ist. Im Laufe der Entwicklungen treten immer wieder Änderungswünsche von Seiten des Auftraggebers auf, die ein sequentielles Vorgehen erschweren. Um dieser Tatsache gerecht zu werden, wurden inkrementelle Vorgehensmodelle entwickelt, die ein wiederholtes Durchlaufen der einzelnen Phasen vorsehen. Als ein typischer Vertreter inkrementeller Vorgehensmodelle soll hier das Spiralmodell vorgestellt werden.

Das **Spiralmodell** wurde 1978 von Boehm entwickelt und geht davon aus, dass die Softwareentwicklung in mehreren iterativen Zyklen erfolgt [Boe88]. Ein Zyklus enthält dabei eine Planungsphase, eine Definitionsphase, eine Entwurfsphase sowie eine Implementierungsphase mit abschließender Evaluierung der entwickelten Teilsoftware. Die Anzahl der Zyklen ist hierbei nicht festgelegt und hängt von der Größe des Projektes bzw. von der Anzahl der sinnvoll möglichen

Teilprojekte ab. Die Abnahme- und Einführungsphase sowie die Wartungs- und Pflegephase schließen sich sequentiell an die Implementierungsphase des letzten Entwicklungszyklus an. Abbildung 4.27 verdeutlicht den Ablauf der Softwareentwicklung nach dem Spiralmodell.

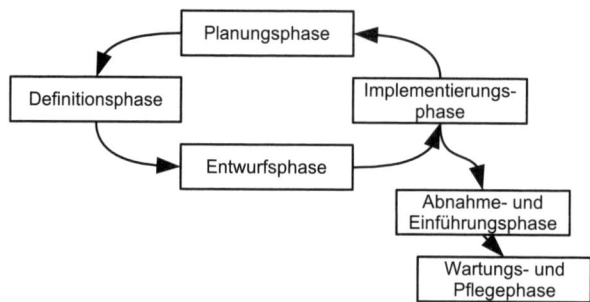

Abbildung 4.27: Ablauf der Softwareentwicklung nach dem Spiralmodell

Aufgrund seiner Flexibilität ist das Spiralmodell vor allem für Softwareentwicklungsprojekte geeignet, bei denen eine Gesamtplanung zu Beginn nicht möglich ist. Die erhöhte Flexibilität geht jedoch auch mit einem erhöhten Managementaufwand einher.

Neben den bereits beschriebenen eher ingenieursmäßigen, oftmals bürokratischen und schwergewichtigen Vorgehensmodellen wurden in den letzten Jahren Modelle entwickelt, die durch eine höhere Flexibilität und einen schlankeren Ablauf gekennzeichnet sind. Sie werden unter dem Begriff **Agile Softwareentwicklung** subsumiert. Beck beschreibt in seinem Buch Prinzipien, die zu einer agileren Softwareentwicklung beitragen können. Zu diesen zählen unter anderem [Bec99]:

- Zentrales Artefakt ist der Programmcode
- Kurze Iterationszyklen
- Kontinuierliches Testen und Fehlerbeheben
- Einfache Architektur

Die Agile Softwareentwicklung ist insbesondere für die Entwicklung bei sich oft ändernden Anforderungen und bei wenig bis nicht kritischen Softwaresystemen geeignet. So können beispielsweise Webanwendungen (siehe Kapitel 8.3.2) mit den Prinzipien des Extreme Programming entwickelt werden. Bei der Entwicklung von Raketensteuerungssoftware ist ein Vorgehensmodell zu wählen, bei dem die Dokumentation stärker im Vordergrund steht und so verschiedene Probleme bereits vor der Implementierung erkannt werden.

4.2.6 Datenbanksysteme

In Kapitel 4.2.4 wurden bereits Datenstrukturen betrachtet. Diese dienten der Speicherung temporärer Daten im Hauptspeicher des Rechners. Die dauerhafte Speicherung von Daten erfolgt auf Datenspeichern wie der Festplatte. Dort werden die Daten in Dateisystemen organisiert. Dateisysteme sind jedoch insbesondere zur Verwaltung großer Datenbestände ungeeignet. Die Suche von Daten verursacht hierbei einen erheblichen Aufwand. Ferner bieten nicht alle Dateisysteme die Möglichkeit, Benutzerrechte an den Daten zu definieren.

Datenbanksysteme sollen diese Anforderungen erfüllen und insbesondere große und verteilte Datenbestände effizient verwalten. So beträgt beispielsweise die Größe der Sloan Digital Sky Survey-Datenbank mehr als 40 Terabyte. Mit dieser Datenbank werden multimediale Daten über das Weltall verwaltet. Klassische Einsatzgebiete von Datenbanken ergeben sich insbesondere bei der Verwaltung von Daten der operativen Unternehmensebene (siehe Kapitel 5). Zur Verwaltung von Daten der Managementebene wurden spezielle Datenbanksysteme entwickelt, die als Data Warehouse bezeichnet werden und erweiterte Funktionalitäten zur Auswertung und Kumulation von Daten besitzen.

Als Datenbank (DB) wird dabei die Menge der verwalteten Daten bezeichnet. Eine Datenbank ist durch eine Struktur gekennzeichnet, in der alle Daten verwaltet werden. Die Software zur Verwaltung dieser Daten wird Datenbank-Management-System (DBMS) genannt. Ein Datenbanksystem (DBS) umfasst sowohl die Datenbank als auch das Datenbank-Management-System.

Ein Datenbanksystem besteht aus einer oder mehreren Datenbanken und einem Datenbank-Management-System. Externe Anwendungssysteme können auf die Daten der Datenbank über das Datenbank-Management-System zugreifen. Diesen Aufbau verdeutlicht Abbildung 4.28.

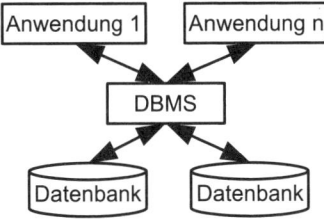

Abbildung 4.28: Aufbau eines Datenbanksystems

Für Datenbanken wurde vom Standards Planning and Requirements Committee (SPARC) und vom American National Standards Institute (ANSI) ein Architekturmodell vorgeschlagen, das aus drei Abstraktionsebenen besteht [KR04]. Die erste Ebene bildet die interne Speicherung der Daten auf den physischen Datenträgern ab und wird als **interne** oder **physische Ebene** bezeichnet. Die logische Speicherung der Daten wird auf der **konzeptionellen** oder **logischen Ebene** mit Hilfe von Datenmodellen festgelegt. Diese Datenmodelle legen benutzer- und anwendungsunabhängig die Struktur der Daten fest. Eine benutzer- und anwendungsabhängige Definition der Daten erfolgt in der **externen Ebene**.

Datenbank-Management-Systeme übernehmen die Verwaltung der Datenbanken und müssen daher in der Lage sein, logische und externe Schemata in interne Schemata zu übersetzen. Hieraus lässt sich eine Architektur ableiten, wie sie in Abbildung 4.29 dargestellt ist.

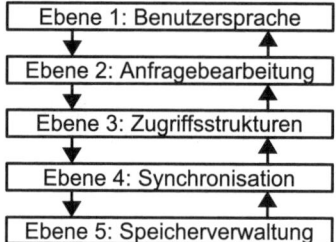

Abbildung 4.29: Aufbau eines Datenbank-Management-Systems (nach [Vos00])

Auf der ersten Ebene erfolgt die Interaktion mit dem Benutzer in einer Benutzersprache. Die Anfragen des Benutzers werden dann auf der zweiten Ebene zu Operationen auf den logischen Datenstrukturen verarbeitet. Diese Operationen sind dann auf der dritten Ebene in Zugriffspfade auf die physischen Speicher zu transformieren. Da gleichzeitig eine Vielzahl solcher Zugriffe erfolgen kann, synchronisiert eine vierte Ebene die Zugriffe, die letztendlich auf der fünften Ebene stattfinden.

Zur Erstellung einer Datenbank gibt es Vorgehensmodelle, die denen der Softwareentwicklung ähnlich sind. Die Entwicklung einer Datenbank ist oftmals auch Bestandteil der Softwareentwicklung. Zunächst ist auch hier eine Planung durchzuführen, in der man sich für ein logisches Datenmodell und ein Datenbanksystem entscheidet. In der Definitionsphase erfolgt die Festlegung der Daten, die in die Datenbank aufgenommen werden sollen. Anschließend sind die Daten zu modellieren und später zu implementieren. Nach der Implementierung sollen Tests die Konsistenz und Vollständigkeit der Daten feststellen. Bei erfolgreicher Durchführung der Tests kann die Datenbank sowie das gesamte Datenbanksystem beim Auftraggeber eingeführt werden. Eine Pflege- und Wartungsphase dient wiederum der Verbesserung und Erweiterung des Datenbanksystems.

Im Weiteren soll insbesondere auf die Entwurfsphase eingegangen werden. In deren Verlauf ist das konzeptionelle Modell der Datenbank zu erstellen. Zur Modellierung insbesondere relationaler Datenbanken hat sich das **Entity-Relationship-Modell** durchgesetzt. Dieses wurde 1976 von Chen vorgeschlagen [Che76] und gilt als Quasi-Standard. Es kann zur abstrakten Modellierung der realen Welt eingesetzt werden und ist unabhängig von einem bestimmten DBMS.

4.2 Teildisziplinen der Informatik

Das Entity-Relationship-Modell (ER-Modell) besteht aus Entitäten, Relationen zwischen diesen und Attributen. Die Entitäten entsprechen der Abstraktion eines Gegenstandes oder Ereignisses. Die Eigenschaften dieses Gegenstandes oder Ereignisses werden als Attribute bezeichnet. Mehrere Entitäten mit der gleichen Attributsmenge lassen sich zu einem Entitätstypen (Entitätsmenge) zusammenfassen. Die abstrakte Darstellung aller Länder mit den Attributen Name, Fläche und Einwohnerzahl würde beispielsweise einen solchen Entitätstyp ergeben. Zwischen den modellierten Gegenständen oder Ereignissen bestehende Beziehungen lassen sich als Relationen modellieren. Sollen neben den Ländern auch Städte modelliert werden, so besteht zwischen einer Stadt und einem bestimmten Land die Beziehung „liegt in".

Zur Modellierung einer Datenbank mit dem ER-Modell wurde für jedes Element eine grafische Notation festgelegt, die für das soeben angesprochene Beispiel in Abbildung 4.30 aufgezeigt ist.

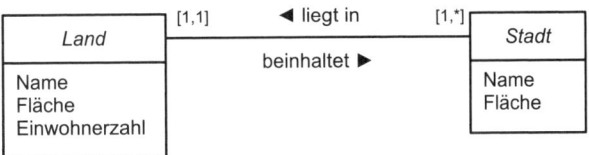

Abbildung 4.30: Beispiel eines einfachen ER-Modells

Wie in Abbildung 4.30 zu sehen, werden die Entitätstypen (hier Land und Stadt) durch Rechtecke mit Namen und einer Liste von Attributen abgebildet. Die Beziehung zwischen zwei Entitätstypen wird durch eine ungerichtete Kante zwischen den Entitätstypen angegeben. Zur Beschreibung dieser Beziehung ist sowohl eine ungerichtete als auch eine gerichtete Beschriftung möglich. In unserem Beispiel wurde die Beziehung sogar mit zwei gerichteten Beschriftungen versehen. Zum einen liegt eine Stadt in einem Land (Beschriftung „liegt in"), und zum anderen beinhaltet ein Land auch ein oder mehrere Städte (Beschriftung „beinhaltet"). Bei der Erstellung von ER-Modellen ist darauf zu achten, dass Entitätstypen mit einem Substantiv im Singular, Attribute mit einem Substantiv und Beziehungen mit einem Verb bzw. Prädikat benannt werden.

Die Beziehung zwischen den Entitätstypen Land und Stadt ist durch die reine Beschriftung nur schwach beschrieben. Es ist nicht festgelegt, ob eine Stadt eine Beziehung mit mehreren Ländern oder keine Beziehung zu einem Land haben kann, bzw. ob ein Land eine Beziehung zu mehreren Städten haben kann oder eine Beziehung zu maximal einer Stadt bestehen darf, wie dies bei Hauptstädten der Fall sein könnte. Dies wird in ER-Modellen über Kardinalitäten geregelt.

Kardinalitäten schränken die mögliche Teilnahme von Entitäten an einer Beziehung ein. Zur Beschreibung von Kardinalitäten gibt es unterschiedliche Notationen. Im Folgenden soll die [min, max]-Notation erläutert und benutzt werden. Bei dieser ist anzugeben, wie viele Entitäten mindestens an einer Beziehung beteiligt sein müssen und wie viele maximal beteiligt sein dürfen. Bei dieser Notation gibt es zwei Sonderfälle. Zum einen kann der Minimalwert 0 betragen, und zum anderen kann der Maximalwert unendlich groß sein, was mit einem * markiert wird. Diese beiden Sonderfälle stellen zusammen die Standardangabe dar, die auch weggelassen werden kann.

Wie in Abbildung 4.30 zu sehen ist, befindet sich in einem Land mindestens eine Stadt. Es können sich jedoch auch beliebig viele Städte in einem Land befinden. Anders sieht es bei der Kardinalität der Städte aus. Eine Stadt muss sich laut dem ER-Modell immer in genau einem Land befinden.[4] Der Lesefluss ist demnach wie folgt: ein Land beinhaltet mindestens eine und maximal nicht definierbar viele (*) Städte bzw. eine Stadt liegt in mindestens einem und maximal einem (also genau einem) Land.

Ein weiteres Element, welches in ER-Modellen festgelegt werden kann, stellen die Primärschlüssel dar. Diese sind eine minimale Menge von Attributen, deren Werte die jeweilige Entität eindeutig bestimmen. Der Primärschlüssel kann somit aus einem, mehreren oder auch aus allen Attributen einer Entität bestehen. Zur eindeutigen Identifizierung der Länder würde sich das Attribut Name eignen. Städte hingegen sind in ihrem Namen nicht eindeutig, so gibt es in Deutschland mehrmals die Städtenamen Frankfurt und Halle. Kann unter den modellierten Attributen keine minimale Menge identifiziert werden, die sich als Primärschlüssel eignet oder ist die Menge zu groß, so wird ein künstlicher Primärschlüssel in Form einer eindeutigen natürlichen Zahl eingeführt. Sollen zum Beispiel Personen modelliert werden, so ist weder der Name alleine noch der Name und das Geburtsdatum eindeutig. Hier bietet sich der Einsatz eines künstlichen Primärschlüssels (z.B. Personalausweisnummer) an.

Im ER-Modell sind Primärschlüssel an der unterstrichenen Bezeichnung der beteiligten Attribute zu erkennen. Das um die Primärschlüssel erweiterte ER-Modell des Länder-Städte-Beispiels zeigt Abbildung 4.31. Hierbei wurde für die Entitätstypen Land und Stadt ein künstlicher Primärschlüssel eingeführt, da nicht von eindeutigen Namen ausgegangen werden kann. Die Möglichkeit, sowohl Namen und Fläche in den Primärschlüssel einzubeziehen, würde eine sehr aufwändige Prüfung nach sich ziehen, ob es Länder bzw. Städte gibt, die sowohl den gleichen Namen als auch die gleiche Fläche aufweisen. Daher wurde das Attribut Nummer bei beiden Entitätstypen eingeführt, welches zugleich den Primärschlüssel darstellt.

Beziehungen können nicht nur zwischen zwei unterschiedlichen Entitätstypen bestehen, sondern auch zwischen gleichen Entitätstypen. Soll mit dem erstellten ER-Modell auch die Beziehung zwischen Partnerstädten abgebildet werden, so ist dazu eine so genannte selbstreferenzielle Beziehung notwendig. Da eine Stadt 0 bis nicht definierbar viele Partnerstädte haben kann und eine Partnerstadt die Part-

---

[4] Es sei angemerkt, dass die Kardinalitäten in diesem Beispiel oftmals nicht eindeutig bestimmbar sind. So war beispielsweise die Stadt Berlin über 40 Jahre lang auf zwei Länder aufgeteilt, wodurch die hier vergebenen Kardinalitäten in Frage zu stellen sind.

4.2 Teildisziplinen der Informatik

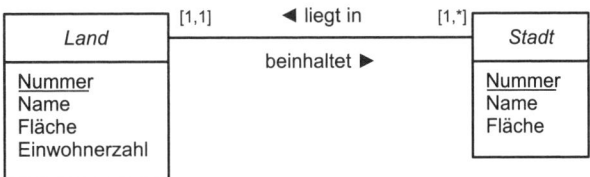

Abbildung 4.31: Beispiel eines ER-Modells mit Angabe der Primärschlüssel

nerstadt von ebenfalls 0 bis nicht definierbar vielen Städten sein kann, resultiert daraus die in Abbildung 4.32 abgebildete Beziehung.

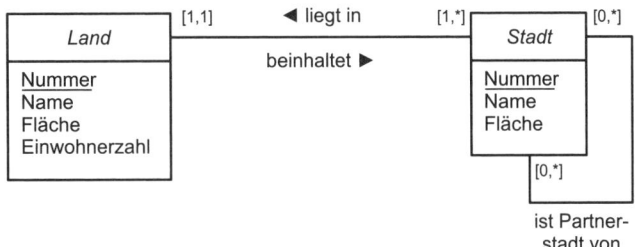

Abbildung 4.32: Beispiel eines ER-Modells mit selbstreferenzieller Beziehung

Neben den Ländern und Städten sowie den Beziehungen zwischen Ländern und Städten sowie Städten und Partnerstädten soll das ER-Modell um Sehenswürdigkeiten erweitert werden, die sich in den Städten befinden. Das so erweiterte Datenmodell könnte beispielsweise die Grundlage eines geografischen Informationssystems darstellen.

Die Erweiterung hat verschiedene Auswirkungen auf das bereits erstellte ER-Modell. Als Erstes ist zu überlegen, zu welchen Objekten Daten abzuspeichern sind und um welche Daten es sich handelt. Die Sehenswürdigkeiten stellen in diesem Zusammenhang die Objekte dar, zu denen Daten abgespeichert werden sollen. Eine Vorgabe, welche Daten zu einer einzelnen Sehenswürdigkeit zu persistieren sind, existiert nicht. Daher sei angenommen, dass zu jeder Sehenswürdigkeit der Name, eine Kurzbeschreibung sowie eine Nummer zur eindeutigen Identifizierung abgespeichert werden soll. Die identifizierten Daten stellen die Attribute des Entitätstyps Sehenswürdigkeit dar. Ferner sind die Beziehungen zu identifizieren, die mit dem Hinzufügen des Entitätstypen Sehenswürdigkeit abgebildet werden sollen. Da eine Sehenswürdigkeit immer einer Stadt zugeordnet sein soll, ist die Beziehung „befindet sich in" bzw. „beinhaltet" zwischen den Entitätstypen Sehenswürdigkeit und Stadt zu modellieren. Diese kann durch die Angabe von Kardinalitäten genauer spezifiziert werden. Eine Stadt beinhaltet typischerweise 0 bis nicht definierbar viele Sehenswürdigkeiten, und eine Sehenswürdigkeit liegt in genau einer Stadt. In Abbildung 4.33 sind die erläuterten Änderungen des ER-Modells grafisch dargestellt.

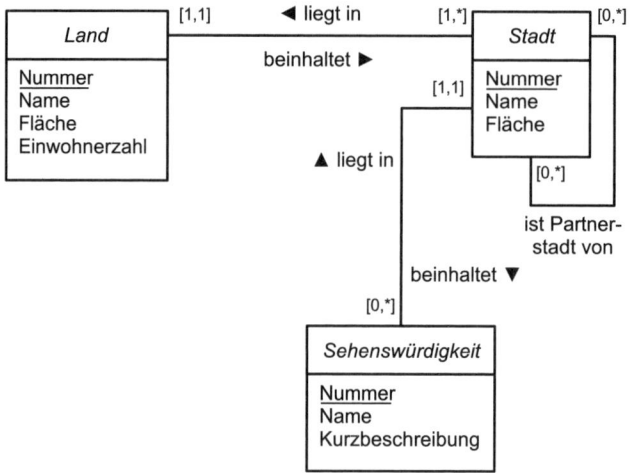

Abbildung 4.33: Beispiel eines ER-Modells mit drei Entitätstypen

Bevor die Implementierung des Beispiel-ER-Modells vorgenommen wird, soll eine letzte Erweiterung zur Abspeicherung von Gebirgen und deren geografische Lage in Ländern veranschaulicht werden. Zu einem Gebirge sei hierbei eine eindeutige Nummer, der Name sowie der höchste Gipfel abzuspeichern. Da ein Gebirge in einem oder mehreren (aber nicht definierbar vielen) Ländern liegt und ein Land 0 bis nicht definierbar viele Gebirge enthält, sind die Kardinalitäten wie in Abbildung 4.34 zu wählen.

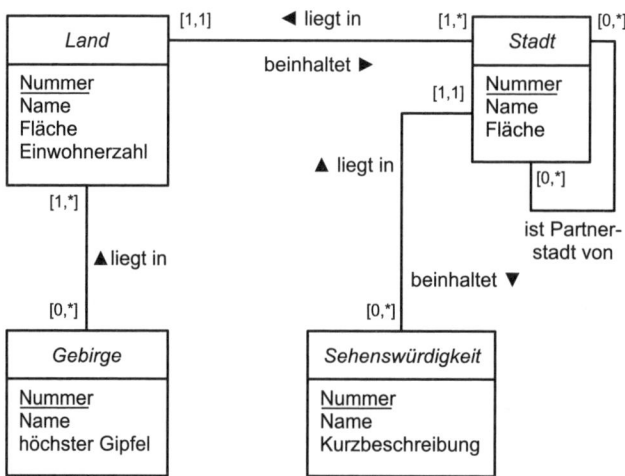

Abbildung 4.34: Beispiel eines ER-Modells mit vier Entitätstypen

4.2 Teildisziplinen der Informatik

Datenbanken und auch Datenbanksysteme sowie Datenbank-Management-Systeme lassen sich anhand des zugrunde liegenden logischen Datenmodells unterscheiden. Mögliche logische Datenmodelle sind nach Kemper und Eicker [KE06] das:

- Netzwerkmodell,
- hierarchische Modell,
- relationale Modell,
- objektorientierte Modell,
- deduktive Modell.

Das Netzwerkmodell und das hierarchische Modell finden in aktuellen Datenbanksystemen keine Anwendung mehr und sollen daher im Folgenden nicht weiter betrachtet werden. Das relationale Modell hat sich als dominierend und marktbeherrschend herausgestellt und soll daher genauer betrachtet werden. Das objektorientierte Modell der Programmierung wurde auch auf Datenbanken übertragen, wodurch die Modellierung der Daten in Objekten bestehend aus einer Menge von Attributen und einer Menge von Operationen, die darauf ausführbar sind, erfolgt. Objekte besitzen zudem die Eigenschaft, dass sie von anderen Objekten bestimmte Eigenschaften erben können. Das deduktive Datenmodell stellt eine Erweiterung des relationalen Datenmodells um Regeln dar, welche auf die Daten angewendet werden können. Die Modellierung der Daten mit Hilfe des zuvor betrachteten ER-Modells ist weitgehend unabhängig von dem logischen Datenmodell, das dem Datenbank-Management-System zugrunde liegt. Daher erfolgt während der Phase der Implementierung eine Transformation des konzeptionellen Modells (hier ER-Modell) in das jeweilige logische Datenmodell des DBMS.

Das **relationale Modell** geht auf Arbeiten von Codd zurück [Cod70]. Am Markt vorherrschende DBMS wie Oracle, DB2, SQL Server, Informix, MySQL oder PostgreSQL orientieren sich weitgehend an diesem Modell, dessen Grundlage die relationale Algebra ist.

In Datenbanksystemen nach dem relationalen Modell werden die Daten in Relationen abgespeichert. Sie stellen die Ausprägung eines korrespondierenden Relationenschemas dar. Ein Relationenschema besteht aus einem Namen und einer Menge von Attributen und ist mit einem Entitätstyp vergleichbar. Jedes dieser Attribute besitzt zudem einen Wertebereich, der angibt, ob es sich bei dem Attribut um eine Zeichenkette, eine Ganzzahl, eine reelle Zahl oder einen anderen Wert handelt. Eine Relation enthält Daten, die den Vorgaben des korrespondierenden Relationenschemas genügen und Ausprägungen der jeweiligen Attribute mit dem korrekten Wertebereich enthalten. Relationen werden oftmals in Form von Tabellen dargestellt und entsprechen den Entitätstypen des ER-Modells. Die Attribute eines Entitätstyps entsprechen im relationalen Modell den Spalten und die Entitäten (existierende Objekte) den Zeilen einer Tabelle. Eine Zeile einer Relation wird auch als Tupel oder Datensatz bezeichnet. Jedes Tupel besteht aus einer Menge von Daten, die der Struktur des Relationenschemas entsprechen und zu jedem Attribut eine Ausprägung enthalten. Die Ausprägung genau eines Attributes in einem Tupel nennt man Datum. In Tabelle 4.2.6 ist die Umsetzung der Entitätstypen Land und Stadt mit einigen beispielhaften Entitäten zu sehen.

Tabelle 4.2: Entitätstypen Land und Stadt als Relationen

Land				Stadt		
Nummer	Name	Fläche	Einwohner	Nummer	Name	Fläche
001	Belgien	30.528	10.531.382	001	Berlin	891,85
002	Deutschland	357.092	82.438.000	002	Hamburg	755,26
003	Finnland	338.145	5.279.228	003	München	310,43
004	Schweiz	41.285	7.591.400	004	Zürich	91,88

Die Relationen Land und Stadt enthalten alle Attribute, welche für die jeweiligen Entitätstypen spezifiziert wurden. Einzig die Beziehung zwischen den beiden Entitätstypen ist nicht in den Relationen enthalten. Da eine Stadt immer eindeutig einem Land zugeordnet ist, liegt es nahe, den Primärschlüssel des Entitätstyps Land als Fremdschlüssel einer Stadt anzulegen. Die veränderte Relation sieht dann wie folgt aus.

Tabelle 4.3: Abbildung einer 1-zu-n-Beziehung durch Fremdschlüssel

Nummer	Name	Fläche	(Land)Nummer
001	Berlin	891,85	002
002	Hamburg	755,26	002
003	München	310,43	002
004	Zürich	91,88	004

Soll die Beziehung zwischen den Entitätstypen Land und Gebirge in Relationen abgebildet werden, so ist es weder möglich, in der Relation Land den Primärschlüssel der Gebirge abzuspeichern, da in einem Land mehrere Gebirge existieren können, noch ist es möglich, in der Relation Gebirge den Primärschlüssel der Länder abzuspeichern, da sich ein Gebirge über mehrere Länder erstrecken kann. Die Lösung zur Abbildung der Beziehung zwischen Land und Gebirge liegt in einer Hilfsentität bzw. Hilfsrelation, in welcher die Beziehung über die Primärschlüssel von Land und Gebirge abgespeichert wird. Die Hilfsentität hat daher lediglich zwei Fremdschlüssel. Beide Fremdschlüssel zusammen können als Primärschlüssel der Hilfsrelation betrachtet werden.

Eine solche Hilfsrelation ist immer dann notwendig, wenn zwischen zwei Entitätstypen eine n-zu-m-Beziehung besteht. Entsprechend ist eine Hilfsrelation für die Partnerstädte zu formulieren, die dann wie folgt aussehen könnte.

4.2 Teildisziplinen der Informatik

Tabelle 4.4: Abbildung der Beziehung zwischen Land und Gebirge in Relationen

Gebirge			Hilfsrelation	
Nummer	Name	höchster Gipfel	(Land)Nummer	(Gebirge)Nummer
001	Harz	Brocken	001	003
002	Alpen	Mont Blanc	002	001
003	Hohes Venn	Botrange	002	002
004	Bayrischer Wald	Großer Arber	002	004
			003	002

Tabelle 4.5: Abbildung der Partnerstadtbeziehung als Hilfsrelation

(Stadt)Nummer	(Partnerstadt)Nummer
001	002
002	004
002	010
003	008

Auch bei dieser Hilfsrelation existieren zwei Fremdschlüssel. Beide Fremdschlüssel weisen hier jedoch auf das Attribut Nummer der Relation Stadt. Es ist hierbei darauf zu achten, dass die Beziehungen nicht doppelt eingetragen werden. Die Stadt mit der Nummer 001 hat als Partnerstadt die Stadt mit der Nummer 002. Diese Beziehung kann auch andersherum gespeichert werden, so dass die Stadt mit der Nummer 002 die Stadt 001 als Partnerstadt hat. Beide Beziehungen drücken das Gleiche aus, führen aber zu einem unterschiedlichen Datensatz in der Hilfsrelation.

Die relationale Algebra stellt unäre und binäre Operationen zur Verfügung, die sich auf die Relationen anwenden lassen und deren Ergebnis wiederum Relationen sind. Zu diesen Operationen zählen die Vereinigung, die Differenz, das kartesische Produkt, die Projektion, die Selektion und die Umbenennung.

Die Vereinigung kann auf zwei Relationen des gleichen Relationenschemas ausgeführt werden und ist mit der Vereinigung zweier Mengen zu vergleichen. Die Tupel beider Relationen werden hierbei in einer gemeinsamen Relation abgelegt. Tupel, die in beiden Relationen vorkommen, sind in der vereinigten Relation nur einmal vorhanden.

Mit der Operation der Differenz kann eine Relation erzeugt werden, welche die Tupel einer Relation r_1 beinhaltet, die nicht in der Relation r_2 vorkommen. Diese Operation ist wiederum mit der mengenmäßigen Differenz vergleichbar. Eine weitere Grundoperation auf Mengen stellt der Durchschnitt dar. Dieser kann jedoch durch Anwendung zweier Differenzoperationen substituiert werden und ist daher nicht Bestandteil der relationalen Algebra.

Das kartesische Produkt bildet die Menge aller geordneten Tupel zweier Relationen. Beinhaltet eine Relation r_1 die Tupel a und b und eine Relation r_2 die Tupel

c, d und e, so besteht das kartesische Produkt aus den Paaren ac, ad, ae, bc, bd und be.

Die bisher betrachteten Operationen sind binär und somit auf zwei Relationen anzuwenden. Die Projektion stellt eine unäre Operation dar, welche eine Teilmenge einer Relation liefert. Die Teilmenge enthält alle Tupel einer Relation, jedoch nur bestimmte Attribute, welche bei der Projektion anzugeben sind.

Die Selektion liefert eine Teilmenge einer Relation, in der nicht alle Tupel enthalten sein müssen. Die Auswahl der Tupel erfolgt anhand eines bei der Selektion anzugebenden logischen Ausdruckes. Dieser logische Ausdruck wird bei der Durchführung einer Selektion auf jedes Tupel angewendet und liefert entweder *wahr* oder *falsch*. Wurde das Tupel mit *wahr* ausgewertet, so wird es in die Ergebnismenge aufgenommen.

Einen einfachen, unären Operator stellt die Umbenennung dar. Bei dieser ist die Ergebnisrelation inhaltlich die gleiche wie die Ausgangsrelation, es findet lediglich eine Umbenennung der gesamten Relation oder einer Menge von Attributen statt.

Auf der relationalen Algebra aufbauend, entstand zur Kommunikation mit relationalen Datenbanksystemen die Structured Query Language (SQL), die auf die von IBM in den 70er-Jahren entwickelte Datenbanksprache SEQUEL zurückgeht. Der erste SQL-Standard wurde bereits 1986 verabschiedet. Die meisten Datenbank-Management-Systeme haben den 1992 verabschiedeten SQL2-Standard vollständig und den 1999 verabschiedeten SQL3-Standard zu großen Teilen implementiert. SQL besteht aus den drei Ebenen:

- Datendefinition (Data Definition Language),
- Datenmanipulation (Data Manipulation Language),
- Datenkontrolle (Data Control Language).

Mit der Ebene der Datendefinition werden die während der Entwurfsphase erstellten ER-Modelle in eine Datenbank umgesetzt. Auf dieser Datenbank können dann Änderungen und Anfragen mit der Ebene der Datenmanipulation vorgenommen werden. Zur Verwaltung von Benutzern und deren Rechten existiert die Ebene der Datenkontrolle, mit der eine dedizierte Rechtevergabe möglich ist. Im Weiteren erfolgt zunächst eine Betrachtung der Umsetzung des ER-Modells in eine Datenbank. Anschließend wird die Datenmanipulation mit Hilfe von SQL beschrieben. Auf die Möglichkeiten der Datenkontrolle soll hier nicht eingegangen werden.

Bei der Umsetzung des ER-Modells in ein relationales Datenmodell sind die Entitätstypen in Relationenschemata zu übersetzen. Dabei ist zu prüfen, ob die entstandenen Relationenschemata als sinnvoll im Sinne der späteren Verwendung einzustufen sind. Diese Prüfung erfolgt anhand von **Normalformen**, von denen die ersten drei hier vorgestellt werden sollen. Neben diesen existiert noch eine

4.2 Teildisziplinen der Informatik

vierte und fünfte sowie die Boyce-Codd-Normalform, die jedoch in der Praxis nur von geringer Bedeutung sind und daher im Folgenden nicht näher betrachtet werden.

Zur Erläuterung der Normalformen sei eine Relation gegeben, die die Kundendaten einer Bank verwaltet und aus den Attributen Kontonummer, Kontostand, Kundennummer, Name und Adresse besteht, wobei sich der Primärschlüssel aus den Attributen Kontonummer und Kundennummer zusammensetzt. Die Relation könnte später folgende Tupel enthalten:

Tabelle 4.6: Beispiel einer nicht normalisierten Relation

Kontonr.	Stand	Kundennr.	Name	Adresse
007	-300.00	0815	Müller	Dorfstr. 8, 10245 Berlin
123	512.45	1234	Meier	Schlossallee 1, 06120 Halle
224	1024.63	1234	Meier	Schlossallee 1, 06120 Halle
666	852.12	4711	Klausen	Hauptstr. 3, 94032 Passau

Anhand der beispielhaften Tupel lässt sich erkennen, dass einige Daten mehrfach in der Relation vorhanden sind. Dies ist insbesondere bei Änderungen dieser Daten kritisch zu betrachten. Ist zum Beispiel die Adresse von dem Kunden Müller zu ändern, so muss diese Änderung in zwei Tupeln vorgenommen werden. Ferner können Daten verloren gehen. Löst der Kunde Müller sein Konto auf, so gehen gleichzeitig seine Adressdaten verloren. Zur Verhinderung dieser Anomalien dienen die ersten drei Normalformen.

Ein Relationenschema liegt in erster Normalform vor, wenn alle Attribute atomar sind. Ein Attribut ist dann atomar, wenn es einem primitiven Datentyp (Zahl, Zeichenkette, Boolescher Wert etc.) entspricht. Betrachtet man das aufgezeigte Beispiel in Tabelle 4.6, so ist festzustellen, dass das Attribut Adresse nicht atomar ist. Dieses kann durch die Attribute Straße, Postleitzahl und Ort substituiert werden, wie in Tabelle 4.7 gezeigt. Bei genauer Betrachtung kann auch das Attribut Straße weiter zerlegt werden in die Attribute Straßenname und Hausnummer. Das wurde hier jedoch nicht vorgenommen, da Straßenname und Hausnummer als eine Einheit betrachtet werden sollen.

Tabelle 4.7: Beispiel einer Relation in erster Normalform

Kontonr.	Stand	Kundennr.	Name	Straße	PLZ	Ort
007	-300.00	0815	Müller	Dorfstr. 8	10245	Berlin
123	512.45	1234	Meier	Schlossallee 1	06120	Halle
224	1024.63	1234	Meier	Schlossallee 1	06120	Halle
666	852.12	4711	Klausen	Hauptstr. 3	94032	Passau

Hängt ein Attribut nicht vom gesamten Schlüssel ab (partielle Abhängigkeit), so ist dieses Attribut in ein neues Relationenschema zu verschieben. Mit dem Entfernen der partiellen Abhängigkeiten lässt sich ein Relationenschema in die zweite Normalform überführen. In zweiter Normalform kann ein Relationenschema nur sein, wenn es auch den Anforderungen der ersten Normalform entspricht. Betrachtet man das Relationenschema des Beispiels, so ist festzustellen, dass der Kontostand ausschließlich von der Kontonummer abhängt, und nicht von dem gesamten Primärschlüssel. Gleiches gilt für die Attribute Name, Straße, Postleitzahl und Ort, die nur von der Kundennummer abhängen. Daher ist das Relationenschema in zwei Schemata aufzuspalten, von denen das erste die Attribute Kontonummer und Kontostand mit dem Primärschlüssel Kontonummer und das zweite die Attribute Kundennummer, Name, Straße, Postleitzahl und Ort mit dem Primärschlüssel Kundennummer enthält. Damit die Beziehung der beiden Relationenschemata Konto und Kunde erhalten bleibt, ist ein Hilfsrelationenschema einzuführen, das die beiden Schemata Konto und Kunde anhand der Primärschlüssel verbindet. Die resultierenden Relationenschemata zeigt die folgende Tabelle.

Tabelle 4.8: Beispiel von Relationen in zweiter Normalform

Konto	
Kontonr.	**Stand**
007	-300.00
123	512.45
224	1024.63
666	852.12

Hilfsrelation	
Kontonr.	**Kundennr.**
007	0815
123	1234
224	1234
666	4711

Kunde				
Kundennr.	**Name**	**Straße**	**PLZ**	**Ort**
0815	Müller	Dorfstr. 8	10245	Berlin
1234	Meier	Schlossallee 1	06120	Halle
4711	Klausen	Hauptstr. 3	94032	Passau

Mit der zweiten Normalform wurden alle partiellen Abhängigkeiten beseitigt. Die dritte Normalform dient der Entfernung transitiver Abhängigkeiten. Eine transitive Abhängigkeit liegt vor, wenn ein Attribut A_1 von einem Attribut A_2 abhängt, das nicht zum Primärschlüssel gehört. In dem aufgezeigten Beispiel hängt der Ort von der Postleitzahl transitiv ab. Somit wäre ein weiteres Relationenschema aus den Attributen Postleitzahl und Ort zu bilden. Ein Relationenschema in der dritten Normalform muss auch allen Anforderungen der zweiten Normalform entsprechen.

Sind die Relationenschemata in die dritte Normalform überführt, so können sie mit Hilfe der Structured Query Language in eine Datenbank umgesetzt werden. Hierzu dienen Befehle der Datendefinitionsebene. Der Befehl **create table** erzeugt ein Relationenschema. Dazu sind der Name des Relationenschemas und die Attribute zu spezifizieren. Für jedes Attribut muss der Name und der Datentyp (siehe

4.2 Teildisziplinen der Informatik

Tabelle 4.1) angegeben werden. Der Datentyp String aus Tabelle 4.1 entspricht nach dem SQL-Standard dem Datentyp **varchar**. Des Weiteren ist die Menge der Attribute festzulegen, die zum Primärschlüssel gehören. Folgender SQL-Befehl erstellt das Relationenschema Kunde in einer relationalen Datenbank:

```
create table Kunde (
        kundennummer integer,
        name varchar(40),
        strasse varchar(100),
        plz varchar(5),
        ort varchar(40),
        primary key(kundennummer)
);
```

Nach dem Anlegen der Relationenschemata in einer Datenbank können die Relationen mit Daten gefüllt werden. Die dazu notwendigen Befehle befinden sich bereits auf der Ebene der Datenmanipulation. Zum Einfügen von Daten in eine Relation existiert der **insert**-Befehl, welcher exemplarisch für ein Tupel der Relation Kunde aufgeführt sei:

```
insert into Kunde
        values (0815,'Müller','Dorfstr.8','10245','Berlin');
```

Zur Analyse von Daten ist es zunächst notwendig, die erforderlichen Daten zu selektieren. Hierzu bietet SQL den sehr mächtigen **select**-Befehl, mit dem sich sowohl einfache als auch komplexe Datenabfragen und Selektionen vornehmen lassen. Dieser baut auf den oben eingeführten Operationen der relationalen Algebra auf, weswegen der Benutzer beschreiben muss, welche Daten er benötigt, jedoch nicht, wo diese zu finden sind. Eine Selektion in SQL hat dabei den grundlegenden Aufbau:

select $A_1, ..., A_n$
from $R_1, ..., R_m$
where P

Aus den Relationen R_j ($1 \leq j \leq m$) werden die Attribute A_i ($1 \leq i \leq n$) unter der Bedingung P (Prädikat) selektiert. Das Prädikat kann eine einfache Bedingung sein oder sich aus mehreren Teilbedingungen zusammensetzen. Zur Erstellung des Prädikats darf nur auf Attribute der Menge A_i zugegriffen werden. Sollen alle Attribute der Relationen R_j selektiert werden, so kann dafür in der select-Klausel ein * geschrieben werden. Eine einfache Selektion aller Kunden aus Berlin würde wie folgt aussehen:

```
select * from Kunde where ort='Berlin';
```

Mit den Selektionen lassen sich benutzerdefinierte Ansichten von Daten definieren, was der externen Ebene von Datenbanken nach der eingangs diskutierten SPARC/ANSI-Architektur von Datenbanken entspricht. Neben der Selektion nach einem einzelnen Attribut wie dem Ort ist es auch möglich, weitergehende

Selektionen vorzunehmen. So können beispielsweise Verknüpfungen zwischen Relationen für eine Selektion vorgenommen werden. Sollen alle Kunden selektiert werden, die einen negativen Kontostand aufweisen, so würde dies in folgender SQL-Anweisung resultieren:

```
select * from Kunde kd, Konto kt, Hilfsrelation hr
    where kd.Kundennummer=hr.Kundennummer
    and hr.Kontonummer=kt.Kontonummer
    and kt.Stand < 0;
```

Um nur die Namen der entsprechenden Kunden anzuzeigen, kann die Selektion eingeschränkt werden.

```
select kd.Name from Kunde kd, Konto kt, Hilfsrelation hr
    where kd.Kundennummer=hr.Kundennummer
    and hr.Kontonummer=kt.Kontonummer
    and kt.Stand < 0;
```

Mit dem select-Befehl lassen sich weitergehende Abfragen erzeugen, deren Erläuterung den Rahmen des Buches sprengen würde. Es sei dazu auf die einschlägige Literatur verwiesen (z.B. [KE06]).

Zum Funktionsumfang von SQL zählen neben den Möglichkeiten des Anlegens, Manipulierens und Abfragens von Daten auch Möglichkeiten zur Administration von Datenbanken, Benutzern und Rechten. Datenbanksysteme stellen zumeist eine Konsolenanwendung zur Verfügung, über welche mit dem Datenbanksystem mit Hilfe von SQL-Befehlen kommuniziert werden kann. Bei der Erstellung von Software werden in der Datenzugriffsschicht ebenfalls die SQL-Befehle verwendet, um die zu persistierenden Daten der Software in einer Datenbank zu speichern.

4.3 Zusammenfassung

In diesem Kapitel wurde die Informatik als Forschungsdisziplin vorgestellt. Die danach vorgestellten Teildisziplinen sind insbesondere für die Wirtschaftsinformatik von großer Bedeutung, so dass in den folgenden Kapiteln des Öfteren Bezug auf die Teildisziplinen der Informatik genommen wird. Tabelle 4.9 fasst die angesprochenen Teildisziplinen inhaltlich zusammen.

Die Wirtschaftsinformatik nutzt die Kenntnisse der Informatik und wendet diese auf betriebswirtschaftliche IT-Systeme an. Die Algorithmen stellen somit in der Wirtschaftsinformatik Lösungsverfahren für betriebswirtschaftliche Problemstellungen dar. Die Daten dieser IT-Systeme unterscheiden sich semantisch von denen anderer IT-Systeme, die Modellierung und Verwaltung dieser Daten ist jedoch jeweils identisch. Aufgrund der Dynamik von Organisationen ändern sich die Geschäftsprozesse und somit die zu lösenden Probleme oftmals sehr schnell, so dass eine Anpassung der unterstützenden Software notwendig wird. Deshalb sind zur Entwicklung betriebswirtschaftlicher Software insbesondere flexible Vorgehensmodelle wie das Spiralmodell geeignet.

Rechnernetze haben auf die Wirtschaft einen großen Einfluss genommen. So ist sowohl die Integration von organisationsweiten Daten und Informationen (siehe Kapitel 6) als auch die Verteilung von Wissen und der Zugriff auf Wissensträger (siehe Kapitel 9) mit Rechnernetzen möglich. Aber auch die organisationsübergreifende Kommunikation wird durch Rechnernetze unterstützt (siehe Kapitel 8).

Tabelle 4.9: Beschreibung der für die Wirtschaftsinformatik relevanten Teildisziplinen der Informatik

Teildisziplin	Beschreibung
Rechnerarchitektur	Untersucht und entwickelt Modelle der internen Repräsentation eines Rechners.
Rechnernetze	Untersucht den Zusammenschluss mehrerer Rechner zu Netzwerken.
Algorithmen und Datenstrukturen	Beschreibt den Ablauf von Verfahren und den Aufbau von Daten zur Lösung von Aufgaben mit Hilfe eines Rechners oder Rechnernetzes.
Softwareentwicklung	Stellt Vorgehensmodelle und Ansätze zur Entwicklung von Software zur Verfügung.
Datenbanksysteme	Beschreibt Modelle zur Verwaltung großer Datenmengen.

Das IT-Management (siehe Kapitel 6) hat neben der Integration organisationsweiter Daten und Informationen auch die Entwicklung, Wartung und Pflege von Informationssystemen (siehe Kapitel 5) in Organisationen zum Ziel. Die Integration von Daten kann insbesondere durch den Aufbau von Datenbank-Management-Systemen sichergestellt werden. Damit Software passend zu einer Organisation entwickelt werden kann, sind die Geschäftsprozesse der Organisation zu modellieren und zu analysieren (siehe Kapitel 7).

4.4 Aufgaben

1. Nennen Sie den Gegenstandsbereich, die Forschungsziele und die Forschungsmethoden der Informatik!

2. Wie erfolgt die interne Darstellung von Informationen in einem Rechner?

3. Erläutern Sie den prinzipiellen Aufbau eines Rechners nach der Idee von John von Neumann!

4. Skizzieren Sie den Algorithmus Mergesort mit Hilfe eines Struktogramms!

5. Beschreiben und vergleichen Sie das Wasserfallmodell, das V-Modell und das Spiralmodell der Softwareentwicklung!

6. Warum ist die Entwicklung von Software ein komplexer Prozess, der nach einer systematischen Unterstützung verlangt?

7. Erstellen Sie zu folgender Fallstudie ein ER-Modell:

   Mit einem Datenbanksystem sollen Studenten, Professoren und Vorlesungen verwaltet werden. Zu den Studenten sollen die Attribute Matrikelnummer, Name, Geburtsdatum und Studienfach, zu den Professoren der Name und der Lehrstuhl und zu den Vorlesungen der Titel und die Zeit, in welcher diese stattfinden, gespeichert werden. Ferner soll aus dem Modell die Beziehung zwischen Professoren und Vorlesungen sowie zwischen Studenten und Vorlesungen ersichtlich sein. Achten Sie auf die Vergabe von Primärschlüsseln.

Kapitel 5

Informationssysteme in Organisationen

Als Gegenstandsbereich der Wirtschaftsinformatik sind betriebliche Informationssysteme (IS) identifiziert worden. Diese Systeme dienen der Verarbeitung von Informationen und bilden somit die technische Grundlage des IT-Managements (siehe Kapitel 6). Unterstützen die Informationssysteme Leistungsprozesse innerhalb oder zwischen Betrieben, so wird von betrieblichen Informationssystemen gesprochen [HN01]. Die Wirtschaftsinformatik betrachtet jedoch nicht nur den Einsatz von Informationssystemen in Betrieben, sondern in Organisationen generell. Daher soll im Folgenden von Informationssystemen in Organisationen gesprochen werden.

Neben den Informationssystemen, die in Organisationen eingesetzt werden können, existieren weitere, die die Leistungsprozesse von und zwischen Organisationen in der Regel nicht unterstützen. Zu ihnen zählen beispielsweise Entertainmentsysteme. Eine Vielzahl von Informationssystemen eignet sich für den Einsatz sowohl in als auch außerhalb von Organisationen, wodurch eine klare Zuordnung erschwert wird. In diesem Kapitel sollen Informationssysteme betrachtet werden, die typischerweise in Organisationen zum Einsatz kommen.

Dazu werden zunächst einige grundlegende Ausführungen zu Informationssystemen in Organisationen gemacht (Kapitel 5.1), und auf ihnen aufbauend erfolgt im zweiten Unterkapitel der Versuch einer Klassifikation von Informationssystemen (Kapitel 5.2). Anschließend soll die Gestaltung und der Einsatz von Informationssystemen diskutiert werden (Kapitel 5.3). Den Abschluss des Kapitels bildet eine Betrachtung der Auswirkungen des Einsatzes von Informationssystemen in Organisationen (Kapitel 5.4).

5.1 Grundlagen

Informationssysteme (auch Informations- und Kommunikationssysteme genannt) werden in der Wirtschaftsinformatik als sozio-technische Systeme definiert [HN01], [AM02], [Krc04]. Das wirft mehrere Fragestellungen auf. So ist zum einen zu klären, aus welchen Teilsystemen ein solches komplexes Konstrukt besteht, und zum anderen, wie eine Integration der sozialen und der technischen Teilsysteme vorzunehmen ist. Wie bereits erwähnt, besteht ein Informationssystem aus Software, Hardware und Benutzern. Krcmar nimmt eine weitergehende Unterteilung vor, die in Abbildung 5.1 dargestellt ist.

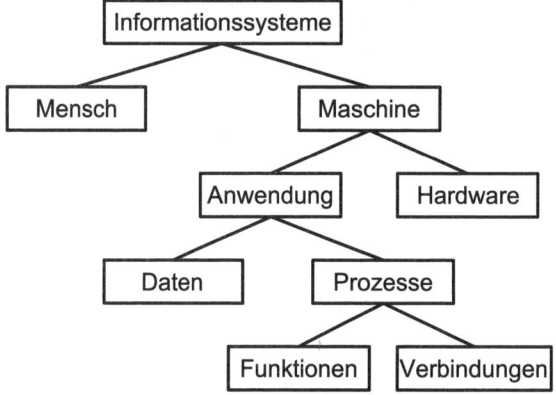

Abbildung 5.1: Teilsysteme eines Informationssystems nach Krcmar [Krc04]

Bei dieser Untergliederung wird die Software als Anwendung, bestehend aus Daten und Prozessen, die in einem Programm implementiert werden, gesehen. Der Dokumentation einer Software wird dabei keine Beachtung geschenkt.

Ein Informationssystem ist jedoch nicht nur durch die aufgezeigten Teilsysteme, sondern auch durch ihre Integration geprägt. Der Kontext, in dem Mensch und Maschine zusammengeführt werden, kann durch die vom Menschen zu lösende Aufgabe beschrieben werden. Somit kann als weitere Komponente eines Informationssystems die Aufgabe gesehen werden [HHR04]. Zentrales Ziel der Wirtschaftsinformatik ist daher die Planung und Gestaltung von Informationssystemen, wobei Mensch und Maschine im Kontext organisatorischer Aufgaben zusammenzuführen sind.

Geht man von dem Begriff Informationssystem aus, so setzt er sich aus den Teilen Information und System zusammen. Informationen stellen das zentrale Objekt von Informationssystemen dar. Mit einem Informationssystem können demzufolge Aufgaben der Informationsverarbeitung gelöst werden. Entsprechend der Einschränkung der Aufgaben auf die Informationsverarbeitung kann die Technik auf solche zur Unterstützung der Informationsverarbeitung eingeschränkt werden. Ein Robotersystem der Produktion stellt somit kein Informationssystem dar.

Der Begriff System beschreibt ein aus mehreren interagierenden Komponenten bestehendes, aufgaben- oder zweckorientiertes Gebilde. Als Komponenten wurden bereits Software, Hardware und Benutzer identifiziert. Diese interagieren zum Zweck der Informationsverarbeitung (Aufgabe) miteinander. Die einzelnen Teilaufgaben der Informationsverarbeitung werden ausführlicher in Kapitel 6 diskutiert und sollen daher hier nicht weiter ausgeführt werden.

Die Entwicklung von Informationssystemen vollzog sich grob in drei Phasen [AGWW02]. In einer ersten Phase stand die Automatisierung von Aufgaben der operativen Ebene einer Organisation im Vordergrund. Hierbei galt es, insbesondere gut strukturierbare Aufgaben wie die Buchführung mit Hilfe von Informationssystemen effizienter auszuführen.

In der zweiten Phase erfolgte eine Ausdehnung des Einsatzes von Informationssystemen auf die administrative und die strategische Ebene von Organisationen. Mit so genannten Entscheidungsunterstützungssystemen sollten Manager bei der Ausführung von kaum oder nicht strukturierbaren Aufgaben unterstützt werden. Damit sollte nicht nur die Effizienz, sondern auch die Effektivität der Organisation erhöht werden.

Wie bereits in der zweiten Phase festgestellt wurde, erzeugen einige Informationssysteme für eine Organisation Wettbewerbsvorteile. Die dritte Phase der Entwicklung von Informationssystemen ist durch den gezielten Einsatz strategisch wichtiger Informationssysteme geprägt. Dazu wird die Planung solcher Systeme in die strategische Gesamtplanung einer Organisation integriert.

5.2 Klassifikation von Informationssystemen

Aufgrund der Vielzahl an unterschiedlichen Organisationen und der Vielzahl an Aufgaben in einer Organisation ist es nicht verwunderlich, dass die Anzahl an existierenden Informationssystemen unüberschaubar groß ist. Daher ist es sinnvoll, eine Klassifikation von Informationssystemen vorzunehmen, um einen Überblick über diese geben zu können. Eine Klassifikation kann anhand verschiedener Kriterien vorgenommen werden:

- die mit dem Informationssystem erfüllbaren Aufgaben;
- die dem Informationssystem zugrunde liegende Hardwarearchitektur;
- die dem Informationssystem zugrunde liegende Softwarearchitektur;
- die Art der Organisation, in welcher das Informationssystem eingesetzt wird.

Gemäß der Hardwarearchitektur können beispielsweise Informationssysteme für Arbeitsplatzrechner, für Großrechner und für Rechnernetze unterschieden werden. Anhand der Softwarearchitektur (siehe Kapitel 4.2.5) lassen sich Informationssysteme in Desktopsysteme, Client/Server-Systeme und verteilte Systeme einteilen. Eine Einteilung von Informationssystemen nach der Art der Organisation, in der sie eingesetzt werden können, erfordert zunächst eine Untergliederung in branchenneutrale und branchenspezifische Systeme. Die branchenspezifischen Systeme lassen sich genau einer Branche (z.B. Handelssysteme für den Handel, Versicherungssysteme für die Versicherungswirtschaft) zuordnen. Branchenneutrale Systeme können hingegen von Organisationen verschiedener Branchen verwendet werden. Hierzu zählen beispielsweise Systeme für das Personalmanagement, das Rechnungswesen und die Beschaffung.

Im Weiteren soll von einer Unterteilung der Informationssysteme nach den organisatorischen Aufgaben, die mit ihnen erfüllt werden können, ausgegangen werden. Die Aufgaben lassen sich bei wirtschaftlich agierenden Organisationen den betrieblichen Funktionen zuordnen. Dabei kann zunächst zwischen operativen, administrativen und strategischen Funktionsbereichen unterschieden werden. Zu den operativen Funktionen zählen die Beschaffung und Logistik, die Produktion und das Marketing. Die administrativen Funktionen umfassen das Personalmanagement sowie das Rechnungswesen. Die strategischen Funktionen umfassen das Management und die Organisation. Die genannten betrieblichen Funktionen sind durch jeweils spezifische Aufgaben gekennzeichnet, die bereits in Kapitel 3 beschrieben wurden.

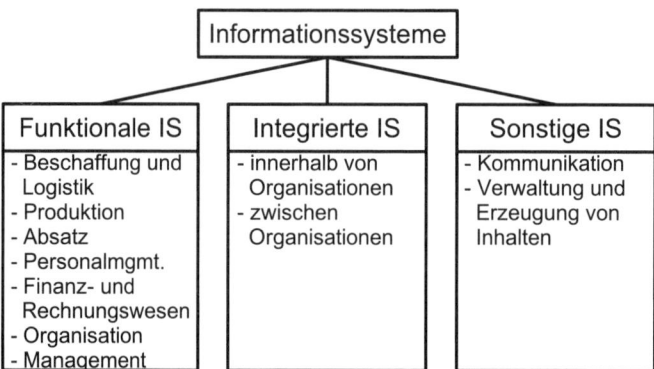

Abbildung 5.2: Einteilung betrieblicher Informationssysteme nach betrieblichen Aufgaben

Kapitel 5.2.1 beschreibt die wichtigsten Funktionen von Informationssystemen für die genannten betrieblichen Funktionsbereiche. Neben diesen Systemen existieren weitere, die mehrere betriebliche Funktionsbereiche innerhalb einer Organisation oder organisationsübergreifend abdecken. Diese integrierten Informationssysteme stellt Kapitel 5.2.2 dar. Ferner können Informationssysteme identifiziert werden, welche die Ausführung von Aufgaben unterstützen, die sich einem betrieblichen Funktionsbereich (oder einer Menge von Funktionsbereichen) nicht direkt zuordnen lassen. Hierzu zählen beispielsweise Systeme zur Unterstützung der zwischenmenschlichen Kommunikation sowie zur Unterstützung der Erfassung und Verwaltung von textuellen und multimedialen Inhalten. Diese sonstigen Sys-

5.2.1 Funktionale Informationssysteme

In diesem Kapitel sollen funktionale Informationssysteme anhand ihrer Funktionen vorgestellt werden. Des Weiteren erfolgt eine Aufzählung der wichtigsten Daten, welche von den jeweiligen Informationssystemen verarbeitet werden müssen. Für die Betrachtung der Daten ist folgende Unterteilung sinnvoll (siehe [SH04]):

- **Stammdaten.** Diese Gruppe an Daten beschreibt betriebswirtschaftlich relevante Objekte (z.B. Kunden, Lieferanten, Stücklisten) und bleibt über lange Zeit gegenüber Änderungen stabil. Werden an Stammdaten Änderungen vorgenommen, so werden diese Änderungen (z.B. die neue Adresse eines Lieferanten) als **Änderungsdaten** bezeichnet.

- **Bestandsdaten.** Diese Daten beschreiben Bestände (z.B. den Bestand eines Materials im Lager). Sie ändern sich häufig. Diese bei den Änderungen anfallenden Daten (z.B. der Zugang von 100 Einheiten des Materials ins Lager) werden **Bewegungsdaten** genannt.

Es sei darauf hingewiesen, dass die Systeme unabhängig von Organisationen und Branchen beschrieben werden, in denen sie zum Einsatz kommen.[1]

Beschaffung und Logistik

In der **Beschaffung** werden Informationssysteme eingesetzt, um den gesamten Beschaffungsprozess automatisiert ablaufen zu lassen. Im Einzelnen sind dabei die folgenden Schritte zu unterstützen:

- Bedarfsermittlung
- Bestandskontrolle
- Bestelltermin- und Bestellmengenermittlung
- Lieferantenauswahl
- Budgetfreigabe
- Bestellung
- Bestellüberwachung
- Liefereingang

---
[1] Eine Beschreibung von branchenspezifischen Informationssystemen einiger wichtiger Branchen findet sich in [SH04].

Zur Unterstützung dieser Schritte ist es notwendig, Daten über die zu beschaffenden Materialien (oder Artikel) sowie über Lieferanten und die Beziehung zu diesen Lieferanten zu erheben und zu speichern. Die Daten der Bestände sind dabei stets zu aktualisieren, weshalb diese als Bestandsdaten und die weiteren Daten (wie Lieferantendaten) als Stammdaten bezeichnet werden.

Die **Bedarfsermittlung** soll dem Disponenten bei der Bestimmung des Primär-, des Sekundär- und des Tertiärbedarfs helfen. Zur Ermittlung des Primärbedarfs bietet sich eine Kopplung an das Informationssystem des Marketing an (siehe dazu auch Kapitel 3.2.1). Ferner ist im Rahmen der Bedarfsermittlung der Sicherheitsbestand zu ermitteln.

Eng mit der Bedarfsermittlung ist die **Bestandskontrolle** verbunden. Werden Materialien und Artikel verbraucht oder verkauft, so ist die verbleibende Menge dieser im System zu vermerken. Eine solche Aktualisierung kann manuell oder automatisch erfolgen. Eine automatische Aktualisierung setzt voraus, dass entweder die Menge von Artikeln und Materialien im Lager oder ihre Zu- bzw. Abgänge automatisch bestimmt werden können. Hier bietet sich der Einsatz von **RFID-Chips** (Radio Frequency IDentification) an, die an jedem Artikel aufzubringen sind und über Funk von einem Lesegerät ausgelesen werden können. Wird der Artikel aus dem Lager heraus- oder in das Lager hineinbewegt, so erkennt dies ein Lesegerät und teilt das Ereignis der Software zur Verwaltung der Lagerbestände mit.

Neben der Ermittlung des Bedarfs in Abhängigkeit von den vorhandenen Beständen ist eine **Bestimmung der optimalen Bestellmenge und des optimalen Bestelltermins** notwendig. Wie bereits in Kapitel 3.2.1 aufgezeigt, sind hierbei mehrere konfligierende Ziele zu beachten. Durch eine Reihe von Einflussfaktoren, wie saisonale Absatzschwankungen, Veränderungen der Weltwirtschaft etc. gestaltet sich die Berechnung der optimalen Bestellmenge in der Regel weitaus komplexer, als in Kapitel 3.2.1 dargestellt. Ein Informationssystem muss demnach in der Lage sein, diese komplexen Berechnungen durchführen zu können.

Stehen für eine Bestellung mehrere **Lieferanten zur Auswahl**, so ist der für die jeweilige Bestellung günstigste auszuwählen. Die Entscheidung wird dabei nicht ausschließlich vom Preis, sondern auch von der Lieferbereitschaft und der Lieferqualität bestimmt. Letztere Faktoren können aus dem bisherigen Lieferverhalten eines Lieferanten ermittelt werden. Dies setzt die Speicherung von Daten über jeden Lieferanten und jede Lieferung voraus. Der Siemens-Konzern hat mit dem virtuellen Beschaffungsmarkt „click2procure" eine Plattform geschaffen, auf der Lieferanten die Bewertung des Konzerns einsehen können.

Sind Bestellmenge und -termin sowie Lieferant bestimmt, bedarf es oftmals der **Freigabe des Bestellauftrages** durch das Rechnungswesen. Hierzu bietet sich der Einsatz eines Workflowmanagementsystems (siehe Kapitel 5.2.3) an. Es bildet Arbeitsabläufe ab und steuert ihre Ausführung. Somit erfolgt die Vorlage des Bestellauftrages und dessen Freigabe rechnergestützt.

Nach Erteilung der Freigabe wird die **Bestellung** an den Lieferanten versandt. Dies sollte im Sinne einer effizienten Kommunikation ebenfalls durch das Informationssystem vorgenommen werden. Des Weiteren sind durch das Informationssystem der **Fortgang der Bestellung zu überwachen** und gegebenenfalls Mahnungen bei Angebots-, Auftragsbestätigungs- und Lieferverzug zu versenden.

Bei **Eingang der Lieferung** sind an den Waren Mengen- und Qualitätskontrollen durchzuführen. Die Qualitätskontrolle wird oftmals in Form von Stichproben durchgeführt. Hierbei können Informationssysteme bei der Berechnung der Anzahl der zu prüfenden Teile und der Protokollierung der Ergebnisse dienlich sein. Die Anzahl der zu prüfenden Teile kann dabei in Abhängigkeit von der Anzahl der Fehler der letzten Lieferungen und in Abhängigkeit von der Anzahl der bislang gefundenen Fehler dynamisch angepasst werden. Je nach Ergebnis der Liefereingangsprüfung erfolgt entweder eine Freigabe der Zahlung und eine Aufnahme der Ware in das Lager oder eine Mahnung des Lieferanten und unter Umständen eine Rücksendung der Waren. Die Abwicklung der Zahlung als Teil des Beschaffungsprozesses ist Aufgabe des Rechnungswesens und wird daher an dessen Informationssystem weitergeleitet.

Eng mit der Beschaffung ist die **Logistik** verbunden. Hierbei unterstützen Informationssysteme die Lagerverwaltung sowie die Transportverwaltung. Die Lagerverwaltung umfasst neben der bereits geschilderten Bestandskontrolle auch die Bewertung von Materialien und die Durchführung von Inventuren. Um die erhobenen Daten später der Kostenrechnung zur Verfügung stellen zu können, muss jedes Material, das aus einem Lager entnommen wird, bewertet werden. Die Bewertung kann anhand der Bestellpreise, anhand laufender oder gewichteter Durchschnittspreise oder auch anhand fester Verrechnungspreise vorgenommen werden. Ein Informationssystem implementiert die verschiedenen Verfahren und ermöglicht somit eine adäquate Auswahl.

Eine **Inventur** soll einen Abgleich zwischen dem tatsächlich vorhandenen Bestand und dem im Informationssystem gespeicherten Bestand ermöglichen. Ein Informationssystem kann eine Inventur durch die Vorgabe eines Ablaufschemas, durch die Ermittlung von Inventurzeitpunkten und durch die zufallsgesteuerte Ermittlung von zu inventarisierenden Positionen bei permanenten Inventuren unterstützen [Mer07].

Die **Transportverwaltung** umfasst unter anderem die Bestimmung von Transportwegen und die Bestimmung von Frachtbeladungsplänen. Für beide Aufgaben existieren Verfahren des Operations Research,[2] die von einem Informationssystem umzusetzen sind.

Aus den genannten Funktionen können nun Daten abgeleitet werden, die als Input der Funktionen notwendig sind oder den Output der Funktionen darstellen. Die wichtigsten Daten sind in Tabelle 5.1 zusammengefasst.

---

[2] Operations Research beschäftigt sich mit Optimierungsproblemen, zumeist aus dem Umfeld der Betriebswirtschaft und Wirtschaftsinformatik.

Tabelle 5.1: Daten der Beschaffung

Datum	Beschreibung
Artikelnummer	fortlaufende Nummer der auf Lager vorrätigen Artikel
Artikelbeschreibung	eindeutige Beschreibung eines Artikels
Artikelbestand	auf Lager vorrätiger Bestand eines Artikels
Nachbestellgrenze	Artikelbestand, bei dem eine automatische Nachbestellung erfolgt (Meldebestand)
Lieferantennummer	fortlaufende Nummer der Lieferanten
Lieferantenanschrift	Name und Anschrift der Lieferanten
Lieferantenartikel	lieferbare Artikel der Lieferanten
Bestellnummer	fortlaufende Nummer der Bestellungen
Bestelldatum	Datum der jeweiligen Bestellung
Bestellpositionen	Position eines bestellten Artikels inklusive Bestellmenge

Produktion

Während in den 60er- und 70er-Jahren erste Informationssysteme für den kaufmännischen Bereich entwickelt wurden, entstanden vorwiegend in den 70er- und 80er-Jahren Systeme, die die **Produktionsplanung und -steuerung** (PPS) unterstützen. Die ursprünglich entwickelten PPS-Systeme dienten zunächst nur der Materialbedarfsplanung. Diese allein ist jedoch nicht ausreichend, um eine effiziente Produktionsplanung sicherzustellen. Ferner gilt es, die Fertigungskapazitäten und den zeitlichen Ablauf der Produktion zu beachten [Kur05]. Im Rahmen der Produktionsplanung sind dabei eine Reihe von Fragestellungen zu beantworten, von denen im Folgenden die wichtigsten aufgezählt seien:

- Welche Produkte sollen hergestellt werden?
- Welche Mengen der einzelnen Produkte sollen hergestellt werden?
- An welchen Standorten soll produziert werden?
- Welchen Produktionstypus verlangen die herzustellenden Produkte (Massenproduktion, Serienproduktion, Einzelproduktion)?
- Nach welchem Prinzip soll der Produktionsprozess organisiert werden (Werkstattproduktion, Fließproduktion)?
- Wann muss mit der Produktion eines Kundenauftrages spätestens begonnen werden?
- Welcher Auftrag ist mit welchen Maschinen zu erstellen?

Die aufgezählten Fragestellungen lassen sich ihrem Charakter nach in strategische (Fragen 1 bis 5) und operative (Fragen 6 und 7) einteilen. Während die operativen

5.2 Klassifikation von Informationssystemen

Fragestellungen mit jedem Auftrag erneut auftauchen, sind die strategischen Fragestellungen langfristig beantwortbar. Informationssysteme zur Produktionsplanung und -steuerung sind somit in erster Linie darauf ausgerichtet, die operativen Fragen zu beantworten.

Aus den Fragestellungen der Produktionsplanung lassen sich die Funktionen eines PPS-Systems ableiten. Neben der Produktionsplanung soll ein PPS-System auch in der Lage sein, den Fortgang der Produktion zu überwachen und bei Abweichungen vom Produktionsplan steuernd einzugreifen. Im Weiteren sollen die wesentlichen Funktionen eines PPS-Systems genauer vorgestellt werden.[3] Die Produktionsplanungskomponente hat die beiden Funktionen Terminplanung und Kapazitätsabgleich und die Produktionssteuerungskomponente die beiden Funktionen Werkstattsteuerung und Auftragsüberwachung zu erfüllen [SH04]. Die Produktionsplanung setzt dabei auf der Beschaffungsplanung auf, wodurch eine Datenintegration beider Informationssysteme notwendig ist.

Die **Terminplanung** (Durchlaufterminierung) soll auf Basis von Arbeitsplänen eine zeitliche Terminierung der Produktion vornehmen. In einem Arbeitsplan werden die Bearbeitungstermine für jedes Teil sowie die Erzeugnisstruktur eines Endproduktes festgehalten. Mit Hilfe dieser kann nun entweder, ausgehend von einem Starttermin durch eine Vorwärtsterminierung, der Fertigstellungstermin oder, ausgehend von einem Fertigstellungstermin durch eine Rückwärtsterminierung, der Starttermin errechnet werden. Ein PPS-System ist in der Lage, neben den Terminen auch den kritischen Pfad (Prozesse ohne Pufferzeit) eines Produktionsprozesses zu ermitteln.

Eine Terminplanung ist jedoch losgelöst von der **Kapazitätsplanung** nicht sinnvoll. Sind Arbeitsschritte in der Terminplanung vorhanden, welche die Kapazitätsgrenze überschreiten, so müssen diese Arbeitsschritte so lange zeitlich verlängert werden, bis eine Ausführung dieser innerhalb der Kapazitätsgrenze möglich ist. Die Kapazitätsgrenze wird dabei von Betriebsmitteln (z.B. Maschinen) und Arbeitsplätzen bestimmt. Eine Anforderung an PPS-Systeme besteht demnach in der integrierten Durchführung von Termin- und Kapazitätsplanung.

Die **Auftragsfreigabe** als erster Teilschritt der **Werkstattsteuerung** stellt das Bindeglied zwischen Produktionsplanung und Produktionssteuerung dar [Sch95]. Hier werden zunächst die gemäß den Produktionsplänen benötigten Kapazitäten geprüft und bei Erfolg die Produktion freigegeben. Die **Feinterminierung** als weiterer Schritt der Werkstattsteuerung soll die eher groben Pläne der Produktionsplanung an die genauen und aktuellen Gegebenheiten der Produktion anpassen. Dabei sind unter anderem Prioritätsregeln festzulegen, anhand derer der nächste Auftrag für ein Betriebsmittel bzw. einen Arbeitsplatz ermittelt wird. Für die Feinterminierung eignen sich beispielsweise heuristische Suchverfahren oder neuronale Netze, die es daher in einem PPS-System zu implementieren gilt.

---

[3] Eine ausführliche Beschreibung von PPS-Systemen findet sich unter anderem in [Kur05]; siehe auch [Mer07].

Die Produktionssteuerung umfasst ferner die **Auftragsüberwachung**. Hier werden die Soll- und die Ist-Daten der Produktion einander gegenübergestellt, und bei Abweichungen wird eine entsprechende Rückmeldung an den Produktionsleiter gegeben. Die Erhebung der Ist-Daten der Produktion wird auch als Betriebsdatenerfassung (BDE) bezeichnet. Diese erfolgt mit so genannten BDE-Geräten zumeist automatisch.

Während der Produktionsplanung und -steuerung fallen eine Reihe von Daten an, die den Einsatz eines Datenbanksystems (siehe Kapitel 4.2.6) erforderlich machen. So geht Scheer bereits bei einem mittleren Fertigungsbetrieb von mehreren 100000 Stammdatensätzen aus [Sch96a]. Ferner bestehen zwischen den Daten häufig komplexe Beziehungen. Zur Modellierung der Daten der Produktionsplanung und -steuerung haben sich Entity-Relationship-Modelle (siehe Kapitel 4.2.6) etabliert. Die Speicherung der Daten wird in Datenbanksystemen vorgenommen, die Bestandteil der PPS-Systeme sind. Dabei werden u.a. die in Tabelle 5.2 aufgeführten Daten benötigt.

Tabelle 5.2: Daten der Produktion

Datum	Beschreibung
Artikelnummer	fortlaufende Nummer der auf Lager vorrätigen Artikel
Artikelbeschreibung	eindeutige Beschreibung eines Artikels
Erzeugnisstrukturen	strukturelle Beschreibung der einfließenden Artikel in zu erstellende Produkte
Maschinennummer	fortlaufende Nummer der vorhandenen Produktionsmaschinen
Maschinenbeschreibung	Beschreibung der vorhandenen Produktionsmaschinen inklusive Produktionskapazität
Arbeitsgang	Beschreibung der bei der Produktion anfallenden Arbeitsgänge
Produktionsauftrag	Menge und Art der zu fertigenden Produkte

Die genannten Daten sind bis auf den Produktionsauftrag den Stammdaten zuzurechnen. Die während der Produktion anfallenden Daten hingegen sind zu den vorgangsbezogenen Daten zu zählen. Die aufgezählten Daten bilden nur eine Grobstruktur ab und sind für PPS-Systeme zu verfeinern. Ferner ist im Sinne der Datenintegration eine Verknüpfung dieser Daten mit denen der Beschaffung, des Marketing sowie denen der weiteren betrieblichen Funktionen notwendig.

Die Produktion selbst kann mit Hilfe von Informationssystemen unterstützt werden. Zu diesen Informationssystemen zählen die so genannten CAx-Systeme:

- **Computer Aided Design** (CAD), das eine computergestützte Konstruktion von Produkten ermöglichen soll;

- **Computer Aided Planning** (CAP), welches aus den Konstruktionsplänen des CAD-Systems Arbeitspläne generieren soll;

- **Computer Aided Manufacturing** (CAM), das der Steuerung der Werkzeugmaschinen dient;

- **Computer Aided Quality** (CAQ), das der rechnerunterstützten Qualitätsüberwachung der Produktionsprozesse dient.

Auf eine genaue Beschreibung der aufgezählten Systeme soll hier verzichtet werden. Ihre Integration mit PPS-Systemen wird im Rahmen des CIM-Konzeptes in Kapitel 5.2.2 beschrieben.

Marketing

Wie bereits in Kapitel 3.2.3 erläutert, versucht eine Organisation mit den Instrumenten des **Marketing** die Akteure eines Absatzmarktes (Konkurrenten und Nachfrager) zu ihren Gunsten zu beeinflussen. Das Marketing ist wegen seiner starken Bindung an einen oder mehrere Absatzmärkte durch ein hohes Volumen an Informationen geprägt, das für eine effiziente Verarbeitung den Einsatz von Informationssystemen notwendig macht.

Nach Stahlknecht und Hasenkamp sind zu den wichtigsten Funktionen eines Informationssystems für das Marketing die Angebotsbearbeitung und -überwachung, die Auftragsbearbeitung, die Fakturierung, die Versanddisposition, die Versandlogistik und die Außendienstunterstützung zu zählen [SH04]. Im Marketing gelangte man zu der Erkenntnis, dass diese Funktionen alleine nicht ausreichend sind, um die absatzpolitischen Ziele zu erreichen. Vielmehr ist die Pflege von Kundenbeziehungen (Customer Relationship Management) als weitere zentrale Funktion den bislang aufgezählten hinzuzufügen.

Im Rahmen der **Angebotsbearbeitung** können rechnergestützt Angebote kalkuliert und abgegeben sowie Kundenanfragen beantwortet werden. Die **Angebotsüberwachung** dient der Verfolgung des Fortgangs eines abgegebenen Angebots. Zum Erfassen und Verwalten sowie Prüfen von Aufträgen dienen die Funktionen der **Auftragsbearbeitung**. Die Berechnung von Verkaufspreisen und die Erstellung von Lieferscheinen und Rechnungen sind Aufgabe der **Fakturierung**. Hierbei müssen Informationssysteme in der Lage sein, auch Rabatte, Skonti und Gutschriften in die Berechnung einfließen zu lassen. Die Auftragsbearbeitungsverfolgung, die Kommissionierung von Artikeln für den Versand sowie die Erfassung des Warenausgangs sind die wichtigsten Funktionen der **Versanddisposition**. Im Rahmen der **Versandlogistik** sollen Informationssysteme die Auswahl der Transportfahrzeuge, ihre optimale Beladung und die Berechnung der optimalen Fahrstrecke vornehmen. Das ist durch eine Implementierung diverser Verfahren des Operations Research möglich. **Außendienstmitarbeiter** können zusätzlich durch weitere Funktionen wie die Besuchsplanung und die Besuchsberichterstattung bei ihrer Tätigkeit unterstützt werden. Durch eine Anbindung mobiler Endgeräte dieser Mitarbeiter an die Informationssysteme der Organisation ist vor Ort außerdem eine Angebotsbearbeitung möglich.

Zur **Pflege der Kundenbeziehungen** wurden in den letzten Jahren spezielle Systeme entwickelt, die auch als **Customer-Relationship-Management-Systeme** (CRM-Systeme) bezeichnet werden. Diese haben sowohl operative als auch analytische Aufgaben zu übernehmen ([HRW04], ähnlich auch in [Mey02]), und decken somit auch Funktionen des Managements ab. Das analytische CRM dient der Einteilung der Kunden in Kundengruppen sowie der Gewinnung neuer Daten aus den bereits erhobenen Kundendaten. Hierbei kommen, wie auch im Management, Data-Warehouse-Systeme, OLAP-Systeme sowie Data-Mining-Systeme zum Einsatz, die weiter unten genauer erläutert werden. Die Daten des analytischen CRM bilden die Grundlage des operativen CRM, die insbesondere den Kontakt mit den Kunden über verschiedene Kanäle (Telefon, Brief, E-Mail, Call-Center etc.) unterstützen soll.

Entsprechend den genannten Funktionen, die durch Informationssysteme im Bereich des Marketing erfüllt werden können, ergeben sich die zentralen Daten des Marketing, wie in Tabelle 5.3 dargestellt.

Tabelle 5.3: Daten des Marketing

Datum	Beschreibung
Angebotsnummer	fortlaufende Nummer der Angebote
Angebotsbeschreibung	ausführliche Beschreibung der Angebote
Auftragsnummer	fortlaufende Nummer der Kundenaufträge
Auftragsbeschreibung	ausführliche Beschreibung der Kundenaufträge
Lieferauftragsnummer	fortlaufende Nummer der Lieferaufträge
Lieferauftragsdatum	Datum der Auslieferung
Lieferauftragsposition	Position eines ausgelieferten Produktes inklusive Menge
Kundennummer	fortlaufende Nummer der Kunden
Kundenanschrift	Name und Anschrift der Kunden
sonstige Kundendaten	weitere Daten über die Kunden wie Zahlungsmoral, bereits gekaufte Produkte, etc.

Personalmanagement

Das Personalmanagement kann ebenfalls mit Informationssystemen unterstützt werden. Insbesondere die Personalabrechnung und die Personalzeitwirtschaft können durch Informationssysteme abgedeckt werden [SH04]. Aber auch die Personalentwicklung kann durch Informationssysteme unterstützt werden.

Zu den Hauptfunktionen eines Informationssystems zur **Personalabrechnung** zählen:

- **Bruttoabrechnung.** Diese Funktion umfasst die Berechnung des Bruttolohnes oder des Bruttogehaltes.

- **Nettoabrechnung.** Zur Berechnung von Nettolöhnen und -gehältern ist eine Ermittlung der Lohn- und Kirchensteuer, der Sozialversicherungsbeiträge sowie sonstiger Abzüge notwendig.

- **Nachweise und Auswertungen.** Mit diesem Funktionsbaustein können Verdienstnachweise und Beitragsnachweise erstellt sowie Auswertungen für das Rechnungswesen vorgenommen werden.

- **Zahlungsdienst.** Neben der Auszahlung des Nettolohnes bzw. -gehaltes an die jeweiligen Empfänger sollen mit dieser Funktion auch Überweisungen an die Krankenkassen, Bausparkassen und Versicherungen getätigt werden.

Zu den Funktionen der **Personalzeitwirtschaft** zählt eine Erfassung von Arbeits- und Abwesenheitszeiten auf Arbeitszeitkonten. Abweichungen vom Sollzustand lassen sich auf diese Weise schnell ermitteln, und es kann mit entsprechenden Maßnahmen von Seiten der Personalabteilung darauf reagiert werden.

Die **Personalentwicklung** dient der Anpassung der Fähigkeiten und Kompetenzen der Mitarbeiter an die Bedürfnisse einer Organisation. Dabei ist es zunächst notwendig, die Fähigkeiten und Kompetenzen aller Mitarbeiter in Bezug auf die relevanten Hauptkompetenzen der Organisation zu erfassen. Dies wird auch als Skill-Management bezeichnet [Leh08] und kann durch so genannte **Skill-Management-Systeme** vorgenommen werden.[4] Sie können Fähigkeiten und Kompetenzen entweder als verbale Beschreibung oder in Form einer Bewertung anhand einer Skala abspeichern. Ferner ist es möglich, die Daten eines Skill-Management-Systems zu analysieren. So können mit Hilfe einer entsprechenden Analyse beispielsweise alle Mitarbeiter herausgefiltert werden, deren Englischkenntnisse als ungenügend eingestuft wurden. Mit Hilfe von Maßnahmen der Personalentwicklung kann der Kenntnisstand dieser Mitarbeiter verbessert werden.

Eine solche Maßnahme stellt die Weiterbildung dar, die den Mitarbeitern neuen Lernstoff vermitteln soll. Die Vermittlung des Lernstoffes kann dabei auf traditionellem oder auf elektronischem Wege erfolgen. Die elektronische Unterstützung von Lernmaßnahmen wird auch als E-Learning bezeichnet. Zur Umsetzung des E-Learning können Lern-Management-Systeme (siehe Kapitel 5.2.3) eingesetzt werden [Leh08].

Entsprechend dem Betrachtungsgegenstand des Personalwesens fallen Daten über das Personal an, die mit den Informationssystemen verarbeitet werden. Die wichtigsten Daten des Personalwesens sind in Tabelle 5.4 zusammengestellt.

Rechnungswesen

Das Rechnungswesen dient der Erfassung, Aufbereitung und Auswertung unternehmensrelevanter, numerischer Informationen, die in den vier Teilgebieten

---
[4] Eine Marktübersicht zum Angebot an Skill-Management-Systemen findet sich in [LW03].

Tabelle 5.4: Daten des Personals

Datum	Beschreibung
Personalnummer	fortlaufende Nummer der Mitarbeiter
Name	Name des Mitarbeiters
Alter	Alter des Mitarbeiters
Fähigkeiten	Auflistung aller für die Organisation relevanten Fähigkeiten des Mitarbeiters
Abteilung	Abteilung, in der der Mitarbeiter eingesetzt ist
Stelle	Stelle, die der Mitarbeiter besetzt
Gehalt	an den Mitarbeiter zu zahlendes Gehalt

Bilanz-, Kosten- und Erlös-, Finanz- und Investitionsrechnung verwendet werden (siehe Kapitel 3.2.4).

Informationssysteme für die Kosten- und Erlösrechnung unterstützen die Durchführung folgender Aufgaben [SH04]:

- Kostenartenrechnung
- Kostenstellenrechnung
- Kostenträgerstückrechnung
- Betriebsergebnisrechnung

Die im Rahmen dieser Aufgaben jeweils anfallenden Daten werden zumeist nicht durch den Benutzer (Mitarbeiter des Rechnungswesens) manuell eingegeben, sondern von Informationssystemen anderer betrieblicher Funktionsbereiche (z.B. der Buchführung und dem Personalmanagement) übernommen. Somit stellen Informationssysteme der Kosten- und Erlösrechnung hohe Anforderungen an die Datenintegration.

Die **Buchführung** hat die Aufgabe, alle numerischen, wirtschaftlichen Informationen in chronologischer Reihenfolge zu erfassen. Die Daten der Buchführung fließen in die Bilanz, Gewinn- und Verlustrechnung und Kapitalflussrechnung ein. Informationssysteme für die Buchführung bestehen aus drei Funktionsblöcken:

- Debitorenbuchhaltung
- Kreditorenbuchhaltung
- Sachbuchhaltung

Mit dem Funktionsblock der Debitorenbuchhaltung werden Buchungen auf den Kundenkonten (Zahlungseingänge) vorgenommen. Demgegenüber nimmt die Kreditorenbuchhaltung Buchungen auf den Lieferantenkonten (Zahlungsausgänge) vor. Die Sachbuchhaltung importiert Daten der Debitoren- und Kreditorenbuchhaltung und erstellt aus diesen die Bilanz sowie die Gewinn- und Verlustrechnung. Ferner importiert die Sachbuchhaltung auch Daten aus dem Informationssystem der Beschaffung und Logistik sowie des Personalmanagements. Entsprechend sind die in Tabelle 5.5 aufgeführten Daten von zentraler Bedeutung für das Rechnungswesen.

Tabelle 5.5: Daten des Finanz- und Rechnungswesens

Datum	Beschreibung
Personalnummer	fortlaufende Nummer der Mitarbeiter
Gehalt	an den Mitarbeiter zu zahlendes Gehalt
Lieferantennummer	fortlaufende Nummer der Lieferanten
Bestellnummer	fortlaufende Nummer der Bestellungen
Kundennummer	fortlaufende Nummer der Kunden
Lieferauftragsnummer	fortlaufende Nummer der Lieferaufträge
Anlagennummer	fortlaufende Nummer der Sachanlagen der Organisation

Organisation

Nach Kosiol untergliedert sich die Organisation in Aufbau- und Ablauforganisation [Kos62]. Die Aufbauorganisation beschreibt dabei die Verteilung von Aufgaben, Kompetenzen und Verantwortung, während die Ablauforganisation die einzelnen Prozesse und Prozessschritte von Aufgaben beschreibt.

Die **Aufbauorganisation** kann mit Hilfe von Organigrammen visuell dargestellt werden. Zur Erstellung und Pflege von Organigrammen können Informationssysteme wie die ARIS Solutions der IDS Scheer eingesetzt werden (siehe Kapitel 7.2.2). Die Unterstützung von Informationssystemen für die Aufbauorganisation geht allerdings nicht über die Veranschaulichung der Organisation hinaus.

In ähnlicher Weise kann die **Ablauforganisation** durch Informationssysteme unterstützt werden. Auch hier lassen sich Ablaufdiagramme und insbesondere ereignisgesteuerte Prozessketten (siehe Kapitel 7) mit geeigneter Software visuell darstellen. Die ARIS Solutions ermöglichen die integrierte Darstellung von Aufbau- und Ablauforganisation. Hierdurch ist eine Entscheidungsunterstützung für die Organisationsplanung möglich.

Zur Veranschaulichung der Aufbau- und Ablauforganisation sind verschiedene Daten notwendig, von denen die wichtigsten Tabelle 5.6 zusammenfasst.

Management

Das Management ist mit der Führung einer Organisation beauftragt. Dabei sind auf Basis verschiedener Informationen aus den verschiedenen betrieblichen Funktionsbereichen und von der Außenwelt Entscheidungen zu treffen, die dem Errei-

Tabelle 5.6: Daten der Organisation

Datum	Beschreibung
Abteilung	Abteilung, in der der Mitarbeiter eingesetzt ist
Stelle	Stelle, die der Mitarbeiter besetzt
Arbeitsgang	Beschreibung der bei der Produktion anfallenden Arbeitsgänge
Leistung	von der Organisation angebotene Leistungen (Produkte und Dienstleistungen)

chen der Ziele der Organisation dienen. Zur Unterstützung dieser Entscheidungen wurden Entscheidungsunterstützungs-Systeme und Führungsinformationssysteme entwickelt.

Entscheidungsunterstützungs-Systeme sollen auf Grundlage von oftmals unvollständigen Informationen eine von mehreren Handlungsalternativen anhand einer Zielfunktion auswählen bzw. die Auswahl unterstützen. Dabei kommen wiederum Verfahren des Operations Research zum Einsatz, die von einem Entscheidungsunterstützungs-System zu implementieren sind.

Die Sammlung und statistische Auswertung von Informationen ist Aufgabe der **Führungsinformationssysteme**. Zu diesen können Data-Warehouse-Systeme, Online-Analytical-Processing-Systeme (OLAP-Systeme) und Data-Mining-Systeme gezählt werden [Leh08]. Data-Warehouse-Systeme können als spezielle Datenbanksysteme bezeichnet werden, die Daten aus anderen Datenbanksystemen (z.B. der Beschaffung, der Produktion und des Marketing) importieren und aggregieren. Für diese Datenbanksysteme wurden spezielle Auswertungssysteme (OLAP-Systeme) entwickelt. Mit diesen kann beispielsweise die Produktivität einer Abteilung oder einer Fabrik ausgewertet werden. Mit Hilfe von Data-Mining-Systemen können aus den vorhandenen Daten neue generiert werden (z.B. durch eine Trendanalyse, eine Korrelationsanalyse, etc.).

OLAP-Systeme stellen eine Datenbanktechnologie dar, die in Abgrenzung zu relationalen Datenbanksystemen analytische Anfragen auf mehrdimensionalen Daten erlaubt. Das Ziel dieser Systeme kann in einer Kurzform als „Fast Analysis of Shared Multidimensional Information" bezeichnet werden:

- **Fast.** Diese Eigenschaft zielt auf eine angemessene Antwortgeschwindigkeit ab. Dabei sollte eine Antwortzeit von 30 Sekunden nicht überschritten werden, da die Benutzer die Anfrage sonst abbrechen [Cla98].

- **Analysis.** Der Benutzer muss zum einen eigene Analysen vornehmen können, und zum anderen sollte er bei der Erstellung und Auswertung der Analysen so weit wie möglich durch das OLAP-System unterstützt werden. Bei dieser Eigenschaft geht es also um die Funktionalität.

- **Shared.** Die Datenbestände sollen einer Vielzahl von Benutzern gleichzeitig zur Verfügung stehen.

5.2 Klassifikation von Informationssystemen

- **Multidimensional.** OLAP-Systeme erlauben eine mehrdimensionale Sicht auf die Daten. Dies kann durch eine Kombination verschiedener Daten (z.B. über Projekte, Organisationsmitglieder und Kenntnisse) erreicht werden, wodurch eine vielseitige Auswertung dieser Daten möglich wird.

- **Information.** OLAP-Systeme sind in der Lage, aus Daten Informationen zu erstellen. Dies erfolgt durch eine Kombination verschiedener Daten.

Eine multidimensionale Sicht kann beispielsweise durch einen Datenwürfel veranschaulicht werden. Abbildung 5.3 zeigt einen solchen Datenwürfel mit den drei Dimensionen Projekte, Mitarbeiter und Fremdsprachenkenntnisse.

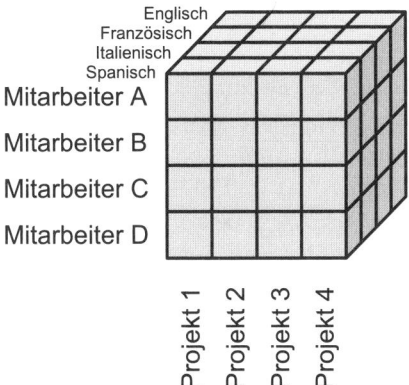

Abbildung 5.3: Beispiel eines Datenwürfels mit den Dimensionen Projekte, Mitarbeiter und Fremdsprachenkenntnisse

Ausgehend von einem Datenwürfel können verschiedene Operationen durchgeführt werden, von denen Rotation, Roll-up, Drill-down sowie Slice und Dice kurz erläutert werden:

- **Rotation.** Mit dieser Operation kann der n-dimensionale Würfel um seine Achsen gedreht werden. Hierdurch ist ein Betrachten der Datenkombinationen aus verschiedenen Perspektiven möglich, was wiederum die Beantwortung verschiedener Analysefragen ermöglicht.

- **Roll-up, Drill-down.** Das Roll-up ist mit einer Aggregierung von Daten zu vergleichen. Dabei kann die Tiefe der Aggregation für jede Dimension festgelegt werden. Im Beispiel in Abbildung 5.3 könnten die Mitarbeiter zu Teams aggregiert werden. Die hierzu inverse Operation bildet das Drill-down, durch das verdichtete Daten detailliert werden. So wäre in dem skizzierten Beispiel ein Drill-down der Projekte in einzelne Arbeitspakete denkbar.

- **Slice, Dice.** Mit der Slice-Operation können einzelne Scheiben aus dem n-dimensionalen Würfel herausgeschnitten werden. Eine mögliche Scheibe wäre in dem Beispiel eine Tabelle aus den Dimensionen Mitarbeiter und Projekte. In Abgrenzung dazu werden bei den Dice-Operationen keine Dimensionen ausgeblendet, sondern es wird ein Teilwürfel mit gleichen Dimensionen, jedoch weniger Daten erzeugt. Ein möglicher, durch eine Dice-Operation erzeugter Teilwürfel könnte die Projekte 1 und 3 sowie die Sprachen Englisch und Italienisch enthalten.

5.2.2 Integrierte Informationssysteme

Wie in Kapitel 5.2.1 erwähnt, ist eine Integration der verschiedenen Informationssysteme notwendig, um eine effiziente Informationsverarbeitung in Organisationen zu gewährleisten. Das Wort Integration erfährt in der Wirtschaftsinformatik durch die Verknüpfung von Mensch und Technik im Kontext von Aufgaben eine zentrale Rolle. Ziel der Integration ist die Erhöhung der organisatorischen Effizienz und Effektivität (Wirtschaftlichkeitsprinzip). Die verschiedenen Arten der Integration in der Wirtschaftsinformatik wurden bereits in Kapitel 2.2 beschrieben und sollen daher hier nicht weiter ausgeführt werden.

Wie bereits anhand der Integrationsarten deutlich wird, vollzieht sich eine Integration nicht nur im technischen Sinne, sondern auch im organisatorischen Sinne durch die Integration von Geschäftsprozessen (siehe Kapitel 7). Die Integration von Informationssystemen in Organisationen durch die Orientierung an Geschäftsprozessen wird auch als **Enterprise Application Integration** (EAI) bezeichnet [MW02]. EAI ist ein abstraktes Konzept zur Verknüpfung von Informationssystemen und nicht an eine bestimmte Technologie geknüpft. Die technologische Implementierung des EAI wird mit Hilfe von so genannter **Middleware** vollzogen. Ein Middleware-System soll zwischen heterogenen Software- und Hardwaresystemen vermitteln.

Die Integration von Informationssystemen führt jedoch nicht zwangsläufig zu einer Erhöhung der organisatorischen Effizienz und Effektivität. Der Erfolg der Integration wird durch latente Risiken sowohl technischer als auch sozialer Natur gefährdet [MW02]:

- Heterogenität der bestehenden Informationssysteme
- Sicherheit der Informationssysteme
- Qualifikation des Personals

Als Risikofaktor lässt sich die **Heterogenität der bestehenden Informationssysteme** identifizieren. So sind in einer Organisation zumeist Informationssysteme für verschiedene Rechnersysteme und mit verschiedenen Softwarearchitekturen vorhanden. Dies erschwert eine Integration der Systeme. Die Integration wird zudem durch die Verwendung verschiedener Programmiersprachen, in denen die Software erstellt wurde, erschwert. Bedingt durch diese Heterogenität sind oft-

5.2 Klassifikation von Informationssystemen

mals enorme Investitionen notwendig, um die Integration der Informationssysteme technisch vollziehen zu können.

Durch die Zusammenführung mehrerer Informationssysteme wird der Zugriff von einem System auf ein anderes ermöglicht. Das verlangt die Definition von Zugriffsrechten. Durch eine fehlerhafte Vergabe der Zugriffsrechte, insbesondere bei Webanwendungen, können auch unberechtigte Personen Zugriff auf Informationssysteme erlangen. Somit ist der **Sicherheit** bei der Integration besonderes Augenmerk zu schenken. Neben den Zugriffsrechten können auch fehlerhaft implementierte Systeme ein Risiko für die weiteren Systeme darstellen.

Die Integration von Informationssystemen erfordert **Personal**, das sich sowohl mit den bislang vorhandenen Systemen als auch mit den Technologien des EAI auskennt. Ist kein Personal mit den geeigneten Qualifikationen vorhanden, so sind Maßnahmen der Personalentwicklung oder der Personalbeschaffung anzuwenden. Dies kann besonders bei heterogenen Informationssystemen zu hohen Kosten führen.

Die Integration von Informationssystemen kann grundsätzlich durch zwei verschiedene Strategien erfolgen. Zum einen besteht die Möglichkeit, die vorhandenen Systeme beizubehalten und sie beispielsweise durch eine **Middleware** zu integrieren. Zum anderen bietet sich aber auch die Möglichkeiten, die vorhandenen Systeme durch ein **integriertes Informationssystem** zu ersetzen. Während die erste Möglichkeit zumeist mit geringeren Kosten verbunden ist, führt die zweite zu einem höheren Integrationsgrad. Zudem unterstützen auch integrierte Informationssysteme in der Regel nicht alle Geschäftsprozesse einer Organisation, so dass der Einsatz mehrerer Informationssysteme notwendig ist.

Integrierte Informationssysteme können anhand ihres Einsatzbereiches in solche für innerbetriebliche und solche für zwischenbetriebliche Abläufe unterteilt werden. Im Weiteren sollen Computer-Integrated-Manufacturing- und Enterprise-Resource-Planning-Systeme als Beispiele für integrierte Informationssysteme dargestellt werden, die innerbetriebliche Abläufe unterstützen, und Supply-Chain-Management-Systeme als solche, die zwischenbetriebliche Abläufe unterstützen.

CIM-Systeme

In Kapitel 5.2.1 wurden zur Unterstützung der Produktion PPS-Systeme, CAD-Systeme, CAP-Systeme, CAM-Systeme und CAQ-Systeme beschrieben. Diese nehmen eine zentrale Rolle in Industriebetrieben ein. Scheer schlägt daher eine Integration der genannten Systeme nach einer Y-Struktur vor [Sch95]. Diese Struktur wird auch als **Computer Integrated Manufacturing** (CIM) bezeichnet und ist in Abbildung 5.4 dargestellt.

Das CIM-Konzept sieht nicht nur eine Integration von PPS-Systemen und CAx-Systemen vor, sondern auch eine Anbindung dieser Systeme an die Informationssysteme der Kosten- und Erlösrechnung, der Buchführung und des IT-Managements (siehe Kapitel 6). Diese Anbindung ist durch den äußeren Kreis

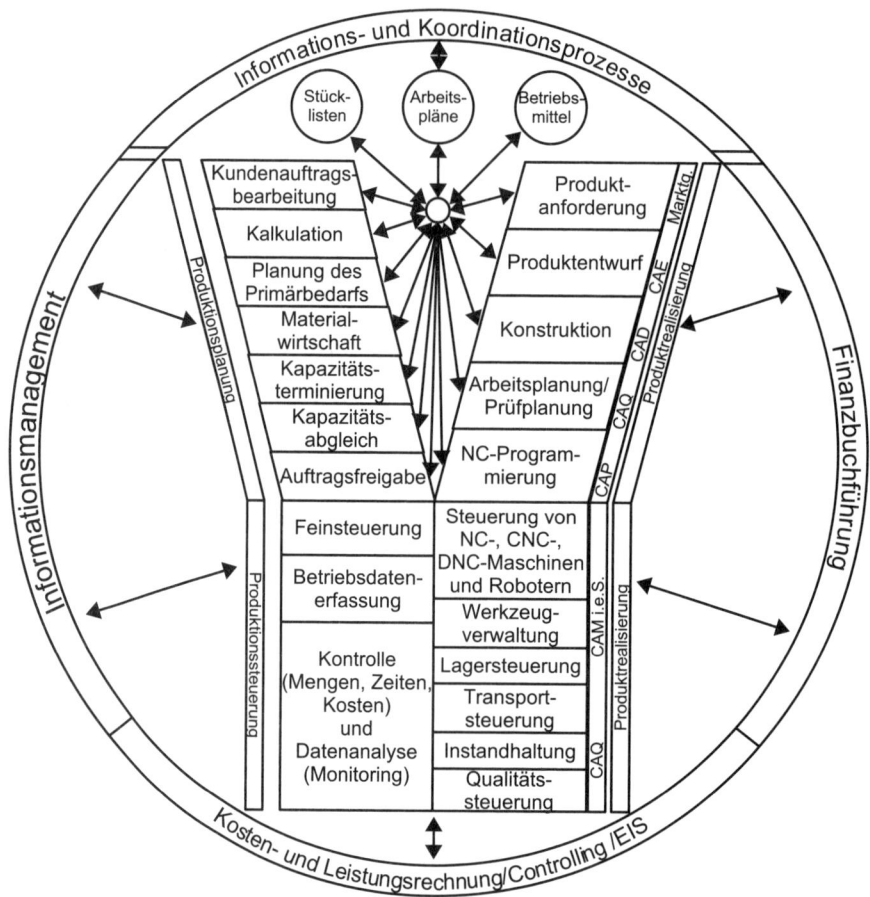

Abbildung 5.4: CIM-Struktur nach Scheer [Sch95]

des Modells in Abbildung 5.4 dargestellt, der die Informations- und Kommunikationsprozesse zwischen den Informationssystemen verdeutlichen soll.

Informationssysteme, die das CIM-Konzept implementieren, werden auch als CIM-Systeme bezeichnet. CIM-Systeme wurden insbesondere in den 80er-Jahren entwickelt und sollten zu einer teilweisen bis vollständigen Verdrängung des Menschen aus einigen betrieblichen Teilprozessen führen. Eine vollständige Verdrängung hat jedoch nie stattgefunden.

ERP-Systeme

Eine weiterführende Integration aller innerbetrieblichen Funktionen in einem Informationssystem wird mit **Enterprise-Resource-Planning-Systemen** (ERP-Systemen) erreicht. Mit diesen Systemen soll eine Planung aller Ressourcen, die in

5.2 Klassifikation von Informationssystemen

der gesamten Organisation benötigt werden, möglich sein. Zu diesen Ressourcen zählen alle Materialien, Hilfsmittel, Geldmittel und Personalmittel. Zur Sicherstellung der Integration aller betrieblichen Funktionen ist sowohl eine Daten- und Funktions- als auch eine Prozessintegration notwendig (siehe Kapitel 2.2.6). Die Prozessintegration erfolgt dabei nicht nur horizontal entlang der Wertschöpfungskette, sondern auch vertikal über alle Ebenen einer Organisation.

Als Vorgänger von ERP-Systemen werden Material-Requirement-Planning-Systeme und Manufacturing-Resource-Planning-Systeme angesehen, die bereits in den 60er-Jahren entstanden. Zunächst stand bei diesen die Planung von Ressourcen in der Produktion im Vordergrund. Die Weiterentwicklung dieser Systeme ging in zwei Richtungen vor sich. Zum einen wurden weiterhin Systeme ausschließlich zur Planung von Produktionsressourcen (PPS-Systeme) entwickelt, zum anderen entstanden Systeme, die alle betrieblichen Funktionsbereiche integrieren.

Der Markt für ERP-Systeme ist mittlerweile unüberschaubar groß. So existieren für eine Vielzahl von Branchen (z.B. Versicherung und Handel) spezielle ERP-Systeme. Neben kommerziell erhältlichen ERP-Systemen entstehen auch immer mehr Open-Source-Systeme[5] (z.B. Compiere, ERP5). Die Architektur eines ERP-Systems entspricht zumeist der eines Client/Server-Systems. Eine Vielzahl von Mitarbeitern arbeitet dabei mit einem Client auf dem ERP-Server. Der Server implementiert die Applikations- und die Datenzugriffsschicht, wobei die Daten zumeist auf einem weiteren Rechner verwaltet werden. Der Client hingegen nimmt die Präsentation der Daten vor.

Der Funktionsumfang des ERP-Systems der SAP AG ist beispielhaft in Abbildung 5.5 dargestellt (ohne branchenspezifische Zusatzmodule). Daran ist zu sehen, dass alle betrieblichen Funktionsbereiche unterstützt werden. Das dargestellte ERP-System ist modular aufgebaut und ermöglicht so eine Konfiguration auf Modulebene. Ferner bietet die SAP AG branchenspezifische Systeme an, die bereits Module enthalten, die auf die jeweilige Branche abgestimmt sind. Neben SAP sind als Hersteller von ERP-Systemen insbesondere Oracle und Microsoft zu nennen.

SCM-Systeme

An der Herstellung von Produkten ist oftmals nicht nur eine Organisation beteiligt. Vielmehr werden verschiedene Teile von Zulieferern gefertigt. Ein Automobilhersteller bezieht beispielsweise den Motor von einem Zulieferer. Dieser bezieht wiederum einzelne Komponenten von weiteren Zulieferern. Dadurch entsteht eine Lieferkette (Supply Chain), in der mehrere Akteure von den Rohstofflieferanten bis hin zu den Endkunden integriert sind. Der Erfolg einer solchen Lieferkette drückt sich in der Zufriedenheit der Endkunden aus.

---

[5] Open Source beschreibt eine Strategie, welche die Offenlegung des Programmcodes von Software vorsieht. Somit kann die Software kostenlos bezogen und genutzt werden.

Analytics	Strategic Enterprise Management	Financial Analytics	Operations Analytics	Workforce Analytics
Financials	Financial Supply Chain Management	Financial Accounting	Management Accounting	Corporate Governance
Human Capital Management	Talent Management	Workforce Process Management		Workforce Deployment
Beschaffung und Logistik	Beschaffung	Zusammenarbeit mit Lieferanten	Bestandsführung und Lagerverwaltung	Warenein- und -ausgang	Transportmanagement
Produktentwicklung und Produktion	Produktionsplanung	Produktion	Enterprise Asset Management	Produktentwicklung	Produktlebenszyklusmanagement
Vertrieb und Service	Kundenauftragsmanagement	Aftermarket-Vertrieb und Service	Bereitstellung von Beratungsleistungen	Außenhandel	Provisionen und Leistungsanreize
Corporate Services	Immobilienmanagement	Projektportfoliomanagement	Reisemanagement	Umwelt-, Gesundheits- und Arbeitsschutz	Qualitätsmanagement

Abbildung 5.5: Funktionsumfang von mySAP ERP

Um die Zufriedenheit der Kunden zu steigern, ist eine enge Zusammenarbeit der einzelnen an der Lieferkette beteiligten Organisationen notwendig. Insbesondere sind Material-, Informations- und Finanzflüsse zwischen den beteiligten Organisationen abzustimmen. Dies wird auch als **Supply Chain Management** (SCM) bezeichnet. Als Einzelziele des SCM können die folgenden identifiziert werden [Kur05]:

- Verbesserung der Kundenorientierung
- Synchronisation der Versorgung mit dem Bedarf
- Flexibilisierung und bedarfsgerechte Produktion
- Abbau der Bestände entlang der Wertschöpfungskette

Die Schnittstelle zwischen den Organisationen einer Lieferkette bilden die betrieblichen Funktionsbereiche Beschaffung, Produktion und Marketing. Damit die Transaktionen zwischen den Organisationen möglichst schnell und reibungslos ablaufen können, ist es eine wesentliche Aufgabe des SCM, die jeweiligen Marketing-, Produktions- und Beschaffungsbereiche sowie die dort eingesetzten Informationssysteme zu integrieren. Supply-Chain-Management-Systeme sollen eine solche Integration durch die Abdeckung von [Kur05]

- strategischen,
- administrativen und

- operativen Aufgaben

der Beschaffung, des Marketing und auch der Produktion übernehmen. Zu den **strategischen** Aufgaben zählt die Ausarbeitung einer SCM-Strategie für alle an der Lieferkette beteiligten Organisationen. Hierbei sind Entscheidungen über beispielsweise die Art und Weise der Zusammenarbeit, die Produktionskapazitäten, die Standorte von Lagern und die Distributionskanäle zu treffen. SCM-Systeme können die strategische Ebene vor allem durch ihre Fähigkeit unterstützen, Simulationen über den Aufbau und den Ablauf von Lieferketten zu erstellen und auszuwerten.

Die **administrativen** Aufgaben umfassen unter anderem die

- Bedarfsplanung,
- Transportplanung,
- Produktionsplanung und
- Absatzplanung.

Die genannten Aufgaben sollen ebenfalls von ERP-Systemen erfüllt werden. Hierdurch ergibt sich eine funktionale Überschneidung zwischen ERP-Systemen und SCM-Systemen. Kurbel sieht diese Überschneidung teilweise in der mangelnden methodischen Unterstützung bestimmter administrativer Probleme der ERP-Systeme begründet [Kur05]. Eine Ursache dafür kann in dem Alter vieler in Organisationen eingesetzter ERP-Systeme gesehen werden. Seit der Entwicklung dieser Systeme wurden methodische und technische Fortschritte gemacht, die in die Entwicklung der SCM-Systeme und auch der ERP-Systeme einfließen. Da ein ERP-System oftmals über mehr als ein Jahrzehnt eingesetzt wird, bieten SCM-Systeme insbesondere zu älteren ERP-Systemen eine gute Ergänzung.

Zu den **operativen** Aufgaben des SCM zählt die Umsetzung und Kontrolle der geplanten Abläufe. Hierzu zählt beispielsweise die Produktionssteuerung, die Auftragsbearbeitung und die Lagerverwaltung. Im Gegensatz zu den Aufgaben, die von ERP-Systemen unterstützt werden, sind die Aufgaben des SCM oftmals organisationsübergreifend auszuführen. Dadurch müssen die SCM-Systeme vielfältige Möglichkeiten der Koordination und Kollaboration bieten.

Als einer der größten Hersteller von SCM-Systemen gilt ebenfalls die SAP AG. Daher sei im Folgenden der Funktionsumfang von mySAP SCM aufgeführt. Dieses System unterstützt alle genannten Aufgabenebenen und bietet gesonderte Möglichkeiten der Koordination und Kollaboration zwischen den Organisationen einer Lieferkette.

Die Koordination umfasst sowohl administrative als auch operative Aufgaben. Das Supply Chain Event Management dient der Überwachung der Lieferkette. Dazu werden alle Prozesse der Lieferkette beobachtet und Ereignisse protokolliert. Ferner werden in Echtzeit Benachrichtigungen über die Ereignisse geliefert,

Planung	Koordination	Collaboration	Execution
- Supply Chain Design - Absatz- und Bedarfsplanung - Produktions- und Feinplanung - Distributionsplanung - Transportplanung - Verfügbarkeitsprüfung	- Supply Chain Event Management - Supply Chain Performance Management - Fulfillment Coordination	- Supply Chain Portal - Unternehmensübergreifende Prozesse (VMI, SMI, CPFR) - Integration & Konnektivität	- Materialwirtschaft - Produktionssteuerung - Lagerverwaltung - Transportmanagement - Außenhandel

Abbildung 5.6: Funktionsumfang von mySAP SCM

so dass ein Eingreifen beispielsweise bei einer Lieferverzögerung von den jeweils weiteren Organisationen entlang der Lieferkette möglich ist. Das Supply Chain Performance Management geht von den Daten des Supply Chain Event Managements aus und ermöglicht eine umfangreiche Analyse dieser Daten.

Der Erfolg von Lieferketten wird entscheidend durch die Qualität der Zusammenarbeit der Organisationen einer Lieferkette beeinflusst. Sie unterstützt mySAP SCM durch mehrere Module. Das Supply Chain Portal bietet eine Plattform zum Austausch von Informationen über die Aktivitäten aller beteiligten Organisationen. Die Abwicklung organisationsübergreifender Prozesse wie die kollaborative Nachschubplanung (Collaborative Planning, Forecast and Replenishment, CPFR) wird durch integrierte und standardisierte Schnittstellen wie XML Common Business Library (xCBL) unterstützt.

5.2.3 Sonstige Informationssysteme

Die bisher vorgestellten Systeme orientieren sich stark an den betrieblichen Funktionen einer Organisation. Eine Vielzahl von Informationssystemen ist jedoch unabhängig von diesen Funktionen einsetzbar. Diese Kategorie wird auch als Querschnittssysteme bezeichnet [SH04]. Hier soll jedoch von sonstigen Informationssystemen gesprochen werden. Systeme dieser Kategorie werden vor allem zur Erledigung von Büroarbeit genutzt. Sie unterstützen dabei Aufgaben wie Erstellung von Informationen, Kommunikation und Kollaboration sowie Suche und Visualisierung von Informationen. Ausgehend von diesen Aufgaben lassen sich die Systeme dieser Kategorie wie folgt gliedern:

Insbesondere wissensintensive Geschäftsprozesse (siehe Kapitel 9.2.2) erfahren durch die sonstigen Informationssysteme Unterstützung. Daher sind diese Systeme zur Umsetzung des Wissensmanagements geeignet. Ein Wissensmanagementsystem besitzt Funktionalitäten aller Systeme dieser Kategorie und unterstützt so den gesamten Wissensprozess (siehe Kapitel 9.5).

5.2 Klassifikation von Informationssystemen

Groupwaresysteme	Inhaltsorientierte Systeme	Hilfssysteme

- Kommunikations-
  systeme
- Kollaborationssysteme
- Koordinationssysteme
	- Office-Systeme
	- Dokumenten-
	  Management-Systeme
	- Content-Management-
	  Systeme
	- Portalsysteme
	- Lern-Management-
	  Systeme
		- Suchsysteme
		- Visualisierungssysteme

Abbildung 5.7: Klassifikation sonstiger Informationssysteme in Organisationen

Die Gruppe der Groupwaresysteme umfasst eine Vielzahl konkreter Systeme. Daher wurden sie zu den drei abstrakten Gruppen der Kommunikations-, Kollaborations- und Koordinationssysteme zusammengefasst. Im Folgenden werden alle aufgeführten Systeme kurz beschrieben.

Groupwaresysteme

Groupware dient der Umsetzung gruppenorientierten Arbeitens. Dabei sollen sowohl die Kommunikation als auch die Koordination und die Kollaboration zwischen den Mitgliedern einer Gruppe unterstützt werden. Als Gruppe wird dabei ein Zusammenschluss von Menschen zur Erreichung eines bestimmten Ziels verstanden. Damit sind sowohl formelle Gruppenstrukturen wie Teams als auch informelle Gruppenstrukturen wie Communities of Practice (siehe Kapitel 9.4.4) in die Definition eingefasst.

Für das Wissensmanagement (siehe Kapitel 9) sind Groupwaresysteme ein zentraler Baustein, da mit ihnen der Mensch als Wissensträger unmittelbar unterstützt wird. Eine Unterteilung der Groupwaresysteme ist nach unterschiedlichen Kriterien möglich. Borghoff und Schlichter schlagen folgende Einteilung vor [BS00]:

- **Kommunikationssysteme** (Communication) zielen hauptsächlich auf einen Informationsaustausch ab.

- **Kollaborationssysteme** (Collaboration) unterstützen Benutzer bei der Arbeit an gemeinsamen Objekten oder Informationsressourcen.

- **Koordinationssysteme** (Coordination) zielen auf eine Unterstützung der Strukturierung von Aufgaben und eine Kontrolle der Ausführung ab.

Zu den Kommunikationssystemen sind insbesondere E-Mail-Systeme, Newsgroups, Listserver, Chatsysteme, Instant Messenger sowie Audio- und Videokonferenzsysteme zu zählen. Die Kollaborationssysteme umfassen Planungssysteme zum gruppenbezogenen Planen von Terminen und Tätigkeiten, Annotationssysteme zum Annotieren von Informationsressourcen, gruppenbezogene Bearbeitungssysteme zum gemeinsamen Bearbeiten von Informationsressourcen (z.B.

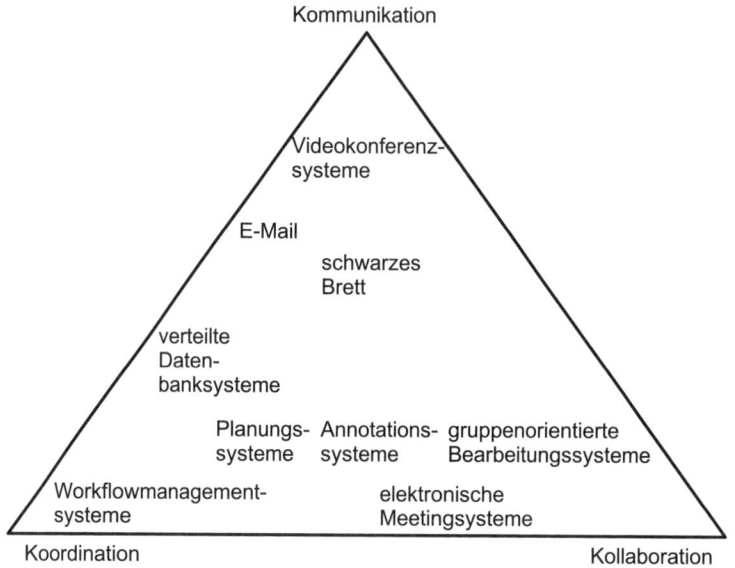

Abbildung 5.8: 3C-Modell zur Klassifikation von Groupwaresystemen [BS00]

zum gemeinsamen Schreiben eines Buches) und elektronische Meetingsysteme zum Planen und Durchführen virtueller Treffen. Zu den Koordinationssystemen sind vor allem Workflowmanagementsysteme zu zählen, die Geschäftsprozesse abbilden und deren Ablauf kontrollieren sollen. Abbildung 5.8 stellt die Klassifikation der Groupwaresysteme dar. Dabei ist erkennbar, dass die genannten Systeme oftmals für zwei oder mehr der genannten Aufgaben Kommunikation, Kollaboration und Koordination eingesetzt werden können.

Inhaltsorientierte Systeme

Die Erstellung und Verwaltung von Informationen (Dokumente, Bilder, Videos etc.) erfolgt mit inhaltsorientierten Systemen, die möglichst den kompletten Lebenszyklus der zu erstellenden und verwaltenden Information unterstützen sollten. **Officesysteme** übernehmen dabei die Erstellung der Informationen. Zu den wichtigsten Funktionen von Officesystemen zählen:

- Textverarbeitung
- Tabellenkalkulation
- Präsentationserstellung
- Grafikbearbeitung
- Datenbankbearbeitung

Moderne Officesysteme implementieren über die genannten Funktionen hinaus weitere zur Kommunikation und Kollaboration, aber auch zur Verwaltung von Dokumenten, so dass eine klare Einteilung der Systeme zunehmend schwer fällt.

Sind die Informationen erstellt, so müssen sie verwaltet und gepflegt werden. Zur Verwaltung insbesondere von textuellen Informationen dienen **Dokumenten-Management-Systeme** (DMS). Diese stellen Funktionen bereit, die den Benutzer im Umgang mit Dokumenten in allen Phasen des Dokumentlebenszyklus unterstützen. Zu diesen Phasen zählen die Erfassung, Strukturierung, Verteilung, Suche, Ausgabe, der Zugriff, die Bearbeitung und die Archivierung von Dokumenten [MHP05].

Die Vorteile eines Dokumenten-Management-Systems sind erheblich. Sie reichen von der Betriebsmitteleinsparung bei Papier und Mikrofilmen über die Aktualität und Konsistenz der verwalteten Dokumente bis hin zur verkürzten Zugriffszeit und zu verbessertem Kundenservice durch erhöhte Auskunftsfähigkeit. Durch ein DMS sind verschiedene Dokumenttypen (z.B. Berichte, Angebote, Aufträge, Belege etc.) über eine standardisierte Oberfläche aufruf- und bearbeitbar. Eine Kopplung an Workflowmanagementsysteme eröffnet weitere Nutzenpotenziale. So können Dokumente automatisch an den nächsten Bearbeiter gesandt werden, wodurch die Prozessdurchlaufzeit gesenkt wird.

Content-Management-Systeme (CMS) erlauben die Verwaltung von Inhalten für sowohl Print- als auch digitale Medien. Eine effiziente und auf Wiederverwendbarkeit abzielende Verwaltung macht die Trennung von Inhalt, Layout und Struktur notwendig, wobei alle drei Teile zusammen als Content (Inhalt) bezeichnet werden. Somit kann der Inhalt auf verschiedenen Medien (Internet, CD-ROM, Buch), die ein unterschiedliches Layout und eine unterschiedliche Struktur voraussetzen, veröffentlicht werden. Verwalten Content-Management-Systeme Inhalt, Struktur und Layout ausschließlich für HTML-Dokumente, so werden diese häufig auch als Web-CMS bezeichnet.

Unter einem Portal wird im Allgemeinen der Zugang oder Eingang zu etwas verstanden. In der Wirtschaftsinformatik bezeichnet ein Portal oder **Portalsystem** den strukturierten Zugang zu Informationen. Portalsysteme sollen insbesondere die Integration von Informationen sicherstellen, um der Informationsfragmentierung aufgrund einer wachsenden Anzahl an Informationssystemen in Organisationen entgegenzuwirken. Portalsysteme sind zumeist als Webanwendungen implementiert und besitzen Schnittstellen zu weiteren Informationssystemen in Organisationen, so beispielsweise zu ERP-, SCM- und Dokumenten-Management-Systemen, wodurch auf die Informationen und Funktionen dieser Systeme zugegriffen werden kann.

Lern-Management-Systeme (LMS) sollen die Umsetzung von E-Learning durch die Bereitstellung verschiedener Funktionalitäten sicherstellen. LMS dienen nach Seufert der Definition von Lernzielen, Identifikation von Lernbedürfnissen, Auswahl von Lernmaterialien und Durchführung von Lernprozessen [Seu01]. Neben der Betrachtung von Lern-Management-Systemen aus prozessualer Sicht können diese auch aus technischer Sicht beschrieben werden. Nach Schulmeister zählen zu einem LMS die Benutzerverwaltung, die Kursverwaltung, die Rollen- und Rechtevergabe, Kommunikationssysteme, Werkzeuge für das Lernen und zur Repräsentation von Lernobjekten sowie eine webfähige Benutzeroberfläche [Sch03].

Hilfssysteme

In die Kategorie der Hilfssysteme fallen Such- und Visualisierungssysteme. Sie sind oftmals Bestandteil von DMS, CMS oder Portalsystemen. Aufgrund der Möglichkeiten, diese Systeme auch unabhängig von anderen einzusetzen, werden sie hier als Hilfssysteme bezeichnet.

Durch die zunehmende Arbeit mit Informationen ist auch die Informationssuche zu einer zentralen Aktivität in Organisationen geworden. Systeme zum Auffinden von subjektiv relevanten Informationen werden im Allgemeinen als **Suchsysteme** oder Information-Retrieval-Systeme bezeichnet. Darunter sind sowohl Systeme zu fassen, die ausgehend von einer Anfrage einen aktuellen Informationsbestand durchsuchen (Pullsysteme) als auch Systeme, die dem Benutzer unaufgefordert relevante Informationen zustellen, sobald diese verfügbar sind (Pushsysteme).

Zu den Pullsystemen sind Suchmaschinen zu rechnen, die ausgehend von einer Suchanfrage einen oder mehrere Indizes durchsuchen. Als Index wird dabei ein Speicher bezeichnet, der Informationen in einer für den Prozess des Suchens optimalen Form abspeichert. Die meisten Suchmaschinen lassen die Verwendung von Suchwörtern zu, die mit Booleschen Operatoren[6] verknüpft werden können.

Verschiedene Suchsysteme erstellen einen Index für im Internet abrufbare Informationen. Zu diesen zählen u.a. Google, Yahoo und MSN. Aufgrund der Vielzahl an über das Internet erreichbaren Informationen ist es für Benutzer nahezu unerlässlich, bei der gezielten Suche nach Informationen von einem Informationssystem unterstützt zu werden. Internetsuchsysteme werden sowohl zur Unterstützung verschiedener Arbeiten in Organisationen verwendet als auch zur kaufvorbereitenden Suche von privaten Personen. Daher ist von einer hohen wirtschaftlichen Bedeutung dieser Suchsysteme auszugehen.

Pushsysteme benachrichtigen den Benutzer, sobald Informationen vorhanden sind, die anhand des Benutzerprofils als relevant eingestuft werden. Zu den Pushsystemen sind insbesondere Suchagenten und Newsgroups zu rechnen. Dabei kann das Profil neben einer Angabe von interessierenden Themen auch weitere Angaben über den Benutzer, wie Sprachkenntnisse oder das bevorzugte Informationsformat, enthalten.

Zur Darstellung von Informationsstrukturen, wie zum Beispiel Suchergebnissen, können verschiedene **Visualisierungssysteme** zum Einsatz kommen. Diese bilden Informationen mit Hilfe einer Metapher (z.B. Netz oder Karte) ab und bedienen sich dazu graphentheoretischer Methoden. Es sei jedoch angemerkt, dass

---

[6] Zu den Booleschen Operatoren zählen das logische UND, ODER und das logische NICHT.

oftmals nicht Informationen in ihrer originären Form, sondern lediglich Metadaten (z.B. Autor, Schlagworte etc.) dieser abgebildet werden.

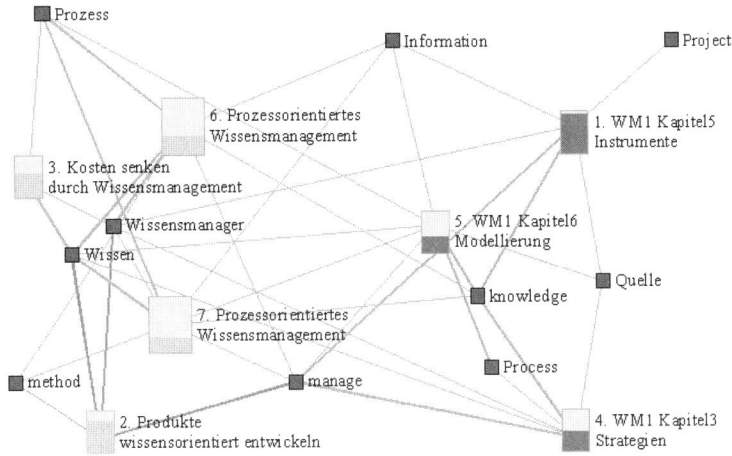

Abbildung 5.9: Beispiel eines Netzes zur Darstellung von Dokumenten und Schlagworten

Grundsätzlich können Informationen bzw. Informationselemente unabhängig voneinander mit einer Vielzahl von Details (Metadaten) oder in Abhängigkeit voneinander als Übersicht dargestellt werden. Sollen die Informationselemente unabhängig voneinander dargestellt werden, so bieten sich besonders Listen an, die eine Vielzahl von Informationselementen, repräsentiert durch Metadaten, enthalten. Diese Visualisierungsform findet bei der überwiegenden Anzahl der Suchsysteme Einsatz. Daneben besteht auch die Möglichkeit, Verzeichnisse, Netze und Karten als mögliche zweidimensionale Darstellungsformen und hyperbolische Bäume sowie Cone-Trees als dreidimensionale Darstellungsformen zu nutzen.

5.3 Gestaltung und Einsatz von Informationssystemen

Aus Sicht der Systemtheorie können Informationssysteme als nicht deterministisch charakterisiert werden. Aufgrund von Fehlern in Hard- und Software sowie Bedienungsfehlern und unvorhersehbaren äußeren Ereignissen wie Erdbeben ist das Verhalten von Informationssystemen zum Teil stochastisch. Bei der Gestaltung von Informationssystemen sind insbesondere die Fehler in Hard- und Software zu vermeiden bzw. zu begrenzen. Bedienungsfehlern ist durch geeignete Schulung vorzubeugen.

5.3.1 Architektur von Informationssystemen

Wie bereits mehrfach erwähnt, besteht der technische Teil eines Informationssystems aus Hardware- und Softwarekomponenten. Die grundlegenden Möglichkeiten der Architektur von Hardware und Software wurden bereits in Kapitel 4 beschrieben. In Organisationen wird typischerweise nicht ein einziges integriertes Informationssystem eingesetzt, sondern je nach Größe der Organisation kommen mehrere Hundert zum Einsatz. Während sich die Gestaltung eines einzigen Informationssystems noch als relativ einfach darstellt, ist die Gestaltung und Verbindung einer Vielzahl von Informationssystemen weitaus komplexer.

Eine Vielzahl von Informationssystemen bringt eine Vielzahl von Hardware- und Softwarekomponenten sowie eine Vielzahl von Benutzern mit sich, mit denen eine Vielzahl von Aufgaben, respektive Geschäftsprozessen (siehe Kapitel 7), unterstützt werden soll. Damit eine effektive und effiziente Interaktion der genannten Komponenten unter der Prämisse der Aufgabenerfüllung erreicht werden kann, ist eine Integration der Komponenten nach einer Architektur vorzunehmen. Ähnlich der Architektur von Software soll auch die Architektur von Informationssystemen die einzelnen Komponenten und deren Beziehungen aufzeigen. Mit der Architektur sollen die folgenden Ziele erreicht werden:

- **Strukturierung.** Mit der Architektur soll eine Strukturierung der einzelnen Komponenten aller Informationssysteme unter funktionalen Aspekten vorgenommen werden.

- **Verständnis.** Die Architektur bildet die Grundlage zur Verständigung über die Planung, Durchführung und Kontrolle von IT-Projekten.

- **Stabilität.** Die durch die Architektur erzielte Struktur sollte über einen längeren Zeitraum verankert werden.

- **Wiederverwendbarkeit.** Die Architektur ist so zu konzipieren, dass einzelne Komponenten davon wiederverwendet werden können (und sich somit als Best Practice erweisen).

Zur Strukturierung der Komponenten von Informationssystemen wurde eine Reihe von Konzepten vorgeschlagen, so etwa:

- das ISA-Konzept von Krcmar
- die Architekturpyramide von Dern
- das ARIS-Konzept von Scheer

Ein auf mehreren zusammenhängenden Ebenen basierendes Konzept stellt das Modell der ganzheitlichen **Informationssystem-Architektur (ISA)** nach Krcmar [Krc04] dar. Als oberste Ebene sieht Krcmar die Organisationsstrategie, an der sich

5.3 Gestaltung und Einsatz von Informationssystemen

der Einsatz von Informationssystemen ausrichten muss und die sich durch die gesamten, weiter unten befindlichen Ebenen zieht. Die zweite Ebene umfasst die Architektur der Aufbau- und der Ablauforganisation (Prozess-Architektur). Auf der dritten Ebene sind die Architekturen für die Anwendungen, die Daten und die Kommunikation angeordnet. Die Anwendungs-Architekturen sollen die Funktionen der Geschäftsprozesse der Organisation beschreiben. Die Daten-Architektur nimmt eine Integration aller in der Organisation vorhandenen Daten vor, und die Kommunikations-Architektur beschreibt die Informationsflüsse zwischen den Anwendungen und Daten. Die vierte Ebene beschreibt, wo in der Organisation welche Informationssysteme zum Einsatz kommen. Diese Ebene bezeichnet Krcmar als Infrastruktur. Abbildung 5.10 verdeutlicht den Zusammenhang der einzelnen Ebenen.

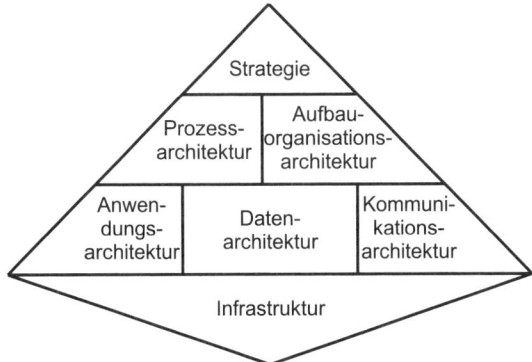

Abbildung 5.10: Das ISA-Konzept als Kreiselmodell [Krc04]

Ein ähnliches Modell hat Dern in Form einer Pyramide vorgestellt [Der03]. Als oberste Ebene sieht Dern ebenfalls die Strategie einer Organisation. Diese Strategie wird in einer Business-Architektur konkretisiert, die mit einem Geschäftsmodell vergleichbar ist (siehe Kapitel 8.2.3). Die dritte Ebene wird durch die Informationsarchitektur definiert, welche die Prinzipien und Regeln zur Beschaffung und zum Einsatz von Informationssystemen enthält. Die vierte Ebene (IT-Architektur) beschreibt zum einen die Architektur der Anwendungssysteme und zum anderen die korrespondierenden Vorgehensmodelle zur Implementierung dieser Anwendungssysteme. Die Basis und letzte Ebene der Pyramide bildet die IT-Basisinfrastruktur. Sie umfasst alle Hardwarekomponenten und systemnahen Softwarekomponenten (z.B. Betriebssystem und Datenbanksystem).

Ein Modell, das stärker auf die Integration der einzelnen Komponenten von Informationssystemen abstellt, hat Scheer mit der **„Architektur integrierter Informationssysteme" (ARIS)** vorgestellt [Sch98a]. Sie besteht ebenfalls aus mehreren Ebenen (Fachkonzept, DV-Konzept und Implementierung), die auf vier Sichten aufgeteilt sind (Daten-, Funktions-, Organisations- und Steuerungssicht). Die Steuerungssicht nimmt in diesem Modell die Integration der Daten-, Funktions- und

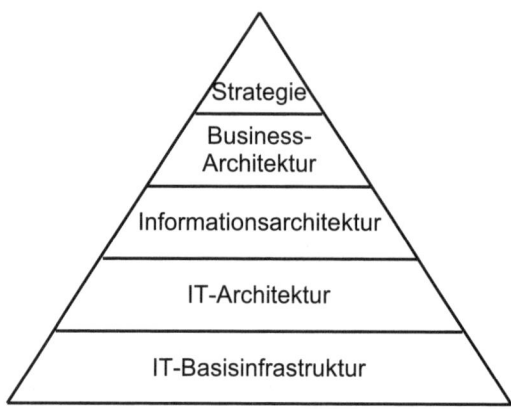

Abbildung 5.11: Architekturpyramide nach Dern [Der03]

Organisationsbausteine der Informationssysteme vor. Als zusätzliche und nicht in die drei Ebenen aufgeteilte Sicht wurde die Leistungssicht hinzugefügt. Grafisch werden die Sichten als so genanntes ARIS-Haus dargestellt, welches in Abbildung 5.12 abgebildet ist.

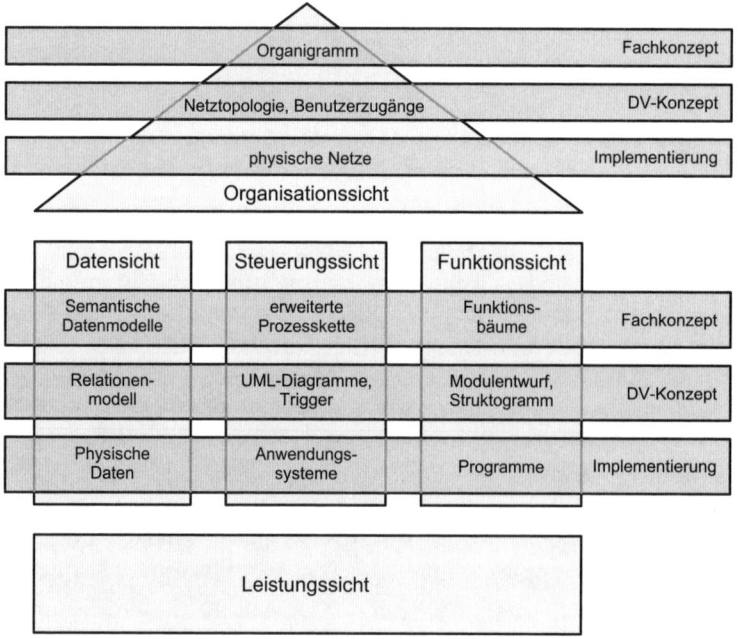

Abbildung 5.12: ARIS-Haus nach Scheer [Sch98a]

5.3 Gestaltung und Einsatz von Informationssystemen

Die **Organisationssicht** bildet die Aufbauorganisation (siehe Kapitel 3.2.7) eines Unternehmens ab. Hier können auf Fachkonzept-Ebene sowohl Organisationseinheiten wie Abteilungen oder Stellen als auch menschliche Aufgabenträger und Maschinen abgebildet werden. Auf DV-Konzept-Ebene werden die Organisationseinheiten in die Topologie der Informationssysteme umgesetzt und neben einer Netztopologie, welche der Verknüpfung der Maschinen dient, auch Benutzerrollen und Zugriffsrechte abgebildet. Die Umsetzung des DV-Konzeptes erfolgt in der Implementierung, in welcher Rechnernetze entstehen und die einzelnen Knoten mit Benutzerzugängen versehen werden.

In der **Datensicht** werden alle Daten modelliert, die man bei der Ausführung von Geschäftsprozessen benötigt. Auf Ebene des Fachkonzepts kommen ER-Modelle (siehe Kapitel 4.2.6) zum Einsatz. Deren Umsetzung in ein Relationenmodell (siehe Kapitel 4.2.6) erfolgt in der DV-Konzept-Ebene. Die Implementierung umfasst die physische Speicherung der Daten.

Geschäftliche Vorgänge, die Input-Leistungen in Output-Leistungen umsetzen, bildet die **Funktionssicht** ab. Auf der Fachkonzept-Ebene werden die Funktionen hierarchisch zu Funktionsbäumen zusammengefasst. Die durch Informationssysteme umzusetzenden Funktionen, werden in der DV-Konzept-Ebene mit Hilfe von Struktogrammen (siehe Kapitel 4.2.4) und Modulentwürfen aus technischer Sicht modelliert. Die Umsetzung der technischen Modelle führt zu Programmen.

Leistungen, die als Input in geschäftliche Vorgänge eingehen oder als Output dieser entstehen, werden in der **Leistungssicht** modelliert. Diese Sicht besteht nur aus einer Fachkonzept-Ebene, da weder eine DV-Konzept-Ebene noch eine Implementierungsebene für Leistungen sinnvoll wäre.

Die in der Organisationssicht, der Daten- und Funktionssicht sowie der Leistungssicht erstellten Modelle und Elemente werden in der **Steuerungssicht** zusammengeführt. Auf Fachkonzept-Ebene dienen erweiterte Prozessketten (siehe Kapitel 7.2.2) der Verbindung der anderen Schichten.

Die beschriebenen Ansätze sind als Vorschläge zur Strukturierung und Integration von Informationssystemen zu sehen. Insbesondere die Ansätze von Krcmar und Dern bleiben dabei jedoch sehr abstrakt und sind mehr als erster Anhaltspunkt bei der Erstellung einer Architektur von Informationssystemen zu betrachten. Das ARIS-Konzept geht einen Schritt weiter und stellt sowohl Methoden als auch eine Software zur Verfügung, mit der eine konkrete Architektur der Informationssysteme erstellt werden kann.

Betrachtet man die einzelnen Ebenen des ARIS-Hauses, so ist eine enge Beziehung zu einzelnen Phasen der Softwareentwicklung (siehe Kapitel 4.2.5) festzustellen. In der Definitionsphase der Softwareentwicklung ist wie auch in der Fachkonzept-Ebene eine fachliche Spezifikation eines Systems vorzunehmen. Die Übersetzung des Fachkonzeptes in ein DV-Konzept kann mit der Transformation der fachlichen Anforderungen eines in der Definitionsphase erstellten Pflichtenheftes in die während der Entwurfsphase entstehenden Diagramme verglichen werden. Anschließend erfolgt jeweils eine Implementierung der technischen Konzepte. Im Unterschied zur Softwareentwicklung stellt das ARIS-Haus jedoch auch weitergehende Sichten zur Verfügung, um ein Informationssystem als Ganzes zu entwickeln. Neben den Daten, Funktionen und Programmen können auch Organisationsträger als Bestandteile von Informationssystemen modelliert werden.

5.3.2 Auswahl und Einführung von Informationssystemen

Soll ein neues Informationssystem in einer Organisation eingeführt werden, so sind zunächst die technischen Komponenten Software und Hardware zu beschaffen. Daran anschließend erfolgt die Einführung der technischen Komponenten in die bereits vorherrschende Informationssystem-Landschaft der Organisation. Mit dieser geht die Schulung von Mitarbeitern und die Anpassung der Geschäftsprozesse der Organisation an das Informationssystem einher. In diesem Kapitel soll zunächst das Vorgehen bei der Auswahl der technischen Komponenten und anschließend das Vorgehen bei der Einführung von Informationssystemen beschrieben werden.

Die **Auswahl** der Hardwarekomponenten gestaltet sich in Abhängigkeit der Software. Hierbei ist zu entscheiden, ob ein Einzelrechner oder ein Rechnernetz zu beschaffen ist, welche Prozessorarchitektur man benötigt und welche weiteren Komponenten erforderlich sind (siehe Kapitel 4.2.2). Die Auswahl der Software gestaltet sich ungleich schwerer als die Auswahl der Hardwarekomponenten.

Wird eine neue Software benötigt, so stellt sich zunächst die Frage, ob eine Standardsoftware gekauft oder eine Individualsoftware entwickelt werden soll. **Standardsoftware** ist bereits vorgefertigt und deckt mit einem oder mehreren Programmen einen oder mehrere Geschäftsprozesse vollständig ab ([SH04], ähnlich auch in [AM02]). **Individualsoftware** hingegen wird speziell für eine Organisation erstellt und kann entweder von der Organisation selbst oder von einem Fremdanbieter entwickelt werden. Die in der Praxis zumeist existierenden Vor- und Nachteile von Standard- und Individualsoftware sind in Tabelle 5.7 aufgeführt.

Soll eine Individualsoftware erstellt werden, so ist zu prüfen, ob sie im eigenen Unternehmen erstellt werden kann oder ob ein Softwareentwicklungsunternehmen mit der Erstellung beauftragt wird. Entsprechen ein oder mehrere Standardsoftwareprodukte den Anforderungen des Kunden, so ist eines dieser Produkte auszuwählen. Die Auswahl wird anhand verschiedener Kriterien vorgenommen. Hierbei können allgemeine und softwarebezogene Kriterien unterschieden werden. Die allgemeinen Kriterien dienen der Bewertung des Herstellers sowie der Vertragsgestaltung. Der Hersteller ist aufgrund von Referenzen und Selbstauskünften hinsichtlich der Gewährleistung von Wartung und Service, der Kosten für die Software und die weiteren Dienstleistungen sowie seiner wirtschaftlichen Situation zu bewerten. Die Software selbst kann anhand der folgenden Kriterien bewertet werden:

- **Funktionalität.** Die Software muss in der Lage sein, alle funktionalen Anforderungen zu erfüllen.

Tabelle 5.7: Vor- und Nachteile von Standard- und Individualsoftware

Standardsoftware	Individualsoftware
▪ oft preisgünstiger als Individualsoftware ▪ Support durch Software-Hersteller ▪ Software hat sich bereits im Einsatz bewährt ▪ zumeist umfangreich dokumentiert ▪ sofort verfügbar ▪ Anpassung an die Organisation notwendig (hoher Anpassungsaufwand) ▪ eventuell Schnittstellenprobleme ▪ erfüllt eventuell nicht alle Anforderungen ▪ nicht benötigte Funktionen müssen mit eingekauft werden	▪ Software ist genau auf die Bedürfnisse der Organisation zugeschnitten ▪ Einführung erfolgt zumeist inkrementell und ohne Anpassungsaufwand ▪ keine Schnittstellenprobleme ▪ es sind nur gewünschte Funktionen implementiert ▪ Entwicklung der Software verursacht Kosten, die oft nicht abschätzbar sind ▪ durch unerfahrenes Entwicklerteam und Zeitdruck sinkt die Qualität der Software ▪ die Dokumentation wird oftmals vernachlässigt

▪ **Qualität.** Die Software sollte möglichst wenige Fehler beinhalten und mit Eingabefehlern umgehen können.

▪ **Leistung.** Die Funktionen sollten nicht nur korrekt, sondern auch in angemessener Zeit und mit angemessenem Ressourcenbedarf (Hauptspeicher, Prozessorlast) ausgeführt werden.

▪ **Dokumentation.** Die Benutzer sind in jeder Situation mit der Software durch eine entsprechende Dokumentation zu unterstützen.

▪ **Technologie.** Die Software sollte auf zukunftsweisenden Technologien (Programmiersprachen, Programmierkonzepten etc.) basieren.

Ist eine den Anforderungen der Organisation passende Standardsoftware ausgewählt oder eine entsprechende Individualsoftware entwicklelt (siehe Kapitel 4.2.5), so kann mit der **Einführung** des Informationssystems fortgefahren werden. Aufgrund der Komplexität von Informationssystemen ist eine systematische Einführung solcher Systeme in Organisationen unumgänglich. Diese kann auf Grundlage von drei Strategien vorgenommen werden:

▪ „Big Bang",

▪ stufenweise Einführung in einzelnen Organisationsbereichen oder

▪ stufenweise Ablösung einzelner Geschäftsprozesse.

Die **„Big Bang"-Strategie** sieht die Installation eines Informationssystems in einem Stück vor. Per Stichtag werden hierbei alle betroffenen Geschäftsprozesse über das neue System abgewickelt. Dies führt zu einem hohen Risiko, da sich Fehler des Informationssystems auf die gesamte Organisation auswirken. Fehler können dabei in der Software und Hardware, aber auch im Umgang der Menschen mit den technischen Komponenten begründet liegen. Um Bedienungsfehler zu vermeiden, muss eine umfassende Schulung der Benutzer erfolgen. Die einzelnen Benutzer sind dabei nahezu parallel zu schulen, da alle Benutzer zur gleichen Zeit mit der Nutzung des Systems beginnen.

Zur Minderung des Risikos eines Fehlschlages bietet sich eine stufenweise Einführung an. Die stufenweise Einführung des Informationssystems in einzelnen **Organisationsbereichen** sieht vor, zunächst nur die Geschäftsprozesse eines Teils der Organisation mit dem neuen System zu unterstützen. Das bietet den Vorteil, dass eventuelle Fehler sich nicht auf die ganze Organisation auswirken und dass die Schulung der Benutzer ebenfalls stufenweise erfolgen kann. Erfahrungen, die in einigen Teilen der Organisation bereits mit dem Informationssystem gemacht wurden, lassen sich so auf die anderen Teile übertragen.

Die stufenweise Einführung kann auch anhand der **Geschäftsprozesse** vorgenommen werden. Dabei werden zunächst nur einige Geschäftsprozesse über das neue System abgewickelt. Das Risiko des Scheiterns ist somit stark gemindert und handhabbar. Die Schulung der Benutzer kann hier wiederum stufenweise erfolgen. Diese Strategie ist durch das geringste Risiko, allerdings auch durch den höchsten zeitlichen Aufwand charakterisiert. Die Auswahl der geeigneten Einführungsstrategie bewegt sich insofern zwischen den beiden zumeist konfligierenden Zielen der Risikominderung und der Aufwandsminimierung.

5.4 Auswirkungen des Einsatzes von Informationssystemen

Der Einsatz von Informationssystemen in Organisationen hat zu Veränderungen der Organisationen und der in ihnen tätigen Menschen geführt. Diese Veränderungen können auf wirtschaftlicher, sozialer und individueller Ebene festgestellt werden und sollen in diesem Kapitel genauer betrachtet werden. Informationssysteme im Allgemeinen sind außerdem die Ursache für weitere Veränderungen, so in der Politik, dem Rechtswesen, der Kultur und der Ökologie.[1]

---

[1] Die Auswirkungen von Informationssystemen im Allgemeinen können in [Büh00] nachgelesen werden.

5.4.1 Wirtschaftliche Auswirkungen

Der Einsatz von Informationssystemen in Organisationen hat sowohl volkswirtschaftliche als auch betriebswirtschaftliche Auswirkungen zur Folge. Aus volkswirtschaftlicher Sicht können die folgenden Auswirkungen ausgemacht werden:

- sektorale Strukturveränderung
- Veränderung der Wertschöpfungskette
- Veränderung der Wettbewerbsstruktur

In der klassischen Volkswirtschaftslehre wird von drei **Sektoren** gesellschaftlicher Arbeit ausgegangen, dem primären Sektor, dem sekundären Sektor und dem tertiären Sektor. Der primäre Sektor beschäftigt sich mit der Herstellung bzw. Förderung von Rohstoffen. Ihm sind unter anderem Berufe der Landwirtschaft, Forstwirtschaft, Fischerei und des Bergbaus zuzuordnen. Der Sekundärsektor inkludiert das produzierende Gewerbe (z.B. Industrie, Handwerk), und der tertiäre Sektor umfasst Organisationen, die Dienstleistungen erbringen (z.B. Handel, Tourismus, Banken). Aufgrund der steigenden Beschäftigungszahlen im IT-Bereich und den Nano- sowie Biotechnologien werden diese Berufe oftmals zu einem quartären Sektor zusammengefasst.

Ausgehend von der sektoralen Unterteilung, ist im Verlauf des letzten Jahrhunderts eine massive Veränderung festzustellen. So schrumpft der primäre Sektor seit der industriellen Revolution beständig, während der sekundäre Sektor bis etwa in die 60er-Jahre hinein zunahm, seither aber ebenfalls schrumpft. Der Tertiäre und besonders der quartäre Sektor sind durch ein starkes Wachstum geprägt. Dies liegt in dem Aufkommen von Informationssystemen in Organisationen begründet, die zu einem starken Anstieg beider Sektoren führten, weitere Änderungen, insbesondere der Sozialstruktur (siehe Kapitel 5.4.2), der Kultur und der Politik nach sich zog.

Eine weitere Veränderung lässt sich bei der Betrachtung von **Wertschöpfungsketten** ausmachen. Durch die Möglichkeit der Digitalisierung von Produkten und Prozessen ist es möglich, Wertschöpfungsketten zu restrukturieren und bestimmte Akteure aus diesen herauszulösen. Dieser auch als Disintermediation bekannte Prozess führt beispielsweise dazu, dass Handel und auch Beratungsdienstleistungen mit Hilfe von Informationssystemen durch das produzierende Unternehmen ausgeführt werden, wodurch Endkunden ihre Güter zunehmend direkt vom Produzenten beziehen.

Die Digitalisierung von Produkten und Prozessen führt auch zu einer Änderung der **Wettbewerbsstruktur**. Digitale Produkte sind oftmals durch hohe Entwicklungskosten (z.B. Software), jedoch durch sehr niedrige Vervielfältigungs- und Transportkosten gekennzeichnet. Das führt zu einer hohen Markteintrittsbarriere. Durch die schnelle Verteilung von Informationen wird ferner die Markttransparenz erhöht. Dies führt zu einem offeneren Wettbewerb, dem mit geeigneten

Instrumenten zu begegnen ist. Die veränderte Wettbewerbsstruktur bildet zugleich die Herausforderung für das E-Business (siehe Kapitel 8).

Aus betriebswirtschaftlicher Sicht betrachtet, zeichnen Informationssysteme für Veränderungen der

- Strategie,
- Ablauforganisation,
- Aufbauorganisation sowie der
- Kosten- und Leistungsstruktur

einer Organisation verantwortlich. Betrachtet man den Einsatz von Informationssystemen in Organisationen, so wird die Frage nach den Auswirkungen auf die **Strategie** einer Organisation virulent. Dieses Verhältnis wurde bereits in zahlreichen Arbeiten untersucht [PBT88], [AMM01], [Krc04]. Krcmar konstatiert subsumierend eine doppelte Beziehung zwischen der Organisationsstrategie und den Informationssystemen [Krc04]. So sind zum einen die Informationssysteme an der Strategie einer Organisation auszurichten, und zum anderen ermöglichen die Informationssysteme auch neue Strategien (siehe dazu auch Kapitel 8). Diese Beziehung verdeutlicht Abbildung 5.13.

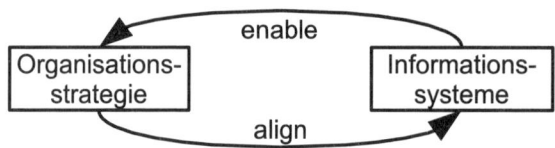

Abbildung 5.13: Wechselwirkung zwischen Organisationsstrategie und Informationssystemen [Krc04]

Da sich die **Ablauforganisation** aus der Strategie ableitet, ist sie entsprechend anzupassen. Die Ablauforganisation beschreibt eine Abfolge von Geschäftsprozessen, die die Strategie umsetzen. Somit besteht eine indirekte Ursache-Wirkungs-Beziehung zwischen Informationssystemen und der Ablauforganisation.

Neben ihr kann allerdings auch eine direkte Beziehung hergestellt werden. Durch Informationssysteme können zum einen bisherige Geschäftsprozesse in einer Organisation entfallen (z.B. manuelles Tippen von Serienbriefen), und zum anderen kommen neue Geschäftsprozesse hinzu (z.B. Wartung von Rechnern). Des Weiteren ermöglichen Informationssysteme eine stärkere Integration von Geschäftsprozessen. Das erfordert eine Restrukturierung der Geschäftsprozesse, was auch als Business Process Redesign bezeichnet wird. Die Restrukturierung von Geschäftsprozessen und somit der Ablauforganisation führt sowohl zu einer Änderung der Aufbauorganisation und der Kosten- und Leistungsstruktur als auch zu Änderungen in der Sozialstruktur (siehe Kapitel 5.4.2).

Soll der Einsatz von Informationssystemen nutzenbringend sein, so ist zum einen die Technik an den Menschen und zum anderen der Mensch an die Technik anzupassen. Das erfordert die Qualifizierung von Personal einer Organisation im Umgang mit der Technik von Informationssystemen. Die Komplexität und die strategische Bedeutung von Informationssystemen verlangten eine Institutionalisierung ihres Einsatzes in Organisationen, also eine Veränderung der **Aufbauorganisation**. Dabei sind Rollen zu schaffen, die den Einsatz der Systeme planen, umsetzen und steuern. Eine ausführliche Beschreibung dieser Rollen erfolgt in Kapitel 6.2.

Eine Veränderung der Strategie und der Geschäftsprozesse zieht eine Veränderung der **Kosten- und Leistungsstruktur** nach sich. So wird in der Strategie festgelegt, welche Leistungen zu erstellen sind. Durch Informationssysteme können sowohl neue (z.B. digitale Bücher) als auch qualitativ hochwertigere Leistungen (z.B. bessere Aerodynamik bei Fahrradhelmen durch Computer Aided Design) angeboten werden. Die Leistungserstellung verursacht Kosten in Abhängigkeit der Ausführung und Integration der dazu notwendigen Geschäftsprozesse. Insbesondere durch die Integration können Kosten gesenkt werden. Ferner gestalten sich zahlreiche Geschäftsprozesse durch die Unterstützung mit Informationssystemen weniger kostenintensiv. So lassen sich insbesondere die Suche und Verwaltung von Informationen wie auch ihre Weitergabe zeitsparender und somit kostengünstiger vornehmen.

Den Kosteneinsparungen stehen die Kosten für die Anschaffung, Einführung und Wartung der Informationssysteme gegenüber. Daher wird versucht, mit einer Wirtschaftlichkeitsrechnung den Nutzen von Informationssystemen nachzuweisen. Dies gestaltet sich jedoch aufgrund versteckter Kosten (z.B. Kosten für die Benutzerbetreuung) und nicht klar identifizierbarer Ursache-Wirkungs-Beziehungen sehr schwierig.

Der Einsatz von Informationssystemen birgt jedoch auch einige Risiken, die zu unerwünschten Kosten führen können. In erster Linie sind hier Sicherheitsrisiken zu nennen, die jährlich zu einem enormen betriebswirtschaftlichen und auch volkswirtschaftlichen Schaden führen. Insbesondere die Nutzung des Internets birgt eine Reihe von Gefahren, denen mit geeigneten Maßnahmen zu begegnen ist. Diese Gefahren sowie die Gegenmaßnahmen sind in Kapitel 8.3.3 beschrieben, weshalb hier auf eine genauere Erläuterung verzichtet werden soll.

5.4.2 Soziale Auswirkungen

Die wirtschaftlichen Auswirkungen von Informationssystemen führen auch zu Auswirkungen auf sozialer Ebene. Sie führen zu Veränderungen:

- der Erwerbsarbeit,
- der sozialen Ungleichheit und
- der sozialen Kommunikation.

Die **Erwerbsarbeit** als Merkmal sozialisierter Volkswirtschaften hat bereits mit der industriellen Revolution des 18. Jahrhunderts und der zweiten industriellen Revolution um 1900 einen enormen Wandel erfahren. Der Einsatz von Informationssystemen in Organisationen wird auch als dritte industrielle Revolution bezeichnet, da mit diesem ebenfalls ein enormer Wandel der Erwerbsarbeit einhergeht. Der Wirtschaftskritiker und Journalist Jeremy Rifkin sieht in dieser dritten industriellen Revolution das Ende der Erwerbsarbeit begründet [Rif05]. Seinen Ausführungen zufolge ersetzen Informationssysteme mehr Arbeitsplätze in dem primären, sekundären und tertiären Wirtschaftssektor, als im quartären Sektor entstehen. Ferner sei nur eine dünne Bevölkerungsschicht für die Arbeiten des quartären Sektors geeignet. Die logische Schlussfolgerung dieser These führt zu der Prognose einer zukünftigen Massenarbeitslosigkeit. Seine These begründet Rifkin durch die Angabe zahlreicher Beispiele von Massenentlassungen. Der Einsatz von Informationssystemen führt zweifellos zu einer qualitativen Veränderung der Sozialstruktur. Den Prognosen Rifkins kann jedoch entgegengebracht werden, dass auch mit der ersten und der zweiten industriellen Revolution bereits ein Wandel der Sozialstruktur stattgefunden hat, der ganze Erwerbszweige vernichtet und trotzdem keine Massenarbeitslosigkeit nach sich gezogen hat. Des Weiteren führt das dem Menschen immanente Streben nach Neuem zur Entstehung bislang noch ungeahnter wissenschaftlicher und beruflicher Bereiche. Zuletzt sei angemerkt, dass beispielsweise Deutschland weiterhin über einen hohen Anteil an Erwerbstätigen des sekundären Sektors aufgrund hoher Exportzahlen verfügt.

Mit der Änderung der Sozialstruktur geht auch eine Veränderung **sozialer Ungleichheiten** einher. Ungleichheiten in der Sozialstruktur existieren seit der Antike und waren bis zur ersten industriellen Revolution an die Zugehörigkeit zu gesellschaftlichen Klassen gebunden. Mit der industriellen Revolution kam vermehrt der Rang in der Hierarchie einer Organisation und der Besitz materiellen Reichtums als Diskriminator hinzu. Mit der dritten industriellen Revolution kann als weitere Dimension sozialer Ungleichheit das Wissen angeführt werden. Damit ergibt sich das von Kreckel konstatierte Modell sozialer Ungleichheit [Kre04].

Die Veränderung der Wirtschaftssektoren führt zu einer Veränderung der Erwerbsarbeit, wobei wissensintensive Erwerbstätigkeiten durch den Einsatz von Informationssystemen zunehmen. Das Wissen führt somit zu einer Polarisierung des sozialen Gefüges, woraus eine Ungleichheit zwischen Menschen mit hohem Bildungsstand (respektive hohem Wissensstand) und Menschen mit niedrigem Bildungsstand (respektive niedrigem Wissensstand) resultiert.

Neben der Veränderung der Erwerbsarbeit und der sozialen Ungleichheit kann auf mikrosozialer Ebene eine Veränderung der **Kommunikation** zwischen den

Mitarbeitern einer Organisation festgestellt werden, die auf den Einsatz von Informationssystemen zurückzuführen ist. So ist eine ortsunabhängige Kommunikation sowohl synchron (z.B. Chat, Instant Messenger) als auch asynchron (z.B. E-Mail, Forum) möglich. Sie unterstützt in Organisationen beispielsweise die Durchführung von örtlich verteilten Projekten und die Kommunikation mit der Umwelt (z.B. Lieferanten und Kunden). Informationssysteme stellen somit verschiedene Kommunikationsmöglichkeiten bereit, die beispielsweise im Rahmen von Marketingaktivitäten genutzt werden können.

Die Kommunikation über elektronische Medien hat jedoch auch zu einer Veränderung des Kommunikationsverhaltens geführt. Die wichtigsten Auswirkungen der Kommunikation über Informationssysteme seien im Folgenden aufgeführt:

- **Quantitative Zunahme der Kommunikation.** Bedingt durch die einfache Möglichkeit der Kommunikation, insbesondere der asynchronen Kommunikation, ist eine quantitative Zunahme zu verzeichnen.

- **Wegfall der nonverbalen Kommunikation.** Neben der reinen verbalen Kommunikation findet in einer Kommunikationssituation normalerweise ein Austausch von Emotionen und Wertschätzungen statt. Durch die Nutzung von Informationssystemen zur Kommunikation geht diese nonverbale Kommunikation weitestgehend verloren.

- **Verstärkte Anonymität.** Informationssysteme ermöglichen eine weitgehend anonymisierte Kommunikation (z.B. Chat). Der Benutzer wird dabei lediglich über einen symbolischen Namen identifiziert. Die Anonymität geht mit einer Senkung der Hemmschwelle einher. So findet oftmals eine offenere, aber auch eine aggressivere Kommunikation über elektronische Medien statt. Ferner kann die Anonymität für betrügerische Aktivitäten (z.B. Bestellung unter falschem Namen) genutzt werden.

5.4.3 Individuelle Auswirkungen

Abschließend sollen die Auswirkungen auf das Individuum als solches aufgezeigt werden. Zu diesen Veränderungen zählen:

- Wandel des Arbeitsplatzes,
- Wandel der Mitarbeiterqualifikationen und
- bessere Möglichkeiten der Mitarbeiterüberwachung.

Der **Arbeitsplatz** vieler Menschen hat sich durch den Einsatz von Informationssystemen enorm gewandelt. So ist die Anzahl an Rechnerarbeitsplätzen stark gestiegen. Dies geht einher mit der Änderung von Aufgaben der Mitarbeiter. So läuft die Produktion von Waren wie etwa Autos teilweise rechnergesteuert ab. Aufgabe der

Produktionsmitarbeiter ist zu einem großen Teil nur noch die Überwachung und Steuerung der Rechner. Die Arbeit mit Informationssystemen erfordert eine intensive Betrachtung der Schnittstelle zwischen Mensch und Technik. Die Schnittstelle lässt sich sowohl aus Hardware- als auch aus Softwaresicht betrachten.

Auf Hardwareebene stellen die Ein- und Ausgabegeräte die Schnittstelle zwischen Mensch und Technik dar. Diese sind so zu gestalten, dass ein einfacher Umgang mit ihnen möglich ist und auch die langfristige Nutzung der Geräte zu keinen gesundheitlichen Beeinträchtigungen führt. Insbesondere der Einsatz von strahlungsintensiven Monitoren kann hier als Gesundheitsrisiko betrachtet werden. Aber auch die Anordnung der Geräte und die daraus resultierende Körperhaltung bei der Arbeit können gesundheitliche Beeinträchtigungen mit sich führen.

Bei der Gestaltung von Hardware ist jedoch nicht nur auf den Schutz vor Verletzungen und sonstigen Gesundheitsschäden zu achten. Ferner sollten insbesondere die Ein- und Ausgabegeräte eine einfache Bedienung ermöglichen. So sind beispielsweise die Tasten einer Tastatur so anzuordnen, dass mit den Fingern möglichst kurze Wege zurückzulegen sind.

Der Einsatz von Software birgt keine gesundheitlichen Risiken,[2] jedoch bestimmt die Software maßgeblich die Benutzerzufriedenheit im Umgang mit einem Informationssystem. Daher hat sich ein eigener Bereich in der Informatik etabliert, der sich mit der Benutzerfreundlichkeit (Usability) von Software beschäftigt. Die Benutzerfreundlichkeit wird sowohl von der Art und Weise der Navigation als auch von der Präsentation der Informationselemente auf dem Monitor beeinflusst. So sollten beispielsweise Navigationselemente klar als solche erkennbar sein.

Die Gestaltung von Rechnerarbeitsplätzen ist in Europa durch die DIN EN ISO 9241 geregelt. Diese aus 17 Teilen bestehende Norm beinhaltet sowohl Anforderungen an die Hardwarekomponenten der Mensch-Maschine-Schnittstelle als auch Anforderungen an die Software.

Wie bereits aufgezeigt, führt der Einsatz von Informationssystemen zu einem Wandel der Ablauforganisation. Durch diesen Wandel bedingt, führen Mitarbeiter zunehmend mehr intellektuelle und weniger manuelle Tätigkeiten aus. Dies führt zu Änderungen in den Anforderungen an die **Qualifikation** eines Mitarbeiters. Eine Erhöhung des Qualifikationsniveaus kann zwar für den Einzelnen konstatiert werden, im Sozialgefüge einer Volkswirtschaft bleibt eine solche Erhöhung jedoch auf die Erwerbstätigen beschränkt. Die Änderung des Qualifikationsniveaus betrifft nicht nur Erwerbstätige aus dem IT-Bereich. Vielmehr ist von einer allgemeinen Veränderung auszugehen, die in einem flächendeckenden Einsatz von Informationssystemen in Organisationen aller Wirtschaftssektoren und aller Branchen begründet liegt. Die Anforderungen an die Qualifikation eines Mitarbeiters lassen sich in drei Kompetenzarten aufteilen [KS86]:

---

[2] Gesundheitliche Risiken können jedoch entstehen, wenn Software Geräte (z.B. Autos, Züge, Atomkraftwerke) falsch steuert.

- Methodenkompetenz
- Fachkompetenz
- Sozialkompetenz

Die Änderung des Qualifikationsniveaus betrifft alle drei Kompetenzarten. So erfordert der Einsatz von Informationssystemen eine hohe Lernbereitschaft und eine hohe Abstraktionsfähigkeit (Methodenkompetenz), grundlegendes Fachwissen im Umgang mit Rechnern und Software (Fachkompetenz) sowie, aufgrund der gesteigerten Integration von Geschäftsprozessen, eine hohe Kooperationsfähigkeit und eine hohe Kommunikationsfähigkeit (Sozialkompetenz). Die genannten Qualifikationen bedürfen einer geeigneten Unterrichtung bereits in den allgemeinbildenden Schulen.

Informationssysteme sind jedoch nicht ausschließlich als Instrument der Arbeitsunterstützung, sondern ebenso als Instrument der Macht zu betrachten. So können Informationssysteme im Sinne eines Panoptikums zur allgegenwärtigen **Überwachung** von Rechnerarbeitsplätzen genutzt werden. Jede Tätigkeit der Mitarbeiter an einem Rechner lässt sich beispielsweise digital speichern und gegebenenfalls zur Ausspielung von Macht gegen den Mitarbeiter missbrauchen. Es können sowohl Zugriffe auf das Internet als auch der Inhalt von E-Mails, der Start von Programmen und das Bearbeiten von Dokumenten protokolliert und mit geeigneter Software ausgewertet werden. Die private Nutzung des Rechners führt auch in Deutschland immer häufiger zu Abmahnungen und im Wiederholungsfall zu Kündigungen.

5.5 Zusammenfassung

In diesem Kapitel wurde versucht, den Betrachtungsgegenstand der Wirtschaftsinformatik, Informationssysteme in Organisationen, näher zu definieren und zu klassifizieren. Dabei sei nochmals auf den Umstand hingewiesen, dass eine eindeutige Zuordnung der Informationssysteme zu den Klassen aufgrund der verschwimmenden Grenzen in der Praxis schwerfällt.

Im Rahmen der Klassifikation wurden die wichtigsten Informationssysteme vorgestellt. Damit diese in Organisationen auch langfristig zielführend eingesetzt werden können, ist es notwendig, eine Architektur zu entwickeln, welche die Grundlage für eine effiziente und effektive Integration der einzelnen Informationssysteme liefert. Ferner sind die benötigten Komponenten zu beschaffen. Die Beschaffung geeigneter personeller Ressourcen ist dabei Aufgabe des Personalmanagements. Die Beschaffung von Software und Hardware hingegen ist Aufgabe des IT-Managements. An die Beschaffung schließt sich die Einführung der Informationssysteme an, wobei hier nicht ausschließlich die technischen Komponenten zu installieren sind, sondern auch eine Schulung der Mitarbeiter zu erfolgen hat.

Der Einsatz von Informationssystemen in Organisationen hat eine Reihe von Auswirkungen. Hier sind zunächst wirtschaftliche Effekte wie die Änderung von Strategie, Ablauf- und Aufbauorganisation, aber auch soziale Effekte wie die Veränderung der Kommunikation zwischen Mitarbeitern und individuelle Effekte wie die Überwachung der Arbeit zu nennen.

5.6 Aufgaben

1. Beschreiben Sie die Unterstützungsleistung, die Informationssysteme im Rahmen der Beschaffung liefern können!

2. Warum gestaltet sich die Integration von Informationssystemen oftmals sehr schwierig?

3. Beschreiben Sie die wirtschaftlichen Auswirkungen, die aus dem Einsatz von Informationssystemen resultieren!

4. Die W&S AG stellt diverse Produkte aus Aluminium und Kupfer her. Zur Unterstützung des Finanz- und Rechnungswesens soll ein Informationssystem eingeführt werden. Beschreiben Sie die Schritte die zur Einführung des Systems notwendig sind!

Kapitel 6

IT-Management

Organisationen versuchen, durch den Einsatz von IT zu Wettbewerbsvorteilen zu gelangen, wobei für die meisten von ihnen der Einsatz von IT-Lösungen aufgrund der hohen Wettbewerbsintensität inzwischen unverzichtbar geworden ist. Indem die IT direkt zur Unterstützung der Ziele einer Organisation beiträgt, bekommt sie eine strategische Rolle. Andererseits können Fehlentscheidungen in Verbindung mit IT-Investitionen zu schwerwiegenden Konsequenzen für eine Organisation führen. IT-bezogene Entscheidungen werden daher häufig im Management getroffen, das einen immer größeren Zeitanteil auf entsprechende Fragestellungen verwendet.

In Kapitel 6.1 werden die begrifflichen Grundlagen des IT-Managements gelegt, und in Kapitel 6.2 Aufgaben und Rollen beschrieben. Die Planung und Formulierung von IT-Strategien steht im Mittelpunkt von Kapitel 6.3. Kapitel 6.4 beschäftigt sich mit der Organisation der IT und von IT-Prozessen. Die Steuerung und Überwachung der Umsetzung von IT-Strategien ist Thema von Kapitel 6.5. Abschließend wird in Kapitel 6.6 mit dem Projektmanagement ein wichtiges Instrument des IT-Managements vorgestellt.

6.1 Grundlagen

Das IT-Management (von manchen auch oder noch als Informationsmanagement bezeichnet) verlangt eine ganzheitliche Sicht auf Organisationen. Die Wandlung von der Daten- zur Informationsorientierung ist hauptverantwortlich für die Aktualität des IT-Managements, aber auch für die Weiterentwicklung der wahrzunehmenden Aufgaben. In diesem Zusammenhang muss auf die unterschiedliche Entwicklung dieses Wortes im deutschen und englischen Sprachraum hingewiesen werden.

Die Entstehung des Begriffs **Informationsmanagement** im deutschsprachigen Raum ist nicht sehr ausführlich dokumentiert. Aus diesem Grund lässt sich wenig über den Zeitpunkt der Einführung oder die Herkunft sagen. Gesichert ist jedoch die Tatsache, dass er gegen Ende der 80er-Jahre eine starke Verbreitung gefunden hat. Im Großen und Ganzen haben sich dabei zwei Begriffsinterpretationen ergeben: Wissenschaftler aus dem Bereich Datenbanken verstehen Informationsmanagement üblicherweise als eine höhere Entwicklungsstufe des Datenmanagements. Aus dieser Sicht ist der Begriff aus der Zusammensetzung von „Information" und „Management" entstanden. Die in der Literatur am häufigsten verwendete Interpretation versteht jedoch Informationsmanagement als umfassendere Bezeichnung für alle Aufgaben des Managements der Informatik-Mittel. In dieser Leseart ist der Begriff eine Zusammenfassung von „Informationstechnologie" und „Management".

Etwas anders ist die Entwicklung im englischen Sprachraum verlaufen. „Information management" wird eigentlich erst seit dem Ende der 90er-Jahre ähnlich wie hierzulande interpretiert: „The term ‚information management' is relatively new: its origins lie not in the traditional world of libraries, nor even in the less traditional world of information science, but in the world of the management of paper in the US Federal Government" [Wil89]. In diesem Zitat spricht Wilson jene Bereiche an, in denen das englische Wort ursprünglich Verwendung gefunden hat. Auf der einen Seite haben es sich die Bibliothekswissenschaftler angeeignet, um damit zum Ausdruck zu bringen, dass ihr Beruf „... has always been concerned with the management of information resources" [Wil89]. Die Informationswissenschaft argumentiert sehr ähnlich: „... the management of internal organizational resources such as research reports, central registry, laboratory notebooks, etc., has always been a feature of ... (this) ... work." [Wil89]. Auf der anderen Seite hat die US-amerikanische Regierung in ihrem Versuch, den Papier- und Formularkrieg in staatlichen Behörden unter Kontrolle zu bringen, ebenfalls den Begriff „information management" geprägt. Die Anstrengungen gipfelten im so genannten Paperwork Reduction Act (US Public Law 96-511, 1980). Neben diesen Interpretationen findet sich im deutschsprachigen Raum manchmal auch eine weitere Auffassung, die das Informationsmanagement mit der Wirtschaftsinformatik gleichsetzt bzw. das Informationsmanagement als eigene Wissenschaftsdisziplin propagiert.

Die Wirtschaftsinformatik befasst sich mit allen Fragen des IT-Einsatzes, also nicht nur mit den unternehmerischen, sondern z.B. auch mit denjenigen in der staatlichen Verwaltung, in Krankenhäusern oder Nonprofit-Organisationen. Die Wirtschaftsinformatik behandelt somit ganz allgemein Problemstellungen, die sich aus der Anwendung von Informationstechnologie ergeben. Das Informationsmanagement konzentriert sich hingegen auf die damit verbundenen Managementaspekte. In diesem Sinne ist das Informationsmanagement eine Teildisziplin der Wirtschaftsinformatik. Um begriffliche Verwechslungsmöglichkeiten auszuschließen, wird im Weiteren dafür der Begriff IT-Management verwendet.

Zusammenfassend ist festzuhalten, dass aus der Sicht der Wirtschaftsinformatik die **Gestaltung der Informationsinfrastruktur** eine **Managementfunktion** ist, die heute als **IT-Management** bezeichnet wird. Dieses verfolgt generell den Zweck, das Leistungspotenzial der Informationsfunktion für die Erreichung der strategischen Ziele einer Organisation durch die Schaffung und Aufrechterhaltung einer geeigneten Informationsinfrastruktur in Erfolg für die Organisation umzusetzen. Die Hauptaufgabe des IT-Managements besteht darin, für Organisationen die erforderliche IT-Infrastruktur (Hardware, Software, Netzwerke) einschließlich der für die betrieblichen Leistungen benötigten Daten und Informationen bereitzustellen. Ziel dieses Kapitels ist es, das grundlegende Wissen und den Stand der Technik zu den Aufgabenbereichen des IT-Managements vorzustellen. Folgende wichtige Themen des insgesamt sehr umfassenden Aufgabenbereiches werden nachfolgend genauer dargestellt:

- Aufgaben und Rollen des IT-Managements
- IT-Strategie und IT-Business-Alignment
- IT-Organisation und IT-Prozesse
- IT-Controlling
- Projektmanagement

Das bedeutet natürlich, dass manche Themen, die ebenfalls dem IT-Management zugeordnet werden, nur sehr kurz oder gar nicht behandelt werden können. Dazu gehören z.B. IT-Sicherheitsmanagement, IT-Governance, IT-Compliance (also die Rechtskonformität implementierter Lösungen), Haftungsfragen des IT-Managements, die Evaluation der Leistung, Technologiemonitoring, und nicht zuletzt der so genannte IT-Value, d.h. der Wertbeitrag der IT bzw. der Beitrag zur Wertschöpfung. Zu diesen Punkten ist auf die entsprechende Fachliteratur zu verweisen.

6.2 Aufgaben und Rollen

Die Aufgaben des IT-Managements waren bis Anfang der 90er-Jahre stark technologiegetrieben. Erst heute wird der Fokus auf die Ziele von Organisationen und die Geschäftsprozesse gelegt. Das Anforderungsprofil an IT-Manager ist heute sehr umfassend und vielfältig. An dieser Stelle ist darauf hinzuweisen, dass der Begriff auch für andere Berufe verwendet wird, die mit den hier dargestellten Aufgaben nichts zu tun haben (z.B. Bibliothekswesen). Berufsbezeichnungen in der Praxis sind **IT-Manager**, Informationsmanager, DV-Leiter, IT-Direktor, IS-Manager, IV-Leiter, CTO (Chief Technology Officer), Informatikleiter und insbesondere in größeren Organisationen immer häufiger **Chief Information Officer (CIO)**. Die Berufsbezeichnung Informationsmanager hat sich interessanterweise in der Praxis weniger durchgesetzt, ist aber dennoch eine idealtypische Gesamtbezeichnung, welche zumindest in Lehrbüchern zu finden ist.

Unabhängig von der jeweiligen Bezeichnung für die Leitungsfunktion kann in der Praxis beobachtet werden, dass die Ausgestaltung und die Frage der Verantwortung für Aufgaben des IT-Managements nicht losgelöst von der Situation der Organisation und der Art der Organisation betrachtet werden kann. Die Diskussion um die konkrete Rolle entsteht fast natürlich, wenn wesentliche IT-Funktionen ausgelagert werden sollen. Es geht dann meist um die Frage, welches IT-Kernwissen trotz Outsourcing in der Organisation bleiben soll. Dabei macht es auch einen Unterschied, ob sich eine Organisation in einer Expansions- oder in einer Konsolidierungsphase befindet. Eine Quelle für Spannungen ist schließlich immer wieder das Verhältnis zwischen zentralen und dezentralen Einheiten einer Organisation. Alle diese Aspekte sind zu berücksichtigen, wenn es um die Rolle und Bedeutung des IT-Managements geht. Die wesentliche Funktion besteht in der Abstimmung der Informationsinfrastruktur mit dem Umfeld der Organisation unter Berücksichtigung der technologischen Entwicklung. Die Umsetzung können Maßnahmen zur Kostensenkung bei einer Organisation in der Krise oder der gezielte Einsatz von innovativen IT-Lösungen bei einer expandierenden Organisation sein.

Tabelle 6.1: Investitionsarten und die damit verfolgten Ziele einer Organisation [Wil94]

Investitionsart	Unternehmensziel
notwendige Investitionen (z.B. für Buchhaltung)	Funktionsfähigkeit und Überleben des Geschäftes
Investitionen zur Leistungssteigerung	Kostenreduktion bzw. Erlössteigerung
Investitionen zur Erzielung von Wettbewerbsvorteilen	Wettbewerbsvorteil
Investitionen in die IS-Infrastruktur	Basis schaffen für andere nutzenstiftende IT-Projekte
Investitionen für Forschung	Basis schaffen für Effizienz in der Zukunft

Das Gestaltungsfeld wird deutlich, wenn man die Investitionsstruktur einer Organisation genauer betrachtet. Tabelle 6.1 zeigt eine Kategorisierung möglicher Ziele einer Organisation, die wiederum zu einem unterschiedlichen Investitionsverhalten in Bezug auf die IT, und natürlich auch zu unterschiedlichen Managementanforderungen führt. Dabei sind Investitionen zur Leistungssteigerung und zur Erzielung von Wettbewerbsvorteilen von besonderem Interesse, da sie die Nutzungsgeschichte der betrieblichen Informationssysteme klar widerspiegeln. In diesem Zusammenhang ist ein gewisser Wandel über die Zeit hinweg zu beobachten. Während die IT früher meist nur zur Rationalisierung, Automatisierung und Kosteneinsparung verwendet wurde, hat sie heute einen wesentlich geschäftskri-

6.2 Aufgaben und Rollen

tischeren Stellenwert, indem sie z.B. Geschäftsprozesse unterstützt oder entscheidungsrelevante Informationen an das Management liefert. Über diesen Wandel herrscht paradoxerweise in Theorie und Praxis gleichermaßen Einigkeit. Paradox deswegen, weil diese Erkenntnis bislang noch nicht zu adäquaten Evaluationspraktiken in den Organisationen geführt hat. Interessant ist dabei auch die Analogie zum organisatorischen Wandel in der Betriebswirtschaftslehre. Orientierte man sich früher an der Aufbauorganisation nach Kosiol, die eine funktionsorientierte Sicht des Betriebes lieferte, so spricht man heute von Geschäftsprozessen als dem organisatorischen Leitmotiv. Das Formalziel hat sich damit von der Produktivität zur Markt- und Kundennähe verschoben (siehe Kapitel 7).

Auf Grund dieser breiten Anforderungen besteht die Qualifikation eines IT-Managers heute weniger in Technologiekompetenz als vielmehr in der Fähigkeit zur Organisation und Koordination der IT-gestützten Wertschöpfungskette (siehe dazu auch Kapitel 3.2). Es ist dies auch keine Aufgabe, die von einer Person allein bewältigt werden kann, so dass das IT-Management heute üblicherweise von einem Team oder Mitarbeiterstab unterstützt wird. Die wesentlichen **Aufgaben** sind:

- Gesamtverantwortung für das IT-Controlling,
- Koordination der Anforderungen aus Fachbereichen oder Geschäftseinheiten,
- Entwicklung und Umsetzung der organisationsweiten, langfristigen Informatikplanung (IT-Strategie),
- Projektkoordination und Überwachung des Projektportfolios,
- Auswahl, Einführung und Überwachung von IT-bezogenen Standards,
- Koordination des IT-Einkaufs, Schnittstelle zu IT-Service-Providern und Zuständigkeit für Partnerorganisationen sowie die Beschaffung von externen IT-Leistungen,
- Ausarbeitung und Überwachung von organisationsweit wirksamen Rahmenverträgen und
- Gestaltung und Weiterentwicklung der Informationsinfrastruktur (z.B. Integration neuer Softwareprodukte).

Hinzu kommen im Einzelfall noch weitere Aufgaben wie die IT-Sicherheit und die Verantwortung für die Auslagerung (Outsourcing) von bestimmten Funktionen. Gerade an der letztgenannten Aufgabe ist zu erkennen, dass sich die Rolle des IT-Managers stark verändert hat.

Von Heinrich und Lehner [HL05] wird das Informationsmanagement als Leitungshandeln (= Management) in Unternehmen in Bezug auf Information und

Kommunikation, und alle damit befassten Führungsaufgaben definiert. Bei Brenner und Zarnekow heißt es: „Das IT-Management, häufig auch als Informationsmanagement bezeichnet, beschäftigt sich als Teil der Unternehmensführung mit der Erkennung und Umsetzung der Potenziale der Informations- und Kommunikationstechnologie in Lösungen" [ZB03]. In ähnlicher Weise wird die Gesamtaufgabe des IT-Managements auch bei anderen Autoren definiert. Das IT-Management wird in vielen Definitionen weiter in die Phasen „Planung", „Entwicklung" und „Produktion von IT-Infrastrukturen" strukturiert. Es wird also getrennt in eine strategische, eine administrative und eine operative Ebene. Dazu kommt noch eine normative Ebene mit einer übergreifenden Bedeutung. Dieses Ebenenmodell ist in der Literatur weit verbreitet und findet sich in abgewandelter Form bei vielen Autoren wieder. Beispielhaft soll es an den Ausführungen nach [HL05] dargestellt werden.

Bei den **Zielen** des IT-Managements werden Sachziele und Formalziele unterschieden. Die Sachziele beschreiben den Zweck des Informationsmanagements (z.B. Rationalisierungspotenzial, Stärkung der Wettbewerbsposition). Die Formalziele beschreiben, mit welcher Qualität oder Güte die Sachziele verfolgt bzw. erreicht werden sollen (z.B. Wirtschaftlichkeit und Wirksamkeit).

Aus den Sachzielen werden unter Berücksichtigung der Formalziele die **Aufgaben** des IT-Managements abgeleitet. Hier werden drei Ebenen unterschieden, nämlich die strategische, die administrative oder taktische und die operative Aufgabenebene. Nach [HL05] umfassen diese drei Ebenen folgende Aufgaben:

- **Strategische Aufgaben.** Strategische Aufgaben umfassen Managementaufgaben (d.h. Planung, Organisation, Führung, Kontrolle) in Bezug zur IT und zur Informationsinfrastruktur, die für die Organisation als Ganzem von grundsätzlicher Bedeutung sind. Sie führen gewöhnlich zu langfristigen und für die nachgeordneten Ebenen bindenden Vorgaben. Ein wichtiges Ergebnis ist die Architektur der Informationsinfrastruktur (siehe dazu Kapitel 5.3).

- **Administrative Aufgaben.** Hier geht es um die Planung, Überwachung und Steuerung aller Komponenten der Informationsinfrastruktur (also Informationssysteme, Datenbanken, Intranet, IT-Personal, etc.). Dazu zählt aber auch die projektbezogene Planung und Realisierung von Informationssystemen (siehe Kapitel 6.6). Mit den administrativen Aufgaben werden die Voraussetzungen für die Nutzung der Informationsinfrastruktur auf der operativen Ebene geschaffen.

- **Operative Aufgaben.** Die letzte Gruppe umfasst Managementaufgaben, die auf die Nutzung der in der Organisation vorhandenen Informationsinfrastruktur sowie die Sicherstellung ihres Betriebs abzielen (z.B. durch Benutzerservice, Netzwerkdienste, Wartung).

Auch Brenner verwendet eine aufgabenorientierte Definition für das IT-Management. Er unterstreicht dabei besonders die strategische Komponente und sieht das

6.2 Aufgaben und Rollen

Architekturmanagement als deren Hauptaufgabe. Bei diesem stehen die langfristige Planung und Weiterentwicklung von IT-Architekturen im Fokus, insbesondere die Gestaltung der IT-Infrastrukturen gemäß den Vorgaben der Strategien des Unternehmens. Als Reaktion auf gewandelte technische und ökonomische Bedingungen und der daraus resultierenden neuen Aufgaben des IT-Managements schlagen Brenner und Zarnekow ein „reformiertes Modell" vor, den „Ansatz des Integrierten Informationsmanagements" [ZB03]. Dieser folgt dem Grundsatz Source – Make – Deliver und wird in Abbildung 6.1 gezeigt.

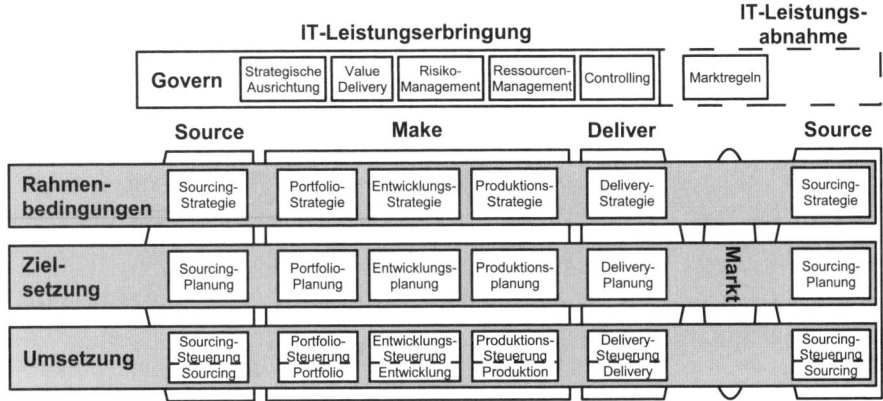

Abbildung 6.1: Ansatz des Integrierten Informationsmanagements

Im Ansatz des Integrierten Informationsmanagements finden sich neue, zusätzliche Schwerpunkte wie Risiko- und Ressourcenmanagement sowie IT-Controlling als Querschnittsaufgaben zwischen den Ebenen.

Zu den neueren Aufgaben eines IT-Managers zählt die **Mitwirkung am Change Management** (siehe dazu auch die Anmerkungen zum Wandel in Organisationen in Kapitel 3.2.5). Um diese Rolle aktiv und verantwortlich auszufüllen, bedarf es allerdings bestimmter Voraussetzungen in der Organisation, aber auch bei der Person des jeweiligen Managers. Warum sich das IT-Management verstärkt mit der Rolle eines Change Agents befassen sollte, wird von [MB96] mit drei Gründen erklärt. Zum einen ist jedes neue Informationssystem gleichzeitig eine organisatorische Intervention, d.h. ein Eingriff in bestehende Abläufe, oder zumindest der Versuch, Abläufe zu ändern. Die Forschungsergebnisse der vergangenen Jahre zeigen dabei ganz deutlich, dass das erzielte Ergebnis und der Erfolg eines neuen Systems eindeutig von der Art und Weise der Implementierung abhängen (d.h. vom Design-, Entwicklungs- oder Auswahlprozess, wie es beschrieben oder „verkauft" wird, von den Personen und Vorkehrungen, die die Einführung unterstützen, etc.). Trotz des umfassenden Wissens über diese Zusammenhänge kommt es in der Praxis immer wieder zu fatalen Fehlentwicklungen, die mit hohen Kosten und anderen organisatorischen Problemen verbunden sind.

Ein zweiter Grund ist die Tatsache, dass der organisatorische Wandel auch in Zukunft den wichtigsten Teil der Organisationsarbeit ausmachen wird. In Verbindung mit den allgemeinen Outsourcing-Tendenzen bedeutet dies, dass vor allem für die Organisation kritische Systeme davon ausgenommen werden und durch das eigene Management zu betreuen sind. Hinzu kommen jene Tätigkeiten bei der Systementwicklung oder der Systemeinführung, die fundierte Kenntnisse der Organisation erfordern. Und schließlich geht es drittens um die Schaffung einer internen Vertrauensbasis für das IT-Management. Aufgrund einer zu einseitigen Technikorientierung wird gerade dieses Vertrauen immer wieder strapaziert. Ein effektives Change Management nimmt darauf Rücksicht und bezieht Verhaltensaspekte sowohl auf Seiten des Managements als auch der Anwender mit ein.

Über das Rollenverständnis eines Change Agents gibt es erhebliche Auffassungsunterschiede in der Theorie und Praxis. Drei Modelle, die sich bei der Untersuchung amerikanischer Organisationen als idealtypisch herauskristallisiert haben, können eine Vorbild- oder Gestaltungsfunktion übernehmen. Die drei Modelle unterscheiden sich stark hinsichtlich ihrer Ansicht, was ein Change Agent tun sollte und was nicht [MB96]:

- Das erste Modell wird als traditioneller Ansatz bezeichnet und spiegelt eine häufige Orientierung von IT-Managern in der Praxis wider. Sie betrachten die IT als wesentliche Ursache für Änderungen und hegen zugleich die Erwartung, dass die eigentlichen Ziele für technologische Änderungen von anderen vorgegeben werden bzw. werden sollten. Gewöhnlich richtet sich diese Erwartung an das mittlere und höhere Management. In diesem traditionellen Ansatz kommt ein engeres Verständnis zum Ausdruck, bei dem es vorrangig um die Weiterentwicklung des Technologieeinsatzes geht, während bei einem breiter gefassten Verständnis die Aufmerksamkeit dem Beitrag zum Erfolg einer Organisation gilt. Dieser Aspekt wird stärker in den beiden nachfolgend dargestellten Alternativen betont.

- Das zweite Modell findet sich in verschiedenen Veröffentlichungen zum Thema Organisationsentwicklung und wird Mentoren- oder Förderermodell genannt. Organisationsentwickler gehen davon aus, dass es die Mitarbeiter bzw. die Kunden selbst sind, die den Wandel herbeiführen und nicht der Change Agent oder die von ihm benutzten Techniken. Es wird daher vor allem versucht, Gruppen und organisatorische Prozesse zu fördern, um die Fähigkeiten und die Bereitschaft für Veränderungen zu fördern. Auch der Umgang mit technischem und anderem Fachwissen ist unterschiedlich. Organisationsentwickler verstehen sich selbst als Prozessexperten (im Sinne von gruppendynamischen Prozessen oder Verhaltensprozessen, jedoch nicht im Sinne von Geschäftsprozessen), nicht aber als Experten hinsichtlich des technischen oder fachbezogenen Wissens. Ein dritter Unterschied besteht darin, dass sich Spezialisten der Organisationsentwicklung ihrer Macht bewusst sind sowie auch der Gefahren, die diese Einflussmöglichkeiten für ihre Kunden haben.

6.2 Aufgaben und Rollen

- Das dritte Modell wird mit der Bezeichnung Anwaltsmodell oder Anwaltschaft charakterisiert. Seine Besonderheit besteht darin, dass quasi Anwälte des Wandels am Werk sind, deren Aufgabe darin besteht, das Verhalten der Mitarbeiter in jene Richtung zu beeinflussen, die vom Change Agent für wünschenswert gehalten wird. Dabei wird nicht unbedingt darauf Rücksicht genommen, ob die „Objekte" der Veränderung damit in allen Punkten einverstanden sind. Damit hebt sich das Modell einer Anwaltschaft für die Veränderung deutlich von den beiden anderen Modellen ab. Es bietet jedoch auch einige interessante Vorteile in Verbindung mit der betrieblichen Informationsverarbeitung. Beim traditionellen Modell versucht der Change Agent, die Benutzerziele zu erfüllen, während er beim Mentoren-Modell den Benutzern hilft, diese Ziele selbst zu erreichen. Im Unterschied dazu versucht er nach dem Anwaltschaftsmodell, sowohl einzelne Personen als auch Gruppen gezielt zu beeinflussen. Sie sollen veranlasst werden, die Sichtweise des Change Agents zu übernehmen und zu internalisieren. Wie beim Mentoren-Modell geht man auch in diesem Fall davon aus, dass nachhaltige Veränderungen durch die Mitarbeiter, nicht aber durch die Technologie herbeigeführt werden. Unterschiede bestehen allerdings hinsichtlich Ursprung und Richtung der Veränderung, denn im Anwaltschaftsmodell werden die Mitarbeiter mehr als Objekte bzw. Ziel der Intervention verstanden. Daraus resultiert auch eine größere Flexibilität bei der Wahl der eingesetzten Mittel als bei den beiden anderen Modellen. Unter Umständen kann dies bis zur Manipulation führen.

Bei allen drei Modellen handelt es sich um idealtypische Vorstellungen und keine empirisch fundierten Ansätze. Die Einführung neuer Informationssysteme ist in Organisationen oft mit der Verschiebung von Machtverhältnissen verbunden. Z.B. kann es geschehen, dass Informationen, über die bisher nur wenige Mitarbeiter verfügten, plötzlich allgemein zugänglich sind. Informationssysteme können aber auch die Kontrolle erleichtern, was zu Machteinbußen der Kontrollierten führt. Die Reihe der Beispiele ließe sich weiter fortsetzen. Die Mitarbeiter der IT-Abteilungen werden beispielsweise als mächtig erlebt, weil sie durch ihre Arbeit die Arbeitsabläufe anderer festlegen können und weil man bei Problemen von ihrem Wissen abhängig ist. Umgekehrt fürchten oft gerade die Mitarbeiter dieser Abteilungen, dass sie an Einfluss verlieren, wenn in den Fachabteilungen Systeme selbst entwickelt werden. Der Versuch einer Einflussnahme kann sehr subtile Formen annehmen (z.B. Festlegen von Standards, Einbezug der Abteilung für Qualitätssicherung, Evaluation durch externe Berater). Damit wird deutlich, dass die Informationstechnologie nicht nur Einfluss auf eine bestimmte Hierarchieebene oder Gruppe hat, sondern alle Mitarbeiter einer Organisation betreffen kann. Entwicklungen und Entscheidungen über die Einführung einer bestimmten Technologie werden daher immer von rivalisierenden Interessen begleitet sein. Dies erfordert neben der permanenten Wahrnehmung der damit verbundenen Managementaufgaben die Schaffung einer geeigneten Organisationsstruktur (IT-Organisation), die den Rahmen für die Wahrnehmung dieser Aufgaben bildet.

6.3 IT-Strategie und IT-Business-Alignment

Der Einsatz von IT in Organisationen soll zu Wettbewerbsvorteilen führen. Dazu ist, wie bereits erwähnt, eine strategische Betrachtung der IT notwendig. Laut einer Umfrage der CSC (Computer Sciences Corporation) im Jahre 2001, bei der insgesamt 1000 IT-Manager großer Organisationen nach den obersten Prioritäten und den „Critical Issues" im Hinblick auf ihr IT-Management befragt wurden, stand die Definition einer IT-Strategie, die sich an den Anforderungen der jeweiligen Organisation orientiert, an erster Stelle. An der Bedeutung, die sich darin ausdrückt, hat sich bis heute nichts geändert.

6.3.1 Strategiebegriff und Rolle von IT-Strategien

Strategien strukturieren den Handlungsrahmen für den nachfolgenden, eigentlichen Handlungsprozess, indem sie eine Orientierungsgrundlage für das unternehmerische Handeln bilden. Unter einer Strategie versteht man sowohl ein Zielbildungsprogramm als auch einen handlungs- und richtungweisenden Maßnahmenkatalog, mit dem sich die Organisation längerfristig in ihrer Umwelt bewährt. Aus diesem Strategieverständnis folgt als primäre Aufgabe der strategischen Organisationsführung die Suche, der Aufbau und die Erhaltung von Erfolgspotenzialen. Erfolgspotenziale sind in Anlehnung an Gälweiler alle geschäftsspezifischen Voraussetzungen,

- die den langfristigen Erfolgsspielraum, insbesondere seine Obergrenzen, determinieren;
- die spätestens dann bestehen müssen, wenn die periodengebundene Erfolgsrealisierung beginnt;
- deren Beschaffung einen relativ langen Zeitbedarf erfordert.

IT-Strategien helfen, die Übereinstimmung zwischen Zielen einer Organisation und Informationsinfrastruktur herzustellen bzw. aufrechtzuerhalten. Die Bedarfserkennung und Planung für diesen fortwährenden Anpassungsprozess muss rechtzeitig erfolgen. Dieser Prozess erfordert daher die ständige Beobachtung der Umwelt einer Organisation und der technologischen Entwicklung und gehört zu den wesentlichen Aufgaben des IT-Managements.

In Anlehnung an den Begriff des IT-Managements soll hier auch der Begriff **IT-Strategie** verwendet werden. In der Literatur hat sich bisher kein einheitlicher Begriff durchgesetzt. Neben dem Begriff IT-Strategie sind u.a. auch folgende Bezeichnungen in Verwendung: DV-Strategie, Informationsstrategie, IS-Strategie (IS = Informationssystem, Information System), IK-Strategie (IK = Information und Kommunikation), IV-Strategie (IV = Informationsverarbeitung) u.a.m. Für die genannten Bezeichnungen gibt es keine einheitliche Verwendung und auch keine allgemein akzeptierte Erklärung.

Während die Organisationsstrategie den Handlungsspielraum bezüglich der Organisation als Ganzem definiert, wird mit der IT-Strategie „die Art und die Richtung" der Informationsinfrastruktur bestimmt. Die IT-Strategie umfasst die Handlungsrichtlinien und einen Gestaltungsrahmen für die langfristige, globale und organisationsweite Planung der Informationsinfrastruktur. Sie gibt die Richtung an, in der bei der Verfolgung der strategischen Ziele vorgegangen wird [HL05].

Strategien werden nach allgemeiner Auffassung als Instrument zur Anpassung an die Umwelt einer Organisation verstanden. Spätestens seit den Veröffentlichungen zur Population-Ecology-Theorie wird die Umwelt einer Organisation als wichtigste Ursache für den **Wandel von Organisationen** verstanden (siehe Kapitel 3.2.5). Nach dieser Auffassung sind jene Organisationen erfolgreich, die den Umweltanforderungen durch geeignete Strategien und Organisationsformen entsprechen. Die Umwelt dient dabei als Ressourcenlieferant, sie entzieht der Organisation allerdings auch Ressourcen oder enthält sie ihr vor. Der Erfolg einer Organisation wird mit der Fähigkeit erklärt, jene Ressourcen von der Umwelt zu beschaffen, die zur Zielerreichung benötigt werden.

In engem Zusammenhang damit steht der Begriff des **IT-Business-Alignment**. Grundsätzlich geht es beim Alignment im vorliegenden Kontext um die Aufgabe, die IT-Aktivitäten und -Funktionen in geeigneter Weise auf die übrigen Funktionen der Organisation auszurichten und die verfolgten Teilstrategien entsprechend abzustimmen.

6.3.2 Strategische Planung und Strategieentwicklung

Die Strategieentwicklung ist Teil der strategischen (Gesamt-)Planung. Sie steht einerseits am Anfang dieses Prozesses, andererseits betrifft sie wegen ihres wiederholten und ganzheitlichen Charakters den gesamten Planungsprozess, d.h. sie ist nicht zeitlich auf den Anfang dieses Prozesses beschränkt. Der Strategieentwicklung vorgelagert ist die Formulierung der strategischen Ziele. Die Strategieentwicklung bzw. ihre Umsetzung zielt auf die Erreichung der strategischen Ziele ab. Zielformulierung und Strategieentwicklung werden häufig zusammengefasst und als Einheit betrachtet. Das scheint insofern sinnvoll, als beide eine ständige Überarbeitung und Anpassung erfordern. An die Strategieentwicklung schließt sich die strategische Planung im engeren Sinne an. In diesem Schritt wird die Strategie auf einer sehr globalen Ebene in Handlungsrichtlinien, Entscheidungen u.ä. umgesetzt, die dann im Zuge der weiteren Planung schrittweise verfeinert und bis auf die operative Ebene heruntergebrochen werden (siehe auch Kapitel 3.2.5).

Die Gliederungstiefe dieses Prozesses, die Anzahl der Planungsebenen, die Zeitdauer usw. hängen im Einzelfall von Faktoren wie Branche, Größe der Organisation oder Organisationsstruktur ab. Die Überlegungen, die hier für Strategien allgemein angestellt wurden, können auf IT-Strategien übertragen werden.

Wie für fast alle viel verwendeten Begriffe gibt es auch für Planung verschiedenste Definitionen. Manche Autoren ersetzen daher den Begriff der Planung vollständig und sprechen nur mehr von betrieblichen Entscheidungsprozessen [Sim76]. Zwar impliziert jede Aktivität auch Entscheidungen, hier soll aber die Entscheidung über eine Planalternative hervorgehoben und vom übrigen Planungsprozess getrennt werden.

Durch Pläne wird festgelegt, was in einer bestimmten Situation zu tun ist. Es wird also eine Reihe von Operationen beschrieben. Diese Operationen können auch als Entscheidungen darüber gesehen werden, welche Handlungen in einer Situation auszuwählen sind. Diese Entscheidungen werden vor der eigentlichen Handlung getroffen. Ein weiteres Merkmal von Plänen ist ihre hierarchische Struktur. Das heißt, jeder Plan besteht aus Operationen, die ihrerseits wieder als Unterpläne betrachtet werden können, deren Operationen einen höheren Detaillierungsgrad aufweisen. Zusammenfassend kann Planung folgendermaßen charakterisiert werden:

Planung (bzw. ein Plan) ist die Festlegung einer Reihe von Handlungen im Voraus. Diese Festlegung muss nicht unbedingt bewusst erfolgen. Dehnt man den Planungsbegriff auf nicht bewusste Prozesse aus, so gibt es kein ungeplantes Verhalten. Für den vorliegenden Zweck ist es jedoch sinnvoll, den Begriff auf bewusste Planungsentscheidungen einzuschränken, so dass man zwischen geplantem und ungeplantem Vorgehen unterscheiden kann. Das wesentliche Merkmal zur Abgrenzung von geplantem zu ungeplantem Vorgehen ist der Zeitpunkt der Festlegung bzw. der Handlung. Wenn ein Plan eine Reihe (Sequenz) von Handlungen (Operationen) beschreibt, so muss die gesamte Sequenz im Voraus festgelegt werden. Bei ungeplantem Vorgehen wird jeder einzelne Schritt unmittelbar vor einer Handlung und nach den vorangegangenen Schritten festgelegt.

Die hierarchische Natur der Planung wiederum bedingt, dass sich Planung und Nicht-Planung auf verschiedenen Ebenen nicht ausschließen. Ein Plan kann durch Operationen beschrieben werden, die ab einer bestimmten Detaillierungsstufe nicht mehr genauer geplant werden. Anpassungsverhalten, das sich durch völlige Abwesenheit von Planung auszeichnet, wird je nach Idiom mit „muddling through" (Lindblom 1959) oder „Durchwursteln" bezeichnet. Trotz der negativen Belegung dieser Begriffe ist in vielen Situation echte Planung nicht möglich oder sinnvoll, so dass die Fähigkeit zum „Improvisieren" oft eine wertvolle Alternative zur Planung darstellt.

Pläne unterscheiden sich wesentlich durch den Zeithorizont, auf den sie sich beziehen, und den Detaillierungsgrad, mit dem einzelne Schritte des Planes festgelegt werden:

- **Zeithorizont.** In Abhängigkeit des Zeitraums, der in die Planung einbezogen wird, unterscheidet man drei wesentliche Klassen von Plänen: **kurzfristige, mittelfristige und langfristige Pläne**. Was jeweils als lang-, mittel- oder kurzfristig eingestuft wird, steht nicht eindeutig fest, sondern ist vom Kontext abhängig. Die grundsätzliche Gestaltung betrieblicher Abläufe ist meist mit großen Investitionen verbunden, weshalb sich langfristige Pläne oft auf einen

Zeitraum von mehr als fünf Jahren beziehen. Gilt es, Pläne zur Lösung spezifischer Probleme im Arbeitsablauf zu machen, so sind sie meist kurzfristiger Natur und schließen Zeiträume zwischen wenigen Tagen und einem Jahr ein. Entsprechend umfassen mittelfristige Pläne typischerweise Zeiträume zwischen einem und fünf Jahren.

- **Detaillierung.** Langfristige Pläne unterscheiden sich von kurzfristigen Plänen durch den Spielraum, der bei der Planung zur Verfügung steht und als Ergebnis der Planung noch verbleibt. Man spricht von **operativen, taktischen und strategischen Plänen**. Man sagt auch, dass sich strategische Pläne durch einen höheren Abstraktionsgrad von taktischen und operativen Plänen unterscheiden und meint damit, dass in abstrakteren Plänen von einzelnen Aspekten und Merkmalen, die zunächst nicht so wichtig erscheinen, abgesehen wird, um die allgemeine und grundsätzliche Vorgangsweise herauszufinden. Von diesem grundsätzlichen, strategischen Plan ausgehend, soll es möglich sein, durch Berücksichtigung von mehr Merkmalen je nach Bedarf auf eine niedrigere Abstraktionsebene und damit zu taktischen und operativen Plänen überzugehen.

Strategische Pläne sind nicht nur eher langfristig, taktische und operative eher mittel- bzw. kurzfristig, die Pläne verteilen sich auch auf den organisatorischen Ebenen unterschiedlich: Die Organisationsleitung beschäftigt sich eher mit strategischen Plänen, während auf unteren Ebenen, ausgehend von der Strategie, taktische und operative Pläne ausgearbeitet werden.

Tabelle 6.2: Inhalte der Planung nach den Organisationsebenen

strategische Planung	taktische Planung	operative Planung
■ Ziele	■ Unterziele	■ operative Ziele
■ Organisationsstruktur	■ Ablauforganisation	■ Arbeitsvorbereitung
■ Personalpolitik	■ Stellenplanung	■ Stellenbeschreibung
■ Finanzpolitik	■ Kostenplanung	■ Kalkulation
■ Marktpolitik	■ Vertriebsplanung	■ Routenplanung
■ Forschungspolitik	■ Planung von Forschungsprojekten	■ Netzpläne
■ Produktlinien	■ Produktverbesserung	
■ Eintritt in neue Geschäftszweige	■ Routineinvestitionen	
■ außergewöhnliche Investitionen		

Planung auf höheren Ebenen beschreibt Aktivitäten der gesamten Organisation, während sich Pläne auf unteren Ebenen auf einzelne Teile der Organisation beschränken. Ein Investitionsplan für die nächsten zehn Jahre wirkt sich auf alle betrieblichen Teilbereiche aus, während die Planung eines Fertigungsablaufes nur die entsprechende Produktionsabteilung berührt. Durch Planung auf höheren Ebenen werden die Rahmenbedingungen für die Planung auf niedrigeren Ebenen gesetzt: Es werden Ziele, Ressourcen und Nebenbedingungen vorgegeben, die Startpunkte für die immer feiner werdende Planung darstellen.

Die Aufstellung in Tabelle 6.2 ist weder vollständig, noch ist die Zuordnung zu den drei Kategorien eindeutig. So kann etwa die Planung der Ablauforganisation in gewissen Fällen auch strategische Bedeutung haben.

Pläne sind aber nicht nur hierarchisch, sondern auch sequentiell miteinander verbunden. Planung ist meist abhängig von anderen (vorgelagerten) Plänen und setzt Prämissen für nachgelagerte Pläne.

Während des Planungsprozesses stellt sich oft heraus, dass durch hierarchisch oder sequentiell vorgelagerte Pläne Prämissen gesetzt wurden, deren Einhaltung unmöglich oder nicht zweckmäßig erscheint. Es gilt, möglichst frühzeitig solche Fehler zu erkennen und eine Modifikation der vorgelagerten Pläne auszulösen. Umgekehrt kann der Planungsprozess auf einer höheren Ebene unterbrochen werden, wenn es sinnvoll erscheint, Informationen aus dem Plan einer niedrigeren Ebene abzuwarten. Wenn die Detailinformationen vorhanden sind, kann auf der höheren Ebene fortgefahren werden. Dieser Prozess kann sich in einem iterativen Dialog zwischen den Organisationsebenen fortsetzen [Eme69].

6.3.3 Formulierung der IT-Strategie und der Strategieinhalte

Für die **Formulierung** von IT-Strategien können gewöhnlich keine allgemeinen Regeln angegeben werden. Voraussetzung für die Formulierung von IT-Strategien sind die strategischen Ziele bzw. die Organisationsstrategie. Alle Maßnahmen zur Gestaltung der Informationsinfrastruktur sind darauf auszurichten, das in der Informationsfunktion vorhandene Erfolgspotenzial bestmöglich zur Wirkung zu bringen und in Erfolg für die Organisation umzusetzen. Die Art und Richtung, in der dies erfolgen soll, wird durch die IT-Strategie beschrieben. Entscheidend für die erfolgreiche Umsetzung der IT-Strategie sind aber nicht nur die Strategieinhalte, d.h. die Ergebnisse der Strategieformulierung, sondern auch der Erarbeitungsprozess selbst und die dabei notwendige Überwindung von Interessenskonflikten.

Die Formulierung einer IT-Strategie ist ein komplexer Vorgang, der in seiner instrumentalen Wirkung wieder auf komplexe Situationen abzielt. Einige charakteristische Merkmale solcher Situationen sind die folgenden [Dör69]:

- Neben der beabsichtigten Wirkung können auch Konsequenzen entstehen, die nicht beabsichtigt sind und der eigentlichen Absicht vielleicht sogar zuwiderlaufen.

- Durch eine gewisse Eigendynamik sind oft Entscheidungen unter Zeitdruck erforderlich.

6.3 IT-Strategie und IT-Business-Alignment

- Die Überschaubarkeit einer Situation erfordert u.U. die Konzentration auf wechselnde Schwerpunkte (Entscheidung wichtig/unwichtig).

- „Harte" Daten stehen nicht oder nicht vollständig zur Verfügung.

- Es werden primär Probleme gelöst, für die sich der Bearbeiter kompetent fühlt (dies geschieht im Allgemeinen unbewusst).

- Erfolgsstrategien aus der Vergangenheit oder von anderen werden unkritisch übernommen.

- Statt der relevanten, aber vielleicht schwer zugänglichen Information wird für Entscheidungen lediglich das vorhandene und leicht zugängliche Wissen verwendet.

- Ziele werden oft nur global definiert und vereinbart.

- Annahmen und Hypothesen über die Situation werden nicht hinterfragt, sie verselbstständigen sich und werden zur „Wahrheit".

- Die zeitlich oft verzögerte Wirkung wird aus Ungeduld nicht abgewartet, und vorhandene Energien werden nicht genutzt, was oft unnötige oder unsensible Interventionen zur Folge hat.

Wenn eine IT-Strategie formuliert ist, dann steht sie zunächst nur auf dem Papier. Die Chancen für eine erfolgreiche Umsetzung hängen wesentlich davon ab, wie weit sich die Führungskräfte aller Ebenen damit identifizieren bzw. emotional darauf einlassen. Eine solche Strategie hat von vornherein bessere Erfolgsaussichten als emotional weniger begünstigte Alternativen. Hidding weist darauf hin, dass in Zeiten turbulenter Umweltentwicklung für aufwändige Analyse- und Planungsprozesse, wie sie in formalisierten Strategie-Entwicklungsprozessen vorgesehen sind, keine Zeit bleibt [Hid01]. Er argumentiert, dass der Einsatz von Analysemethoden wie der Wertschöpfungskette nach Porter die hohe Veränderungsgeschwindigkeit, die in bestimmten Bereichen der zur Wertschöpfung beitragenden Aktivitäten gerade aufgrund von neuen IT-Einsatzmöglichkeiten beobachtbar ist, nicht abzubilden vermag. Methoden dieser Art sind grundsätzlich statischer Natur und blenden die Umweltveränderungen aus, die sich ergeben, während der Planungsprozess noch läuft [Hid01], weshalb ihr Einsatz bei stetigen Umweltveränderungen zu falschen Schlüssen führt. Außerdem sind keine Aussagen über die mögliche Nachhaltigkeit identifizierter Chancen, durch überlegen IT-Einsatz Wettbewerbsvorteile zu erzielen, möglich.

Sicherlich ist der Zeitbedarf, der für die strategische IT-Planung benötigt wird, ein kritischer Faktor: Sind sie zu schnell entwickelt, werden definierte Projekte mit hoher Wahrscheinlichkeit nicht umgesetzt, weil sie für die wahren Bedürfnisse ungeeignet sind [LS96]. Dagegen führt ein ausgedehnter Planungsprozess zu strategischen IT-Plänen, die aufgrund von externen Veränderungen (Bedarf oder technische Möglichkeiten) bereits vor der Umsetzung als überholt angesehen werden müssen. Lederer und Sethi bezeichnen dies plakativ als „planner´s paradox" [LS96]. Andererseits gibt es Hinweise, dass gerade bei turbulenter Umweltentwicklung diejenigen Organisationen erfolgreich agieren, die bei der strategischen IT-Planung auf eine enge, formalisierte Abstimmung mit strategischen Plänen anderer Ebenen setzen, denn ein Verzicht auf klare Vorgaben kann hier dazu führen, dass die Orientierung bei der Ausrichtung der IT verloren geht [SG99]. Dementsprechend gilt es bei der IT-Strategieentwicklung, die richtige Balance zwischen einem ausreichend strukturierten und sorgfältigen Vorgehen einerseits und der zügigen Bereitstellung des Planungsergebnisses andererseits zu finden.

Mintzberg fordert dazu auf, die Entwicklung von Strategien nicht als Phasenmodell mit klarer Abgrenzung zwischen Analyse, Formulierung und Implementierung zu betrachten [Min87]. Er versteht Strategien als nur teilweise kontrollierte, teilweise ohne bewusste Steuerung sich ergebende Aktionsmuster einer Organisation. Grundlage für die Formulierung des geplanten Vorgehens bei der Gestaltung der IT-Aktivitäten in Form strategischer Pläne ist immer eine sorgfältige Analyse der externen und internen Bedingungen. Organisationen agieren jedoch in einer sich stetig verändernden Umwelt, was z.B. ein verändertes Wettbewerbsumfeld und neue Kundenanforderungen oder Neuentwicklungen im Bereich der IT bedeuten kann. Dadurch können sich während der Umsetzung der strategischen Pläne einerseits Einschränkungen der dort formulierten Handlungsoptionen ergeben, andererseits auch neue Möglichkeiten, die ursprünglich nicht Bestandteil der Analyse und Planung waren. Zusätzlich können interne Entwicklungen im Verlauf der Strategieumsetzung zu weiteren Abweichungen führen (emergent strategy). Nicht jede formulierte Strategie wird auch realisiert, und die tatsächliche Umsetzung einer Strategie unterscheidet sich in jedem Fall von der geplanten.

Mintzberg weist auch darauf hin, dass diese Perspektive auf die strategische Planung implizit ein vollständig rationales Verhalten der beteiligten Manager voraussetzt [Min90]. Der Rationalitätsannahme unterliegt die große Mehrheit der Beiträge zur strategischen IT-Planung. Vor dem Hintergrund dieses scheinbaren Widerspruchs wird heute von vielen die Ansicht vertreten, dass der Prozess der strategischen IT-Planung möglichst flexibel ausgelegt werden muss und der meist diskursive Planungsprozess genauso wichtig ist wie das dokumentierte Ergebnis. Der „Weg" zur Strategie wird gegenüber dem „Ziel" aufgewertet. Dennoch, oder gerade deswegen, kann zumindest in der Praxis auf einen formalisierten Planungsprozess nicht vollständig verzichtet werden.

Die **Elemente**, aus denen ein strategischer Plan üblicherweise besteht, können sinngemäß auf IT-Strategien übertragen werden. Demnach ergibt sich folgender Vorschlag einer Gliederung:

- Leitbild und Aufgabenbereiche der Informationsfunktion,
- vorhandene und sich abzeichnende technologische Möglichkeiten,
- Stärken-/Schwächen-Analyse der eigenen Informationsinfrastruktur,

6.3 IT-Strategie und IT-Business-Alignment

- Konkurrenzanalyse und -prognose,
- Strategien und Maßnahmen (Aktionspläne),
- organisatorische Konsequenzen,
- Projekt-Portfolio und
- Kosten-/Nutzen-Schätzung und Finanzierungsplan.

Aus den Ergebnissen einer Befragung, den Ergebnissen einer Inhaltsanalyse sowie aus dem eben dargestellten allgemeinen Gliederungsschema wurde von Lehner ein genereller Vorschlag für **Struktur und Inhalte** von IT-Strategien abgeleitet [Leh93]. Wesentlich bei der Formulierung der IT-Strategie ist, dass trotz Verwendung dieses generellen Rahmens in der Strategie nur grundsätzliche Aussagen, allgemeine Vorgaben usw. getroffen werden. Die Präzisierung und detaillierte Festlegung sollte erst in nachgelagerten Schritten erfolgen. Im Einzelnen sieht der Rahmenvorschlag folgende Punkte vor:

- **Organisation und Umwelt**
    - **Unternehmenspolitik und strategische Ziele** (z.B. Schaffung von Ein- und Austrittsbarrieren, Sicherung eines technologischen Vorsprungs, Ziele der Informationsfunktion, strategische Rolle der IT in der Organisation, relevante künftige Marktentwicklung, absehbare oder geplante Entwicklung der Organisation, Ziele beim Einsatz von Informatik-Mitteln)
    - **Ist-Zustand** (z.B. gegenwärtige Informationsinfrastruktur, Organisation, bestehende Anwendungssysteme)
    - **Stärken-/Schwächen-Analyse** (z.B. Konkurrenzanalyse, Bedarfsanalysen, Durchdringungsgrad der Organisation mit IT, Wirtschaftlichkeit der Informationsinfrastruktur, Zukunftssicherheit der Informationsinfrastruktur, Flexibilität und Anpassbarkeit der Informationsinfrastruktur, Sicherheit der Informationsinfrastruktur)
    - **Technologische Entwicklung und Markttrends**
- **Technologieeinsatz in der Organisation**
    - **Hardwarepolitik und Systemsoftware** (z.B. Herstellerwahl, Hardwareunabhängigkeit, Betriebssystemwahl, technische Leistungsmerkmale, Beschaffungsvorgang)
    - **Softwarepolitik** (z.B. Wertsicherung durch Portabilität und Wiederverwendbarkeit, Eigenentwicklung/Fremdbezug, Wartung, Programmiersprachen, Standardsoftware/Individualsoftware, Schlüsselfertigkeit, Kooperation mit Partnern, Open Source)

- **Vernetzung und Kommunikation** (z.B. Anforderungen an die Netzleistung, Übertragungsgeschwindigkeit, Datenvolumen, Schnittstellen, zu unterstützende Aufgaben und Organisationseinheiten)
- **Anwendungen** (z.B. zukünftige Anwendungsfelder, Verteilung der Aufgabendurchführung, zentraler/dezentraler Einsatz von Anwendungssystemen, Integration)
- **Daten** (z.B. Datenbankeinsatz, zentrale/dezentrale Datenverwaltung und -verteilung, Datenbanksystem bzw. -anbieter)
- **Standards, Normen und Methoden** (z.B. Normen und Industriestandards, Schnittstellen, Methodenentscheidungen, Dokumentation, Werkzeugeinsatz, Softwarequalitätsanforderungen)

■ **Management und Organisation**

- **Organisation** (z.B. organisatorische Veränderungen, Einführung eines Information Centers, Richtlinien für den Einsatz der individuellen Datenverarbeitung, Integration von Daten und Abläufen, Eingliederung der IT in die gesamte Organisation, Kompetenzen und Zuständigkeiten, Zentralisierung/Dezentralisierung, Betreuung von Daten und Software, Benutzerbeteiligung, Benutzerschulung, Outsourcing, Downsizing)
- **Systemanalyse und Softwareentwicklung** (z.B. Lebenszyklus-Modell, Methoden der Kosten- und Aufwandsschätzung, Methoden und Werkzeuge des Projektmanagements, Prototyping, Darstellungstechniken und Dokumentationsstandards)
- **Personal** (z.B. Personalplanung und -entwicklung, Qualifikation der Benutzer, Motivation und Karriereplanung für das IT-Personal, Ausbildungsplanung, Planungs- und Führungsgrundsätze, Verhältnis von Mensch und Technik)
- **Datenschutz und Datensicherheit** (z.B. technische Sicherheitsvorkehrungen, Katastrophenplan, Datenschutzbeauftragter, rechtliche Absicherung, Versicherungsschutz, Revision, Controlling)
- **Rechenzentrums-Betrieb** (z.B. technische und operative Belange, Abläufe, Auslagerung, Ausgliederung)

■ **Maßnahmen und Sonstiges**

- **Maßnahmen und Pläne** (z.B. Aktionsplan, Finanzplan, Ressourcenzuordnung für strategische Geschäftseinheiten, zukünftige Aufgabenunterstützung
- **Projekt-Portfolio** (z.B. Anwendungs-Portfolio, Prioritäten)

6.3.4 IT-Business-Alignment

In engem Zusammenhang mit IT-Strategien steht der Alignment-Begriff. Ähnlich wie bei den Strategie- und Planungsbegriffen fällt es durch die teilweise intuitive Begriffsverwendung schwer, die eigentliche Bedeutung zu erfassen, weil der Begriff oft als bloßes „Schlagwort" verwendet wird. Alignment meint hier das Anpassen und Abstimmen von IT und Geschäftsorganisation im weitesten Sinne und beinhaltet sowohl den erreichten Endzustand (Ergebnis des Alignmentprozesses) als auch den Vorgang der Abstimmung selbst. Alignment beinhaltet ein explizites Planungsmodell für das Management, aber auch einen nicht planbaren Vorgang innerhalb der Organisation. Grundsätzlich geht es beim Alignment im vorliegenden Kontext um die Aufgabe, die IT-bezogenen Aktivitäten und Funktionen in geeigneter Weise auf die übrigen Unternehmensfunktionen auszurichten und die verfolgten Teilstrategien entsprechend abzustimmen. Geht man von einem ergebnisorientierten Alignment-Begriff aus, so lassen sich verschiedene Aspekte unterscheiden, wie z.B.:

- Entscheidungen über Investitionen in neue Informationssysteme (z.B. SAP-Einführung)
- Entscheidungen zu Veränderungen in der Bereitstellung von IT für die Organisation (Outsourcing-Entscheidung)
- Schaffung neuer Möglichkeiten für die Wettbewerbsstrategie (Vertriebskanal E-Commerce)
- Steuerung der Abhängigkeit von der IT (Bedeutung für die Funktionsfähigkeit der Abläufe, Risiko)

Das Erreichen eines dynamischen Alignments zwischen geschäftsstrategischem und IT-strategischem Kontext stellt eine große Herausforderung für das Management dar. Um diese Aufgabe zu strukturieren und zu operationalisieren, entwickelten Henderson und Venkatraman ein Rahmenwerk, das so genannte „Strategic Alignment Model" (SAM). Es berücksichtigt grundsätzlich zwei Arten des Zusammenspiels innerhalb des Unternehmens: zum einen die Unternehmens- und IT-Perspektive und zum anderen die Außen- und Innenperspektive. In der Endkonsequenz besteht die Forderung dieses Modells aus der kontinuierlichen gegenseitigen Anpassung sämtlicher Perspektiven aneinander. Jenseits dieser allgemeinen Aufgabe fordert das Modell zwei spezifische Anpassungen, nämlich die Harmonisierung der Unternehmens- und IT-Perspektive („Functional Integration") und einen „Strategic Fit", für den eine Strategie sowohl die Außen- als auch die Innenperspektive ausreichend berücksichtigen muss. Der Blick der Außenperspektive ist auf Wettbewerbsumfeld, Markt- und Strategieentscheidungen gerichtet, während die Innenperspektive Verwaltungsstrukturen, Geschäftsprozesse und den Aufbau von Humanressourcen umfasst.

Wie die Abstimmung genau durchgeführt wird oder werden sollte, diskutieren Arbeiten, die den Prozess des Alignments in den Mittelpunkt stellen. In sehr allgemeiner Weise erfolgt die Begriffsverwendung bei Lederer und Sethi [LS96]. Sie verwenden ihn, um eine Informatik-Strategie zu beschreiben, die sich an der Unterstützung der Umsetzung der Geschäftsstrategie orientiert (alignment mode), und unterscheiden davon den strategischen IT-Einsatz, um Wettbewerbsvorteile zu erzielen (impact mode). Diese Sicht wird von Ward und Peppard aufgegriffen, wenn sie beschreiben, wie der bestmögliche Beitrag der definierten IT-Investitionen zu sichern ist: „tightly aligning the IS demand to the business strategy – strategic alignment" [WP02]. Dabei geben sie die Bedeutung der IT, Einfluss auf die Wettbewerbsstrategie zu nehmen, gesondert an (competitive impact).

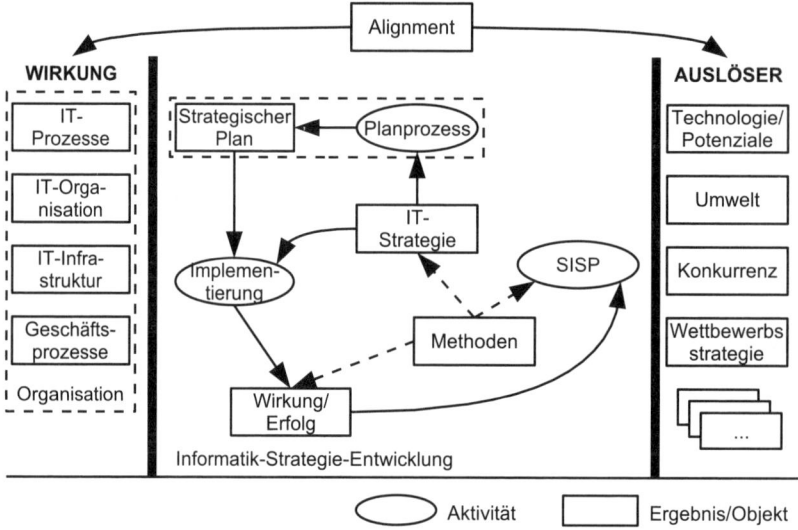

Abbildung 6.2: Kontext des IT-Business-Alignment nach [WP02]

Neben dieser klaren Konzeptionalisierung erfährt der Begriff oft auch eine Verwendung im Sinne einer Metapher, die sich um die Integration der Strategien zwischen Geschäftsfeld und IT-Funktion dreht. In diesem Zusammenhang finden sich dann eine Reihe synonym verwendeter Begriffe wie fit, integration bridge, linkage u.ä. Abbildung 6.2 gibt einen zusammenfassenden Überblick, wie sich die Aktivitäten und Objekte im Kontext des IT-Business-Alignment strukturieren lassen. Die Darstellung konzentriert sich darauf, die Zusammenhänge zwischen den identifizierten Teilthemen bzw. verwandten Objekten aufzuzeigen.

6.4 IT-Organisation und IT-Prozesse

Während noch vor wenigen Jahren die IT von vielen Organisationen lediglich als „Mittel zum Zweck" oder auch als „notwendiges Übel" angesehen wurde, hat inzwischen ein Umdenken stattgefunden. Demnach sind Information und IT für viele Organisationen zu einem Schlüssel für eine erfolgreiche Organisationsentwicklung geworden. Bis in die 70er-Jahre galt die Annahme, dass die IT vorwiegend ein Rationalisierungsfaktor sei, bis sich die Erkenntnis durchsetzte, dass sie (z.B. durch Differenzierung) eine unterstützende Wirkung für den Geschäftserfolg einer Organisation haben kann. Seit dem Aufkommen des Internets zeigt sich überdies, dass die IT sogar ein Teil dieses Geschäfts ist. Mit dieser Bedeutungszunahme rückt auch das Thema IT-Organisation in den Mittelpunkt der Betrachtung. Denn solange das Management keine klare Vorstellung von einer effizienten IT-Organisation hat, bzw. diese nur als reinen Kostenfaktor ansieht, läuft es Gefahr, das vorhandene Potenzial zu verspielen.

Lange Zeit stand bei der Gestaltung der IT-Organisation vor allem die Automatisierung im Mittelpunkt. Man geht aber heute bei der Gestaltung der Informationsinfrastruktur von ihrer Gesamtheit aus. Die zunehmende Durchdringung von Organisationen mit IT bewirkt, dass sich die Gestaltung nicht mehr auf Einzelabläufe beschränken kann, sondern ganze Funktionsbereiche und Aufgabenzusammenhänge zu betrachten sind. Die simultane Verfügbarkeit unterschiedlicher Informationen an einem Arbeitsplatz erhöht das Problemlösungs-Know-how der Mitarbeiter. Einerseits können komplexere Aufgaben von einem Mitarbeiter effizienter durchgeführt werden, andererseits ermöglicht der geringe Grad der Arbeitsteilung die Kontrolle eines größeren Abschnittes der Wertschöpfungskette in einer Hierarchiestufe. Daraus entstehen Potenziale zur Verflachung der Organisationsstrukturen. Ziel dieses Abschnittes ist es, die wichtigsten idealtypischen **Aufbauorganisationsformen** und die **IT-Prozesse** darzustellen. Es ist aber darauf hinzuweisen, dass es keine Standardstrukturen für bestimmte Organisationstypen gibt, sondern dass jede Organisation ihre IT-Organisation finden muss.

6.4.1 Eingliederung der IT-Abteilung

Die Einordnung in der gesamten Organisation ist letztlich auch ein Indikator für die Bedeutung, die der Informationsfunktion in einer Organisation beigemessen wird. Es lassen sich folgende Formen der Eingliederung unterscheiden [Mer85]:

- IT-Abteilung als (Linien-)Instanz in einem Ressort bzw. einer Hauptabteilung;
- IT-Abteilung als Ressort bzw. Hauptabteilung;
- IT-Abteilung als Stabsstelle der Organisationsleitung;
- Matrixorganisation;
- projektorientierte Organisation.

Die einzelnen Formen der Eingliederung werden nachfolgend näher erläutert. Daran anschließend finden sich einige Anmerkungen zur Divisionalisierung und zu Konzernstrukturen, in denen die IT eine besondere Stellung einnimmt.

Die Eingliederung der **IT-Abteilung als Instanz in einem Ressort** wird durchwegs historisch begründet. Die Datenverarbeitung konnte aufgrund ihres technologischen Standes zunächst nur in einzelnen Abteilungen für begrenzte Anwendungen der Massendatenverarbeitung eingesetzt werden. Die IT-Abteilung wurde meist einem Funktionsbereich (in vielen Fällen Verwaltung, Finanz- und Rechnungswesen oder Personalmanagement) oder (seltener) einer Division unterstellt. Diese in den ersten Entwicklungsstadien des IT-Einsatzes getroffene Zuordnung wurde später meist beibehalten. Abbildung 6.3 zeigt dies beispielhaft an einem Organigramm.

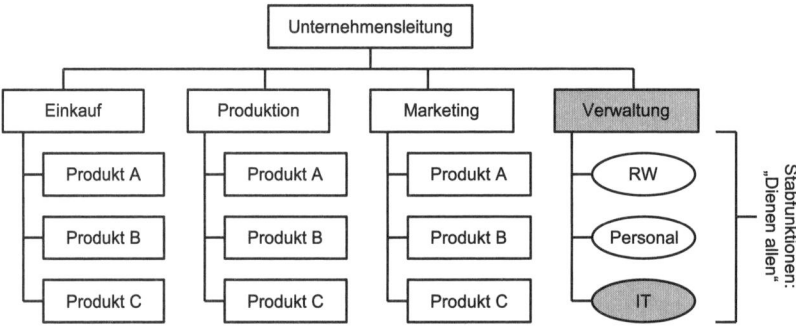

Abbildung 6.3: IT-Abteilung als Instanz in einem Ressort

Die Eingliederung der **IT-Abteilung als eigenständige Hauptabteilung,** gleichberechtigt mit anderen betrieblichen Funktionen wie Beschaffung, Produktion etc., kommt vor allem dort in Frage, wo die Informationsverarbeitung eine hohe Bedeutung in Organisationen hat. Dies ist z.B. in Dienstleistungsunternehmen der Fall, in denen die „Produktion von Informationen" eine große Bedeutung hat (z.B. in Banken und Versicherungen) [Mer85]. Um diese Tatsache nun auch in der Aufbauorganisation einer Organisation umzusetzen, ist es notwendig, der IT-Abteilung eine entsprechende formale Position zu geben (siehe Abbildung 6.4). Eine gleichrangige Einordnung mit den traditionellen Funktionalbereichen gibt der IT-Abteilung dieselbe Gewichtung.

Die **IT-Abteilung als Stabsstelle der Organisationsleitung** anzusetzen, hat den Vorteil, dass die Dienstleistungsfunktion des IT-Managements gegenüber dem Management und den Fachabteilungen am deutlichsten zum Ausdruck kommt. Da ein Stab keine Weisungsbefugnisse hat, muss bei einer solchen Organisationsform für eine gezielte Beratung der Fachbereiche sowie für eine zentrale Steuerung und Koordination der Aktivitäten gesorgt werden. Abbildung 6.5 zeigt das am Beispiel eines Organigramms. Die IT-Abteilung ist praktisch als Servicestelle zu verstehen. Häufig findet sich neben den eigentlichen Stabsstellen noch das

6.4 IT-Organisation und IT-Prozesse

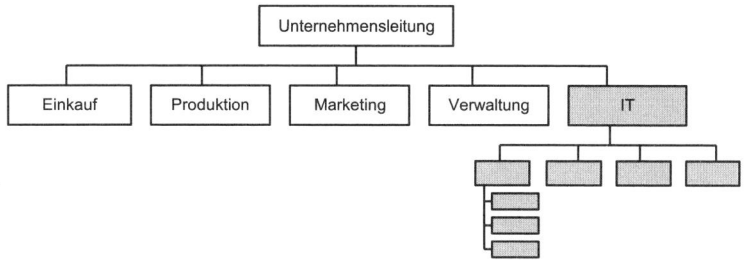

Abbildung 6.4: IT-Abteilung als eigenständige Hauptabteilung

Prinzip der unechten Funktionalisierung, d.h. die IT-Abteilung hat gegenüber anderen Geschäftsbereichen in begrenztem Maß Weisungsbefugnisse.

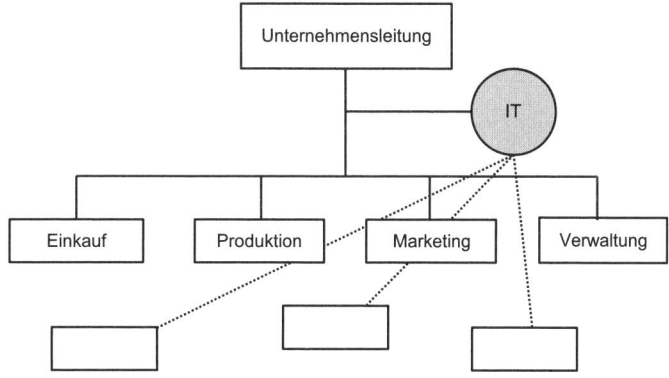

Abbildung 6.5: IT-Abteilung als Stabsstelle

Die **Matrixorganisation** sieht eine Überlagerung der vertikalen Hierarchie (funktionale oder divisionale Gliederung) mit der horizontalen, dynamischen Zuordnung einer Verantwortlichkeit vor. Das kann sich auf ein Entwicklungsprojekt, aber auch auf ein Anwendungssystem als Produkt beziehen. Die Matrixorganisation ist insbesondere für eine Kombination von Routinearbeiten (z.B. Wartung) und neuartigen Tätigkeiten (z.B. Produktentwicklung) geeignet. Sie stellt aber auch sicher, dass bestimmte Sachverhalte (z.B. Standards) einheitlich in der gesamten Organisation realisiert werden [Bal82].

Die **projektorientierte Organisationsform** wirkt der Tendenz statischer Organisationsstrukturen entgegen. Sie zeichnet sich durch eine feste Zuordnung der Mitarbeiter zu einer Abteilung und innerhalb der Abteilung zu weitgehend stabilen Teams aus, die für die Projektdurchführung zuständig sind.

Divisionale Strukturen unterteilen große Organisationen in eine Vielzahl von so genannten strategischen Geschäftseinheiten. Jede dieser Geschäftseinheiten trägt weitgehend Eigenverantwortung für ein bestimmtes Produkt- bzw. Dienstleistungsspektrum. Bei divisionalisierten Organisationen mit Ergebnisverantwortung der Geschäftsbereiche ist die Eingliederung der IT-Abteilung besonders problematisch. Errichtet man autonome IT-Abteilungen in allen Geschäftsbereichen, so gehen Synergieeffekte verloren, Redundanzen sind unvermeidlich. Die Zentralisierung der IT-Abteilung in einem Stabsbereich ermöglicht zwar die einheitliche Planung und Kontrolle, mindert jedoch die Leistungsmotivation der Bereichsleiter. Die Zentralisierung wirkt sich auch leicht als Einschränkung der Ergebnisverantwortung aus, da die einzelnen Geschäftsbereiche nicht autonom über die Nutzung der Informationstechnik befinden können [Mer85].

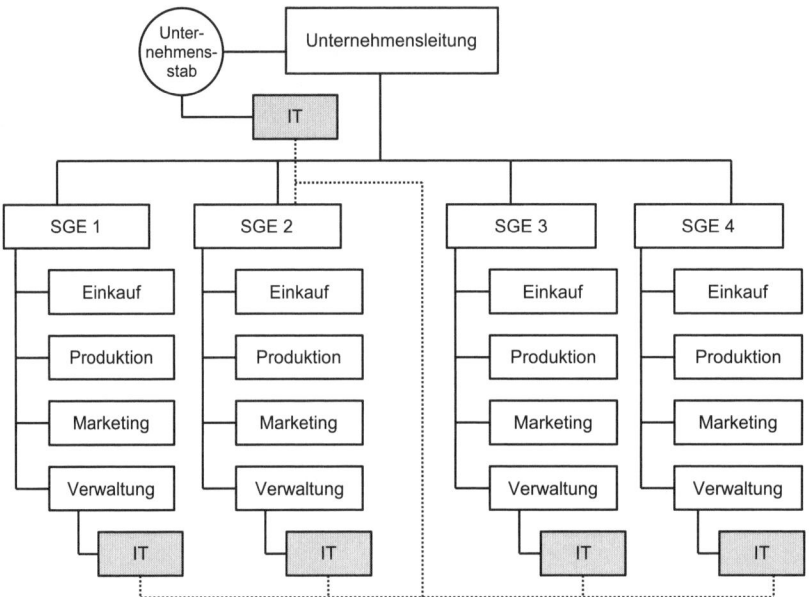

Abbildung 6.6: IT-Abteilung in einer divisional gegliederten Organisation

Abbildung 6.6 zeigt das Organigramm einer divisional gegliederten Organisation, bei dem die IT-Abteilung dezentral organisiert ist. Die gesamte IT-Abteilung wird auf der Ebene der Organisationsleitung durch einen zentralen Stab koordiniert. Diese zentrale Koordination durch eine Stelle in der Organisation kann für den Erfolg entscheidend sein. In Organisationen, die über keine derartige Koordination verfügen, entstehen leicht Schwierigkeiten in Form von inkompatiblen Systemen oder Informationsdefiziten.

Eine andere Möglichkeit als die Koordination durch eine Stabsstelle ist die Schaffung eines **Profit Centers**. Die einzelnen Sparten „kaufen" die benötigten Dienstleistungen bei der IT-Abteilung. Voraussetzung ist allerdings ein gut funktionierendes internes Leistungsverrechnungssystem. In diesem Kontext sind auch die juristische Verselbstständigung und die Ausgliederung der gesamten IT-Abteilung als eigener Organisation zu sehen, die sich z.B. aus dem Zwang zu einer eindeutigen Erfolgsrechnung oder einer stärkeren Marktorientierung ergeben kann. Die Ausgliederung von Teilfunktionen und die Inanspruchnahme von Drittunternehmen werden unter dem Begriff **Outsourcing** diskutiert. [Mer85] schlägt für einzelne Projekte als weitere Möglichkeit die Bildung so genannter **Kompetenzzentren** vor. Dabei werden Fachbereiche ausgewählt, die für die „Federführung" bei einschlägigen Maßnahmen und Vorhaben verantwortlich sind.

6.4.2 Aufbauorganisation der IT-Abteilung

Bei der Durchsicht von Organigrammen fällt auf, dass in vielen Organisationen eine Trennung von „IT-Betrieb" (Hardwareplanung, Operating, Datenerfassung, Systembetreuung usw.) und „Systementwicklung" (Systemplanung, Programmierung, Wartung usw.) vorgenommen wird. Dies erklärt sich z.T. dadurch, dass die Aufgabengliederung bis vor wenigen Jahren vor allem aus Entwicklung, Wartung und Betrieb bestand. Durch den Wandel von der Daten- zur Informationsverarbeitung kommen aber ständig neue Beratungs- und Unterstützungsaufgaben (z.B. externe Informationsdienste, Datenträgeraustausch, Recht, Ausbildung) dazu. Viele dieser Aufgaben können durch ein Information Center übernommen werden. Aber auch die Aufgabengliederung selbst änderte sich durch diesen Wandel und ist weiterhin Veränderungen unterworfen. So kamen neue Aufgaben wie Netzwerkmanagement, organisationsweite Datenmodellierung und strategisches IT-Management dazu, und klassische Aufgaben wie Operating und Rechenzentrumsbetrieb änderten sich in ihrem Inhalt und Umfang.

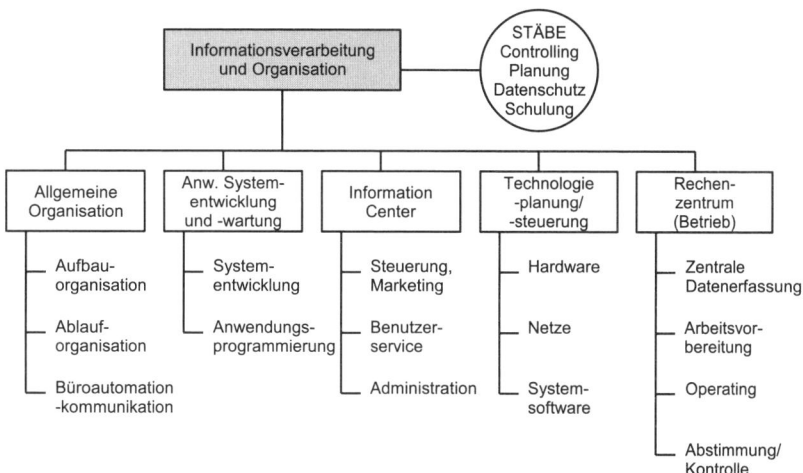

Abbildung 6.7: Aufbauorganisation der IT-Abteilung [Hei90]

Abbildung 6.7 zeigt einen idealtypischen Gliederungsvorschlag für die Aufbauorganisation der IT-Abteilung, der die angeführten Veränderungen bereits berücksichtigt. Die Bezeichnung „Informationsverarbeitung und Organisation" durch Heilmann bringt darüber hinaus zum Ausdruck, dass der Integration von Organisation und IT-Abteilung eine besondere Bedeutung zukommt. In der zweiten Ebene wird nach „Allgemeine Organisation", „Anwendungssystementwicklung und -wartung", „Information Center", „Technologieplanung und -steuerung" und „Rechenzentrum" gegliedert. Übergreifende Funktionen und Aufgaben sind in Form von Stabsstellen der Gesamtleitung zugeordnet [Hei90].

Bei Organisationen mittlerer Größe sind die Zusammenfassung einzelner Funktionen und die Übernahme durch eine einzelne Person meist nicht zu vermeiden. Organisation, Datenerfassung, Verarbeitung und Kontrolle liegen bei den jeweiligen Fachabteilungen. Unterstützungsfunktionen werden häufig externen Beratern übertragen. Die Leitung der IT-Abteilung wird vielfach in Personalunion mit anderen Managementaufgaben wahrgenommen.

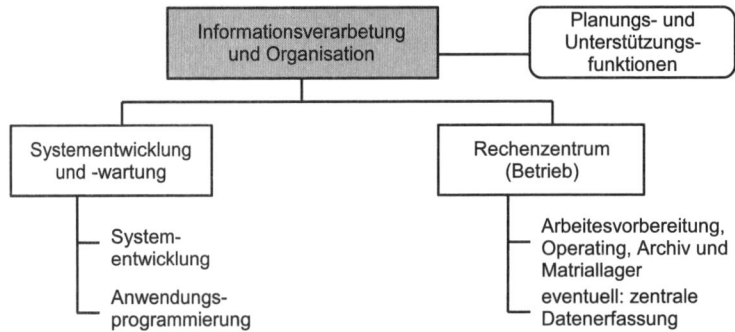

Abbildung 6.8: Aufbauorganisation einer IT-Abteilung mittlerer Größe [Hei90]

Für IT-Abteilungen mit 6 bis 20 Mitarbeitern empfiehlt [Hei90] weiterhin die klassische Trennung von Systementwicklung und Systembetrieb, wie sie Abbildung 6.8 zeigt.

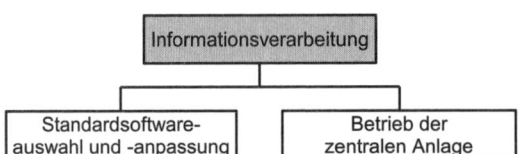

Abbildung 6.9: Aufbauorganisation der IT-Abteilung in einem Kleinbetrieb [Hei90]

Bei Klein- und Mittelbetrieben ist diese grundsätzliche Trennung und Aufgabenteilung oft nicht möglich. Abbildung 6.9 zeigt das Organigramm der Informationsverarbeitung eines Kleinbetriebes. Mitarbeiter anderer Funktions- oder Geschäftsbereiche, die ebenfalls Kompetenzen der IT-Abteilung wahrnehmen, erscheinen darin allerdings nicht. So kann z.B. der Leiter „Rechnungs- und Finanzwesen" für Finanzbuchhaltungs- und Fakturierungsprogramme zuständig sein, der Vertriebsleiter für die Auftragsbearbeitung und der Leiter „Verwaltung" für Office-Anwendungen.

6.4.3 IT-Prozesse und IT-Servicemanagement

Die Rolle der IT in Organisationen hat sich in den letzten Jahrzehnten immer wieder geändert. Obwohl mehrfach versucht wurde, die Veränderungen im Sinn einer evolutionären Entwicklung zu deuten, lassen sich empirisch keine Gesetzmäßigkeiten einer solchen Entwicklung erkennen. Man kann jedoch verschiedene Trends ausmachen, die den IT-Einsatz prägen. Derzeit sind dies u.a. die Kosten- und die Wertorientierung, sowie eine Dienste- und Prozessorientierung. Man erwartet von der IT einen unmittelbaren Beitrag zur Wertschöpfung der Organisation, aber auch zur Steigerung des Wertes einer Organisation. Die Voraussetzungen für die Anpassung der IT an wechselnde Anforderungen werden durch den Prozess der strategischen IT-Planung geschaffen. Die Umsetzung in Form eines Leistungsangebotes erfolgt durch die **IT-Prozesse**. Sie dienen als Bindeglied zwischen dem Benutzer und der Informationsinfrastruktur bzw. der IT-Abteilung.

In Verbindung mit Geschäftsprozessen spricht man auch von **IT-Services**. Geschäftsprozesse sind heute ohne weitgehende Unterstützung durch IT nicht mehr vorstellbar. Diese zunehmende Abhängigkeit hat zu einem wachsenden Bedarf an IT-Services für diese Geschäftsprozesse geführt. Unter IT-Service wird eine Zusammenfassung von Geschäftsprozess-unterstützenden IT-Funktionen verstanden, die der Kunde als geschlossene Einheit wahrnimmt. IT-Services sind ein Verbund von Funktionen, welche von IT-Organisationen zur Verfügung gestellt werden, um die Kerngeschäftsprozesse einer Organisation aufrechtzuerhalten. Die IT-Services zielen damit einerseits direkt auf die Prozesse selbst ab, indem eine bestimmte Basisfunktionalität zur Verfügung gestellt wird (z.B. SAP-Standardsoftware), zum anderen auch auf übergeordnete Bedarfe (z.B. E-Mail-Dienste, Verwaltung von Zugriffsrechten, Verwaltung von Lizenzen und Verträgen) sowie generell auf die Erhaltung der Funktions- und Leistungsfähigkeit der Informationsinfrastruktur (z.B. Reparaturen, Erneuerung des Hardware-Bestands). Länger andauernde Ausfälle der IT-Services können zu ernsten Folgen bis hin zur Insolvenz führen. Der Qualität und Verfügbarkeit der IT-Services kommt auf Grund steigender Komplexität und immer kürzer werdender Innovationszyklen im Bereich der IT eine immer größere Bedeutung zu. Das **IT-Servicemanagement**, das hier als Teilaufgabe des IT-Managements verstanden wird, versucht aus diesem Grund in einem prozessorientierten Ansatz, bei dem der Kunde im Mittelpunkt der IT-Aktivitäten steht, die IT-Services im Hinblick auf Qualität und Quantität zu optimieren. Das führt dazu, dass organisationsweit klare Regeln und Standards aufgestellt werden und eindeutige Verantwortlichkeiten entstehen, wodurch die Abläufe innerhalb der IT-Services transparent und auch messbar werden. IT-Servicemanagement bedeutet demnach, die Qualität und Quantität der IT-Services zielgerichtet, geschäftsprozessorientiert, benutzerfreundlich und kostenoptimiert zu überwachen und zu steuern.

Aufgrund des Bedarfs an hochwertigen IT-Services konzipierte das britische Office of Government Commerce (OGC) Ende der 80er-Jahre die **IT Infrastructure Library (ITIL)**, um die Qualität und Effizienz der im operativen Betrieb eingesetzten Informationsinfrastruktur von IT-Serviceorganisationen durch ein systematisches Vorgehen zu verbessern. Auslöser dafür war ein Auftrag der britischen Regierung zur Dokumentation und Vereinheitlichung der IT-Services mit dem Ziel, die Effektivität der IT zu erhöhen. ITIL ist seitdem zu einem weltweit bekannten und öffentlich zugänglichen De-facto-Standard geworden, der unabhängig von der Größe einer Organisation verwendet werden kann.

Neben ITIL gibt es für die Gestaltung von IT-Prozessen verschiedene Alternativen, die einerseits miteinander im Wettbewerb stehen, andererseits aber unterschiedliche Schwerpunkte abdecken. Ein Teil der Modelle wurde unmittelbar aus ITIL abgeleitet. Das gemeinsame Ziel besteht, trotz unterschiedlicher Ziele im Detail, in der Optimierung der IT-Prozesse. Die bekanntesten sind COBIT und MOF. Letzteres ist ein auf ITIL basierendes Framework, welches ITIL speziell im Bereich des Betriebs von Microsoft-Produkten erweitert.

6.5 IT-Controlling

Viele Aspekte des IT-Managements lassen sich nicht institutionalisieren bzw. nicht „organisieren". Für den Ausgleich sind daher eine personale Führung und ein aktives Management erforderlich. Bei der Wahrnehmung dieser Führungsaufgaben bzw. für das so genannte Führungssystem kommt dem **Controlling** der Informationsverarbeitung eine zentrale Stellung zu. Das Controlling wird aus diesem Grund auch als Führungsteilsystem bezeichnet. Das IT-Controlling versucht, für den IT-Einsatz in Organisationen die Transparenz herzustellen, die unternehmerische Entscheidungen in Bezug auf den Technologieeinsatz erlauben. Deshalb lassen sich als **Ziele** für das IT-Controlling die Wirtschaftlichkeit und Effektivität der Planung, Steuerung und Kontrolle aller IT-bezogenen Prozesse, deren Ressourcen und der Infrastruktur in der Organisation definieren.

6.5.1 Grundlagen und Aufgabenverständnis

Durch eine irreführende Übersetzung wurde Controlling oft in die Nähe von „Kontrollieren" gerückt. Der Begriff, der ursprünglich aus dem Lateinischen kommt und im Englischen zu „control" wurde, kann am ehesten mit Beherrschen, Überwachen oder Steuern übersetzt werden.

Der vielfältige Gebrauch des Wortes verhinderte bis heute die Entwicklung eines einheitlichen Controllingkonzeptes. So werden in Definitionen die Zielorientierung (Controlling als Gewinnsteuerungssystem), die Entscheidungsvorbereitung (durch problemadäquate Informationsaufbereitung), die Informationsfunktion (Controlling als Planungs- und Kontrollsystem auf der Basis betrieblicher Informationssysteme) und die Führungsfunktion (Controlling als ein Subsystem der Führung, das Planung und Kontrolle sowie Informationsversorgung kontrolliert) angeführt. Beginnend bei der Deckungsgleichheit von Controlling und Management („Weist man dem Controlling Zielplanung, Maßnahmenplanung, Kontrolle und Steuerungsmaßnahmen zu, verbleibt kaum Raum für ein gesondertes Management") und letztlich endet bei der Degenerierung des Controlling zum Rechnungswesen (Controlling als Kennzahlengenerator), umspannen die zahlreichen Definitionen von Controlling ein breites Spektrum. Auch wird dem Controlling oft nur eine Unterstützungsfunktion (Informationsversorgung für das Management) zugedacht. Weber unterscheidet drei sich auf das Rechnungswesen beziehende Definitionsrichtungen des Controlling [Web06]:

- Controlling als funktional erweitertes traditionelles Rechnungswesen;
- Controlling als verändertes, stärker problem- und benutzerorientiertes Rechnungswesen;
- Controlling als zum Informationsmanagement ausgebautes Rechnungswesen.

Es kann festgehalten werden, dass sich der Controllingbegriff in den letzten Jahrzehnten verändert und weiterentwickelt hat. Einigkeit besteht darin, dass der Aufbau und Einsatz eines Controlling-Systems des Managements die benötigten Informationen zur schnellen Reaktion in Entscheidungssituationen liefern soll. Das Controlling befasst sich mit dem Ausarbeiten von Planzielen, dem Entwickeln von Strategien, der Ermittlung und Analyse von Abweichungen und sich daraus ergebenden Korrekturmaßnahmen. Die Verfügbarkeit rechnergestützter, „Entscheidungs-unterstützender" Systeme verbessert die Wahrnehmung von Steuerungs- und Überwachungsaufgaben auf der Basis der Daten des Rechnungswesens. Typische Bausteine eines Controlling-Systems können sein:

- Systeme zur Informationserfassung und -aufbereitung
- aussagefähiges Berichtswesen
- integriertes Planungs- und Kontrollsystem
- Kosten- und Leistungsrechnungssysteme
- Kennzahlensysteme
- Erfolgsrechnung
- Wirtschaftlichkeits- und Investitionsrechnung
- Frühwarnsysteme

Abbildung 6.10 zeigt die Einordnung des Controlling in das Führungssystem von Organisationen. Die Schnittstellen zur IT-Abteilung sind dabei vielfältig. Das Informationssystem, das einen wichtigen Teil des allgemeinen Führungssystems ausmacht, bildet zugleich eine wesentliche Komponente des Controlling-Systems.

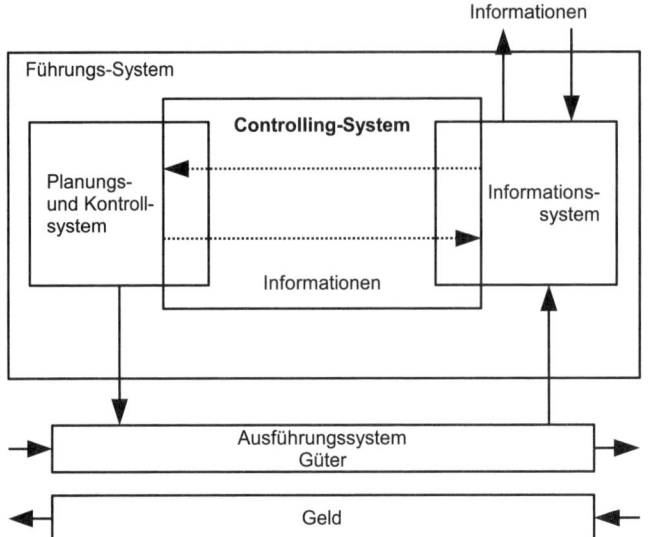

Abbildung 6.10: Einordnung des Controlling in das Führungssystem

Von der Betriebswirtschaftslehre in Deutschland wurde das Controlling erst relativ spät angenommen, so dass zwischen Theorie und Praxis zum Teil eine Kluft besteht. Die Entwicklung vollzog sich in mehreren Phasen. Die erste Phase in den 50er- und frühen 60er-Jahren war durch eine Ausweitung der Produktion und durch Produktionsengpässe gekennzeichnet. Das hauptsächliche Instrument war die Kostenrechnung. Die nächste Phase war dadurch gekennzeichnet, dass die Bedarfsdeckung allmählich durch eine Bedarfsweckung abgelöst wurde, d.h. durch ein zunehmendes Marketingmanagement. Die Kostenrechnung wurde ergänzt durch eine Ergebnisrechnung, die sich auf Produkte, Sortimente und Kunden bezog, sowie um entsprechende Budgetrechnungen. Mit der zunehmenden Marktsättigung, einem nachlassenden Wachstum, einem verschärften Wettbewerb usw. stellte sich für Organisationen zunehmend die Frage der Existenzsicherung. Damit begann die dritte Phase, in der Instrumente zur strategischen Planung entwickelt und zusätzlich zu den bereits genannten eingesetzt wurden. Manche sehen erst ab dieser Phase den Beginn des „echten" Controlling.

Bisher wurden die Aufgaben des Controlling mit Bezug auf das Management insgesamt dargestellt, wobei es zur Erhöhung der Effizienz (operative Ebene) und der Effektivität (strategische Ebene) beitragen soll. Das operative Controlling ist vor allem ein kurzfristig wirkendes Instrument, das meist auf ein Geschäftsjahr ausgerichtet ist. Es steht im Dienste der kurzfristigen Gewinnsteuerung und der eventuell notwendigen Gegensteuerung zur Wahrung eines betriebswirtschaftlichen Gleichgewichts bei Umsatz, Kosten, Gewinn und Finanzen. Das strategische Controlling unterstützt die langfristige Existenzsicherung und versucht u.a., zukünftige Erfolgspotenziale zu erkennen. Das Controlling dient nicht nur dem

Management insgesamt, sondern findet auch Anwendung in einzelnen Teilbereichen wie z.B. Marketing, Personalmanagement und der IT-Abteilung.

6.5.2 Funktionen und Aufgaben

Die gesamte Informationsinfrastruktur einer Organisation (Hardware, Software, Netzwerke, Personal, Softwareentwicklungsprojekte, Beschaffungsprozesse, usw.) bedarf der **Planung, Überwachung und Steuerung**, die sich an entsprechenden Zielvorgaben orientiert. Die Infrastruktur liefert damit die Controlling-Objekte. Die Grundfunktion des IT-Controlling besteht nun darin, hinsichtlich dieser Objekte die erforderlichen Informationen für alle drei genannten Prozesse bereitzustellen sowie allgemeine Grundsätze für die Planungs-, Überwachungs- und Steuerungsprozesse aufzustellen. Von manchen Autoren, aber auch von Praktikern, werden Informationsmanagement, IT-Management und IT-Controlling gleichgesetzt. Das stimmt jedoch nicht ganz, da das IT-Controlling genau genommen nur ein Führungsinstrument ist, das den IT-Manager bei seinen Führungsaufgaben unterstützt. Zu den elementaren Aufgaben des IT-Controlling gehört die detaillierte Informationsversorgung aller entscheidungstragenden Organe, wobei das Berichtswesen die Grundlage bildet. Das Berichtswesen muss alle verfügbaren Informationen sammeln und an das Management weiterleiten, um somit möglichst fundierte Entscheidungen zu ermöglichen. Hierzu eignet sich zum Beispiel die Bereitstellung verschiedener Kennzahlen, die auch die Qualität der Informationsverarbeitung in der Organisation anhand weniger Zahlen verdeutlichen können.

Die Einführung des IT-Controlling in der Praxis kann durchaus in einem engen Zusammenhang mit der Unzufriedenheit gesehen werden, die sich auf die Wirtschaftlichkeit der betrieblichen Informationsverarbeitung bezieht. Diese wiederum steht oft in einem direkten Zusammenhang mit der (ungeeigneten) Organisation und auch mit dem (unzureichenden) Rollenverständnis verantwortlicher IT-Manager und IT-Spezialisten, die eine Fehlentwicklung begünstigen können. Einige typische Beispiele für die Aufgaben des IT-Controlling sind:

- Planungsaufgaben, z.B. Kostenplanung oder Mitwirkung bei der Auswahl, Abwicklung und Überwachung von IT-Projekten;

- Konzeption und Umsetzung des Berichtswesens;

- Überwachungsaufgaben, z.B. Soll-Ist-Vergleich wichtiger Kennzahlen (Nutzeffekte und Wirtschaftlichkeit wichtiger IT-Prozesse, Informationsinfrastruktur, Nutzung bestimmter Produkte, Überwachung des laufenden Betriebs);

- Innovationsaufgaben, z.B. Erkennung von Reorganisations- oder Rationalisierungspotenzialen;

- Beratungsaufgaben, z.B. bei der Gestaltung der Kosten-/Leistungsrechnung, Entwicklung eines Leistungsverrechnungssystems, bei Technologieinvestitionen oder der Formulierung der IT-Strategie;

- Beurteilung von Outsourcing-Projekten;

- Mitwirkung bei der Zieldefinition für die betriebliche Informationsverarbeitung und Ausrichtung an den Zielen der Organisation;

- Mitwirkung an der Erstellung des IT-Budgets;

- Analyse der IT-Organisation.

Das IT-Controlling muss nach Heinrich und Lehner zunächst auf der strategischen Ebene des IT-Managements implementiert werden [HL05]. Das strategische IT-Controlling dient der Steuerung des Gesamtsystems und benötigt weitergehende Planungsinstrumente und Entscheidungshilfen als die darunter liegenden Ebenen. Die entscheidende Aufgabe besteht darin, sämtliche Fachbereiche zu koordinieren und auf Strategie und Ziele der Organisation auszurichten. Von der strategischen Ebene aus wird es auf der administrativen und der operativen Ebene umgesetzt. Dies bedeutet eine konsequente Verzahnung von strategischem und operativem Controlling. Nach dem Begriffsverständnis von Heinrich wird zwischen der Grundfunktion und einer Koordinationsfunktion des IT-Controlling unterschieden [Hei96]:

- Die **Grundfunktion** des IT-Controlling setzt sich aus mehreren Teilfunktionen oder Aufgaben zusammen. Das ist zunächst das Setzen von Zielen und das Festlegen von Plangrößen. Darauf aufbauend, gilt es, die Informationsinfrastruktur zu überwachen und die Plangrößen mit den Ist-Größen zu vergleichen. In diese Überwachung einbezogen werden sollten neben den Objekten selbst (z.B. Software) auch die Prozesse, die zu ihrer Schaffung, Beschaffung oder Nutzung führen (z.B. Softwareentwicklung oder Beschaffung). Schließlich soll noch auf den Zustand der Informationsinfrastruktur bzw. die soeben genannten Prozesse steuernd eingegangen werden, indem nach einer entsprechenden Analyse eventuelle Abweichungen zwischen Plan- und Ist-Größen beseitigt oder die Plangrößen angepasst werden.

- Für die Schaffung, Weiterentwicklung und Nutzung der Informationsinfrastruktur sind entsprechende Prozesse erforderlich (z.B. Systemplanung, Programmierung, IT-Beschaffung usw.). Mit der Wahrnehmung der **Koordinationsfunktion** soll eine Abstimmung dieser Prozesse aufeinander sichergestellt werden, um das Entstehen von Insellösungen zu verhindern.

Die wichtigsten **Einzelaufgaben** des IT-Controlling betreffen das Portfolio-, das Projekt-, das Produkt- und das Infrastruktur-Controlling. Sie können entweder als Gesamtkonzept oder modular in Form von Einzelbausteinen in Organisationen umgesetzt werden:

6.5 IT-Controlling

- Das **Portfolio-Controlling** dient der Bewertung und Priorisierung aller IT-Projekte (bzw. Vorhaben). Primäre Aufgabe ist die Unterstützung der Transparenz des Zusammenspiels der einzelnen Projekte. Die Schaffung einer in sich abgestimmten Systemlandschaft unter Berücksichtigung der Organisations- und IT-Strategie steht dabei im Zentrum der Bemühungen. Zu diesem Zweck werden die einzelnen Projekte hinsichtlich des Nutzens, Risikos sowie ihrer Ausrichtung an der Organisationsstrategie und der IT-Architektur bewertet und kategorisiert. Dadurch können „gute" von „schlechten" Projekten getrennt und gegebenenfalls Korrekturmaßnahmen eingeleitet werden.

- Nach der Entscheidung zur Durchführung eines Projektes, steht das **Projekt-Controlling** im Mittelpunkt. Es beschäftigt sich vor allem mit der Planung und der Überwachung der neu einzuführenden Informationssysteme. In Anbetracht der Tatsache, dass 15% der Softwaresysteme erst nach erheblichen Modifikationen eingesetzt werden können und 47% der Softwareinvestitionen in später nicht realisierte Projekte fließen, scheint im Projekt-Controlling ein erhebliches Einsparpotenzial zu liegen. Damit sollen frühzeitig Zeitverzögerungen und Kostenüberschreitungen aufgezeigt werden, wodurch die Möglichkeit zu zeitnahen Reaktionen gegeben ist. Des Weiteren bildet das Projekt-Controlling die Basis für die Durchführung von Wirtschaftlichkeitsanalysen.

- Das **Produkt-Controlling** beginnt ab dem Zeitpunkt der erfolgreichen Softwareinstallation. Seine Hauptaufgabe besteht zunächst in der Überwachung der Wirtschaftlichkeit der Software im laufenden Betrieb, wodurch auch der optimale Ersatz- oder Ablösezeitpunkt bestimmt werden kann. Auch sollten Kosten und Nutzen einer erforderlichen Softwareanpassung bei geänderten Bedingungen ermittelt werden. Solche Modifikationen können sich unter Umständen als sehr kostspielig erweisen, was eine Überwachung der Folgekosten aus ökonomischer Sicht unumgänglich macht. Als letzter wichtiger Punkt ist die Ermittlung und Verrechnung der laufenden Kosten mit den Fachabteilungen oder Kunden zu nennen. Diese Aufgaben werden manchmal auch unter der Bezeichnung Lebenszyklus-Management zusammengefasst.

- Das **Infrastruktur-Controlling** beschäftigt sich mit der IS-Architektur und der Informationsinfrastruktur der jeweilgen Organisation. Zielsetzung ist dabei die Bereitstellung steuerungsrelevanter Daten für den IT-Manager. Damit sollen ein systematisches Kostenmanagement und die Sicherstellung der Wirtschaftlichkeit der Infrastrukturnutzung unterstützt werden. Das Infrastruktur-Controlling umfasst als allgemeine Koordinationsaufgabe die Planung und Unterstützung der Umsetzung einer langfristigen technologischen Versorgung der Organisation mit Hardware, Software und Netzen. Die Verrechnung von Kosten und die Erstellung des Budgets zur Aufrechterhaltung der Infrastruktur kennzeichnen die wesentlichen Eckpunkte der kalkulatorischen Begleitung von Infrastrukturmaßnahmen und deren dauerhafter Nutzung. Zur Erfüllung dieser Aufgabe bedient sich das IT-Controlling verschiedener Werkzeuge (in Form von Bestandsmanagementsystemen).

6.6 Projektmanagement

Das IT-Management wartet häufig mit neuartigen und komplexen Aufgaben auf (z.B. der Einführung eines neuen Informationssystems oder der Entwicklung einer IT-Strategie). Die Bearbeitung dieser Aufgaben erfordert Entscheidungen und Fachkompetenzen verschiedener Bereiche der Organisation. Daher gestaltet sich die Durchführung der Aufgaben unter Beibehaltung der formalen Aufbauorganisation oftmals als ineffizient. Im Rahmen der Organisationsgestaltung ergeben sich verschiedene Möglichkeiten, die eine formale (z.B. Gruppenarbeit) oder auch informale (z.B. Communities of Practice) Zusammenführung von Organisationsmitgliedern und somit von Entscheidungs- und Fachkompetenzen erlauben. Die Ausführung von neuartigen und komplexen Aufgaben erfordert jedoch nicht nur eine Anpassung der Aufbauorganisation, sondern auch eine Anpassung der Ablauforganisation. Dies soll im Rahmen des Projektmanagements vorgenommen werden.

6.6.1 Grundlagen

Bevor das Projektmanagement als Methode des IT-Managements vorgestellt wird, bedarf es einer Definition des Begriffes **Projekt**. Betrachtet man die Definitionen in der Literatur, so sind diese nicht immer konform. Es lässt sich jedoch eine gemeinsame Menge an Projektmerkmalen herausstellen:

- **Zielorientierung.** Mit einem Projekt soll ein definiertes Ziel umgesetzt werden.

- **Terminiertheit.** Projekte haben einen definierten Anfang und ein definiertes Ende.

- **Neuartigkeit.** Mit Projekten werden neuartige und zumeist auch einzigartige Aufgaben gelöst.

- **Komplexität.** An Projekten arbeiten Organisationsmitglieder verschiedenster Organisationsbereiche zusammen. Ferner gestaltet sich die Aufgabe aufgrund des Umfangs und der Neuartigkeit als komplex.

Aus diesen Merkmalen lassen sich weitere Merkmale wie beispielsweise ein hohes wirtschaftliches und oftmals auch technisches Risiko ableiten. Projekte lassen sich ferner nach verschiedenen Kriterien klassifizieren. Ein mögliches Klassem stellt dabei der Auftraggeber der Projekte dar. Hiernach können organisationsinterne und organisationsexterne Projekte unterschieden werden. Des Weiteren können Projekte anhand ihres Ziels oder anhand ihres Umfangs unterschieden werden.

Damit eine effektive und effiziente Umsetzung der Projekte gewährleistet ist, bedarf es einer zielgerichteten Planung, Organisation, Führung und Kontrolle von

Projekten. Dies wird durch das Projektmanagement sichergestellt. Mit dem Begriff Projektmanagement wird somit die Anwendung des Managementzyklus auf Projekte verbunden.

6.6.2 Projektplanung

Aufgrund der hohen Komplexität und der Neuartigkeit von Projekten ist eine Planung für den Projekterfolg unabdingbar. Dabei ist zunächst zu prüfen, ob das Projekt technisch und wirtschaftlich durchführbar ist. Ferner sind die folgenden Schritte innerhalb der Planung durchzuführen:

- Terminplanung
- Kostenplanung
- Personalplanung

Die **Terminplanung** soll die Anfangs- und Endtermine der einzelnen Teilschritte eines Projektes festlegen. Dabei sind diejenigen Teilschritte (Arbeitspakete) zu identifizieren, die als zeitkritisch zu betrachten sind. Ein Teilschritt gilt als zeitkritisch, sofern eine Verzögerung des Endtermins dieses Teilschrittes zu einer Verzögerung des Endtermins des gesamten Projektes führt. Bevor die Anfangs- und Endtermine sowie die zeitkritischen Teilschritte jedoch bestimmt werden können, ist eine Analyse des Projekts durchzuführen, wobei das Projekt in einzelne sinnvolle Teilschritte zu zerlegen ist. Anschließend ist die Zeitdauer für jeden Teilschritt sowie die Reihenfolge der Ausführung der Teilschritte zu bestimmen. Die Ermittlung der Zeitdauer eines Teilschrittes kann beispielsweise in Analogie zu anderen Projekten, aufgrund von Expertenbefragungen oder aufgrund von Zerlegungsmethoden bestimmt werden. Ausgehend von der Reihenfolge der Teilschritte und der Zeitdauer dieser kann eine Berechnung von frühesten und spätesten Anfangs- und Endterminen vorgenommen werden. Zeitkritische Teilschritte können nach der Berechnung daran erkannt werden, dass der früheste und der späteste Anfangstermin deckungsgleich sind. Zur Darstellung der Terminplanung bieten sich eine Reihe von Repräsentationsformen an:

- **Abhängigkeitsdiagramm.** Ein Abhängigkeitsdiagramm soll die Reihenfolge sowie die Abhängigkeiten der einzelnen Teilschritte eines Projektes aufzeigen. Dabei erfolgt keine Visualisierung der Anfangs- und Endtermine sowie der Zeitdauer der Teilschritte.

- **Netzplan.** Ein Netzplan stellt ein Abhängigkeitsdiagramm dar, das um die Visualisierung der Zeitdauer der Teilschritte erweitert wurde.

- **PERT-Diagramm.** Ein PERT-Diagramm ist ein Netzplan, in dem sowohl die Anfangs- und Endtermine der Teilschritte als auch der kritische Pfad, welcher entlang der zeitkritischen Teilschritte verläuft, dargestellt werden.

- **Gantt-Diagramm.** Ein Gantt-Diagramm ist ein Balkendiagramm, mit dem die zeitliche Verteilung der Teilschritte, jedoch nicht deren Abhängigkeiten dargestellt werden.

Im Folgenden soll exemplarisch die Vorgehensweise zur Erzeugung eines **PERT-Diagramms** anhand der Erstellung einer Seminararbeit vorgestellt werden. In einem ersten Schritt ist dazu die Aufgabe der Erstellung einer Seminararbeit in sinnvolle Teilschritte zu zerlegen. Anschließend ist die Zeitdauer für jeden Teilschritt zu ermitteln. Für das Beispiel können die folgenden Teilschritte und Zeitdauern angenommen werden:

- Thema finden (1 Woche)
- Literatur suchen (6 Wochen)
- Text erstellen (4 Wochen)
- Abbildungen und Tabellen erstellen (2 Wochen)
- Layout erstellen (2 Wochen)
- Seminararbeit korrigieren (1 Woche)

Sind die Teilschritte ermittelt, so können die chronologische Reihenfolge sowie die Abhängigkeiten der einzelnen Teilschritte voneinander bestimmt werden. Hier sei angenommen, dass zunächst das Thema gefunden werden muss, anschließend eine umfassende Literatursuche erfolgt und nach abgeschlossener Literatursuche der Text für die Seminararbeit geschrieben wird. Im Anschluss an die Literatursuche kann mit der Erstellung von Grafiken und Tabellen sowie dem Layout begonnen werden. Sind Text, Grafiken, Tabellen und Layout erstellt, so sind noch Rechtschreib-, Grammatik-, Abbildungs- und Layoutfehler zu korrigieren.

Anhand dieser Abhängigkeiten und der Zeitdauer jedes Teilschritts des Projektes kann durch eine **Vorwärtsterminierung** der früheste Anfangs- und der früheste Endtermin ermittelt werden. Dabei wird zunächst ein Startteilschritt definiert, der eine Zeitdauer von 0 besitzt und dessen Anfangstermin in der Woche 0 liegt. Der Endtermin eines Teilschrittes errechnet sich durch Addition der Zeitdauer des jeweiligen Teilschrittes zum Anfangstermin. Somit ergibt sich für den Startteilschritt ein Endtermin in der Woche 0. An diesen Startteilschritt schließt sich die Themenfindung an. Der Anfangstermin entspricht dabei dem spätesten Endtermin der Vorgängerteilschritte. Daher beginnt die Themenfindung ebenfalls in der Woche 0. Da dieser Teilschritt eine Woche benötigt, ergibt sich ein Endtermin in der Woche 1. Die Literatursuche beginnt dementsprechend in der Woche 1 und endet in der Woche 7. Die Teilschritte „Text erstellen", „Abbildungen und Tabellen erstellen" und „Layout erstellen" beginnen in der Woche 7. Aufgrund der unterschiedlichen Zeitdauer dieser Teilschritte ist der Text erst in der Woche 11, die Abbildungen und Tabellen sowie das Layout jedoch schon in der Woche 9 erstellt.

Die Seminararbeit kann jedoch erst korrigiert werden, sobald alle Vorgängerteilschritte erfolgreich abgeschlossen wurden. Daher beginnt das Korrigieren in der Woche 11 und endet in der Woche 12. Neben dem definierten Startteilschritt beinhaltet jedes PERT-Diagramm auch einen definierten Endteilschritt mit einer Zeitdauer von 0 Wochen, woraus sich in dem aufgezeigten Beispiel ein Anfangs- sowie Endtermin in der Woche 12 ergibt. Das Projekt benötigt somit insgesamt 12 Wochen.

Zur Ermittlung der spätesten Anfangs- und Endtermine der jeweiligen Teilschritte wird die **Rückwärtsterminierung** angewendet. Dazu wird zunächst angenommen, dass der früheste Endtermin des Endteilschrittes dem spätesten Endtermin dieses entspricht. Der Endteilschritt muss somit spätestens nach 12 Wochen beendet sein. Da dieser Teilschritt 0 Wochen benötigt, ergibt sich durch Abziehen der Zeitdauer vom spätesten Endtermin ein späterer Anfangstermin in Woche 12. Analog lässt sich für das Korrigieren der Seminararbeit ein späterer Endtermin in Woche 12 und ein späterer Anfangstermin in Woche 11 berechnen. Da das Korrigieren erst vorgenommen werden kann, wenn Text, Abbildungen, Tabellen und Layout erstellt sind, müssen diese Teilschritte folglich spätestens in Woche 11 fertig sein. Daraus lässt sich für das Erstellen des Textes ein späterer Anfangstermin in Woche 7 und für die Teilschritte der Erstellung der Abbildungen und Tabellen sowie des Layouts ein späterer Anfangstermin in Woche 9 ermitteln. Damit mit dem Erstellen des Textes rechtzeitig begonnen werden kann, muss die Literatursuche spätestens in Woche 7 abgeschlossen sein und demzufolge spätestens in Woche 1 starten. Die Themenfindung muss spätestens in Woche 0 beginnen und endet damit spätestens in Woche 1. Der späteste Anfangs- und Endtermin des Startteilschrittes liegt dann in Woche 0.

frühester Anfangstermin	Dauer	frühester Endtermin
Teilschritt		
spätester Anfangstermin	Puffer	spätester Endtermin

Abbildung 6.11: Darstellung eines Teilschritts im PERT-Diagramm

Aus den berechneten Anfangs- und Endterminen lassen sich die zeitkritischen Teilschritte und somit auch der kritische Pfad, der als Menge dieser Teilschritte definiert ist, ermitteln. Per Definition gelten alle Teilschritte als zeitkritische, bei denen der früheste und der späteste Anfangstermin gleich sind. Sind beide Anfangstermine unterschiedlich, so existiert für den Teilschritt ein Puffer, der sich durch Subtraktion des frühesten vom spätesten Anfangstermin ergibt. Die Darstellung eines Teilschrittes erfolgt in einem PERT-Diagramm durch ein Rechteck, das alle ermittelten Daten enthält (siehe Abbildung 6.11). Die Abhängigkeiten zwischen den Teilschritten werden mit Hilfe von Pfeilen abgetragen.

Das PERT-Diagramm des Projektes „Seminararbeit schreiben" zeigt Abbildung 6.12. Der kritische Pfad ist durch dickere Pfeile zwischen den zeitkritischen Teilschritten markiert.

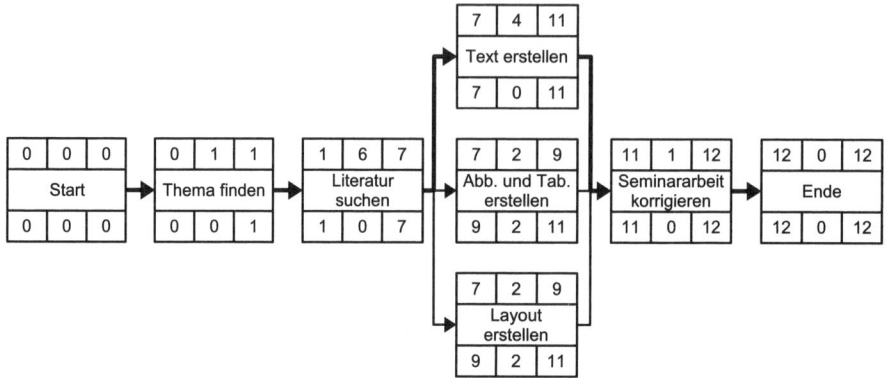

Abbildung 6.12: PERT-Diagramm der Erstellung einer Seminararbeit

Ausgehend von der Terminplanung erfolgt die **Kostenplanung**. Im Rahmen der Kostenplanung sind zunächst Kostenpakete zu identifizieren. Dies sind Kosten, die entweder an ein Objekt (z.B. Raum) oder an einen Teilschritt der Terminplanung gebunden sind. Die Summe der einzelnen Kostenpakete ergibt die Gesamtkosten eines Projektes. Ausgehend von den Kosten erfolgt eine Wirtschaftlichkeitsrechnung, die den erwarteten Kosten einen erwarteten Nutzen gegenüberstellt.

Den Abschluss der Projektplanung bildet die **Personalplanung**, in der eine Zuordnung von Organisationsmitgliedern zu den einzelnen Teilschritten des Projektes stattfindet. Insofern entspricht die Personalplanung eines Projektes der in Kapitel 3.2.6 beschriebenen Personaleinsatzplanung.

6.6.3 Projektorganisation

Die Projektorganisation soll die Durchführung eines Projektes anhand der Projektplanung sicherstellen. Dazu ist sowohl eine geeignete Aufbauorganisation als auch eine geeignete Ablauforganisation zu implementieren. Die Gestaltung der Aufbauorganisation lässt sich anhand von drei Grundtypen ausmachen:

- reine Projektorganisation,
- Stabs-Projektorganisation und
- Matrix-Projektorganisation.

Die **reine Projektorganisation** ist durch die Bildung einer primären Organisationseinheit gekennzeichnet, die alle Projektbeteiligten enthält (siehe Abbildung

6.13). Die an dem Projekt beteiligten Mitarbeiter gehören somit für die Zeit des Projektes zu keinem Fachbereich und sind nur dem Projektmanager verpflichtet. Dadurch werden Kompetenzkonflikte vermieden, und es erfolgt eine optimale Bündelung der für das Projekt notwendigen personellen Ressourcen. Der Nachteil der reinen Projektorganisation kann jedoch in der Schwächung der Abteilungen durch den temporären Ausfall der an dem Projekt beteiligten Organisationsmitglieder gesehen werden.

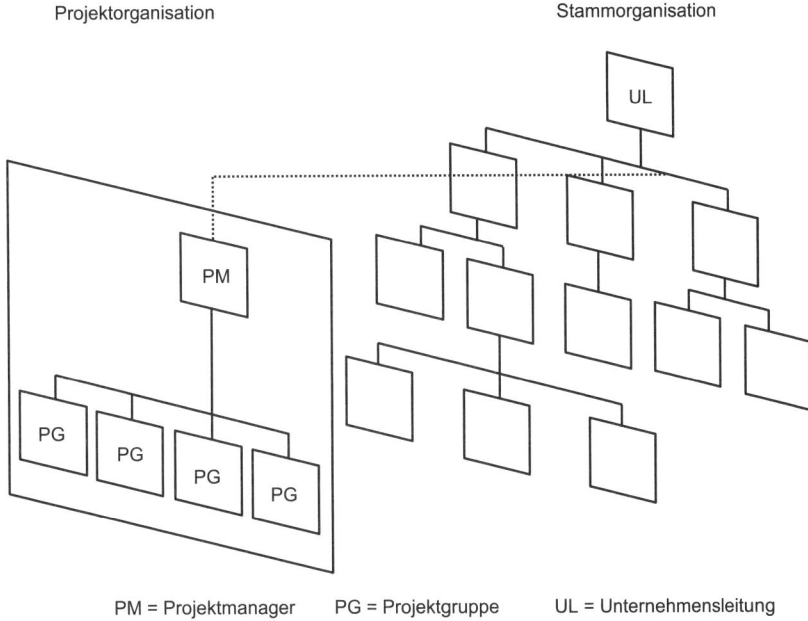

Abbildung 6.13: Organigramm der reinen Projektorganisation

Diese Organisationsform ist vor allem für Projekte mit hoher Komplexität geeignet. Beispiele sind die Leitung einer Baustelle oder der Aufbau und die Leitung eines Messestandes. Es wird aber nicht ausgeschlossen, dass die reine Projektorganisation bereits bei geringerer Komplexität eingesetzt werden kann. Das wäre z.B. bei einem Projekt von besonderer Schwierigkeit (Forschungsprojekt) oder für sehr kleine Projekte, die nur wenige Mitarbeiter erfordern, denkbar.

Die **Stabs-Projektorganisation** (auch Einfluss-Projektorganisation genannt) sieht keine Änderung der primären Aufbauorganisation vor. Die Projektmitglieder sind weiterhin ihrem Fachbereich zugeordnet und unterstehen somit dem Bereichsleiter. Zur Koordination der Projektmitglieder wird jedoch eine Stabsstelle für den Projektmanager eingeführt (siehe Abbildung 6.14). Der Projektmanager besitzt gegenüber den Führungskräften der Abteilungen oder Bereiche eine Beraterfunktion. Der Vorteil der Stabs-Projektorganisation besteht in der hohen Flexibilität des Personaleinsatzes. Demgegenüber steht jedoch die geringe Entscheidungskompetenz des Projektmanagers, was zu einer erschwerten Durchführung des Projektes führen kann.

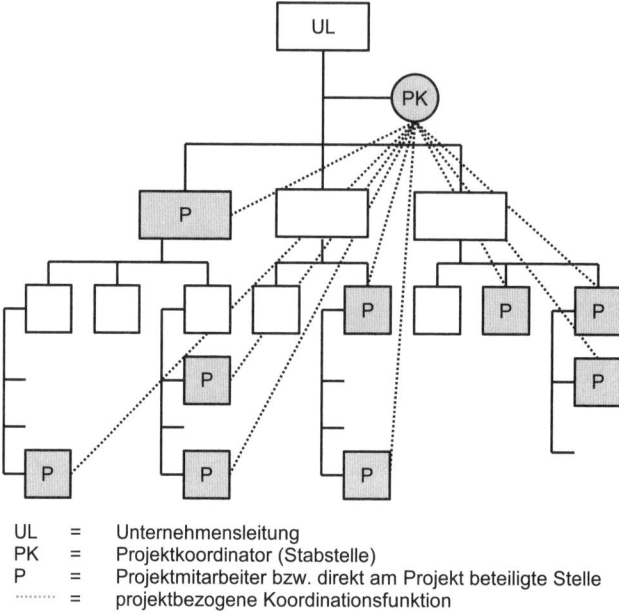

UL = Unternehmensleitung
PK = Projektkoordinator (Stabstelle)
P = Projektmitarbeiter bzw. direkt am Projekt beteiligte Stelle
.... = projektbezogene Koordinationsfunktion

Abbildung 6.14: Organigramm der Stabs-Projektorganisation

Das Nichtübereinstimmen von Autorität und Verantwortung weist darauf hin, dass diese Organisationsform die schwächste Möglichkeit der Projektabwicklung darstellt. Diese Form der Projektorganisation eignet sich in erster Linie für gut strukturierte Aufgaben, bei denen allen Mitarbeitern die Vorgangsweisen bekannt sind. Der Aufgabenumfang, die eingesetzten Mittel und die Leistung sollten nicht wesentlich von bereits bekannten Aufgaben abweichen. Die Aufgaben im Projektablauf stellen also nichts grundsätzlich Neues dar. Beispiele für die Anwendung dieser Organisationsform sind die Einführung eines Qualitätszirkels und die Organisation einer Ausstellung anlässlich eines Firmenjubiläums.

Mit der **Matrix-Projektorganisation** soll ein Kompromiss zwischen der reinen Projektorganisation und der Stabs-Projektorganisation hergestellt werden (siehe 6.15). Die vertikale, an Funktionen oder Divisionen ausgerichtete Aufbauorganisation wird hierbei durch die horizontale Ebene der Projekte ergänzt. Ein Projektmitglied untersteht somit sowohl dem Fachbereichsleiter als auch dem Projektmanager. Die Gleichstellung von Fachbereichsleiter und Projektmanager kann jedoch auch zu Konflikten führen, was als Nachteil der Matrix-Projektorganisationen betrachtet werden kann. Die Vorteile der Matrix-Projektorganisation bestehen in einem flexiblen Personaleinsatz sowie in der Einbringung fachspezifischen Wissens in die Projekte.

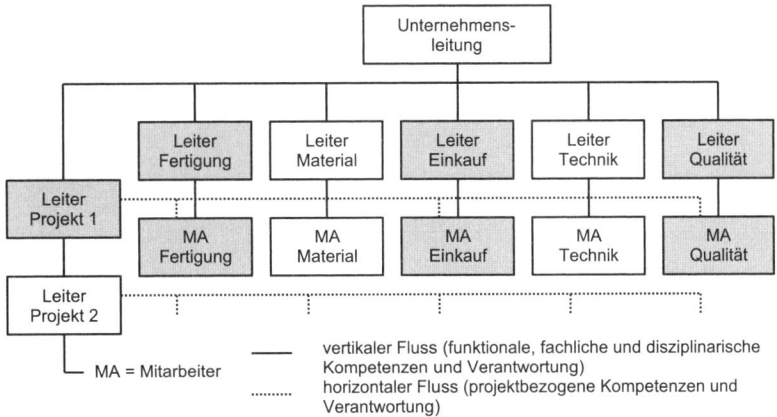

Abbildung 6.15: Organigramm der Matrix-Projektorganisation

Der Einsatzbereich der Matrix-Projektorganisation ist grundsätzlich sehr weit. Bedingt durch die Flexibilität des Konzepts ergeben sich keine wesentlichen Restriktionen. Die Projekte sollten so umfangreich und komplex sein, dass mehrere Abteilungen daran mitarbeiten, d.h. es ist ein relativ hoher Koordinationsaufwand erforderlich. Gut geeignet ist diese Organisationsform auch bei einer starken Marktorientierung der Organisation oder bei parallelen Projekten. Aber auch ein hoch entwickeltes Führungsverständnis und die Konfliktlösungsfähigkeit aller Beteiligten sind erforderlich.

6.6.4 Projektüberwachung und -steuerung

Im Rahmen der **Projektüberwachung** werden die Ergebnisse der Termin- und Kostenplanung mit dem Projektablauf verglichen. Bei einer Erfüllung bzw. Übererfüllung des Projektplans ist kein Eingreifen in den Projektablauf erforderlich. Eine Untererfüllung des Projektplans erfordert Maßnahmen der **Projektsteuerung**. Litke sieht Abweichungen im Sinne einer Untererfüllung des Projektplans in den folgenden Ursachen begründet [Lit95]:

- unrealistische Projektplanung (z.B. Unterschätzung der Komplexität des Projektes, Überschätzung der Qualifikationen der Projektmitglieder, etc.),
- Eintreten nicht vorhersehbarer Ereignisse (z.B. Krankheiten, Änderungen der Projektanforderungen, etc.) oder
- Fehler bei der Durchführung der Teilschritte des Projektes (z.B. ineffiziente Arbeitsweisen, mangelnde Absprache, etc.).

Ein wesentliches Problem der Projektsteuerung und -überwachung ist die Feststellung des tatsächlichen Fortschritts der Arbeiten (Projektkontrolle). Neben der Termin- und Kostenkontrolle, die auf die entsprechenden Pläne aufbaut, kommt der Leistungskontrolle eine zentrale Rolle zu. Mit der Leistungskontrolle soll sichergestellt werden, dass die ausgeführten Vorgänge auch das in der Auftragsspezifikation festgelegte Ergebnis liefern. Diese Kontrolle wird möglicherweise dadurch beeinträchtigt, dass von den zuständigen Projektmitarbeitern ein Problem oder Terminverzug erst dann gemeldet wird, wenn absolut keine Möglichkeit mehr besteht, das gesetzte Ziel zu erreichen; zu diesem Zeitpunkt kommen aber auch Korrekturmaßnahmen bereits zu spät.

Bei der Leistungsfortschrittskontrolle gelten andere Prinzipien wie bei der Termin- und Kostenkontrolle, die überwiegend periodisch erfolgt. Ein Schätzwert für den Status des Gesamtprojekts als Kennzahl für den Projektfortschritt ist meist nur von geringem Wert. Bei der Feststellung des tatsächlichen Fortschritts ist von den Ergebnissen und Annahmen der Termin- und Ablaufplanung auszugehen. Für die einzelnen Messgrößen, die als Kontrolleinheiten festgelegt wurden, ist festzustellen, ob die entsprechende Kontrolleinheit fertiggestellt, in Durchführung oder eventuell noch gar nicht begonnen ist. Für die formale Leistungskontrolle müssen jedoch zwei Voraussetzungen erfüllt sein: Eindeutige Spezifikation bzw. Aufgabenbeschreibung und definierte Messpunkte. Folgende Methoden können zur Bewertung des Ist-Fortschritts angewendet werden:

- **Methode der 0%- oder 100%-Annahme:** Diese Methode setzt eine weitgehende Detaillierung der Planungseinheiten voraus. Sie ist relativ ungenau, da jede Arbeitseinheit entweder als noch nicht begonnen (0% Leistungsfortschritt) oder als fertiggestellt (100% Leistungsfortschritt) eingestuft wird.

- **Schätzung durch die Projektbearbeiter:** Bei dieser Methode gibt der mit der Aufgabe befasste Mitarbeiter eine subjektive Schätzung über den prozentuellen Leistungsfortschritt ab. Auf den Einsatz objektivierbarer Messgrößen wird dabei verzichtet.

- **Methode der Output-Messgrößen:** Diese Methode liefert die genaueste Aussage über den Projektfortschritt, da der Ist-Fortschritt mit Hilfe leistungsbezogener Messgrößen gemessen wird. Es ist auch die einzige Methode, bei der ein Soll-Ist-Vergleich für Leistungen möglich ist, die sich erst in Durchführung befinden.

Wenn sich während der Projektdurchführung Engpässe ergeben, so wird man zuerst versuchen, einzelne Vorgänge im Rahmen von Pufferzeiten zu verschieben. Wenn diese Möglichkeit nicht ausreicht, kann noch versucht werden, durch Überlappen von Vorgängen oder eine kurzfristige Kapazitätsausweitung eine Terminverschiebung zu vermeiden. In Unternehmen, in denen mehrere Projekte nebeneinander durchgeführt werden, muss dabei immer auch die Gesamtsituation betrachtet werden.

6.6 Projektmanagement

Integrierte Kontrolle

Abweichungen im Projekt sind häufig eine Kombination aus verschiedenen Problemen wie z.B. Kosten- und Terminabweichungen. Für eine ausreichende Kontrolle müssen daher alle Faktoren möglichst gleich berücksichtigt und die Abweichungen zueinander in Beziehung gesetzt werden.

Die Integration der Leistungsfortschritts- und der Terminkontrolle sollte auf der Ebene der Vorgänge des Detailnetzplanes erfolgen. Wenn sich zum Stichtag der Ist-Leistungsfortschritt vom geplanten Leistungsfortschritt unterscheidet, kann die bis dahin aufgetretene Leistungsdifferenz ermittelt und dargestellt werden. Weiters kann auch die Zeitdifferenz (Soll-Zeit) festgestellt werden, d.h. wie viel Zeit für die Ist-Leistung hätte verbraucht werden dürfen. Auf der Vorgangsebene kann zwischen dem Leistungsfortschritt und der verbrauchten Zeit eine proportionale Beziehung unterstellt werden. Auf höheren Aggregationsebenen, wo jeweils mehrere Vorgänge zusammengefasst sind (z.B. Arbeitspakete im Projektstrukturplan), besteht dieses proportionale Verhältnis allerdings nicht mehr (siehe Abbildung 6.16).

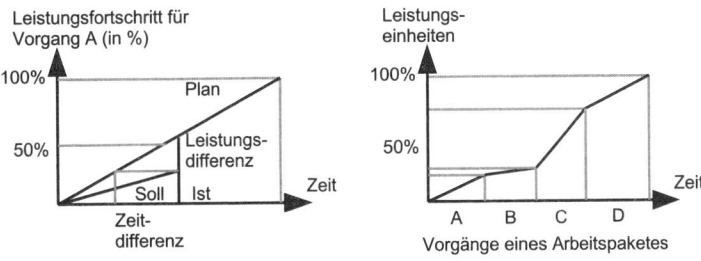

Abbildung 6.16: Leistungsfortschritt auf Vorgangs- und Arbeitspaketebene

Die **Integration der Leistungsfortschritts- und der Kosten-Kontrolle** kann ebenfalls auf der Ebene der Vorgänge des Detailnetzplanes erfolgen. Wenn dies der Fall ist, entstehen proportionale Beziehungen zwischen Leistung, Zeit und Kosten. Da sich aber in der Praxis aus Kontrollgründen eine Zurechnung von Kosten zu Netzplanvorgängen meist nicht als zweckmäßig erweist, wird vorgeschlagen, die Leistung-Kosten-Integration sowie die Zeit-Kosten-Integration auf der Arbeitspaketebene des Projektstrukturplans vorzunehmen. Dadurch ergibt sich auf der Arbeitspaketebene eine proportionale Beziehung zwischen Leistungsfortschritt und Kosten. Im Zuge dieser Kontrolle kann außer einer eventuellen Leistungsdifferenz auch die entsprechende Kostendifferenz (Ist-Kosten abzüglich Soll-Kosten, die für die Ist-Leistung geplant waren) festgestellt werden.

Im Rahmen der mitlaufenden **Nachkalkulation** sollten weiters alle aufgefallenen Ist-Kosten periodisch (z.B. monatlich) erfasst und den Plankosten gegenübergestellt werden. Dieser Soll-Ist-Vergleich bildet die Grundlage für eine **Erfolgskontrolle**. Den Vorgriff auf die endgültigen Kosten eines Projekts bezeichnet man als

Engagementkontrolle. Dabei werden zusätzlich zu den bereits disponierten und den angefallenen Kosten auch die zu erwartenden Kosten berücksichtigt.

6.6.5 Methoden und Instrumente des Projektmanagements

Neben den bereits genannten Methoden und Instrumenten werden die Aufgaben des Projektmanagements noch durch viele weitere unterstützt. Sie beziehen sich einerseits auf die Projektorganisation, andererseits auf die Aufgaben in Verbindung mit der Projektdurchführung. Einige ausgewählte Instrumente werden nachfolgend noch etwas beschrieben.

Projekt-Organisationsplan

Der Projekt-Organisationsplan zeigt einerseits den Zusammenhang zwischen dem Projektteam und dem Gesamtunternehmen, andererseits den internen Aufbau des Projektteams. Es handelt sich also um das projektbezogene Organigramm. Dargestellt werden sowohl die internen als auch die externen Stellen, die durch das Projekt berührt werden. Die Bestimmung der an der Projektdurchführung beteiligten Mitarbeiter und Stellen erfolgt ausgehend vom Projektstrukturplan.

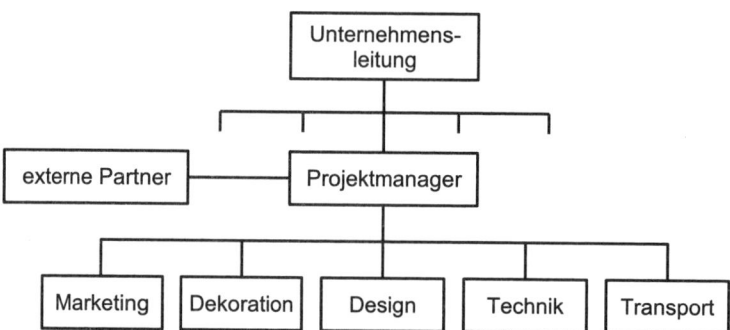

Abbildung 6.17: Beispiel für einen Projekt-Organisationsplan

Abbildung 6.17 zeigt den Projekt-Organisationsplan eines Projekts zum Aufbau und zur Leitung eines Messestandes. Für dieses Projekt wurde die Form der reinen Projektorganisation gewählt. Die Projektmitarbeiter werden für die Dauer des Projekts aus ihren ursprünglichen Abteilungen ausgegliedert und sind direkt dem Projektmanager unterstellt. Externe Partner könnten im Beispiel Tischler, Maler und Elektriker sein. Der Projektmanager ist für den Aufbau, die Leitung und den Abbau des Messestands verantwortlich. Ihm obliegt außerdem die gesamte Koordination mit den externen Stellen.

Funktionen- und Verantwortungsmatrix

Die Aufgaben und Tätigkeiten der Projektmitarbeiter sowie aller sonstigen am Projekt beteiligten Personen müssen eingeteilt, gegliedert und zugeordnet werden. Geeignet dafür ist eine Matrix mit den Dimensionen Aufgaben und Aufgabenträger. Diese Matrix, die auch Funktionenmatrix oder Funktionendiagramm genannt wird, zeigt in übersichtlicher und komprimierter Form, welche Stellen (Matrixspalten) bei der Durchführung einzelner Aufgaben, Teilprojekte, Funktionen usw. (Matrixzeilen) beteiligt sind. Ähnlich wie der Projekt-Organisationsplan wird auch die Funktionenmatrix in Verbindung mit dem Projektstrukturplan erstellt. Änderungen im Projektstrukturplan wirken daher auf die Funktionenmatrix zurück. Vorteile der Funktionenmatrix sind:

- Sie hilft beim funktionsgerechten Aufbau der Projektorganisation.
- Sie ermöglicht die klare Zuordnung von Aufgaben, Kompetenzen und Verantwortung.
- Sie gibt einen aktuellen Überblick über die Arbeitsgebiete einzelner Stellen und über die Zusammenarbeit zwischen diesen Stellen.
- Sie ist ein Hilfsmittel bei der Kontrolle von Teilzielen und Arbeitsabläufen.
- Sie ermöglicht die lückenlose Gliederung und logische Ordnung der Aktivitäten.

Eine Erweiterung der Funktionenmatrix ist die **Verantwortungsmatrix**. Mit Symbolen (Zahlen, Buchstaben oder Zeichen) wird die Art der Aktivität, das Ausmaß der Verantwortung u.Ä. sowie die Beziehung zwischen Spalten und Zeilen erläutert. Die Verantwortungsmatrix ist ein Instrument zur Regelung der Beziehungen zwischen den Stellen, die am Projekt beteiligt sind. Sie zeigt, welche Aktivitäten von wem (Stelle oder Aufgabenträger) mit welchem Ausmaß an Kompetenzen und Verantwortung durchgeführt werden sollen. Abbildung 6.18 zeigt das Beispiel einer Verantwortungsmatrix.

In der Verantwortungsmatrix sind die wesentlichen Informationen des konventionellen Organigramms enthalten. Die Eintragungen in einer Spalte enthalten in Kurzform die Informationen der Stellenbeschreibung. Der Vorteil dieser Darstellungsform ist, dass nicht eine isolierte Betrachtungsweise erfolgt, sondern dass auch ein Zusammenhang mit den übrigen Projektmitarbeitern hergestellt wird. Die Eintragungen in einer Zeile zeigen, welche Mitarbeiter in welcher Funktion am Projekt beteiligt sind.

Stellenbeschreibung

Vor allem bei großen oder lang dauernden Projekten kann es von Vorteil sein, für die wichtigsten Projektmitarbeiter eine Stellenbeschreibung zu erarbeiten. Die

Aufgabenträger (Stellen) \ Aufgaben	Projektmanager	Kostenrechnung	Produktionsabteilung	Baustellenleiter	Verwaltungsabteilung	Montageabteilung	Technik	Kunde
Finanzen	1	7					7	
Projektüberwachung	2	4						
Zwischenberichte	9	9	9	9		9	9	
Qualitätskontrolle			2				1	
Lieferüberwachung	3				2		8	
Bauüberwachung	3			1				
Kundenschulung	1		8	8		8	8	
Inbetriebnahme	3			5			4	
Übergabe	1		8	7			4	

Legende:

1 ... entscheidet
2 ... erlässt Vorschriften
3 ... veranlasst
4 ... führt durch
5 ... überwacht und prüft
6 ... koordiniert
7 ... beantragt
8 ... berät
9 ... erarbeitet
10 ... informiert

Abbildung 6.18: Beispiel für eine Verantwortungsmatrix

Stellenbeschreibung ist eine schriftliche Festlegung der Aufgaben und Funktionen, die von einer Person als Inhaber einer Stelle durchzuführen sind. Sie enthält außerdem die Kompetenzen und die Verantwortung, die Eingliederung der Stelle in die Unternehmensorganisation (Über- und Unterstellungsbeziehungen) sowie in vielen Fällen Angaben über die Anforderungen an den Stelleninhaber und seine Qualifikation. Der Zweck der Stellenbeschreibung im Rahmen eines Projekts liegt hauptsächlich in der Schaffung und Bekanntgabe einer klaren und eindeutigen Zuständigkeit sowie in der Beschreibung der konkreten Aufgaben und Anforderungen.

Beispiel einer Stellenbeschreibung für einen Projektmanager

(1) Stellenbezeichnung: Projektleiter für Projekt „XY"

(2) Organisatorische Beziehungen

- Der Projektleiter ist der Unternehmensleitung in allen Belangen direkt unterstellt.
- Für die Projektdauer sind dem Projektleiter folgende Mitarbeiter ausschließlich in Projektangelegenheiten unterstellt: X, Y, Z, ...

6.6 Projektmanagement

- Berichtswesen: Der Projektleiter ist unaufgefordert vom gesamten internen und externen Schriftverkehr (Aktennotizen, Sitzungsprotokolle, Telefonnotizen usw.) zu informieren.
- Außenkontakte: Der Projektleiter ist bevollmächtigt, alle Verhandlungen mit den Kunden und anderen externen Stellen für das Projekt zu führen.

(3) Stellvertretung:

Der Projektleiter wird in allen Belangen durch den Verkaufsleiter, Herrn X, vertreten. Wenn auch dieser verhindert ist, übernimmt die Unternehmensleitung selbst die Stellvertretung.

(4) Aufgaben und Verantwortung:

- Der Projektleiter ist für die gesamte Projektdurchführung entsprechend den im Auftrag festgelegten Terminen, Kosten und Leistungen verantwortlich.
- Er ist bei allen entscheidenden Auftragsverhandlungen zwischen Unternehmen, Auftraggeber und sonstigen externen Stellen dabei.
- Er wählt zusammen mit den Abteilungsleitern die Projektmitarbeiter aus.
- Er sorgt für die Erstellung von Planungsunterlagen (Projektstrukturplan, Meilensteinliste, Netzplan, Kostenpläne) in Zusammenarbeit mit den betreffenden Abteilungen.
- Er hält die notwendigen Kontakte mit dem Auftraggeber.
- Er entscheidet in allen Projektbelangen in Bezug auf Kosten, Termine und Aufgabendurchführung.
- Er überwacht und steuert den Leistungsfortschritt, die Termine, die Kosten und die Auftragserfüllung insgesamt.
- Er berichtet regelmäßig der Unternehmensleitung über den Projektstand, auf jeden Fall aber, wenn sich größere Planabweichungen ergeben.
- Er berichtet regelmäßig dem Auftraggeber.
- Er holt regelmäßig Informationen von den am Projekt beteiligten externen Stellen über den Stand der Arbeiten ein.
- Er beruft regelmäßig bzw. immer dann, wenn es notwendig ist, Besprechungen ein.
- Der Projektleiter ist der Unternehmensleitung in Bezug auf die Einhaltung von Kosten, Terminen und Leistung voll verantwortlich.

(5) Weisungsbefugnisse:

Der Projektleiter hat Weisungsbefugnisse in Bezug auf

- die Einhaltung von Terminen, Kosten und Auftragsspezifikationen;
- Steuerung und Kontrolle der Projektarbeiten;
- Einholung sämtlicher für das Projekt notwendiger Informationen.

Balkenpläne

Die Ablaufplanung von Projekten kann grundsätzlich mit Hilfe von Balkenplänen oder Netzplänen vorgenommen werden. Bei der Balkenplantechnik werden die Vorgänge in der Vertikalen des Balkenplans so weit wie möglich chronologisch gereiht. In der Horizontalen werden auf der Zeitachse je Vorgang zeitproportionale Balken eingezeichnet. Die Netzplantechnik umfasst alle Verfahren zur Analyse, Beschreibung, Planung, Steuerung und Überwachung von Abläufen auf der Grundlage der Graphentheorie. Beide Techniken werden nachfolgend näher erläutert.

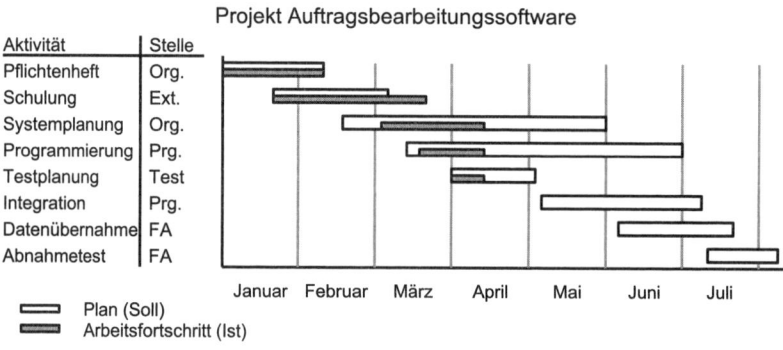

Abbildung 6.19: Beispiel für einen Balkenplan

Balkenpläne sind in der Praxis weit verbreitet, da sie anschaulich und übersichtlich und für ihre Verwendung keine Vorkenntnisse notwendig sind. Sie sind auch unter den Bezeichnungen Balkendiagramm, Gantt-Diagramm und Gantt Chart bekannt. Bei der Erstellung und Verwendung eines Balkenplans bestehen sehr viele Variationsmöglichkeiten. Häufig werden über die Zeitachse die geplanten Vorgänge (z.B. Auftragsfortschrittsplan), die einzusetzenden Maschinen (z.B. Maschinenbelegungsplan), die betroffenen Stellen (z.B. Urlaubsplan), die benötigten Ressourcen (z.B. Materialbedarfsplan) u.ä. als Balken aufgetragen. Die Länge der Balken gibt dann den Zeitverbrauch, Ressourcenverbrauch usw. an. Die Lage der Balken zeigt die zeitliche Folgebeziehung an. Die Balken können aber auch kumulativ aufgetragen oder zur Gegenüberstellung von Plan- und Istwerten verwendet werden. Abbildung 6.19 zeigt einen Balkenplan für ein Softwareentwicklungsprojekt, auf dem der Projektfortschritt parallel zu den ursprünglichen Planwerten eingetragen ist.

Eine Erweiterung des Balkenplans ist der Transplan. Dabei wird das Ende eines Balkens mit dem Anfang aller Balken verbunden, die unmittelbar anschließen. Man erhält dadurch einen Balkenplan mit logischen Abhängigkeiten, in dem auch der kritische Pfad und eventuelle Zeitreserven ersichtlich sind.

Projekthandbuch

Das Projekthandbuch stellt eine gegliederte Zusammenfassung der in einem Unternehmen für die Projektorganisation und -durchführung gültigen organisatorischen Regeln dar. Wenn im Unternehmen bereits ein Organisationshandbuch vorhanden ist, sollte dieses um ein entsprechendes Kapitel „Projektorganisation" ergänzt werden. Das Projekthandbuch – geläufig ist dafür auch die Bezeichnung Verfahrenshandbuch – gilt grundsätzlich für die gesamte Dauer eines Projekts und dient als Nachschlagewerk für organisatorische Regeln sowie als Führungsinstrument, indem es über Ziele, Aufgaben, Methoden, Techniken usw. informiert. Es kann seinen Zweck allerdings nur erfüllen, wenn es stets auf den aktuellen Stand gebracht ist. Bei Bedarf muss es daher auch im Laufe der Projektbearbeitung (z.B. vor einem neuen Projektabschnitt) revidiert und an geänderte Erfordernisse angepasst werden. Die Verantwortung für die Aktualisierung liegt entweder bei der Unternehmensleitung selbst bzw. einer beauftragten Stabsstelle oder ersatzweise auch bei der Projektleitung.

Im Projekthandbuch wird die Projektorganisation für alle Beteiligten verbindlich festgelegt. Dargestellt werden darin auch die Ziele und die Arbeitsweise im Projekt, und es werden den beteiligten Stellen Aufgaben, Leistungen, Befugnisse und Verantwortung zugewiesen. Das Projekthandbuch bildet damit eine wichtige Grundlage zur Erteilung detaillierter Aufträge im Rahmen des Projekts. Es unterstützt die Erstellung interner Aufträge und die Ausarbeitung notwendiger Verträge, d.h. es dient während der Projektbearbeitung als verbindliche Richtlinie für die Zusammenarbeit. Wie allgemein bei Organisationsanweisungen üblich, sollten auch die im Projekthandbuch enthaltenen Regelungen durch die Unternehmensleitung genehmigt werden. Dies ist besonders wichtig, weil bei Meinungsverschiedenheiten oder Kompetenzproblemen im Projektverlauf auf die Regelungen im Projekthandbuch zurückgegriffen werden kann. Die Regelungen können entweder explizit in Form projektspezifischer Mitteilungen und Arbeitsanweisungen festgelegt werden oder sich aus dem Einsatz von Checklisten und Formularen ergeben.

Die konkreten Inhalte des Projekthandbuchs hängen stark von der Art der durchzuführenden Projekte und von den jeweiligen Projektinhalten ab. Sie können daher nicht in allgemeiner Form vorgegeben werden. Folgende Punkte sollte man aber auf jeden Fall berücksichtigen:

- Projektorganisationsplan
- Beteiligte Stellen und Organe sowie Beschreibung ihrer Aufgaben

- Projektleitung und Berichtswesen
- Sitzungskonzept
- Funktionen- und Verantwortungsmatrix
- Arbeits- und Entscheidungsabläufe
- Pflichtenheft und Hauptaufgaben
- Erläuterungen zu den erteilten Aufträgen

Weitere mögliche Inhalte des Projekthandbuchs sind:

- Checklisten für die Projektplanung und -steuerung
- Checklisten für Auftragsverhandlungen
- Checklisten für die Angebotslegung
- Führungsgrundsätze
- Stellenbeschreibung
- Schulung
- Finanzierung und Beschaffung
- Dokumentationsanforderungen

Speziell für Software-Entwicklungsprojekte sind noch folgende Punkte von Bedeutung:

- Phasenkonzept
- Software-Qualitätsanforderungen und Qualitätssicherungsmaßnahmen
- Verwendete Methoden und Darstellungstechniken
- Eingesetzte Werkzeuge

Als zweckmäßig hat sich herausgestellt, in einer Beilage zum Projekthandbuch Muster aller Dokumente, die in den einzelnen Projektphasen zu verwenden sind, beizulegen. Auch die Berichtsinhalte sollten zumindest im Entwurf oder als Beispiel vorgegeben werden. Neben diesen allgemeinen – und für alle im Unternehmen durchgeführten Projekte gültigen Richtlinien – sollte beim Multi-Projektmanagement noch für jedes Projekt eine separate Beschreibung angefertigt werden. Wesentliche Inhalte dieses projektspezifischen Handbuchs sind die Ausgangslage, die Projektziele, die Projektstrukturierung, die Kosten und die Finanzierung sowie sonstigen Besonderheiten.

6.7 Zusammenfassung

Die Hauptaufgabe des IT-Managements besteht darin, den „Produktions- und Wettbewerbsfaktor" Information für die Organisation zu beschaffen und die geeignete technologische Infrastruktur bereitzustellen. Wie inzwischen nachgewiesen werden konnte, besteht aber kein direkter Zusammenhang zwischen einem eventuellen Erfolg der Organisation und der Höhe der Kosten, die in Hardware oder Software investiert wurden (Produktivitätsparadoxon). Jedoch ist feststellbar, dass dort, wo Organisationen erfolgreich waren, das IT-Management eine wesentliche Rolle gespielt hat.

Das IT-Management verlangt eine ganzheitliche Sicht auf Organisationen und bedingt die Notwendigkeit, diese als Management- und Führungsaufgabe zu begreifen. Der Gestaltungsrahmen wird durch mehrere Faktoren determiniert. Die organisatorische Eingliederung der IT-Abteilung in die Organisation sowie die Aufbauorganisation der IT-Abteilung schaffen die institutionellen Voraussetzungen. Das IT-Management ist für die Schaffung und Weiterentwicklung der entsprechenden Strukturen verantwortlich.

6.8 Aufgaben

1. Nennen Sie einige typische Aufgabenstellungen für das IT-Management bzw. für den IT-Manager!

2. Warum ist die richtige organisatorische Eingliederung des IT-Managements wichtig für Organisationen?

3. Ordnen Sie die IT-Abteilung in eine funktional strukturierte Organisation ein, und begründen Sie Ihre Lösung!

4. Beschreiben Sie eine typische Abteilungsgliederung der IT-Abteilung!

5. Was ist der Zweck einer IT-Strategie? Was sind ihre wichtigsten Inhalte?

6. Was versteht man generell unter Controlling? Erläutern Sie die Grundfunktion und die Koordinationsfunktion des IT-Controlling!

Kapitel 7

Geschäftsprozessmanagement

Für die Erhaltung bzw. Verbesserung der Leistungsfähigkeit von Organisationen im Wettbewerb ist eine ständige Bereitschaft zur Innovation und Reorganisation unerlässlich. Informations- und Kommunikationstechnologien sind dabei zu einem wichtigen Hilfsmittel geworden. Das enge Verhältnis und die wechselseitige Beeinflussung von Organisationslehre und Wirtschaftsinformatik werden hier besonders deutlich sichtbar. Wesentliche Ansätze und Instrumente werden unter Begriffen wie Business Process Reengineering (BPR) oder Business Engineering (BE) diskutiert. Im Mittelpunkt steht dabei ein an organisatorischen Prozessen orientiertes Denken und Handeln.

Die Idee der Neugestaltung von Geschäftsprozessen ist als wirtschaftliche Auswirkung des Einsatzes von Informationssystemen (siehe Kapitel 5.4.1) zu betrachten. Informationssysteme bewirken jedoch nicht nur eine Änderung von Geschäftsprozessen, sondern unterstützen auch das Geschäftsprozessmanagement. Bei der Gestaltung von Informationssystemen in Organisationen erfolgt die Entwicklung und Einführung dieser Systeme anhand der Geschäftsprozesse der jeweiligen Organisation. Die Wirtschaftsinformatik beschäftigt sich mit der Gestaltung und Erklärung von Informationssystemen in Organisationen. Weil die Gestaltung dieser Systeme in Abhängigkeit von Geschäftsprozessen erfolgt und Informationssysteme die Ausführung und oftmals auch die Überwachung der Geschäftsprozesse unterstützen sollen, ist das Geschäftsprozessmanagement als Teilgebiet der Wirtschaftsinformatik zu betrachten.

Im Folgenden werden zunächst die Prozessorientierung (als notwendige Voraussetzung) und grundlegende Begriffe des Geschäftsprozessmanagements erläutert (Kapitel 7.1). Anschließend wird die Prozessmodellierung als zentrales Instrument vorgestellt (Kapitel 7.2) und insbesondere die Analyse von Geschäftsprozessen angesprochen (Kapitel 7.3).

7.1 Grundlagen

An dieser Stelle soll zunächst begründet werden, wieso die Orientierung an Geschäftsprozessen für die Gestaltung von Organisationen sinnvoll ist. Daran anschließend werden die notwendigen Begriffe des Geschäftsprozessmanagements definiert.

7.1.1 Prozessorientierung

Wettbewerbsdruck und Änderungen in der Umwelt zwingen Organisationen zur Entwicklung oder Aktivierung neuer Fähigkeiten. Dafür setzen viele Organisationen auf eine Umstellung ihrer Organisationsstruktur und bedienen sich bei Ansätzen und Instrumenten, die unter Begriffen wie Business Process Reengineering (BPR), Business Engineering (BE), Geschäftsprozessoptimierung, Fokussierung auf das Kerngeschäft, Workflowmanagement, Unternehmensmodellierung oder geschäftsprozessorientierte Aufbauorganisation firmieren. Das Angebot an Ansätzen und Instrumenten ist groß, doch sieht man von den Unterschieden einzelner Ansätze ab, bauen sie im Kern alle auf einer Grundlage auf: der Orientierung an Geschäftsprozessen und deren Modellierung.

Die **Prozessorientierung** ist zu einer wichtigen Sichtweise auf Organisationen geworden. Die historische Betrachtung zeigt, dass es sich dabei um keine wirkliche Neuerung handelt, sondern dass Prozessdenken in der Betriebswirtschaftslehre bereits eine lange Tradition hat (siehe [Gai83], [GSVR94]). Neu sind der erweiterte Kontext und die Möglichkeiten technischer Unterstützung, so dass betriebliche Prozesse möglichst ganzheitlich analysiert und mit IT-Unterstützung gestaltet und gesteuert werden können. Dabei bilden Prozessmodelle die Grundlage, um betriebliche Prozesse darzustellen und zu analysieren.

Die Prozessorientierung wird manchmal als dritte, eigenständige Sichtweise neben Aufbau- und Ablauforganisation bezeichnet [Bie91]. Damit wird auch die Verbindung zur klassischen Organisationslehre betont. Aufbauend auf bzw. in Abgrenzung zum strukturtechnischen Ansatz Kosiols (siehe Kapitel 3.2.7) entstanden etwa ab den 70er-Jahren erste prozessorientierte Ansätze, die sich allerdings noch stark an das traditionelle ablauftheoretische Denken anlehnen. Als Vertreter können Haberfellner [Hab73], Krieg [Kri71] und Gaitanides [Gai83] genannt werden.

Die Prozessorientierung, wie sie heute verstanden wird, steht dagegen stärker mit dem strategischen Denken und mit Ansätzen der Organisationsentwicklung in Verbindung. Bierfelder entwickelte aus den prozessorientierten Ansätzen einer betrieblichen Organisationslehre nach Reiß [Rei84] und Servatius [Ser85] ein allgemeines Unternehmensmodell, das eine prozessorientierte Betrachtungsweise ermöglicht. Der vermutlich bekannteste Ansatz zum Thema Prozessmodelle ist allerdings die Wertekette von Porter [Por92].

7.1 Grundlagen

Ein zusätzlicher Impuls erfolgte durch das Aufkommen des **Business Process Reengineering (BPR)**. Die Diskussion wurde vor allem durch die Arbeiten einiger weniger amerikanischer Autoren ausgelöst (siehe [Ham90], [HC94], [DS90], [Dav93]) und führte zu einem weltweiten Trend, der die Auseinandersetzung mit Prozessen in den Mittelpunkt rückte. Bei BPR geht es um die Initiierung inkrementeller oder sprunghafter Verbesserungen zur Erreichung der Organisationsziele unter steter Berücksichtigung der komplexen Beziehungen in einer Organisation.

In der Wirtschaftsinformatik wird meist auf eine oder mehrere der genannten Arbeiten Bezug genommen. Das Thema ist von einer starken Dynamik und einer intensiven Auseinandersetzung mit technischen Potenzialen (z.B. RFID) gekennzeichnet und dürfte die Weiterentwicklung der Wirtschaftsinformatik auch in den nächsten Jahren prägen. Eine eigenständige Position oder Perspektive ist im deutschsprachigen Raum vor allem im Bereich der Modellierung zu erkennen, wobei die ereignisgesteuerten Prozessketten (EPK) in Verbindung mit ARIS auch eine internationale Bedeutung erlangt haben (mehr dazu in Kapitel 7.2.2).

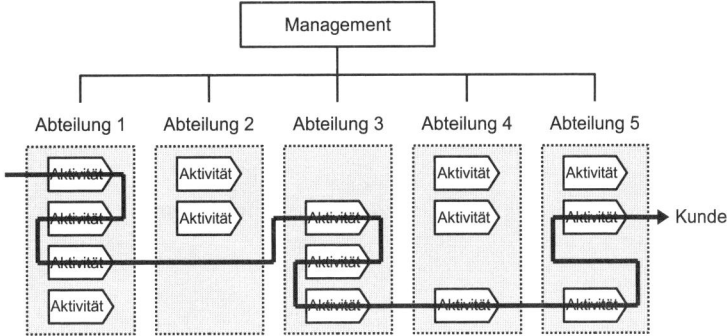

Abbildung 7.1: Prozessorientierung (nach [TT04])

Die traditionelle Organisation orientiert sich an Funktionen und Hierarchien. Hier verfolgt jede betriebliche Funktion ihre eigenen Ziele und kann dabei mit den Zielen anderer Funktionen in Konflikt kommen. Die Prozessorientierung zieht hingegen ein Denken in Wertschöpfungsketten und Prozesszusammenhängen nach sich. Mit einer **prozessorientierten Organisation** soll letztlich das optimale Zusammenwirken aller Funktionen in einer Organisation (unabhängig von ihrer aufbauorganisatorischen Einordnung) gewährleistet werden, um ein gemeinsames, über die einzelne betriebliche Funktion hinausgehendes Ziel – die Erfüllung einer Kundenanforderung – zu verfolgen (siehe Abbildung 7.1).

Unterstützt wird die prozessorientierte Organisation dabei durch ein **Prozessmanagement**, das durch eine Abstimmung aller betrieblichen Ressourcen und Abläufe die Realisierung strategischer Ziele einer Organisation vereinfachen bzw. erst ermöglichen soll. Im Rahmen der klassischen Aufbauorganisation vollzieht sich das Prozessmanagement parallel und in Ergänzung zu dieser.

Um die Ziele der Prozessorientierung zu erreichen, ist eine umfassende Modellierung von Prozessen von Bedeutung. Die **Prozessmodellierung** selbst kann als Methode verstanden werden, um die in einer Organisation ablaufenden Prozesse zu verstehen, die in den Prozessen benötigten Ressourcen zu erkennen, das System aus Prozessen und Ressourcen umzugestalten und die Prozesse permanent zu verbessern.

7.1.2 Prozessbegriff

Der Betrachtungsgegenstand im Prozessmanagement ist also der Prozess bzw. der Geschäftsprozess. Beide Begriffe sollen im Folgenden definiert und erläutert werden.

Ganz allgemein kann von einem **Prozess** als einer „Folge von logischen Einzelfunktionen, zwischen denen eine Verbindung besteht" [Krc04] gesprochen werden. Diese Definition muss etwas weiter ausgeführt werden, um ein Verständnis für das Wesen und die wesentlichen Merkmale eines Prozesses zu schaffen:

- Zum Ersten ist festzuhalten, dass ein Prozess eine Folge von Aktivitäten darstellt. Dabei handelt es sich stets um eine endliche Menge von Aktivitäten, die aus inhaltlicher (z.B. was gehört alles an Tätigkeiten zur Akquise von Kunden) wie aus zeitlicher Sicht (z.B. beginnt die Akquise von Kunden zum Zeitpunkt, wenn der Kunde den Laden betritt, und endet, wenn er die Bestellung für ein Produkt abgegeben hat oder auch nicht) eine Einheit bildet, und die auch einer gewissen inneren Logik folgt (z.B. wird man die Wünsche des Kunden nicht notieren, bevor man mit dem Kunden gesprochen hat).

- Zum Zweiten bilden Prozesse keine atomaren (nicht weiter zerlegbaren) Einheiten. Ein Prozess kann mehrere Teilprozesse enthalten (z.B. wäre die Akquise von Kunden ein Teilprozess eines Kundenbeziehungsmanagements; siehe das Beispiel in Kapitel 7.2.2), ein Teilprozess wiederum mehrere Aktivitäten (zur Akquise von Kunden könnte man die Aktivitäten zur Auswahl des Kunden, Führen des Akquisegesprächs und die Dokumentation desselben zählen).

- Zum Dritten haben Prozesse einen Zweckbezug. Prozesse sollen für einen Kunden (das kann der eigentliche Kunde, aber auch eine Abteilung in der eigenen Organisation sein) ein bestimmtes Ergebnis (eine Leistung, einen Output) erbringen und benötigen dafür einen entsprechenden Input (z.B. Vorleistungen in Form von Roh-, Hilfs-, Betriebsstoffen oder Halbprodukten) und greifen für die Transformation des Inputs in den Output auf Ressourcen (z.B. Personen, Maschinen, Informationssysteme) zu. Legt man entsprechend dem Zweck Kennzahlen (z.B. die Durchlaufzeit eines Auftrags) zu Grunde, so kann man prüfen, inwieweit der Prozess seinen Zweck erfüllt, und nötigenfalls eingreifen (Feedback).

7.1 Grundlagen

Unabhängig von den genannten Beispielen kann ein Prozess nach dieser Definition in vielen Kontexten mit verschiedenen Zweckbezügen auftreten. Abbildung 7.2 verdeutlicht die Definition und die Merkmale des Prozesses.

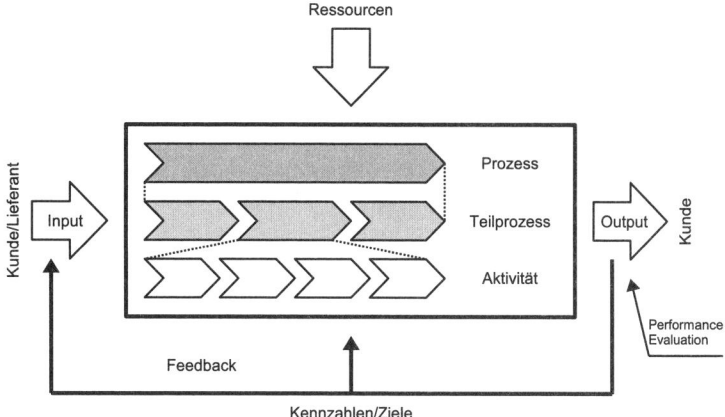

Abbildung 7.2: Struktureller Aufbau von Prozessen (nach [TT04])

Um aus dem Begriff des Prozesses den des **Geschäftsprozesses** abzuleiten, sollen zunächst einige Definitionen aus der Literatur angeführt werden:

- Unter einem Geschäftsprozess versteht Striening [Str88] „die Abfolge von Tätigkeiten, Aktivitäten und Verrichtungen zur Schaffung von Produkten oder Dienstleistungen, die in einem direkten Beziehungszusammenhang miteinander stehen und die in ihrer Summe den betriebswirtschaftlichen, produktionstechnischen, verwaltungstechnischen und finanziellen Erfolg des Unternehmens bestimmen."

- „Ein Geschäftsprozess beschreibt die mit der Bearbeitung eines bestimmten Objektes verbundenen Funktionen, beteiligten Organisationseinheiten, benötigte Daten und die Ablaufsteuerung der Ausführung." [Sch94a]

- Für Ferstl und Sinz besteht der Inhalt eines Geschäftsprozesses aus einer Transaktion oder einer Folge von Transaktionen zwischen betrieblichen Objekten. Gegenstand der Transaktion ist der Austausch von Leistungen und/oder Nachrichten zwischen den Objekten [FS93].

Wie insbesondere aus der ersten Definition ersichtlich wird, ist für einen Geschäftsprozess der oben angesprochene Zweckbezug genauer zu bestimmen: Ein Geschäftsprozess **bezieht sich auf Objekte, die betriebswirtschaftlich von Relevanz sind, und dient damit der Erreichung von Organisationszielen**. Ein Geschäftsprozess ist somit ein spezieller Prozess, der an den Organisationszielen ausgerichtet geplant, ausgeführt und kontrolliert wird (siehe zu den Zielen einer Organisation auch Kapitel 3.2.5).

An dieser Stelle noch zwei Bemerkungen: Zum Ersten stellen die Definitionen von oben lediglich eine Möglichkeit dar, in der Literatur finden sich weitere. So setzen manche Autoren die Definition von Prozessen grundsätzlich nur in Bezug auf den betrieblichen Kontext an und verwenden keine allgemeine Definition. Als Beispiel seien zwei Definitionen aufgeführt:

- Fischer liefert folgende Erklärung [Fis93, nach [Str88]]: „Als Prozesse werden hier repetitive Tätigkeiten erfaßt, die in den verschiedenen Kostenstellen oder Abteilungen eines Unternehmens bei der Ausführung der übertragenen Aufgaben anfallen. Präziser sind Prozesse zu definieren als sich wiederholende Folge einzelner Tätigkeiten mit
    - messbarer Eingabe,
    - messbarer Wertschöpfung und
    - messbarer Ausgabe."

- „Ein Prozess ist die inhaltlich abgeschlossene, zeitliche und sachlogische Folge von Aktivitäten, die zur Bearbeitung eines prozessprägenden betriebswirtschaftlichen Objektes notwendig sind." [BKR02] Unter einem prozessprägenden betriebswirtschaftlichen Objekt wird dabei eine Ressource der Organisation verstanden, die durch den Prozess eine Bearbeitung erfährt (z.B. eine Rechnung oder ein Auftrag). Für [BKR02] wird ein Prozess erst dann zum Geschäftsprozess, wenn er der Erfüllung der Organisationsziele dient und Schnittstellen zum Markt (d.h. zu Kunden, Lieferanten, etc.) besitzt.

Zum Zweiten muss darauf hingewiesen werden, dass die Unterscheidung von Prozess und Geschäftsprozess bzw. Prozessmanagement und Geschäftsprozessmanagement hier lediglich vorgenommen wurde, um das Augenmerk auf (wichtige) Prozesse in Organisationen zu legen. Letztlich besteht die Idee darin, durch eine Orientierung an Prozessen in Organisationen Abläufe und damit auch Outputs zu verbessern, unabhängig von der oben gewählten Bezeichnung. Zudem kann das in diesem Kapitel vorgestellte Instrumentarium zum Vorgehen und zur Modellierung sowohl für Prozesse als auch Geschäftsprozesse eingesetzt werden.

Neben der Klärung der Begriffe ist das Verständnis für die **Arten von Geschäftsprozessen** wichtig. Dies ist notwendig, um Geschäftsprozesse mit spezifischen Eigenschaften voneinander unterscheiden und damit zugleich festlegen zu können, welchen Geschäftsprozessen sich das Geschäftsprozessmanagement (siehe Kapitel 7.1.3) überhaupt widmen kann bzw. sollte.

Bezüglich ihres Inhalts kann man grob zwischen **materiellen Prozessen** (z.B. Beschaffung, Produktion, Lagerung, Finanzierung) und **formalen Prozessen** (z.B.

7.1 Grundlagen

Planung, Kontrolle, Entscheidung) unterscheiden [LL93]. Fischer [Fis93] gibt eine Aufzählung häufig in Organisationen anzutreffender Geschäftsprozesse (vergleiche die Aufgaben in den betriebswirtschaftlichen Teildisziplinen in Kapitel 3.2):

- Kundennutzen-Optimierungs-Prozess,
- Marktkommunikations-Prozess,
- Produkt- und Leistungsbereitstellungs-Prozess,
- Logistik- und Service-Prozess,
- Auftragsabwicklungs-Prozess,
- Rentabilitäts- und Liquiditätssicherungs-Prozess,
- Kapazitätssicherungs-Prozess,
- Strategieplanungs- und Umsetzungs-Prozess und
- Personalschulungs- und Motivations-Prozess.

Eine weitaus wichtigere Unterscheidung wird durch die Differenzierung von Kernprozessen (auch Primär- oder Leistungsprozesse genannt), Unterstützungsprozessen (auch Sekundär- oder Serviceprozesse genannt) sowie Managementprozessen vorgenommen (siehe [HHR04],[SH04]), die sich am Beitrag zur betrieblichen Wertschöpfung orientiert:

- **Kernprozesse** sind Prozesse, die direkt an der Wertschöpfung der Organisation beteiligt sind und Leistungen an einen externen Kunden abgeben. Kernprozesse können weiter unterschieden werden in produktbezogene Prozesse (z.B. Produktion, Produktentwicklung) und in kundenbezogene Prozesse (z.B. Auftragsabwicklung, Vertrieb, Akquise).

- **Unterstützungsprozesse** liefern Leistungen an interne Kunden und an andere Prozesse (z.B. Personalakquise, Qualitätssicherung). Sie sind damit eine notwendige Hilfe bzw. Ergänzung für die Kernprozesse, obwohl sie selbst nicht direkt zur Wertschöpfung beitragen.

- **Managementprozesse** sind Prozesse, die steuernd auf Kernprozesse einwirken (z.B. strategische Planung, Vorgabe von Normen und Standards).

Die drei Arten von Geschäftsprozessen sind in Abbildung 7.3 am Beispiel einer Reparaturwerkstatt dargestellt. Die Abbildung verweist zugleich noch einmal auf die Unterteilung von Prozessen in Teilprozesse bzw. Aktivitäten.

Geschäftsprozesse können gemäß ihrer Strukturiertheit außerdem in stark strukturierte Prozesse und schwach strukturierte Prozesse unterteilt werden:

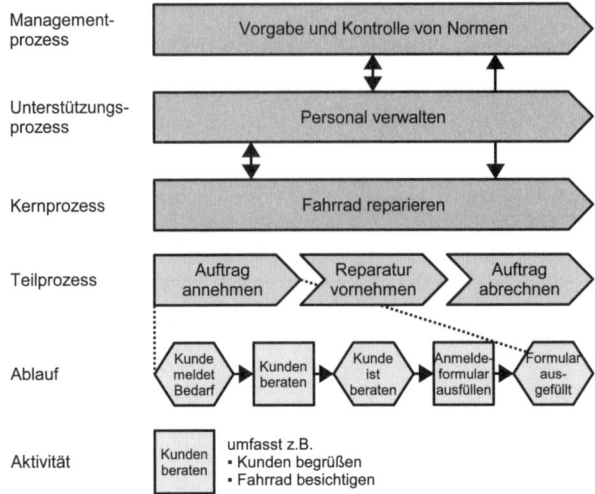

Abbildung 7.3: Arten von Geschäftsprozessen

- **Stark strukturierte Prozesse** sind meist deterministisch (d.h. die Abfolge von Teilprozessen bzw. Aktivitäten ist eindeutig festgelegt), sie werden im betrieblichen Alltag häufig wiederholt (z.B. der Verkauf eines Produkts und seine Abrechnung) und sind oft auch daten- bzw. dokumentenintensiv. Sie eignen sich damit in besonderer Weise zur Unterstützung durch Workflow- und Dokumenten-Management-Systeme (siehe Kapitel 5.2.3).

- **Schwach strukturierte Prozesse** sind hingegen von einer geringeren Vorhersehbarkeit gekennzeichnet und werden nur selten oder nie wiederholt (z.B. der Aufbau eines neuen Produktionsstandorts). Meist sind sie zudem eher wissensintensiv (siehe Kapitel 9.2.2). Zu ihrer Unterstützung setzt man Groupwaresysteme ein.

Abschließend folgt ein Beispiel, das die Prozesse einer Versicherung in Form einer Prozesslandkarte darstellt.

Beispiel: Prozesslandkarte bei einer Versicherung

Der Bereich Informationssysteme-Sachversicherungen (IS-Sach) ist innerhalb eines weltweit tätigen Versicherungsunternehmens der Sachversicherungsgruppe unterstellt. Der Bereich gliedert sich weiter in sechs verschiedene Fachbereiche mit unterschiedlichen Aufgabenstellungen. Jeder Fachbereich ist aufgeteilt in Referate, die wiederum auf bestimmte Tätigkeitsfelder spezialisiert sind. Die angebotenen Produkte bzw. die Kernprozesse von IS-Sach wurden aus den Kernprozessen des Versicherungsunternehmens abgeleitet, um dadurch ein Leistungsangebot zu schaffen, das die Kernprozesse des Versicherungsunternehmens unterstützt. Abbildung 7.4

listet die Kernprozesse der gesamten Organisation auf und stellt sie in Beziehung zu den Kernprozessen von IS-Sach. Eine solche Darstellung wird als **Prozesslandkarte** bezeichnet. Die einzelnen Prozesse werden dann in Prozessmodellen im Detail dargestellt.

Die 8 Kernprozesse der Versicherung	Die 8 Kernprozesse von IS-Sach
• Produktentwicklung • Neu- und Ersatzgeschäft • Bestandsbearbeitung • Schadensregulierung • Geschäftssteuerung • Finanzen • Rückversicherung • interne Dienstleistungen	• Kunden betreuen und strategisch beraten • Projekte leiten und managen • Informationssysteme entwickeln • Informationssysteme betreiben • Anwendungsplattformen entwickeln • Anwendungsplattformen betreiben • übergreifende betriebstechnische Aufgaben wahrnehmen • IT-Aus- und Weiterbildung betreiben

Abbildung 7.4: Prozesslandkarte für ein Versicherungsunternehmen

Diese Kernprozesse werden innerhalb des Versicherungsunternehmens noch durch mehrere Querschnittsprozesse komplettiert. Diese Prozesse entsprechen im allgemeinen Sprachgebrauch den Unterstützungsprozessen. Das sind im vorliegenden Beispiel die internen Services, Innovation, internes Controlling, Führung und Personalentwicklung sowie das Kundenbeziehungsmanagement.

7.1.3 Geschäftsprozessmanagement

Der Begriff **Geschäftsprozessmanagement** setzt sich aus den beiden Begriffen Geschäftsprozess und Management zusammen. Der Begriff Management wurde in Kapitel 3.2.5 bereits als Zyklus, bestehend aus Planung, Organisation, Führung und Kontrolle, definiert. Somit wird unter Geschäftsprozessmanagement die zielgerichtet durchgeführte Planung, Organisation und Kontrolle von Geschäftsprozessen verstanden. Heinrich, Heinzl und Roithmayr weisen darauf hin, dass sich die Managementaktivitäten auf den gesamten Lebenszyklus von Geschäftsprozessen, angefangen von dem auslösenden Ereignis bis hin zur Beendigung, erstrecken [HHR04]. Das Geschäftsprozessmanagement kann in diesem Sinne als Gestaltungsinstrument der Ablauforganisation betrachtet werden.

Das Geschäftsprozessmanagement verfolgt als **Ziel** die nachhaltige Verbesserung der Wirtschaftlichkeit der Organisation. Aus diesem Ziel lassen sich die folgenden Unterziele ableiten:

- Ausrichtung an der Wertschöpfungskette,
- Kundenorientierung sowie
- Integration der betrieblichen Funktionsbereiche.

Den Ausgangspunkt des Geschäftsprozessmanagements bildet die Wertschöpfungskette, entlang der die Geschäftsprozesse anzuordnen sind (siehe Kapitel 3.2). Die Geschäftsprozesse sind dabei so zu gestalten, dass sich ihr Output an den Anforderungen der Kunden orientiert. Als Kunde wird hierbei der Verantwortliche des jeweils nachfolgenden Prozesses verstanden. Des Weiteren ist eine Integration der betrieblichen Funktionsbereiche durch die Geschäftsprozesse erforderlich, um die Effizienz einer Organisation zu erhöhen. Aus den aufgezählten Zielen ergeben sich die folgenden **Aufgaben**:

- **Planung von Geschäftsprozessen.** Die Planung von Geschäftsprozessen erfolgt in Abhängigkeit von den Organisationszielen. Dazu bietet sich das Instrument der Geschäftsprozessmodellierung an. Diese erfolgt dabei in der Regel rechnergestützt mit Hilfe spezieller Software (siehe Kapitel 7.2).

- **Überwachung und Steuerung von Geschäftsprozessen.** Diese kann mit Hilfe von Workflowmanagementsystemen (siehe Kapitel 5.2.3) durchgeführt werden. Hier ist insbesondere auf die zeitliche Terminierung und die nötige Quantität und Qualität des Outputs von Geschäftsprozessen zu achten.

- **Verbesserung von Geschäftsprozessen.** Zur dauerhaften Sicherung der Wirtschaftlichkeit einer Organisation ist eine ständige Verbesserung der Geschäftsprozesse notwendig. Die Verbesserung umfasst die Analyse der bestehenden Geschäftsprozesse und deren nachfolgende Umstrukturierung.

In Anlehnung an Kleinsorge [Kle94] wird von Mittelmann [Mit98] ein Modell für die **Einführung des Geschäftsprozessmanagements** beschrieben, das fünf Phasen umfasst. Diese Phasen werden als Abfolge von Arbeitsschritten verstanden, die nacheinander oder iterativ bei der Einführung ausgeführt werden müssen:

- **Vorstudie.** In der initialen Phase werden die Organisationsmitglieder von einem funktionalen zu einem prozessorientierten Denken hingeführt. Je Geschäftsprozess wird ein Prozessverantwortlicher (Prozessmanager, Process Owner) definiert. Zu den Aufgaben des Prozessverantwortlichen zählt in den folgenden Phasen, den Prozess zu modellieren, die Leistung mit Kennzahlen zu messen, den Prozess aktiv zu steuern und fortlaufend zu verbessern.

- **Prozessmodellierung bzw. Prozessdokumentation.** In der zweiten Phase werden unter der Führung des Prozessverantwortlichen alle Elemente des Prozesses (siehe dazu Kapitel 7.2.1) in einem Prozessmodell dokumentiert. Dabei werden auch die Schnittstellen und Abgrenzungen zu anderen Prozessen festgelegt.

- **Messung der Prozessleistung.** Die nächste Phase ist der Leistungsmessung gewidmet. Um die Übereinstimmung mit den Anforderungen an einen Prozess feststellen zu können, muss die Leistung anhand konkreter Kennzahlen gemessen werden, da nur ein messbarer Prozess auch steuerbar ist. Eine große

7.1 Grundlagen

Herausforderung für den Prozessverantwortlichen stellt daher in dieser Phase die Entwicklung und Einführung geeigneter Kennzahlen dar.

- **Aktive Steuerung des Prozesses.** Aktive Steuerung bedeutet, dass Kundenanforderungen permanent und adäquat erfüllt werden und damit die Kundenzufriedenheit sichergestellt ist, keine signifikanten Abweichungen von den Vorgaben festzustellen sind, das Messsystem eine sofortige Identifizierung möglicher Probleme erlaubt und notwendige Korrekturmaßnahmen rasch eingeleitet werden. Wesentlich ist es, geeignete Problemlösungsstrategien zu entwickeln, um Problemursachen rechtzeitig zu erkennen bzw. Probleme vor ihrem Auftreten zu lösen. Dadurch sollen Prozesse besser geplant, die Ressourcenausnutzung optimiert und Prozesskosten gesenkt werden.

- **Fortlaufende Verbesserung des Prozesses.** In der letzten Phase geht es um die Weiterentwicklung des Prozesses. Man versucht, den Prozess durch geeignete Maßnahmen auf ein höheres Qualitätsniveau zu bringen und sich einem Prozess ohne jegliche Mängel anzunähern. Dies führt in der Folge zu fehlerärmeren Produkten bzw. Dienstleistungen und damit zu niedrigeren Herstellungskosten.

Die genannten Aufgaben und Phasen zur Einführung können in einer Übersicht zu einem Vorgehen beim Geschäftsprozessmanagement zusammengeführt werden (siehe Abbildung 7.5).

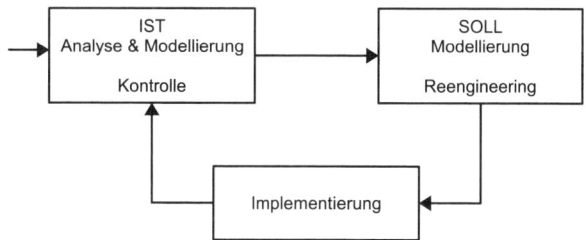

Abbildung 7.5: Vorgehen beim Geschäftsprozessmanagement

Aufbauend auf einer flankierenden oder bereits abgeschlossenen Vorstudie zur organisatorischen Verankerung eines Prozessdenkens werden in einer Analyse der Ist-Situation die bestehenden Prozesse modelliert und damit dokumentiert. Dem wird eine Soll-Modellierung gegenübergestellt, welche die Prozesse so darstellt, wie sie entsprechend der organisatorischen Ziele zukünftig gestaltet sein sollen. Hierein fällt dann auch eine Messung der aktuellen Prozessleistung.

Wird eine Prozessmodellierung in einer Organisation zum ersten Mal durchgeführt, kann man für die Soll-Modellierung auch auf bereits bestehende Prozessmodelle zurückgreifen. So genannte **Referenzmodelle** bieten bereits allgemein gehaltene Modelle typischer betrieblicher Prozesse an (siehe [Sch95]). Damit müssen bei der Modellierung nur eine Anpassung der Referenzmodelle an die Gegebenheiten der eigenen Organisation vorgenommen und nicht die kompletten Geschäftsprozesse von Grund auf modelliert werden.

An die Soll-Modellierung schließt sich die Implementierung der Geschäftsprozesse an. Dies bedeutet, dass die Aufbau- und Ablauforganisation entsprechend der Vorgaben aus den Prozessen angepasst werden. Das schließt auch die verwendeten Ressourcen (insbesondere Informationssysteme) ein. Sind die Geschäftsprozesse implementiert, kommt die Überwachung und Steuerung dieser Prozesse – d.h. deren aktive Steuerung – zum Tragen (siehe oben).

Die Verbesserung der Geschäftsprozesse vollzieht sich in einem vielfach wiederholten Durchlauf der Phasen von Ist- und Soll-Modellierung, wobei in der ersten Phase eine Analyse der nun implementierten Prozesse stattfindet und diese – bei Bedarf – in der zweiten Phase einem Reengineering (Um- oder Neugestaltung) unterworfen werden.

Allgemein ist noch anzumerken, dass ein erfolgreiches Geschäftsprozessmanagement nur mit IT-Unterstützung gewährleistet werden kann. Hierbei ist allerdings darauf hinzuweisen, dass sich der Einsatzbereich des Geschäftsprozessmanagements hauptsächlich auf repetitive Vorgänge mit geringen Entscheidungsspielräumen beschränkt – d.h. auf stark strukturierte Prozesse. Fischer stellt klar, dass bei innovativen Prozessen wie z.B. Abläufen im Bereich von Forschung und Entwicklung einer Organisation nur eine beschränkte Möglichkeit der Unterstützung durch das Geschäftsprozessmanagement gegeben ist [Fis93].

Das Geschäftsprozessmanagement besitzt z.T. enge Beziehungen zu anderen organisatorischen Funktionen. So wird eine Beziehung zwischen dem strategischen Management (siehe Kapitel 3.2.5) und dem Geschäftsprozessmanagement in der Beeinflussung der Geschäftsprozesse durch die Kernkompetenzen einer Organisation gesehen. Die Kernkompetenzen als Kernpunkt der ressourcenorientierten Sicht können durch Geschäftsprozesse auf- und ausgebaut werden [SS01].

Zwischen dem Wissensmanagement und dem Geschäftsprozessmanagement besteht eine mehrfache Beziehung: für die Ausführung der Geschäftsprozesse wird Wissen benötigt, in ihnen entsteht Wissen, und zudem stellen Geschäftsprozesse an sich Wissen dar. So stellt das prozessorientierte Wissensmanagement als Verbindung von Geschäftsprozessmanagement und Wissensmanagement wissensintensive Geschäftsprozesse in den Mittelpunkt seiner Betrachtung (siehe [Rem02], [Thi01] und Kapitel 9.2.2).

7.2 Geschäftsprozessmodellierung

Eine besondere Bedeutung in Verbindung mit dem Geschäftsprozessmanagement kommt Instrumenten zur Beschreibung von Geschäftsprozessen zu. An dieser Stelle sollen zunächst Ziele, Aufgaben und Vorgehen der Geschäftsprozessmodellierung diskutiert werden. Dann wird auf eine konkrete Methode zur Modellierung, die ereignisgesteuerten Prozessketten, näher eingegangen. Schließlich werden die Anforderungen an Software zur Unterstützung der Modellierung besprochen.

7.2.1 Ziele, Aufgaben und Vorgehen

Ausgangspunkt für die Planung und eine daran anschließende Überwachung und Verbesserung von Geschäftsprozessen ist die Beschreibung der bestehenden Prozesse in einer Organisation.

Das **Ziel** der Geschäftsprozessmodellierung ist die **Darstellung und Beschreibung aller relevanten Aspekte eines Geschäftsprozesses in einem Modell** unter Zuhilfenahme einer entsprechenden Beschreibungssprache. Dabei geht es nicht um die bloße Abbildung der realen Zustände in der Organisation, sondern um die aktive Unterstützung der Neu- und Umgestaltung der Organisation. Bei dieser Neu- und Umgestaltung handelt es sich normalerweise um positive Veränderungen in der Organisationsstruktur. Aus dieser Tatsache lässt sich wiederum das Ziel der Prozessorientierung erkennen: die Optimierung organisatorischer Abläufe und damit die Erhöhung der Wirtschaftlichkeit und eine gesteigerte Wettbewerbsfähigkeit der Organisation.

Diese Optimierung wird dadurch erreicht, dass die Modellierung wichtige **Aufgaben** übernimmt und das Geschäftsprozessmanagement auf vielfältige Art unterstützt. Diese Aufgaben sind (siehe auch [Nag93]):

- **Dokumentation.** Die Geschäftsprozessmodellierung bildet Organisationen ab. Es werden alle Elemente und Teilbereiche der Organisation sowie ihre Beziehungen beschrieben. Die Dokumentation ist die Voraussetzung für alle weiteren Aufgaben, indem sie die Grundlage für das Verständnis der Geschäftsprozesse liefert und damit zugleich eine gemeinsame Basis zur Kommunikation der Mitarbeiter untereinander. Daher lassen sich Modelle von Geschäftsprozessen auch zu Schulungszwecken verwenden, um z.B. neue Mitarbeiter schnell in die Abläufe der Organisation einzuweisen. Verbunden mit der Dokumentation der Geschäftsprozesse ist außerdem eine Identifikation und Explikation von organisatorischem Wissen (siehe dazu Kapitel 9).

- **Analyse und Reorganisation.** Die Funktionsweise der einzelnen Prozesse wird im Zuge der Geschäftsprozessmodellierung analysiert. Dadurch ist es möglich, unnötige bzw. umständlich strukturierte oder fehlende Aktivitäten oder Teilprozesse aufzuzeigen. Dies ist der Ausgangspunkt für Vereinfachungen von Prozessen, deren Umstrukturierung oder Ausgliederung.

- **Planung des Ressourcen-Einsatzes.** Durch die genaue Kenntnis einzelner Prozesse ist es möglich, den Bedarf an Ressourcen zu bestimmen. Vorhandene Ressourcen können damit besser geplant und verteilt werden. Auch werden mögliche Engpässe aufgezeigt, auf welche die Organisation rechtzeitig und angemessen reagieren kann.

- **Überwachung und Steuerung von Geschäftsprozessen.** Die Modellierung liefert dem Management ein genaues Bild diverser Abläufe in der Organisation. Dadurch ist eine genaue Kontrolle der Prozesse in der Organisation gewährleistet. Auf unerwartet auftretende Probleme kann so gut und rechtzeitig reagiert werden.

- **Simulation.** Die Abbildung einer Organisation in einem Modell ermöglicht es, Vorschläge zur Umstrukturierung zunächst testen zu können, ohne bereits Veränderungen in der Organisation vorzunehmen. Eventuell auftretende Probleme können so vor der eigentlichen Umstrukturierung erkannt werden.

- **Anforderungen an Informationssysteme.** Mit der Modellierung von Geschäftsprozessen können in der Definitionsphase der Softwareentwicklung die Anforderungen an die Gestaltung von Informationssystemen für das Pflichtenheft beschrieben werden (siehe Kapitel 4.2.5).

- **Basis für Workflowmanagementsysteme.** Nach erfolgreicher Geschäftsprozessmodellierung kann ein weiterer Schritt darin bestehen, durch Workflowmanagementsysteme eine rechnergestützte Verwaltung und weitgehende Automatisierung der modellierten Prozesse aufzubauen (siehe auch Kapitel 5.2.3).

Die Optimierung einer Organisation mit Hilfe der Geschäftsprozessmodellierung ist nur dann möglich, wenn die Prozesse dem Zweck entsprechend vollständig modelliert werden. Viele verschiedene Punkte können dabei eine Rolle spielen, und je mehr Aspekte eines Prozesses bei der Modellierung berücksichtigt werden sollen, um so genauer ist er abzubilden. Dabei definiert jede Organisation die Vollständigkeit der Darstellung ihrer Prozesse selbst. So können in einer Organisation z.B. die Qualitätsanforderungen eines Prozesses von besonderer Wichtigkeit sein, während sie in einer anderen Organisation kaum eine Rolle spielen. Entscheidend ist in jedem Fall, dass die Ziele der Modellierung vorher festgelegt werden.

Gemessen an den Bedürfnissen der jeweiligen Organisation kann folgender Informationsbedarf bei der Modellierung auftreten [Obe97]:

- **Aktivitäten und Ablaufstruktur.** Dieser Punkt ist essentiell für die Modellierung, er bestimmt den eigentlichen Zweck des Prozesses. Hier wird beschrieben, was geschieht und wie es geschieht. Die Ablaufstruktur definiert also den Prozess an sich (siehe Abbildung 7.3).

- **Ressourcen.** Dieser Aspekt befasst sich sowohl mit den intern vorhandenen als auch mit den von außen zufließenden Ressourcen eines Prozesses. Er definiert, welche Materialien zum geregelten Ablauf des Vorgangs nötig sind, und von wo bzw. wie sie bereitgestellt werden. Auch Daten, die zum Prozessfortgang benötigt werden, sind unter diesem Punkt erfasst.

- **Kostenaspekte.** Eine Organisation hat ein begrenztes Budget. Deswegen ist für das Management eine genaue Aufstellung der verschiedenen Ausgaben der Organisation unumgänglich. Durch die Geschäftsprozessmodellierung ist es möglich, die Kosten übersichtlich auf die einzelnen Prozesse verteilt darzustellen und zu erkennen, wo eine Umverteilung oder eine Budgetänderung notwendig oder möglich wäre.

- **Zeitaspekte.** Ebenso wie die Kosten spielt auch die Zeit eine wichtige Rolle. Durch Einbezug der Zeit in die Prozessmodellierung können lang andauernde Vorgänge oder Engpässe im Prozess erkannt und durch erhöhten Ressourceneinsatz optimiert werden.

- **Besondere Ereignisse.** Der übliche Ablauf eines Prozesses kann in der Praxis durch außergewöhnliche Ereignisse (z.B. Ressourcengpässe, kurzfristige Terminverschiebungen) beeinflusst werden. Solche Ereignisse sind im Rahmen der Prozessmodellierung gegebenenfalls zu berücksichtigen, um dennoch eine aktive Steuerung der Prozesse zu gewährleisten.

- **Priorität und Rolle.** Jeder Prozess hat einen bestimmten Stellenwert in der Organisation. Durch Erstellung einer Hierarchie und die Vergabe von Prioritäten kann so z.B. bei einem Ressourcenengpass einfacher entschieden werden, welche Prozesse bei der Vergabe von Material bevorzugt beliefert werden.

- **Kommunikationsstrukturen.** Dieser Punkt beschreibt sowohl die interne Kommunikationsstruktur eines Prozesses als auch entsprechende Beziehungen zu anderen Prozessen. So sollte z.B. nicht nur auf das Vorhandensein von E-Mail-Systemen oder eine Hauspost eingegangen werden, sondern auch in Anlehnung an eventuell vorhandene Prozesshierarchien auf die Informationspflicht einzelner Prozesse an übergeordnete Einheiten.

- **Qualitätsanforderungen.** Um eine gewisse Produktqualität und somit auch die Zufriedenheit des Kunden zu gewährleisten, kann es sinnvoll sein, die Qualitätsanforderungen in die Geschäftsprozessmodellierung einzubeziehen. Damit können qualitative Ansprüche an den Output des Prozesses gemeint sein, aber auch Ansprüche an den Prozess selbst.

- **Sicherheitsanforderungen.** Bei manchen Prozessen muss der Sicherheitsfaktor berücksichtigt werden, sei es der Schutz vor unautorisierten Zugriffen auf betriebsinterne Daten, die Minimierung des Unfallrisikos bei Fertigungsprozessen oder die hermetische Abriegelung eines biologischen Sicherheitslabors. Die Geschäftsprozessmodellierung ermöglicht es in diesen Fällen, den Überblick über die notwendigen Vorkehrungen zu behalten, und hilft bei der Erkennung etwaiger Sicherheitslücken.

Die Liste erhebt keinen Anspruch auf Vollständigkeit, weist aber darauf hin, dass die Modellierung von Geschäftsprozessen auch an ihre Grenzen stößt, was eine umfassende Beschreibung von Prozessen betrifft. Daneben kann es bei der Modellierung zu weiteren **Schwierigkeiten** kommen:

- die Annahme, dass Prozesse statisch sind und über längere Zeit stabil bleiben;
- die Annahme, das Prozessmodell spiegele die Wirklichkeit hinreichend wider;
- die Subjektivität der entworfenen Modelle, d.h. der Einfluss der modellierenden Personen und deren persönliche Sicht auf die Dinge;
- die Komplexität der verwendeten Beschreibungssprache, d.h. nicht alles kann einfach und intuitiv dargestellt werden;
- der Aufwand für die Modellierung;
- die unterschiedlichen Ansprüche von Modellierungs- und Fachexperten.

Für das **Vorgehen** bei der Geschäftsprozessmodellierung werden von verschiedenen Autoren entsprechende Vorgehensmodelle vorgeschlagen, die einen groben Rahmen für die Prozessmodellierung bieten können. Nagl schlägt für den allgemeinen Ablauf der Prozessmodellierung folgende vier Schritte vor [Nag93]:

- Erhebung (Ist-Orientierung): Verstehen der Ist-Prozesse, Erheben der Ressourcennutzung und von Stärken, Schwächen, Chancen und Risiken der Prozesse;
- Definition der gewünschten Soll-Prozesse und Beschreibung der Funktionalität bestehender Prozesse;
- Beschreibung und Festlegung der gewünschten Ressourcennutzung (Soll) unter Berücksichtigung der kritischen Erfolgsfaktoren;
- Implementierung (Ist-Orientierung): Beschreibung des Systems, der Prozess-Ressourcen-Zuordnung sowie der Maßnahmen für die einzelnen Bereiche.

In der Praxis sind häufig organisatorische Probleme (z.B. Umsatzrückgang, Verlust von Marktanteilen, Zunahme von Qualitätsmängeln) der Auslöser für den Einsatz der Prozessmodellierung, d.h. sie erfolgt als Reaktion auf bestimmte Ereignisse. Ideal wäre allerdings ein antizipierender Einsatz auf Änderungen, die in der Organisationsumwelt erwartet werden, weil auch die Geschäftsprozessmodellierung selbst eine gewisse Zeit in Anspruch nimmt.

Um dem oben genannten Ziel der Geschäftsprozessmodellierung gerecht zu werden, ist es nötig, eine passende **Methode zur Beschreibung der Geschäftsprozesse** auszuwählen. Eine rein verbale Beschreibung von Arbeitsabläufen ist nicht geeignet, um einen Prozess in übersichtlicher und leicht auszuwertender Form darzustellen. Verbale Beschreibungen können Unklarheiten und Ungenauigkeiten enthalten und bereiten dem Adressaten außerdem Schwierigkeiten, das Prozessmodell vollständig und rasch zu erfassen.

Neben einer verbalen Beschreibung stehen viele verschiedene semi-formale (z.B. ereignisgesteuerte Prozessketten oder UML) und formale (z.B. Petrinetze) Methoden zur Verfügung. Formal heißt, dass die Beschreibung auf strikten Regeln, die sich üblicherweise aus der Graphentheorie herleiten, beruht. Bei semi-formalen Beschreibungen wird die formale Beschreibung um verbale ergänzt.

Für die Auswahl einer Methode spielt auch die Standardisierung eine Rolle, um die erstellten Prozessmodelle sinnvoll weiterverwenden zu können. BPMN (Business Process Modeling Notation) beispielsweise ist ein offener Standard zur Modellierung, Implementierung und Ausführung von Geschäftsprozessen. Er ähnelt in seiner Notation dem Aktivitätsdiagramm nach UML, das ebenfalls verwendet werden kann, um Geschäftsprozesse abzubilden. Die Darstellung in UML kann durch Anwendungsfall- oder Sequenzdiagramme ergänzt werden.

Besondere Verbreitung bei der Beschreibung von Geschäftsprozessen haben ereignisgesteuerte Prozessketten gefunden. Diese werden daher im folgenden Kapitel auch ausführlicher behandelt.

7.2.2 Modellierung mit ereignisgesteuerten Prozessketten

Aus Kapitel 5.3 ist bereits ARIS (Architektur integrierter Informationssysteme) als Konzept zur umfassenden Beschreibung von Organisationen (man nennt das auch Unternehmensmodellierung) bekannt, das die Grundlage für die Analyse und Gestaltung von Informationssystemen liefert. Das Konzept ist aus verschiedenen Sichten aufgebaut (siehe Abbildung 5.12), die jeweils einzeln und mit spezifischen Methoden modelliert werden können. Die zentrale Sicht ist die Steuerungssicht, die sämtliche Sichten unter Verwendung von ereignisgesteuerten Prozessketten (kurz EPK) zusammenführt. Das Konzept wird von IDS Scheer als Gruppe von Softwarelösungen unter dem Namen ARIS Solutions für das betriebliche Geschäftsprozessmanagement angeboten.

Die Steuerungssicht modelliert Geschäftsprozesse, die eine Abfolge (vulgo Kette) von Funktionen darstellen und durch Ereignisse ausgelöst und gesteuert werden. Diese Prozessketten werden um zusätzliche Informationen ergänzt. Dazu zählen Angaben über Leistungen, die durch eine Funktion erbracht werden, Angaben zur Organisationseinheit, die eine entsprechende Funktion ausführt, Daten, die für die Funktion notwendig sind oder von ihr erzeugt bzw. verändert werden.

Die einzelnen Sichten sollen mit ihren Modellierungsmethoden im Folgenden anhand eines Beispiels besprochen werden. Im Mittelpunkt steht die Modellierung auf Ebene des Fachkonzepts. Für das DV-Konzept und die Implementierung siehe die Hinweise in Kapitel 5.3. Ausführliches findet sich bei [Sch98a].

Funktionen bezeichnen einen betriebswirtschaftlichen Vorgang: z.B. betreibt die W&S AG, ein Hersteller von Fahrrädern, die aktive Akquise von Kunden. Funktionen können zerlegt werden: z.B. umfasst die Akquise die Auswahl von Kunden, die Durchführung des Akquisegesprächs und die abschließende Dokumentation desselben. Funktionen können aber genauso aggregiert werden: z.B. gehört die Akquise von Kunden wie auch die Kundenbindung und die Rückgewinnung von Kunden zum CRM (Customer Relationship Management oder Kundenbeziehungsmanagement), das sich als Teil des Marketing (siehe Kapitel 3.2.3) um die Gewinnung neuer Kunden und die Bindung der neuen und bestehenden Kunden an die eigene Organisation kümmert.

Funktionen werden in ARIS durch Rechtecke mit abgerundeten Ecken modelliert. Eine Aufstellung betrieblicher Funktionen resultiert in einem so genannten Funktionsbaum, der die Funktionen hierarchisch einordnet (siehe Abbildung 7.6).

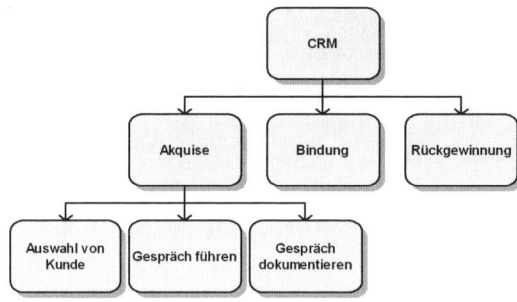

Abbildung 7.6: Funktionsbaum

Funktionen werden von bestimmten Abteilungen bzw. Stellen ausgeführt: z.B. existiert in einem Unternehmen in der Hauptabteilung Marketing eine Abteilung mit dem Namen CRM, die sich um die oben genannten Funktionen kümmert. Für eine Übersicht über diese **Organisationseinheiten** werden Organigramme aufgestellt, die die Abteilungen und Stellen in ihrem hierarchischen Zusammenhang abbilden (siehe Abbildung 7.7). Sie werden jeweils als Ovale mit einem senkrechten Strich modelliert. Für die verschiedenen Organisationsformen siehe auch Kapitel 3.2.7.

Bei der Ausführung der Funktionen durch die Organisationseinheiten wird eine Reihe von **Daten** benötigt, werden neue Daten angelegt und bestehende Daten verändert: z.B. greift ein Mitarbeiter im CRM auf einen Stamm an Kundendaten zu, um einen entsprechenden Kunden für ein Akquisegespräch auszuwählen, oder legt dort Daten mit einem neuen Kunden an, die er auf einem Messebesuch oder aus anderer Quelle erhalten hat.

Für einen groben Überblick reicht es zunächst aus, in einer Makrobeschreibung Datenobjekte stark aggregiert anzugeben. Sie werden als Rechtecke mit drei senkrechten Strichen an beiden Seiten des Rechtecks dargestellt (siehe z.B. die Kundendaten oder Produktdaten in Abbildung 7.9). Soll die Darstellung in einer Mikrobeschreibung verfeinert werden, wird auf Entity-Relationship-Modelle (ER-Modelle) zurückgegriffen, die in Kapitel 4.2.6 bereits ausführlich behandelt wurden.

7.2 Geschäftsprozessmodellierung

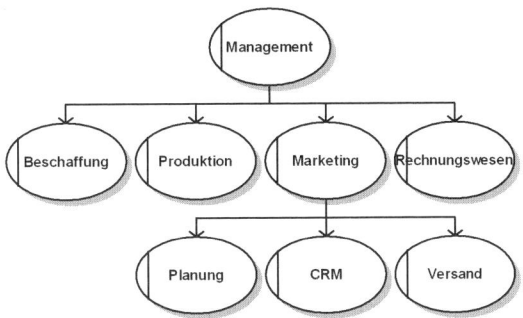

Abbildung 7.7: Organigramm

Unter den **Leistungen** in der Leistungssicht werden Produkte und Dienstleistungen verstanden, die das Ergebnis von Geschäftsprozessen sind und deren Bedarf solche Prozesse auslöst: z.B. kann ein Unternehmen wie die W&S AG Fahrräder als Leistung (d.h. Produkte) erbringen, ebenso wird aber auch das Akquisegespräch als Leistung (d.h. Dienstleistung, die dem Kunden mögliche Produkte präsentiert oder dessen genaue Wünsche für ein Fahrrad erhebt) angesehen. Dabei können sich Leistungen unter Umständen mit Daten überschneiden – so kann die Leistung des Akquisegesprächs auch als Datum (als Dokumentation des Gesprächs) verstanden und als solches modelliert werden. Hier ist sie zur Veranschaulichung als eine Leistung wiedergegeben.

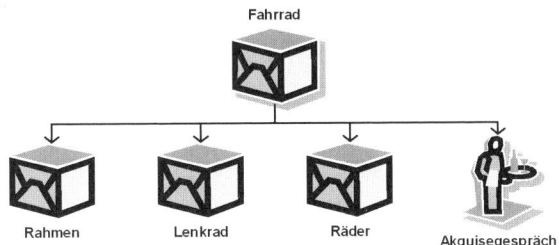

Abbildung 7.8: Leistungsbaum

Leistungen werden mittels eines Fünfecks mit einer doppelt gezeichneten Grundlinie dargestellt (siehe Abbildung 7.9). Für die (etwas bildhaftere) Übersicht über die Leistungen einer Organisation und darüber, welche Leistungen in welche anderen eingehen, verwendet ARIS so genannte Leistungsbäume (siehe Abbildung 7.8). Siehe zum Vergleich auch die Darstellungen von Produkten durch Stücklisten und Gozintographen in Kapitel 3.2.1.

Die **Steuerungssicht** führt diese vier Sichten in einer Abbildung als ereignisgesteuerte Prozesskette zusammen und bildet somit die betriebswirtschaftliche Wertschöpfungskette in all ihren Facetten insgesamt ab. Das Beispiel der Akquise von Kunden zeigt Abbildung 7.9. Eine EPK enthält nur Funktionen und Ereignisse. Werden weitere Elemente aufgenommen, spricht man von einer erweiterten EPK (eEPK). Im Rahmen dieses Kapitels wird jedoch ohne expliziten Hinweis immer von der Modellierung einer erweiterten EPK ausgegangen.

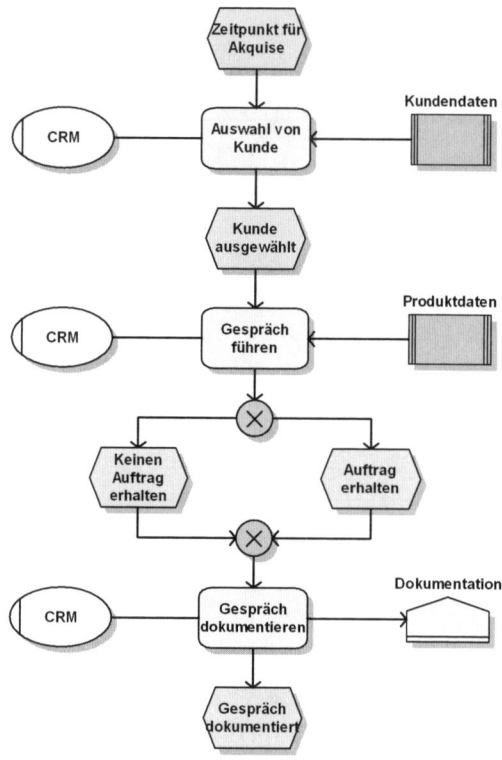

Abbildung 7.9: EPK zur Akquise von Kunden

Dabei liegt der Schwerpunkt der Abbildung in einer Verknüpfung der in der Funktionssicht definierten Funktionen durch **Ereignisse**. Ereignisse treten zu einem bestimmten Zeitpunkt auf und können sowohl aus der Organisation selbst als auch von außerhalb stammen. Sie lösen entweder eine oder mehrere Funktionen aus (stoßen also ein gewisses Tun an, damit auf das Ereignis reagiert wird). Ebenso löst die Ausführung einer oder mehrerer Funktionen auch Ereignisse aus. Im Beispiel wird die Akquise z.B. dadurch ausgelöst, dass ein Kunde das Geschäft betritt oder es auf Grund gesunkener Kundenzahlen notwendig erscheint, wieder aktiv an (neue) Kunden heranzutreten. Ereignisse spiegeln damit Zustände wider und sind passive Elemente einer EPK, Funktionen dagegen aktive Elemente.

Damit wird eine EPK zu einer wechselnden Folge von Ereignissen und Funktionen, die durch Pfeile miteinander verbunden sind. Tritt der Fall ein, dass ein Ereig-

7.2 Geschäftsprozessmodellierung

nis mehrere Funktionen auslöst, mehrere Funktionen ein Ereignis auslösen oder mehrere Ereignisse auf mehrere Funktionen treffen, werden **Konnektoren** in die EPK eingefügt, um festzulegen, wie diese Ereignisse und Funktionen miteinander verknüpft werden sollen. Für EPK sind in ARIS drei Konnektoren definiert (siehe Abbildung 7.10).

Abbildung 7.10: Konnektoren für EPK

Bei der Verknüpfung von Ereignissen und Funktionen mittels Konnektoren sind alle bis auf zwei Möglichkeiten zulässig: So ist bei einem Ereignis, auf das mehrere Funktionen folgen, nur der Und-Konnektor erlaubt, da sonst (bei Oder- bzw. Xor-Verknüpfung) das Ereignis eine Entscheidung treffen müsste, welche der folgenden Funktionen ausgelöst werden sollen, was es aber nicht kann, da es ein passives Element in der EPK ist (Fall c in Abbildung 7.11). Außerdem kann ein Konnektor immer nur ein Element mit mehreren Elementen verbinden. Sollen mehrere Ereignisse mit mehreren Funktionen verbunden werden, sind zwei aufeinander folgende Konnektoren nötig (Fälle g und h in Abbildung 7.11).

Neben diesen genannten Einschränkungen sind für die Modellierung von EPK weitere Regeln notwendig. Alle darzustellen, ist hier nicht möglich, die wichtigen Regeln sollen aber kurz erläutert werden:

- Eine EPK beginnt stets mit einem oder mehreren Ereignissen und endet stets mit einem oder mehreren Ereignissen.

- Funktionen und Ereignisse folgen stets im Wechsel aufeinander, nie jedoch zwei Funktionen oder zwei Ereignisse hintereinander.

- Die Parallelität von Funktionen wird mit den Konnektoren modelliert. Dabei werden für das Öffnen wie auch das Schließen eines parallelen Strangs von Funktionen und Ereignissen dieselben Konnektoren verwendet (wie der Xor-Konnektor im Beispiel in Abbildung 7.9; hier z.B. wäre ein Öffnen mit Xor- und Schließen mit Und-Konnektor nicht zulässig).

- Zum Zweck der Übersichtlichkeit und Lesbarkeit von Prozessmodellen sollte von oben nach unten modelliert werden.

- Für Funktionen und Ereignisse sollten möglichst eindeutige und verständliche Bezeichnungen gewählt werden.
- Zu jeder Funktion wird die Organisationseinheit angegeben, welche für die Ausführung verantwortlich ist.

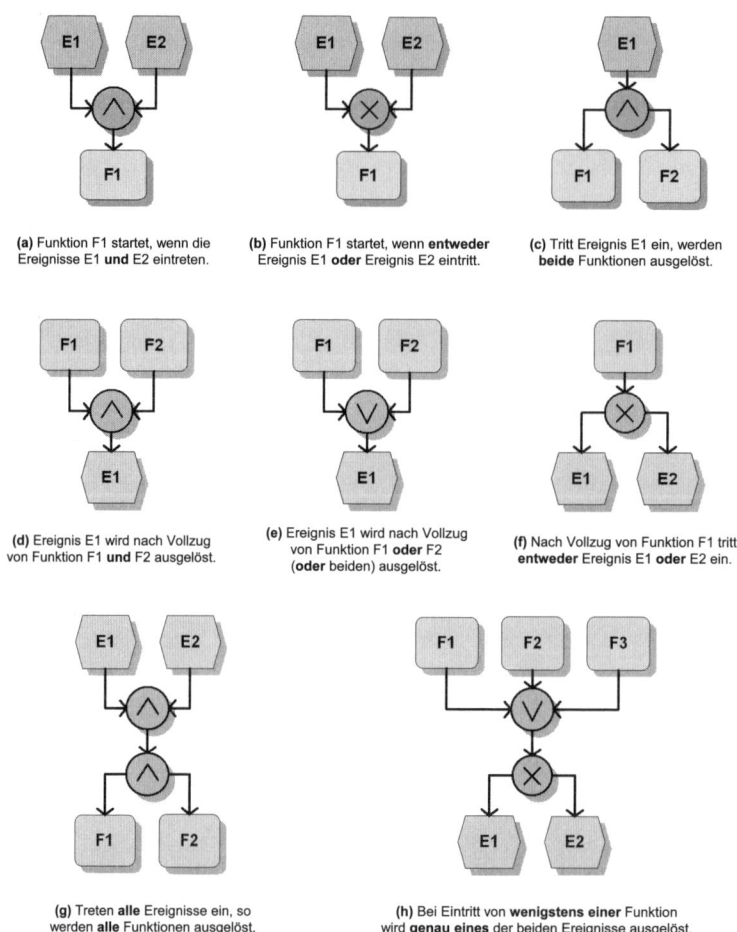

Abbildung 7.11: Verknüpfungen mit Konnektoren in EPK

Wenn die Abläufe, die in einer EPK abgebildet werden sollen, zu umfangreich werden, ist es ratsam, die Modellierung auf mehrere EPK aufzuteilen. So könnte im Beispiel in Abbildung 7.9 die Funktion „Gespräch führen" einen sehr strukturierten Ablauf besitzen, der in einer eigenen EPK festgehalten wird, um die eigentliche EPK nicht zu überfrachten. Außerdem stellen (End-)Ereignisse einer EPK zugleich Startereignisse (und umgekehrt) einer anderen EPK dar. So kann das Ereignis „Auftrag erhalten" der Auslöser für eine weitere EPK sein, in welcher der

Auftrag geprüft und danach an die Produktion zur Herstellung des gewünschten Fahrrads weitergegeben wird.

Das ARIS-Konzept umfasst noch viele weitere Elemente zur Modellierung, die hier aber nicht weiter ausgeführt werden (siehe dazu [Sch98b]).

7.2.3 Software für die Geschäftsprozessmodellierung

Die Planung, Überwachung, Steuerung und Verbesserung von Geschäftsprozessen kann in vielfältiger Weise durch Software unterstützt werden. Das Spektrum umfasst Software zur Modellierung, Workflow-Management-Systeme (oder auch Business Rules Management-Systeme) und Dokumenten-Management-Systeme (siehe Kapitel 5.2.3) sowie Software für EAI (Enterprise Application Integration). Die folgende Darstellung beschränkt sich auf Anforderungen an Software zur Geschäftsprozessmodellierung.

Die Aufgaben von Software zur Geschäftsprozessmodellierung werden in der systematischen Aufbereitung, Speicherung und Analyse der Daten gesehen, die bei der Prozessanalyse bzw. -modellierung anfallen. Die Software hat also eindeutig einen unterstützenden und weniger einen strukturierenden oder führenden Charakter. Insbesondere bei größeren Projekten kann sie helfen, die anfallenden Datenmengen zu bewältigen. Ihr Einsatz in der Praxis hilft außerdem, das Prozessverständnis und das Prozessdenken zu fördern. Es ist aber nicht angebracht, durch den Einsatz der Software selbsttätig Hinweise auf Verbesserungen in den Prozessen zu erwarten.

Software zur Geschäftsprozessmodellierung sieht für die Modellierung meist unterschiedliche Sichten vor. Diese Sichten entsprechen dem organisatorischen Gestaltungsbedarf und heben jeweils einen bestimmten Aspekt besonders hervor. Die wesentliche Errungenschaft der Software besteht darin, diese Sichten zu integrieren und bei Bedarf ein- oder auszublenden. Bei den einzelnen Sichten handelt es sich in den meisten Fällen um (siehe auch Kapitel 7.2.2):

- Funktionen oder elementare Aktivitäten;
- Daten oder Informationen (Datenobjekte, Dokumente, Datenflüsse);
- Prozesse (bestehend aus Teilprozessen und Aktivitäten);
- die Organisationsstruktur (Organisationseinheiten, Stellengliederung und Stellenbeschreibung);
- Ressourcen und weitere Prozessmerkmale (z.B. Kosten, Ressourcenverbrauch, Durchlaufzeit usw.);
- die institutionelle Verankerung der Prozessverantwortung (Prozess-Owner);
- Prozessauslöser (Trigger, Ereignisse).

Bei Bedarf werden diese Sichten um weitere ergänzt. In der Praxis zeigt sich aber, dass sich die heute angebotenen Werkzeuge in ihrer Funktionalität immer mehr annähern und weitgehend die gleichen Sichten unterstützen.

Den Kern einer Software zur Geschäftsprozessmodellierung bildet eine Beschreibungssprache, deren Ausdrucksmöglichkeiten gewöhnlich in einem Metaschema festgelegt werden. Diese werden hier in einen größeren Kontext eingebettet, da neben der eigentlichen Prozessbeschreibung noch weitere Aspekte abgedeckt werden müssen. Eine Beschreibungssprache muss gewissen Anforderungen genügen, um für die Modellierung tauglich zu sein. Folgende Punkte sind dabei von Bedeutung [Obe97]:

- **Ausdrucksmächtigkeit.** Hierbei handelt es sich um die Fähigkeit der Sprache, alle relevanten Aspekte eines Geschäftsprozesses darstellen zu können (siehe Kapitel 7.2.1). Außerdem müssen diese Aspekte ihrer Wichtigkeit angemessen, also nicht übertrieben ausführlich dargestellt werden können. Eine Sprache, die die Forderung nach Ausdrucksmächtigkeit nicht erfüllt, ist ungeeignet für die Prozessmodellierung.

- **Formalisierungs- und Präzisierungsgrad.** Da das Ziel der Modellierung bei unterschiedlichen Organisationen auch unterschiedlich sein kann, muss eine Beschreibungssprache so flexibel sein, dass man sie an die jeweiligen Ziele anpassen kann. Ist die Sprache nicht flexibel genug, verliert sie an Ausdrucksmacht und kann so ihre Eignung für die Modellierung verlieren.

- **Visualisierungsmöglichkeiten.** Eine Beschreibungssprache sollte mehr als eine Sichtweise auf die Organisationsstruktur ermöglichen, um alle Aspekte der Geschäftsprozesse erkennen zu lassen. Eine grafische Darstellung ist dabei hilfreich, da man bei einer rein textbasierten Beschreibung bei zunehmender Größe und Komplexität schnell die Übersicht verliert. Nützlich ist zudem die Möglichkeit, den Detaillierungsgrad der Darstellung zu verändern. So lassen sich z.B. für den Betrachter irrelevante Fakten ausblenden oder mehrere Teilprozesse zum Zweck der Übersichtlichkeit zu einem Prozess zusammenfassen.

- **Entwicklungsunterstützung.** Modellierung ist oft langwierig und umständlich. Deswegen existiert diverse Software, die die Arbeit erleichtern kann, z.B. RAD (Rapid Application Development)-Tools. Bei Einsatz dieser Instrumente muss die bei der Modellierung verwendete Beschreibungssprache kompatibel zu diesen Werkzeugen sein. Umgekehrt gibt es Software, die speziell auf eine bestimmte Sprache zugeschnitten ist. Diese Instrumente müssen entsprechend für die jeweilige Art der Modellierung brauchbar sein. Fehlende Entwicklungsunterstützung beeinträchtigt zwar nicht die Eignung der Beschreibungssprache für den Modellierungsvorgang, die Instrumente machen die Arbeit allerdings komfortabler und einfacher.

- **Analysier- und Validierbarkeit.** Es ist durchaus möglich, dass sich eine Organisation der Geschäftsprozessmodellierung nur bedient, um eine Darstellung der Organisationsstruktur zu erhalten. Viel häufiger tritt jedoch der Fall ein, dass das Modell zur Analyse der Geschäftsprozesse genutzt wird, um mögliche Wege der Verbesserung aufzuzeigen. Genau diese Möglichkeit muss eine Beschreibungssprache bieten. Die Prozesse, ihre Eigenschaften und Beziehungen müssen inhaltlich richtig und derart dargestellt werden, dass eine solche Prüfung möglich ist.

- **Ausführbarkeit und Simulierbarkeit.** Die Analyse einer Organisation soll zu möglichen Verbesserungen von Geschäftsprozessen führen. Um sicherzugehen, dass Veränderungen an den Prozessen tatsächlich eine Verbesserung für die Organisation bedeuten, ist es nötig, ausreichende Tests durchzuführen. Besonders geeignet ist dabei eine Simulation der Organisation anhand eines Prozessmodells und die Analyse der durch die Veränderungen erzielten Ergebnisse. Die Möglichkeit der Simulation muss die zu Grunde liegende Beschreibungssprache unterstützen. Es handelt sich hierbei nicht um eine Grundvoraussetzung für eine Beschreibungssprache. Eine Anwendung der aus der Analyse der Organisationsstruktur erkannten Verbesserungsmöglichkeiten auf die reale Organisation kann sich ohne Simulation allerdings fatal auswirken.

Vielfach handelt es sich bei den im Rahmen der Geschäftsprozessmodellierung erfassten Größen um qualitative Größen, die sich einer quantitativen Beschreibung entziehen. Neben inhaltlichen Anforderungen gibt es daher weitere Anforderungen wie Benutzerfreundlichkeit, Unterstützung der Teamarbeit und Schnittstellen zu anderen Informationssystemen. Außerdem ist auf die – abhängig vom geplanten Einsatzbereich – unterschiedlichen Zielsetzungen von Instrumenten hinzuweisen, durch die sich meist Unterschiede in der Funktionalität ergeben. Bei Workflow-Management-Systemen findet sich z.B. neben dem Definitionsteil, in dem Geschäftsprozesse erhoben und festgelegt werden, im Allgemeinen ein Ausführungsteil, der die manuelle Bearbeitung von Geschäftsprozessen entweder ersetzt oder zumindest unterstützt. Ein derartiger Ausführungsteil ist bei Werkzeugen zur Geschäftsprozessmodellierung im engeren Sinne nicht vorgesehen.

Hervorzuheben ist auch, dass objektorientierte Ansätze deutliche Vorteile bieten. Gegenüber konventionellen Ansätzen, die Daten und Funktionen getrennt behandeln, verspricht eine objektorientierte Betrachtung eine authentischere Abbildung der organisatorischen Realität. Die Anwendung objektorientierter Konzepte wie Klassifikation, Aggregation, Generalisierung und Kapselung ermöglicht eine relativ übersichtliche Modellierung und eine flexible Modifizierbarkeit sowie gute Wiederverwendbarkeit der Modelle.

Um die Vorteile der Geschäftsprozessmodellierung nutzen zu können, müssen die Modelle ständig aktualisiert werden. Nur die den Prozess ausführenden Mitarbeiter haben jedoch das Wissen um die Erfordernisse eines Geschäftsprozesses. Daher muss es deren Aufgabe und nicht die von Modellierungsspezialisten sein, die Modelle auf einem aktuellen Stand zu halten. Folglich müssen Instrumente zur Geschäftsprozessmodellierung für die Mitarbeiter einfach zu bedienen sein.

7.3 Prozessanalyse und Benchmarking von Prozessen

Das Ziel des Geschäftsprozessmanagements ist die Verbesserung der organisatorischen Effizienz. Prozessmodelle werden (ob mit oder ohne softwaretechnische Unterstützung dokumentiert) einer Analyse mit dem Ziel einer Verbesserung unterworfen (siehe Abbildung 7.5). Auf diese wichtige Aufgabe soll in diesem Kapitel eingegangen werden.

7.3.1 Potenzial der Prozessanalyse

Allgemein kann eine Prozessverbesserung durch eine Vereinfachung und Standardisierung von Prozesselementen und ihrer Beziehungen erreicht werden. Durch eine Automatisierung von Vorgängen, z.B. mit Hilfe von Informationssystemen, kann die Leistung von Prozessen oft unmittelbar gesteigert werden. Auch eine Umstrukturierung in der Prozessorganisation, z.B. eine Änderung der Reihenfolge der Teilprozesse oder Aktivitäten bzw. die Reihenfolge der Prozesse überhaupt, kann die Wirtschaftlichkeit steigern.

Die folgenden Punkte beschreiben das **Veränderungspotenzial**, das durch die Prozessoptimierung grundsätzlich entsteht:

- Automatisierung (z.B. Wegfall manueller Tätigkeiten);

- Informationsstand (z.B. besseres Verständnis der Prozesse bei Beteiligten);

- Prozessablauf (z.B. Veränderung in der Reihenfolge der Aktivitäten, Parallelisierung etc. mit dem Ziel einer Rationalisierung oder Beschleunigung der Abläufe, Elimination von Zwischenstellen, Übermittlern und Medienbrüchen);

- Kontrolle (z.B. verbesserte Auskunftsbereitschaft über den Prozessstatus oder bestimmte Objekte);

- Entscheidungsunterstützung (z.B. Verbesserung des Informationsstandes für Entscheidungsträger und damit auch Verbesserung der Entscheidungsqualität);

- Regionale Zusammenarbeit (z.B. bessere Koordination bei Organisationen mit verteilten Standorten);

- Koordination und Zusammenarbeit auf Prozessebene (z.B. bessere Abstimmung zwischen einzelnen Aktivitäten, aber auch zwischen zwei oder mehreren Prozessen, wobei die Prozessabläufe unverändert bleiben können);

- Förderung von Lernprozessen (z.B. Sammlung und Weitergabe von strategisch wichtigem Wissen).

Als **Optimierungskriterien** für Geschäftsprozesse und damit bei der Suche nach Verbesserungsmöglichkeiten spielen die drei Faktoren Zeit, Kosten und Qualität eine entscheidende Rolle. Beispiele für typische zu untersuchende Aspekte bei bestehenden Prozessen sind:

- Ist es möglich, Durchlauf- und Suchzeiten zu verkürzen? Gibt es vermeidbare Liegezeiten?
- Gibt es Möglichkeiten zur Optimierung von Lager- oder Personalkosten innerhalb der einzelnen Prozesse?
- Welche durchschnittliche Fehlerrate oder Ausschussquote liegt bei der Produktion vor?

Je nachdem, wie gut die Geschäftsprozessmodellierung durchgeführt wurde, ist die nachträgliche Analyse ein Vorgang, der schnell abgehandelt werden kann oder mehr Zeit in Anspruch nimmt als die Geschäftsprozessmodellierung selbst. Deshalb ist eine genaue und gründliche Modellierung von Anfang an von entscheidender Bedeutung für den anhaltenden Erfolg des Geschäftsprozessmanagements.

Die **Prozessanalyse** als systematisches Vorgehen hat zum Ziel, die Prozesselemente und deren Zusammenhänge im Detail zu erfassen und zu dokumentieren. Dabei müssen die einzelnen Prozessobjekte, Aktivitäten und Teilprozesse bezüglich ihrer Dauer, Qualität und ihres Inhalts untersucht werden. Ebenso sind die Kapazität, der Verbrauch, die Ergebnisse und Verantwortlichen der einzelnen Prozesse Gegenstand der Untersuchung. Je besser diese Erfassung und Dokumentation durchgeführt wird, desto fundierter ist die Grundlage für die folgende Analyse. Eine Befragung der Mitarbeiter vor Ort ist für die Qualität der Prozesserfassung und -analyse besonders wichtig.

Ein wichtiger Teil der Prozessanalyse besteht in der Problemdiagnose. Dabei geht es um die Identifikation von Schwachstellen, das Aufdecken von Ursache-Wirkungs-Zusammenhängen und das Auffinden von Ansatzpunkten für die Prozessoptimierung. Unterstützt wird diese Tätigkeit in der Praxis durch Checklisten, die das systematische Auffinden von Schwachstellen ermöglichen. Ebenfalls hilfreich sind dabei **Prozesskennzahlen**, d.h. Zahlen, die in präziser und konzentrierter Form über wichtige, zahlenmäßig erfassbare Tatbestände und Entwicklungen einer Organisation berichten. Einfach festzulegende Kenngrößen im Rahmen eines Kennzahlensystems sind die Durchlaufzeit, Termintreue, Kapazitätsauslastung, Bearbeitungsdauer, Wartezeiten, Transportzeiten, Nachbearbeitungszeiten, Lagerbestand und der Ausschuss. Messtechnische Probleme ergeben sich vor allem bei qualitativen Kenngrößen wie Informationsaktualität, Kundenzufriedenheit und Qualität. Diese sind z.B. durch die Anzahl der Reklamationen und Nachbearbeitungszeiten nur indirekt messbar.

7.3.2 Ansätze zur Prozessbewertung

Für die systematische Bewertung unter Einsatz eines methodischen Vorgehens steht eine größere Anzahl von Prozessbewertungsansätzen zur Verfügung. Dazu zählen neben den bereits erwähnten Checklisten und Prozesskennzahlen u.a.:

- Prozess-Nutzwertanalyse,
- Prozesskostenrechnung,
- Prozesserlösrechnung,
- Prozessbenchmarking,
- Prozesscontrolling,
- Prozess-Portfolio,
- prozessorientierte Schwachstellenanalyse,
- Prozesssimulation,
- Total Quality Management (TQM) und
- Six Sigma.

Das Prozessbenchmarking, die Prozess-Nutzwertanalyse und die Prozesskostenrechnung sollen auf Grund ihrer praktischen Bedeutung etwas näher beschrieben werden.

Durch ein **Prozessbenchmarking** [Obe97] z.B. können aktuelle Prozesskennzahlen mit früheren Prozesskennzahlen der eigenen Organisation oder auch mit Kennzahlen anderer Organisationen der gleichen Branche verglichen werden und so Ansätze für Verbesserungen aufgezeigt werden.

Unter Benchmarking versteht man allgemein den methodischen Vergleich von Prozessen und Produkten mit den Prozessen und Produkten von als besser identifizierten bzw. vermuteten Partnern (Benchmarking-Partner). Die zentrale, durch das Benchmarking zu klärende Frage lautet „Warum machen andere (eventuell) etwas besser?" (siehe [SS01], [Töp97]).

Die Benchmarking-Partner werden anhand von Ähnlichkeiten entweder in der eigenen Organisation oder in fremden Organisationen (aus der gleichen Branche oder mit einem ähnlichen Problem in einem Geschäftsprozess) gefunden. Des Öfteren werden Benchmarking-Projekte unter der Federführung von Beratungsunternehmen durchgeführt, die die dazu notwendigen Daten bei den teilnehmenden Organisationen erheben und auswerten. Den Teilnehmern werden die eigenen Resultate im Vergleich zum Durchschnitt und zum anonymisierten besten und schlechtesten Resultat der Organisationen zugänglich gemacht. Ziel des Benchmarking ist es, die eigenen Prozesse und Produkte durch das Vorbild des oder der Vergleichspartner entscheidend zu verbessern. Ein Vergleich soll über objektivierbare, qualitative und/oder quantitative Kriterien möglich sein. Soweit möglich, wird die Messbarkeit der Kriterien angestrebt. Die Umsetzung der Ergebnisse des Benchmarking erfolgt in der Projektarbeit.

Die **Prozess-Nutzwertanalyse** ist überall dort sinnvoll einzusetzen, wo mehrere Alternativen zu vergleichen und gleichzeitig mehrere Zielsetzungen zu berücksichtigen sind. Dabei ist der Nutzwert eine umfassende Bewertungsaussage bezüglich aller Teilaspekte einer Alternative hinsichtlich ihrer relativen Vorteilhaftigkeit. Im vorliegenden Fall der Prozessbewertung durch die Prozess-Nutzwertanalyse sollen mehrere Prozesse hinsichtlich verschiedener Zielsetzungen nach ihrem Nutzwert verglichen werden.

Deshalb soll die allgemeine Vorgehensweise einer Nutzwertanalyse kurz erläutert werden. Sie wird in sieben Teilschritte gegliedert:

- Schritt 1: Aufstellung von Bewertungszielen in einem hierarchisch gegliederten Zielsystem (z.B. kurze Durchlaufzeiten, hohe Qualität, niedrige Kosten).

- Schritt 2: Festlegung der Gewichtung der gesetzten Ziele (für die drei Ziele z.B. 25%, 25%, 50%).

- Schritt 3: Aufstellung von Wertetabellen bzw. Wertefunktionen, die den Zusammenhang zwischen Eigenschaften und Erfüllungsgrad der Alternativen ausdrücken. Damit wird eine objektive Beurteilung der Alternativen sichergestellt.

- Schritt 4: Bestimmung und Bewertung der Alternativen. Die Eigenschaften werden anhand des Zielsystems zusammengestellt und anschließend anhand der Wertetabellen bzw. Wertefunktionen in Erfüllungsgrade umgewandelt.

- Schritt 5: Berechnung der Nutzwerte. Mit Hilfe der Gewichtungen und Erfüllungsgrade werden die Nutzwertbeiträge zum Gesamtnutzwert summiert.

- Schritt 6: Empfindlichkeitsanalyse der Nutzwerte, um festzustellen, in welchem Umfang subjektive Bewertungen den Nutzwert verfälscht haben.

- Schritt 7: Beurteilung der Ergebnisse, die die Aussagekraft der durchgeführten Nutzwertanalyse bewertet und die Rangfolge der Alternativen festlegt.

Der Vorteil der Nutzwertanalyse ist die Berücksichtigung von verschiedenen Zielsetzungen durch ein mehrdimensionales Zielsystem und die unterschiedliche Gewichtung der einzelnen Zielsetzungen. Diese subjektive Festlegung der Wichtigkeit einer Zielsetzung kann auch als Nachteil gesehen werden, weil man dadurch den Nutzwert verfälschen kann.

Ziel der **Prozesskostenrechnung** (siehe auch das Rechnungswesen in Kapitel 3.2.4) ist die Ermittlung der Kosten eines Prozesses über die Organisationsgrenzen hinweg, um damit eine bessere Kostenzurechnung zu Produkten und Märkten zu erreichen.

Insbesondere die Gemeinkosten sollen dabei möglichst verursachungsgerecht den Produkten oder Dienstleistungen einer Organisation zugeordnet werden. Bei der Ausführung von Prozessen werden Betriebsressourcen benötigt, die Prozesskosten verursachen. Die in den Kostenstellen geplanten bzw. erfassten Kosten werden im Rahmen der Prozesskosten-Ermittlung den stellenübergreifenden Hauptprozessen (bei einem Hauptprozess handelt es sich hier um zusammenhängende Aktivitäten, die alle von einem identischen Kostentreiber beeinflusst werden) zugeordnet. Jeder Teilprozess wird dabei identifiziert und sein Ressourcenverbrauch erfasst. Dem Verbrauch werden Kosten zugeordnet, die zusammengefasst dem jeweiligen Hauptprozess zugerechnet werden. Der Prozesskostensatz ergibt sich aus der Division der Gesamtprozesskosten durch die Anzahl der Durchführungen des untersuchten Prozesses.

Die Wurzeln der Prozesskostenrechnung liegen in den 80er-Jahren. Auf Grund der sich ändernden Organisationsumwelt wurde es notwendig, von der traditionellen Vorgehensweise der Kostenrechnung abzuweichen und die Kostenrechnungssysteme von Organisationen an die neuen Gegebenheiten anzupassen. Zu diesem Zeitpunkt war ein starker Anstieg der Gemeinkosten sowohl absolut als auch relativ zu den Einzelkosten zu beobachten, der durch eine Flexibilisierung der Fertigung, verkürzte Produktlebenszyklen, breitere Produktpaletten und eine steigende Anzahl von Produktvarianten verursacht wurde. Der Anstieg der Gemeinkosten resultiert also letztendlich daraus, dass die vorbereitenden, planenden, steuernden und überwachenden Tätigkeiten stark zugenommen haben.

Da die Kostenstrukturen mit Hilfe der Prozesskostenrechnung transparent werden, wird zusätzlich oft ein beträchtliches Rationalisierungs- und Einsparungspotenzial bei den Gemeinkosten offen gelegt. Mit Hilfe der Prozesskostenrechnung lassen sich also Schwachstellen in den Geschäftsprozessen von Organisationen identifizieren. Bei der Prozesskostenrechnung handelt es sich nicht, wie manchmal behauptet wird, um ein neues Kostenrechnungssystem, sondern vielmehr um eine Kombination aus Kostenarten- und Kostenstellenrechnung auf Vollkostenbasis [HR03]. Die so errechneten Prozesskosten werden dann mittels der Kostenträgerrechnung den Produkten zugeordnet. Der Hauptunterschied zu traditionellen Kostenrechnungssystemen ist in der unterschiedlichen Art der Gemeinkostenverrechnung zu finden.

Wichtig ist hierbei, dass die Prozesskostenrechnung keinesfalls die traditionelle Kostenrechnung ersetzt, sondern sie vielmehr um eine intensivere Betrachtung der indirekten Organisationsbereiche und der dort anfallenden Gemeinkosten ergänzt. Die Prozesskostenrechnung stellt daher einen systematischen Ansatz dar, der versucht, die Mängel der traditionellen Kostenrechnungssysteme im Hinblick

7.3 Prozessanalyse und Benchmarking von Prozessen

auf die verursachungsgerechte Abbildung und Verrechnung der Gemeinkosten, die in den indirekten Leistungsbereichen der Organisation entstehen, auszugleichen [Rei01]. Dadurch soll die Kostentransparenz in den indirekten Bereichen der Organisationen erhöht werden, um einen effizienten Ressourcenverbrauch sicherzustellen, die Kapazitätsauslastung zu dokumentieren, die Produktkalkulation zu verbessern und damit strategischen Fehlentscheidungen bei Produktneueinführungen und bei der Preispolitik einer Organisation vorzubeugen.

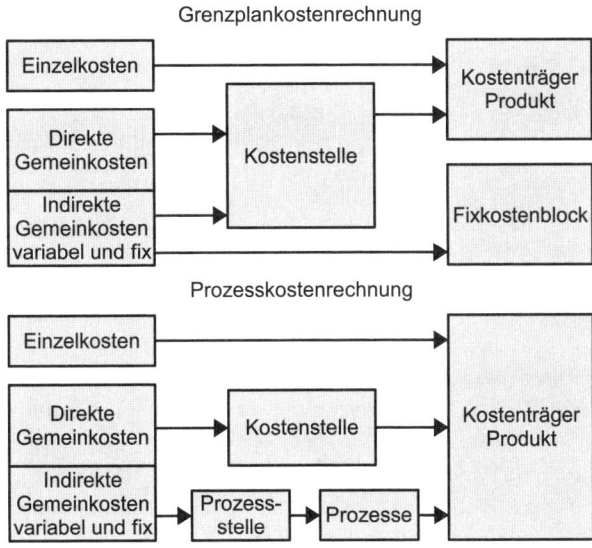

Abbildung 7.12: Prozesskostenrechnung (in Anlehnung an [Esc96])

Durch die Kostenbewertung mit Hilfe der Prozesskostenrechnung sollen auch die Bedeutung einzelner Prozesse ermittelt und so gleichzeitig Ansatzpunkte für Verbesserungsmaßnahmen aufgedeckt werden [Dol03]. Dies geschieht anhand von erfolgskritischen Faktoren, so genannter Kostentreiber, die für jeden Prozess individuell bestimmt werden. Kostentreiber können Qualitäts-, Zeit- und Effizienzkennzahlen sein, die nicht notwendigerweise finanzieller Natur sein müssen, ihrerseits aber Auswirkungen auf die Kosten in einer Organisation haben. Die Verbesserung der Kostentreiber eines Prozesses führt damit zu Kostensenkungen und einer Verbesserung der Wettbewerbsparameter der Organisation.

Die Methodik der Prozesskostenrechnung vollzieht sich anhand mehrerer Teilschritte, die im Folgenden dargestellt werden:

- Bei der Prozesskostenrechnung werden zunächst die Ziele und die betrieblichen Bereiche definiert, die mit ihrer Hilfe analysiert werden sollen [Dol03]. Aus Wirtschaftlichkeitsüberlegungen heraus wird darauf verzichtet, eine komplette Analyse aller Tätigkeiten vorzunehmen. Vielmehr sollte man sich auf die Bereiche konzentrieren, die Kostenschwerpunkte in der Organisation darstellen und in denen bisher keine verursachungsgerechte Abbildung der Gemeinkosten möglich war. Zudem sollten bereits zu Beginn Hypothesen über die Hauptprozesse und deren Kostentreiber aufgestellt werden, um eine gezielte Durchführung der Implementierung zu gewährleisten.

- Aufbauend auf den Hypothesen kann anhand von Interviews mit den Kostenstellenleitern eine Tätigkeitsanalyse durchgeführt werden, um die in den jeweiligen Kostenstellen anfallenden Aktivitäten zu ermitteln und anschließend zu Teilprozessen zu verdichten [HR03]. Dabei werden die Prozesse in leistungsmengeninduzierte (lmi) und leistungsmengenneutrale (lmn) Teilprozesse unterschieden. Ein lmi-Prozess ist vom Arbeitsvolumen der Kostenstelle abhängig, d.h. dass sich der Prozessaufwand bei steigendem Leistungsvolumen ändert und damit mengenvariabel ist. Im Gegensatz dazu handelt es sich bei lmn-Prozessen um Prozesse, deren Aufwand sich unabhängig vom Leistungsvolumen der Kostenstelle verhält. Typische lmn-Prozesse sind Führungstätigkeiten oder Sekretariatsaufgaben.

- Im Anschluss an die Tätigkeitsanalyse sind für die lmi-Prozesse geeignete Maßgrößen, die so genannten Kostentreiber, zu finden, mit denen sie quantifiziert werden können. Die Anforderungen an ideale Kostentreiber sind leichte Verständlichkeit und Berechenbarkeit sowie einfache Entnahmemöglichkeiten aus Informationssystemen [Esc96]. Außerdem sollten sie sich proportional zum Output verhalten. Für die Kostentreiber sind die jeweiligen Mengenausprägungen zu bestimmen. Oft können an dieser Stelle bereits Rationalisierungspotenziale beobachtet werden.

- Mit Hilfe der ermittelten Daten kann die Prozesskostenstellenrechnung durchgeführt werden. Den Teilprozessen werden die von ihnen verbrauchten Ressourcen und damit die Kostenstellenkosten zugeordnet. Da im Gemeinkostenbereich die Personalkosten vorherrschend sind, können die Kostenstellenkosten durch Multiplikation der eingesetzten Mitarbeiterkapazität pro Teilprozess mit den Kosten pro Mannjahr ermittelt werden. Die Kosten pro Prozessmengeneinheit, die auch als Prozesskostensatz bezeichnet werden, werden ermittelt, indem die Kostenstellenkosten der lmi-Teilprozesse durch die Prozessmenge des jeweiligen Kostentreibers dividiert werden. Im letzten Schritt findet die Verdichtung der Teilprozesse zu kostenstellenübergreifenden Hauptprozessen statt, die die Ermittlung von Prozesskostensätzen für die Hauptprozesse ermöglicht. Diese werden als Summe der Gesamtprozesskostensätze derjenigen Teilprozesse ermittelt, die dem jeweiligen Hauptprozess zugeordnet sind.

Beim letzten Schritt handelt es sich um das innovativste Element der Prozesskostenrechnung, da die Hauptprozesse von Kostenstellen und anderen Organisationsstrukturen unabhängig sind [HR03]. Die Hauptprozesse und ihre Kostentreiber verdeutlichen die Ursachen der Kostenentstehung in Organisationen, was Anstöße für die Prozessanalyse und -verbesserung liefert.

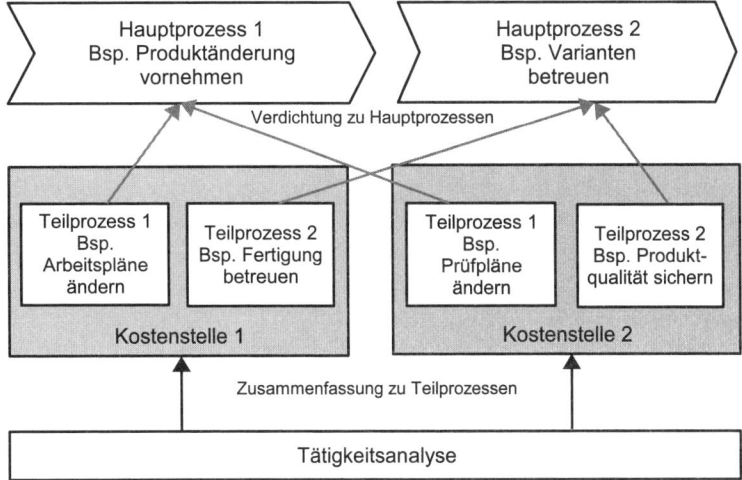

Abbildung 7.13: Methodik der Prozesskostenrechnung (in Anlehnung an [Hor03])

Die Prozesskostenrechnung wird in Deutschland noch immer kritisch diskutiert, obwohl das Instrument sich immer größerer Beliebtheit erfreut. Kritiker sehen in ihr lediglich eine undifferenzierte Vollkostenrechnung, die die Veränderbarkeit der fixen Kosten außer Acht lässt [Hor03]. Durch eine Kostenermittlung über Prozessmengen und Prozesskostensätze werde eine proportionale Kostenveränderung ohne Berücksichtigung sachlicher und zeitlicher Remanenzen unterstellt. In ihrem Aufsatz „Prozesskostenrechnung – Strategische Neuorientierung in der Kostenrechnung" stellen Coenenberg und Fischer allerdings die „strategischen Informationsvorteile" der Prozesskostenrechnung sehr gut dar [CF91]. Sie argumentieren, dass eine verursachungsgerechte Gemeinkostenverrechnung sich positiv auf die langfristig orientierte Gestaltung des Produktprogramms auswirkt und die richtigen Signale für strategische Entscheidungen gesetzt werden, wobei drei Kostenbestimmungsfaktoren für die Leistungsinanspruchnahme im Gemeinkostenbereich unterschieden werden: die Auftragsgröße, die Komplexität der Produkte und die Variantenvielfalt.

Die Prozesskosten pro Stück verringern sich mit steigender Auftragsgröße, geringerer Komplexität der Produkte (gemessen in Anzahl der Bauteile oder Arbeitsgängen) und mit geringerer Variantenvielfalt, die in hohen Mengen hergestellt wird. Bei der Anwendung der Prozesskostenrechnung werden diese drei Effekte, der Degressions-, der Komplexitäts- und der Allokationseffekt, berücksichtigt, wodurch strategische Fehlentscheidungen verhindert werden. Weiterhin bleibt festzustellen, dass durch einen Vergleich von Soll-Prozesskosten mit den

Ist-Prozesskosten wertvolle Aussagen über die Auslastung bestimmter Bereiche und mögliche Kapazitätsanpassungen getroffen werden können.

Letztendlich ist nochmals zu bemerken, dass die Prozesskostenrechnung konzeptionell wenig Neues bietet, allerdings erreicht sie durch eine Konzentration auf die Gemeinkostenbereiche und eine verbesserte Abbildung der dort anfallenden Tätigkeiten eine genauere Produktkalkulation, als es mit den traditionellen Kostenrechnungssystemen möglich ist.

Kritisch zu erwähnen ist bei der Prozesskostenrechnung, dass sie keine Aussage über den Wert eines Prozesses trifft, sondern nur die Kostenseite betrachtet. Deshalb ist sie als Bewertungsmethode nur in Kombination mit qualitativen Verfahren von Nutzen. Auf den ersten Blick scheint sich die Kostenbetrachtung durchaus für einen organisationsübergreifenden Vergleich von Prozessen zu eignen. Dennoch muss die Wertschöpfung bzw. der Nutzen der Prozesse berücksichtigt werden, um zu einer akzeptablen Bewertung zu gelangen.

7.4 Zusammenfassung

Das vorliegende Kapitel hat mit der Vorstellung der Prozessorientierung begonnen, welche eine Organisation über die Aufbau- und Ablauforganisation hinaus aus der Sicht von Prozessen betrachtet. Argument für diese Sichtweise ist die bessere Fähigkeit, sich an notwendige Veränderungen anpassen zu können.

Um diese Orientierung praktisch umzusetzen, können Organisationen ein Geschäftsprozessmanagement einführen. Es hat die Aufgabe, Geschäftsprozesse – d.h. Prozesse, die der Bearbeitung eines betriebswirtschaftlich relevanten Objekts dienen – in ihrem Ablauf zu planen, deren tatsächlichen Ablauf zu überwachen und zu steuern und für eine ständige Verbesserung der Geschäftsprozesse Sorge zu tragen.

Zentrales Instrument für die Realisierung dieser Aufgaben ist die Geschäftsprozessmodellierung, welche die dem Geschäftsprozessmanagement unterworfenen Geschäftsprozesse dem Zweck entsprechend möglichst umfassend als Prozessmodell abbilden soll. Dafür steht eine Vielzahl von Methoden zur Verfügung, die auch als Softwarelösungen umgesetzt sind. Besondere Bedeutung haben hier ereignisgesteuerte Prozessketten (EPK) erlangt, die im Rahmen des ARIS-Konzepts verschiedene Sichten auf eine Organisation in einer prozessorientierten Sicht zusammenführen.

Unter den Aufgaben des Geschäftsprozessmanagements ist die Verbesserung der Geschäftsprozesse hervorzuheben. Im Rahmen einer Analyse ist eine Reihe von Aspekten von Geschäftsprozessen wie Zeiten, Kosten oder die Qualität des Outputs zu untersuchen, die Hinweise auf mögliche Verbesserungen liefern. Hilfestellung bei der Analyse bieten Ansätze zur Prozessbewertung.

7.5 Aufgaben

1. Welche Ziele und Erwartungen sind mit der Orientierung an Prozessen in Organisationen verbunden?

2. Was ist ein Prozess bzw. ein Geschäftsprozess? Was sind wichtige Merkmale eines Prozesses bzw. eines Geschäftsprozesses?

3. Welche Arten von Geschäftsprozessen können unterschieden werden? Machen Sie begründete Aussagen darüber, welche Arten von Geschäftsprozessen durch ein Geschäftsprozessmanagement unterstützt werden können!

4. Welche Ziele werden mit der Geschäftsprozessmodellierung verfolgt? Skizzieren Sie ein Vorgehen zur Modellierung von Geschäftsprozessen, und weisen Sie auf mögliche Probleme bei der Modellierung hin!

5. Welche Gründe sprechen für eine softwaregestützte Geschäftsprozessmodellierung?

6. Welche Instrumente stehen für die Analyse von Geschäftsprozessen zur Verfügung?

7. Die W&S AG ist ein Hersteller von Fahrrädern. Nehmen Sie die Informationen aus diesem Kapitel und aus Kapitel 3.2.5 zur Hand, ergänzen Sie diese um eigene Annahmen, und entwerfen Sie damit eine EPK für den Eingang und die Bearbeitung von Kundenaufträgen!

Kapitel 8

E-Business

Bedingt durch eine Veränderung der Beziehungen der Wirtschaftssektoren in Volkswirtschaften und durch eine ausgereifte technologische Basis, insbesondere im Bereich von Rechnernetzen, ist eine strukturelle Veränderung betriebswirtschaftlicher und gesellschaftlicher Prozesse zu beobachten, die Bell in seinem umstrittenen Werk „Die nachindustrielle Gesellschaft" bereits 1979 beschrieben hat.

Die Entwicklung und Verbreitung von Rechnernetzen und Rechnern im Allgemeinen brachte die Möglichkeit der Digitalisierung von Produkten, Prozessen und Akteuren mit sich [CSW97]. Traditionell werden Transaktionen zwischen physischen Akteuren (Menschen) in physischen Prozessen mit physischen Produkten abgewickelt. Durch die Digitalisierung können die menschlichen Akteure beispielsweise durch Bietagenten und Preissuchmaschinen ersetzt werden. Insbesondere Produkte, die als Medium für Daten und Informationen genutzt werden, lassen sich durch digitale Güter ersetzen. Das ist beispielsweise bei Büchern, Zeitschriften, CDs und DVDs der Fall. Die Erstellung digitaler Produkte stellt einen digitalisierten Prozess dar. Daneben lassen sich weitere Prozesse im Rahmen einer Transaktionsabwicklung, wie beispielsweise die Zahlung und die Informationsbeschaffung, digitalisieren.

Die Digitalisierung von Produkten bewirkt eine Veränderung ihrer Eigenschaften, und dies wiederum hat betriebswirtschaftliche Auswirkungen. Im Folgenden sollen diese Veränderungen als Herausforderung und als Chance des E-Business (Electronic Business) diskutiert werden.

Digitale Produkte unterliegen **keinem Verschleiß** und sind somit als „durable goods" zu bezeichnen. Dennoch können digitale Produkte zerstört und manipuliert werden. Digitale Produkte lassen sich somit auch nach längerem Gebrauch als neuwertig verkaufen, wodurch der Wiederverkauf in Konkurrenz mit dem Erstverkauf steht. Das bewirkt auf Seite der Verkäufer reduzierte Absatzmöglichkeiten und auf Seite der Käufer eine Werterhöhung des Produktes.

Jedoch **veralten** auch digitale Produkte. So ist beispielsweise eine Officesoftware aus den 90er-Jahren zwar noch ohne Qualitätsverlust einsetzbar, allerdings gilt sie aufgrund der Vielzahl an neueren Produkten mit höherer Funktionalität als veraltet.

In der Regel sind digitale Produkte **Erfahrungsgüter**, das heißt, die Qualität des Produktes lässt sich erst nach dem Kauf feststellen. Das führt aufgrund der Einmaligkeit des Kaufs eines digitalen Produktes zu einem Vertrauensproblem. Der potentielle Käufer tätigt bei einem Kauf eine Vorinvestition in das Produkt, wobei er der vom Verkäufer beschriebenen Qualität vertraut.

Die **leichte Änderbarkeit** von digitalen Produkten stellt ein weiteres Abgrenzungsmerkmal zu physischen Produkten dar. Hierdurch können Aktualisierungen, Überarbeitungen und Fehlerkorrekturen zu geringen Kosten und zeitnah vorgenommen werden. Ferner lassen sich digitale Produkte leicht an die individuellen Kundenbedürfnisse anpassen, so dass Mass Customization möglich wird. Unter Mass Customization wird hier die kundenindividuelle Fertigung und Lieferung von Produkten zu Massenproduktionspreisen verstanden [Tho03]. Die leichte Änderbarkeit von digitalen Produkten ermöglicht aber auch eine Verfälschung und den Diebstahl von Informationen. Diesem Problem muss mit geeigneten Methoden begegnet werden.

Die Herstellung digitaler Prozesse ist zumeist durch eine Vielzahl wissensintensiver Prozesse (siehe Kapitel 9.2.2) gekennzeichnet. Diese verursachen **hohe Produktionskosten** (hohe Fixkosten) und erschweren somit den Markteintritt potenzieller Konkurrenten. Die Lagerung und Vervielfältigung digitaler Produkte hingegen verursacht nur sehr geringe Kosten. Daher können bereits mit geringen Erlösen positive Deckungsbeiträge erzielt werden. Eine solche Kostenstruktur kann zu einer Monopolisierung der Märkte der digitalen Produkte führen, wie das beispielsweise bei Betriebssystemen der Fall ist. Da die Vervielfältigung nur geringe Kosten verursacht, ist auch eine illegale Reproduktion von digitalen Produkten möglich. Das führt einerseits zu Umsatzverlusten, andererseits aber auch zu einer größeren Verbreitung der digitalen Produkte.

Neben den Herstellungs- und Lagerkosten sind die **Distributionskosten** zu betrachten. Digitale Güter können über das Internet vertrieben und transportiert werden. Dabei entstehen nur geringe Kosten, und im Gegensatz zum Transport von physischen Gütern sind die Transportkosten nicht entfernungsabhängig. Digitale Produkte und auch Dienstleistungen ermöglichen somit eine Globalisierung der Märkte. Dabei entfällt die Kundennähe als räumliches Differenzierungsmerkmal von Organisationen; Sprach- und Kulturbarrieren bleiben allerdings meist weiter bestehen.

Die aufgezeigten Eigenschaften digitaler Produkte deuten auf erste Herausforderungen des Electronic Business hin. Im nächsten Kapitel sollen Begriff und Aufgabenbereich des E-Business definiert werden (Kapitel 8.1). Dabei erfolgt auch eine Abgrenzung gegenüber verwandten Begriffen. Auf diesen Grundlagen aufbauend, werden die wirtschaftlichen (Kapitel 8.2), die technologischen (Kapitel

8.3) und die rechtlichen Aspekte (Kapitel 8.4) des E-Business in je einem eigenen Unterkapitel dargestellt.

8.1 Grundlagen

Der Begriff E-Business wird zumeist inflationär und mit unterschiedlicher Intension verwendet. Ferner werden die Begriffe E-Business und E-Commerce oftmals synonym verwendet. Ausgehend von der Bedeutung der Worte „Electronic" und „Business" kann eine erste Annäherung an das Gebiet des E-Business in der elektronisch unterstützten Abwicklung von Geschäften gesehen werden. Wirtz definiert E-Business als „... Anbahnung sowie die teilweise respektive vollständige Unterstützung, Abwicklung und Aufrechterhaltung von Leistungsaustauschprozessen mittels elektronischer Netze." [Wir01]. Unter Leistungsaustauschprozessen sind hiernach Prozesse zu verstehen, in denen ein Tausch von Produkten und Dienstleistungen mit wertadäquaten monetären Leistungen erfolgt. Elektronische Netze sind Rechnernetze, die den Austausch von Daten und Informationen zum Zweck des Leistungsaustausches ermöglichen.

Thome weist darauf hin, dass eine Digitalisierung von Prozessen und auch Produkten nicht ausreicht, um einen Gewinn durch die Senkung von Transaktionskosten zu erzielen. Vielmehr bedarf es einer integrierten Durchführung der digitalisierten Prozesse [Tho02]. Die Herausforderung des E-Business besteht somit in der Integration von digitalen Leistungsaustauschprozessen in die Geschäftsprozesse der Organisation. So ist beispielsweise die Produktion an die Beschaffung und den Vertrieb anzubinden, um zum einen eine Just-in-Time-Lieferung zu ermöglichen und zum anderen eine kundenindividuelle Fertigung zu gewährleisten.

Aus betriebswirtschaftlicher Sicht kann mit einem Leistungsaustauschprozess entweder ein Beschaffungs- oder ein Vertriebsprozess gemeint sein. Entsprechend dieser Betrachtung kann das E-Business in E-Procurement (Beschaffung) und E-Commerce (Vertrieb) unterteilt werden. Insbesondere der Begriff E-Commerce wird oftmals ähnlich dem Begriff des E-Business definiert. So wird von Picot et al. „... jede Art von wirtschaftlicher Tätigkeit auf der Basis elektronischer Verbindungen ..." als E-Commerce bezeichnet [PRW98]. Im Weiteren soll unter E-Commerce die Anbahnung, Unterstützung und Abwicklung von Distributionsprozessen über elektronische Netze verstanden werden. In ähnlicher Weise lässt sich E-Procurement als Anbahnung, Unterstützung und Abwicklung von Beschaffungsprozessen über elektronische Netze definieren. E-Business umfasst die Anbahnung, Unterstützung und Abwicklung aller Leistungsaustauschprozesse in elektronischen Netzen und besteht somit aus den Bereichen E-Procurement und E-Commerce. Als dritter Bereich wird oftmals E-Production angesehen, das als Abwicklung und Unterstützung von Produktionsprozessen mit Hilfe von Informationstechnologien definiert werden kann. Da Produktionsprozesse im Allgemeinen keine Leistungsaustauschprozesse darstellen, soll E-Production im Folgenden nicht als Teilgebiet des E-Business betrachtet werden.

Werden die Leistungsaustauschprozesse mit mobilen elektronischen Netzen und somit über mobile Endgeräte abgewickelt, so spricht man von Mobile Business (M-Business). Dementsprechend bezeichnet M-Commerce die Anbahnung, Unterstützung und Abwicklung von Distributionsprozessen über mobile Netze mit mobilen Endgeräten, und M-Procurement die Anbahnung, Unterstützung und Abwicklung von Beschaffungsprozessen über mobile Netze mit mobilen Endgeräten. Eine Unterscheidung zwischen E-Business und M-Business lässt sich aufgrund der unterschiedlichen Technologien und aufgrund unterschiedlicher Geschäftsmodelle rechtfertigen. Mobile Endgeräte besitzen eine Reihe spezifischer Eigenschaften, die eine Differenzierung der Geschäftsmodelle notwendig und möglich machen [SML05]:

- Mobilität – die Benutzer haben an jedem Ort und zu jeder Zeit Zugang zu mobilen Netzen.

- Erreichbarkeit – die Benutzer sind jederzeit erreichbar.

- Lokalisierung – mobile Geräte können lokalisiert werden.

- Identifikation – mobile Geräte sind einzelnen Benutzern eindeutig zugeordnet.

Da mit E-Business sowohl die Beschaffung als auch der Vertrieb von Produkten und Dienstleistungen über elektronische Netze gemeint ist, besteht eine zentrale Herausforderung in der organisationsübergreifenden Integration von Beschaffung und Vertrieb. Diese Integration wird betriebswirtschaftlich als Transaktion beschrieben und besteht aus mehreren Phasen, die zu einem Leistungsaustausch zwischen beschaffender und vertreibender Organisation führen.

Nach Schmid können die Transaktionsphasen Information, Vereinbarung und Abwicklung unterschieden werden [Sch93]. Die Informationsphase dient der Sammlung von Informationen über potenzielle Transaktionspartner und potenzielle Produkte bzw. Dienstleistungen. Am Ende der Informationsphase steht eine Entscheidung darüber, ob und mit wem ein Leistungsaustausch stattfinden soll. In der Vereinbarungsphase wird ein Vertrag ausgehandelt, nach dem der Leistungsaustausch durchzuführen ist. Er beinhaltet unter anderem den zu zahlenden Preis und die Menge sowie die Qualität des zu tauschenden Produktes bzw. der zu tauschenden Dienstleistung. Im Anschluss an die Vereinbarung erfolgt die Abwicklung der Transaktion, also der Waren- und Geldtausch.

Eine Erweiterung des Modells von Schmid hat Lincke vorgeschlagen [Lin98]. Nach diesem Modell schließt sich an die Abwicklungsphase eine Betreuungsphase (auch After-Sales-Phase genannt) an, in der eine langfristige Beziehung zwischen Käufer und Verkäufer gepflegt werden soll. Abbildung 8.1 zeigt das Transaktionsphasenmodell nach Lincke.

8.1 Grundlagen

Information	Vereinbarung	Abwicklung	Betreuung
- Information über potenzielle Transaktionspartner und Produkte	- Transaktionspartnerwahl - Kontraktoptimierung - Preisbildung	- Zustellung der Produkte bzw. Erbringung der Dienstleistung - Geldtausch	- Kundensupport - Produktaktualisierung - Erstellung von Kundenprofilen

Abbildung 8.1: Transaktionsphasen nach Lincke [Lin98]

Die weiteren Ausführungen beziehen sich, soweit nicht anders beschrieben, auf das Modell von Schmid. Die Betreuungsphase wird vorrangig aktiv durch den Anbieter gestaltet und nimmt somit bei der Betrachtung einer Transaktion aus Sicht der Nachfrager nur eine untergeordnete Rolle ein.

Als mögliche Transaktionspartner werden Unternehmen, Privatpersonen und öffentliche Einrichtungen unterschieden. Anhand dieser Unterteilung lassen sich neun verschiedene bilaterale Transaktionen identifizieren, die in Abbildung 8.2 dargestellt sind. Dabei ist zu jeder bilateralen Transaktion ein Beispiel gegeben. Die häufigsten bilateralen Transaktionen finden zwischen zwei Unternehmen, zwischen Unternehmen als Anbieter und Privatpersonen als Nachfrager und zwischen zwei Privatpersonen statt. Betrachtet man nicht nur bilaterale Transaktionen, so ergeben sich komplexere Transaktionen, die als Kombination aus den vorgestellten bilateralen Transaktionen gesehen werden können.

Nachfrager \ Anbieter	Unternehmen	Privatperson	Öffentliche Einrichtung
Unternehmen	Beschaffung von Rohstoffen	Stellengesuch	Ausschreibung
Privatperson	Verkauf an Endkunden	Auktionen zwischen Privatpersonen	Beschaffung von Formularen
Öffentliche Einrichtung	Beschaffung von Büromaterial	Berater für einmalige Entscheidung	Zusammenarbeit öffentl. Einrichtungen

Abbildung 8.2: Möglichkeiten bilateraler Transaktionen

Bislang wurde das Gebiet des E-Business aus rein betriebswirtschaftlicher Sicht betrachtet. Wie bereits erwähnt, ermöglichen erst die Fortschritte in der Informatik die Entwicklung eines elektronisch unterstützten Leistungsaustausches. Daher ist neben der betriebswirtschaftlichen Sicht auch die technische Sicht von Bedeutung. Ferner hat der organisationsübergreifende Leistungsaustausch auch gesamtwirtschaftliche Auswirkungen und bedarf einer ökonomischen Betrachtung. Leistungsaustauschprozesse sind stets an rechtliche Regelungen gebunden. Im Fall des E-Business sind eine Vielzahl rechtlicher Restriktionen in allen aufgezählten Transaktionsphasen zu beachten. Im Folgenden sollen daher zunächst die wirtschaftlichen und technischen Aspekte betrachtet werden und abschließend die rechtlichen.

8.2 Wirtschaftliche Aspekte

In diesem Kapitel sollen zunächst einige ausgewählte ökonomische Effekte des E-Business vorgestellt werden. Ausgehend von diesen wird der Wettbewerb untersucht und mögliche Wettbewerbsstrategien (Kapitel 8.2.2) definiert. Basierend auf der Wettbewerbsstrategie einer Organisation, kann das Geschäftsmodell (Kapitel 8.2.3) einer Organisation aufgebaut werden, dessen Umsetzung im operativen Management (Kapitel 8.2.4) erfolgt.

8.2.1 Effekte des E-Business

Als Effekt bezeichnet man im Allgemeinen eine Folgeerscheinung, die durch eine bestimmte Ursache hervorgerufen wurde. Im Nachfolgenden sollen

- strukturelle Effekte für den Handel,
- Kostenstruktureffekte,
- Netzwerkeffekte,
- Vertrauensprobleme,
- veränderte Marktmechanismen und
- die erhöhte Markttransparenz

als typische Effekte des E-Business betrachtet werden. Die Ursache der strukturellen Effekte, der Kostenstruktureffekte, der veränderten Marktmechanismen und der erhöhten Markttransparenz ist in der Digitalisierung der Leistungsaustauschprozesse und der Produkte zu sehen. Netzwerkeffekte sind ursächlich auf Produkte zurückzuführen, deren Wert von der Verwendung durch andere Nutzer abhängt. Die Ursache der Vertrauensprobleme liegt in der Anonymität der Transaktionspartner auf elektronischen Märkten.

Betrachtet man die Aufgaben des Handels, so sind neben der Leistungsangebotserstellung die Beratung und die Distribution auszumachen. Der Handel erstellt im Rahmen der Leistungsangebotserstellung Leistungsbündel, die den Präferenzen einzelner Kunden oder Kundengruppen gerecht werden. Entscheidend ist hierbei, sowohl Kenntnisse über die Präferenzen der Kunden zu haben als auch Kenntnisse über die angebotenen Produkte. Besitzen die Nachfrager genügend Kenntnisse hinsichtlich der Produkte und deren Eigenschaften, so ist der Handel als Intermediär für die Aufgabe der Leistungsangebotserstellung nicht notwendig. Aufgrund

8.2 Wirtschaftliche Aspekte

der Vielzahl öffentlich zugänglicher Produktinformationen im Internet ist es den Nachfragern möglich, die gewünschten Kenntnisse zu erlangen und ausgehend von diesen ein geeignetes Leistungsbündel zu erstellen.

Neben den Beschreibungen von Produkten sollen Nachfrager durch eine Beratung über Auswirkungen des Einsatzes des Produktes sowie über die Pflege und Wartung des Produktes informiert werden. Eine solche Beratung ist wiederum über das Internet durch andere Konsumenten oder Experten möglich.

Die Distribution besteht aus Lagerung, Losgrößenänderung und Transport von Produkten. Diese Aufgabe lässt sich ebenfalls vom Handel entkoppeln. So vertreiben Hersteller vermehrt ihre Produkte auch in kleinen Losgrößen über das Internet. Ausgehend von den Handelsstufen Hersteller, Großhandel, Einzelhandel und Endkunde, kann eine Disintermediation von Großhandel und Einzelhandel als **struktureller Effekt** festgestellt werden. Dieser Effekt wirkt sich in Form von Kosteneinsparungen bei den Endkunden aus. Weiterhin nimmt das Direktkundenmarketing für die Produzenten an Bedeutung zu. Abbildung 8.3 zeigt die verschiedenen Stufen der Disintermediation auf.

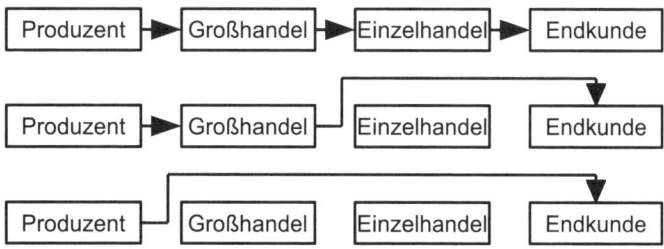

Abbildung 8.3: Stufen der Disintermediation

Als Eigenschaften digitaler Produkte wurden bereits die zumeist hohen Fixkosten und die niedrigen variablen Kosten identifiziert. Die variablen Kosten sind durch die Digitalisierung der Prozesse (z.B. Lagerung und Transport) nur marginal. Daraus folgt, dass die Gewinne mit der Anzahl der Nutzer steigen. Dies wird auch als „law of increasing return" bezeichnet [Cor03].

Einen Vergleich der Kostenstruktur konventioneller Produkte auf konventionellen Märkten (Funktion a) mit der Kostenstruktur digitaler Produkte auf elektronischen Märkten (Funktion b) liefert Abbildung 8.4.

Die im Vergleich zu konventionellen Produkten und Prozessen hohen Fixkosten stellen eine Markteintrittsbarriere dar. Bevor mit einem Produkt Gewinne erzielt werden, sind zunächst die Fixkosten zu decken. Da diese im E-Business oft höher sind als auf konventionellen Märkten, verschiebt sich der Zeitpunkt der Erreichung der Gewinnzone nach hinten. Nach dem Überschreiten der Gewinnschwelle steigen die Erträge jedoch aufgrund der geringen variablen Kosten meist überproportional an. Die Menge der eingesetzten Produktionsfaktoren steigt hier unterproportional zu der Outputmenge an Produkten, was als positiver Skaleneffekt bezeichnet wird.

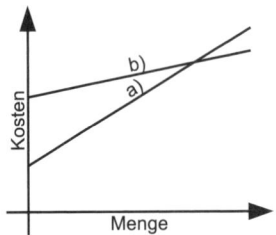

Abbildung 8.4: Vergleich der Kostenstrukturen

Die spezielle Kostenstruktur und die daraus resultierenden **Kostenstruktureffekte** wie hohe Markteintrittsbarriere und positive Skaleneffekte führen zur Anwendung spezieller Instrumentarien. Insbesondere die Markteintrittsbarrieren stellen für Anbieter ein hohes Risiko dar. Ihm kann durch eine Sicherung der Erlöse mit fixen Erlösen begegnet werden. Fixe Erlöse können beispielsweise über langfristige Lieferverträge, Abonnements oder ein zweistufiges Preissystem mit Grundgebühren realisiert werden.

Ein weiterer Effekt, der im E-Business und auch im M-Business eine Rolle spielt, ist der **Netzwerkeffekt**. Dieser auch als Netzwerkexternalität bezeichnete Effekt beschreibt Wirkungen auf den Nutzen, den ein Gut für einen Nutzer stiftet. Sie resultieren aus der Tatsache, dass der Nutzer in ein Netz eingebunden ist. Hängt die Entscheidung über den Kauf eines Gutes also von der Verwendung des Gutes durch andere Nutzer ab, so liegt ein Netzwerkeffekt vor. Dies ist beispielsweise bei der Wahl eines Mobilfunkanbieters der Fall. Je mehr Nutzer einen Vertrag mit einem bestimmten Mobilfunkanbieter haben, desto attraktiver wird dieser für neue Nutzer. Sind Freunde und Bekannte eines Benutzers ebenfalls Nutzer des gleichen Mobilfunkanbieters, so können diese zu günstigeren Konditionen telefonisch erreicht werden.

Der Nutzen eines Gutes setzt sich aus einem Autarkiewert und einem Synchronisationswert zusammen. Der Autarkiewert ist der Wert, den das Gut unabhängig von der Nutzung durch andere Nutzer hat. Der durch die Interaktion mit anderen Benutzern entstehende Wert wird als Synchronisationswert bezeichnet. Besitzt ein Gut einen Autarkiewert von 0, wird es als reines Netzwerkgut bezeichnet. Dies ist beispielsweise bei Mobilfunkverträgen der Fall, da diese ausschließlich einen Wert generieren, wenn durch die Nutzung des Mobilfunknetzes eine Interaktion in Form einer Kommunikation mit anderen Nutzern möglich ist. Ein Textverarbeitungssystem ist durch einen hohen Autarkiewert gekennzeichnet. Besitzt das Textverarbeitungssystem eine Komponente zur gemeinschaftlichen Bearbeitung und zum Austausch von Texten, so erzeugt die Möglichkeit der Interaktion mit anderen Nutzern einen Synchronisationswert, der mit der Anzahl der Nutzer dieses Textverarbeitungssystems steigt.

Netzwerkeffekte können, wie im Fall der Gebührenersparnis innerhalb eines Mobilfunknetzes, positiv sein. Es existieren jedoch auch negative Netzwerkeffekte wie die durch eine zu hohe Nutzerzahl erzeugte Überlastung von Mobilfunknetzen. Neben der Unterscheidung von positiven und negativen Netzwerkeffekten können auch direkte und indirekte Netzwerkeffekte unterschieden werden. Direkte Netzwerkeffekte treten zwischen den Nutzern eines Gutes auf (z.B. Erreichbarkeit innerhalb eines Mobilfunknetzes). Im Gegensatz dazu treten indirekte Netzwerkeffekte zwischen komplementären Gütern auf. So hat die Auswahl eines Betriebssystems einen indirekten Netzwerkeffekt auf die dazu passende Software. Je mehr Nutzer sich für ein Windows-Betriebssystem entscheiden, desto mehr Nutzer werden sich auch für den Internet-Explorer als Browser entscheiden.

Der Leistungsaustausch auf elektronischen Märkten ist durch eine veränderte Beziehungsform zwischen Anbietern und Nachfragern gekennzeichnet. Besteht auf konventionellen Märkten oftmals eine persönliche Beziehung, die aus der Kommunikation von Angesicht zu Angesicht beider Transaktionspartner entsteht, so besteht auf elektronischen Märkten eine Anonymität zwischen Anbietern und Nachfragern. Die hohe Anonymität führt zu einem **Vertrauensproblem**, dessen Lösung essentiell für den langfristigen Erfolg von Beziehungen zwischen Anbietern und Nachfragern ist.

Vertrauen lässt sich durch Erfahrungen mit dem jeweiligen Transaktionspartner aufbauen. Da Transaktionen auf elektronischen Märkten oft einen einmaligen Charakter haben, können sowohl Anbieter als auch Nachfrager zumeist nicht auf eigene Erfahrungen zurückgreifen. Auf konventionellen Märkten kann ein Vertrauensaufbau aufgrund der Reputation eines Transaktionspartners erfolgen, wenn noch keine eigenen Erfahrungen vorliegen. Auf elektronischen Märkten ist die Speicherung und Weitergabe der Reputation eines Transaktionspartners mit Reputationssystemen möglich. Mit Hilfe eines Reputationssystems können Erfahrungen expliziert und anderen Nutzern zugänglich gemacht werden. Dies ist beispielsweise bei eBay der Fall, wo Nutzer ihre Transaktionspartner bewerten können und sich diese Bewertungen von anderen Nutzern als Entscheidungsgrundlage nutzen lassen.

Die **Marktmechanismen** können sich auf elektronischen Marktplätzen ebenfalls von denen konventioneller Märkte unterscheiden. Marktmechanismen haben die Aufgabe, Angebot und Nachfrage unter Bildung eines gemeinsamen Preises zusammenzuführen. Auf elektronischen Märkten kann diese Zusammenführung automatisch oder manuell erfolgen. Eine automatische Zusammenführung erfolgt durch die Marktplatzsoftware und setzt die Digitalisierung von Angebot und Nachfrage in einem einheitlichen Datenformat voraus. Die Zusammenführung von Transaktionspartnern erfolgt dabei unter der Prämisse der Steigerung der Gesamtwohlfahrt. Die Preisbildung kann auf Basis verschiedener Verfahren, wie

Durchschnittspreis[1] oder Erstpreisbildung[2] vorgenommen werden. Liegen Angebot und Nachfrage in keinem einheitlichen, digitalen Datenformat vor, so erfolgt die Zusammenführung manuell durch die Transaktionspartner oder den Marktplatzbetreiber.

Aufgrund der Verfügbarkeit von Anbieter- und Produktinformationen in öffentlichen Netzen sind elektronische Märkte für den Nachfrager als sehr transparent zu beschreiben. Diese hohe **Markttransparenz** wird durch Preissuchmaschinen (z.B. Idealo, Froogle, Kelkoo) verstärkt, die in der Lage sind, einen Vergleich von Produkten mehrerer Anbieter hinsichtlich des Preises durchzuführen.

Mit dem Aufkommen der ersten Preissuchmaschinen[3] wurde die Hypothese aufgestellt, dass bei konsequenter Nutzung von Preisvergleichen die gesamte Nachfrage auf den günstigsten Anbieter entfällt. Diese Hypothese soll an einem Beispiel zweier Anbieter (A und B) eines homogenen Gutes (z.B. Tassen) untersucht werden. Dazu wird angenommen, dass die beiden Anbieter zu den gleichen variablen Kosten ihre Produkte produzieren und vertreiben. Außerdem bestehen keine Kapazitätsrestriktionen, und es herrschen vollständige Informationen. Der Nachfrager kennt also zu jeder Zeit den günstigsten Anbieter.

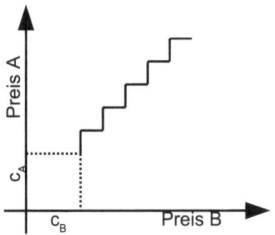

Abbildung 8.5: Dynamische Preisanpassung zweier Anbieter eines homogenen Gutes

Ein Anbieter kann mit dem Verkauf eines Gutes noch einen Gewinn erzielen, wenn der Verkaufspreis p leicht über den variablen Kosten c liegt. In einem Markt mit zwei Anbietern kommt es daher zu einer dynamischen Preisanpassung, bis für beide Anbieter gilt: $p \approx c$ (siehe Abbildung 8.5). Aufgrund der speziellen Kostenstruktur können die variablen Kosten auf elektronischen Märkten mit nahezu 0 angenommen werden, somit gilt $p \approx 0$. Dieses Paradoxon wird als ruinöser Wettbewerb („war of attrition") bezeichnet. Es wurde bereits 1883 von Bertrand formalisiert und analysiert. Eine Lösung des Paradoxons kann durch eine Änderung der getroffenen Annahmen herbeigeführt werden. Eine Kapazitätsrestriktion sowie eine Absenkung der variablen Kosten bei nur einem Anbieter sind auf-

---

[1] Nach dem Durchschnittspreisverfahren wir für ein Produkt der Preis als Durchschnitt aus dem Anbieter- und dem Nachfragerpreis bestimmt.
[2] Das Erstpreisverfahren findet bei Auktionen Anwendung. Hierbei ist für ein gehandeltes Produkt der Preis des Höchstbietenden zu zahlen.
[3] Andersen Consulting stellte 1995 mit dem BargainFinder eine der ersten Preissuchmaschinen vor.

grund der speziellen Kostenstruktur nicht möglich. Somit bleibt als Lösung im E-Business nur der Wettbewerb und die Anwendung von Wettbewerbsstrategien.

Die aufgezeigten Effekte des E-Business stellen maßgebliche Rahmenbedingungen des Wettbewerbs im E-Business dar. Daher sind Wettbewerbsstrategien notwendig, welche die genannten Effekte in einem positiven Sinne ausnutzen.

8.2.2 Wettbewerbsstrategien im E-Business

Wettbewerbsstrategien zielen darauf ab, einen Erfolg durch Wettbewerbsvorteile herzustellen, zu sichern und zu verbessern. Einen solchen Wettbewerbsvorteil können Organisation erzeugen, indem sie Nachfragern Leistungen anbieten, die gegenüber den Leistungen der Konkurrenz als dominant betrachtet werden. Diese Dominanz von Leistungen definiert einen Effektivitätsvorteil. Ein Effizienzvorteil kann durch die Verbesserung des Verhältnisses von Input (Ressourcen) und Output (Produkt) erreicht werden. Besitzt eine Organisation sowohl einen Effektivitäts- als auch einen Effizienzvorteil, so wird dies als absoluter Wettbewerbsvorteil bezeichnet. Ein Effektivitätsvorteil kann jedoch zumeist nur zu Lasten der Effizienz erlangt werden, so dass zwischen Effektivität und Effizienz eine konträre Relation konstatiert werden kann.

Wamser identifiziert drei Kriterien, die erfüllt sein müssen, um auf elektronischen Märkten und auf Märkten generell Wettbewerbsvorteile erzielen zu können [Wam01]:

- Relevanz des Wettbewerbsvorteils für die Nachfrager
- Wahrnehmbarkeit des Wettbewerbsvorteils durch die Nachfrager
- Dauerhaftigkeit des Wettbewerbsvorteils

Aufgrund der hohen Markttransparenz und der hohen Wettbewerbsintensität sind Wettbewerbsvorteile im E-Business oftmals nur von kurzer Dauer. Das macht eine ständige Verbesserung der Wettbewerbsvorteile und somit eine ausgereifte und dynamische Wettbewerbsstrategie notwendig. Grundsätzlich lassen sich dabei zwei Ansätze von Wettbewerbsstrategien unterscheiden: der marktorientierte Ansatz und der ressourcenorientierte Ansatz.

Der **marktorientierte Ansatz** geht davon aus, dass Wettbewerbsvorteile durch den Aufbau von Marktbarrieren gegenüber den Konkurrenten erzielt werden können. Solche Marktbarrieren stellen beispielsweise die Preisführerschaft oder die Qualitätsführerschaft dar. Im Gegensatz dazu sollen nach dem **ressourcenbasierten Ansatz** Wettbewerbsvorteile durch eine effektive und effiziente Kombination von Ressourcen erzielt werden. Dabei soll zunächst der Umfang an Ressourcen durch eine Konzentration der Organisation auf die Kernkompetenzen eingeschränkt werden. Anhand dieser Kernkompetenzen erfolgt dann die Auswahl der Ressourcen wie Mitarbeiter und Rohstoffe.

In der Literatur wird mehrheitlich davon ausgegangen, dass eine Integration beider Ansätze notwendig ist. Die komplementäre Beziehung beider Ansätze führt dazu, dass der marktorientierte Ansatz nur unter Beachtung des ressourcenorientierten Ansatzes zu einem Erfolg führen kann und vice versa. Der ressourcenorientierte Ansatz wird insbesondere vom Wissensmanagement (siehe Kapitel 9) unterstützt und soll daher in diesem Kapitel nicht weiter erläutert werden. Das Geschäftsmodell einer Organisation dient der Zusammenführung beider Ansätze und wird im nächsten Kapitel näher erläutert.

Im Rahmen des marktorientierten Ansatzes ergeben sich zur Schaffung von Marktbarrieren die beiden bereits erwähnten Möglichkeiten der Preisführerschaft und der Qualitätsführerschaft. Die Qualitätsführerschaft ist dabei eine Variante der Produktdifferenzierung. Neben diesen Möglichkeiten kann eine weitere Alternative zur Erzeugung von Wettbewerbsvorteilen in Preiskartellen und Absprachen gesehen werden. Wie bereits anhand der Markttransparenz erläutert, ist ein Wettbewerb im E-Business unumgänglich. Die Differenzierung hinsichtlich des Preises (z.B. Preisführerschaft) und der Produkte (z.B. Qualitätsführerschaft) stellt somit im E-Business eine dominante Strategie dar.

Die **Preisdifferenzierung** geht davon aus, dass bei Nachfragern unterschiedliche Maximalpreise und Preiselastizitäten[4] vorherrschen. Dabei werden die Nachfrager nach ihrer Preiselastizität und ihren Maximalpreisen in preispolitische Cluster eingestuft. Ein homogenes Gut lässt sich dann je nach Cluster zu einem unterschiedlichen Preis verkaufen.

Die Einteilung der Cluster kann auf drei verschiedene Weisen erfolgen, welche drei verschiedenen Graden der Preisdifferenzierung entsprechen. Nach dem ersten Grad der Preisdifferenzierung wird ein Gut an jeden Nachfrager (1-Personen-Cluster) zu dessen Maximalpreis verkauft. Da kein Nachfrager bereit ist, einen höheren Preis zu zahlen, kann mit dieser Strategie der höchste Gewinn für den Anbieter erzielt werden. Aufgrund der Kommunikation zwischen Nachfragern und des hohen Aufwandes der Preisverhandlung mit jedem einzelnen Nachfrager ist diese Strategie jedoch in der Regel nicht praktikabel.

Werden mehrere Nachfrager in einem Cluster zusammengefasst und entscheiden die Nachfrager aufgrund ihrer Präferenzen selbst, welchem Cluster sie entsprechen, so liegt eine Preisdifferenzierung zweiten Grades vor. Werden bei dem Verkauf eines Gutes Mengenrabatte gewährt, so können die Nachfrager über die Menge (mehr oder weniger) selbst bestimmen, welchen Preis sie pro Einheit des Gutes zahlen.

Erfolgt die Einteilung der Nachfrager in die preispolitischen Cluster durch den Anbieter (beispielsweise aufgrund einer Marktstudie), so spricht man von Preisdifferenzierung dritten Grades. Diese Form der Preisdifferenzierung liegt zum Beispiel bei regional unterschiedlichen Preisen vor. Bei der Differenzierung zweiten und dritten Grades kann durch den Anbieter zumeist nicht der optimale Ge-

---

[4] Die Preiselastizität gibt an, wie stark sich die Nachfrage nach einem Gut bei Änderung des Preises um eine Einheit auswirkt.

winn erzielt werden, da es in jedem Cluster Nachfrager geben kann, die eine höhere Zahlungsbereitschaft haben (ohne dabei die Zahlungsbereitschaft des nächsten Clusters zu erreichen).

Aufgrund der hohen Markttransparenz elektronischer Märkte sind die Arbitragemöglichkeiten[5] sehr beschränkt. Ferner führt die Individualisierung im Rahmen der Produktdifferenzierung ebenfalls zu einer Senkung der Arbitragegewinne.

Neben der Preisdifferenzierung kann bei der erstmaligen Preisfestsetzung auch eine Bündelung von Preisen festgesetzt werden. Von einer **Preisbündelung** wird dann gesprochen, wenn mehrere auch einzeln erhältliche Komponenten als Ganzes zu einem niedrigeren Preis verkauft werden als die Summe der Einzelpreise. Der Preis der einzelnen Komponenten muss dabei explizit ausgewiesen sein.

Ist der Preis eines Gutes festgesetzt, so ist dessen Entwicklung in Abhängigkeit der Zeit zu betrachten. Der zeitliche Ablauf kann mit den folgenden Strategien festgelegt werden:

- Skimmingstrategie
- Penetrationsstrategie
- Pulsationsstrategie
- Schnibbelstrategie

Die **Skimmingstrategie** lässt sich anwenden, wenn für ein Produkt so genannte Pionierkunden existieren. Als Pionierkunden werden Kunden bezeichnet, die möglichst aktuelle und neuwertige Produkte kaufen (z.B. stets das neueste Handy). Dabei werden zunächst hohe Preise angesetzt, um die Zahlungsbereitschaft dieser Pionierkunden abzuschöpfen. Zur Erschließung weiterer Nachfragercluster erfolgt eine sukzessive Senkung des Preises (siehe Abbildung 8.6a).

Mit der **Penetrationsstrategie** wird eine hohe Marktdurchdringung bezweckt. Daher wird hier ein im Zeitverlauf durchgehend niedriger, oftmals sogar unter der Deckungsbeitragsgrenze liegender, Preis angesetzt (siehe Abbildung 8.6b).

Ausgehend von der Annahme, dass starke Preissenkungen Kaufanreize erzeugen, wird mit der **Pulsationsstrategie** versucht, durch häufige Preissenkungen und anschließende Preisanhebungen Kaufanreize zu erzeugen und durch die Erhöhungen die höhere Zahlungsbereitschaft einiger Nachfrager abzuschöpfen (siehe Abbildung 8.6c).

Die **Schnibbelstrategie** beschreibt das fortlaufende Unterbieten der Preise der Konkurrenten. Dabei erfolgt zunächst eine dynamische Preissenkung und aufgrund des Kostendrucks anschließend oft eine branchenweite Anhebung des Preises (siehe Abbildung 8.6d). Die Schnibbelstrategie wird insbesondere durch

---

[5] Arbitrage bezeichnet den Handel von gleichen Gütern zu unterschiedlichen Preisen.

die gegebene hohe Markttransparenz auf elektronischen Märkten unterstützt. So kann die Preisfestsetzung durch eine Software unterstützt werden, welche die Preise der Konkurrenz von den entsprechenden Internetseiten ausliest und die eigenen Preise entsprechend anpasst.

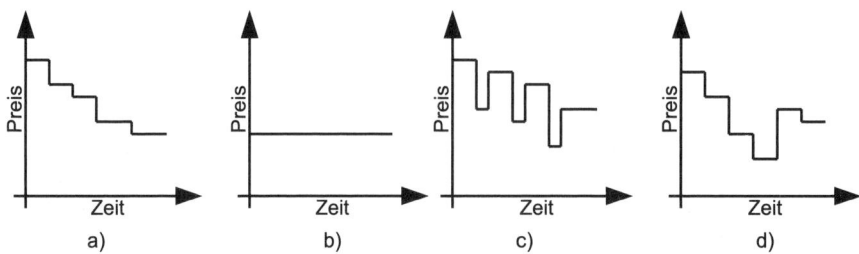

Abbildung 8.6: Preisstrategien im E-Business

Bislang wurden Preisstrategien betrachtet, bei denen von einer Festsetzung der Preise durch den Anbieter ausgegangen wird. Neben dieser Form der Transaktion existieren weitere, die durch eine dynamische Preisfestsetzung durch die Nachfrager im Fall von Ausschreibungen oder durch Nachfrager und Anbieter im Fall von Auktionen gekennzeichnet sind.

Die **Produktdifferenzierung** kann als Strategie beschrieben werden, die darauf abzielt, dem Wettbewerb auszuweichen. Mit dieser Strategie soll eine Position für den Anbieter aufgetan werden, in der er ohne Einfluss der Konkurrenz agieren kann. Die Differenzierung reduziert daher die Substituierbarkeit der Produkte verschiedener Anbieter. Stellen mehrere Anbieter ein gleiches Produkt her, so können die Produkte der verschiedenen Anbieter vollständig substituiert werden, und es herrscht eine starke Konkurrenzsituation. Sind sich die Produkte der verschiedenen Anbieter ähnlich, so können diese beschränkt substituiert werden. Stark differente Produkte lassen sich nicht substituieren, wodurch keine Konkurrenzsituation und somit auch kein Wettbewerb vorliegt.

Digitale Güter eignen sich aufgrund der leichten Änderbarkeit besonders zur Produktdifferenzierung. Dabei fallen bei der Änderung zumeist nur marginale Kosten an. Digitale Güter sind haltbare Güter bzw. veralten relativ langsam und unterliegen keinem Qualitätsverlust. Daher steht der Wiederverkauf digitaler Güter in direkter Konkurrenz zum erstmaligen Verkauf digitaler Güter. Diese Konkurrenzsituation kann durch eine Produktdifferenzierung umgangen werden.

Hinsichtlich der Differenzierungsrichtung kann zwischen horizontaler und vertikaler Produktdifferenzierung sowie einer Kombination beider Formen unterschieden werden. Eine horizontale Produktdifferenzierung geht von einer Menge ähnlicher Produkte aus. Jeder Nachfrager hat für jedes Produkt dieser Menge eine individuelle Zahlungsbereitschaft, die auf unterschiedliche Präferenzen zurückzuführen ist. Es existiert somit kein nachfragerübergreifend bestes Produkt.

Eine Möglichkeit der horizontalen Produktdifferenzierung stellt Mass Customization dar. Dabei wird eine Individualisierung der Produkte vorgenommen, wodurch erhöhte Kosten bei der Fertigung entstehen. Handelt es sich um digitale Produkte, so sind die Mehrkosten nur gering. Oftmals erfolgt eine Anpassung der Produkte nicht an die Präferenzen eines Nachfragers, sondern an ein Präferenzintervall von Nachfragern eines Clusters.

Die Größe des Präferenzintervalls i stellt eine Variable dar, die der Anbieter bestimmen kann. Neben ihr kann der Anbieter den Preis p festsetzen, zu dem das Produkt verkauft werden soll. Im Folgenden soll eine heterogene Zahlungsbereitschaft v und ein Preis mit $p < v$ angenommen werden. Die Zahlungsbereitschaft richtet sich an der Erfüllung der Präferenzen eines Nachfragers aus. Nachfrager, deren Präferenzen durch das Produkt erfüllt werden, besitzen eine maximale Zahlungsbereitschaft v_{max}. Je kleiner das Präferenzintervall gewählt wird, desto weniger Nachfrager n sind vorhanden, die das Produkt zu einem Preis $p = v_{max}$ erwerben würden. Abbildung 8.7 zeigt den Zusammenhang zwischen der Größe des Präferenzintervalls und der Zahlungsbereitschaft der Nachfrager auf.

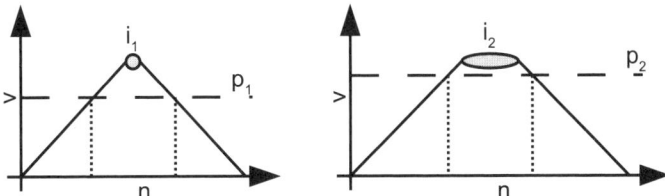

Abbildung 8.7: Auswirkungen der Anpassung des Präferenzintervalls bei Mass Customization

Durch die Vergrößerung des Präferenzintervalls von i_1 auf i_2 kann bei gleicher Absatzmenge (entspricht einem gleichbleibenden Nachfragerabschnitt) der Preis von p_1 auf p_2 erhöht werden, was zu einer Gewinnsteigerung für den Anbieter führt. Der angeführte Effekt gilt so jedoch nur ohne Konkurrenzsituation und unter der Annahme, dass die Vergrößerung des Präferenzintervalls nicht die Zahlungsbereitschaft der Nachfrager beeinträchtigt.

Der Erfolg von Mass Customization hängt maßgeblich von den Mehrkosten ab, die dabei entstehen. Sind die Erlöszuwächse durch Mass Customization höher als die Mehrkosten, so werden für den Anbieter Gewinne generiert. Die Kosten von Mass Customization sind bei der Zusammenstellung bereits vorgefertigter Komponenten (Soft Customization) geringer als bei einem Eingreifen in die Produktion selbst (Hard Customization). Ein maßgeschneiderter Anzug erfordert ein Eingreifen in die Produktion und verursacht somit höhere Kosten als die Zusammenstellung eines Rechners aus schon vorgefertigten Komponenten wie Hauptspeicher und Prozessor. Die Prämisse des Mass Customization lautet daher: Fertigung individueller Produkte zu den Kosten einer Massenproduktion (siehe Kapitel 3.2.2).

Anders als bei der horizontalen Produktdifferenzierung kann bei der vertikalen Produktdifferenzierung eine nachfragerübergreifend gleiche Präferenzordnung der Produkte einer Produktmenge unterstellt werden. Die Nachfrager unterscheiden sich jedoch hinsichtlich der Zahlungsbereitschaft für ein Produkt. Eine solche vertikale Produktdifferenzierung liegt beispielsweise bei den unterschiedlichen Zügen der Deutschen Bahn vor. Nach dem Kriterium Reisezeit wird nachfragerübergreifend der ICE präferiert. Die einzelnen Nachfrager haben jedoch unterschiedliche Zahlungsbereitschaften, so dass nicht jeder Nachfrager bereit ist, den Preis für eine ICE-Fahrt zu bezahlen.

Neben der Preis- und der Produktdifferenzierung kann dem Wettbewerb im E-Business auch mit Preiskartellen und Absprachen (beispielsweise über die Produktdifferenzierung) begegnet werden. Bei einem Preiskartell stimmen die Anbieter ihr Verhalten hinsichtlich der erstmaligen Preisfestsetzung und der Änderung des Preises im Zeitverlauf ab. Dadurch wird der Wettbewerb reduziert, und es entstehen für die Anbieter höhere Gewinne. Damit ein Preiskartell stabil funktioniert, müssen die folgenden Anforderungen erfüllt sein:

- Es müssen alle am Markt relevanten Anbieter beteiligt sein.
- Der Aufbau eines Kartells muss geheim erfolgen, da Kartelle in der Regel nicht zulässig sind.
- Der durch das Kartell entstandene Zusatzgewinn muss den Anbietern zugeordnet werden können.
- Kartellbrüche müssen kartellintern bestrafbar sein, da sonst eine Auflösung des Kartells droht.

Mit einem Preiskartell soll insbesondere eine dynamische Preisanpassung, wie in Abbildung 8.5 gezeigt, vermieden werden. Dabei wird von den Anbietern ein Preis ausgehandelt, der den Gesamtgewinn möglichst optimiert. Der durch die Absprache erzeugte Zusatzgewinn wird dann zwischen den einzelnen Anbietern aufgeteilt.

Die Wettbewerbssituation des E-Business lässt sich, wie aufgezeigt, durch Preis- und Produktdifferenzierung sowie theoretisch auch durch Preiskartelle und Absprachen meistern. Neben der damit unterstützten marktorientierten Sicht ist die ressourcenorientierte Sicht auch für den Erfolg im Umfeld des E-Business von großer Bedeutung. Eine Notwendigkeit stellt dabei der Aufbau eines erfolgversprechenden Geschäftsmodells dar. Im anschließenden Kapitel sollen daher Möglichkeiten bei der Ausgestaltung von Geschäftsmodellen im E-Business untersucht werden.

8.2.3 Geschäftsmodelle im E-Business

Der Begriff Geschäftsmodell erfuhr eine intensive Diskussion mit dem Aufkommen von Leistungsaustauschprozessen im Internet. Nach Österle liegt der Zweck

8.2 Wirtschaftliche Aspekte

eines Geschäftsmodells in dem verständlichen Aufzeigen neuer Geschäftsformen und in der Unterstützung einer Chancen- und Risikenanalyse [Öst96]. Die Intensionen eines Geschäftsmodells beschreibt beispielsweise Timmers. Er definiert die folgenden drei Komponenten [Tim98]:

- Architektur für die Produkte, Dienstleistungen und Informationsflüsse
- Nutzenbeschreibung für alle Akteure
- Beschreibung der Erlösquellen

Zur Beschreibung der Architektur schlägt Timmers Wertschöpfungsketten (siehe Kapitel 7) vor. Eine Verfeinerung der Architektur kann mit Hilfe von ereignisgesteuerten Prozessketten vorgenommen werden. Die Beschreibung des Nutzens erfolgt für alle Kundengruppen und soll eine Einschätzung des Marktes hinsichtlich des Bedarfs der anzubietenden Produkte und Dienstleistungen erlauben. Die Erlösquellen zeigen, mit welchen Produkten und Dienstleistungen Erlöse erzielt werden sollen. Dabei können direkte und indirekte Erlösquellen unterschieden werden. Direkte Erlöse entstehen durch den Verkauf der angebotenen Produkte oder durch die Erfüllung der angebotenen Dienstleistungen. Im Gegensatz dazu werden indirekte Erlöse nicht mit den Produkten und Dienstleistungen erzielt, welche die Organisation originär anbietet, sondern könnten beispielsweise durch Sponsorship oder Bannerwerbung.

Einen Ansatz, der eine strukturierte Beschreibung der Architektur eines Geschäftsmodells erlaubt, hat Wirtz vorgeschlagen. Nach Wirtz besteht ein Geschäftsmodell aus den folgenden 6 Partialmodellen [Wir01]:

- Marktmodell
- Beschaffungsmodell
- Leistungserstellungsmodell
- Leistungsangebotsmodell
- Distributionsmodell
- Kapitalmodell

Das **Marktmodell** beschreibt, welchen Akteuren die Organisation in welchen Märkten gegenübersteht. Als Akteure werden dabei sowohl Nachfrager als auch Konkurrenten verstanden. Aus dieser Einteilung der Akteure ergeben sich zwei Untermodelle, zum einen das Nachfragermodell und zum anderen das Wettbewerbsmodell. Beide Modelle setzen jeweils eine Marktanalyse voraus. Das Ergebnis dieser Marktanalysen soll eine grundlegende Entscheidung sein, ob die Produkte und Dienstleistungen der Organisation unter der gegebenen Konkurrenz- und Nachfragersituation zu Erlösen führen können.

Die zur Herstellung der Produkte und Dienstleistungen benötigten Produktionsfaktoren werden in dem **Beschaffungsmodell** festgelegt. Insbesondere im Umfeld des E-Business ist hiermit zu klären, ob und wie sich die Beschaffung automatisieren lässt.

Mit dem **Leistungserstellungsmodell** soll geklärt werden, wie viele Einheiten welcher Ressourcen eingesetzt werden müssen, um eine Einheit eines bestimmten Outputs zu erhalten. Somit stellt das Leistungserstellungsmodell eine betriebswirtschaftliche Betrachtung der Produktionsprozesse dar.

Im **Leistungsangebotsmodell** wird festgelegt, welche Leistungsbündel welchen Nachfragergruppen angeboten werden. Das setzt eine Analyse des Nachfragermarktes voraus. Von dieser Analyse ausgehend, werden die von der Organisation angebotenen Leistungen entsprechend den Wünschen der Nachfrager gebündelt und den jeweiligen Nachfrager-Gruppen zugeordnet.

Die Distribution im E-Business ist abhängig von der Art der Güter. Digitale Güter können mit geringen Transaktionskosten vertrieben werden. Bei der Distribution physischer Güter fallen unter anderem Versandkosten für die Zustelldienste (z.B. Deutsche Post) an. Neben den Transportkosten sind im **Distributionsmodell** auch Kosten für Marketingmaßnahmen zu betrachten.

Das **Kapitalmodell** betrachtet sowohl die Finanzierung der Ressourcen der Organisation als auch die mit den Produkten und Dienstleistungen erzielbaren Erlöse. Das Finanzierungsmodell stellt dabei die Höhe und die Quellen der Finanzierungsmittel dar. Innerhalb des Erlösmodells wird ähnlich wie bei Timmers festgelegt, woher die Erlöse stammen sollen.

Die Partialmodelle nach Wirtz erlauben sowohl eine Außensicht (Marktmodell, Kapitalmodell) als auch eine Innensicht (Leistungserstellungsmodell, Leistungsangebotsmodell), wobei eine Integration beider Sichtweisen durch das Beschaffungs- bzw. das Distributionsmodell vorgenommen wird.

Nach Wirtz lassen sich Geschäftsmodelle im E-Business anhand des Leistungsangebotsmodells in die vier Gruppen Content, Commerce, Connection und Context unterteilen [Wir01]. Der Gruppe Content sind Dienste zuzuordnen, die Inhalte bereitstellen bzw. diese bündeln. Dienste, die sich mit der Anbahnung, Vereinbarung und Abwicklung von Geschäftstransaktionen beschäftigen, werden der Gruppe Commerce zugeordnet. Die Unterstützung des Informationsaustausches in Netzwerken ist das Ziel von Diensten der Gruppe Connection. Dienste der Gruppe Context unterstützen bei der Klassifikation und Systematisierung von Informationen im Internet.

Während in den Anfangsjahren des Internets der Inhalt zentral von den Eigentümern der Webanwendungen erstellt wurde, entstanden in den letzten Jahren zunehmend Webanwendungen, bei denen der Inhalt von den Benutzern der Anwendung selbst erstellt wird. Diese Änderung wird auch als **Web 2.0** bezeichnet.

Das Web 2.0 stellt eine Änderung der Nutzung des Internets dar, welche durch neue Technologien wie Web Services und AJAX (siehe Kapitel 8.3.2) sowie durch

8.2 Wirtschaftliche Aspekte

eine hohe Breitbandpenetration möglich wurde. Kennzeichnend für das Web 2.0 ist die Ersetzung von Desktopanwendungen durch Webanwendungen, die Vernetzung von Inhalten und Anwendungen sowie die Philosophie der nutzergenerierten Inhalte.

Dem Web 2.0 können Webanwendungen wie YouTube, Flickr, MySpace, del.icio.us oder Xing zugerechnet werden. Diese bieten unterschiedliche Leistungen wie Content in Form von Videos oder Bildern sowie die Möglichkeit des Informationsaustausches zwischen Personen an. Die Beschaffung der jeweils notwendigen Informationen erfolgt hierbei jedoch nicht durch den Anbieter, sondern durch die Kunden. Somit unterscheiden sich die Geschäftsmodelle von Web 2.0-Anwendungen im Beschaffungsmodell sowie im Leistungserstellungs- und Leistungsangebotsmodell.

Die Diskussionen von Geschäftsmodellen wurden insbesondere im Umfeld des E-Business geführt. Dies beweist die Notwendigkeit einer wirtschaftlichen Betrachtung von Leistungsaustauschprozessen auf elektronischen Märkten. Die Umsetzung der Geschäftsmodelle erfolgt im operativen Management einer Organisation, dessen Elementarfunktionen Beschaffung, Produktion und Absatz sind. Im folgenden Kapitel sollen die Auswirkungen des E-Business auf das operative Management aufgezeigt werden.

8.2.4 Operative Umsetzung des E-Business

Die durch die Digitalisierung erzeugten Effekte wirken nicht nur auf die Strategie von Organisationen, sondern auch auf die operative Umsetzung. Diese lässt sich anhand der Elementarfunktionen in die Bereiche Beschaffung, Produktion und Absatz untergliedern. Für diese Bereiche soll im Weiteren das Potenzial von E-Business aufgezeigt werden.

Werden die **Beschaffungsprozesse** elektronisch unterstützt vorgenommen, so spricht man von Electronic Procurement. Zur Unterstützung der Beschaffung kommen Informationssysteme zum Einsatz, wie sie Kapitel 5.2.1 beschrieb.

Durch die integrative Umsetzung des Electronic Procurement ist es möglich, Transaktionskosten einzusparen. Eine Einsparung von Transaktionskosten ist jedoch nicht bei allen Gütern in gleichem Maße möglich. Zur Überprüfung der Eignung werden zu beschaffende Güter nach der ABC-Analyse eingeteilt (siehe Kapitel 3.2.1). Güter der Klasse A sind durch einen hohen Wert und ein geringes Bestellvolumen gekennzeichnet. Diese Güter besitzen ein nur sehr geringes Einsparungspotenzial und werden daher im Electronic Procurement zumeist nicht betrachtet. Insbesondere Güter der Klasse C sind durch ein hohes Bestellvolumen gekennzeichnet und verursachen eine Vielzahl von Beschaffungen, wodurch ein hohes Einsparungspotenzial entsteht. Somit eignen sich Güter der Klasse C für das Electronic Procurement.

Die **Produktion** wird in der Literatur oftmals als Aufgabenbereich des E-Business angesehen [Wir01], [Cor03]. Geht man von dieser Ansicht aus, so sind Leistungsaustauschprozesse in elektronischen Netzwerken notwendig, um von E-Business zu sprechen. In der Produktion findet jedoch typischerweise kein Leistungsaustausch, sondern eine Leistungserstellung statt. Eine Unterstützung dieser Phase durch spezielle Informationssysteme (siehe Kapitel 5.2.1) findet im Allgemeinen zum Austausch von Daten statt.

Aufgrund einer verstärkten Integration von Lieferanten und Kunden werden Lieferanten zunehmend in die Produktion eingebunden. Eine effiziente und effektive sowie langfristige Verwaltung und Verbesserung der organisationsübergreifenden Wertschöpfungsketten ist das Ziel des **Supply Chain Managements**. Die Integration von organisationsübergreifenden Wertschöpfungsketten wird durch spezifische Anwendungssysteme, die Supply-Chain-Management-Systeme, möglich (siehe Kapitel 5.2.2), die eine Schnittstelle zu den ERP-Systemen der beteiligten Organisationen bereitstellen und so die Integration aus technischer Sicht ermöglichen.

Die Elementarfunktion **Absatz** umfasst alle Bemühungen, die mit dem Verkauf von Produkten und Dienstleistungen zu tun haben. Im Umfeld des E-Business wird der Absatz auch als Electronic Commerce (E-Commerce) bezeichnet. Somit kann E-Commerce als Teilgebiet des E-Business identifiziert werden. Die Umsetzung der Ziele der Absatzwirtschaft erfolgt mit absatzpolitischen Instrumenten. Zu diesen zählen produktpolitische, preispolitische, kommunikationspolitische und distributionspolitische Instrumente (siehe Kapitel 3.2.3). Die Instrumente der Produkt- und der Preispolitik wurden bereits im Rahmen der Wettbewerbsstrategien diskutiert.

Kommunikationspolitische Instrumente sollen die Organisation und deren Leistungen nach außen hin transparent machen. Dies kann unter anderem durch Werbung, Event-Marketing, Public Relations und Direktkontakt vorgenommen werden. Als Kommunikationsmedium ermöglicht das Internet neue Möglichkeiten der Kommunikationspolitik. So kann Werbung in Form von Werbebannern auf fremden Internetseiten platziert werden. Des Weiteren ist es möglich, per Newsletter oder E-Mail mit den Nachfragern in direkten Kontakt zu treten. Als eine Form des Event-Marketing veranstalten eine Vielzahl von Organisationen virtuelle Seminare (Webinare), die mit Unterstützung durch Videokonferenzsysteme eine Produktpräsentation zu niedrigen Kosten ermöglichen.

Damit bei einer gegebenen Situation das richtige Instrument der Absatzwirtschaft angewendet wird, ist es notwendig, das Verhalten der Konkurrenz und der Nachfrager zu studieren. Dazu sind Informationen über beide Gruppen zu sammeln und zu analysieren. Aufgrund der hohen Markttransparenz ist es auf elektronischen Märkten zumeist leichter, Informationen zu sammeln. Beim Sammeln dieser Informationen kommen Instrumente der Datenerhebung zum Einsatz. Für Erhebungen im Internet bieten sich unter anderem Fragebogenuntersuchungen via E-Mail, Newsgroup oder WWW, Analyse von Logdateien, virtuelle Storetests und Interviews mittels Chat-Systemen an.[6]

---

[6] Eine ausführliche Auflistung von Verfahren der Datenerhebung im Internet findet sich in [BT00].

Die absatzpolitischen Instrumente sollen eine Kaufentscheidung bei Nachfragern herbeiführen. Liegt eine solche Kaufentscheidung vor, so ist zunächst ein Kaufvertrag auszuhandeln und anschließend der Leistungstausch abzuwickeln. Zur Abwicklung der Zahlung bieten sich im E-Commerce elektronische Zahlungssysteme, auch E-Payment-Systeme genannt, an.

Exkurs: Elektronische Zahlungssysteme

Die Zahlungsabwicklung kann mit herkömmlichen Zahlungssystemen wie Rechnung oder Nachnahme oder mit elektronischen Zahlungssystemen erfolgen. Elektronische Zahlungssysteme ermöglichen den Transfer von Zahlungsmitteln über elektronische Netze. Nach der Bindung an ein Giro- oder Kreditkartenkonto lassen sich elektronische Zahlungssysteme in kontogebundene und kontoungebundene Zahlungssysteme unterscheiden.

Corsten sieht als mögliche Ausgestaltungsformen kontogebundener Verfahren [Cor03]:

- elektronische Überweisungssysteme,
- kreditkartenbasierte Verfahren,
- elektronische Schecks und
- telefonbasierte Verfahren.

Das Secure Electronic Transfer (SET)-Verfahren stellt ein kreditkartenbasiertes Verfahren dar, das 1996 von VISA, Mastercard und weiteren Unternehmen zur sicheren Bezahlung im Internet entwickelt wurde. Zur Bezahlung mit dem SET-Verfahren ist eine Registrierung von Kunde und Lieferant bei einer SET-Zertifizierungsstelle notwendig. Bei einer Bestellung sendet der Kunde seine Kreditkarteninformationen verschlüsselt an den Lieferanten. Dieser kann die Informationen nicht lesen, sondern lediglich an seine Bank übermitteln, welche die Daten und die Liquidität des Kunden prüft. Der Lieferant erhält eine Bestätigung von seiner Bank und bestätigt sodann die Bestellung. Gleichzeitig wird das Kreditkartenkonto des Kunden durch die Bank des Lieferanten belastet. Abbildung 8.8 verdeutlicht den Ablauf einer Zahlung nach dem SET-Verfahren.

Da bei kontoungebundenen Verfahren kein direkter Zugriff auf ein Giro- oder Kreditkartenkonto erfolgt, ist ein gesondertes Zahlungsmittel erforderlich. Dieses ist bei kontoungebundenen Verfahren das **digitale Geld**, das auf einem Datenträger gespeichert wird, gegen einen adäquaten Geldbetrag getauscht werden kann und als Zahlungsmittel von anderen Organisationen als der ausgebenden Organisation anerkannt ist. Ein kontoungebundenes Verfahren ist Paypal, bei dem die Bezahlung durch Überweisung von digitalem Geld erfolgt. Das digitale Geld kann jederzeit auf ein Giro- oder Kreditkartenkonto transferiert werden. Ende der 90er-Jahre wurden eine Reihe so genannter Micropaymentverfahren entwickelt, mit denen die

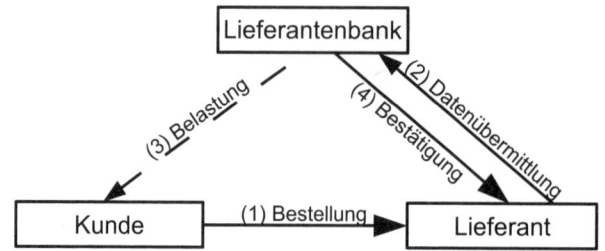

Abbildung 8.8: Ablauf einer Zahlung nach dem SET-Verfahren

Bezahlung von Kleinstbeträgen im Internet abgewickelt werden sollte. Sie konnten sich jedoch nicht durchsetzen.

In diesem Kapitel wurde bereits mehrfach der Einsatz von Informationssystemen angedeutet. Da das E-Business durch die Entwicklung von Rechnernetzen erst möglich wurde, sind die Informationssysteme durch spezielle Softwaretechnologien gekennzeichnet. Im Folgenden soll daher die Softwaretechnologie der Informationssysteme des E-Business betrachtet werden.

8.3 Technologische Aspekte

Die technologische Basis des E-Business kann in der Entwicklung von öffentlich zugänglichen Rechnernetzen, insbesondere des Internets, gesehen werden. Daher sollen im Folgenden zunächst die Entwicklung sowie die technischen Grundlagen des Internets dargestellt werden. Anschließend wird der grundlegende Aufbau von Internetanwendungen für das World Wide Web aufgezeigt und in einem weiteren Unterkapitel auf die Aspekte der Sicherheit solcher Anwendungen eingegangen.

8.3.1 Entwicklung und Grundlagen des Internets

Die Anfänge des Internets gehen zurück auf das Jahr 1966, in dem das amerikanische Verteidigungsministerium die Vernetzung aller Computerzentren der Advanced Research Projects Agency (ARPA) plante. Im Jahr 1969 waren alle vier Großrechner der ARPA miteinander verbunden. Das Netz bekam den Namen ARPANET und stellte das erste Computernetz dar, das Rechner von verschiedenen Herstellern und mit verschiedenen Betriebssystemen verbinden konnte.

Neben dem ARPANET wurden weitere Netze, wie beispielsweise das ALOHANET, das Rechner auf Hawaii verband, entwickelt. Die ARPA versuchte, die entstandenen Netze miteinander zu verbinden, wobei die Kommunikation zwischen den Netzen mit verschiedenen Übertragungsmedien wie Telefonleitung und Radiowellen möglich sein sollte. Ferner erforderte die Verbindung verschiedener

Netze die Einigung auf ein einheitliches Datenformat und ein einheitliches Verfahren zum Verbindungsaufbau. Die genannten Anforderungen setzten Vinton Cerf und Bob Kahn mit dem Transmission Control Protocol/Internet Protocol (TCP/IP, siehe Kapitel 4.2.3) 1974 um. 1977 demonstrierten Cerf und Kahn die Übertragung von Daten mit unterschiedlichen Netzen, die auf TCP/IP basierten. Dazu wurden Daten von einem Transporter per Radiowellen von San Francisco nach Virginia gesendet. Von dort aus erfolgte die Übertragung per Satellit nach Norwegen, von wo aus die Daten per Telefonleitung nach London gelangten. Von London aus erreichten die Daten wiederum per Satellit das ARPANET. Trotz dieser eindrucksvollen Demonstration wurde TCP/IP erst 1983 zum Standard im ARPANET.

Die frühen Rechnernetze waren bis auf wenige Ausnahmen nur für bestimmte Nutzer gedacht. 1985 erfolgte mit der Öffnung des Joint Academic Network (JANET) und des National Science Foundation Network (NSFNET) für hochqualifizierte Nutzer aller Forschungsbereiche eine Wende. An das NSFNET schlossen sich nach und nach Netzwerke anderer Länder an. Das NSFNET konnte die Infrastruktur des ARPANET nutzen, während Letzteres von immer weniger Forschern genutzt wurde und sich 1990 auflöste.

Im Jahr 1989 wurde von Tim Berners-Lee ein Hypertextsystem entwickelt, das die Grundlage des World Wide Web bildet. Das World Wide Web (WWW) ist ein Internetdienst, der den Austausch von Hypertextdokumenten erlaubt. Die Dokumente sind durch unidirektionale Verbindungen (Links) miteinander verbunden, wodurch eine Verbindung zu einem Dokument d hergestellt werden kann, ohne dass der Besitzer von d dieses ändern muss. Zur Betrachtung der Dokumente und zur Navigation von Dokument zu Dokument ist ein Anzeigeprogramm (Browser) notwendig. Mit dem 1993 erstellten Browser Mosaic erlangte das WWW und somit auch das Internet ungeahnte Popularität und einen enormen Benutzerzuwachs. Der Mosaic-Browser wurde später in Netscape Navigator umbenannt.

Das WWW basiert auf drei Standards (HTTP, HTML, URI), die im Weiteren näher beschrieben werden sollen. Die Übertragung von Dokumenten im WWW basiert auf dem **Hypertext Transfer Protocol** (HTTP), das die Kommunikation zwischen Browser und Webserver regelt. Als Webserver wird hierbei ein Rechner bezeichnet, der HTML-Dokumente bereitstellt und mit dem Internet verbunden ist. Mit Hilfe des HTTP baut der Browser eine TCP-Verbindung zu einem Webserver auf. Zur Spezifikation von Anfragen durch den Browser stellt HTTP vier Basisoperationen zur Verfügung:

- GET fordert ein Dokument vom Webserver an;
- HEAD fordert Statusinformationen eines Dokumentes vom Webserver an;
- POST sendet Daten an den Webserver, die an das angeforderte Dokument angehängt werden;
- PUT erlaubt das Hochladen eines Dokumentes auf den Webserver.

Die Spezifizierung der Dokumente ist in einem weiteren Standard beschrieben. Diese Dokumente werden mit der **Hypertext Markup Language** (HTML) erstellt und auf den Webservern bereitgestellt. HTML stellt keine Programmiersprache dar, sondern eine Auszeichnungssprache. Die darzustellenden Informationselemente werden mit so genannten „Tags" ausgezeichnet, die das Layout der Informationselemente bestimmen. Ein HTML-Dokument ist zudem in die Teile Kopf (Head) und Inhalt (Body) unterteilt. Der Kopfteil enthält Metadaten zu dem Dokument wie Autor, Datum und Titel. Der Inhaltsteil besteht aus den darzustellenden Informationselementen. Folgender Quellcode zeigt ein HTML-Dokument, das aus drei Informationselementen, zwei Texten und einem Bild besteht.

```
<HTML>
  <HEAD>
    <TITLE>Mein erstes HTML-Dokument</TITLE>
  </HEAD>
  <BODY>
    <B>Herzlich Willkommen auf meiner Webseite.</B><BR>
    Ihr seht hier ein kleines Bild von mir.<BR>
    <IMG src="ich.jpg" width="250" height="350" alt="ich">
  </BODY>
</HTML>
```

Durch das Tag <**B**> wird das erste Textelement im Inhaltsteil des Dokumentes fett dargestellt. Das zweite Textelement ist ohne Layoutinformationen definiert und wird daher im Standardformat dargestellt. Zur Einbindung von Bildern existiert in HTML der Tag <**IMG**>, innerhalb dessen die Quelle und die Größe des Bildes angegeben ist. Der <**BR**>-Tag erzeugt einen Zeilenumbruch.

Ein Browser stellt somit per HTTP-Standard eine Verbindung zu einem Webserver her und ruft HTML-Dokumente ab, die mit dem HTML-Standard erstellt wurden. Sie werden vom Browser interpretiert und dem Benutzer angezeigt. Damit auch das richtige Dokument von dem richtigen Webserver abgerufen wird, ist es notwendig, den Ort der Dokumente genau zu spezifizieren. Diese Spezifikation ist in dem **Uniform Resource Identifier** (URI) Standard festgelegt. Jedes Dokument bekommt einen eindeutigen URI zugewiesen, über den das Dokument angefordert werden kann. Ein URI hat den folgenden allgemeinen Aufbau:

scheme://authority/path?query

Mit *scheme* wird das Schema oder Protokoll der Übertragung festgelegt. Dies ist bei der Übertragung von Dokumenten im WWW stets *http*[1]. Der *authority*-Teil legt die Instanz fest, die das entsprechende Dokument bereitstellt. Eine Instanz entspricht dabei einem Rechner, genauer einem Webserver. Bedingt durch das IP-Protokoll werden Instanzen im Internet aufgrund der IP-Adresse eindeutig identifiziert. Eine typische URI könnte beispielsweise wie folgt lauten:

http://132.231.35.248/index.php?option=com_frontpage&Itemid=1

---
[1] Weitere Schemata sind beispielsweise *ftp*, *mailto* oder *file*.

Da sich diese jedoch nur schwer merken lässt, wurde ein Dienst eingeführt, der eine Zuordnung von Namen zu IP-Adressen zulässt. Dieser **Domain Name Service** (DNS) wird bei einer Anforderung eines HTML-Dokumentes aufgerufen, sofern die Instanz nicht als IP-Adresse angegeben wurde. Der Dienst verwaltet eine Tabelle, in der zu jedem Namen (Domainname) die entsprechende IP-Adresse vermerkt ist.

Der Pfad, unter dem das Dokument auf der Instanz gespeichert ist, wird mit *path* spezifiziert. Sollen Dokumente dynamisch zusammengesetzt werden, so können die dazu erforderlichen Variablen durch ein &-Zeichen getrennt im *query*-Teil, der stets mit einem Fragezeichen beginnt, angegeben werden.

Neben dem WWW bestehen noch weitere Internetdienste wie E-Mail oder Newsgroups, die hier aber nicht weiter dargestellt werden sollen. Zunächst soll die Entwicklung von Anwendungssystemen betrachtet werden, die auf den Standards des WWW beruhen und für das E-Business relevant sind. Anschließend erfolgt eine Untersuchung der Sicherheit solcher Anwendungen.

8.3.2 Entwicklung von Webanwendungen

Da Webanwendungen eine bestimmte Art von Software darstellen, gelten für die Entwicklung von Webanwendungen grundsätzlich die gleichen Besonderheiten wie für die Entwicklung von Software (siehe Kapitel 4.2.5). Es sind aufgrund der Struktur und der Protokolle des WWW jedoch weitere Eigenheiten zu beachten. So unterscheidet sich zunächst die Architektur von Webanwendungen von der Architektur weiterer Softwaresysteme. Ferner entstanden für die Entwicklung von Webanwendungen spezielle Programmiersprachen, die eine Umsetzung der Architektur ermöglichen. Weiterhin ist auch der Prozess der Softwareentwicklung selbst an die Eigenheiten von Webanwendungen anzupassen. In diesem Kapitel soll daher zunächst die Architektur von Webanwendungen vorgestellt werden. Anhand dieser werden einige typische Programmiersprachen und -paradigmen dargestellt.

Betrachtet man den Aufbau des Internets und des WWWs, so kann festgestellt werden, dass hier eine Menge von Rechnern miteinander vernetzt ist und jeder dieser Rechner bestimmte Informationen und Dienste anbietet. Die Speicherung der Informationen sowie die Ausführung der Dienste findet dabei auf Rechnern statt, die dem Benutzer im Allgemeinen nicht physikalisch zugänglich sind. Die Präsentation der Informationen bzw. die Ergebnisse und Zwischenergebnisse der Dienste hingegen werden auf dem Rechner des Benutzers dargestellt. Somit ist von einer logischen Trennung der in Kapitel 4.2.5 eingeführten 3-Schichten-Architektur auszugehen. Die **Architektur** einer Webanwendung entspricht einer Client/Server-Architektur, wobei der Server hier als Webserver und der Client als Webbrowser bezeichnet wird.

Über den Webbrowser können Benutzer einen bestimmten Dienst oder bestimmte Informationen, die ein Webserver bereitstellt, anfragen. Eine Anfrage (HTTP-

Request) an einen Webserver (1) bewirkt entweder das Heraussuchen eines Dokumentes (2a) aus dem Dateisystem des Webservers oder die Weiterleitung der Anfrage an eine Webanwendung (2b). Der Webserver erhält dann als Ergebnis entweder ein Dokument aus dem Dateisystem (3a) oder ein von der Webanwendung erzeugtes Dokument (3b). Dieses Dokument wird anschließend per HTTP-Response an den Webbrowser gesendet (4), der es entsprechend darstellt. Abbildung 8.9 skizziert den geschilderten Ablauf.

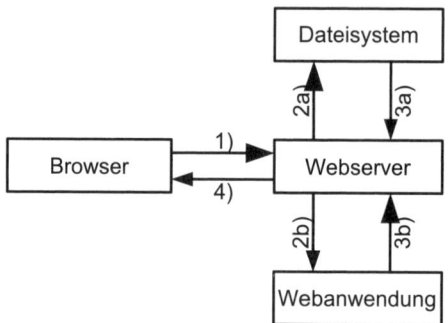

Abbildung 8.9: Zusammenspiel zwischen Browser und Webserver

Bezogen auf die **Architektur** einer Webanwendung lässt sich zunächst festhalten, dass Webanwendungen zu ihrer Ausführung einen Webserver benötigen. Dieser kann als eine Art Container betrachtet werden und stellt das für die Kommunikation mit den Webbrowsern notwendige Hypertext Transfer Protocol zur Verfügung. Ferner wird die Präsentationsschicht in Form von HTML-Dokumenten zwar mit dem Webbrowser angezeigt, die Erstellung dieser erfolgt jedoch entweder dynamisch durch eine Webanwendung oder statisch durch den Betreiber des Webservers, wobei die HTML-Dokumente im Dateisystem des Webservers hinterlegt werden. Das Ergebnis einer Webanwendung sind somit HTML-Dokumente, die über den Webserver an den Webbrowser gesendet werden.

Eine Webanwendung besteht aus einer oder mehreren Komponenten in der Applikationsschicht. Jede dieser Komponenten implementiert eine bestimmte Funktionalität der Webanwendung (z.B. das Einloggen, das Anlegen eines Benutzers, das Betrachten eines Produktes aus der Produktdatenbank, etc.). Über den Webbrowser eines Benutzers kann gezielt eine der Komponenten der Webanwendung angesprochen werden. Daraus folgt, dass jeder Komponente ein URI zugeordnet wird. Über den Query-Teil eines URI können Eingabedaten an die Komponente übermittelt werden. Wird eine Komponente ausgeführt, so erzeugt sie ein HTML-Dokument, in dem das Ergebnis der Ausführung (z.B. Status nach dem Einloggen, Bestätigung des Anlegens eines Benutzers, Produktdaten, Fehlerstatus, etc.) hinterlegt ist.

8.3 Technologische Aspekte

Die Ausführung einer Komponente verlangt oftmals einen Zugriff auf Datenbanksysteme (Abfrage von Produktdaten) oder auch Dateisysteme (Laden eines Bildes). Daher ist ein Zugriff auf Datenbanksysteme und Dateisysteme über eine Datenzugriffsschicht nötig. Die Datenzugriffsschicht ist dabei ebenfalls in eine oder mehrere Komponenten aufgeteilt. Die Architektur einer Webanwendung stellt Abbildung 8.10 zusammenfassend dar.

Komponenten der Applikationsschicht müssen in der Lage sein, Anfragen (nach dem HTTP-Standard) eines Webbrowsers zu bearbeiten. Für die Erstellung von Webanwendungen wurden daher spezielle **Programmiersprachen** und Programmierkonzepte entwickelt.

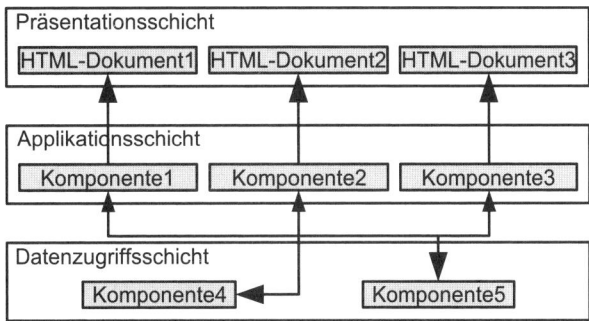

Abbildung 8.10: Architektur einer Webanwendung

Bislang wurde davon ausgegangen, dass die Applikationsschicht einer Webanwendung komplett auf dem Webserver ausgeführt wird. Neben den HTML-Dokumenten ist es auch möglich, mit einer HTTP-Response Skripte an den Webbrowser zu senden, welche auf dem Browser Applikationslogik ausführen. Soll beispielsweise ein Bestellformular auf Konsistenz (z.B. E-Mail-Adresse enthält @) und Vollständigkeit (alle notwendigen Felder wurden ausgefüllt) geprüft werden, dann wird das Bestellformular durch eine HTTP-Anfrage von dem Webbrowser des Benutzers an eine für die Überprüfung zuständige Komponente der Webanwendung gesendet. Die Komponente führt die Überprüfung durch und generiert ein HTML-Dokument, in dem der nächste Schritt der Bestellung beschrieben ist, oder eine Fehlermeldung, falls die Überprüfung nicht erfolgreich war. In jedem Fall ist eine möglicherweise zeitaufwändige Kommunikation zwischen Webbrowser und Webserver notwendig. Um diese Kommunikation im Fehlerfall zu umgehen, kann ein Teil der Applikationslogik auf den Webbrowser verlagert werden. Zur Erstellung der Applikationslogik können somit zwei grundlegende Ansätze unterschieden werden:

- serverseitige Applikationslogik
- clientseitige Applikationslogik

Zur Erstellung einer **serverseitigen Anwendungslogik** eignet sich grundsätzlich jede Programmiersprache, die in der Lage ist, HTML-Dokumente zu erzeugen. Die Anwendung erzeugt HTML-Dokumente, die anschließend per HTTP an den Webbrowser gesendet und von diesem dargestellt werden. Die Präsentationsschicht wird also serverseitig erzeugt und clientseitig angezeigt. Anhand des Konzeptes der Programmierung lassen sich

- programmorientierte und
- contentorientierte

Ansätze unterscheiden. Nach dem programmorientierten Ansatz wird der Quellcode in einer Programmiersprache erstellt und das HTML-Dokument dynamisch bei der Ausführung des Quellcodes erzeugt. Im Gegensatz dazu wird nach dem contentorientierten Ansatz ein HTML-Dokument erzeugt, welches spezielle Tags enthält, in denen der Quellcode einer Programmiersprache enthalten ist. Im Folgenden sollen die beiden Ansätze anhand der Programmiersprache Java verdeutlicht sowie die Vor- und Nachteile beider Ansätze diskutiert werden.

In der Programmiersprache Java wurde sowohl der programmorientierte als auch der contentorientierte Ansatz berücksichtigt. Beide Ansätze benötigen zur Ausführung einen Container, der vom Webserver angesteuert wird. Kommt vom Webbrowser eine Anfrage, so leitet der Webserver diese an den Container weiter, der die entsprechende Anwendung heraussucht und sie ausführt.

Mit dem programmorientierten Ansatz erstellte Komponenten werden als **Servlets** bezeichnet. Sie sind in der Programmiersprache Java geschrieben und erzeugen bei der Ausführung ein HTML-Dokument. Der folgende Quellcode beschreibt ein Servlet, welches das aktuelle Datum ausgibt.

```java
import javax.servlet.*;
import javax.servlet.http.*;
import java.text.*;
import java.io.*;

public class RechnerServlet extends HttpServlet {
  protected void doGet(HttpServletRequest request,
      HttpServletResponse response) throws
      Servlet Exception, IOException {
    response.setContentType("text/html");
    OutputStream out = response.getOutputStream();
    java.util.Date date = new java.util.Date();
    String s = "<HTML><HEAD><TITLE>Servlet</TITLE></HEAD>"
      + "<BODY><H1>Datum:</H1><BR>"
      + date.toString()
      + "</BODY></HTML>";
    out.write(s.getBytes());
    out.close();
```

8.3 Technologische Aspekte

```
    }
    public void init(ServletConfig config) throws
        ServletException {
      super.init(config);
    }
}
```

Die mit dem contentorientierten Ansatz erstellten Komponenten werden als **Java Server Pages (JSP)** bezeichnet. Eine JSP ist ein HTML-Dokument, das spezielle Tags enthält, in denen Java-Quellcode spezifiziert ist. Nachfolgender Quellcode beschreibt die zu dem Servlet adäquate Java Server Page, die wiederum das aktuelle Datum ausgibt.

```
<%@page contentType="text/html;charset=UTF-8"%>
<HTML>
  <HEAD>
    <TITLE>JSP</TITLE>
  </HEAD>
  <BODY>
    <H1>Datum:</H1>
    <%java.util.Date date = new java.util.Date();
      out.println(date.toString());%>
  </BODY>
</HTML>
```

Auch ohne Verständnis der Details der beiden aufgezeigten Quellcodes wird der Unterschied beider Ansätze deutlich. Die Erstellung von HTML-Dokumenten kann mit Hilfe von grafischen Editoren erfolgen, wobei keine Kenntnisse der HTML-Syntax notwendig sind. Der contentorientierte Ansatz erlaubt durch die HTML-Zentrierung die Verwendung von grafischen Editoren. Somit kann ein Grundgerüst erstellt werden, in welches nur noch die Tags mit dem Programmquellcode einzutragen sind. Die Entwicklung von Webanwendungen mit dem programmorientierten Ansatz lässt die Verwendung grafischer Editoren nicht zu, so dass ein höherer Entwicklungsaufwand entsteht. Der Vorteil beider Ansätze ist, dass alle Konzepte der jeweiligen Programmiersprache, im Fall der Beispiele Java, genutzt werden können. Damit ist beispielsweise eine Anbindung der Webanwendung an ein Datenbanksystem oder andere Anwendungssysteme wie zum Beispiel ERP-Systeme (siehe Kapitel 5.2.2) möglich.[2]

Zur Erstellung von **clientseitiger Anwendungslogik** wurden spezielle Programmiersprachen entwickelt. Hierbei ist eine Einteilung in Sprachen zur Manipulation von HTML-Dokumenten (dynamisches Dokument) und Sprachen zur Entwicklung von dynamischen HTML-Elementen (dynamisches Element) sinnvoll. Der Quellcode von Anwendungen der ersten Kategorie wird direkt vom Brow-

---

[2] Eine solche Integration von Webanwendung und weiteren Informationssystemen ermöglicht die Abarbeitung von Prozessen ohne Medienbruch, wodurch Transaktionskosten gesenkt werden können.

ser ausgeführt, wogegen zur Ausführung von Anwendungen der zweiten Kategorie ein zusätzliches Programm notwendig ist, das vom Browser aus angesteuert werden kann. Für die Anwendungen der zweiten Kategorie wird im HTML-Dokument ein bestimmter Bereich definiert, in dem die Anwendung abläuft. Die Anwendung stellt somit ein HTML-Element dar. Die Präsentationsschicht solcher Anwendungen besteht aus spezifischen Elementen, die nicht vom Browser direkt interpretiert werden können, also nicht HTML-konform sind. Ein Programm der ersten Kategorie besteht hingegen aus einem oder mehreren HTML-Elementen, die während der Ausführung der Anwendungslogik angesprochen werden (z.B. Auslesen von Formulardaten oder Änderung der Position von HTML-Elementen).

Die aufgezeigten Möglichkeiten der Erstellung von Webanwendungen fasst Abbildung 8.11 zusammen. Webanwendungen kombinieren zumeist serverseitige und clientseitige Logik, wobei die clientseitige Logik zur Aufwertung der Präsentationsschicht dient und die serverseitige Logik die Geschäftslogik und den Zugriff zur Datenschicht implementiert. Dabei können die in Abbildung 8.11 aufzeigten Programmiersprachen für die Erstellung der jeweiligen Logik benutzt werden.

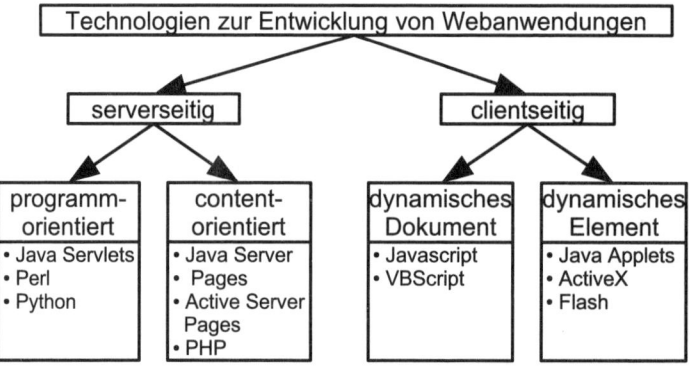

Abbildung 8.11: Technologien zur Entwicklung von Webanwendungen

Die Kommunikation zwischen Webbrowser und Webserver erfolgt unter Benutzung von HTTP. Dabei antwortet der Webserver auf einen HTTP-Request mit einem vollständigen Dokument, welches der Webbrowser in Empfang nimmt und auswertet. Hierdurch erfolgt auf jede Benutzereingabe, welche mit serverseitiger Applikationslogik verarbeitet wird, die Anzeige eines neues HTML-Dokumentes. Es ist nicht möglich, nur einzelne Teile eines derzeit angezeigten HTML-Dokumentes zu ändern. Dies führt zu einem häufigen Neuaufbau der Präsentationsschicht im Webbrowser, was von den Nutzern oft als lästig empfunden wird.

Um diesem Problem zu entgehen, wurde bereits 1998 eine Lösung entwickelt, welche ein dynamisches Nachladen einzelner Teile eines HTML-Dokumentes erlaubt. Diese Technologie wird mittlerweile als **AJAX (Asychronous Javascript And XML)** bezeichnet. Mit AJAX ist es möglich, desktopähnliche Anwendungen zu entwickeln. Die Kommunikation zwischen Webbrowser und Webserver erfolgt hierbei über Javascript und ein spezielles XMLHttpRequest-Objekt. Sollen einzelne Daten in einem HTML-Dokument aktualisiert werden, so erfolgt der Aufruf einer Javascriptfunktion. In dieser wird ein XMLHttpRequest-Objekt erstellt, welches die Daten vom Webserver beispielsweise in XML-Struktur abfragt. Die Daten werden dann wiederum von einer Javascriptfunktion in Empfang genommen und mit Hilfe von Javascript in das HTML-Dokument eingearbeitet.

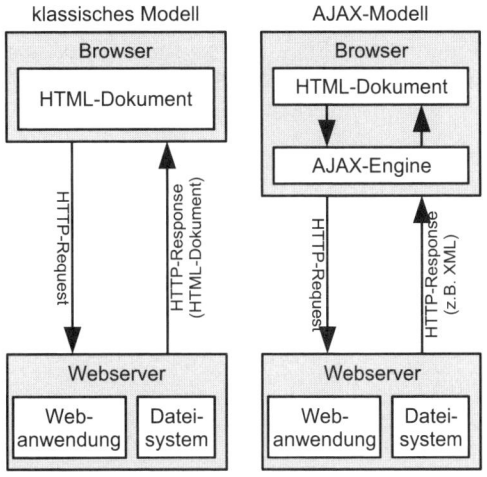

Abbildung 8.12: AJAX-Modell einer Webanwendung

Wie bereits erwähnt, besteht eine Webanwendung aus einer oder mehreren Komponenten. Die Komponenten einer Webanwendung können auch über mehrere Webserver verteilt sein. Das geht so weit, dass eine Webanwendung auch auf Komponenten anderer Webanwendungen zugreifen kann. So ist es beispielsweise möglich, eine Suche nach Dokumenten im Internet durch Aufruf einer Komponente von Google zu gestalten. Für den Aufruf einer Komponente einer Webanwendung von einer Komponente einer anderen Webanwendung aus wurde das Konzept der **Web Services** entwickelt. Ein Web Service ist eine Komponente oder eine komplette Webanwendung, die die folgenden Anforderungen erfüllt:

- sie ist über ein URI eindeutig identifizierbar;
- sie besitzt eine standardisierte Schnittstelle zur Beschreibung und zum Auffinden der Komponente;
- sie besitzt eine standardisierte Schnittstelle zur Kommunikation mit anderen Komponenten.

Mit Hilfe der Web Service Description Language (WSDL) werden Web Services beschrieben. Diese Beschreibung wird auf einem Service-Broker hinterlegt. Benötigt eine Webanwendung (Service-Konsument) einen Dienst (z.B. Internetsuche), so kann diese eine Anfrage an den Service-Broker senden. Die Anfrage wird ebenfalls mit der Web Service Description Language erstellt. Als Antwort erhält der Service-Konsument eine Liste von möglichen Anbietern (Service-Anbieter) des gewünschten Dienstes. Der Service-Konsument kann nun mit einem Service-Anbieter eine Kommunikation aufbauen. Die Kommunikation zwischen dem Web Service des Service-Anbieters und dem Service-Konsumenten erfolgt über das so genannte Simple Object Access Protocol. Die Funktionsweise von Web Services verdeutlicht Abbildung 8.13.

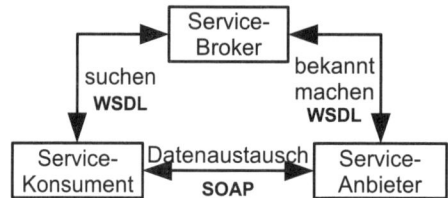

Abbildung 8.13: Funktionsweise eines Web Service

Da Webanwendungen gerade im E-Business mit sensiblen Daten (z.B. Adressen, Kontonummern, Kreditkartennummern) umgehen, ist es notwendig, die Sicherheit von Webanwendungen zu betrachten. Das erfolgt im nächsten Kapitel.

8.3.3 Sicherheit von Webanwendungen

Bei der Benutzung von Rechnernetzen, insbesondere von öffentlichen Rechnernetzen wie dem Internet, ist die Gefahr des unerlaubten Veränderns und Lesens von Daten und Informationen latent vorhanden. Daher ist es notwendig, sich der Gefahren im Umgang mit Webanwendungen bewusst zu werden und diesen mit geeigneten Mitteln zu begegnen. In diesem Kapitel sollen die Gefahrenquellen von Webanwendungen und die Auswirkungen dieser aufgezeigt sowie, von diesen ausgehend, mögliche Lösungen diskutiert werden.

Die Gefahrenquellen können eingeteilt werden in **soziale** und **technische** Quellen, von denen die folgenden im Weiteren betrachtet werden sollen:

- soziale Gefahrenquellen
    - Phishing
    - Passwortauswahl und -hinterlegung
- technische Gefahrenquellen
    - Konzeptionsfehler

- Programmierfehler
- Konfigurationsfehler
- Systemanomalien

Die **sozialen Gefahrenquellen** liegen im Verhalten von Menschen begründet. Eine für potenzielle Angreifer einfache Möglichkeit besteht in der direkten Kontaktaufnahme zu Personen, von denen interessante Daten und Informationen wie Passwörter zu erhalten sind. Der Angreifer täuscht dabei eine falsche Identität (z.B. Systemadministrator) vor und entlockt dem Opfer mit Hilfe einer plausiblen, aber falschen Begründung die Passwörter. Derartige Angriffe finden zumeist über E-Mail statt, wobei der Empfänger unter dem Deckmantel eines falschen Absenders (z.B. Bank) und einer plausiblen, aber falschen Vorgeschichte zur Herausgabe eines bestimmten Passwortes gedrängt werden soll. Hierfür hat sich der Begriff des **Phishing** durchgesetzt.

Eine weitere Gefahrenquelle bergen **die Auswahl und die Hinterlegung von Passwörtern**. Passwörter sollten so gewählt werden, dass diese nicht von Dritten hergeleitet werden können. So ist der eigene Vorname als Passwort denkbar ungeeignet, da dieser einer Reihe von Personen und somit potenziellen Angreifern bekannt ist. Bei der Wahl eines Passwortes ist des Weiteren darauf zu achten, dass es eine geeignete Länge hat und zudem Sonderzeichen (z.B. =, +, ?) sowie Ziffern enthält. Ist das Passwort zu kurz, kann es möglicherweise durch Probieren entschlüsselt werden. Für das Entschlüsseln von Passwörtern existiert Software, die systematisch jede denkbare Kombination von Zeichen ausprobiert. Je länger das Passwort ist, desto mehr Kombinationen ergeben sich und desto länger benötigt auch die Software zur Entschlüsselung. Ein solcher Angriff wird auch als **Brute-Force-Angriff** bezeichnet.

Aufgrund der Vielzahl von Anwendungssystemen, mit denen Benutzer in ihrem beruflichen wie privaten Leben konfrontiert sind, ergibt sich eine große Anzahl an Passwörtern, die sich Benutzer merken müssen. Zur Vorbeugung gegen das Vergessen eines Passwortes werden diese häufig auf Notizzetteln hinterlegt. Insbesondere am Arbeitsplatz stellt das eine Gefahrenquelle dar, da Kollegen und möglicherweise auch Gäste und Kunden Zugriff zu den Passwörtern erlangen können. Daher empfiehlt sich der Einsatz von spezieller Software zur Verwaltung von Passwörtern.

Neben den sozialen Gefahrenquellen kann eine Vielzahl **technischer Gefahrenquellen** identifiziert werden. Technische Gefahren können durch Konzeptionsfehler, Programmierfehler oder Konfigurationsfehler verursacht werden oder in Form einer Systemanomalie fremdverursacht sein. Ein **Konzeptionsfehler** liegt beispielsweise vor, wenn für eine Webanwendung, die mit sensiblen Daten arbeitet, keine sichere Datenübertragung vorgesehen wurde. **Programmierfehler** entstehen bei der Implementierung der Webanwendung. So kann durch eine fehlerhafte Implementierung einer Verschlüsselungskomponente die Sicherheit einer

Webanwendung verloren gehen. **Konfigurationsfehler** entstehen zumeist bei der Vergabe von Zugriffsrechten an Benutzer der Webanwendung.

Im Folgenden sollen einige wesentliche technische Fehler sowie deren Auswirkungen genauer betrachtet werden. Webanwendungen besitzen zumeist eine Datenzugriffsschicht, welche Daten in einer Datenbank abspeichert bzw. von einer Datenbank abfragt. Die Parameter einer solchen Datenbankabfrage werden hierbei oftmals durch den Endnutzer spezifiziert, welcher beispielsweise in einem Suchfeld einer Touristikwebanwendung ein Reiseziel eingibt. Die Webanwendung soll beispielsweise alle verfügbaren Hotels, die dem Reiseziel entsprechen, auflisten. Dazu wird in der Webanwendung eine SQL-Anfrage ausgeführt, in welche als Parameter das Reiseziel enthalten ist. Die Anfrage könnte beispielsweise folgende Form haben, wobei $Reiseziel für den Parameter steht:

select * **from** Hotel **where** Reiseziel=$Reiseziel;

Solange der Benutzer ein Reiseziel wie Spanien oder Toskana eintippt, wird die Anfrage wie gewünscht ausgeführt und eine Liste von Hotels selektiert. Was passiert jedoch, wenn der Benutzer in dem Suchfeld einen SQL-Befehl (z.B. zum Anlegen eines neuen Benutzers) eintippt. Wird dieser Umstand nicht abgefangen, so führt die Webanwendung diesen vom Benutzer eingegebenen SQL-Befehl aus. Dieses Problem wird als **SQL-Injection** bezeichnet und stellt einen Programmierfehler dar. Um diesen Fehler zu beheben, kann entweder der im Suchfeld eingegebene Text nach SQL-typischen Sonderzeichen wie ; oder * untersucht werden, oder der Programmierer verwendet so genannte Prepared Statements zum Absetzen der SQL-Befehle, welche eine Verwendung von SQL-Befehlen an Stelle eines Parameters von sich aus nicht zulassen.

Wie bereits erwähnt, haben sich mit dem Web 2.0 benutzergenerierte Inhalte verstärkt durchgesetzt. Benutzer haben in Foren, Blogs, Wikis und ähnlichen Systemen die Möglichkeit, Inhalte zu erstellen und zu veröffentlichen. Die Inhalte werden von den Benutzern oftmals in Textfeldern eingetragen und dann als Teil eines HTML-Dokumentes dargestellt. HTML-Dokumente von Web 2.0-Anwendungen setzen sich demzufolge oftmals aus vorgegebenen Elementen wie einem Menü und einem Logo sowie aus Inhalten, die vom Benutzer erstellt wurden, zusammen.

Gibt der Benutzer in einem solchen Textfeld HTML-Code oder Javascript-Code ein und erfolgt keine Prüfung auf solche Codeelemente, so wird der Code beim Anzeigen der vom Benutzer generierten Inhalte vom Webbrowser ausgeführt. Angreifern ist es somit beispielsweise möglich, in ein Textfeld eines Forums Javascript-Code zum Verändern des Forumlayouts einzubringen. Jeder Benutzer, der nun den Foreneintrag mit dem Javascript-Code aufruft, sieht das Forum in geändertem Layout. Dieser als **Cross-Site-Scripting** bezeichnete Angriff kann vermieden werden, indem aus von Benutzern erstellten Inhalten alle Teile, welche Javascript-Code bzw. HTML-Code enthalten, entfernt werden.

8.3 Technologische Aspekte

Um insbesondere technische Fehler bei der Entwicklung von Webanwendungen zu vermeiden, wurde vom Bundesamt für Sicherheit in der Informationstechnik ein Maßnahmenkatalog zur Sicherheit von Webanwendungen erstellt, der kostenfrei unter http://www.bsi.de zur Verfügung steht.

Neben den bisher aufgezeigten, in der Regel selbstverschuldeten Gefahren gibt es auch Gefahren, die von Fremden verursacht werden. Hier sind insbesondere **Systemanomalien** zu nennen, die durch Programme mit unerwünschten Funktionen hervorgerufen werden. Im Folgenden sollen Trojaner, Viren und Würmer als Ursachen solcher Systemanomalien vorgestellt werden. Als **Trojaner** oder Trojanisches Pferd bezeichnet man ein Programm, das neben den gewünschten Funktionen weitere für den Benutzer nicht ersichtliche, schädliche Funktionen hat. Diese Funktionen können beispielsweise zur Folge haben, dass Daten und Informationen mitgelesen, geändert oder gelöscht werden.

Viren sind Programmteile, die sich selbst reproduzieren können, jedoch nicht selbstständig agieren. Ein Virus wird daher an Programme oder Teilprogramme (File-Virus), an den Bootsektor der Festplatte (Boot-Virus) oder an Makros[3] (Makro-Viren) angehängt.

Im Gegensatz zu den Viren sind **Würmer** selbstständig agierende Programme, die sich ebenfalls selbst reproduzieren können. Würmer sind zudem in der Lage, aktiv nach Schwachstellen in einem Anwendungssystem zu suchen und sich über die Grenzen eines Anwendungssystems hinweg zu verbreiten. Wie die Trojaner und die Viren sind Würmer in der Lage, Daten und Informationen zu verändern und zu löschen.

Die aufgezeigten Gefahren können zu einem Verlust der

- Vertraulichkeit,
- Integrität und
- Verfügbarkeit

führen. Diese eher technischen Auswirkungen gehen insbesondere bei Organisationen oft mit wirtschaftlichen Schäden einher. So wurde der durch den Wurm „ILOVEYOU" verursachte wirtschaftliche Gesamtschaden auf mehrere Milliarden Euro geschätzt.

Im Internet werden Daten unverschlüsselt per TCP/IP übertragen, wodurch ein Mitlesen und somit ein **Verlust der Vertraulichkeit** möglich ist. Das Mitlesen von Daten wird Sniffing genannt und ist beispielsweise mit dem Unix-Programm `tcpdump` möglich.

Die **Integrität** von Daten wird verletzt, wenn diese durch Dritte manipuliert werden können. Eine Vielzahl von Webanwendungen besteht aus Formularen, deren

---

[3] Unter einem Makro wird in diesem Zusammenhang ein Programm verstanden, das Automatisierungsaufgaben im Rahmen eines anderen Programmes vornimmt. Beispielsweise kann ein Makro im Rahmen von Microsoft Word die Erstellung von Literaturverzeichnissen automatisieren.

Daten in einer Datenbank persistiert werden. Die einzelnen Felder des Formulars werden dazu von der Webanwendung ausgelesen und in einem SQL-Befehl (siehe Kapitel 4.2.6) verpackt, der die Daten in einer Datenbank speichert. Wird in einem Formularfeld selbst ein SQL-Befehl eingetragen, so kann es passieren, dass dieser ebenfalls ausgeführt wird. Ein Angreifer hat somit die Möglichkeit, Daten auszulesen, zu verändern oder zu löschen.

Eine weitere Angriffsmöglichkeit besteht darin, einen Webserver zu überlasten und zum Absturz zu bringen, wodurch ein **Verlust der Verfügbarkeit** erzeugt wird. Angriffe, die zum Absturz eines Webservers führen, werden als Denial-of-Service (DoS)-Attacken bezeichnet. Sie werden durch die Eigenheiten des Aufbaus einer TCP-Verbindung zwischen zwei Rechnern möglich.

Der TCP-Verbindungsaufbau erfolgt in drei Stufen. In der ersten Stufe sendet Rechner 1 einen Verbindungsaufbauwunsch an Rechner 2. Diesen beantwortet Rechner 2 in der zweiten Stufe. Das Antwortpaket muss in einer dritten Stufe von Rechner 1 nochmals bestätigt werden, bevor eine Verbindung zwischen beiden entsteht.

Sendet ein Angreifer einen Verbindungsaufbauwunsch mit einer falschen Absender-IP-Adresse an den Rechner eines Opfers, so sendet der Rechner des Opfers ein Antwortpaket an die falsche IP-Adresse zurück, wodurch der Rechner des Opfers keine Bestätigung des Verbindungsaufbaus erhält. Auf eine solche Bestätigung wartet ein Rechner für eine gewisse Zeit (beispielsweise 60 Sekunden). Durch das Warten werden Ressourcen (Prozessor und Hauptspeicher) von dem wartenden Rechner blockiert. Wird dieser Vorgang sehr oft hintereinander ausgeführt, so können so viele Ressourcen von dem wartenden Rechner blockiert werden, dass dieser abstürzt.

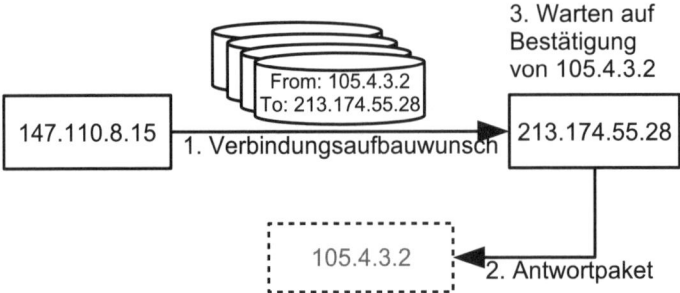

Abbildung 8.14: Vorgehen bei einer Denial-of-Service-Attacke

Abbildung 8.14 stellt das Vorgehen einer Denial-of-Service-Attacke dar, bei der ein Angreifer (IP-Adresse 147.110.8.15) einen Verbindungsaufbauwunsch an den Rechner eines Opfers (IP-Adresse 213.174.55.28) sendet. Als Absender des Verbindungsaufbauwunsches gibt der Angreifer jedoch eine zur Zeit nicht erreichbare

8.3 Technologische Aspekte

IP-Adresse (105.4.3.2) an, so dass der Rechner des Opfers keine Bestätigung des Verbindungsaufbaus erhalten kann.

Um den genannten Gefahren und deren Auswirkungen zu begegnen, gibt es verschiedene Möglichkeiten, die in der Regel komplementär einzusetzen sind. Trojaner, Viren und Würmer können mit Hilfe eines **Virenscanners** aufgespürt und entfernt werden. Die Verbreitung von Viren und Würmern lässt sich zum einen durch die Vergabe dezidierter **Zugriffsrechte** und zum anderen durch die Verwendung einer **Firewall** einschränken. Eine Firewall sorgt dafür, dass zwischen zwei Rechnern nur bestimmte Arten der Kommunikation zugelassen werden.

Zur Verhinderung des Mitlesens von Informationen ist es sinnvoll, wichtige Informationen verschlüsselt zwischen zwei Rechnern zu übertragen und diese auch verschlüsselt zu speichern. Daher wurden eine Reihe von **Verschlüsselungsverfahren** entwickelt, die Informationen (u.a. auch Passwörter) mit Hilfe eines ausgezeichneten Schlüssels so umwandeln, dass sie ihren Informationsgehalt für Dritte verlieren. Zur Wiederherstellung des Informationsgehaltes wird wiederum ein Schlüssel benötigt, der entweder dem ersten Schlüssel entspricht oder von diesem abweicht. Anhand dieser Unterschiede zum Entschlüsseln einer Information können symmetrische und asymmetrische Verschlüsselungsverfahren unterschieden werden.

Bei **symmetrischen Verschlüsselungsverfahren** wird zum Verschlüsseln und zum Entschlüsseln der gleiche Schlüssel verwendet. Ein einfaches symmetrisches Verschlüsselungsverfahren stellt die **Caesar Chiffre** dar. Das Verfahren ersetzt die Buchstaben einer Information durch Buchstaben, die im Alphabet der Sprache der Information n Positionen entfernt sind. Die Entfernung n stellt den Schlüssel dar, der im deutschen Alphabet eine Ganzzahl zwischen 1 und 25 sein kann. Wird als Schlüssel zum Beispiel 3 gewählt, so wird jedes a durch ein d dargestellt, da dieses 3 Positionen von a im deutschen Alphabet entfernt ist. Die folgende Information ist unter Verwendung der Caesar-Chiffre mit einem Schlüssel von 7 verschlüsselt:

Abbildung 8.15: Verschlüsselung einer Information mit Caesar-Chiffre

Die symmetrischen Verschlüsselungsverfahren bedingen einen Transfer des Schlüssels vom Sender zum Empfänger der Informationen. Somit stellt der Transfer des Schlüssels ein Sicherheitsrisiko dar. **Asymmetrische Verfahren** umgehen dieses, indem die Informationen mit einem öffentlichen Schlüssel verschlüsselt und mit einem privaten Schlüssel entschlüsselt werden. Will A eine Nachricht an B senden, deren Informationen verschlüsselt sein sollen, so benutzt A den öffentlichen Schlüssel von B. Wird dieser von einem Angreifer abgefangen, so ist die

Sicherheit nicht gefährdet, da mit dem öffentlichen Schlüssel eine Nachricht nur verschlüsselt und nicht entschlüsselt wird. B kann die Informationen der Nachricht mit seinem privaten Schlüssel entschlüsseln.

Eines der bekanntesten asymmetrischen Verschlüsselungsverfahren ist **RSA**, das nach seinen Entwicklern Rivest, Shamir und Adleman benannt wurde. Es findet in zahlreichen Anwendungen Einsatz und verwendet zur Berechnung der beiden Schlüssel sehr große Primzahlen, so dass der private Schlüssel durch Probieren nicht in akzeptabler Zeit herausgefunden werden kann. Das RSA-Verfahren besitzt im Gegensatz zu einigen anderen Verschlüsselungsverfahren (z.B. 3DES, SHA-1 und AES) jedoch den Nachteil, dass die Verschlüsselung sehr zeitaufwändig ist. Daher wird dieses Verfahren oftmals in Kombination mit einem symmetrischen Verfahren eingesetzt, wobei die Informationen mit dem symmetrischen Verfahren verschlüsselt werden und der Schlüssel mit dem RSA-Verfahren.

Sollen Informationen nicht gegen Mitlesen, sondern nur gegen Änderungen geschützt werden, so können **elektronische Signaturen** verwendet werden. Diese bestehen aus einem Prüfsummenverfahren und einem asymmetrischen Verschlüsselungsverfahren. Das Prüfsummenverfahren soll zu einer Information eine eindeutige Prüfsumme (Hashwert) berechnen, wobei die Prüfsumme signifikant kleiner als das die Informationen enthaltende Dokument sein sollte. Daher muss sichergestellt werden, dass zwei verschiedene Dokumente zwei verschiedene Prüfsummen besitzen. Gelingt es einem Angreifer, ein Dokument zu schreiben, das andere Informationen als das Originaldokument beinhaltet, jedoch zu der gleichen Prüfsumme führt, so gilt das Prüfsummenverfahren als nicht sicher.

Will ein Sender *A* einem Empfänger *B* ein Dokument senden, dessen Inhalt nicht geändert werden darf, so sendet er sowohl das Dokument als auch die Prüfsumme, anhand der Empfänger *B* die Unveränderbarkeit prüfen kann. Damit die Prüfsumme selbst weder mitgelesen noch geändert werden kann, wird sie mit Hilfe eines asymmetrischen Verschlüsselungsverfahrens verschlüsselt und danach versandt. Abbildung 8.16 stellt den Ablauf der Versendung eines Dokumentes mit Hilfe einer elektronischen Signatur schematisch dar.

Für das zu versendende Dokument wird zunächst eine Prüfsumme berechnet und diese anschließend verschlüsselt. Danach werden die verschlüsselte Prüfsumme und das Dokument übertragen. Der Empfänger entschlüsselt die verschlüsselte Prüfsumme und bildet aus dem empfangenen Dokument ebenfalls eine Prüfsumme. Stimmen die entschlüsselte und die berechnete Prüfsumme überein, so wurde das Dokument nicht verändert. Sind beide Prüfsummen unterschiedlich, so weiß der Empfänger, dass das Dokument verändert wurde, jedoch nicht, was verändert wurde.

Die genannten Gefahrenquellen sind bei der Entwicklung und bei dem Betrieb von Webanwendungen zu beachten und durch geeignete Maßnahmen wie die Anwendung elektronischer Signaturen, Verschlüsselungsverfahren und Virenscanner zu reduzieren. Bei der Entwicklung einer Webanwendung ist jedoch nicht

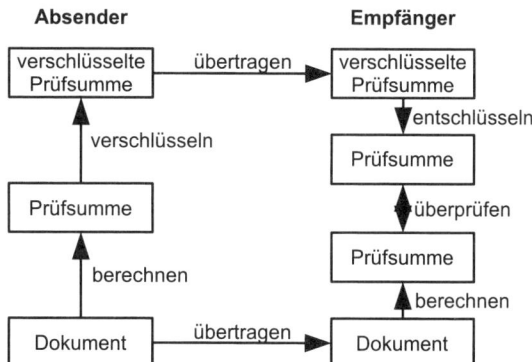

Abbildung 8.16: Übertragung eines Dokumentes unter Verwendung einer elektronischen Signatur

nur auf die Beachtung der Sicherheit, sondern auch auf die Einhaltung gesetzlicher Vorschriften zu achten. Diese sollen im nächsten Kapitel betrachtet werden.

8.4 Rechtliche Aspekte

Das Internet hatte lange Zeit den Ruf, ein rechtsfreier Raum zu sein. Diese Meinung lag in der mangelnden Erfahrung der Rechtsprechung mit dem Medium Internet begründet. Die mittlerweile im Internet geltenden Rechtsgrundlagen sind vielzählig und können in allgemeine Regelungen (z.B. BGB), in spezielle Regelungen (z.B. Telemediengesetz) und in Richterrecht eingeteilt werden. Aufgrund der Vielzahl geltender Rechtsvorschriften lässt sich schon die Komplexität des geltenden Rechts im Internet erkennen.

Die Entwicklung und der Betrieb von Webanwendungen berühren zahlreiche Rechtsgebiete wie das Vertragsrecht, das Wettbewerbsrecht und das Namensrecht. Dabei sind zunächst bei der Gestaltung von Webanwendungen (Kapitel 8.4.1) einige rechtliche Rahmenbedingungen zu beachten. Weiterhin muss auch die wirtschaftliche Ausgestaltung in Form von Werbung und Vertragsabschlüssen im Internet (Kapitel 8.4.2) an den rechtlichen Bedingungen ausgerichtet werden.

8.4.1 Rechtsfragen bei der Gestaltung von Webanwendungen

Bei der Gestaltung von Webanwendungen ist

- auf die Wahl des Domainnamens,
- auf die Angabe der inhaltlichen Verantwortung,
- auf die Wahl der zu präsentierenden Inhalte einer Webanwendung und
- auf die Einhaltung von datenschutzrechtlichen Vorschriften

zu achten. Wie bereits erläutert, dient der Domainname innerhalb einer URI als Ersatz der schwer zu merkenden IP-Adressen. Somit können Webanwendungen über einen Domainnamen angesprochen werden.

Aufgrund der Vielzahl an Webanwendungen und der begrenzten Anzahl sinnvoller und prägnanter Namen kann es zu Interessenkonflikten zwischen zwei Parteien kommen, die ihre Webanwendung unter demselben **Domainnamen** registrieren wollen. Daher ist bei der Registrierung eines Domainnamens stets zu prüfen, ob dieser bereits vergeben ist und ob die Registrierung gegen das Recht Dritter verstößt. Nach der Registrierung eines Domainnamens ist ferner zu prüfen, wie der vergebene Name rechtlich geschützt werden kann. Die folgenden Schutzgüter sind bei der Prüfung der Verletzung des Rechts Dritter zu beachten [Vie02]:

- der private Name
- der Name der Organisation (z.B. Microsoft)
- eine geschützte Marke (z.B. Coca Cola)
- ein geschütztes Kennzeichen (z.B. Gütesiegel wie der grüne Punkt)
- ein geschützter Werktitel (z.B. Titel eines literarischen Werkes)
- allgemeine Schutzgüter des Wettbewerbsrechts (z.B. Mitbewerber und Verbraucher)

Ist eines dieser Schutzgüter verletzt, so kann der Eigentümer des Schutzgutes die Herausgabe des Domainnamens verlangen. Aufgrund der verschiedenen Schutzgüter kann es vorkommen, dass zwei Parteien aufgrund jeweils unterschiedlicher Schutzgüter (z.B. privater Name und Name einer Organisation) Anspruch auf den Namen der Domain erheben. Dabei gilt im Allgemeinen, dass derjenige, der den Namen zuerst registriert hat, ein Vorrecht auf diesen hat. Von dieser Regel gibt es jedoch auch Ausnahmen, wie der Fall Shell gezeigt hat.

Im Jahre 1996 versuchte der Shell-Konzern, den Domainnamen shell.de zu registrieren. Dieser war jedoch bereits an den Privatmann Andreas Shell vergeben. Der aus dieser Situation entstehende Rechtsstreit dauerte fünf Jahre an und wurde erst in letzter Instanz vom Bundesgerichtshof (BGH) entschieden. Der BGH sah die Markenrechte des Konzerns aufgrund der überragenden Verkehrsgeltung gegenüber dem Namensrecht des Privatmanns Shell verletzt und sprach dem Konzern das Recht der Nutzung des Domainnamens zu.

Bei der Gestaltung der zu präsentierenden Inhalte ist darauf zu achten, dass die **inhaltliche Verantwortung** deutlich dargestellt wird. Nach dem Telemediengesetz (TMG) müssen folgende Informationen in Form eines Impressums dem Benutzer einer kommerziellen Webanwendung zugänglich gemacht werden [§5 TMG]:

- Name und Anschrift des Verantwortlichen, bei juristischen Personen zusätzlich der Vertretungsberechtigte;
- Angaben, die eine schnelle elektronische Kontaktaufnahme ermöglichen;
- die zuständige Aufsichtsbehörde bei behördlicher Zulassung;
- Registernummer bei Einträgen in das Handelsregister, Vereinsregister, Partnerschaftsregister oder Genossenschaftsregister;
- bei einigen Berufen die Kammer des Dienstanbieters, die gesetzliche Berufsbezeichnung und der Staat, in dem sie verliehen wurde, sowie die Bezeichnung der berufsrechtlichen Regelungen;
- die Umsatzsteuer-Identifikationsnummer bei Verantwortlichen, die nach §27a des Umsatzsteuergesetzes eine Umsatzsteuer-Identifikationsnummer besitzen.

Ferner ist das **Urheberrecht** bei allen verwendeten Informationen, so auch bei Grafiken, Videos und Audios, zu beachten. Selbsterstellte Informationselemente sind ohne weiteres Zutun durch das Urheberrecht geschützt. Texte als Sprachwerke sind geschützt, sofern sie die Anforderung der Werkschöpfung erfüllen. Dies schließt beispielsweise Navigationstexte und in der Regel auch Werbetexte sowie Gebrauchsanweisungen und Formulare aus. Werden Informationen in Tabellen mit einer anschaulichen Optik umgesetzt, so sind diese geschützt. Eine einfache Umsetzung einer Aufzählung in Spalten und Zeilen reicht im Allgemeinen nicht aus, um den Urheberschutz zu erlangen.

Durch die Möglichkeit der Einbindung multimedialer Informationselemente in HTML-Dokumenten sind auch bei diesen die Urheberrechtsbestimmungen zu beachten. Der Fotograf gilt als Urheber eines Fotos, sofern es durch eine gestalterische Tätigkeit erzeugt wurde. Sind Personen auf einem Foto abgebildet, so sind die Persönlichkeitsrechte der Personen zu beachten und diese gegebenenfalls um Einwilligung der Veröffentlichung des Fotos zu fragen. Bei Videos wird dem Hersteller ein dem Urheberrecht ähnliches Schutzrecht eingeräumt, das der Tatsache Rechnung trägt, dass an der Produktion eines Videos zumeist eine Vielzahl von Akteuren (Regisseur, Darsteller etc.) beteiligt ist. Die Tonspur von Videos unterliegt einem eigenständigen Urheberrechtsschutz. Musikstücke werden wie Videos zumeist von mehreren Akteuren erstellt (Texter, Komponist, Musiker etc.). Daher verfügen alle beteiligten Akteure über Urheberrechte.

Die ursprüngliche Idee des World Wide Web war es, eine Sammlung von sich gegenseitig referenzierenden Dokumenten aufzubauen. Die Referenz in HTML-Dokumenten wird durch einen Link hergestellt, der auf ein anderes Dokument oder eine andere Stelle in einem Dokument verweist. Dies wirft einige rechtliche Fragen auf. So ist zunächst die Frage der Haftung für eigene und fremde (durch einen Link erreichbare) Inhalte zu klären. Für eigene Inhalte haftet grundsätzlich der Ersteller dieser Inhalte. Für fremde Inhalte ist der Ersteller eines HTML-Dokumentes, der auf diese Inhalte verweist, grundsätzlich nicht verantwortlich und haftet somit nicht für diese. Laut Telemediengesetz ist ein Ersteller eines HTML-Dokumentes jedoch für einen Link auf rechtswidrige Inhalte verantwortlich, wenn er diesen absichtlich und mit Kenntnis der Inhalte des referenzierten HTML-Dokumentes erstellt hat oder den Link nicht unverzüglich nach Kenntnis der rechtswidrigen Inhalte entfernt hat [§§ 8 - 10 TMG].

Bei der Erstellung von Links ist darauf zu achten, dass diese klar als solche erkennbar sind. Ebenso soll für den Benutzer stets erkennbar sein, woher Inhalte stammen. So ist es nicht zulässig, fremde Informationselemente und Dienste in eigene HTML-Dokumente einzubinden, ohne dass diese als fremde Inhalte erkenntlich sind. Allein durch das Bereitstellen eines Links auf fremde Inhalte wird das Urheberrecht nicht verletzt, da technisch betrachtet keine Änderung oder Vervielfältigung der verlinkten Inhalte vorliegt.

Der Betrieb von Webanwendungen, über die Produkte und Dienstleistungen angeboten werden, bedingt die Interaktion mit Benutzern. Diese Interaktion ist durch Eingabe der Daten durch den Benutzer und Verarbeitung sowie Ausgabe dieser Daten durch den Rechner gekennzeichnet. Zur Vorbeugung gegen den Missbrauch personenbezogener Daten existieren Vorschriften, die den **Schutz vor Missbrauch von Daten** regeln. Diese sind unter anderem im Bundesdatenschutzgesetz, in Landesdatenschutzgesetzen und in der Europäischen Datenschutzrichtlinie manifestiert. Aus diesen Gesetzen ergeben sich für den Betreiber einer Webanwendung diverse Pflichten, von denen die wichtigsten im Folgenden genannt seien:

- Pflicht zur Auskunft über den Verantwortlichen der Webanwendung;
- Pflicht zur Unterrichtung der Benutzer über die Speicherung von Daten;
- Pflicht zur Einholung der Einwilligung der Benutzer über die Speicherung von Daten;
- Pflicht zur Auskunft gegenüber den Benutzern über die jeweiligen gespeicherten Daten.

An die Entwicklung und Gestaltung einer Webanwendung schließt sich der produktive Betrieb an. Dabei sollen Leistungsaustauschprozesse umgesetzt werden, bei denen ebenfalls zahlreiche gesetzliche Vorschriften und Regelungen zu beachten sind.

8.4.2 Rechtsfragen beim Leistungsaustausch im Internet

In diesem Kapitel sollen, ausgehend von den Transaktionsphasen eines Leistungsaustauschprozesses (siehe Kapitel 8.1), die zu beachtenden rechtlichen Vorschriften aufgezeigt werden. Aufgrund der Vielzahl von Vorschriften können hier jedoch nur einige grundlegende dargestellt werden.[1]

In der **Informationsphase** konzentrieren sich die Nachfrager auf die von den Anbietern bereitgestellten Informationen über Produkte und Dienstleistungen sowie über die Anbieter selbst. Dabei ist zum einen die Werbung und zum anderen die Preisangabe als Information zu betrachten. Wird auf HTML-Dokumenten Werbung angebracht, so muss diese als solche gekennzeichnet bzw. erkennbar sein. Ferner dürfen Werbebanner, die sich in einem neuen Browserfenster öffnen, keine fremde Werbung überdecken und müssen sich leicht entfernen lassen.

Neben diesen internetspezifischen Vorschriften existieren weitere, nicht auf das Internet beschränkte Regelungen. So ist beispielsweise die so genannte Mondpreiswerbung verboten. Bei dieser wird mit Rabatten auf zuvor erhöhte Preise geworben. Ferner sind irreführende und nicht wahrheitsgemäße Aussagen (z.B. „bester Preis im Universum") unzulässig.

Eng mit der Werbung ist die Angabe von Preisen verknüpft. Eine Preisangabe beinhaltet stets die Angabe von Endpreisen, also inklusive Mehrwertsteuer und sonstigen Preisbestandteilen wie Gebühren und sonstigen Steuern. Des Weiteren sind eventuell anfallende Versandkosten anzugeben. Die Angabe erfolgt dabei in unmittelbarer Nähe des jeweiligen Produktes bzw. der jeweiligen Dienstleistung. Die Preisangaben sollen ferner deutlich lesbar und leicht wahrnehmbar sein. Die Angabe von Preisen, Liefer- und Versandkosten sowie Einzelheiten der Zahlung ist in den Fernabsatzvorschriften geregelt, die seit 2002 Bestandteil des BGB sind.

An die Informationsphase schließt sich die **Vereinbarungsphase** an, in der ein Vertrag zwischen Anbieter und Nachfrager über den Leistungsaustausch geschlossen wird. Aufgrund der fehlenden Staatsgrenzen im Internet, sind Leistungsaustauschprozesse über Staatsgrenzen hinweg sehr einfach möglich. Bei derartigen Leistungsaustauschprozessen ist zunächst zu klären, nach welchem Recht der in der Vereinbarungsphase geschlossene Vertrag zu beurteilen ist. Der eigentliche Vertragsschluss ist genauso zu bewerten, als wäre er in einem Geschäft vorgenommen worden. Dies bedeutet, dass für einen Vertragsabschluss ein Handlungs-, ein Erklärungs- und ein Geschäftswille vorliegen müssen. Die Form dieser Willenserklärungen ist nicht festgelegt und kann auch mündlich sein.

Zur Gewährleistung der Beweisbarkeit elektronisch abgeschlossener Verträge sind diese mit einer elektronischen Signatur zu versehen. Alternativ wäre der Vertragsschluss in Papierform und mit handschriftlicher Unterzeichnung möglich. Die Papierform erzeugt jedoch durch den Versand höhere Transaktionskosten. Nach §126a II BGB müssen beide Transaktionspartner ein gleichlautendes Dokument elektronisch signieren.

Die **Abwicklung** von Verträgen vollzieht sich analog zur Abwicklung von nicht im Internet geschlossenen Verträgen. Wie bereits erwähnt, ergeben sich durch die Benutzung von digitalem Geld neue Möglichkeiten der Zahlung im Internet. Di-

---
[1] Eine umfassendere Betrachtung findet sich in [BMW01], [SS02] und [HW02].

gitales Geld darf nicht nur von Banken und Sparkassen ausgegeben werden, sondern auch von anderen Organisationen. Daher sind im Sinne des Verbraucherschutzes Richtlinien notwendig, welche die Rahmenbedingungen wie Grundkapital und Deckungsgarantien solcher Organisationen regeln.

Auch im Internet besteht für den Nachfrager ein zweiwöchiges Widerrufsrecht des geschlossenen Kaufvertrages. Ein Ausschluss von diesem Recht bzw. von der Haftung seitens des Anbieters durch Anbringen eines entsprechenden Disclaimer ist zumeist wirkungslos.

Zusammenfassend kann die Frage, ob das Internet ein rechtsfreier Raum sei, verneint werden. Das Internet stellt lediglich ein weiteres Verkaufsmedium dar, in dem grundlegende Rechte (z.B. BGB, Allgemeiner Teil) und spezielle Rechte (z.B. Fernabsatzvorschriften) gemeinsam wirken. Für einen Anbieter ergeben sich verschiedene Pflichten, deren Einhaltung bei der Gestaltung und beim Betrieb einer Webanwendung gesetzlich vorgeschrieben sind. So muss er seinen Informationspflichten nachkommen, Werbung zulässig gestalten, vollständige Preisangaben machen und die Rechte Dritter beachten.

8.5 Zusammenfassung

In diesem Kapitel wurde die Umsetzung von Leistungsaustauschprozessen mit Hilfe von elektronischen Netzen betrachtet. Ausgangspunkt waren die Phasen eines Leistungsaustauschprozesses. Zu ihrer Umsetzung ist zunächst eine am Wettbewerb ausgerichtete Strategie zu erstellen. Diese Außensicht wird im Geschäftsmodell aufgegriffen und durch eine Innensicht erweitert. Die Umsetzung des Geschäftsmodells erfolgt aus wirtschaftlicher Sicht im operativen Management.

Die Basis zur Entstehung des E-Business bildete die Entwicklung von Rechnernetzen und insbesondere des Internets. Somit ist es erforderlich, die technische Umsetzung der Leistungsaustauschprozesse zu analysieren und zu verstehen. Die technische Umsetzung erfolgt in Form von Webanwendungen. Bei ihrer Erstellung ist insbesondere auf die Sicherheit der Anwendung zu achten. Ferner sind bereits bei der Erstellung rechtliche Vorschriften einzuhalten. Ist die Webanwendung in Betrieb genommen, können Leistungsaustauschprozesse über sie vollzogen werden. Dabei sind wiederum gesetzliche Vorschriften einzuhalten.

Zusammenfassend lässt sich festhalten, dass die technologische Entwicklung neue Möglichkeiten des Leistungsaustausches ermöglicht hat und sich gleichzeitig an den Strategien und Geschäftsmodellen ausrichten muss. Diese Doppelrolle lässt sich ebenfalls für die weiteren Bereiche der Wirtschaftsinformatik manifestieren, woraus die Integration von Wirtschaft und Informatik ersichtlich wird.

8.6 Aufgaben

1. Was versteht man unter E-Business, und was sind die Aufgaben des E-Business?

2. Welche Eigenschaften besitzen digitale Produkte, und welche Probleme ergeben sich aus diesen Eigenschaften?

3. Welche Verbindung besteht zwischen einer Wettbewerbsstrategie und einem Geschäftsmodell?

4. Erläutern Sie die Möglichkeiten der Ausgestaltung einer Wettbewerbsstrategie!

5. Welche Möglichkeiten ergeben sich bei der Erstellung einer Webanwendung?

6. Worauf müssen Sie bei der Erstellung einer Webanwendung achten?

Kapitel 9

Wissensmanagement

Wenn man die Aufgaben der Wirtschaftsinformatik, insbesondere des IT-Managements, in einem Satz zusammenfasst, so lautet der Kerngedanke: Mit Hilfe von Informations- und Kommunikationstechnik sollen Personen innerhalb von Organisationen schnell, aktuell und vollständig mit jenen Informationen versorgt werden, die ihnen eine bestmögliche Erfüllung ihrer Tätigkeit erlauben. Dieser Gedanke lässt sich wie folgt fortführen: Neben den Informationen, die durch Informationssysteme erfasst, verarbeitet und verteilt werden können, gibt es auch solche, die sich einer Erfassung, Verarbeitung und Verteilung durch Informationssysteme entziehen oder diese zumindest erschweren. Dazu gehören das Selbstverständnis, das der Mitarbeiter einer Organisation für seine Arbeit mitbringt, die Erfahrungen, die er bei der Konfrontation mit Problemen und deren Lösung macht, die Art und Weise, wie er mit diesen Erfahrungen und Kenntnissen umgeht, wie und mit wem er sie teilt oder auch nicht, etc.

Wenn man diese Kenntnisse und Fähigkeiten (oder: Wissen) nicht allein als Anhängsel betrieblicher Entscheidungen, sondern als ebenso entscheidenden Bestandteil versteht, der – im Gegensatz zu den Informationssystemen und Informationen zuvor – auch nicht so leicht von konkurrierenden Organisationen kopiert werden kann, dann tut sich ein Bereich an Aufgaben für das Management auf, der über das IT-Management hinausgeht und als Wissensmanagement bezeichnet werden kann.

Ein im Zusammenhang mit dem Wissensmanagement häufig zitiertes Beispiel soll dies verdeutlichen.

Beispiel: Xerox

Xerox beschäftigt als Hersteller von Geräten wie Druckern und Kopierern eine große Zahl an Servicetechnikern, die Probleme mit den Geräten vor Ort beim Kunden beheben. Zur Unterstützung der Servicetechniker bei der Diagnose von Problemen dachte man zunächst an den Einsatz eines Expertensystems. Dieses wurde jedoch von den Technikern abgelehnt. Es war nur in der Lage, Diagnosen zu leisten, die die Techniker selbst zu leisten im Stande waren, bot aber keine Hilfe bei neuen, den Technikern unbekannten Problemen an. In der Folge begleiteten Forscher des PARC (Palo Alto Research Center) von Xerox die Techniker bei ihrer Arbeit und entwickelten gemeinsam mit ihnen eine andere Lösung – in Form einer Datenbank, die für alle Techniker zugänglich war und ihnen erlaubte, selbst erarbeitete Lösungen zu Problemen mit den Geräten von Xerox darin abzulegen. Damit konnten die Erfahrungen einzelner Techniker bewahrt und an andere Techniker weitergegeben werden [BW02].

Wissensmanagement ist in den letzten Jahren verstärkt in den Mittelpunkt des Interesses der Unternehmen und der Wissenschaft gerückt. Dabei ist Wissensmanagement keine neue Disziplin des einundzwanzigsten Jahrhunderts. Schon immer haben Menschen Wissen geschaffen, weitergegeben, genutzt und bewahrt. Wenn man aber heute von Wissensmanagement spricht, so wird darunter eine Schaffung, Weitergabe, Nutzung und Bewahrung von Wissen verstanden, die Bestandteil eines systematischen Vorgehens ist und durch Instrumente unterstützt wird (z.B. bieten sich mit den Technologien, die dem Internet zugrunde liegen, Möglichkeiten des Austausches von Wissen an, wie sie es vor einem oder zwei Jahrzehnten in dieser Breite noch gar nicht gegeben hat).

Im Folgenden sollen zunächst wichtige Begriffe definiert und der Frage nach der Notwendigkeit des Wissensmanagements nachgegangen werden (Kapitel 9.1). Danach werden Konzepte vorgestellt, die Wissensmanagement theoretisch (zu) beschreiben (versuchen) und einen Denkrahmen dafür schaffen (Kapitel 9.2). Besonderer Wert soll daraufhin auf der praktischen Umsetzung von Wissensmanagement liegen (Kapitel 9.3). Diese umfasst die Diskussion von Zielen und Strategien, die Verankerung in Abteilungen und Rollen in der Organisation und die Durchführung von Wissensmanagementprojekten. Für die Unterstützung des Wissensmanagements wird eine kleine Auswahl typischer Methoden (Kapitel 9.4) und Software (Kapitel 9.5) vorgestellt.

9.1 Grundlagen

Zu Beginn dieses Kapitels ist es notwendig, den Begriff des Wissensmanagements, vielmehr den des Wissens, etwas genauer zu fassen. Es soll dabei auf die Erwartung an das Wissensmanagement eingegangen und schließlich seine Beziehung zur Wirtschaftsinformatik beleuchtet werden.

Dem **Begriff des Wissensmanagements** kann man sich, wie in der Einleitung bereits angedeutet, einfach durch die Betrachtung der beiden Begriffe nähern, aus denen er zusammengesetzt ist: Für den Begriff des **Managements** kann auf Kapitel 3.2.5 verwiesen werden. Es wird funktional als die Gesamtheit der Prozesse

9.1 Grundlagen

bzw. Funktionen der Planung, Organisation, Führung und Kontrolle zur Steuerung von Organisationen verstanden. **Wissen** hingegen entzieht sich als ein sehr vielschichtiges Konzept einer allgemein akzeptierten Definition.[1] Hier soll Wissen als die Gesamtheit aller Kenntnisse und Fähigkeiten verstanden werden, die eine Person oder eine Organisation zur Lösung von Problemstellungen einsetzen kann [PRR03].

Dieser **Begriff des Wissens** muss detailliert werden, da die genannte Definition zwar einfach zu fassen, für das Wissensmanagement aber noch nicht ausreichend konkret ist. Dabei sollen einerseits die Beziehung von Wissen zu Daten und Informationen und andererseits die Wissensarten helfen.

Die bereits früher im Buch definierten Begriffe Zeichen, Daten und Informationen (siehe Kapitel 2.2.4) werden häufig in einer Art Anreicherungsbeziehung dargestellt, in der sich Wissen als weitere, nächsthöhere Stufe einordnen lässt: Zeichen, die durch eine Menge vorgegebener Regeln (einer Syntax) zu Daten aneinander gefügt werden, können für Personen Träger von Bedeutung sein. Kann eine Person einem Datum eine Bedeutung (Semantik) beimessen, ist es für sie Information. Über diesen Bedeutungsinhalt hinaus spricht man von Wissen genau dann, wenn mehrere Informationen in einem Kontext, in dem sie gebraucht werden können (Pragmatik), miteinander verknüpft werden.

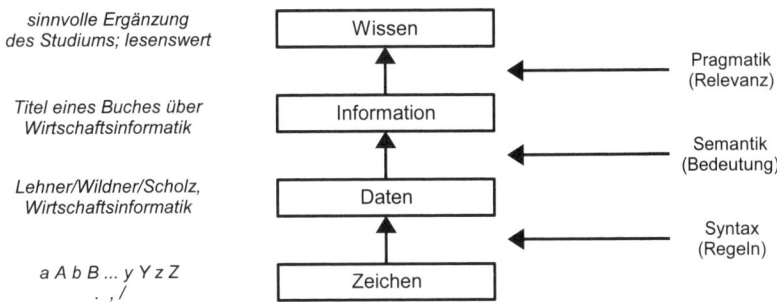

Abbildung 9.1: Zusammenhang von Daten, Informationen und Wissen

Ein Beispiel soll dies verdeutlichen (siehe Abbildung 9.1): Aus einer Reihe von Zeichen (z.B. dem Alphabet) kann eine Zeichenkette (ein Datum, z.B. „Wirtschaftsinformatik. Eine Einführung") gebildet werden, die eine Person als Titel eines Buches zum Thema Wirtschaftsinformatik erkennt (sie verleiht diesem Datum eine Bedeutung). Studiert diese Person Wirtschaftsinformatik oder interessiert sie sich dafür, dann kann sie schließen, dass die Lektüre des Buches für ihr Studium sinnvoll ist (das ist die Hoffnung der Autoren) oder verbindet die Information mit der von einer anderen Person geäußerten Meinung, dass das Buch lesenswert sei (was die Autoren ebenfalls hoffen).

---

[1] Für eine ausführliche Diskussion des Wissensbegriffes vergleiche die Ausführungen bei [Leh08] und die dortigen Literaturangaben. Siehe auch [Hol03] für eine gute Einführung.

Wissen kann für ein besseres Verständnis in verschiedene **Arten** unterteilt werden (siehe z.B. [Mai04]). An dieser Stelle sei auf vier wichtige Arten hingewiesen [MHP05], [RRMEN01] – bzw. acht, da Wissensarten meist als Kontinuum zwischen zwei Extremen dargestellt werden:

Eine erste Unterscheidung ist die von **Sachwissen** (know what) und **Handlungswissen** (know how). Mit Sachwissen wird Wissen über Fakten bezeichnet, Handlungswissen hingegen ist Wissen über Vorgehen, d.h. wie man etwas tut. Sachwissen kann relativ leicht verteilt oder gespeichert werden (hier stellt sich nur die Frage, wie man Mitarbeiter dazu anregt, es auch zu nutzen). Bei Handlungswissen steht man vor der Herausforderung, es so niederzulegen, dass es auch andere nutzen können, da es viel schwerer als Sachwissen ausgedrückt werden kann.

In engem Zusammenhang mit der Unterscheidung in Sach- und Handlungswissen steht die Unterscheidung von **implizitem Wissen** (auch stillschweigendes Wissen genannt) und **explizitem Wissen**. Von implizitem Wissen spricht man, wenn es an Personen gebunden ist und somit nur schwer (in einem Dokument o.Ä.) artikuliert werden kann. Explizites Wissen (oder besser: explizierbares Wissen) kann von seinem Wissensträger getrennt und artikuliert werden.

Wissen war zu Anfang als eine Gesamtheit von Kenntnissen und Fähigkeiten zur Problemlösung von Einzelnen oder einer ganzen Organisation definiert worden. Daher macht es zur Abgrenzung der Aufgaben des Wissensmanagements und der Reichweite seiner Maßnahmen Sinn, zwischen **individuellem** und **organisatorischem Wissen** zu unterscheiden. Ersteres ist das Wissen des Mitarbeiters einer Organisation, Letzteres das, was die Organisation an Strukturen, Prozessen, Normen und Regeln ausmacht. Nach Meinung einiger Autoren umfasst das organisatorische Wissen auch das individuelle Wissen der Mitarbeiter.

Eine letzte Unterscheidung ist jene zwischen (organisations)**internem** und (organisations)**externem Wissen**, d.h. Wissen, das aus einer Organisation selbst stammt (individuelles wie auch organisatorisches Wissen), im Gegensatz zu solchem, das der Organisation durch Beschaffung erst verfügbar gemacht werden muss (siehe dazu die Ausführungen zum Erwerb von Wissen in Kapitel 9.2.1).

Die Definitionen von Management und Wissen zusammenfassend, kann man von Wissensmanagement als **systematischem und zielgerichtetem Umgang mit Wissen in Organisationen** sprechen. Ein systematischer und zielgerichteter Umgang mit Wissen heißt, der Frage nach dem Auffinden, Vermehren und Verwenden des für die Organisation wichtigen Wissens auf allen hierarchischen Ebenen und über alle betrieblichen Funktionen hinweg nachzugehen (siehe auch [WLL07]). Wissensmanagement bietet somit einen anderen, alle betrieblichen Funktionen integrierenden Blickwinkel auf eine Organisation (siehe [HMS07]).

Die Definition zeigt, dass es beim Wissensmanagement nicht allein um ein Management von Wissen im Wortsinn geht, sondern daneben auch und vor allem Rahmenbedingungen für einen entsprechenden Umgang mit Wissen geschaffen werden müssen (siehe auch [NT97]).

9.1 Grundlagen

Hierfür ist jedoch die **Zielrichtung** zu definieren. Da es im Allgemeinen um eine bessere Anwendung von (vorhandenem) Wissen geht, die man durch Management herbeiführen oder unterstützen möchte, kann man als großes Ziel von einer **lernenden Organisation** sprechen [RRMEN01]. Ziel dieses Lernens ist eine bestmögliche Anpassung („Fit") der Organisation mit ihren Zielen an ihre sich ändernde Umwelt. Wissensmanagement wird daher als Gestaltungsaufgabe verstanden bzw. genauer als Aufgabe, die für die Organisationsgestaltung (siehe Kapitel 3.2.7) Hinweise bzw. Ergänzungen aus Sicht des Umgangs mit dem Wissen liefert.

Diese Aussagen stützen auch die Antworten von Unternehmen auf die Frage, welche Erwartungen sie an ein Wissensmanagement stellen (sie sind der Studie von Bullinger et al. entnommen [BWP97]):

- Verbesserung der Produktqualität
- Erhöhung der Innovationsfähigkeit
- Verbesserung der Kundennähe
- Senkung von Kosten
- Erhöhung der Produktivität
- Förderung der Kreativität
- Minimierung von Durchlaufzeiten
- Steigerung des Unternehmenswachstums

Um diese Ziele erreichen zu können, ist es notwendig, festzulegen, welche **Aufgaben** das Management beim Wissensmanagement zu übernehmen hat. Dafür wird an dieser Stelle auf die Konzepte des Wissensmanagements im nächsten Kapitel verwiesen.

Wissensmanagement ist als Disziplin (sofern man überhaupt von einer eigenen Disziplin sprechen kann) sehr schwer einzuordnen und greift auf eine Vielzahl anderer Wissenschaftsgebiete zurück.[2]

Obwohl die Beziehung zwischen Daten, Informationen und Wissen eine konsequente Weiterentwicklung der Aufgaben des IT-Managements nahe legt, gehen die Aufgaben des Wissensmanagements – wie in der Einleitung bereits aufgezeigt – über die des IT-Managements hinaus. Wissensmanagement baut heute zwar stark auf die Unterstützung von IT, jedoch liegt der Fokus nicht allein auf einer technischen Unterstützung. Es geht ebenso um Personen als Wissensträger und (alleinige) Schöpfer neuen Wissens. Wissensmanagement hat somit eine starke

---
[2] Eine ausführliche Betrachtung dazu findet sich in [Leh08].

Beziehung zum Personalmanagement, aber auch zur Psychologie und Soziologie. Schließlich zielt das Wissensmanagement mit einem ganzheitlichen Anspruch auf eine Veränderung von organisatorischen Strukturen, steht also der Managementwissenschaft nahe. Man kann durchaus von einer den drei Konzepten Daten, Information und Wissen folgenden Entwicklung sprechen, die sich aber nicht auf die technische Sicht auf Daten, Information und Wissen beschränkt, sondern die drei Elemente Technik, Mensch und Organisation gemeinsam betrachtet.

Wissensmanagement greift dabei auf Instrumente zurück, die die Wirtschaftsinformatik liefert – Informationssysteme sowie Vorgehensweisen zu deren Gestaltung (siehe außerdem die Kapitel 9.4 und 9.5). Zugleich gibt das Wissensmanagement Handlungsempfehlungen an die Wirtschaftsinformatik, wie Organisation und Personal in Bezug zur Technik für einen sinnvollen Umgang mit Wissen gestaltet und unterstützt werden sollen.

9.2 Konzepte des Wissensmanagements

Wissensmanagement, das wurde im vorangegangenen Absatz bereits verdeutlicht, beschreibt das systematische Vorgehen im Umgang mit Wissen in Organisationen. Was dieses systematische Vorgehen jedoch im Detail bedeutet, darüber gehen die Vorstellungen auseinander. Dies ist auch der gerade erwähnten Tatsache geschuldet, dass Wissensmanagement Anleihen in vielen verschiedenen Disziplinen nimmt und sich daher das Herangehen an das Fach je nach Ausgangspunkt des Betrachters unterscheidet.

Es existiert eine Vielzahl von Konzepten für das Wissensmanagement (siehe z.B. [PRR03], [Rem02], [Paw98], [NT97], [Sch96b]). Diese Vielfalt mag verwirren, das Ziel ist aber allen Konzepten gemein: Wissensmanagement als vielfältiges Gebiet gedanklich und theoretisch zu fassen und zu erklären bzw. einen Rahmen für dessen praktische Umsetzung zu schaffen. Mit diesen Konzepten soll klargestellt werden, worüber man bei Wissensmanagement spricht, welche Ansatzpunkte zum Handeln existieren und was die Bestandteile eines strukturierten Vorgehens sind.

Von den Konzepten sollen an dieser Stelle das (wohl bekannteste) Konzept der Bausteine des Wissensmanagements nach Probst et al. [PRR03] und das prozessorientierte Wissensmanagement von Remus [Rem02] vorgestellt werden.

9.2.1 Bausteine des Wissensmanagements

Das Konzept nach Probst et al. [PRR03] besteht aus acht Bausteinen, die verschiedene „wissensbezogene" Tätigkeiten des Wissensmanagements beschreiben (siehe Abbildung 9.2). Die Bausteine stehen nicht jeweils für sich allein, sondern sind eng miteinander verbunden. Änderungen in einem Baustein ziehen Auswirkungen auf andere Bausteine nach sich. Die Bausteine sind in Anlehnung an den Zyklus des Managements auf zwei Ebenen, der strategischen und der operativen Ebene, angeordnet. Nach der Zielsetzung auf strategischer Ebene erfolgt die Durchführung auf operativer Ebene (in Abbildung 9.2 der gesamte untere Bereich von der Identifikation bis zur Bewahrung des Wissens). Diese wird durch eine Bewertung, wiederum auf strategischer Ebene, abgeschlossen.

Sämtliche dieser Tätigkeiten haben das Ziel, die **organisatorische Wissensbasis** im Sinne der Organisation zu gestalten und einzusetzen. Unter der organisatorischen Wissensbasis fassen Probst et al. das Wissen der einzelnen Mitarbeiter, das Wissen von Gruppen und herkömmliche Bestände an Daten (z.B. in Datenbanken) zusammen (siehe das organisatorische Wissen im vorangegangenen Kapitel). Auf die einzelnen Bausteine soll im Folgenden noch etwas detaillierter eingegangen werden.

Wissensziele

In diesem Baustein wird die Entwicklung der organisatorischen Wissensbasis geplant, d.h. wohin soll sich das Wissensmanagement der Organisation entwickeln, welches Know-how soll aufgebaut werden, etc. Probst et al. schlagen drei verschiedene Ebenen vor, auf welchen diese Fragen als Ziele formuliert werden sollen.

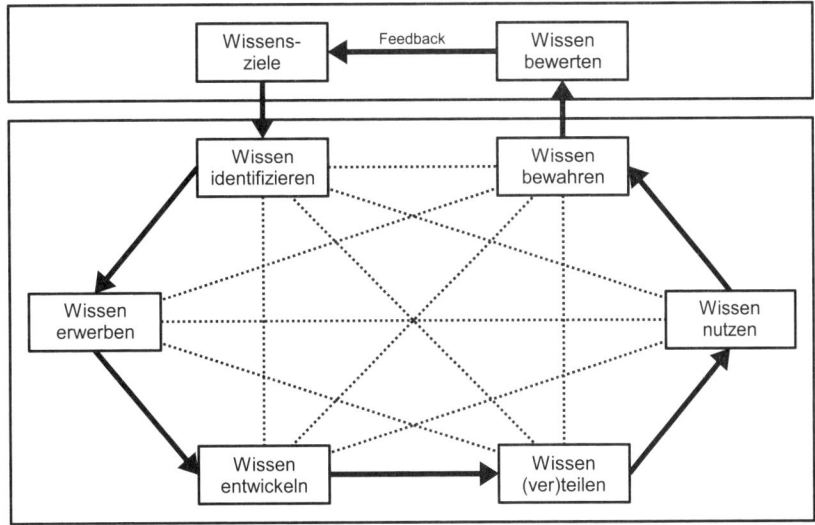

Abbildung 9.2: Bausteine des Wissensmanagements [PRR03]

Auf normativer Ebene werden Ziele definiert, die sich auf die Vision oder die Kultur der Organisation beziehen und einen Rahmen für die Ziele auf den anderen beiden Ebenen vorgeben. In solchen Zielen kann z.B. geäußert werden, dass die Weitergabe von Wissen in der Organisation erwünscht ist, dass Innovation gewürdigt und gefördert wird oder dass man gegenüber Fehlern von Mitarbeitern Toleranz übt.

Strategische Ziele sollen Ziele zur Umsetzung der auf normativer Ebene formulierten Ziele liefern. Hier werden diejenigen Fähigkeiten der Organisation festgelegt, die die Organisation (weiter-)entwickeln möchte. So könnte ein Beratungsunternehmen z.B. seine Kompetenzen im Bereich der Beratung von Unternehmen der Energieversorgung vertiefen oder überhaupt aufbauen wollen. Ebenso wird hier bestimmt, wie die Organisation des Wissensmanagements gestaltet werden soll: z.B. welche Rollen mit welchen Kompetenzen geschaffen werden (mehr dazu in Kapitel 9.3.2).

Die Ableitung von operativen Zielen aus den strategischen Zielen soll zur Umsetzung dessen, was strategisch vorgegeben ist, beitragen und hat so mit Zielen zur Gestaltung täglicher Abläufe zu tun. Beispielsweise kann ein Ziel lauten, die Erreichbarkeit von Experten für Kunden zu erhöhen. Diese letzte Art von Zielen ist wichtig, da sie den Bogen von den Planenden zu den Ausführenden im Wissensmanagement schlägt. In der Praxis wird das häufig vernachlässigt.

Wissen identifizieren

Der zweite Baustein bildet eine Art Bestandsaufnahme der Organisation unter dem Blickwinkel der (soeben gesetzten) Ziele des Wissensmanagements. Es soll über Wissen innerhalb der Organisation (Fähigkeiten der Mitarbeiter, organisatorisches Wissen) und außerhalb der Organisation (bei Kunden, Lieferanten, Beratern, Universitäten etc.) Transparenz geschaffen werden. Das zeigt zum Ersten, welches Wissen der Organisation tatsächlich zur Verfügung steht, und offenbart zum Zweiten Lücken im Wissen der Organisation.

Ist die Identifikation des Wissens abgeschlossen und somit klar, welches Wissen notwendig ist, aber der Organisation noch fehlt, bieten sich zwei Möglichkeiten, diese Lücke zu schließen: entweder, es wird beschafft (Wissen erwerben), oder die Organisation schafft es selbst (Wissen entwickeln).

Wissen erwerben

Hier ist zu entscheiden, auf welche Art und Weise man fehlendes Wissen von außen in die Organisation aufnimmt: es können Wissensprodukte (in Form von Datenträgern oder Büchern) bezogen oder auch Wissensträger engagiert werden. Letzteres bedeutet, dass Experten oder Berater kurzzeitig oder dauerhaft in der Organisation beschäftigt werden, dass man Kooperationen mit anderen Organisationen eingeht, diese sogar aufkauft oder Produkte oder Verfahren dieser Organisationen lizensiert. Genauso gut kann man auch das Wissen von Geschäftspartnern (Kunden, Lieferanten etc.) mit Hilfe von Befragungen o.Ä. akquirieren.

Wissen entwickeln

Die zweite Möglichkeit, neues Wissen in die Organisation aufzunehmen, besteht darin, es selbst zu entwickeln. Die Wissensentwicklung kann die Schaffung neuer Fähigkeiten, Produkte, Dienstleistungen oder Verfahren umfassen. Die Basis der Wissensentwicklung bildet stets der Mensch, der allein in der Lage ist, durch Lernen und Anwenden neues Wissen hervorzubringen [NT97]. Dieses Wissen wird durch Interaktion und Kommunikation innerhalb von Arbeitsgruppen und der gesamten Organisation weitergegeben. Für dieses Lernen und Anwenden und die Weitergabe neuen Wissens muss ein passendes Umfeld geschaffen werden, z.B. indem den Mitarbeitern Zeit zum Lernen eingeräumt wird, man gegenüber Fehlern Toleranz zeigt oder indem Möglichkeiten für den Erfahrungsaustausch bereitgestellt werden (in Form von Aufenthaltsräumen, Kommunikationsforen, Lessons Learned etc.).

Wissen verteilen

Nach der Identifikation und Beschaffung von Wissen muss den Mitarbeitern das zur Erfüllung ihrer Aufgaben notwendige Wissen bereitgestellt werden. Hierbei kann es ähnlich wie im IT-Management um Distribution gehen, d.h. darum, (neues) Wissen vielen Mitarbeitern schnell zugänglich zu machen (was nicht heißen soll, allen Mitarbeitern stets möglichst jedes Wissen zugänglich zu machen). Ebenso geht es aber auch darum, vergangene Erfahrungen weiterzugeben bzw. den direkten Austausch zwischen Mitarbeitern zu fördern, was im Gegensatz zur Distribution nicht oder nur z.T. mit Informationssystemen unterstützt werden kann.

(Ver-)Teilungsprozesse von Wissen finden damit auf menschlicher wie auf technischer Ebene statt. Diese Prozesse stoßen auch an Grenzen: Unter ökonomischen Gesichtspunkten sind immer Aufwand und Nutzen einer Wissensverteilung abzuwägen, aus unternehmerischer Sicht sollte auch nicht jegliches Wissen an jegliche Interessenten weitergegeben werden (z.B. das Rezept für Coca Cola). Einzelne Mitarbeiter könnten aus Angst, ihre Position in der Organisation zu schwächen, oder weil sie die Relevanz ihres Wissens für die Organisation nicht erkennen, die Weitergabe von Wissen verweigern.

Wissen nutzen

Dieser Baustein ist das allgemeine Ziel des Wissensmanagements: Wissen soll im Sinne der Organisation eingesetzt werden. Der Überblick über vorhandenes Wissen und die Möglichkeiten einer schnellen bzw. direkten Bereitstellung sind jedoch noch keine Garantie dafür. Hier treten die eben genannten Grenzen von Seiten der Mitarbeiter wieder in Erscheinung. Und hier kommt es auch wieder auf die Gestaltung eines entsprechend „wissensfreundlichen" Umfeldes an, um die Grenzen abzubauen und die Nutzung von Wissen anzuregen.

Wissen bewahren

Wissen kann individuell (im Gedächtnis einer Person), organisatorisch (im Gedächtnis einer Gruppe oder einer Organisation) und elektronisch (in Dateien oder Datenbanken) aufbewahrt werden. In allen drei Fällen besteht jedoch die Gefahr des Verlustes von Wissen: Personen vergessen schlicht Dinge; verlassen Mitarbeiter durch Kündigung oder ihre Pension die Organisation, kann organisatorisch bedeutsames Wissen verloren gehen; Dateien werden mit oder ohne Absicht gelöscht, oder die Hardware fällt aus.

Diesem Verlust soll durch ein systematisches Vorgehen in drei Schritten entgegengewirkt werden: Zunächst muss (durch eigens dafür eingesetzte, meist langjährige und erfahrene Mitarbeiter) aus dem stetig neu angebotenen internen und externen Wissen das für die Organisation wertvolle Wissen ausgewählt werden (Selektion). Dieses Wissen wird individuell, organisatorisch bzw. elektronisch gespeichert (Speicherung), wobei hier besonderes Augenmerk auf einer Speicherung liegt, die den beschrieben Verlusten vorbeugen kann (z.B. lernen ältere Mitarbeiter jüngere an und sorgen so dafür, dass ihr Wissen der Organisation erhalten bleibt). Mit dem dritten Schritt soll aus der Wissensbasis veraltetes Wissen entfernt oder gekennzeichnet und sollen Fehler korrigiert werden (Aktualisierung).

Wissen bewerten

Am Ende des Zyklus steht die Frage nach dem Erfolg der im Wissensmanagement geleisteten Arbeit, die zugleich eine Rückmeldung über die gestellten Wissensziele leisten soll. Dadurch sollen für einen weiteren Zyklus sowohl die Ziele als auch die Maßnahmen in den Bausteinen bei Bedarf angepasst werden.

Die Bewertung von Wissen und Wissensmanagement wird allenthalben für ein sinnvolles Wissensmanagement in Organisationen gefordert. Bisher hat es aber trotz zahlreicher Vorschläge noch keine zufriedenstellenden Lösungsansätze für Bewertungsverfahren gegeben. Dies liegt auch daran, dass schwer (und auch immer nur für den konkreten Fall) zu bestimmen ist, was im Wissensmanagement eigentlich Erfolg heißt. Bei Davenport und Prusak finden sich dafür zumindest einige Beispiele [DP98]: eine geringere Anzahl von Fehlern bzw. eine häufigere erfolgreiche Durchführung (operativer) Abläufe als auch Zeitersparnisse durch eine verbesserte Nutzung von Wissen, im Allgemeinen eine Senkung von Opportunitätskosten (z.B. Reisekosten von Experten, um für die Lösung eines Problems oder eine Besichtigung vor Ort zu kommen). Für eine Bewertung im Wissensmanagement können z.B. Befragungen von Mitarbeitern oder Kunden, das Controlling im Rahmen von Wissensmanagementprojekten oder die Auswertung der Nutzung von Informationssystemen durch die Mitarbeiter eingesetzt werden.[1]

---

[1] Für weitere Methoden zur Bewertung im Wissensmanagement siehe [Leh08].

Mit dem Konzept der Bausteine lässt sich ein vollständiger Kreislauf von Aktivitäten des Wissensmanagements beschreiben. Dieser kann für ganze Organisationen gelten, aber auch nur für eine Sparte, Abteilung etc. Die Unterteilung des Konzepts in einzelne Bausteine hat folgende Vorteile: sie fördert das (ganzheitliche) Verständnis für das Wissensmanagement, vereinfacht die Zuordnung von Instrumenten, Aufgaben, Personen etc. zu den Bausteinen und hilft, gezielter nach Problemen beim Umgang mit Wissen zu suchen.

9.2.2 Prozessorientiertes Wissensmanagement

Das Konzept von Remus [Rem02] betrachtet Wissensmanagement mit seinen Zielen, Rollen, Aufgaben etc. aus der Sicht von Prozessen. Es werden also Überlegungen aus dem Geschäftsprozessmanagement (siehe Kapitel 7) auf das Wissensmanagement übertragen. Das erscheint sinnvoll, da Wissen von und in Geschäftsprozessen einen (gewichtigen) Teil der organisatorischen Wissensbasis ausmacht. Remus identifiziert u.a. folgende nutzenstiftende Verbindungen zwischen Wissensmanagement und dem Geschäftsprozessmanagement [Rem02]:

- Prozesse liefern einen Kontext für die Interpretation von Wissen, d.h. im Rahmen bestimmter Prozesse geschaffenes Wissen sollte auch zusammen mit dem Kontext seines Prozesses gespeichert und interpretiert werden.

- Die Auseinandersetzung mit eigenen Geschäftsprozessen kann Lernprozesse in der Organisation anstoßen und zu einer Verbesserung dieser Geschäftsprozesse führen. Damit wird nicht nur Wissen *innerhalb* der Prozesse in Betracht gezogen wie im ersten Punkt, sondern auch Wissen *über* die Prozesse selbst.

- Mit einer Beschränkung der Betrachtung auf bestimmte Prozesse (Kernprozesse) geht auch eine Beschränkung auf jenes Wissen einher, das von höchster Bedeutung für die Organisation ist. Damit kann man negativen Auswirkungen wie etwa einer Überflutung mit Informationen (Information Overload) entgegenwirken. Durch diese Beschränkung kann man zudem Aktivitäten des Wissensmanagements zielgerichtet einsetzen und beugt somit ausufernden Wissensmanagementprojekten vor.

- Instrumente des Geschäftsprozessmanagements sind bereits viele Jahre im Einsatz. Die entsprechenden Erfahrungen können für eine Anwendung im Wissensmanagement hilfreich sein.

Zentraler Betrachtungsgegenstand des prozessorientierten Wissensmanagements (pWM) sind **operative wissensintensive Geschäftsprozesse**, innerhalb derer die Wissensverarbeitung unterstützt und verbessert werden soll. Dazu ist es Aufgabe des prozessorientierten Wissensmanagements, **prozessorientierte Wissensmanagementstrategien** festzulegen und diese **unter Zuhilfenahme von Instrumenten aus dem Prozessmanagement und dem Wissensmanagement** umzusetzen.

Die Umsetzung setzt auf verschiedenen Interventionsebenen, d.h. Ansatzpunkten für eine gezielte Veränderung, an. Sie sind als Bestandteile des prozessorientierten Wissensmanagements in Abbildung 9.3 erfasst und sollen nun etwas näher dargelegt werden. In der Abbildung sind die Kultur und die Mitglieder der Organisation nicht explizit genannt, werden aber beide auch als Interventionsebenen einbezogen.

Strategie

Ziel dieses Bestandteils ist die Formulierung einer prozessorientierten Wissensmanagementstrategie (mehr dazu in Kapitel 9.3.1). Mit einer solchen Strategie sollen drei Dinge erreicht werden: zum Ersten soll sie die aus marktorientierter Sicht vorgegebene Ausrichtung der Organisation unterstützen (siehe Kapitel 3.2.3), zum Zweiten diese Sicht mit den wissensbasierten Ressourcen der Organisation (dem organisatorischen Wissen) verbinden, und schließlich muss die Strategie hinreichend genau formuliert sein, so dass damit von der strategischen Ebene auch ein Bezug zum operativen Geschäft hergestellt werden kann.

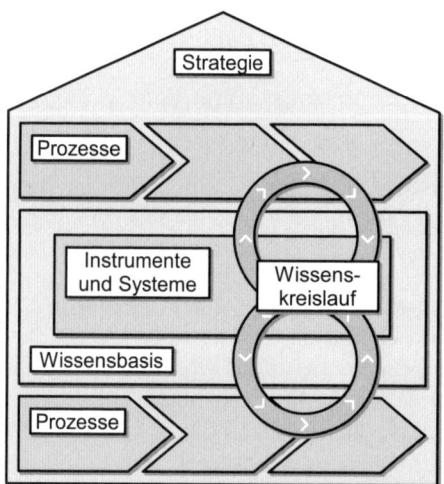

Abbildung 9.3: Bestandteile des prozessorientierten Wissensmanagements [Rem02]

Um dies zu erreichen, wird die Betrachtung dynamischer Kernkompetenzen vorgeschlagen. Dies sind Kernkompetenzen, die in der Lage sind, neue Kernkompetenzen in einer Organisation hervorzubringen. Das ist entscheidend, da nur durch die Schaffung von Kernkompetenzen Wettbewerbsvorteile langfristig gesichert werden können. Eine solche Kompetenz baut auf Wissen auf und zeichnet sich dadurch aus, dass sie wertvoll, knapp, schwer imitierbar und schwer substituierbar ist.

Für die Formulierung einer prozessorientierten Strategie werden nun einerseits strategische Geschäftsfelder (marktorientierte Sicht) und andererseits Felder von

Kernkompetenzen (ressourcenorientierte Sicht) bestimmt. Die Aufnahme von dynamischen Kernkompetenzen in diese Betrachtung soll eine Beschränkung auf eine der beiden Sichten verhindern: die Festlegung strategischer Geschäftsfelder kann Auswirkungen auf die Entwicklung von Kernkompetenzen haben, wie auch Kernkompetenzen die Festlegung der strategischen Geschäftsfelder beeinflussen.

Prozesse

Aus strategischen Geschäftsfeldern und Kernkompetenzen können für die nähere Betrachtung (und für Wissensmanagementprojekte) Prozesse abgeleitet werden. Dies stellt den oben geforderten Bezug zum operativen Geschäft her. Die Betrachtung wird dabei auf die **wissensintensiven operativen Geschäftsprozesse** eingeschränkt. Damit sind jene Geschäftsprozesse (siehe Kapitel 7) gemeint, in denen Wissen eine signifikant höhere Rolle spielt als in anderen Prozessen. Die Einordnung eines Prozesses als wissensintensiver operativer Geschäftsprozess ist nicht immer eindeutig, u.a. können folgende Merkmale dabei helfen:

- der Prozess besteht aus einer großen Anzahl miteinander in Beziehung stehender Einzelaufgaben;

- viele Varianten des Ablaufes des Prozesses werden berücksichtigt;

- der Prozess lässt sich vor seiner Ausführung kaum detailliert beschreiben, sondern erst im Nachhinein;

- viele Fach- und Organisationsbereiche sind am Prozess beteiligt;

- die im Prozess „verarbeiteten" Objekte sind wissensintensiv (z.B. eine Beratungsleistung);

- das Ziel des Prozesses lässt sich nicht genau beschreiben.

Wissensintensive operative Geschäftsprozesse finden sich z.B. in der Forschung und Entwicklung oder im Marketing.

In die Geschäftsprozesse sind **Wissensprozesse** eingebettet. Das sind ebenfalls operative Prozesse, die den wissensintensiven operativen Geschäftsprozessen die Verarbeitung von Wissen zur Verfügung stellen. Dabei setzen sich Wissensprozesse aus mindestens einer **Wissensmanagement-Aktivität** zusammen (z.B. können die einzelnen Bausteine des Konzepts von Probst et al. als Wissensmanagement-Aktivitäten verstanden werden) und werden in der Organisation verankert (siehe dazu Kapitel 9.3.2). Die Wissensprozesse werden wiederum durch **Wissensmanagementprozesse** in einem Managementprozess gestaltet. Innerhalb all dieser Prozesse wird Wissen durch **Wissensflüsse** weitergegeben. Der Zusammenhang der verschiedenen Prozesstypen ist in Abbildung 9.4 dargestellt.

Wissensbasis

Im Sinne der Prozessorientierung wird von Prozesswissen gesprochen, das in Wissen über den Prozess und Wissen im Prozess unterteilt wird (und damit zwei weitere Arten von Wissen bildet, siehe Kapitel 9.1).

Wissen über den Prozess bezieht sich auf das Wissen über einen Prozess an sich. Dazu zählen organisatorisches Wissen (Wissen über Organisationsstrukturen, Abläufe, Ressourcen), Controlling-Informationen (Kennzahlen über Durchlaufzeit und Qualität) und positive wie negative Erfahrungen (Lessons Learned und Best Practices, siehe Kapitel 9.4.1), die bei der Durchführung des Prozesses gemacht wurden. Wissen über den Prozess soll helfen, Transparenz über einen Prozess zu schaffen und dadurch seine Analyse, Dokumentation, Bewertung und Verbesserung möglich zu machen. In der Durchführung des Prozesses geschaffenes oder verwendetes Wissen ist **Wissen im Prozess**. Es umfasst internes Prozesswissen, z.B. Besprechungsprotokolle oder Vereinbarungen, die in der Durchführung des Prozesses erstellt bzw. verwendet werden, und externes und prozessübergreifendes Wissen, z.B. Wissen über Kunden oder Technologien.

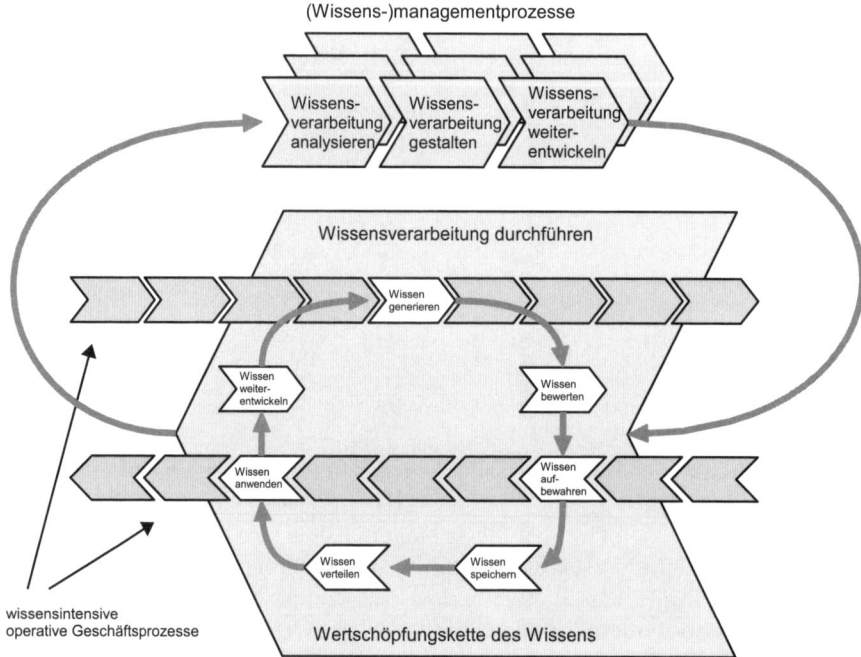

Abbildung 9.4: Prozesse im prozessorientierten Wissensmanagement [Rem02]

Wissen über den Prozess und Wissen im Prozess hängen zusammen und greifen aufeinander zurück. Wichtig ist es, dieses Prozesswissen aktuell zu halten und für seine Strukturierung zu sorgen, um den Zugriff darauf aus dem Prozess heraus einfacher zu gestalten und dabei genau jene Wissenselemente anzubieten, die der Nutzer gerade benötigt.

Instrumente und Systeme

Instrumente und Systeme werden von Remus nicht als alleinstehend, sondern stets in Zusammenhang mit einem entsprechenden Wissensprozess bzw. Wissensmanagementprozess gesehen. So kann für die Erstellung von Wissen in verschiedenen Formen (Text, Audio etc.) und seine Weitergabe in Prozessen ein Content-Management-Prozess definiert werden, der durch ein Content-Management-System softwaretechnisch unterstützt wird. An Instrumenten werden neben Content-Management-Systemen auch Skill Management, Management von Communities, die Dokumentation von Erfahrungen, die kontinuierliche Verbesserung und letztlich Wissensmanagementsysteme vorgeschlagen (siehe dazu die Kapitel 9.4 und 9.5).

9.3 Umsetzung von Wissensmanagement

Um Wissensmanagement in einer Organisation wirkungsvoll einzusetzen, muss es in dieser Organisation dauerhaft verankert (institutionalisiert) werden. Die Gestaltung oder Veränderung einer Organisation bzw. einer organisatorischen Wissensbasis kann nicht im zeitlichen Rahmen eines einzelnen Projekts erfolgen, dazu braucht es eine langfristige Perspektive.

Für die Institutionalisierung von Wissensmanagement in Organisationen kann man auf folgende drei Maßnahmen zurückgreifen:

- Formulierung von **Zielen** und **Strategien** für das Wissen und das Wissensmanagement der Organisation;
- Beschreibung, organisatorische Verankerung und adäquate Besetzung von **Rollen** für die Erfüllung der Aufgaben des Wissensmanagements;
- **Integration** des Wissensmanagements in die Prozesse der Organisation.

Diese Maßnahmen werden in der Regel im Rahmen von **Wissensmanagementprojekten** umgesetzt. Die Umsetzung kann durch eine Vielzahl von **Instrumenten** unterstützt werden bzw. beinhaltet selbst Instrumente.

Die drei Maßnahmen und die Wissensmanagementprojekte werden im Folgenden näher erläutert. Den Instrumenten widmen sich die Kapitel 9.4 und 9.5.

9.3.1 Ziele und Strategien

Wie bei allen anderen Vorhaben muss auch für das Wissensmanagement die Richtung sämtlicher Aktivitäten für alle Beteiligten klar sein. Die **Formulierung von**

Zielen gestaltet sich jedoch schwierig, da Defizite im Umgang mit Wissen nicht immer offen zutage treten oder offen diskutiert werden bzw. da man die möglichen Ansatzpunkte, die das Wissensmanagement bietet, nicht kennt.

Dieser Unsicherheit versucht man durch eine Einteilung der Ziele in verschiedene Arten zu begegnen, um ihre Formulierung einfacher zu gestalten. Eine Einteilung ist bereits im Konzept von Probst et al. diskutiert worden, die Ziele für das Wissensmanagement auf normativer, strategischer und operativer Ebene festlegt. Eine andere Einteilung ist die in Wissensziele und Wissensmanagementziele: **Wissensziele** sind Ziele im Wissensmanagement, die sich auf das Wissen selbst, seine Arten und seine Inhalte richten. Hinter der Formulierung dieser Ziele steht die Frage, welches Wissen im jeweiligen Fall das relevante ist. Für ein Beratungsunternehmen kann ein Wissensziel z.B. darin bestehen, eigene Kompetenzen für die Beratung von Unternehmen der Energieversorgung zu vertiefen. Mit **Wissensmanagementzielen** adressiert man das Management des Wissens. Hier stellt sich die Frage danach, was mit den zu planenden Maßnahmen tatsächlich erreicht werden soll bzw. welches Verständnis man vom Wissensmanagement hat. Für das Beratungsunternehmen kann ein Wissensmanagementziel lauten, den Wissensaustausch zu intensivieren, um Erfahrungen aus Beratungsprojekten (mit Unternehmen der Energieversorgung) auch nicht daran beteiligten Beratern zugänglich zu machen.

Aus Zielen leiten sich idealerweise **Strategien** für das Wissensmanagement ab (siehe dazu die Ausführungen in Kapitel 3.2.5). Diese können wie die Ziele sehr vielfältig sein. Hilfestellung bietet hier eine sehr bekannte Studie zur strategischen Ausrichtung des Wissensmanagements.

Hansen et al. [HNT99] haben bei einer Untersuchung von Unternehmen der Beratungsbranche zwei voneinander verschiedene Strategien für das Management von Wissen ausgemacht. Ein Teil der Unternehmen bot seinen Kunden standardisierte Lösungen an und hatte daher sein Wissensmanagement darauf ausgerichtet, diese Standardlösungen mit Hilfe von Informationssystemen zu erfassen, seinen Beratern zugänglich zu machen und somit vielfach wieder zu verwenden. Ihre Strategie zielte auf explizites, organisatorisches Wissen, d.h. auf eine **Kodifizierung** des relevanten Wissens. Der andere Teil der Unternehmen erarbeitete für seine Kunden jeweils höchst individuelle Lösungen, so dass ein Austausch von Standardlösungen über Informationssysteme nicht sinnvoll gewesen wäre. Vielmehr setzte man darauf, die Expertise der eigenen Mitarbeiter derart zu fördern, dass diese solche individuellen Lösungen auch erbringen konnten. Die Strategie fokussierte auf implizites, individuelles Wissen, d.h. eine **Personalisierung** des Wissensmanagements.

Es ist erkennbar, dass die Strategien für das Wissensmanagement stets eng mit der strategischen Ausrichtung der jeweiligen Organisation verbunden sind. Die Entscheidung für eine der beiden Strategien determiniert dann auch Aspekte wie den Einsatz von Informationssystemen oder den Umgang mit den Mitarbeitern. In Tabelle 9.1 sind die wichtigsten Aspekte beider Strategien aufgeführt.

Diese beiden Strategien können als Grundrichtungen verstanden werden. Es lassen sich aber leicht noch weitere Strategien formulieren. Sie können sich auf die eigenen Mitarbeiter, die Kunden, die gesamte Organisation oder auf bestimmte Aktivitäten des Wissensmanagements beziehen [RRMEN01], z.B. Strategien, die die Mitarbeiter beim eigenverantwortlichen Umgang mit Wissen unterstützen sollen, oder Strategien, die darauf abzielen, das Wissen von Kunden systematisch zu sammeln und für die Gestaltung von Produkten und Dienstleistungen auszuwerten. Damit ergeben sich auch viele Überschneidungen mit anderen Bereichen innerhalb einer Organisation (Personalmanagement, Abteilung für Forschung und Entwicklung, IT-Abteilung etc.).

Tabelle 9.1: Kodifizierung versus Personalisierung [HNT99]

Aspekt	Kodifizierung	Personalisierung
Wettbewerbsstrategie	Angebot von Lösungen durch Wiederverwendung kodifizierten Wissens	Erarbeitung spezifischer Lösungen durch Einsatz individueller Expertise
ökonomisches Modell	einmalige Investition in Wissen und dessen häufige Wiederverwendung	Investition in Experten, die Lösungen zu spezifischen Problemen erarbeiten
Strategie des Wissensmanagements	Entwicklung elektronischer Dokumentensysteme für Kodifizierung, Speicherung und Verteilung von Wissen	Entwicklung personeller Netzwerke für den Austausch impliziten Wissens
IS-Einsatz	breiter Einsatz von IS	IS nur zur Unterstützung personeller Netzwerke
Personalmanagement	Computer-based Training, Anreize für Nutzung und Beitrag zu Dokumenten-Management-Systemen	Training durch Mentoring, Anreize für direkten Wissensaustausch

Ziele wie Strategien sind Ergebnis der Planung für das Wissensmanagement. Aufgrund der Vielfalt der möglichen Zielstellungen und der Individualität der Lösungen für einzelne Organisationen kann kaum ein allgemein gültiger Planungsprozess formuliert werden. In der Literatur finden sich dazu ebenfalls kaum verwertbare Hinweise, auf dafür einsetzbare Instrumente wird aber häufiger hingewiesen. In Kapitel 9.4.3 wird mit der Balanced Scorecard stellvertretend eine Methode zur Planung vorgestellt.

9.3.2 Rollen und Integration in die Organisation

In Fortsetzung der Überlegungen zu Zielen und Strategien scheint Wissensmanagement weniger als zusätzliche Funktion, sondern vielmehr als Querschnittsfunktion in Organisationen verankert werden zu müssen. Dafür spricht das Argument, dass Wissensmanagement eine Aufgabe sämtlicher Mitarbeiter ist, da alle mit der Schaffung, Weitergabe, Nutzung oder Bewahrung von Wissen zu tun haben. Auf der anderen Seite ist eine gewisse Planung, oder zumindest Koordination, der Aktivitäten des Wissensmanagements innerhalb einer Organisation notwendig. Als sinnvoller Mittelweg wird vorgeschlagen, die planerischen und koordinierenden Tätigkeiten eigens dafür geschaffenen **Rollen** anzuvertrauen, die Umsetzung des Wissensmanagements in der alltäglichen Arbeit aber in den Händen der eigentlichen Wissensträger, also der Mitarbeiter, zu belassen [Sch01].

Dessen ungeachtet wird eine Vielfalt an Rollen für das Wissensmanagement vorgeschlagen, die sich über alle Ebenen einer Organisation erstrecken kann [Leh08], [DP98]. An dieser Stelle soll exemplarisch die Einteilung der Rollen nach Davenport und Prusak [DP98] vorgestellt werden, die wie alle anderen Einteilungen auch nicht als zwangsläufig anzusehen ist. Die konkrete Festlegung von Rollen muss dem jeweiligen Fall vorbehalten bleiben. Davenport und Prusak identifizieren Rollen auf vier verschiedenen Ebenen:

- Auf unterster, operativer Ebene finden sich die eigentlichen Mitarbeiter (**wissensorientiertes Personal**), die Wissen schaffen, weitergeben, nutzen und bewahren (sollen). Da sie aber nicht sämtliche Aufgaben im Zusammenhang mit dem Wissensmanagement selbst übernehmen können (schließlich ist das nicht ihre Kernaufgabe), werden ihnen Mitarbeiter in entsprechenden Rollen zur Seite gestellt.

- Ihnen am nächsten stehen die **Wissensmanagementarbeiter**, die operativ mit dem Wissensmanagement zu tun haben, z.B. als Moderatoren von Kommunikationsforen, als Bibliothekare etc.

- Über ihnen sind **Manager von Wissensmanagementprojekten** angesiedelt, die mit den Projekten in die Arbeit der zuvor genannten Ebenen eingreifen bzw. diese schaffen.

- Auf der letzten, obersten Ebene trägt ein **Chief Knowledge Officer** (CKO, auch als Wissensmanager bezeichnet) die Verantwortung für sämtliche Aktivitäten des Wissensmanagements in der Organisation.

Die Aufgaben eines Chief Knowledge Officers sind umfangreich. Von besonderer Bedeutung sind nach [DP98]:

- die Schaffung einer Kultur des Wissens,

- der Aufbau einer Infrastruktur für das Wissensmanagement (dazu gehört der Aufbau und die Einbindung von Wissensbasen im Allgemeinen, von Bibliotheken, Forschungszentren oder von persönlichen Netzwerken sowie der technischen Infrastruktur) und

- die Bewertung des Wissensmanagements (im Sinne eines Nachweises des Nutzens gegenüber dem Management und den Mitarbeitern).

Daneben hat der CKO die Aufgabe, die Beziehungen zu externen Wissensquellen zu pflegen (z.B. zu akademischen Partnern oder Branchenverbänden), die Schaffung und Nutzung von Wissen in der Organisation zu fördern und die Kodifizierung von Wissen zu unterstützen (durch Hilfe bei der Erfassung gegenwärtigen Wissens). Er muss für die im Wissensmanagement tätigen Personen Aufgaben des Personalmanagements wahrnehmen und letztlich für die Entwicklung und Umsetzung einer Strategie für das Wissensmanagement der Organisation sorgen.

Für die **organisatorische Verankerung** des Chief Knowledge Officers bieten sich mehrere Möglichkeiten an. Die Funktion kann durch die Geschäftsleitung selbst übernommen werden, oder es wird eine Stabsstelle gebildet. Sie kann auch Abteilungen zugeordnet werden, die bereits einen Bezug zum Wissensmanagement besitzen (z.B. die Abteilungen für Personal, Forschung und Entwicklung oder IT).

Wird mit der Stelle des CKO eine eigene Abteilung für das Wissensmanagement geschaffen, so kann diese zentral (und damit gleichberechtigt zu anderen Abteilungen) eingerichtet werden. Bei Organisationen mit mehreren Geschäftsbereichen kann auch jeder Bereich eine eigene Abteilung für das Wissensmanagement zugewiesen bekommen. Letztlich gibt es auch die Möglichkeit, Wissensmanagement als shared service einzurichten [Leh08].

Die Schaffung einer eigenen Abteilung ist, so positiv sie in erster Linie für das Wissensmanagement erscheinen mag, auch kritisch zu sehen. Abteilungen unterliegen immer der Tendenz, sich (in ihrem Selbstverständnis, ihrer Sprache, etc.) von anderen abzugrenzen. Dies führt zu Kommunikationsproblemen und einem fehlenden Blick für die gesamte Organisation – also jenen Dingen, die man mit Wissensmanagement eigentlich verhindern oder vermindern möchte [Sch01].

Für die **Integration** des Wissensmanagements in die Organisation, d.h. in die operativen Abläufe, existiert kein allgemein gültiges Vorgehen, jedoch kann das in Kapitel 9.2.2 vorgestellte prozessorientierte Wissensmanagement dabei Hilfestellung leisten.

9.3.3 Wissensmanagementprojekte

In der Regel wird Wissensmanagement in Form von Projekten eingeführt bzw. fortgeführt. Grundsätzlich empfiehlt sich ein Vorgehen wie bei jedem anderen Projekt (siehe Kapitel 6.6). Trotzdem ist auf einige Besonderheiten einzugehen [DP98]: Wissensmanagementprojekte haben einen viel stärkeren Fokus auf Belange von Personen und die Kultur in einer Organisation. Daher ist auch die stete Förderung durch das Management von Bedeutung. Der starke Bezug zu Personen und Kultur führt auch dazu, dass Wissensmanagementprojekte in ihren Wirkungen auf den Erfolg einer Organisation nur schwer eingeschätzt werden können.

Diese Besonderheiten greifen Davenport und Prusak bei den **Erfolgsfaktoren für Wissensmanagementprojekte** auf [DP98]. Für eine erfolgreiche Umsetzung von Wissensmanagement sollten folgende neun Kriterien erfüllt sein:

- **Wissensorientierte Kultur.** In einer Organisation sollte eine für das Wissensmanagement „günstige" Kultur geschaffen werden. Diese kann sich z.B. dadurch zeigen, dass Mitarbeiter grundsätzlich positiv zum Wissensmanagement eingestellt sind und aus eigenem Antrieb Wissen weitergeben oder entwickeln.

- **Technische und organisatorische Infrastruktur.** Wissensmanagement braucht eine seinen Zielen angemessene Unterstützung durch Informationssysteme (siehe hierzu Kapitel 9.5) und ebenso passende Abteilungen, Rollen etc. (siehe Kapitel 9.3.2).

- **Unterstützung durch das Top-Management.** Wissensmanagementprojekte brauchen eine solche Unterstützung, um einerseits sowohl Ziele als auch Ergebnisse von Wissensmanagementprojekten innerhalb einer Organisation zu kommunizieren und andererseits als Legitimation.

- **Verbindung zu den wirtschaftlichen Zielen.** Wissensmanagementprojekte sollten einen messbaren Beitrag zum Erfolg der Organisation leisten. Dies ist aufgrund der besonderen Natur von Wissensmanagementprojekten jedoch nur schwer mit einer Gegenüberstellung von Aufwand und Ertrag möglich. Daher müssen andere Möglichkeiten, wie z.B. die Bekanntmachung von Erfolgsgeschichten aus einem Wissensmanagementprojekt, in Betracht gezogen werden.

- **Minimum an Prozessorientierung.** Für die Abgrenzung des Umfangs eines Wissensmanagementprojekts und seine Verankerung direkt dort, wo Wissensmanagement auch tatsächlich stattfinden soll, kann man sich die Sichtweise auf die Prozesse in einer Organisation zunutze machen (siehe Kapitel 9.2.2).

- **Klarheit von Vision und Sprache.** Visionen einer Organisation geben den Rahmen für Wissensmanagementprojekte vor. Sie müssen von allen Mitarbeitern verstanden werden können, ebenso wie die im Wissensmanagement verwendeten Begriffe (Wissensmanagement, Wissen etc.).

- **Motivationale Unterstützung.** Mitarbeiter müssen über die geschaffenen technischen und organisatorischen Rahmenbedingungen hinaus zum Wissensmanagement motiviert werden, denn erst mit eigener Motivation wird Technik genutzt und werden organisatorische Möglichkeiten in Anspruch genommen. Die Motivation kann durch materielle und vor allem immaterielle Anreize geschehen.

- **Mehrere Ebenen der Wissensstruktur.** Wissen muss strukturiert abgelegt werden, um in einer Organisation handhabbar zu sein. Dabei kann eine gemeinsame Struktur für die gesamte Organisation sehr hilfreich sein. Jedoch sollte jedem Mitarbeiter die Möglichkeit gegeben werden, Wissen auch nach seinen eigenen Wünschen zu strukturieren, um ihm den Umgang damit zu erleichtern.

- **Mehrere Kommunikationskanäle für den Wissensaustausch.** Für die Weitergabe von Wissen sollten stets mehrere Möglichkeiten parallel genutzt werden. So sollte beispielsweise für die Vorgabe einer neuen Zielsetzung in einer Organisation neben der Präsentation auf einer Intranetseite und in einem Prospekt auch das persönliche Gespräch gesucht werden.

Als besonders wichtige Faktoren sehen Davenport und Prusak den Aufbau einer wissensorientierten Kultur, den Aufbau der organisatorischen Infrastruktur und die Unterstützung durch das Top-Management an.

9.4 Methodische Unterstützung

Der Einsatz von Instrumenten ist ein unverzichtbarer Bestandteil des Wissensmanagements in Organisationen. **Instrumente** sollen die Umsetzung des Wissensmanagements auf genau die Art und Weise unterstützen, wie es in den Zielen vorgesehen ist. Die Auswahl der richtigen Instrumente fällt allerdings schwer: es gibt kaum allgemein gültige Aussagen dazu, welches Instrument für welche Aufgabe am ehesten geeignet scheint (für Vorschläge siehe [Rie07]). Außerdem steht man bei der Suche nach Instrumenten vor einem weiten Angebot, das von Managementmethoden über Kreativitätstechniken und Software bis hin zu Formen der Organisationsgestaltung reicht. Eine Übersicht über alle Wissensmanagement-Instrumente ist kaum möglich, ein Überblick findet sich bei [WS06].

Für eine gewisse Orientierung soll die Unterscheidung der Instrumente in Methoden und Software dienen [WS06]: Eine **Methode** beschreibt ein systematisches und zielgerichtetes Vorgehen, das zur Lösung einer Klasse von Problemen verwendet wird. Da eine Methode ohne die Unterstützung von Software existieren und eingesetzt werden kann, soll sie auch definitorisch von **Software** (siehe Kapitel 4.2.5) unterschieden werden.

Im Folgenden sollen einige Methoden und in Kapitel 9.5 auch einige Softwaresysteme Erwähnung finden. Die aufgeführten Methoden sollen einen Einblick in die Vielfalt der Methoden des Wissensmanagements vermitteln: Lessons Learned und Best Practices dienen der Förderung des Wissensaustausches und der Wissensnutzung, Wissenskarten helfen, Wissen zu repräsentieren, mit der Balanced Scorecard soll eine Methode zur Planung vorgestellt werden, schließlich wird die Gestaltung von Communities of Practice als eine Form von Organisationsgestaltung behandelt [Leh08].[1]

---
[1] Weitere Instrumente finden sich bei [RRMEN01], [BP98] und [DP98].

9.4.1 Lessons Learned und Best Practices

Ein allgemeines Ziel des Wissensmanagements besteht darin, die Effizienz organisatorischer Abläufe zu verbessern. Lessons Learned und Best Practices sollen dies methodisch unterstützen.

Mit **Lessons Learned** soll dazu beigetragen werden, dass positive wie negative Erfahrungen, die Mitarbeiter bei der Lösung von Problemen machen, anderen Mitarbeitern zur Verfügung gestellt werden. Ziel ist es, doppelte bzw. unnötige Arbeit und die Wiederholung von Fehlern zu vermeiden. Mit Lessons Learned sollen Erfahrungen in einer Organisation systematisch dokumentiert und aufbereitet werden und somit zu einem ebenso systematischen Lernen aus vorangegangenen Erfahrungen beitragen.

Um Lessons Learned tatsächlich nutzen zu können, ist es zum Ersten wichtig, ihre Erstellung in bestehende Arbeitsabläufe einzubeziehen (z.B. sollte in der abschließenden Phase von Projekten Zeit für ihre Ausarbeitung sein). Zum Zweiten muss die Struktur für ihre Dokumentation vorgegeben werden, d.h. die Aspekte der Erfahrungen, die in den Lessons Learned im Einzelnen niedergelegt werden sollen. Das soll eine Sammlung beliebig strukturierter, und damit nur schwer verwendbarer, Lessons verhindern. Im eingangs zitierten Beispiel von Xerox (Seite 355) wurden die Probleme im Umgang mit Kopiergeräten in einer Datenbank anhand der drei Punkte Problembeschreibung, Ursache und Lösung des Problems beschrieben [BW02].

Ein **Best Practice** stellt die für ein Problem erarbeitete bestmögliche Lösung dar. Bestmöglich heißt hierbei, dass die erarbeitete Lösung mit anderen Lösungen innerhalb oder außerhalb der Organisation verglichen wurde und aus diesem Vergleich tatsächlich als die beste (in Bezug auf Effektivität bzw. Effizienz) hervorgegangen ist. Problemlösungen, die hinreichend gut, aber nicht die bestmöglichen sind, werden **Good Practice** genannt. Mit Good oder Best Practices sollen Abläufe innerhalb der Organisation verbessert werden. Damit kann man auf erprobte Vorgehensweisen zurückgreifen, ohne diese selbst aufwändig neu erarbeiten zu müssen. Begrenzt wird der Nutzen von Best Practices durch eine eingeschränkte Übertragbarkeit von einem Einsatzbereich auf andere, da Best Practices immer an gewisse organisatorische und personelle Gegebenheiten gebunden sind, die nicht einfach kopiert werden können [DP98].

9.4.2 Wissenskarten

Unter Wissenskarten fasst man verschiedene Möglichkeiten der strukturierten (graphischen) Darstellung von Wissen in einer Organisation zusammen [Leh08]. Wissenskarten sollen dabei helfen, Mitarbeitern den Zugriff auf Dokumente oder das Wissen anderer Mitarbeiter zu erleichtern bzw. einen Überblick über das in der Organisation befindliche Wissen zu verschaffen. Sie sind damit „Wegweiser"

9.4 Methodische Unterstützung

für das Wissen – enthalten es also nicht selbst, sondern nur den Verweis darauf (dieses Wissen über Wissen bezeichnet man auch als **Metawissen**).

Es existieren verschiedene Arten von Wissenskarten. Eppler [Epp03] unterscheidet z.B. nach dem Inhalt in Karten für Wissensquellen, Wissensanlagen, Wissensstrukturen, Wissensanwendung und Wissensentwicklung. Die Analogie zu einer Landkarte ist ein wenig verwirrend, da sie nicht für alle Arten von Wissenskarten zutrifft, gerade Wissensanlagekarten entsprechen eher einem Verzeichnis. An dieser Stelle können nicht alle Wissenskarten besprochen werden, es wird nur auf Wissensquellenkarten und Wissensanlagekarten eingegangen.

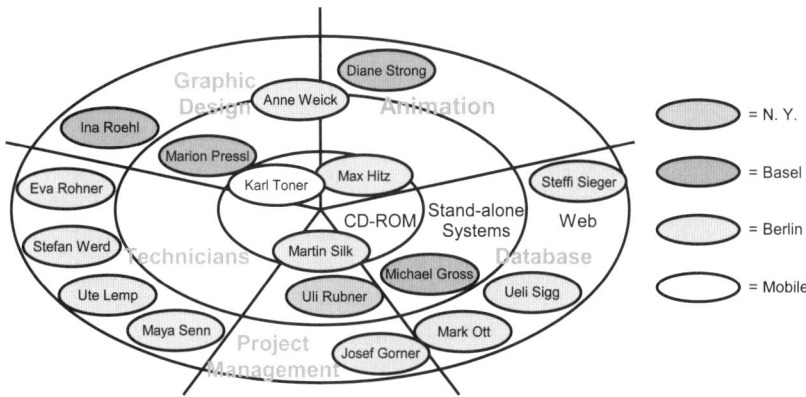

Abbildung 9.5: Wissensquellenkarte [Epp03]

Mit einer **Wissensquellenkarte** werden Experten einer Organisation anhand bestimmter selbst gewählter Kriterien dargestellt. Das können das Fachgebiet des Experten, die Dauer seiner Erfahrung darin, funktionale Bereiche der Organisation, Verantwortungsbereiche bzw. von dem Experten betreute Projekte sein [Epp03]. Ein Beispiel einer solchen Karte ist in Abbildung 9.5 dargestellt: darin sind die Experten einer Organisation zunächst nach den Fachbereichen Graphic Design, Animation, Database, Project Management und Technicians erfasst. Weiterhin sind sie den von der Organisation angebotenen Produkten (CD-ROMs, Stand-alone Systems und Websites) und Standorten der Organisation (anhand der Farbe der Ovale, siehe die Legende) zugeordnet.

Hilfreich ist eine solche Wissenskarte, wenn man für ein neues Projekt die passenden Mitarbeiter sucht, bzw. um Lücken in den Kompetenzen aufzudecken, die einer Organisation zur Verfügung stehen.

Um den Bestand an Wissen von Einzelnen, Teams, Abteilungen oder einer gesamten Organisation sichtbar zu machen, können **Wissensanlagekarten** eingesetzt werden. Ein Beispiel ist in Abbildung 9.6 dargestellt. Sie zeigt den Bestand an Wissen bei einer Gruppe von Beratern. Der Bestand an Wissen ist auf zweierlei Art und Weise visualisiert: zunächst durch die Größe der Balken (ein schmaler Balken signalisiert Grundlagenwissen, ein breiter Expertenwissen), außerdem durch die Farbe der Balken (hell hinterlegte Balken weisen auf Personen hin, die für ein bestimmtes Fachgebiet ein Training anbieten können).

Damit wird sichtbar, wer aufgrund seiner Kenntnisse wichtig für die Organisation ist (hier insbesondere Andi Ehrler). Es lassen sich Schwerpunkte, aber auch Lücken in der Kompetenz von Mitarbeitern aufzeigen.

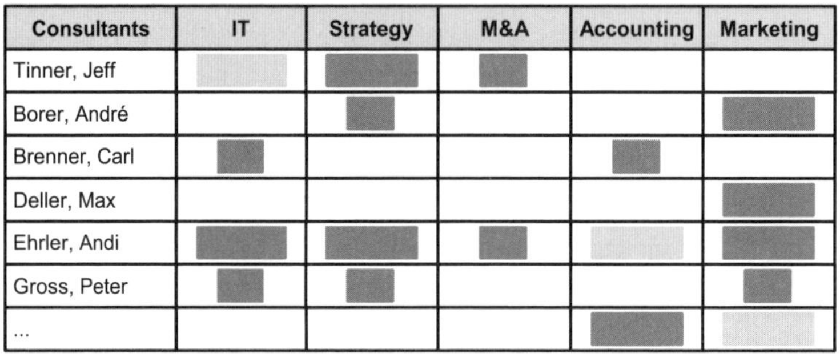

Consultants	IT	Strategy	M&A	Accounting	Marketing
Tinner, Jeff		■	■		
Borer, André		■			■
Brenner, Carl	■			■	
Deller, Max					■
Ehrler, Andi	■	■	■	░	■
Gross, Peter		■			■
...				■	░

Abbildung 9.6: Wissensanlagekarte [Epp03]

In der Praxis werden Wissensquellenkarten und Wissensanlagekarten häufig in Form so genannter **Gelber Seiten** (Yellow Pages) umgesetzt. Sie sollen dabei helfen, die in einem Fachgebiet kompetenten Personen oder für ein Projekt Zuständigen auszuweisen und den Kontakt zu ihnen zu ermöglichen.

Mit Wissenskarten lässt sich Transparenz über Wissen in einer Organisation schaffen und der Zugriff darauf beschleunigen. Allerdings ist ihre Erstellung aufwändig. Wissenskarten müssen, sooft sich Wissensträger, Wissensbestände oder das abgebildete Wissen ändern, aktualisiert werden.

9.4.3 Balanced Scorecard

Eine Balanced Scorecard ist eine Methode zur strategischen Planung und Bewertung der Leistung einer Organisation. Sie wurde Anfang der neunziger Jahre von Kaplan und Norton entwickelt [KN92].[2]

Mit einer Balanced Scorecard soll eine umfassende und ausgewogene (balanced) Betrachtung der Leistungsfähigkeit einer Organisation gewährleistet werden. Sie beinhaltet finanzielle Kennzahlen für bereits Erreichtes und ergänzt diese um Kennzahlen, die das Potenzial für zukünftige finanzielle Erfolge aufzeigen [KN92]. Zu diesem Zweck wird eine Organisation aus vier verschiedenen Perspektiven betrachtet (siehe Abbildung 9.7): Da sind zunächst die Kunden, die als Abnehmer der Produkte oder Dienstleistungen der Organisation von Bedeutung

---

[2] Das Kapitel zur Balanced Scorecard ist verkürzt aus [Leh08] übernommen worden.

9.4 Methodische Unterstützung

sind. Die bestmögliche Betreuung der Kunden ist von den Prozessen (genauer den Kernprozessen) und Entscheidungen innerhalb der Organisation abhängig, daher müssen auch diese in Betracht gezogen werden. Jedoch müssen Kundenpflege und Prozesse nicht nur gegenwärtig bestmöglich gestaltet werden, sondern auch zukünftig. Deshalb wird als weitere Perspektive das Lernen und die Entwicklung aufgenommen. Hier werden die Fähigkeiten betrachtet, die die Organisation besitzt, um bestehende Produkte, Dienstleistungen und Prozesse zu verbessern und neue zu schaffen. Letztlich wird in der finanziellen Perspektive überprüft, ob die in den anderen drei Perspektiven gesetzten Ziele erreicht wurden, d.h. ob sich die dort getroffenen Maßnahmen positiv auf das Geschäftsergebnis auswirken. Die Perspektiven stehen untereinander in Beziehung und sind voneinander abhängig.

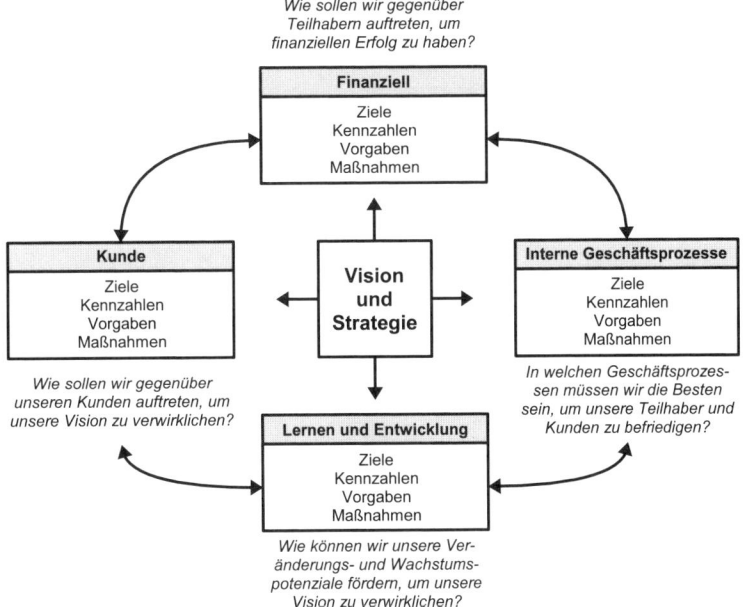

Abbildung 9.7: Balanced Scorecard (nach [KN97])

Für jede der Perspektiven werden Ziele formuliert, Kennzahlen bestimmt, Sollgrößen für die Kennzahlen vorgegeben und festgelegt, mit welchen Maßnahmen man die Ziele umsetzen möchte. Die Kennzahlen dienen als Kontrolle, ob die Umsetzung erfolgreich war.

Für das Wissensmanagement kann eine Balanced Scorecard angepasst werden, indem z.B. für die einzelnen Bausteine des Wissensmanagements (siehe Kapitel 9.2.1) je eigene Perspektiven mit auf die Ziele des Wissensmanagements abgestimmten Zielen, Kennzahlen, Vorgaben und Maßnahmen geschaffen werden (siehe [Kap01]). Andererseits ist die Erstellung einer Balanced Scorecard an sich ein

Prozess, bei dem Wissen identifiziert, verteilt und manchmal auch neu geschaffen wird. Balanced Scorecards werden individuell für Organisationen erstellt. Dabei müssen die aus den strategischen Zielen resultierenden Ziele und Maßnahmen für die operative Ebene verfeinert werden. Dies führt zu einer intensiven Beschäftigung mit den gestellten Zielen und ihrer Praktikabilität und kann auch eine Revision der Ziele nach sich ziehen.

Balanced Scorecards schaffen einen Überblick über Ziele und Kennzahlen einer Organisation. Mit Hilfe der Perspektiven gewährt die Balanced Scorecard Einblick in die Relationen zwischen verschiedenen Bereichen einer Organisation (bzw. den Bausteinen des Wissensmanagements), sodass erkannt werden kann, ob z.B. die Verbesserung in einem Bereich nicht zu einer Steigerung der Kosten in einem anderen führt. Balanced Scorecards sind zukunftsorientiert, haben eine Verbindung zur Organisationsstrategie und stellen sowohl finanzielle als auch nicht-monetäre Größen dar. Außerdem ist das Konzept sehr flexibel – Anzahl und Art der Perspektiven sind individuell anpassbar [Hor98], [KN97], [KN92].

9.4.4 Communities of Practice

Als letzte Methode sollen die Möglichkeiten der Einflussnahme auf organisatorische Strukturen anhand der Communities of Practice vorgestellt werden. Häufig existieren unabhängig von jeglichen Wissensmanagement-Aktivitäten informelle Netzwerke in Organisationen, in denen fachliche Fragen besprochen und Problemlösungen erarbeitet und weitergegeben werden. Für ein gezieltes Wissensmanagement ist es wichtig, diese Netzwerke sinnvoll einzubinden und zu gestalten.

Unter einer Community of Practice versteht man eine Gruppe von Personen, die sich informell aufgrund gemeinsamer fachlicher Interessen bzw. Tätigkeiten gebildet hat [WS00]. Es handelt sich also um einen freiwilligen Zusammenschluss von Personen auf Basis ihrer persönlichen Beziehungen. Die Identität dieser Gruppe ergibt sich aus einer gemeinsamen Tätigkeit. Die Community bietet den Personen die Möglichkeit, voneinander zu lernen und sich bei Problemen gegenseitig zu helfen.

Communities of Practice sind nicht an die funktionalen oder räumlichen Grenzen einer Organisation gebunden. Sie bilden eine sekundäre Form der Organisation, die die primäre (klassische Aufbauorganisation) nicht ersetzt, aber ergänzt. In einer Organisation können viele Communities of Practice bestehen; diese können sich überlappen.

Der durch eine Community of Practice für eine Organisation erbrachte Nutzen lässt sich nur schwer quantifizieren, jedoch sind einige Potenziale erkennbar [LE01], [NRP00], [WS00]:

- Durch den regen Austausch innerhalb einer Community und durch die Ablage von Wissen in Softwaresystemen können sowohl Bestände an Wissen als auch Defizite aufgedeckt werden.

- Mitglieder haben durch eine Community Zugriff auf das Wissen vieler Personen und vergrößern damit ihre eigene Wissensbasis. Dies kommt auch der Organisation (außerhalb der Community) zugute. Zudem fördert der Austausch innerhalb der Community den Willen zum Austausch in der Organisation.

- Für schnelle Lösungen von Problemen oder die Beantwortung von Kundenanfragen können in einer Community schnell potenzielle Lösungen oder der richtige Ansprechpartner gefunden werden.

- In einer Community können durch die informelle Atmosphäre Ideen oder Vorschläge diskutiert werden, die noch nicht ausgereift sind, aber womöglich Potenzial für die Schaffung neuer Produkte oder Dienstleistungen haben.

- Mit Hilfe von Communities können neue Mitarbeiter schneller in eine Organisation integriert werden. Sie lernen schneller und stehen der Organisation damit auch schneller nutzbringend zur Verfügung.

Communities of Practice können durch das Wissensmanagement auf folgende Weise unterstützt werden:

- Hilfe bei der Suche nach potenziellen Mitgliedern für die Community,
- Anerkennung der Arbeit für die Community (z.B. in Verbindung mit einem Anreizsystem) und
- Schaffung zeitlicher Freiräume für die Teilnahme an der Community.

Eine Steuerung von Communities of Practice auf traditionelle Weise sollte vermieden werden, weil dadurch der informelle Verbund von Personen mit seiner Dynamik nicht mehr zum Tragen kommen kann.

9.5 Software-technische Unterstützung

Neben den Methoden macht Software die zweite große Gruppe der Instrumente für das Wissensmanagement aus. Auch hier existiert ein sehr breites Angebot, das sich für einen Überblick in eine Dreiteilung von Basistechnologien, spezialisierten Werkzeugen und Wissensmanagementsystemen bringen lässt [Leh08]:

Basistechnologien. Hierunter fasst man all jene grundlegend notwendige Software, die die beiden folgenden Gruppen nutzen. Dazu zählen u.a. Datenbanken, Technologien, die dem Internet zugrunde liegen, und Office-Systeme.

Spezialisierte Werkzeuge. Diese Werkzeuge sind unabhängig vom Wissensmanagement für einen bestimmten Zweck geschaffen worden, können dank ihrer Funktionalität aber auch für Aufgaben des Wissensmanagements eingesetzt werden. Tabelle 9.2 fasst diese Werkzeuge zusammen. Einige sind bereits in Kapitel 5 erwähnt und vorgestellt worden, die aufgelisteten Werkzeuge werden in [Leh08] ausführlicher besprochen. Meist ist in Organisationen bereits eine große Zahl von Informationssystemen vorhanden. Die Tabelle soll einen Einblick verschaffen, welche dieser Systeme für das Wissensmanagement verwendet werden können.

Tabelle 9.2: Spezialisierte Werkzeuge [Leh08]

Groupware-Systeme	inhaltsorientierte Systeme	Systeme der künstlichen Intelligenz	Führungsinformationssysteme	sonstige Systeme
Kommunikationssysteme, Kollaborationssysteme, Koordinationssysteme	Dokumenten-Management-Systeme, Content-Management-Systeme, Portalsysteme, Lernmanagementsysteme	Expertensysteme, Agentensysteme, Text Mining Systeme	Data Warehouse Systeme, OLAP-Systeme, Data Mining Systeme	Suchdienste, Visualisierungsdienste

Wissensmanagementsysteme. Die letzte Gruppe der Werkzeuge wird explizit für das Wissensmanagement geschaffen und soll dessen Funktionen auf umfassende Art und Weise unterstützen. Diese Gruppe wird kurz noch etwas näher betrachtet.

Unter einem **Wissensmanagementsystem (WMS)** versteht man ein softwaretechnisches System, das innerhalb einer ganzen Organisation oder einem Teil davon Funktionen wie Identifikation, Schaffung, Erwerb, Verteilung, Bewahrung, Bewertung und Nutzung für die Handhabung von implizitem wie explizitem Wissen kombinieren und integrieren soll. Es wird in einem Wissensmanagementprojekt in die Organisation eingeführt und soll das organisatorische Lernen und die organisatorische Leistungsfähigkeit unterstützen [Mai04].

WMS bieten typischerweise die in [Leh08] genannten Funktionen an:

- Wissenssuche (pull) und Wissenszustellung (push)
- Wissensrepräsentation und -visualisierung
- Wissenspublizierung, -strukturierung und -vernetzung
- (automatische) Akquise von Wissen

- Wissenskommunikation und -kooperation
- Administration der WMS und Organisation bzw. Verwaltung der Wissensbasis
- Analyse von Daten zur Erstellung von Wissenselementen
- Unterstützung von computerbasiertem Lehren und Lernen

Die in der Einleitung zu diesem Kapitel angesprochene Datenbank von Xerox zur Sammlung organisatorischen Wissens in Form strukturierter Einträge kann als ein solches WMS angesehen werden.

Wissensmanagementsysteme lassen sich gegenüber traditionellen Informationssystemen durch die Kombination und Integration von Funktionen in einem Kontext, einen Fokus auf die gesamte Organisation, die Integration intelligenter Funktionen, die Einbindung in ein Wissensmanagementprojekt und die Fähigkeit, organisatorisches Lernen handhaben zu können, abgrenzen.

9.6 Zusammenfassung

In diesem Kapitel ist das Augenmerk auf die Notwendigkeit eines systematischen Umgangs mit dem Wissen von Organisationen gelegt worden. Mit einem solchen geplanten und zielgerichteten Umgang mit Wissen, einem Wissensmanagement, wird die Erwartung verbunden, Abläufe innerhalb einer Organisation effizienter zu gestalten und die eigene Wettbewerbsfähigkeit zu erhalten bzw. zu steigern.

Zur Gestaltung des Wissensmanagements kann man auf verschiedene Konzepte zurückgreifen und mit deren Hilfe im Rahmen von Projekten Wissensmanagement innerhalb einer Organisation verankern. Dazu gehören die Formulierung von Zielen, die Beschreibung geeigneter Rollen und die Einbindung des Wissensmanagements in die operativen Prozesse. Zur Unterstützung des Wissensmanagements kann auf eine große Zahl von Methoden und Software zurückgegriffen werden.

9.7 Aufgaben

1. Was versteht man unter Wissen? Welche Arten von Wissen können unterschieden werden?
2. Erläutern Sie den Zusammenhang zwischen Zeichen, Daten, Informationen und Wissen an einem selbst gewählten Beispiel!
3. Welche Arten von Prozessen lassen sich bei dem prozessorientierten Wissensmanagement unterscheiden? Beschreiben Sie den Zweck der Prozesse, und nennen Sie Beispiele dafür!

4. Nehmen Sie sich die Organisation, in der Sie studieren, arbeiten o.Ä. zum Beispiel, und formulieren Sie für die Organisation Wissensziele und Wissensmanagementziele. Welche Strategie des Wissensmanagements würden Sie für diese Organisation als sinnvoll erachten? Begründen Sie Ihre Entscheidung!

5. Beschreiben Sie den idealtypischen Aufbau eines WMS! Erläutern Sie den Zweck einer solchen Architektur!

6. Stellen Sie sich vor, Ihre Organisation hat sich das Ziel gesetzt, die Transparenz des Wissens und den Wissensaustausch zu erhöhen. Machen Sie einen Vorschlag, wie man dieses Ziel erreichen könnte und welche Methoden und Werkzeuge eingesetzt werden könnten!

7. Welche Probleme treten nach Ihrer Einschätzung bei der Umsetzung von Wissensmanagement in einer Organisation auf? Ordnen Sie die Probleme, und machen Sie Vorschläge für deren Lösung!

Kapitel 10

Ausblick

Eine Frage, die die Wirtschaftsinformatik genauso wie andere Wissenschaftsdisziplinen stets beschäftigt, ist die nach den dominierenden Themen der nächsten Jahre. Diese bestimmen nicht nur die Lehre an den Universitäten, sondern auch die Forschung und die praktische Arbeit in Organisationen. Als geeignete Methode – um, wenn auch stets mit Unsicherheit behaftete – Aussagen zu treffen, erscheint die Delphi-Studie. 1999 wurde eine solche Studie mit 35 Wirtschaftsinformatikern, Wirtschaftswissenschaftlern und Informatikern aus Forschung und Praxis durchgeführt. Die Studie lieferte Aussagen über die Erkenntnisziele für den Zeitraum bis 2009 (siehe Tabelle 10.1). Da sich dieser Zeitraum dem Ende zuneigt, soll zunächst eine kurze Bilanz anhand der ursprünglichen Prognose vorgenommen werden. Die vollständige Studie findet sich in [HKH01].

Als eine Kernkompetenz der Wirtschaftsinformatik wird die Interdisziplinarität angesehen. So nimmt die Wirtschaftsinformatik nicht nur Anleihen in den Wirtschaftswissenschaften und der Informatik, sondern auch in Jura, Pädagogik und Psychologie. Die Experten wurden zunächst gefragt, ob die Interdisziplinarität eine Kernkompetenz der Wirtschaftsinformatik sei, was 90% bejahten. Wie jedoch einzelne der befragten Experten zu Recht monieren, sei Interdisziplinarität eine Aufgabe einer jeden modernen Wissenschaftsdisziplin und daher nicht als Kernkompetenz der Wirtschaftsinformatik anzusehen. Die Interdisziplinarität kann beispielsweise auch der Informatik unterstellt werden. Betrachtet man die Teildisziplin der Künstlichen Intelligenz, so vereinigt dieses Wissen aus anderen Bereichen der Informatik, der Neurologie, der Psychologie und der Kommunikationswissenschaften. In ähnlicher Weise kann eine Interdisziplinarität auch für andere Teildisziplinen und Disziplinen der Wissenschaft hergeleitet werden. Demzufolge kann die Interdisziplinarität als notwendige, jedoch nicht als determinierende Aufgabe der Wirtschaftsinformatik angesehen werden.

Für den Zeitraum von 1999 bis 2009 wurde die Verbesserung der Kenntnisse über die Beherrschung von Komplexität in Informations- und Kommunikationssyste-

Tabelle 10.1: Erkenntnisziele der Wirtschaftsinformatik in den nächsten zehn Jahren [HKH01]

Erkenntnisziel	Rang
Beherrschung von Komplexität in Informations- und Kommunikationssystemen	1
Netzmärkte und virtuelle Märkte	2
Anwender-/Mensch-Maschine-Schnittstelle	3
Informationsmanagement/Wissensmanagement	4
Architektur von Informationssystemen	5
neue Arbeitsteilungen und Formen von Kollaborationen	6
neue Lehr- und Lernformen	7
künstliche Intelligenz-Systeme/menschenähnliche Systeme	8
gesellschaftliche Folgen des Einsatzes von Informationssystemen	9
wertorientierte Unternehmensführung und Beitrag der Informations- und Kommunikationssysteme	10
Human Ressource Management in der Informationstechnologie	11
Management des Wandels von Informationssystemen sowie anderer Objekte	12
Grundlagen der Wirtschaftsinformatik	13
neuartige Anwendungssysteme	13
Schnittstellen der Wirtschaftsinformatik	15

men als wichtigstes Erkenntnisziel angesehen. An zweiter Stelle stand die Verbesserung der Kenntnisse über Netzmärkte und virtuelle Märkte, was dem Erkenntnisziel der Verbesserung des Wissens über E-Business entspricht.

Betrachtet man die tatsächliche Entwicklung des Faches im Rückblick, so stellt man fest, dass zwar die meisten der prognostizierten Themen eine Rolle spielten, dass aber die jeweils dominanten Themen stark von Moden und Trends geprägt waren. Dies ist ein unmittelbarer Ausdruck der Dynamik des Faches, die von der technologischen Entwicklung geprägt ist und eine laufende inhaltliche Anpassung erzwingt. Zu beobachten ist allerdings auch, dass das Fach die präparadigmatische Phase überwunden hat und die Bedeutung der Forschungsergebnisse zur Anerkennung durch die Praxis, aber auch zur Intensivierung der Forschung beiträgt.

Aus Sicht der Praxis kommt vor allem der Tatsache Bedeutung zu, dass der rasche Technologiewechsel weitergehen wird. In den 90er-Jahren, die als erste Blütezeit der Wirtschaftsinformatik angesehen werden können, wurde die IT als strategisches Instrument gesehen, die neue Märkte und Möglichkeiten schafft. Daraus resultierte ein hoher Bedarf an schnellen, individuellen Lösungen (Internet, E-Commerce). Die Transaktionssysteme (Ende der 80er) wurden Anfang der 90er zunehmend durch Client/Server-Anwendungen abgelöst und Ende der 90er-Jahre als offene Systeme in das Internet integriert. Der Einsatz von Standardsoftware erfolgte parallel dazu abhängig von der Branche sehr unterschiedlich. Die IT-Kosten stiegen in dieser Zeit stark an, da IT-Projekte häufig als „strategisch" angesehen wurden. Die konjunkturelle Lage sowie zusätzliche Strukturprobleme (Mangel an IT-Fachleuten, günstige Offshoring-Angebote) stellten eine große Herausforderung für die Softwareindustrie, aber auch für die IT-Anwender dar. Dies führte in der Vergangenheit u.a. zu folgenden Entwicklungen:

- Trend zu Standardsoftware in zunehmend mehr Branchen
- Globalisierung mit neuen Anbietern im Softwaremarkt (Offshoring, Outsourcing)
- Trend zur Aufgliederung der Wertschöpfungskette in allen Branchen (ähnlich Automobilindustrie)

Was sich im Rückblick gut zusammenfassen lässt, ist in der Gegenwart oft viel schwieriger zu beurteilen. So hat beispielsweise die Gartner Group für das Jahr 2008 die folgenden 9 IT-Trends identifiziert:

- Green IT. So sollten gesetzliche Bestimmungen schon im Vorfeld in die Planung einbezogen werden. Gartner sieht Verordnungen auf die IT-Industrie zukommen, die den Rechenzentrumsbetrieb stark verändern und beschränken könnten. Punkte wie die Stromversorgung, CO_2-Emissionen sowie eine weitere Verschärfung der Umweltprobleme spielen dabei eine Rolle.
- Unified Communications.
- Die Modellierung von Geschäftsprozessen wird durch Enterprise Architects, Process Architects und/oder Process Analysts koordiniert und gesteuert.
- Metadaten-Management. In den kommenden Jahren werden sowohl interne als auch externe Daten zu einem Enterprise Information Management (EMI) zusammenwachsen.
- Virtualisierung. Diese soll vor allem zu einer besseren Auslastung der Hardware-Ressourcen sowie zu Kostenreduktionen führen.
- Mashups werden sich als wichtige Anwendungen durchsetzen.
- Web-Plattformen und Web-orientierte Architekturen (WOA) als Fortsetzung der Service-orientierten Architekturen. Computing Fabric als nächste Generation des Blade-Computing.
- Real World Web mit Echtzeit-Daten aus dem Netz ermöglicht neue Anwendungs- und Umsatzmöglichkeiten.
- Social Software wird bis 2010 in vielen Bereichen eine entscheidende Rolle spielen und auch herkömmliche Formen der Zusammenarbeit verändern.

CapGemini identifiziert in der Studie „IT-Trends 2008" mit einer ähnlichen Zielsetzung einige allgemeine Trends sowie Themen, die künftig eine Rolle spielen werden.

Als allgemeine Trends werden eine positive Entwicklung der IT-Budgets, die Notwendigkeit einer besseren IT-Governance (Portfoliomanagement und ein IT-Bebauungsplan werden wichtiger), die Auseinandersetzung mit der neuen Rolle der IT (IT als Dienstleistung und Basis für Geschäftsprozessmanagement) sowie die Industrialisierung der IT (Nutzung günstiger Angebote für IT-Sourcing) angeführt. Dazu kommen weitere spezifische Themen:

- Beitrag der IT zu Wirtschaftlichkeit und Innovation
- IT-Security
- Veränderung der IT-Infrastruktur – Industrialisierung wirkt sich aus
- Business Intelligence
- Portale – Web 2.0
- Enterprise Resource Planning
- Customer Relationship Management – Vertrieb steht im Mittelpunkt
- Mobile Lösungen – Backend-Integration wird Alltag
- Unternehmensarchitektur und SOA
- Outsourcing – Interne Prozesse im Mittelpunkt

In der Gegenüberstellung wird deutlich, dass zum Teil sehr unterschiedliche Themen hervorgehoben werden und für Management und Anwender die Orientierung schwer wird. Dabei ist natürlich auch zu berücksichtigen, dass einzelne Unternehmen auf einer unterschiedlichen Entwicklungsstufe stehen können, sodass nicht alle neuen Technologien relevant sein müssen. Die Praxis bzw. die Unternehmen können sich den wechselnden Trends und der Dynamik bei der Technologieentwicklung nicht entziehen, sodass in der Bewältigung dieser Situation eine besondere Herausforderung besteht, für die Hilfe von den Hochschulen erwartet wird. Gerade vor dem Hintergrund dieser dynamischen Situation kommt der Wirtschaftsinformatik eine immer größere Bedeutung zu, sodass die Orientierung an „Modethemen" unter diesem Gesichtspunkt nicht negativ gesehen werden sollte, sondern vielmehr als Kernaufgabe des Faches. Genau darin zeigen sich nämlich die Brückenfunktion und die Hilfe beim Wissenstransfer im Sinne der Gestaltungsaufgabe einer Wissenschaft.

Diese wachsende Bedeutung zeigt sich inzwischen auch in der Situation an den Hochschulen. Dabei liegt die Zahl der Studienanfänger im Fach Wirtschaftsinformatik zwar noch immer deutlich hinter der Informatik, was aber historisch und an der unterschiedlichen Anzahl der Lehrstühle liegt. Analysiert man die aktuellen Zahlen bei den Studienanfängern, so ist festzustellen, dass die Wirtschaftsinformatik als einzige Anwendungsinformatik gesondert im Ranking der Top 20 aufgeführt wird. Das Fach belegt Rang 19 mit einem Studierendenanteil von 1,4% (28.532) gegenüber der (Kern-)Informatik (Rang 6) von 3,6% (70.561). Diese Zahlen geben allerdings nicht die ganze Wahrheit wieder, denn die Anwendungsinformatiken – und hier mit deutlichem Abstand die Wirtschaftinformatik – befinden sich im klaren Aufwärtstrend. Abbildung 10.1 zeigt zur Verdeutlichung einen Überblick über die Studienanfänger(innen) des Wintersemesters 2006/2007, verteilt auf die Teilgebiete des Studienfachs Informatik (Universitäten und Fachhochschulen). Bereits im Jahre 2005 ging Prof. Volker Claus, der ehemalige Vorsitzende des Fakultätentags Informatik von einem Rückgang der Anfänger(innen)zahlen in der Kerninformatik von 10–12% aus [Hei08]. Die gegenwärtige Entwicklung stellt insbesondere vor dem Hintergrund des IT-Fachkräftemangels einen anhaltenden Trend dar und unterstreicht die weiter wachsende Bedeutung der Wirtschaftsinformatik. Als wichtiger Beitrag der Hochschulen wird von vielen Fachleuten eine Stärkung der anwendungsorientierten Ausbildung gefordert. Dies wiederum bedeutet, dass entsprechendes anwendungsorientiertes Modellierungswissen, Projektmanagement und weitere interdisziplinäre Kompetenzen verstärkt gefragt sind – also genau jene Fähigkeiten, die in einem Wirtschaftsinformatik-Studium im Mittelpunkt stehen.

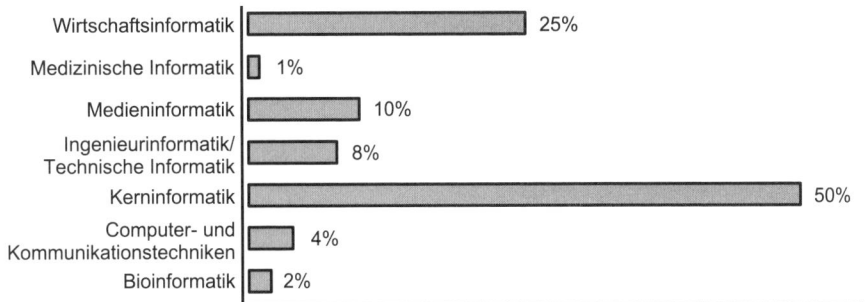

Abbildung 10.1: Studienanfänger(innen) in den Teilgebieten der Informatik im WS 2006/07 [Hei08]

Der Rückblick zeigt, dass die IT-Ausbildung in den letzten Jahrzehnten sehr informatikzentriert betrieben wurde. Dies entspricht allerdings nicht mehr dem heutigen Bedarf, bei dem die Prozessorientierung der Daten- und Funktionsorientierung übergeordnet ist. Heinemann (2008) legt in diesem Zusammenhang klar dar, dass Prozesse auch Daten, aber Daten per se keine Prozesse enthalten. Wer also prozessorientiert arbeitet, verfügt auch über Daten. Wer hingegen datenzentriert vorgeht, kann die Prozesse zwar zunächst vernachlässigen, wird aber keine praxisrelevanten Problemlösungen damit abbilden. Dies unterstreicht noch einmal die Bedeutung der Wirtschaftsinformatik und ihrer Ausbildungsinhalte im Sinne einer wirtschaftswissenschaftlich und anwendungsorientiert ausgerichteten Wissenschaft.

In Bezug auf die Identität des Faches sind vor diesem Hintergrund aus heutiger Sicht verschiedene Entwicklungspfade denkbar:

- Wirtschaftsinformatik als Wissenschaft mit einem engen Bezug zur betriebswirtschaftlichen Organisationslehre. Das Ziel besteht darin, die soziotechnischen Systeme geeignet zu beschreiben und zu optimieren.
- Wirtschaftsinformatik als weitere funktionale Betriebswirtschaftslehre, die vor allem das Management der IT zum Inhalt hat.
- Wirtschaftsinformatik als Wissenschaft, die sich primär mit Informationsökonomie und elektronischen Märkten befasst.

Das wahrscheinlichste Szenario besteht in einer Kombination dieser unterschiedlichen Ausrichtungen, weil damit auch jenen Themen, deren Bedeutung heute noch nicht vollständig abschätzbar ist, Rechnung getragen wird. Diese Integrationsbemühungen zeigen sich darin, dass neben den Gestaltungsbeiträgen der Wirtschaftsinformatik inzwischen auch vermehrt Erklärungsansätze publiziert werden, welche Beiträge zur Theoriebildung darstellen und längerfristig auch prognostische Aussagen erlauben werden. Zu beobachten ist die allmähliche Entwicklung einer kumulativen Forschungstradition mit Konzentration auf Kernthemen, in denen das Wissen schrittweise weiterentwickelt wird. Hier ergibt sich auch eine unmittelbare Referenz zum vorliegenden Lehrbuch, dessen Struktur den inzwischen konsolidierten Teil der Disziplin widerspiegelt. Es entsteht damit allmählich auch ein abgestimmtes Grundlagenwissen, das ebenfalls gemeinsam von der wissenschaftlichen Community verwaltet und weiterentwickelt wird. Das wissenschaftliche Selbstverständnis und die gestiegene Bedeutung der Wirtschaftsinformatik drücken sich nicht zuletzt in einer verstärkten Internationalisierung, einer aktualisierten und dem Bolognaprozess angepassten Rahmenempfehlung für Studieninhalte, sowie in der permanenten Qualitätssicherung durch die Wissenschaftliche Kommission Wirtschaftsinformatik in Zusammenarbeit mit dem Fachbereich „Wirtschaftsinformatik" der deutschen Gesellschaft für Informatik aus. Mit dem vorliegenden Lehrbuch wird der Versuch unternommen einen Beitrag zu dieser Entwicklung im Rahmen der Wirtschaftsinformatik-Ausbildung zu leisten.

Die Forschungsschwerpunkte unterliegen trotz eines anerkannten Gegenstandsbereiches einem ständigen Wandel, den Mertens anhand einer Inhaltsanalyse der Zeitschrift Computerwoche aufzeigt [Mer06b]. In ähnlicher Weise führten Steiniger, Riedl und Roithmayr eine inhaltsanalytische Betrachtung der Trends und Moden der Wirtschaftsinformatik durch [SRR08]. Die genannten Studien kommen zu dem Ergebnis, dass über viele Themen nur über einen kurzen Zeitraum in den Zeitschriften berichtet wird. Die starke Ausrichtung der Wirtschaftsinformatik an Moden kann auf verschiedene Arten gedeutet werden. Moden werden oftmals als „Marketing-Hype" bezeichnet, dienen also der Generierung von hohen Umsätzen. Demnach kann eine mangelnde Differenz zwischen nicht normativer Forschung und normativer Praxis zu einer starken Ausrichtung an Moden führen.

Eine weitere Erklärung liefert Heinrich, der zu Recht moniert, dass die Wirtschaftsinformatik bislang nur sehr einseitig das Forschungsziel der Beschreibung und Gestaltung von Erkenntnisobjekten, nicht jedoch die Erklärung und Prognose dieser betreibt [Hei05]. Erst durch eine Integration von Beschreibung, Erklärung, Prognose und Gestaltung findet Forschung statt, die im Sinne Poppers zu Erkenntnissen führt und eine Abstraktion von Moden ermöglicht.

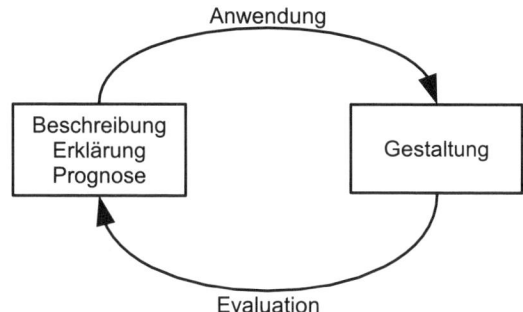

Abbildung 10.2: Forschungsziele der Wirtschaftsinformatik

In Abbildung 10.2 ist der integrative Zusammenhang der Forschungsziele der Wirtschaftsinformatik grafisch dargestellt. Ergebnis von Beschreibung, Erklärung und Prognose sind Erkenntnisse. Diese stellen die Grundlage der Bildung und Falsifikation von Theorien dar. Die praxisrelevante Aufbereitung der Erkenntnisse im Rahmen der Gestaltung führt zu Artefakten wie beispielsweise Prototypen. Diese sind Teil der Wirklichkeit und nun selbst Erkenntnisobjekt. Insbesondere ist eine Evaluation der Artefakte notwendig, um die angewendeten Erkenntnisse zu überprüfen.

Durch eine Integration der Forschungsziele wird ebenfalls eine Differenz zwischen Forschung und Praxis geschaffen, die notwendig ist, um eine gewisse Unabhängigkeit von Moden in der Forschung zu erzeugen. Es ist demzufolge notwendig, den Forschungsprozess der Wirtschaftsinformatik anzupassen und eine Integration von Beschreibung, Erklärung, Prognose und Gestaltung mit adäquaten Methoden zu unterstützen. Ein Vorschlag hierzu findet sich in [HHR07].

Literaturverzeichnis

[AG83] ALBRECHT, A.J. ; GAFFNEY, J.: Software function, source lines of code, and development effort prediction. In: *IEEE Transactions on Software Engineering* SE-9 (1983), S. 639–648

[AGWW02] ALPAR, P. ; GROB, H.L. ; WEIMANN, P. ; WINTER, R.: *Anwendungsorientierte Wirtschaftsinformatik – Strategische Planung, Entwicklung und Nutzung von Informations- und Kommunikationssystemen*. 3. Auflage. Braunschweig, Wiesbaden: Vieweg Verlag, 2002

[Alb69] *Kapitel* Informationswert. In: ALBACH, H.: *Handwörterbuch der Organisation*. Stuttgart: Schäffer-Poeschel Verlag, 1969, S. 720–727

[AM02] ABTS, D. ; MÜLDER, W.: *Grundkurs Wirtschaftsinformatik – Eine kompakte und praxisorientierte Einführung*. 4. Auflage. Braunschweig, Wiesbaden: Vieweg Verlag, 2002

[AMM01] APPLEGATE, L.M. ; MCFARLAN, F.W. ; MCKENNEY, J.L.: *Corporate Information Systems Management*. 5. Auflage. o.O.: McGrawHill, 2001

[Ans66] ANSOFF, I.: *Management-Strategie*. München: Verlag Moderne Industrie, 1966

[Arr74] ARROW, K.J.: *The Limits of Organization*. New York: W.W. Norton, 1974

[Bal82] BALZERT, H.: *Die Entwicklung von Software-Systemen*. Mannheim u.a.: BI Wissenschaftsverlag, 1982

[Bal00] BALZERT, H.: *Lehrbuch der Software-Technik*. 2. Auflage. München: Spektrum Akademischer Verlag, 2000

[Bal05] BALZERT, H.: *Lehrbuch Grundlagen der Informatik*. München: Spektrum Akademischer Verlag, 2005

[BB03] BERTHEL, J. ; BECKER, F.G.: *Personalmanagement*. 7. Auflage. Stuttgart: Schäffer-Poeschel Verlag, 2003

[BDS97]   BEA, F.X. (Hrsg.) ; DICHTL, E. (Hrsg.) ; SCHWEITZER, M. (Hrsg.): *Allgemeine Betriebswirtschaftslehre*. 7. Auflage. Stuttgart: Lucius & Lucius, 1997

[Bec99]   BECK, K.: *Extreme Programming Explained*. Reading u.a.: Addison-Wesley, 1999

[Bec02]   BECKER, M.: *Personalentwicklung – Bildung, Förderung und Organisationsentwicklung in Theorie und Praxis*. 3. Auflage. Stuttgart: Schäffer-Poeschel Verlag, 2002

[Ber51]   BERTALANFFY, L.v.: An Outline of General System Theory. In: *The British Journal for the Philosophy of Science* 1 (1951), S. 134–165

[Ber84]   *Kapitel* Information. In: BERTHEL, J.: *Handwörterbuch der Betriebswirtschaftslehre*. Stuttgart: Schäffer-Poeschel Verlag, 1984, S. 1865–1873

[BFP94]   BÖHM, R. ; FUCHS, E. ; PACHER, G.: *System-Entwicklung in der Wirtschaftsinformatik*. Zürich: vdf Hochschulverlag, 1994

[BG02]   BEA, F.X. ; GÖBEL, E.: *Organisation*. 2. Auflage. Stuttgart: Lucius & Lucius, 2002

[BHHK08]   BUHL, H.U. ; HEINRICH, B. ; HENNEBERGER, M. ; KRAMMER, A.: Service Science. In: *Wirtschaftsinformatik* 50 (2008), Nr. 1, S. 60–65

[Bie91]   BIERFELDER, W.: *Entwicklungsdynamik von Unternehmen*. Wiesbaden: Gabler Verlag, 1991

[BKR02]   BECKER, J. ; KUGELER, M. ; ROSEMANN, M.: *Prozessmanagement – Ein Leitfaden zur prozessorientierten Organisationsgestaltung*. Berlin u.a.: Springer Verlag, 2002

[BL96]   BARTLING, H. ; LUZIUS, F.: *Grundzüge der Volkswirtschaftslehre*. 11. Auflage. München: Verlag Franz Vahlen, 1996

[BM64]   BLAKE, R.R. ; MOUTON, J.S.: *The Managerial Grid – The Key to Leadership Excellence*. Houston: Gulf Publishing, 1964

[BMW01]   BANGE, J. ; MAAS, S. ; WASERT, J.: *Recht im E-Business*. Bonn: Galileo Press, 2001

[Boe88]   BOEHM, B.W.: A Spiral Model of Software Development and Enhancement. In: *IEEE Computer* 21 (1988), Nr. 5, S. 61–72

[BP98]   *Kapitel* Wissensmanagement: Paradigma des intellektuellen Wachstums. In: BULLINGER, H.-J. ; PRIETO, J.: *Wissensmanagement. Erfahrungen und Perspektiven*. Wiesbaden: Gabler Verlag, 1998, S. 87–118

[BR93]	BECKER, J. ; ROSEMANN, M.: *Logistik und CIM*. Berlin u.a.: Springer Verlag, 1993
[BS00]	BORGHOFF, U.M. ; SCHLICHTER, J.H.: *Computer Supported Cooperative Work*. Berlin u.a.: Springer Verlag, 2000
[BT00]	*Kapitel* Marktforschung im Internet. In: BLIEMEL, F. ; THEOBALD, A.: *Handbuch Electronic Business*. Wiesbaden: Gabler Verlag, 2000, S. 240–259
[Büh00]	BÜHL, A.: *Die virtuelle Gesellschaft des 21. Jahrhunderts – Sozialer Wandel im Digitalen Zeitalter*. 2. Auflage. Wiesbaden: Westdeutscher Verlag, 2000
[Büh05]	BÜHNER, R.: *Personalmanagement*. 3. Auflage. München: Oldenbourg Verlag, 2005
[BW02]	BOBROW, D.G. ; WHALEN, J.: Community Knowledge Sharing in Practice: The Eureka Story. In: *Reflections* 4 (2002), Nr. 2, S. 47–59
[BWP97]	BULLINGER, H.-J. ; WÖRNER, K. ; PRIETO, J.: *Wissensmanagement heute. Daten, Fakten, Trends*. Stuttgart: Fraunhofer-Institut für Arbeitswirtschaft und Organisation (IAO), 1997
[Cap78]	CAPURRO, R.: *Information – Ein Beitrag zur etymologischen und ideengeschichtlichen Begründung des Informationsbegriffs*. München: Saur Verlag, 1978
[CF91]	COENENBERG, A.G. ; FISCHER, T.M.: Prozeßkostenrechnung – Strategische Neuorientierung in der Kostenrechnung. In: *DBW* 51 (1991), Nr. 1, S. 21–38
[Che76]	CHEN, P.P.: The entity-relationship model – toward a unified view of data. In: *ACM Transactions on Database Systems* 1 (1976), S. 9–36
[Cla98]	CLAUSSEN, N.: *OLAP – Multidimensionale Datenbanken. Produkte, Markt, Funktionsweisen und Implementierungen*. Bonn: Addison-Wesley, 1998
[CMS04]	COENENBERG, A.G. ; MATTNER, G. ; SCHULTZE, W.: *Einführung in das Rechnungswesen. Grundzüge der Buchhaltung und Bilanzierung*. Stuttgart: Schäffer-Poeschel, 2004
[Cod70]	CODD, E.F.: A relational model for large shared data banks. In: *Communications of the ACM* 13 (1970), Nr. 6, S. 377–387
[Cor03]	CORSTEN, H.: *Einführung in das Electronic Business*. München, Wien: Oldenbourg Verlag, 2003

[CSW97]	CHOI, S.-Y. ; STAHL, D.O. ; WHINSTON, A.B.: *The Economics of Electronic Commerce*. Indianapolis: Macmillan Technical Publishing, 1997
[Dae76]	DAENZER, W.F.: *Systems Engineering – Leitfaden zur methodischen Durchführung umfangreicher Planungsvorhaben*. Zürich: Verlag Industrielle Organisation, 1976
[Dav93]	DAVENPORT, T.H.: *Process Innovation – Reengineering Work through Information Technology*. Boston: Harvard Business School Press, 1993
[Den94]	DENERT, E.: Gleichgewicht von Fachwissen und Persönlichkeit / Mitteilung Nr. 237, Fachschaft Informatik der Universität Hamburg. 1994. – Forschungsbericht. – Arbeitsunterlagen zum Workshop der Studierenden im Rahmen des IFIP Weltkongresses
[Der03]	DERN, G.: *Management von IT-Architekturen – Informationssysteme im Fokus von Architekturplanung und -entwicklung*. Wiesbaden: Vieweg Verlag, 2003
[Dol03]	DOLLMAYER, A.: *Target Costing – Modernes Zielkostenmanagement in Theorie und Praxis*. Marburg: Tectum Verlag, 2003
[Dör69]	DÖRNER, D.: *Problemlösen als Informationsverarbeitung*. 2. Auflage. Stuttgart: Kohlhammer Verlag, 1969
[Dos94]	DOSTAL, W.: Konsolidierung des Berufsfeldes der Computerberufe / Mitteilung Nr. 237, Fachschaft Informatik der Universität Hamburg. 1994. – Forschungsbericht. – Arbeitsunterlagen zum Workshop der Studierenden im Rahmen des IFIP Weltkongresses
[DP98]	DAVENPORT, T.H. ; PRUSAK, L.: *Working Knowledge*. Boston: Harvard Business School Press, 1998
[DS90]	DAVENPORT, T.H. ; SHORT, J.E.: The New Industrial Engineering – Information Technology and Business Process Reengineering. In: *Sloan Management Review* 31 (1990), Nr. 4, S. 1–27
[Ebe89]	EBELING, W.: *Chaos – Ordnung – Information*. Thun, Frankfurt/Main: Verlag Harri Deutsch, 1989
[Eme69]	EMERY, J.C.: *Organizational Planning and Control Systems – Theory and Technology*. New York: Macmillan Publishing, 1969
[Epp03]	*Kapitel* Making Knowledge Visible through Knowledge Maps: Concepts, Elements, Cases. In: EPPLER, M.J.: *Handbook on Knowledge Management*. Bd. 1. Heidelberg: Springer Verlag, 2003, S. 189–205
[Esc96]	ESCHENBACH, R.: *Controlling*. 2. Auflage. Stuttgart: Schäffer-Poeschel Verlag, 1996

[Fer92]	FERSTL, O.K.: Integrationskonzepte betrieblicher Anwendungssysteme / Fachbericht 1/92, Institut für Informatik, Universität Koblenz-Landau. 1992. – Forschungsbericht
[Fis93]	FISCHER, T.M.: Sicherung unternehmerischer Wettbewerbsvorteile durch Prozeß- und Schnittstellen-Management. In: *Zeitschrift für Führung und Organisation* 5 (1993), S. 312–318
[Fra06]	FRANK, U.: Towards a Pluralistic Conception of Research Methods in Information Systems Research / Universität Duisburg-Essen. 2006 (7). – Forschungsbericht
[FS93]	FERSTL, O.K. ; SINZ, E.J.: Geschäftsprozessmodellierung. In: *Wirtschaftsinformatik* 35 (1993), Nr. 6, S. 589–592
[Fuc73]	FUCHS, H.: *Systemtheorie und Organisation – Die Theorie offener Systeme als Grundlage zur Erforschung und Gestaltung betrieblicher Systeme*. Wiesbaden: Gabler Verlag, 1973
[Gai83]	GAITANIDES, M.: *Prozessorganisation – Entwicklung, Ansätze und Programme prozessorientierter Organisationsgestaltung*. München: Verlag Vahlen, 1983
[GI85]	GI: Ausbildung von Diplom-Informatikern an wissenschaftlichen Hochschulen – Empfehlungen der Gesellschaft für Informatik. In: *Informatik Spektrum* Juni (1985), S. 164–165
[GI87]	GI: *Aufgaben und Ziele der Informatik*. Arbeitspapier der Gesellschaft für Informatik, Oktober 1987
[Git89]	GITT, W.: Information – die dritte Grundgröße neben Materie und Energie. In: *Siemens-Zeitschrift* 4 (1989), S. 4–9
[GL96]	GROB, H.L. ; LANGE, W.: Zum Wandel des Berufsbildes bei Wirtschaftsinformatikern – Eine empirische Analyse auf Basis von Stellenanzeigen. In: *Wirtschaftsinformatik* 38 (1996), Nr. 2, S. 236–241
[Gol88]	GOLLAN, B.: *Innovative Informations-Infrastrukturen*. Berlin u.a.: Springer Verlag, 1988
[Göt00]	GÖTZE, U.: *Kostenrechnung und Kostenmanagement*. 2. Aufl. Chemnitz: Verlag der GUC, 2000
[Gro78]	GROCHLA, E.: *Einführung in die Organisationstheorie*. Stuttgart: Schäffer-Poeschel Verlag, 1978
[GSVR94]	GAITANIDES, M. ; SCHOLZ, R. ; VROHLINGS, A. ; RASTER, M.: *Prozeßmanagement*. München: Hanser Verlag, 1994

[GT05] GÜNTHER, H.-O. ; TEMPELMEIER, H.: *Produktion und Logistik*. 6. Auflage. Berlin u.a.: Springer Verlag, 2005

[Gut79] GUTENBERG, E.: *Grundlagen der Betriebswirtschaftslehre*. Bd. 1 – Die Produktion. 23. Auflage. Berlin u.a.: Springer Verlag, 1979

[Hab73] HABERFELLNER, R.: *Die Unternehmung als dynamisches System – Der Prozeßcharakter der Unternehmungsaktivitäten*. Zürich: Verlag Industrielle Organisation, 1973

[Ham90] HAMMER, M.: Reengineering Work – Don't automate, obliterate. In: *Harvard Business Review* 4 (1990), S. 104–111

[Har93] HARTMANN, H.: *Materialwirtschaft*. 6. Auflage. Gernsbach: Deutscher Betriebswirte-Verlag, 1993

[Har94] HARTMANN, M.: Informatiker in Großunternehmen. In: *Informatik Spektrum* 17 (1994), Nr. 3, S. 171–178

[HBB$^+$94] HESSE, W. ; BARKOW, G. ; BRAUN, H.v. ; KITTLAUS, H.-B. ; SCHESCHONK, G.: Terminologie der Softwaretechnik – Ein Begriffssystem für die Analyse und Modellierung von Anwendungssystemen – Teil 1: Begriffssystematik und Grundbegriffe. In: *Informatik Spektrum* 17 (1994), Nr. 1, S. 39–47

[HC94] HAMMER, M. ; CHAMPY, J.: *Business Reengineering – Die Radikalkur für das Unternehmen*. Frankfurt/Main, New York: Campus Verlag, 1994

[Hei90] *Kapitel* Organisation und Management der Informationsverarbeitung im Unternehmen. In: HEILMANN, H.: *Handbuch Wirtschaftsinformatik*. Stuttgart: Schäffer-Poeschel, 1990, S. 683–700

[Hei93] HEINRICH, L.J.: *Wirtschaftsinformatik – Einführung und Grundlegung*. München, Wien: Oldenbourg Verlag, 1993

[Hei96] HEINRICH, L.J.: *Informationsmanagment*. 5. Auflage. München: Oldenbourg Verlag, 1996

[Hei02] *Kapitel* Geschichte der Wirtschaftsinformatik. In: HEINRICH, L.J.: *Studienführer Wirtschaftsinformatik*. 3. Auflage. Braunschweig, Wiesbaden: Vieweg Verlag, 2002, S. 45–52

[Hei05] HEINRICH, L.J.: Forschungsmethodik einer Integrationsdisziplin – Ein Beitrag zur Geschichte der Wirtschaftsinformatik. In: *International Journal of History and Ethics of Natural Sciences, Technology and Medicine* 13 (2005), S. 104–117

[Hei08]	HEINEMANN, Elisabeth: Berufsfähigkeit und Anwendungsinformatiken. In: *MKWI-Tagungsband*. München, 2008, S. 1493–1501
[HF56]	HALL, A.D. ; FAGEN, R.E.: Defintion of System. In: *General System* 1 (1956), S. 18–28
[HFU98]	HILL, W. ; FEHLBAUM, R. ; ULRICH, P.: *Organisationslehre*. Bd. 1 und 2. 5. Auflage. Bern, Stuttgart: UTB, 1998
[HHR04]	HEINRICH, L.J. ; HEINZL, A. ; ROITHMAYR, F.: *Wirtschaftsinformatik-Lexikon*. 7. Auflage. München, Wien: Oldenbourg Verlag, 2004
[HHR07]	HEINRICH, L.J. ; HEINZL, A. ; ROITHMAYR, F.: *Wirtschaftsinformatik – Einführung und Grundlegung*. 3. München: Oldenbourg, 2007
[Hid01]	HIDDING, G.J.: Sustaining Strategic IT Advantage in the Information Age – How Strategy Paradigms Differ by Speed. In: *Journal of Strategic Information Systems* 10 (2001), Nr. 3, S. 201–222
[HK97]	HORN, C. (Hrsg.) ; KERNER, I.O. (Hrsg.): *Lehr- und Übungsbuch Informatik*. Bd. 3 – Praktische Informatik. München, Wien: Fachbuchverlag Leipzig, 1997
[HKF01]	HORN, C. (Hrsg.) ; KERNER, I.O. (Hrsg.) ; FORBIG, P. (Hrsg.): *Lehr- und Übungsbuch Informatik*. Bd. 1 – Grundlagen und Überblick. München, Wien: Fachbuchverlag Leipzig, 2001
[HKH01]	HEINZL, A. ; KÖNIG, W. ; HACK, J.: Erkenntnisziele der Wirtschaftsinformatik in den nächsten drei und zehn Jahren. In: *Wirtschaftsinformatik* 43 (2001), Nr. 3, S. 223–233
[HKL84]	HESSE, W. ; KEUTGEN, H. ; LUFT, A.L.: Ein Begriffssystem für die Softwaretechnik. In: *Informatik Spektrum* 7 (1984), Nr. 4, S. 200–213
[HL05]	HEINRICH, L.J. ; LEHNER, F.: *Informationsmanagement*. 8. Auflage. München: Oldenbourg Verlag, 2005
[HMS07]	HELM, R. ; MECKL, R. ; SODEIK, N.: Systematisierung der Erfolgsfaktoren von Wissensmanagement auf Basis der bisherigen empirischen Forschung. In: *Zeitschrift für Betriebswirtschaft* 77 (2007), Nr. 2, S. 211–241. http://dx.doi.org/10.1007/s11573-007-0017-4. – DOI 10.1007/s11573–007–0017–4
[HN01]	HANSEN, H.R. ; NEUMANN, G.: *Wirtschaftsinformatik I*. 8. Auflage. Stuttgart: Lucius & Lucius Verlagsgesellschaft, 2001
[HNT99]	HANSEN, M.T. ; NOHRIA, N. ; TIERNEY, T.: What's Your Strategy for Managing Knowledge? In: *Harvard Business Review* 77 (1999), March-April, Nr. 2, S. 106–116

[Hol03]   HOLSAPPLE, C.W.: Knowledge and Its Attributes. In: HOLSAPPLE, C.W. (Hrsg.): *Handbook on Knowledge Management 1. Knowledge Matters*. Berlin, Heidelberg: Springer Verlag, 2003, S. 165–188

[Hor98]   *Kapitel* Wissensmanagement mit Balanced Scorecard. In: HORVÁTH, P.: *Wissensmanagement – Schritte zum intelligenten Unternehmen*. Berlin u.a.: Springer Verlag, 1998, S. 153–162

[Hor03]   HORVÁTH, P.: *Controlling*. 9. Auflage. München: Verlag Vahlen, 2003

[HR03]   HORVÁTH, P. ; REICHMANN, T.: *Vahlens Großes Controlling Lexikon*. 2. Auflage. München: Verlag Vahlen, 2003

[HRW04]   *Kapitel* Aufbau und Funktionalität von CRM-Systemen. In: HIPPNER, H. ; RENTZMANN, René ; WILDE, K.D.: *IT-Systeme im CRM – Aufbau und Potenziale*. Wiesbaden: Gabler Verlag, 2004, S. 13–42

[HS78]   HOFER, C.W. ; SCHENDEL, D.: *Strategy Formulation: Analytical Concepts*. St. Paul: West Publishing Company, 1978

[HW02]   HAMANN, C. (Hrsg.) ; WEIDERT, S. (Hrsg.): *E-Commerce und Recht*. Berlin: Erich Schmidt Verlag, 2002

[Kap01]   KAPS, G.: Erfolgsmessung im Wissensmanagement unter Anwendung von Balanced Scorecards / Fachhochschule Stuttgart. 2001 (2). – Forschungsbericht

[KE06]   KEMPER, A. ; EICKER, A.: *Datenbanksysteme – Eine Einführung*. 6. Auflage. München: Oldenbourg Verlag, 2006

[Kie02]   KIESER, A. (Hrsg.): *Organisationstheorien*. 5. Auflage. Stuttgart: Kohlhammer Verlag, 2002

[KK78]   KIESER, A. ; KUBICEK, H.: *Organisationstheorien*. Bd. 1 und 2. Stuttgart: Kohlhammer Verlag, 1978

[Kle94]   *Kapitel* Geschäftsprozesse. In: KLEINSORGE, P.: *Handbuch Qualitäts-Management*. München, Wien: Hanser Verlag, 1994

[Kli89]   KLIEME, E.: *Eignungsdiagnostik für EDV-Berufe – Derzeitiger Stand und Lösungsansätze*. Vortrag auf dem 15. Kongreß für Angewandte Psychologie, 1989

[KN92]   KAPLAN, R.S. ; NORTON, D.P.: The Balanced Scorecard – Measures That Drive Performance. In: *Harvard Business Review* 70 (1992), Nr. 1, S. 71–79

[KN97]   KAPLAN, R.S. ; NORTON, D.P.: *Balanced Scorecard – Strategien erfolgreich umsetzen*. Stuttgart: Schäffer-Poeschel Verlag, 1997

[Kos62]	KOSIOL, E.: *Organisation der Unternehmung*. 2. Auflage. Wiesbaden: Gabler Verlag, 1962
[Kos76]	KOSIOL, E.: *Die Unternehmung als wirtschaftliches Aktionszentrum*. 2. Auflage. Wiesbaden: Gabler Verlag, 1976
[KR04]	KLEINSCHMIDT, P. ; RANK, C.: *Relationale Datenbanksysteme – Eine praktische Einführung*. Bd. 3. Berlin, Heidelberg, New York: Springer Verlag, 2004
[Krc91a]	KRCMAR, H.: *Annäherungen and Informationsmanagement – Managementdisziplin und/oder Technologiedisziplin?* Arbeitspapiere Lehrstuhl für Wirtschaftsinformatik Nr. 23, Universität Hohenheim, 1991
[Krc91b]	*Kapitel* Integration in der Wirtschaftsinformatik – Aspekte und Tendenzen. In: KRCMAR, H.: *Integrierte Informationssysteme*. Wiesbaden: Gabler Verlag, 1991, S. 3–18
[Krc04]	KRCMAR, H.: *Informationsmanagement*. 4. Auflage. Berlin, Heidelberg: Springer Verlag, 2004
[Kre04]	KRECKEL, R.: *Politische Soziologie und soziale Ungleichheit*. Frankfurt/Main: Campus Verlag, 2004
[Kri71]	KRIEG, W.: *Kybernetische Gedanken der Unternehmensgestaltung*. Bern, 1971
[KS86]	KERN, H. ; SCHUMANN, M.: *Das Ende der Arbeitsteilung? – Rationalisierung in der industriellen Produktion*. 3. Auflage. München: C.H. Beck Verlag, 1986
[Kur05]	KURBEL, K.: *Produktionsplanung und -steuerung im Enterprise Resource Planning und Supply Chain Management*. 6. Auflage. München: Oldenbourg Verlag, 2005
[KW05]	KÜCHLIN, W. ; WEBER, A.: *Einführung in die Informatik*. 3. Auflage. Berlin, Heidelberg: Springer Verlag, 2005
[LE01]	LESSER, E. ; EVEREST, K.: Using communities of practice to manage intellectual capital. In: *Ivey Business Journal* 65 (2001), Nr. 4, S. 37–41
[Leh93]	LEHNER, F.: *Informatik Strategien – Entwicklung, Einsatz und Erfahrungen*. München: Hanser Verlag, 1993
[Leh94a]	LEHNER, F.: Ist die Informatik out? Perspektiven und Weiterentwicklung einer Grundlagendisziplin. In: *Signale – Hochschulnachrichten der WHU* 3 (1994), S. 87–91

[Leh94b] LEHNER, F.: *Prozeßmodellierung und Prozeßmanagement*. Forschungsbericht Nr. 14, Lehrstuhl für Wirtschaftsinformatik, WHU Koblenz, 1994

[Leh08] LEHNER, F.: *Wissensmanagement. Grundlagen, Methoden und technische Unterstützung*. 2. München: Hanser Verlag, 2008

[Len87] *Kapitel* Über Verantwortungsbegriffe und das Verantwortungsproblem in der Technik. In: LENK, H.: *Technik und Ethik*. Philipp Reclam Verlag, 1987, S. 112–148

[LHM95] LEHNER, F. (Hrsg.) ; HILDEBRAND, K. (Hrsg.) ; MAIER, R. (Hrsg.): *Wirtschaftsinformatik – Theoretische Grundlagen*. München: Hanser Verlag, 1995

[Lin98] LINCKE, D.-M.: Evaluating Integrated Electronic Commerce Systems. In: *EM – Electronic Transactions. EM – Electronic Markets* 8 (1998), Nr. 1, S. 7–11

[Lit95] LITKE, H.-D.: *Projektmanagement – Methoden, Techniken, Verhaltensweisen*. 3. Auflage. München: Hanser Verlag, 1995

[LL93] LOHOFF, P. ; LOHOFF, H.-G.: Verwaltung im Visier – Optimierung der Büro- und Dienstleistungsprozesse. In: *Zeitschrift für Führung und Organisation* 4 (1993), S. 248–254

[LS96] LEDERER, A.L. ; SETHI, Vijay: Key Prescriptions for Strategic Information Systems Planning. In: *Journal of Management Information Systems* 13 (1996), Nr. 1, S. 35–62

[LW03] LEHNER, F. ; WANNINGER, C.: Marktanalyse zum Angebot von Skill-Management-Systemen / Lehrstuhl für Wirtschaftsinformatik II, Universität Passau. 2003. – Forschungsbericht

[LZ07] LEHNER, F. (Hrsg.) ; ZELEWSKI, S. (Hrsg.): *Wissenschaftstheoretische Fundierung und wissenschaftliche Orientierung der Wirtschaftsinformatik*. Berlin: GITO-Verlag, 2007

[Mai04] MAIER, R.: *Knowledge Management Systems*. 2. Auflage. Berlin u.a.: Springer Verlag, 2004

[MB96] MARKUS, M.L. ; BENJAMIN, R.I.: Change Agentry – The Next IS Frontier. In: *MIS Quarterly* 20 (1996), Nr. 4, S. 385–407

[MBK+04] MERTENS, P. ; BODENDORF, F. ; KÖNIG, W. ; PICOT, A. ; SCHUMANN, M. ; HESS, T.: *Grundzüge der Wirtschaftsinformatik*. 9. Auflage. Berlin u.a.: Springer Verlag, 2004

[MCE+02]   MERTENS, P. (Hrsg.) ; CHAMONI, P. (Hrsg.) ; EHRENBERG, D. (Hrsg.) ; GRIESE, J. (Hrsg.) ; HEINRICH, L.J. (Hrsg.) ; KURBEL, K. (Hrsg.): *Studienführer Wirtschaftsinformatik*. 3. Auflage. Braunschweig, Wiesbaden: Vieweg Verlag, 2002

[McG60]   MCGREGOR, D.: *The Human Side of Enterprise*. New York: McGraw Hill, 1960

[ME86]   MAHR, W. ; EISEN, R.: *Allgemeine Volkswirtschaftslehre. Grundlagen für die Versicherungswirtschaft*. 3. Auflage. Wiesbaden: Gabler Verlag, 1986

[Mef00]   MEFFERT, H.: *Marketing. Grundlagen marktorientierter Unternehmensführung*. 9. Auflage. Wiesbaden: Gabler Verlag, 2000

[Mer85]   MERTENS, P.: *Aufbauorganisation der Datenverarbeitung*. Wiesbaden: Gabler Verlag, 1985

[Mer90]   MERTENS, P. (Hrsg.): *Lexikon der Wirtschaftsinformatik*. Berlin u.a.: Springer Verlag, 1990

[Mer06a]   MERTENS, P.: *Moden und Nachhaltigkeit in der Wirtschaftsinformatik*. Arbeitspapier Nr. 1/2006, Universität Erlangen-Nürnberg, Lehrstuhl Wirtschaftsinformatik 1, 2006

[Mer06b]   MERTENS, P.: Moden und Nachhaltigkeit in der Wirtschaftsinformatik / Universität Erlangen-Nürnberg. 2006 (1). – Forschungsbericht

[Mer07]   MERTENS, P.: *Integrierte Informationsverarbeitung 1 – Operative Systeme in der Industrie*. 16. Auflage. Wiesbaden: Gabler Verlag, 2007

[Mey02]   *Kapitel* CRM und CRM-Systeme – Grundlagen und Übersicht. In: MEYER, M.: *CRM-Systeme mit EAI – Konzeption, Implementierung und Evaluation*. Braunschweig, Wiesbaden: Vieweg Verlag, 2002, S. 3–20

[MH92]   MERTENS, P. ; HOLZNER, J.: Eine Gegenüberstellung von Integrationsansätzen in der Wirtschaftsinformatik. In: *Wirtschaftsinformatik* 34 (1992), Nr. 1, S. 5–25

[MHP05]   MAIER, R. ; HÄDRICH, T. ; PEINL, R.: *Enterprise Knowledge Infrastructures*. Berlin u.a.: Springer Verlag, 2005

[Min87]   MINTZBERG, H.: Crafting Strategy. In: *Harvard Business Review* 65 (1987), Nr. 4, S. 66–75

[Min90]   MINTZBERG, H.: The Design School – Reconsidering the Basic Premises of Strategic Management. In: *Strategic Management Journal* 11 (1990), Nr. 2, S. 171–195

[Mit98]   MITTELMANN, A.: Organisationales Lernen und Geschäftsprozeß-
            management / Institut für Wirtschaftsinformatik, Universität Linz.
            1998. – Forschungsbericht

[Mor97]   MORGAN, G.: *Images of Organization*. 2. Auflage. Thousand Oaks
            u.a.: Sage Publishing, 1997

[MW02]   *Kapitel* Enterprise Application Integration – Grundlagen. In: MEYER,
            M. ; WEINGÄRTNER, S.: *CRM-Systeme mit EAI – Konzeption, Imple-
            mentierung und Evaluation*. Vieweg Verlag, 2002, S. 199–229

[Nag93]   NAGL, G.C.: Erfolgspotential Unternehmensprozeß – Modellierung
            von Unternehmensprozessen mit Computer Aided System Enginee-
            ring. In: *Zeitschrift für Organisation* 3 (1993), S. 172–176

[NPS95]   NILLES, M. ; PLUSKAT, A. ; SCHÜNGEL, M.: Das Anforderungsprofil
            des Wirtschaftsinformatikers aus Sicht der deutschen Wirtschaft –
            Teil 1: Vorstellung einer bundesweiten Unternehmensbefragung. In:
            Wirtschaftsinformatik 37 (1995), Nr. 4, S. 400–402

[NRP00]   NORTH, K. ; ROMHARDT, K. ; PROBST, G.: Wissensgemeinschaften
            – Keimzellen lebendigen Wissensmanagements. In: *io-Management*
            7/8 (2000), S. 52–62

[NT97]   NONAKA, I. ; TAKEUCHI, H.: *Die Organisation des Wissens*. Frank-
            furt/Main: Campus Verlag, 1997

[Obe97]   OBERWEIS, A.: *Geschäftsprozeßmodellierung*. EMISA-Fachgruppen-
            treffen 1997 – Workflow-Management-Systeme im Spannungsfeld
            einer Organisation, Oktober 1997

[Öst96]   ÖSTERLE, H.: Business Engineering – Transition to the Networked
            Enterprise. In: *EM – Electronic Markets* 6 (1996), Nr. 2, S. 14–16

[Paw98]   *Kapitel* Integratives Wissensmanagement. In: PAWLOWSKY, P.
            (Hrsg.): *Wissensmanagement*. Wiesbaden: Gabler Verlag, 1998, S. 9–45

[PBT88]   PARKER, M.M. ; BENSON, R.J. ; TRAINOR, H.E.: *Informations Econo-
            mics – Linking Business Performance to Information Technology*. Engle-
            wood Cliffs: Prentice Hall, 1988

[PF88]   PICOT, A. ; FRANCK, E.: Die Planung der Unternehmensressource
            Information. In: *WISU* 10 (1988), S. 544–549, 608–614

[PM85]   PORTER, M.E. ; MILLAR, V.E.: Wettbewerbsvorteile durch Informati-
            on. In: *Harvard Manager* 1 (1985), S. 26–35

[Por92]   PORTER, M.E.: *Wettbewerbsstrategie*. 7. Auflage. Frankfurt: Campus
            Verlag, 1992

[PRR03]	PROBST, G. ; ROMHARDT, K. ; RAUB, S.: *Wissen managen. Wie Unternehmen ihre wertvollste Ressource optimal nutzen*. Gabler Verlag, 2003
[PRW98]	PICOT, A. ; REICHWALD, R. ; WIGAND, R.: *Die grenzenlose Unternehmung: Information, Organisation und Management*. Wiesbaden: Gabler Verlag, 1998
[Rec91]	RECHENBERG, P.: *Was ist Informatik? Eine allgemeinverständliche Einführung*. München: Hanser Verlag, 1991
[Rei84]	REISS, M.: *Organisation als Potentialgestaltung – Die handlungsorientierte Konzeption einer integrativen und integrierten betrieblichen Gestaltungsfunktion*. Habilitationsschrift, Universität Freiburg, 1984
[Rei01]	REICHMANN, T.: *Controlling mit Kennzahlen und Managementberichten*. 6. Auflage. München: Verlag Vahlen, 2001
[Rem02]	REMUS, U.: *Prozessorientiertes Wissensmanagement. Konzepte und Modellierung*, Universität Regensburg, Diss., 2002
[Rie07]	RIEGE, A.: Actions to overcome knowledge transfer barriers in MNCs. In: *Journal of Knowledge Management* 11 (2007), Nr. 1, S. 48–67
[Rif05]	RIFKIN, J.: *Das Ende der Arbeit und ihre Zukunft*. Frankfurt: Fischer Verlag, 2005
[RL99]	REMBOLD, U. ; LEVI, P.: *Einführung in die Informatik – für Naturwissenschaftler und Ingenieure*. 3. Auflage. München, Wien: Hanser Verlag, 1999
[RP97]	RECHENBERG, P. (Hrsg.) ; POMBERGER, G. (Hrsg.): *Informatik-Handbuch*. München, Wien: Hanser Verlag, 1997
[RRMEN01]	REINMANN-ROTHMEIER, G. ; MANDL, H. ; ERLACH, C. ; NEUBAUER, A.: *Wissensmanagement lernen*. Weinheim u.a.: Beltz Verlag, 2001
[Rüt91]	RÜTTLER, M.: *Information als strategischer Erfolgsfaktor*. Berlin: Verlag Erich Schmidt, 1991
[Sch93]	SCHMID, B.: Elektronische Märkte. In: *Wirtschaftsinformatik* 35 (1993), Nr. 1, S. 14–28
[Sch94a]	SCHEER, A.-W.: Was ist Business Process Reengineering wirklich? In: *SzU* 53 (1994), S. 5–12
[Sch94b]	SCHNEIDER, D.: *Allgemeine Betriebswirtschaftslehre*. 3. Auflage. München, Wien: Oldenburg Verlag, 1994
[Sch95]	SCHEER, A.-W.: *Wirtschaftsinformatik – Referenzmodelle für industrielle Geschäftsprozesse*. Berlin u.a.: Springer Verlag, 1995

[Sch96a] SCHEER, A.-W.: *EDV-orientierte Betriebswirtschaftslehre – Grundlagen für ein effizientes Informationsmanagement*. 2. Auflage. Berlin u.a.: Springer Verlag, 1996

[Sch96b] SCHÜPPEL, J.: *Wissensmanagement. Organisatorisches Lernen im Spannungsfeld von Wissens- und Lernbarrieren*. Wiesbaden: DUV, 1996

[Sch98a] SCHEER, A.-W.: *ARIS – Modellierungsmethoden, Metamodelle, Anwendungen*. 3. Auflage. Berlin, Heidelberg: Springer Verlag, 1998

[Sch98b] SCHEER, A.-W.: *ARIS – Vom Geschäftsprozeß zum Anwendungssystem*. 3. Auflage. Berlin u.a.: Springer Verlag, 1998

[Sch00] SCHOLZ, C.: *Personalmanagement*. 5. Auflage. München: Verlag Vahlen, 2000

[Sch01] SCHNEIDER, U.: *Die 7 Todsünden im Wissensmanagement*. Frankfurt/Main: Frankfurter Allgemeine Buch, 2001

[Sch03] SCHULMEISTER, R.: *Lernplattformen für das virtuelle Lernen – Evaluation und Didaktik*. München: Oldenbourg Verlag, 2003

[Sch07] SCHAUER, C.: Rekonstruktion der historischen Entwicklung der Wirtschaftsinformatik – Schritte der Institutionalisierung, Diskussionen zum Status, Rahmenempfehlungen für die Lehre / Universität Duisburg-Essen. 2007 (18). – Forschungsbericht

[Sei71] SEIFFERT, H.: *Information über Information – Verständigung im Alltag, Nachrichtentechnik, wissenschaftliches Verstehen, Informationssoziologie, das Wissen der Gelehrten*. München: Beck Verlag, 1971

[Ser85] SERVATIUS, H.-G.: *Methodik des strategischen Technologie-Managements*. Berlin: Erich Schmidt Verlag, 1985

[Seu01] *Kapitel* Hard- und Software für E-Learning auswählen. In: SEUFERT, S.: *Handbuch E-Learning – Expertenwissen aus Wissenschaft und Praxis*. Köln: Deutscher Wissenschaftsdienst, 2001, S. 1–24

[SG99] SEGARS, A.H. ; GROVER, V.: Profiles of Strategic Information Systems Planning. In: *Information Systems Research* 10 (1999), Nr. 3, S. 199–232

[SH04] STAHLKNECHT, P. ; HASENKAMP, U.: *Einführung in die Wirtschaftsinformatik*. 11. Auflage. Berlin u.a.: Springer Verlag, 2004

[Sim76] SIMON, H.A.: *Administrative Behavior – A Study of Decision-Making Processes in Administrative Organizations*. 3. Auflage. New York: Free Press, 1976

[Sku89] SKUBCH, H.: Strategische Informationsplanung. In: *Computer Magazin Wissen* 101 (1989), S. 32–37

[SML05] STORMER, H. ; MEIER, A. ; LEHNER, F.: Mobile Business – eine Übersicht. In: *HMD – Praxis der Wirtschaftsinformatik* 244 (2005), S. 7–17

[SN87] SAMUELSON, P.A. ; NORDHAUS, W.D.: *Volkswirtschaftslehre. Grundlagen der Makro- und Mikroökonomie.* Bd. 1. 8. Auflage. Köln: Bund-Verlag, 1987

[Sne05] SNEED, H.M.: *Software-Projektkalkulation – Praxiserprobte Methoden der Aufwandsschätzung für verschiedene Projektarten.* München: Hanser Verlag, 2005

[Som07] SOMMERVILLE, I.: *Software Engineering.* 8. München: Pearson Studium, 2007

[SRR08] STEININGER, K. ; RIEDL, R. ; ROITHMAYR, F.: Zu den Begrifflichkeiten und Moden der Wirtschaftsinformatik: Ergebnisse einer inhaltsanalytischen Betrachtung. In: *MKWI 2008*, 2008, S. 1539–1550

[SS01] SCHMELZER, J. ; SESSELMANN, W.: *Geschäftsprozessmanagement in der Praxis.* München: Hanser Verlag, 2001

[SS02] SCHIFFER, J. (Hrsg.) ; SCHUBERT, M. von (Hrsg.): *Recht, Wirtschaft und Steuern im E-Business.* Herne, Berlin: Verlag Neue Wirtschafts-Briefe, 2002

[Sta89] *Kapitel* Information(stheorie). In: STACHOWIAK, H.: *Handlexikon zur Wissenschaftstheorie.* München: Ehrenwirth Verlag, 1989, S. 154–158

[Sta99] STAEHLE, W.H. ; CONRAD, P. (Hrsg.) ; SYDOW, J. (Hrsg.): *Management. Eine verhaltenswissenschaftliche Perspektive.* 8. Auflage. München: Verlag Franz Vahlen, 1999

[Ste93] STEINMÜLLER, W.: *Informationstechnologie und Gesellschaft – Einführung in die Angewandte Informatik.* Darmstadt: Wissenschaftliche Buchgesellschaft, 1993

[Str88] STRIENING, H.-D.: *Prozeßmanagement.* Frankfurt/Main: Verlag Peter Lang, 1988

[SVD96] SVD/WIF (Hrsg.): *Berufe der Wirtschaftsinformatik in der Schweiz.* Zürich u.a.: Verlag der Fachvereine an den Schweizerischen Hochschulen, 1996

[Tan02] TANENBAUM, A.S.: *Computer Networks.* 4. Auflage. Prentice Hall, 2002

[Tem06] TEMPELMEIER, H.: *Material-Logistik.* 6. Auflage. Berlin u. a.: Springer Verlag, 2006

[Thi01] THIESSE, F.: *Prozessorientiertes Wissensmanagement – Konzepte, Methoden, Fallbeispiele,* Universität St. Gallen, Diss., 2001

[Tho02] THOME, R.: e-Business. In: *Informatik Spektrum* 25 (2002), Nr. 2, S. 151–153

[Tho03] *Kapitel* Mass Customization. In: THOME, R.: *Lexikon Electronic Business.* München, Wien: Oldenbourg Verlag, 2003, S. 206–208

[Tim98] TIMMERS, P.: Business Models for Electronic Markets. In: *EM – Electronic Markets* 8 (1998), Nr. 2, S. 3–8

[Töp97] TÖPFER, A.: *Benchmarking – Der Weg zu Best Practice.* Berlin u.a.: Springer Verlag, 1997

[TT04] TONCHIA, S. ; TRAMONTANO, A.: *Process Management for the Extended Enterprise. Organizational and ICT Networks.* Berlin u.a.: Springer Verlag, 2004

[Ulr85] *Kapitel* Von der Betriebswirtschaftslehre zur systemorientierten Managementlehre. In: ULRICH, H.: *Betriebswirtschaftslehre als Management- und Führungslehre.* Stuttgart: Schäffer-Poeschel, 1985, S. 3–32

[UP95] ULRICH, H. ; PROBST, G.J.: *Anleitung zum ganzheitlichen Denken und Handeln – Ein Brevier für Führungskräfte.* 4. Auflage. Bern, Stuttgart: Verlag Paul Haupt, 1995

[Ves78] VESTER, F.: *Unsere Welt – ein vernetztes System.* Stuttgart: Klett-Cotta, 1978

[Vie02] *Kapitel* Rechtsfragen im E-Business – Domain. In: VIEFHUES, W.: *Recht, Wirtschaft und Steuern im E-Business.* Herne, Berlin: Verlag Neue Wirtschafts-Briefe, 2002, S. 43–161

[Vos00] VOSSEN, G.: *Datenmodelle, Datenbanksprachen und Datenbankmanagementsysteme.* 4. Auflage. München, Wien: Oldenbourg Verlag, 2000

[Wam01] WAMSER, C.: *Strategisches Electronic Commerce.* München: Verlag Franz Vahlen, 2001

[Web91] WEBER, W.: *Einführung in die Betriebswirtschaftslehre.* Wiesbaden: Gabler-Verlag, 1991

[Web06] WEBER, J.: *Einführung in das Controlling.* 10. Auflage. Stuttgart: Schäffer-Poeschel, 2006

[Wel70] WELTNER, K.: *Informationstheorie und Erziehungswissenschaft.* Quickborn: Verlag Quickborner Team, 1970

[Wen91] WENZLAFF, B.: Vielfalt der Informationsbegriffe. In: *Nachrichten für Dokumentation* 42 (1991), S. 355ff

[Wer84] WERNERFELT, B.: A Resource-based View of the Firm. In: *Strategic Management Journal* 5 (1984), S. 171–180

[WH07] WILDE, T. ; HESS, T.: Forschungsmethoden der Wirtschaftsinformatik – Eine empirische Untersuchung. In: *Wirtschaftsinformatik* 49 (2007), Nr. 4, S. 280–287

[Wil71] WILD, J.: Zur Problematik der Nutzenbewertung von Informationen. In: *ZfB* 41 (1971), S. 315–334

[Wil89] WILSON, T.: Towards an Information Management Curriculum. In: *Journal of Information Science* 15 (1989), S. 203

[Wil94] WILLCOCKS, L.: *Information Management – The Evaluation of Information Systems Investments.* London u.a.: Chapman & Hall, 1994

[Wir01] WIRTZ, B.W.: *Electronic Business.* 2. Auflage. Wiesbaden: Gabler Verlag, 2001

[Wit59] WITTMANN, W.: *Unternehmung und unvollkommene Information.* Köln, Opladen: Westdeutscher Verlag, 1959

[Wit82] WITTMANN, W.: *Betriebswirtschaftslehre I – Grundlagen, Elemente, Instrumente.* Tübingen: Mohr Siebeck, 1982

[WLL07] WILDNER, S. ; LEHNER, F. ; LEHMANN, H.: Holistic Approaches and Standardisation as Measures for Broader Adoption of KM in Practice. In: MARTIN, B. (Hrsg.) ; REMENYI, D. (Hrsg.): *Proceedings of the 8th European Conference on Knowledge Management, Consorci Escola Industrial de Barcelona, Spain, 6-7 September 2007* Bd. 2. Reading: Academic Conferences, 2007, S. 1107–1113

[Wöh97] WÖHE, G.: *Bilanzierung und Bilanzpolitik.* 9. Aufl. München: Verlag Franz Vahlen, 1997

[Wol93] WOLL, A.: *Allgemeine Volkswirtschaftslehre.* 11. Auflage. München: Verlag Franz Vahlen, 1993

[WP02] WARD, J. ; PEPPARD, J.: *Strategic Planning for Information Systems.* 3. Auflage. Cranfield: John Wiley and Sons, 2002

[WS00] WENGER, E.C. ; SNYDER, W.M.: Communities of Practice: The Organizational Frontier. In: *Harvard Business Review* 78 (2000), Nr. 1, S. 139–145

[WS06] WILDNER, S. ; SCHOLZ, M.: Managing Knowledge Methodically. In: LEHNER, F. (Hrsg.) ; NÖSEKABEL, H. (Hrsg.) ; KLEINSCHMIDT, P. (Hrsg.): *Multikonferenz Wirtschaftsinformatik 2006, Tagungsband 2*. Berlin: GITO Verlag, 2006, S. 403–415

[ZB03] *Kapitel* Auf dem Weg zu einem produkt- und dienstleistungsorientierten IT-Management. In: ZARNEKOW, R. ; BRENNER, W.: *Strategisches IT-Management*. Heidelberg: dpunkt Verlag, 2003

Stichwortverzeichnis

Änderungsdaten, 181
6D-Eingabegeräte, 132

ABC-Analyse, 67
Absatz, 83
Absatzwirtschaft, 83
AJAX, 339
Angebot, 60
Anwendungssystem, 44
Anzeigegeräte, 133
Arbeitsanalyse, 67
Arbeitsleistung, 76
Arbeitsspeicher, 127
Arbeitssystem, 76
ASCII-Code, 123
Aufwand, 90
Ausgabe, 90
Auszahlung, 90

Balanced Scorecard, 378
Barwert, 93
Bausteine des WM, 360
Bedarf, 56
Bedarfsermittlung, 71
    programmgesteuert, 71
    Schätzung, 72
    verbrauchsgesteuert, 72
Bedürfnis, 55
Berührungsempfindlicher Bildschirm, 132
Bereitstellungsprinzipien, 69
Beschaffung, 65
    Aufgaben, 66
    Ziele, 66
Beschaffungsmarktforschung, 69
Beschaffungsplanung, 69
Beschäftigungsglättung, 80
Best Practice, 376
Bestandsdaten, 181
Bestellpunktverfahren, 73
Bestellrhythmusverfahren, 73
Betrieb, 56
Betriebsmittel, 76
Betriebsstoff, 76
Betriebswirtschaftslehre, 62
    allgemeine, 63
    funktionale, 63
    spezielle, 63
    Teildisziplinen, 63
Bewegungsdaten, 181
Bilanz, 91
Bilanzrechnung, 91
Bit, 123
Bruttobedarf, 71
Buchführung, 89
Bus, 129
Business Process Reengineering, 275
Byte, 123

Cache, 128
Cashflow, 93
Change Management, 227
Chaotische Lagerhaltung, 75
Chief Information Officer, 223
Chief Knowledge Officer, 372

Clientseitige Anwendungslogik, 337
Code, 33
Codierung, 33
Community of Practice, 380
Computer Aided Design, 186
Computer Aided Manufacturing, 187
Computer Aided Planning, 186
Computer Aided Quality, 187
Computer-Integrated-Manufacturing-System, 195
Content-Management-System, 203, 369
Controlling, 100
CSMA/CD, 137
Customer-Relationship-Management-System, 188

Data-Mining-System, 192
Data-Warehouse-System, 192
Daten, 33
Datenbank, 161
Datenbank-Management-System, 161
Datenbanksysteme, 161
Datenintegration, 45
Datenstrukturen
   Binärbäume, 148
   Felder, 147
   Listen, 148
   Stapel, 147
Dienstleistung, 82
Disposition, 72
   auftragsgesteuert, 72
   plangesteuert, 72
   verbrauchsgesteuert, 72
Dispositionsverfahren, 72
Dispositiver Faktor, 77
Distributionspolitik, 88
Diversifikation, 100
Dokumenten-Management-System, 203
Double Sourcing, 71
Drucker, 133
   Laserdrucker, 133
   Thermodrucker, 133
   Tintenstrahldrucker, 133

E-Commerce, 311
E-Procurement, 311
Ein- und Ausgabegeräte, 130
Einnahme, 90
Einzahlung, 90
Einzelbeschaffung, 69
Einzelproduktion, 78
Electronic Commerce, 328
Electronic Procurement, 327
Elektronische Zahlungssysteme, 329
Elementarfaktor, 77
Endwert, 93
Enterprise Application Integration, 194
Enterprise-Resource-Planning-System, 196
Entity-Relationship-Modell, 162
Entscheidungsunterstützungs-Systeme, 192
Erfolgsfaktor Wissensmanagement, 374
Ergiebigkeitsprinzip, 57
Erlös, 90
Ertrag, 90
Eventmarketing, 88
Expertensystem, 356
Externe Effekte, 61

Feinplanung und Steuerung, 81
Fertigprodukt, 76
Fertigungssynchrone Beschaffung, 70
Finanzrechnung, 92
Fließproduktion, 78
Formalziel, 95
Funktionenintegration, 46
Funktionsprinzip, 78

Gelbe Seiten, 378
Geschäftsprozess, 277
   Arten, 278
   wissensintensiver operativer, 365, 367
Geschäftsprozessmanagement, 281
   Aufgaben, 282
   Ziele, 281
Geschäftsprozessmodellierung, 284

Aufgaben, 285
Ziel, 285
Geschäfts- bzw. Betriebsleitung, 77
Good Practice, 376
Gozintograph, 71
Grafisches Tablett, 132
Groupwaresystem, 201
Gut, 55
freies, 55
öffentliches, 58

Halbprodukt, 76
Handelsware, 65
Hauptproduktionsprogrammplanung, 80
Hauptspeicher, 127
Haushalt, 56
Hilfsstoff, 76
HTML, 332
HTTP, 331
Human-Relations-Ansatz, 112
Hypertext Markup Language, 332
Hypertext Transfer Protocol, 331

Individualsoftware, 210
Information, 33
Information Overload, 365
Informationsinfrastruktur, 42
Informationsmanagement, 222
Informationsmanager, 223
Informationssystem, 43, 177
Absatz, 187
Beschaffung und Logistik, 181
branchenneutrales, 180
branchenspezifisch, 180
funktionales, 181
integriertes, 194
Klassifikation, 179
Management, 191
Organisation, 191
Personalmanagement, 188
Produktion, 184
Rechnungswesen, 189
Informationssystem-Architektur, 206
Inhaltsorientierte Systeme, 202

Institutionalisierung, 369
Integration, 44
Integrationsreichweite, 48
Integrationsrichtung, 47
Internet Protocol, 139
Inventur, 183
Investitionsgüter, 56
Investitionsrechnung, 93
ISO 9000, 80
IT Infrastructure Library, 247
IT-Abteilung
Aufbauorganisation, 245
Eingliederung, 241
IT-Business-Alignment, 239
IT-Controlling, 248
Aufgaben, 252
Grundfunktion, 252
Koordinationsfunktion, 252
IT-Management, 221, 223
Aufgaben, 226
Ziele, 226
IT-Manager, 223
Aufgaben, 225
IT-Organisation, 241
IT-Prozess, 247
IT-Service, 247
IT-Servicemanagement, 247
IT-Strategie, 230
Elemente, 236
Formulierung, 234
Inhalte, 237

Java Server Pages, 337
Johnson-Algorithmus, 82
Joystick, 132
Just-in-Time-Beschaffung, 70

Kapitalgüter, 56
Kennzahl, 96
Kernprozess, 279
Kommunikationspolitik, 87
Kompetenzzentrum, 245
Konsignationslager, 75
Konsumgüter, 58
Konzepte des WM, 360

Kosten, 90
Kosten- und Erlösrechnung, 91
Kostenarten, 92
Kostenartenrechnung, 92
Kostenstellenrechnung, 92
Kostenträgerrechnung, 92
Krise, 101

Lager, 74
Lern-Management-System, 203
Lessons Learned, 376
Liquidität, 93
Local Area Network, 134
Logistik, 65
Losgrößenplanung, 81

M-Business, 312
M-Commerce, 312
Makroökonomie, 61
Management, 94
    Aufgaben, 95
    Ebenen, 94
    Ziele, 94
Marke, 87
Marketing, 83
    Aufgaben, 83
    Strategien, 85
    Ziele, 85
Marketing-Instrumente, 86
Marketing-Mix, 86
Markt, 60
Marktdurchdringung, 100
Marktentwicklung, 100
Marktforschung, 84
Marktmechanismus, 60
Marktorientierung, 96
Marktsegmentierung, 86
Marktwirtschaft, 59
Mass Customization, 323
Massenproduktion, 78
Material, 65
Materialwirtschaft, 65
Matrixorganisation, 243
Maus, 132
Meldebestand, 73

Methode, 375
Metropolitan Area Network, 137
Middleware, 194
Mikroökonomie, 62
Modell, 29
    Erklärungsmodell, 31
    Gestaltungsmodell, 31
    Meta-Modell, 32
Monopol, 61
Motivation, 108
Multiple Sourcing, 70

Nachfrage, 60
Nachfrageprognose, 80
Nettobedarf, 71

Objektprinzip, 78
Öffentlichkeitsarbeit, 87
Ökonomisches Prinzip, 57
Oligopol, 61
Online-Analytical-Processing-System, 192
Opportunitätskosten, 364
Optimale Bestellmenge, 73
Optimale Losgröße, 74, 81
Organisation, 110
    Aufgaben, 110
    Ziele, 110
Organisationsgestaltung, 113
Organisationsstrategie, 95
Organisationstheorien, 110
OSI-Referenzmodell, 138
Outplacement, 107
Outsourcing, 245

Personal, 102
Personal Area Network, 134
Personalbeschaffung, 103
Personalcontrolling, 109
Personaleinsatz, 104
Personalentwicklung, 105
Personalfreisetzung, 106
Personalführung, 107
Personalmanagement, 102
    Aufgaben, 102

Ziel, 102
Personalplanung, 102
PERT-Diagramm, 256
Planung, 232
Plotter, 133
Portalsystem, 203
Preisdifferenzierung, 88
Preispolitik, 88
Preisstrategie, 321
    Penetrationsstrategie, 321
    Pulsationsstrategie, 321
    Skimminstrategie, 321
Primärsektor, 213
Primärbedarf, 71
Product Placement, 88
Produktbewertung, 69
Produktdifferenzierung, 86
    horizontal, 322
    vertikal, 324
Produktelimination, 86
Produktentwicklung, 100
Produktgestaltung, 87
Produktinnovation, 86
Produktion, 75
    Aufgaben, 78
    Ziele, 77
Produktionsfaktor, 56, 76
Produktionsfunktion, 77
Produktionsplan, 81
Produktionsplanung und -steuerung, 184
Produktionsplanungs- und -steuerungs-System, 185
Produktionsprogramm, 80
Produktionssegment, 79
Produktionssystem, 76
Produktionstyp, 78
Produktpolitik, 86
Produktpositionierung, 87
Produktprogramm, 86
Produktvariation, 86
Profit Center, 244
Programmiersprache, 140
Projekt, 254

Projektüberwachung, 261
Projektmanagement, 254
Projektorganisation, 258
    Matrix-Projektorganisation, 260
    reine Projektorganisation, 258
    Stabs-Projektorganisation, 259
Projektplanung, 255
Projektsteuerung, 261
Prozess, 276
Prozess-Nutzwertanalyse, 301
Prozessanalyse, 299
Prozessbenchmarking, 300
Prozessintegration, 46
Prozesskennzahl, 299
Prozesskostenrechnung, 302
Prozesslandkarte, 281
Prozessmanagement, 275
Prozessor, 127
Prozessorganisation, 115
Prozessorientierung, 274

Qualitätszirkel, 80

Rechnernetze, 133
    baumförmiges Netz, 136
    Busnetz, 135
    ringförmiges Netz, 135
    sternförmiges Netz, 135
    vermaschtes Netz, 136
Rechnungswesen, 89
    Aufgaben, 89
    Teilgebiete, 90
    Ziel, 89
Referenzmodell, 283
Reihenproduktion, 78
Ressourceneinsatzplanung, 81
Ressourcenorientierung, 96
Rohstoff, 76

Sachziel, 95
Scanner, 132
Sekundärsektor, 213
Sekundärbedarf, 71
Serienproduktion, 78
Serverseitige Anwendungslogik, 336

Servlet, 336
Sicherheitsbestand, 73
Single Sourcing, 71
Skill-Management-System, 189
Software, 150
Softwarearchitekturen, 154
    Client/Server-Architektur, 155
    Desktop-Architektur, 155
    dienstorientierte Architektur, 155
    verteilte Systeme, 155
Softwareentwicklung, 150
    Abnahme- und Einführungsphase, 157
    Definitionsphase, 153
    Entwurfsphase, 153
    Implementierungsphase, 156
    Planungsphase, 151
    Wartungs- und Pflegephase, 157
Sortenproduktion, 78
Sortieralgorithmen, 143
    Bubblesort, 144
    Mergesort, 145
    Minimumsort, 144
    Ripplesort, 144
    Selectionsort, 144
Sponsoring, 88
Stammdaten, 181
Standardsoftware, 210
Strategie, 96
Strategische Geschäftseinheit, 99
Strategische Planung, 231
Strategisches Management, 97
Struktogramm, 142
Strukturiertes Mitarbeitergespräch, 106
Strukturtechnischer Ansatz, 112
Stückliste, 71
Suchalgorithmen, 145
    binäre Suche, 146
    sequentielle Suche, 146
Suchsystem, 204
Supply-Chain-Management-System, 197
System, 26

Tastatur, 132
Tayloristischer Ansatz, 111
Tertiärsektor, 213
Tertiärbedarf, 71
Token-Ring, 137
Transaktionsphasen, 312
Transferstraße, 78
Transmission Control Protocol, 139

Uniform Resource Identifier, 332
Unternehmen, 56
Unternehmensstrategie, 95
Unterstützungsprozess, 279

Verkaufsförderung, 87
Visualisierungssystem, 204
Volkswirtschaftslehre, 61
Vorgehensmodell, 150
    agile Softwareentwicklung, 160
    Spiralmodell, 159
    V-Modell, 158
    Wasserfallmodell, 158
Vorratsbeschaffung, 70

Wandel, 101
Web 2.0, 326
Web Services, 339
Werbung, 87
Werkstattproduktion, 78
Werkstoff, 76
Wertschöpfungskette, 63
Wide Area Network, 138
Wirtschaften, 56
Wirtschaftsgeschichte, 62
Wirtschaftskreislauf, 58
Wirtschaftspolitik, 62
Wirtschaftssektor, 57
Wirtschaftssystem, 59
Wirtschaftstheorie, 62
Wissen, 357
    über den Prozess, 368
    explizites, 358
    externes, 358
    Handlungswissen, 358
    im Prozess, 368

    implizites, 358
    individuelles, 358
    internes, 358
    Metawissen, 377
    organisatorisches, 358
    Prozesswissen, 368
    Sachwissen, 358
Wissensanlagekarte, 377
Wissensarten, 358
Wissensbasis, 361
Wissensflüsse, 367
Wissenskarte, 376
    Wissensanlagekarte, 377
    Wissensquellenkarte, 377
Wissensmanagement
    Instrumente, 375
    Konzepte, 360
    Methoden, 375
    prozessorientiertes, 365
    Software, 381
    Umsetzung, 369
Wissensmanagement-Aktivität, 367

Wissensmanagementprojekt, 373
Wissensmanagementprozess, 367
Wissensmanagementstrategie, 370
    prozessorientierte, 366
Wissensmanagementsystem, 382
Wissensmanagementziel, 370
Wissensmanager, 372
Wissensprozess, 367
Wissensquellenkarte, 377
Wissensziel, 361, 370
    normatives, 361
    operatives, 362
    strategisches, 362
World Wide Web, 331

Xerox, 355
XYZ-Analyse, 68

Yellow Pages, 378

Zentrale Recheneinheit, 127
Zentralverwaltungswirtschaft, 59
Ziel, 95

HANSER

»Der Fortschritt lebt vom Austausch des Wissens.«
Albert Einstein

Lehner
Wissensmanagement
Grundlagen, Methoden und
technische Unterstützung
352 Seiten.
ISBN 978-3-446-41443-3

Dieses Buch vermittelt Ihnen einen systematischen und fundierten Überblick über die Konzepte, Methoden und technischen Hilfsmittel des Wissensmanagements. Anhand zahlreicher Beispiele zeigt Ihnen der Autor den Einsatz in der Praxis. Das Buch vermittelt Studenten der Wirtschaftsinformatik, der Betriebswirtschaftslehre und der Informatik die Grundlagen des Wissensmanagements, die sie für ihr Studium benötigen.

Die zweite Auflage wurde durchgehend aktualisiert. Die Darstellung der Grundlagen wurde an die aktuelle Entwicklung angepasst, neue Methoden (z.B. zur Diagnose) aufgenommen, die praktischen Erfahrungen systematischer dargestellt und um neue Beispiele ergänzt.

Mehr Informationen zu diesem Buch und zu unserem Programm
unter **www.hanser.de/computer**

HANSER

Glasklar: Das „Standardwerk"!
Java SPEKTRUM

Rupp/Queins/Zengler
UML 2 glasklar
568 Seiten.
ISBN 978-3-446-41118-0

Die UML 2.0 ist erwachsen und in der Version 2.1 nun auch tageslichttauglich. Daher haben die Autoren diesen Bestseller in Sachen UML aktualisiert. Dieses topaktuelle und nützliche Nachschlagewerk enthält zahlreiche Tipps und Tricks zum Einsatz der UML in der Praxis. Die Autoren beschreiben alle Diagramme der UML und zeigen ihren Einsatz anhand eines durchgängigen Praxisbeispiels. Folgende Fragen werden u.a. beantwortet

· Welche Diagramme gibt es in der UML 2?
· Wofür werden diese Diagramme in Projekten verwendet?
· Wie kann ich die UML an meine Projektbedürfnisse anpassen?
· Was benötige ich wirklich von der UML?

Mehr Informationen zu diesem Buch und zu unserem Programm unter **www.hanser.de/computer**